LA LANGUE FRANÇAISE
AU SEIZIÈME SIÈCLE

LA LANGUE FRANÇAISE
AU SEIZIÈME SIÈCLE

ÉTUDE SUIVIE DE TEXTES

PAR

PETER RICKARD

Maître de Conférences à l'Université de Cambridge

CAMBRIDGE
AUX PRESSES UNIVERSITAIRES
1968

Published by the Syndics of the Cambridge University Press
Bentley House, 200 Euston Road, London, N.W. 1
American Branch: 32 East 57th Street, New York, N.Y. 10022

© Cambridge University Press 1968

Library of Congress Catalogue Card Number: 67-13807

Printed in Great Britain
at the University Printing House, Cambridge
(Brooke Crutchley, University Printer)

AVANT-PROPOS

L'admirable ouvrage d'Arsène Darmesteter et d'Adolphe Hatzfeld, *Le Seizième Siècle en France. Tableau de la littérature et de la langue*, est, on le sait, depuis longtemps épuisé. Sans avoir nullement la prétention de remplacer l'irremplaçable, nous avons cru utile de mettre à la disposition de ceux qui s'intéressent à l'histoire du français une étude sommaire sur la question de la langue au XVIe siècle, suivie d'un recueil de textes choisis exprès pour illustrer les traits caractéristiques du français de l'époque, ainsi que les changements qu'il a subis. Or, comme le siècle de Rabelais et de Montaigne a vu s'élargir au détriment du latin le domaine de la langue vulgaire, laquelle s'est vu accepter de plusen plus volontiers comme véhicule des connaissances jusque-là réservées à la langue savante, nous avons tenu à élargir un peu le cadre normal d'une anthologie littéraire, pour y faire entrer aussi quelques textes d'un ordre plutôt technique et scientifique, susceptibles, croyons-nous, d'éclairer de quelques angles insolites le développement de la langue.

Les éditeurs d'anciens textes, et même de textes classiques, ont coutume de modifier au moins l'orthographe et la ponctuation (si en effet ils ne vont pas encore plus loin), et ils ont raison de présenter ainsi les textes destinés à l'étude littéraire. Il nous semble pourtant que d'autres méthodes doivent s'imposer quand il s'agit d'illustrer par des textes les états de langue et les changements linguistiques. Nous reconnaissons volontiers que l'aspect d'une page imprimée au XVIe siècle a de quoi rebuter au premier abord le lecteur moderne, mais nous ne croyons pas que ces différences secondaires constituent un sérieux obstacle à la compréhension. Il est très facile d'acquérir de nouvelles habitudes visuelles, surtout lorsqu'on est averti d'avance des différences qui vont se présenter; et pour ce qui est des inconséquences, pourquoi les enlever quand elles sont tellement caractéristiques de l'époque? Pourquoi, de propos délibéré, éloigner le lecteur, et surtout le lecteur qui s'intéresse à l'histoire de la langue, de l'aspect véritable d'un texte imprimé appartenant au siècle à étudier? Ce qui rend difficile la lecture de ces textes, ce ne sont pas de superficielles différences de première vue, mais quatre cents ans de distance et quatre cents ans d'évolution linguistique. On objectera peut-être que cette orthographe, cette ponctuation et ces abréviations sont le plus souvent celles des imprimeurs et non celles des auteurs. Cela est incontestable: c'est pourtant sous cette forme que les textes ont circulé et qu'on les a d'abord lus et connus. Et pour peu que l'on admette que l'histoire de l'orthographe et de la ponctuation fassent partie intégrante de l'histoire d'une langue, cette objection tombe.

Nous avons choisi pour illustrer le français du XVIe siècle cinquante

v

textes que nous reproduisons, à une exception près,[1] d'après les éditions princeps ou du moins d'après les éditions les plus anciennes qui aient survécu. Ces textes, pour la plupart en prose, se répartissent sur un large éventail de sujets et fournissent des échantillons de plusieurs styles. Au surplus, certains d'entre eux, par leur sujet même, constituent un commentaire direct sur des innovations linguistiques saisies sur le vif par des observateurs contemporains des événements. Mais tous, par leur lexique, leur style, et leur grammaire, sont autant de témoignages permettant de suivre la transition du français médiéval au français classique et moderne. Il est évident toutefois que notre anthologie ne reproduit que partiellement le vaste potentiel linguistique du siècle qui nous occupe. De même que notre glossaire n'est qu'un glossaire et nullement un dictionnaire, de même les textes ne contiennent pas, tant s'en faut, tous les phénomènes grammaticaux de l'époque, et nous avouons volontiers que ce n'est qu'après avoir fait notre choix d'extraits que nous avons pu constater l'absence totale de certaines constructions que signalent les grammaires historiques. C'est peut-être dire que ces constructions ne sont pas parmi les plus fréquentes. De toute façon, le lecteur cherchera en vain des exemples du tour *arrivé que fut*, du verbe *estre* employé comme son propre auxiliaire (*je suis esté*), de l'infinitif absolu (*avoir fait* = 'après avoir fait'), ou de l'attraction de l'auxiliaire (*il n'est osé entrer*).

Pour faciliter l'abord des textes, nous renvoyons aux pages 53–6, où nous exposons la méthode que nous avons suivie pour établir les textes et le glossaire, et où nous résumons les principales différences typographiques qui séparent la page imprimée du XVIe siècle de celle d'aujourd'hui.

Au terme de ce travail il nous reste à remercier M. G. D. Castor et le professeur C. A. Mayer qui nous ont fourni de précieux conseils, respectivement, sur Ronsard et sur Clément Marot. Nous nous faisons un plaisir de reconnaître tout ce que nous devons au professeur L. C. Harmer, qui, tant de fois et avec tant d'amabilité, a mis à notre disposition ses livres, son temps, et surtout sa vaste expérience et ses connaissances étendues de la langue française.

P.R.

Emmanuel College, Cambridge

[1] Il s'agit du n° 5, reproduit d'après le manuscrit 5103 de l'Arsenal.

BIBLIOGRAPHIE SOMMAIRE[1]

BEMENT, N. S. *French Modal Syntax in the sixteenth century* (University of Michigan Publications in Language, XI). Ann Arbor, 1934.

BRUNOT, F. *Histoire de la langue française des origines à 1900.* Paris, A. Colin, 1905- , t. II, *Le Seizième Siècle.*

DARMESTETER, A. et HATZFELD, A. *Le Seizième Siècle en France. Tableau de la littérature et de la langue.* Paris, Delagrave, 1878 (11e édition en 1914), surtout pp. 183–301.

GODEFROY, F. *Dictionnaire de l'ancienne langue française et de tous ses dialectes du IXe au XVe siècle*, 10 t. Paris, Vieweg, 1881–1902.

GOUGENHEIM, G. *Grammaire de la langue française du seizième siècle.* Lyon, I.A.C. 1951.

GRÄFENBERG, S. *Beiträge zur französischen Syntax des 16. Jahrhunderts.* Erlangen, 1885.

HUGUET, E. *Étude sur la syntaxe de Rabelais comparée à celle des autres prosateurs de 1450 à 1550.* Paris, Hachette, 1894.

HUGUET, E. *Dictionnaire de la langue française au seizième siècle.* Paris, Champion, 1925- (paru jusqu'à la lettre *T*).

HUGUET, E. *Le Langage figuré au XVIe siècle*, Paris, Hachette, 1933.

HUGUET, E. *L'Évolution du sens des mots depuis le XVIe siècle*, Paris, Droz, 1934.

HUGUET, E. *Mots disparus ou vieillis depuis le XVIe siècle.* Paris, Droz, 1935.

NEUMANN, S.-G. *Recherches sur le français des XVe et XVIe siècles et sur sa codification par les théoriciens de l'époque* (Etudes romanes de Lund, 13). Lund (Gleerup) et Copenhague (Munksgaard), 1959.

THUROT, C. *De la prononciation française depuis le commencement du XVIe siècle, d'après les témoignages des grammairiens.* 2 t. Paris, Imprimerie Nationale, 1881–3.

[1] Pour de plus amples indications bibliographiques, surtout en ce qui concerne les questions particulières, nous renvoyons aux notes en bas des pages de notre étude, ainsi qu'aux notes sur les textes.

ÉTUDE

LE FRANÇAIS RIVAL DU LATIN

Au sortir du moyen âge, le français avait infiniment moins de prestige que le latin, qui en plus de son rôle de langue internationale était aussi celle de l'enseignement en France, et, à l'exception des sermons populaires, celle de l'Église. On n'enseignait pas du tout la langue vulgaire: il fallait l'apprendre à force de l'entendre parler, et encore sous de multiples formes régionales. Par les efforts d'une foule de grammairiens se relayant à travers les siècles, le latin avait été réduit à l'ordre et à la fixité, tandis que le français, qui changeait d'aspect du jour au lendemain et selon les régions, semblait se dérober à toute définition. Langue utile certes dans les affaires banales, il y manquait la dignité et la gravité essentielles à la discussion de questions fondamentales et à la composition d'œuvres d'érudition. Mais qu'il fût ou non inférieur au latin, le français était, sous sa forme parisienne, la langue du roi et de la cour, et d'ailleurs n'est-il pas permis de voir, précisément dans son caractère flottant et mal défini, un gage de son aptitude à survivre, puisque toute langue vivante doit s'adapter sans cesse à des circonstances et à des exigences nouvelles? Au cours des siècles, le latin, bien sûr, s'était adapté lui aussi, et c'est pour cette raison qu'il marchait, bien entendu dans des milieux restreints, de pair avec les langues vivantes. Surtout, il avait innové en s'accommodant à la langue vulgaire, c'est-à-dire en lui faisant des concessions de toute espèce et en employant un vocabulaire souvent non-classique mais qui rappelait certains mots populaires (p.ex. *sotular* 'soulier'; *burgensis* 'bourgeois'). En effet le latin en était arrivé à combiner, en un mélange assez bizarre, ses qualités primitives de langue synthétique, expression d'une société et d'une époque lointaines, avec celles d'un tout autre idiome qui traduisait de façon plutôt analytique la réalité d'une société toute différente. Dans l'ordre des mots, dans les emplois rien moins que classiques du *quod* (= *que*) de subordination, dans la prononciation qui serrait le français de près, dans les emplois du subjonctif, dans les sens nouveaux qu'on attribuait au vocabulaire classique, dans les innombrables dérivés nouveaux, et enfin dans les néologismes calqués sur des mots français, on voit percer à tout bout de champ la langue vulgaire qui était aussi celle des érudits et qu'ils n'arrivaient pas à supprimer tout à fait, même quand ils croyaient penser en latin. Quant à la poésie latine du moyen âge finissant, elle semblait balancer entre le système quantitatif déjà mal connu, et les modèles rythmiques du vers français.

Or la Renaissance, d'abord en Italie et ensuite en France, eut pour conséquence majeure de ramener les érudits aux sources originales de la pure latinité, et partant d'éveiller leur sens critique à l'égard de la langue savante. Il suffisait dès lors de comparer le latin vraiment classique qu'ils avaient redécouvert, avec le latin des écoles pour comprendre tout ce que celui-ci avait d'artificiel, de défectueux et d'inesthétique.[1] Les savants, naturellement, ne l'abandonnèrent pas pour autant, mais force leur fut de reconnaître quel gouffre séparait leur latinité de celle de Cicéron, et combien le jargon des écoles avait subi et subissait encore la contamination du français. C'est ce qui explique non seulement les efforts que firent certains humanistes pour reconstruire et pour réimposer la prononciation supposée classique,[2] mais aussi de sérieuses tentatives pour purger la grammaire, le vocabulaire et les idiotismes de leurs fautes les plus flagrantes. D'où par exemple le *De corrupti sermonis emendatione* (1530) de Mathurin Cordier, dans lequel de nombreuses phrases et locutions sont données d'abord en latin classique et ensuite sous une forme vulgaire visiblement calquée sur le français. On dirait, bien avant la lettre, un manuel du genre 'Ne dites pas...Dites...'. Ne dites pas *Tu dormivisti hodie pinguem matutinum*: ce n'est qu'un calque de 'Tu as dormi aujourdhuy la grasse matinée'. Ne dites pas *Vadamus ad pormenandum nos* 'Allons nous pourmener', dites *Eamus ambulatum*. Ne dites pas *Vadunt ad cubandum* 'On se va coucher', dites *Itur cubitum* ou bien *Disceditur cubitum*. Ne dites pas *Pone mappam* 'Mets la nappe', dites *Sterne mensam*.[3] Mais de pareilles tentatives eurent des suites imprévues, et nous citons volontiers ce qu'en dit Ferdinand Brunot dans une page magistrale: 'Les efforts que firent les cicéroniens pour restituer la langue latine dans sa pureté antique, contribuèrent à l'abolir comme langue vivante.'[4] En effet, si le latin avait pu survivre jusque-là, ç'avait été à force d'accommodements avec la langue vulgaire, et les humanistes, en exigeant la pureté cicéronienne, ôtaient à la langue savante toute possibilité de s'adapter aux conditions du XVIe siècle, et partant toute possibilité de subsister comme langue vivante.

En même temps, par suite de l'unification politique du royaume et d'une série d'ordonnances royales,[5] le français prenait de l'extension et devenait de plus en plus important comme langue administrative, tant en province qu'à Paris. Il ne faut pas supposer, évidemment, que le déclin du latin ait été rapide, ni que ceux qui savaient le latin, érudits ou non, en aient abandonné l'usage du jour au lendemain, et sans lutter. On pouvait très bien reconnaître les droits du français sans renoncer au latin pour autant, et certainement sans le croire inférieur au français. En effet, quand on considère leur œuvre totale, on constate que de nombreux humanistes, qu'ils aient reconnu ou non les droits de la langue vulgaire, ont très peu écrit en français. Ils étaient un peu de l'avis de Philippe de Commines, qui à la fin du XVe siècle ne voyait dans ses *Mémoires* en français que des docu-

[1] Voir les observations importantes de Ch. Thurot dans *Notices et extraits des MSS de la Bibliothèque impériale*, XXII (1868), 2ème partie, pp. 496–504.
[2] Voir ci-dessous, p. 37 et n.1.
[3] Edition de 1531, pp. 26C, 119A, 170C, 190C, 191A.
[4] Voir l'*Histoire de la langue française*, t. II, p. 2. [5] Voir ci-dessous, pp. 22–3.

ments pouvant servir à une histoire sérieuse en latin. Le plus célèbre et le plus érudit des humanistes, Guillaume Budé, a écrit presque exclusivement en latin, et n'a écrit en français que pour plaire à un roi peu versé dans la langue savante.[1] Henri Estienne a rendu certes d'importants services à la langue vulgaire, et son œuvre française est considérable — mais elle ne constitue qu'une faible proportion de son œuvre totale, et Montaigne nous dit franchement qu'il aurait composé ses *Essais* en latin s'il les avait jugés dignes d'être conservés![2] Non, écrire en français, ce n'était pas encore perdre le latin de vue. Parmi ceux qui recommandaient exprès l'usage de la langue vulgaire, il y avait plusieurs qui croyaient devoir ajouter que le français pouvait et devait se raffiner en suivant des modèles classiques. Ainsi, Claude de Seyssel, persuadé déjà en 1509 que le français était capable d'être l'instrument d'une politique étrangère en même temps que le véhicule, par la traduction, de toutes les sciences supérieures, déclare quand même qu'il faut imiter les langues anciennes, car l'idiome national peut s'enrichir 'par la communication d'icelles'.[3] Geoffroy Tory, ardent partisan du français, avoue par contre que sa langue maternelle n'a pas de règles, mais il ajoute qu'il fut un temps où le grec et le latin n'en avaient pas non plus. 'Il seroit plus beau a ung François escripre en françois qu'en autre langage, tant pour la seureté de son dict langage François [c.-à-d. parce qu'il sait le manier avec plus de confiance] que pour decorer sa Nation et enrichir sa langue domestique, qui est aussi belle et bonne que une autre, quant elle est bien couchee par escript' — et Tory va même jusqu'à dire qu'on ne devrait employer le grec et le latin que pour les citations.[4] Vingt ans plus tard, Louis Meigret peut affirmer pourtant que si le français s'est montré capable de traiter tous les arts et toutes les sciences, la théologie comprise, de tels progrès sont dus à 'la profession ę experience dę' langes Latin' ę Grecqe'.[5] Quoique vers le milieu du siècle le français soit en train de concurrencer et même, dans certains domaines, d'évincer le latin, on continue à croire qu'il se doit de s'enrichir de la dépouille de son rival. Dans sa *Rhetorique*, Antoine Fouquelin se plaint qu'on ne se serve pas assez du français pour traiter les sujets sérieux: on aime mieux l'employer pour écrire des romans ou des histoires fabuleuses sans aucune valeur. Et Fouquelin se demande

Quel moyen plus honéte & plus profitable se pourroit presenter, pour nous recommander a nótre posterité, que de faire & supplier [c.-à-d. suppléer] en nótre endroit ce que nous regrettõs avoir esté obmis par nos ancestres, & en traitant les ars & sciences en nótre langue vulgaire tellement abreger le chemin

[1] Voir notre n° 5.
[2] *Essais*, Livre III, ch. ix, 'De la vanité'.
[3] Voir le prologue (aa ii^vo–aa iii^vo) des *Histoires universelles de Trogue Pompee...Translatees...par Messire Claude de Seyssel* (Paris, 1559), ouvrage composé en 1509. Voir aussi l'article de F. Brunot dans la *Revue d'histoire littéraire de la France*, t. I (1894), pp. 27–37.
[4] *Champfleury* (1529), B iii^vo–B iiii^vo et f° 12.
[5] *Grammere*, 1550, f° 2 ^ro–vo.

à ceus qui viendront apres nous, qu'avec le lait de leurs nourrisses ilz en puissēt susser les premiers principes & elements?

Il ajoute que le français — encore bien pauvre, selon lui — devrait emprunter 'les vestemens... & les plumes d'autruy'.[1]

Cependant, le plaidoyer le plus éloquent pour le français fut sans doute la *Deffense et illustration de la langue francoyse* (1549),[2] quoique l'auteur en dût son argument principal à l'Italien Sperone Speroni, qui dans son *Dialogo delle lingue* (1542) avait plaidé pour l'usage du dialecte toscan en Italie.[3] Mais il y avait, entre la *questione della lingua* en Italie, et la question de la langue en France, une différence importante. En Italie comme en France, il s'agissait d'abord, évidemment, de savoir s'il fallait écrire en latin ou en langue vulgaire. Mais ensuite, la question une fois décidée en faveur de la langue vulgaire, on se demandait en Italie s'il fallait écrire en toscan ou non. En France, par contre, la question du dialecte à employer ne se posait même pas: pour écrire, on se servait déjà depuis longtemps du *francien*, c.-à-d. du dialecte de l'Île-de-France. Il y avait rivalité, certes, mais celle du latin et du français de Paris: les autres dialectes étaient hors concours. Suivant Speroni, Du Bellay déclare (en substituant bien entendu le français au toscan) que le français est parfaitement capable de traiter les sujets les plus élevés, pourvu qu'il cultive et suive de près les modèles classiques; mais les traductions ne suffisent pas.[4] Il est légitime d'inventer des mots nouveaux, de récupérer les mots désuets, et de donner de l'extension aux termes techniques. Si le français est imparfait, c'est qu'on l'a négligé, mais il faut se rappeler que le latin et le grec, eux aussi, ont dû faire leur apprentissage, et d'ailleurs il ne faut rien exagérer: le français n'est ni si imparfait ni si barbare que certains l'ont prétendu. On écrira tant qu'on voudra en latin ou en grec; on n'atteindra jamais à la perfection de la littérature antique, alors à quoi bon?[5] On peut posséder parfaitement sa langue maternelle et, s'en servant, écrire des chefs-d'œuvre.

D'autres étaient arrivés à une conclusion analogue,[6] mais il est fort probable que le grand public ne tenait pas particulièrement à des ornements dérivés de la littérature grecque ou latine, et même parmi ceux qui recommandaient avec véhémence l'emploi de la langue vulgaire, il y avait quelques-uns qui ne demandaient pas de raffinements empruntés. C'est certainement le cas pour Barthélemy Aneau, auteur supposé du *Quintil Horatian* (1551), qui reproche à Du Bellay d'avoir préconisé l'imitation des anciens. On peut très bien se passer d'eux, dit-il.[7] La même année,

---

[1] *Rhetorique francoise*, édition de 1557, f° 2ʳᵒ–3ᵛᵒ. La première édition avait paru en 1555.

[2] Paris, L'Angelier. Voir aussi n° 18.

[3] Voir Pierre Villey, *Les Sources italiennes de la Deffense et illustration de la langue françoise* (Paris, Champion, 1908). On trouvera le texte de Speroni à l'appendice, pp. 111–46.

[4] Voir n° 18, pp. 126–8.   [5] *Deffense*, 1er Livre, ch. xi.

[6] Voir par exemple la célèbre lettre de Jacques de Beaune, éditée par Emile Roy dans la *Revue d'histoire littéraire*, t. II (1895), pp. 239–43.

[7] Cité par H. Chamard dans son édition de la *Deffense*, p. 75.

Guillaume des Autels est formel sur le même point: 'Je ne suis pas de l'avis de ceux qui ne pensent point que le François puisse faire chose digne de l'immortalité de son invention, sans l'imitation d'autrui.'[1]

Même parmi les érudits qu'on aurait pu supposer partisans du latin, le français avait ses défenseurs. Ainsi Jean Bodin, dans un discours prononcé en 1559 devant les consuls de Toulouse, recommandait l'enseignement des arts et des sciences par le moyen de la langue vulgaire. Vers la même époque, Pierre de la Ramée prêchait d'exemple en donnant en français ses cours au Collège de France. En 1576 il se trouva même un professeur royal, Louis Leroy, pour regretter qu'il fût nécessaire de consacrer tant d'années à l'acquisition des langues anciennes. L'idée se répandait que le français devait s'employer de pair avec le latin, et même à sa place, dans des domaines occupés jusque-là par le latin tout seul. L'aptitude de la langue vulgaire à jouer un tel rôle était déjà suffisamment démontrée, mais on n'en faisait pas moins valoir de temps à autre l'argument selon lequel le français pouvait encore s'enrichir en imitant de près les langues anciennes, et on continuait à soutenir que le français, avec ou sans celles-ci, avait besoin de règles et de fixité. Il semble que même avant 1540, Geoffroy Tory et Étienne Dolet aient dressé pour la langue maternelle un programme qui préfigure en quelque sorte celui que l'Académie allait s'imposer au siècle suivant, puisqu'il comportait déjà une orthographe, une grammaire, un dictionnaire, une rhétorique, et une poétique.[2]

A part les traductions du latin, dont nous aurons à reparler, on composait en français, dès le milieu du siècle, des ouvrages originaux d'un caractère sérieux et même savant. Malgré l'opposition acharnée de la Faculté, d'importants traités de médecine commençaient à paraître, comme par exemple la *Methode de traicter les playes faictes par hacquebutes*[3] (1545) et le *Traité sur la peste* (1568) d'Ambrose Paré — qui ignorait le latin —, le traité *Du mouvement des muscles* (Lyon, 1541) de Jean Canappe, le *Traicté de la nature et curation des playes de pistolle* (Caen, 1569) de Julien Le Paulmier, la *Chirurgie françoise* (Lyon, 1570) de Jacques Dalechamps, et les *Erreurs populaires au fait de la medecine et regime de santé* (Bordeaux, 1578) de Laurent Joubert. Peletier du Mans et Forcadel publièrent de nombreux traités de mathématique. Parmi de multiples ouvrages sur l'astronomie nous signalons les *Institutions astronomiques* (1557) de J.-P. de Mesmes, et, sur l'astrologie, *Mantice, ou discours de la verité de divination par astrologie* (Lyon, 1558) de Pontus de Tyard, ainsi que la *Geomance abregée pour sçavoir les choses passées, presentes et futures* (1574) de Jean de la Taille. Dans le domaine de la géographie, Charles Estienne publia en 1552 son intéressant *Guide des chemins de France*, tandis que le grand voyageur André Thévet nous a laissé une *Cosmographie de Levant* (Lyon, 1554), une *Cosmographie universelle* (1575)

---

[1] Voir la *Replique de Guillaume des Autelz aux furieuses defenses de Louis Meigret* (Lyon, 1551), p. 58.
[2] Voir l'article d'Alexis François, 'D'une préfiguration de la langue classique au XVIe siècle', *Mélanges Abel Lefranc* (Paris, 1936), pp. 91–100.   [3] Voir n° **16**.

et, d'un haut intérêt, *Les Singularitez de la France antarctique autrement nommée Amerique* (1558).[1] Parmi les traités scientifiques, nous signalons le *Discours sur la creation du monde* (1554) de Louis Meigret, et l'*Univers ou discours des parties et de la nature du monde* (Lyon, 1557) de Pontus de Tyard. La *Dialectique* de Ramus et celle de Fouquelin (1555) sont d'un intérêt particulier parce que ce sujet avait été, plus que tout autre, une citadelle du latin. Quant à l'histoire en langue vulgaire, Claude Fauchet, Guillaume Bouchet et Étienne Pasquier y firent d'importantes contributions.

En littérature, le parti pris de favoriser le latin était moins marqué, le français étant depuis des siècles admis à côté du latin. Mais il s'agissait au XVIe siècle de savoir si la littérature française allait égaler ou surpasser la littérature latine contemporaine. Comme nous l'avons vu, Du Bellay avait déjà dit la vanité de vouloir rivaliser avec les auteurs antiques dans leur propre langue, et sauf exception on aurait tort de voir dans la littérature latine de son époque autre chose qu'un passe-temps, assez artificiel d'ailleurs, de savants. Pour ceux qui préconisaient la littérature de langue vulgaire il importait évidemment de nommer les auteurs français les plus dignes d'être imités, depuis Guillaume de Lorris, poète du XIIIe siècle, jusqu'à Jean Lemaire de Belges appartenant à un passé tout récent. Déjà en 1516, dans son *Temple de bonne renommée*,[2] Jean Bouchet avait fait l'éloge du français et de ceux qui à son avis s'étaient distingués en l'écrivant. Plus tard, on trouvera d'autres plaidoyers pour le français comme langue littéraire, dans l'épître dédicatoire de l'*Art poétique traduit en vers françois* de Jacques Peletier du Mans,[3] dans la *Deffense et illustration* de Du Bellay, naturellement, dans la préface de la *Rhetorique* de Fouquelin, et dans la préface de la *Franciade* de Ronsard.[4] Le principe n'était presque plus en dispute: on composait déjà en français, et dans tous les genres. Il n'était pas superflu, toutefois, d'encourager les débutants à avoir confiance en eux-mêmes et en leur langue maternelle, et à pousser de l'avant en suivant les modèles les plus nobles, soit anciens soit modernes. Surtout, il fallait ne pas se laisser éblouir par le prestige des modèles antiques, car à la rigueur on pouvait s'en passer tout à fait.

LE RÔLE DES TRADUCTEURS

Il s'en faut bien que les traductions aient été une innovation du XVIe siècle. Au moyen âge, il existait déjà un assez grand nombre d'histoires anciennes, de textes bibliques, de livres de dévotion et de traités techniques qu'on avait traduits du latin en français. Toutefois, ce n'est que bien rarement qu'il s'agit d'autre chose que de traductions littérales au point

---

[1] Voir n° 23.
[2] Paris, Galliot du Pré, f° lix r°–lxiii v°.
[3] Voir n° 17b.
[4] Quoique la *Franciade* fût publiée en 1572, cette préface parut pour la première fois dans l'édition de 1587, c'est-à-dire deux ans après la mort du poète.

d'être obscures et d'une lecture pénible, ou bien d'adaptations et de compilations soit en vers soit en prose, mais de toute façon très éloignées du texte original. Le XIVe siècle, il est vrai, vit paraître deux exceptions notables, à savoir Tite-Live traduit par Pierre Bersuire (1354–6) et certains traités d'Aristote (en latin) traduits par Nicolas Oresme (1370–7): mais le XVe siècle fut très pauvre en ce genre, si l'on excepte la remarquable version en prose des *Comédies* de Térence, attribuée à Guillaume Rippe, ainsi que quelques traductions exécutées à la cour bourguignonne sous Charles le Téméraire.[1] Bientôt, l'imprimerie d'invention récente servait à propager les œuvres les plus demandées, c'est-à-dire les textes classiques et les commentaires, presque exclusivement en latin; mais en publiant aussi en français les romans et les compilations en prose du moyen âge finissant, l'imprimerie laissait déjà deviner son potentiel.

A mesure que la scolastique bornée et asservie à la tradition cédait peu à peu la place aux idées plus éclairées et plus libérales de la Renaissance, à mesure que se répandaient en France l'esprit du libre examen et la soif de la science, on émettait souvent l'opinion que toutes les connaissances anciennes et modernes devaient être accessibles même aux ignorants et aux indoctes. Comme il n'était pas possible d'enseigner à tous le grec et le latin, il fallait mettre à leur portée, sous une forme facile à saisir, les précieuses connaissances que recèlent des langues étrangères.[2] La traduction et l'imprimerie conjuguées devaient en un mot servir l'esprit vulgarisateur de la Renaissance. Il importait d'élargir le cadre dans lequel on s'était contenté de traduire jusque-là, et on en avait justement les moyens, grâce à l'imprimerie, aux livres et aux manuscrits récupérés du passé, grâce enfin à la bonne volonté de nombreux érudits impatients de communiquer aux autres leurs découvertes, leurs connaissances et leur enthousiasme. Il va sans dire que les libraires et les imprimeurs, pour leur part, n'avaient pas intérêt à s'opposer à un mouvement de vulgarisation qui s'annonçait profitable.

Les rois de France eux-mêmes ne dédaignaient pas de protéger les traducteurs, et en 1509 on voit Claude de Seyssel louer Louis XII d'avoir encouragé leur activité: 'vous travaillez à enrichir & magnifier la langue Françoise: c'est que les livres & traitez, qui ont esté faits & couchez en langage Grec ou Latin, vous mettez peine de les faire translater en François'.[3] En 1519, Guillaume Budé traduit et présente à François Ier un recueil d'apophtegmes,[4] et trois ans plus tard il traduit et résume, pour

---

[1] Voir H. M. Lawton, *Térence en France au XVIe siècle* (Paris, 1926), pp. 359–61; et J. Monfrin, 'Humanisme et traductions au moyen âge', dans *L'Humanisme médiéval dans les littératures romanes du XIIe au XIVe siècle* (Colloque) (Actes publiés par Anthime Fourrier, Paris, Klincksieck, 1964), p. 237.
[2] Cette idée est attribuable dans une forte mesure à l'influence italienne: voir P. Villey, *Les Sources italiennes de la Deffense et illustration de la langue françoise* (Paris, 1908).
[3] Voir le prologue des *Histoires universelles de Trogue Pompee...Translatees...par Messire Claude de Seyssel* (Paris, 1559), aa ii^vo–aa iii^vo. (Le texte fut composé en 1509.)
[4] Voir n° **5**.

l'offrir au même monarque, le traité de numismatique qu'il avait publié en latin en 1514.[1] Que François Ier ait favorisé ce genre d'activité, Joachim Du Bellay s'en porte garant dans une page éloquente de la *Deffense et illustration*.[2]

Au début, il semble qu'on traduise sans supposer pour autant que le français puisse jamais devenir l'égal du grec ou du latin. C'est que la traduction passe encore pour un pis-aller, un moyen tout pratique, mais qui offre à tout prendre, malgré une certaine déperdition évidente entre le texte et la version, plus à gagner qu'à perdre. Mais plus on compose d'œuvres originales en français, moins on s'excuse d'employer la langue vulgaire, et on en arrive à se persuader que les prétendues insuffisances du français ne sont pas irrémédiables. Précisément par le moyen de la traduction, il sera, qui sait? possible d'illustrer et d'ennoblir la langue maternelle, qui ne pourra ne pas gagner au contact du latin et du grec. Rien qu'en se faisant le véhicule des connaissances léguées par l'antiquité, le français pourra gagner en prestige, s'enrichir surtout en matière de vocabulaire et d'expressivité. La traduction n'est pas, évidemment, le seul moyen d'illustrer l'idiome national, et un Peletier du Mans peut déclarer qu'il est possible de parler et d'écrire correctement sans rien savoir du grec et du latin,[3] mais on reconnaît en général que le français, soit par la traduction soit par l'imitation, peut profiter des modèles littéraires de Rome et d'Athènes.

En 1540, s'il y a beaucoup de traducteurs, il n'y a encore aucune théorie de la traduction. Or cette année-là, Étienne Dolet lance un traité intitulé *Maniere de bien traduire d'une langue en aultre*.[4] Certes, les principes qu'il y expose n'ont pas de quoi étonner le lecteur moderne, car ils sont, dirait-on, l'évidence même, mais au XVIe siècle ils ont dû sembler d'une originalité frappante.

Il faut, dit Dolet, (1) que le traducteur comprenne parfaitement tout ce qu'il traduit; (2) qu'il possède les deux langues à la perfection; (3) qu'il évite de traduire mot à mot; (4) qu'il se garde 'd'écrire le latin en français', c'est-à-dire qu'il se garde d'employer à l'excès des mots français simplement calqués sur le latin; et (5) qu'il observe le nombre oratoire qui donne harmonie au style, qu'il cherche 'la bonne copulation des mots' (on dirait aujourd'hui de bonnes unions de mots) et qu'il évite surtout la 'collocation impertinente', c'est-à-dire les juxtapositions impropres.

Huit ans plus tard, Thomas Sébillet se fait l'écho de Dolet dans son *Art poetique françois*, mais il ajoute pour son propre compte que la traduction est très à la mode, et il en cite plusieurs exemples récents.[5] Cependant, l'année suivante, dans la *Deffense et illustration de la langue francoyse*, Du Bellay exprime des réserves.[6] Il commence, il est vrai, par déclarer caté-

---

[1] Il s'agit du *Liber de Asse*, traduit et résumé sous le titre de *Sommaire ou epitome du livre de asse*. Voir L. Delaruelle, *Études sur l'humanisme français. Guillaume Budé, les origines, les débuts, les idées maîtresses*, Bibl. de l'Ecole des Hautes Etudes, t. CLXII, 1907, p. 201, n. 3.
[2] Édition de 1549, 1er Livre, ch. iv. Voir aussi n° 18, p. 126.
[3] Voir la préface de *L'Art poétique traduit en vers françois* (Paris, Vascosan, 1545), f° 3ro–vo.
[4] Voir n° 13.   [5] Paris, Corrozet, 1548, f° 73ro–74ro.   [6] Voir n° 18, pp. 126–8.

goriquement que le français est capable de communiquer avec exactitude toutes les idées qu'il emprunte aux autres langues. Mais il distingue ensuite entre l'*invention* et l'*élocution* du texte à traduire. Un traducteur habile peut bien communiquer à ses lecteurs l'*invention* de l'original, c'est-à-dire les idées et les opinions qu'il contient, mais il ne saurait en rendre l'*élocution*, c'est-à-dire le style, qui est intraduisible, 'd'autant que chacune langue a je ne sçay quoy propre seulement à elle, dont si vous efforcez exprimer le Naïf [c.-à-d. le caractère essentiel] en une autre Langue observant la Loy de traduyre qui est n'espacier point hors des Limites de l'Aucteur [c.-à-d. qui est de ne point sortir des limites imposées par l'auteur], vostre Diction sera contrainte, froide, et de mauvaise grace'. Pour Du Bellay, la traduction vraiment littérale est donc impossible, tandis que pour Dolet elle est plutôt peu désirable, et on peut l'éviter en effet en observant les quatrième et cinquième règles de la *Maniere de bien traduire*. Du Bellay ne nie pas, tant s'en faut, la haute utilité vulgarisatrice des traductions, mais il est amené à conclure qu'elles ne suffisent pas pour illustrer la langue française, et que les œuvres originales sont seules capables de cette tâche.

Pendant que Dolet, Sébillet et Du Bellay parlent de la théorie, la pratique continue sans diminution. Déjà, on traduit les textes, très demandés, de l'antiquité classique, et on commence à s'occuper aussi de l'Ecriture sainte. En 1487 Jean de Rély avait fait imprimer une adaptation de la Bible française composée au XIIIe siècle par Guiart Des Moulins. Vers 1523, sous la protection de François Ier, Jacques Lefèvre d'Etaples reprend la tâche, et malgré les interdictions et les sanctions (car la Sorbonne s'oppose à la publication de l'Écriture sainte en langue vulgaire) il publie une série de traductions qui aboutissent à la Bible intégrale d'Anvers (1530). Cette version est devenue plus célèbre à partir de la deuxième édition revue, celle de Louvain (1550).[1] Mais entre-temps, la Bible de 1530 sert de base à une version nouvelle préparée par Pierre-Robert Olivétan, cousin de Jean Calvin, et destinée aux protestants. Toutefois Olivétan, très bien versé dans le grec et dans l'hébreu, apporte une infinité de modifications au texte de Lefèvre, et c'est bel et bien une traduction de son propre cru qu'il publie à Neuchâtel en 1535.[2] Une seconde édition, revue par Calvin, paraît à Genève en 1540. C'est Calvin aussi qui publie à Bâle en 1536 la célèbre apologie du protestantisme intitulée *Christianæ religionis institutio*. Or, comme il importe de mettre un tel ouvrage à la portée des laïques de toute confession, il le fait suivre cinq ans plus tard d'une traduction française, *L'Institution de la religion chrestienne*.[3] A partir de ce moment, les théologiens écrivent de plus en plus en français, mais la Sorbonne continue longtemps

---

[1] Voir S. Berger, *La Bible au XVIe siècle. Etude sur les origines de la critique biblique* (Paris, 1879), pp. 33–4.
[2] Voir n° 11. Consulter aussi W. J. Van Eys, *Bibliographie des Bibles et des Nouveaux Testaments en langue française* (Genève, 1901–5), t. I, pp. 47–9.
[3] Voir n° 15. A noter: la traduction de 1541 a pour base la deuxième édition latine, augmentée et remaniée, qui parut à Strasbourg en 1539.

à s'opposer avec acharnement à la diffusion de textes bibliques en langue vulgaire.

Cependant, les traducteurs rendent accessibles au public ami des livres les chefs-d'œuvre de la littérature et de la pensée antiques. Et à l'ambition de communiquer les connaissances les plus diverses vient s'ajouter le souhait, très en évidence parmi les poètes, de contribuer à l'illustration de la langue française d'élégantes traductions en vers.[1] Il est intéressant de noter que des réformateurs linguistiques tels que Peletier du Mans, Tory, Dolet et Meigret ont participé à ce genre d'activité.

Voici les principales traductions d'ouvrages classiques, imprimées au XVIe siècle:

1500	Ovide, *Héroïdes* (Octovien de Saint-Gelais).
1509	Virgile, *Enéide* (Octovien de Saint-Gelais).
1516	Virgile, *Bucoliques* (Guillaume Michel de Tours).
1517	Apulée, *L'Ane d'or* (Guillaume Michel de Tours).
1519	Virgile, *Géorgiques* (Guillaume Michel de Tours).
1520	Suétone, *Vies* (Guillaume Michel de Tours).
1527	Thucydide (Claude de Seyssel).
1529	Xénophon (Claude de Seyssel).
1530	Diodore de Sicile (Claude de Seyssel).
1531	Ovide, *Métamorphoses*, 1er livre (Clément Marot).
1532	Plutarque, *Civiles Institutions* (Geoffroy Tory).
1533	Homère, *Iliade* (les 10 premiers chants) (Hugues Salel).
1541	Aristote, *Traité du monde* (Louis Meigret).
1542	Polybe, *Histoires* (Louis Meigret).
1543	Ovide, *Métamorphoses*, Second livre (Clément Marot).
1543	Aristote, *Traité du monde* (Pierre Saliat).
1544	Euripide, *Hécube* (Guillaume Bochetel).
1547	Homère, *Odyssée* (les 2 premiers chants) (Peletier du Mans).
1547	Hésiode, *Œuvres et Jours* (Richard Le Blanc).
1547	Ovide, *Métamorphoses* (Jacques Colin).
1547	Vitruve, *Architecture* (Jean Martin).
1547	Salluste, *Catilina* et *Jugurtha* (Louis Meigret).
1548	Lucien, *Le Menteur* (Louis Meigret).
1549	Euripide, *Iphigénie* (Thomas Sébillet).
1551	Platon, *Timée* (Louis Leroy).
1552	Pline, *Histoire naturelle* (Louis Meigret).
1552	Virgile, *Enéide* (Louis Desmasures).
1553	Platon, *Phédon* (Louis Leroy).
1555	Platon, *République* (Louis Leroy).
1556	Hérodote, *Histoires* (Pierre Saliat).
1559	Platon, *Sympose* (Louis Leroy).
1559	Plutarque, *Vies des hommes illustres* (Jacques Amyot).
1562	Pline, *Histoire naturelle* (Antoine Dupinet).

[1] Il est à noter que le *Premier Livre des antiquitez de Rome* de Du Bellay (1558, voir n° **22**) contient plusieurs sonnets traduits ou imités du latin classique, du néo-latin, et de l'italien.

1565   Archimède, *1er Livre des choses egallement pesantes* (Pierre Forcadel).
1565   Archimède, *Le Livre des pois* (Pierre Forcadel).
1565   Proclus, *Deux livres du mouvement* (Pierre Forcadel).
1566   Euclide, *Les Six Premiers Livres des élémens* (Pierre Forcadel).
1566   Euclide, *De la musique* (Pierre Forcadel).
1568   Aristote, *Politiques* (Louis Leroy).
1572   Plutarque, *Les Œuvres morales* (Jacques Amyot).
1572   Autolycus, *De la sphère etc.* (Pierre Forcadel).
1578–82 Sénèque, *Traités* (Ange Capel).
1585   Épictète, *Manuel* (Guillaume du Vair).

Ce n'est pas uniquement la littérature classique qui attire l'attention des traducteurs: ils se penchent aussi sur les chefs-d'œuvre venus d'outre-monts. Ainsi, en 1537 et 1538 paraissent deux traductions du *Courtisan* de Castiglione, l'une par Jacques Colin, l'autre par Étienne Dolet et Mellin de Saint-Gelais. Le *Roland furieux* de l'Arioste, traduit en prose par un inconnu, paraît en 1543. Bientôt, Jean Martin publie sa version de l'*Arcadia* de Sannazar (1544). Elle est suivie par celle de toutes les œuvres vulgaires de Pétrarque, par Vasquin Philieul (1555), et par le *Décaméron* de Boccace, traduit par Antoine Le Maçon (1556). Les *Histoires tragiques* de Bandello sont traduites d'abord par Pierre Boaistiau, ensuite par François de Belleforest. Une version de la *Sophonisbe* de Trissin est due aux soins de Mellin de Saint-Gelais (1559), qui s'associe plus tard avec Desportes, J.-A. de Baïf, et Louis d'Orléans pour publier collectivement des versions et des imitations de l'Arioste (1572). L'année suivante, Pierre de Larivey publie en français les *Facétieuses Nuits* de Straparole. Vers la fin du siècle paraissent la *Jérusalem délivrée*, du Tasse, traduite par Blaise de Vigenère (1595) et la *Divine Comédie* de Dante, par Balthazar Grangier (1596–7).

Citons enfin, parmi plusieurs traductions de l'espagnol, deux ouvrages de Guevara, l'*Horloge des princes* et le *Mépris de la cour*, traduits l'un par Bestant de la Grise (1531), l'autre par Antoine Alaigre (1542); et deux romans, *La Déplorable Fin de Flamète*, de Juan de Flores, traduit par le poète Maurice Scève (1535), et surtout le célèbre *Amadis de Gaule*, par Nicolas d'Herberay des Essarts (1540–8).

Pour ce qui est des livres d'érudition, on n'en compose plus exclusivement en latin: on en écrit aussi en français,[1] et il serait en outre possible de citer de nombreux ouvrages qui, comme l'*Institutio* de Calvin, sont traduits en français après avoir paru d'abord en latin. Mais l'inverse se produit aussi, car le latin est tenace, et on voit tel ouvrage paraître d'abord en français, ensuite en latin.[2]

Quel est en somme le bilan de la traduction au XVIe siècle? Il n'est pas douteux qu'elle n'ait rendu accessible aux indoctes l'héritage intellectuel

---

[1] Voir ci-dessus, pp. 5–6.
[2] Ainsi Jean Bodin, auteur des *Six Livres de la république* (1576) (voir n° **34**), en publia en 1586 la traduction latine; et sa *Démonomanie* (1580) (voir n° **41**) fut traduite ensuite en latin par François Junius (1581).

et littéraire du monde antique, ainsi que des idées et des connaissances toutes modernes. Mais il est permis de se demander si, outre son évidente valeur comme œuvre de vulgarisation, la traduction eut pour le français les conséquences que certains avaient escomptées. En d'autres termes, est-ce que les traducteurs réussirent en effet à illustrer et à ennoblir l'idiome national? Chaque traducteur, certes, montra à sa façon, qu'il en eût conscience ou non, que le français était capable de communiquer les idées les plus élevées, les notions morales ou mathématiques, les arguments scientifiques, et au moins une part de l'élégance de la littérature ancienne et moderne. Il est certain aussi qu'une traduction réussie pouvait encourager à écrire en français des auteurs en puissance qui, autrement, auraient très bien pu ne pas écrire du tout, ou écrire en latin. Mais le bien le plus évident qui découlait de la traduction, c'était à n'en pas douter l'élargissement du vocabulaire — et il faut faire remarquer qu'au XVIe siècle on prêtait à la richesse du lexique une importance peut-être excessive. Tous ceux qui se mêlaient du métier de traduire devaient, pour ce faire, emprunter, créer, innover, en un mot se forger un lexique chemin faisant. Il leur arrivait même de relancer à la mode des mots savants du moyen âge, tombés en désuétude. Dans leurs calques et dans leurs emprunts, il est possible de discerner plusieurs degrés d'adaptation. Parfois, ils laissent à l'état original les mots qu'ils empruntent, comme l'a fait Rabelais en empruntant tel quel le mot *genius*, mais il faut reconnaître que les emprunts de ce genre détonnent un peu dans l'ensemble d'une phrase française. Ou bien, ils emploient dans un sens emprunté à l'autre langue un mot français déjà courant. Source d'enrichissement sémantique, sans doute, mais procédé non sans danger, témoin le mot grec ἐπίσκοπος ('surveillant'), que Jacques Amyot — sans doute à bon escient — rend par 'évêque'. Le troisième moyen, et le plus souvent adopté, consiste à donner au mot exotique une terminaison qui le met en harmonie avec la phonologie et la morphologie françaises, lui conférant par là une citoyenneté au moins provisoire.[1] Pour appliquer ce principe, il faut évidemment du goût et du discernement, et la quatrième règle de Dolet, justement, met en garde contre l'emploi excessif de mots français calqués sur le latin. Mais il y a peu de danger, à vrai dire, car les écrivains de la Renaissance, malgré leur attachement pour le latin, tiennent particulièrement à éviter les excès latinisés des Grands Rhétoriqueurs, et cette attitude se manifeste dans le *Champfleury* de Tory, le *Pantagruel* de Rabelais,[2] et l'*Abregé de l'art poétique* de Ronsard. D'autre part les efforts que font certains traducteurs pour éviter les termes savants en se servant de mots simples et modestes n'ont pas toujours le succès

[1] Voir Ch. Marty-Laveaux, *Études de langue française. XVIe et XVIIe siècles* (Paris, 1901), pp. 88–9, et R. Lebègue, 'Flux et reflux du vocabulaire français au XVIe siècle', dans *French and Provençal lexicography. Essays presented to honor Alexander Herman Schutz* (Columbus, Ohio State University Press, 1964), pp. 219–22.

[2] Voir les nᵒˢ **8a** et **9a**. Noter cependant, comme exemple de calque servile, le titre d'un ouvrage de Michel Dusseau, publié en 1561 à Lyon: *Enchirid ou manipul des miropoles*!

qu'ils méritent. Dans le domaine de la traduction biblique, par exemple, on ne tarde pas à remplacer les termes simples (trop simples peut-être) *souper* et *bruslage* par les mots savants *cène* et *holocauste*.

Or, comme le français ne peut égaler, au risque d'être ou obscur ou artificiel, la brièveté synthétique des langues anciennes, il est évident que pour communiquer tout le sens de telle phrase ou de telle proposition grecque ou latine, une certaine mesure d'amplification et de développement s'impose. Ainsi, les circonlocutions ne sont pas rares, et Amyot p.ex. croit devoir rendre ἵππαρχος par 'capitaine général de la gendarmerie'. C'est ce qui explique aussi les nombreux redoublements ou expressions doubles que se permettent les traducteurs toutes les fois qu'ils ne trouvent pas de mot français capable de rendre tout seul le sens du mot à traduire.[1] Malheureusement, cette habitude dégénère en véritable manie qui leur en fait employer même là où il n'y en a pas la moindre nécessité, p.ex. *arse et bruslee*; (*il*) *dressa et institua*.

En traduisant il est souvent nécessaire de changer du tout au tout l'ordre des mots, ce qui peut entraîner de graves conséquences pour le développement logique de la phrase. L'idée principale, exprimée de façon parfaitement satisfaisante dans une construction participiale ou relative de la langue originale, se perd de vue si le traducteur s'avise d'imiter cette construction en français. Tantôt des relations évidentes sont mises gratuitement en relief en français, tantôt des conjonctions sont employées dans un sens très vague, ce qui n'est pas fait pour éclaircir la relation des propositions entre elles.[2] En traduisant du grec, tel auteur calque la proposition infinitive substantivée de cette langue et écrit: 'l'estre roy et regner est un faillir de chemin et s'égarer de la droite voie'.[3] Dans des traductions du latin ou de l'italien latinisé on relève parfois un rejet voulu et même systématique du verbe — artifice en flagrant désaccord avec l'ordre des mots habituel au français de l'époque, p.ex. 'Parquoi estant assis aupres deulx avec une incredible compassion *les contemploye*'.[4]

Il serait évidemment très injuste, sans examiner les circonstances, de reprocher aux traducteurs de s'être écartés de la lettre du texte à traduire: bien souvent, ils croient devoir le faire pour des motifs d'ordre esthétique, compte tenu de la différence inévitable de deux langues qui s'affrontent. Quand le traducteur serre son texte de trop près, il est encore permis de ne pas conclure, à la légère, à un manque total d'originalité de sa part. Mot à mot lamentable? ou choix délibéré d'un ornement de style exotique? Il

[1] Il faut dire que les redoublements ne sont pas rares dans les traductions médiévales, et qu'on en trouve parfois même dans des œuvres originales.
[2] Voir Ch. Bruneau, 'La Phrase des traducteurs au XVIe siècle', dans *Mélanges d'histoire littéraire offerts à Henri Chamard* (Paris, 1951), pp. 275–84.
[3] Voir R. Lebègue, 'La Langue des traducteurs au XVIe siècle', dans *Festgabe Ernst Gamillscheg* (Tubingue, 1952), pp. 24–34.
[4] Voir R. Sturel, 'La Prose poétique au XVIe siècle', dans *Mélanges Gustave Lanson* (Paris, 1922), pp. 47–60.

est souvent légitime d'interpréter de plus d'une façon le style de telle phrase de traducteur. Du moins est-il certain que la nécessité constante de trouver des équivalents convenables ou d'adapter des mots étrangers pour traduire des concepts nouveaux, ne pouvait manquer d'intensifier la conscience linguistique des auteurs, bienfait non moins valable pour la composition d'œuvres originales. Il va sans dire qu'ayant fait l'essai, en traduisant, d'artifices et de raffinements inspirés par un texte en langue étrangère, on pouvait ensuite se hasarder à introduire ces mêmes artifices, ces mêmes raffinements, dans des ouvrages originaux.

La traduction la plus distinguée de l'époque, c'est incontestablement celle que fit Jacques Amyot des *Vies des hommes illustres*, de Plutarque.[1] Amyot évite l'emploi excessif de mots grecs ou latins adaptés au minimum, il éclaircit au besoin l'original, il serre de près et l'esprit et la substance du texte, il se permet peu de néologismes et d'archaïsmes, il réussit des phrases nombreuses, et par-dessus tout il produit l'illusion d'avoir composé un œuvre originale.[2]

L'ITALIANISME[3]

Si, dans l'Italie du XIIIe siècle, la langue française avait joui d'un prestige considérable,[4] il n'en était plus de même à la fin du XVe siècle, car dans l'intervalle la langue vulgaire italienne avait pris conscience d'elle-même et du rôle qu'elle avait à jouer comme véhicule des idées de la Renaissance. Berceau de l'humanisme, l'Italie est nettement en avance sur le reste de l'Europe, et, pour ce qui est de la Renaissance, l'Italie devance la France d'une cinquantaine d'années. L'un après l'autre, trois rois français, traversant les Alpes pour faire valoir leurs revendications territoriales en Italie, restent frappés à la fois par le luxe inouï qu'ils y trouvent, et non moins par le niveau très élevé de la culture d'outre-monts. Les Français subissent même l'humiliation de s'entendre qualifier de barbares. Les gentilshommes français qui accompagnent leurs rois ou qui font campagne pour eux entre 1494 et 1525, partagent l'étonnement et l'admiration de leurs souverains. Dès le début du XVIe siècle, l'influence italienne pénètre en France, surtout grâce à Lyon, ville quasi italienne à cette époque. Mais cette influence s'infiltre aussi par l'intermédiaire des nobles qui, ayant acquis sur les lieux le goût de la culture italienne, rapportent en France des livres et des objets d'art italiens, et ramènent à leur suite des artisans, des musiciens et des peintres. De plus en plus se répand parmi la noblesse la coutume d'aller

[1] Voir n° **24**.
[2] Voir R. Sturel, *Jacques Amyot traducteur des Vies parallèles de Plutarque* (Paris, 1908).
[3] Voir F. Brunot, *Histoire de la langue française*, t. II, pp. 198–215; B. H. Wind, *Les Mots italiens introduits en français au XVIe siècle* (Deventer, 1928); G. Tracconaglia, *Contributo alla storia dell'italianismo in Francia. H. Estienne e gli italianismi* (Lodi, 1907); et L. Clément, *Henri Estienne et son œuvre française* (Paris, 1899).
[4] Voir le célèbre article de Paul Meyer, 'De l'expansion de la langue française en Italie pendant le moyen-âge', *Atti del Congresso internazionale di Scienze storiche*, t. IV, n° 9 (Rome, 1904), pp. 61–104.

passer quelque temps, parfois des années de suite, dans une université italienne, à Padoue, à Bologne, ou à Pavie. Le règne de François Ier surtout voit affluer en France un nombre considérable d'artistes, d'architectes, de musiciens, de peintres et de poètes italiens, encouragés et invités par le roi lui-même ou par les nobles. L'éclat des chefs-d'œuvre littéraires venus d'Italie fait comprendre aux écrivains français non seulement ce qu'une langue vulgaire peut accomplir si elle suit des modèles classiques, mais aussi ce qu'elle peut accomplir toute seule.[1] Bientôt, des Italiens remplissent de hautes fonctions dans les universités, dans l'Église, et dans l'État. Le mariage en 1533 de Catherine de Médicis et du prince qui sera Henri II, et surtout l'accession de celui-ci au trône en 1547, marquent une phase importante dans les relations entre les deux pays. Des Italiens, surtout florentins, affluent en France à la recherche d'emplois et de mécènes. A la Cour, l'influence étrangère s'accentue, au point de donner prise à la rancune et à l'envie. Mais la supériorité culturelle italienne, dans bien des domaines, n'est pas illusoire, et si le français emprunte déjà de nombreux mots à l'italien, il n'y a là rien d'étonnant, ni d'inquiétant. Emprunter à une autre langue, ce n'est pas nécessairement une affectation délétère. Pour communiquer des idées nouvelles, pour décrire des objets peu familiers, on a le choix de créer de nouveaux dérivés français, d'élargir le sens d'un mot existant, ou bien d'emprunter un mot italien. Si on recourt surtout à ce dernier procédé, ce n'est pas toujours par paresse mentale, par affectation ou par snobisme. Mais il semble que les courtisans en particulier affectent un langage fortement empreint d'italianisme. Cela tient à ce qu'il y a de nombreux courtisans italiens qui continuent, pour ainsi dire, à parler italien en français, et à ce qu'ils sont imités par leurs homologues français, qui auraient dû faire preuve de plus de jugement.

La rivalité du français et de l'italien en tant que langues littéraires se manifeste de bonne heure, quoique sous une forme assez anodine, dans la *Concorde des deux langaiges* de Jean Lemaire de Belges.[2] En 1513, date de parution de ce texte, on ressent pour la culture italienne plus d'admiration et d'enthousiasme que d'envie ou de rancune: aussi le ton de l'ouvrage est-il très courtois et très conciliateur. L'auteur a l'air de croire à la parfaite égalité du français et du toscan, et il en conclut que ces deux langues doivent vivre en harmonie l'une avec l'autre. A l'époque de la régence de Catherine de Médicis, et encore davantage sous le règne de Charles IX et celui d'Henri III, l'influence italienne bat son plein. Mais la culture française, par ses réalisations littéraires, artistiques et scientifiques, permet désormais de révoquer en doute la prétendue supériorité italienne. On n'adopte déjà plus, pour écrire en français plutôt qu'en latin, un ton d'excuse, on n'admire plus sans réserve tout ce qui est italien, on se méfie

---

[1] Que de nombreux Français de cette époque, et plus tard, aient été capables d'écrire l'italien, c'est ce qu'a démontré Emile Picot dans *Les Français italianisants au XVIe siècle* (Paris, 1906–7), 2 t.   [2] Voir n° 4.

de plus en plus de l'impopulaire Catherine. Parmi les voix qui s'élèvent pour protester contre l'influence italienne, surtout en matière de langage, celle d'Henri Estienne est de loin la plus éloquente et la plus véhémente. Estienne, qui a passé plusieurs années en Italie, parle un italien impeccable : il écrit donc en connaissance de cause. Les assauts qu'il livre à l'italien se retrouvent dans trois ouvrages qui constituent une sorte de trilogie. Dans le premier, qui s'intitule le *Traicté de la conformité du language françois avec le grec* (1565),[1] il lance dès la préface un défi à la langue italienne. Il déclare que celle-ci doit au français davantage que celui-ci ne lui doit à elle, et qu'elle est bien inférieure au français — pour une raison qu'on n'aurait pas devinée. Le français, étant de toutes les langues anciennes et modernes la plus proche du grec, et le grec étant universellement reconnu pour supérieur à toutes les autres langues, il s'ensuit que le français, et rien que le français, doit occuper la seconde place dans la hiérarchie des langues et, si l'on fait abstraction du grec, la première.[2] Estienne ravale les affectations courantes du langage courtisanesque, et parle avec approbation du français 'pur et simple, n'ayant rien de fard, ni d'affectation : lequel monsieur le courtisan n'a point encores changé à sa guise, & qui ne tient rien d'emprunt des langues modernes'.[3] En 1578 il revient à la charge avec ses *Deux dialogues du nouveau langage françois italianizé, & autrement desguizé, principalement entre les courtisans de ce temps*.[4] Il est évident que pour Estienne, comme pour beaucoup de ses contemporains, l'influence italienne n'est pas uniquement une question linguistique : ils ont bien d'autres griefs contre les Italiens haut placés à la cour et dans les affaires du royaume, et surtout contre Catherine de Médicis, jugée responsable du massacre de la Saint-Barthélemy. Or, Estienne est protestant... Quand on lit ces dialogues, il faut évidemment faire la part de l'exagération, mais il n'est pas douteux que le jargon raillé par Estienne n'ait existé. Il admettrait à la grande rigueur quelques mots italiens vraiment intraduisibles, c'est-à-dire ceux qui se rapportent à des qualités jugées exclusivement italiennes — mais ces mots ne sont ni nombreux, ni flatteurs. Dans les dialogues, Estienne assigne à l'un des interlocuteurs, Celtophile, la tâche d'attaquer l'italianisme, et il en confie la défense (perdue d'avance, cela va de soi) à Philausone (= 'l'ami de l'Italie'). C'est pourtant Philalethe (= 'l'ami de la vérité') qui vient vers la fin du livre démolir les arguments de Philausone et qui lui fait reconnaître que les courtisans parlent un jargon lamentable. Mais Philausone n'admet pas pour autant la supériorité du français, et Philalethe promet de la lui démontrer en une autre occasion. En effet, l'année suivante,

[1] Voir n° **28**.

[2] Estienne n'est pas le premier à soutenir que le français et le grec sont des langues étroitement apparentées. Guillaume Budé avait été du même avis, et Joachim Périon avait cru démontrer cette parenté dans un ouvrage intitulé *De linguæ gallica origine*, publié en 1555. Après Estienne, Léon Trippault reprend la thèse dans son *Celt'Hellenisme ou etymologie des mots françois tirés du grec* (Paris, 1580, souvent réédité).

[3] Préface, ¶ vᵛᵒ.   [4] Voir n° **36**.

Philalethe, c'est-à-dire Estienne lui-même, entreprend de démontrer ce qu'il nomme la *precellence du langage françois*. Il ne se contente plus d'attaquer les italianismes ou de s'acharner contre la manie d'admirer tout ce qui est italien. Il porte la guerre jusque dans le territoire ennemi, reprenant la thèse déjà ébauchée dans la *Conformité* de 1565, et il soutient que le français n'a pas besoin d'autres langues, l'italien y compris,[1] et que si l'on compare le français et l'italien du point de vue de la *gravité*, la *gentillesse*, la *bonne grâce*, la *brièveté* et la *richesse*, on constatera que le français, plus libéralement doué des qualités nommées, triomphe facilement de son rival. Rappelons qu'Estienne croit avoir déjà démontré que le français est plus voisin du grec que l'italien, et partant plus près de la perfection. Il faut dire cependant que les arguments qu'il fait valoir ne sont pas probants. Il s'étale sur les preuves favorables au français et supprime les témoignages qui pourraient favoriser l'italien, mais enfin et surtout il ne se rend pas compte que, s'il est légitime et de bonne méthode de comparer deux systèmes linguistiques, il est parfaitement gratuit de vouloir, par des jugements purement subjectifs, démontrer la supériorité ou l'infériorité de telle langue à telle autre. Estienne déclare en outre que l'italien a emprunté de nombreux mots au français, mais il ne semble pas lui être venu à l'esprit que le parallélisme des deux vocabulaires pourrait avoir une tout autre explication, à savoir une origine commune. Ainsi, il affirme que les Italiens appellent la tête *testa*, parce qu'ils ont emprunté ce mot au français. Et si la conjonction française *que* et son homologue italien *che* admettent tous deux des emplois qu'ignorait la conjonction latine *quod*, c'est, à en croire Estienne, que l'italien a dû emprunter ces fonctions au français — et ainsi de suite.

Mais il est fort probable que les travers linguistiques visés par Estienne n'avaient jamais connu qu'une vogue limitée, dans un milieu très restreint, et s'ils ont fini par disparaître, leur disparition est moins attribuable à l'influence d'Estienne qu'au déclin de l'influence italienne en général, déclin déjà perceptible bien avant 1580. Les excès délétères, les tics et les affectations ont disparu peu à peu, mais les mots dont la langue avait besoin ont subsisté. A la vérité, Estienne n'a pas fait la distinction essentielle entre les emprunts utiles et les affectations gratuites, et cette distinction, il ne l'a pas vue parce qu'il ne voulait pas la voir. Mais il est certain que l'italien a légué à la France du XVIe siècle un apport lexical très précieux, comme il apparaît encore aujourd'hui pour peu qu'on examine le vocabulaire de l'art, de l'architecture, de la littérature, de la musique, de la finance, de la navigation et de la guerre. Des mots comme *alerte*, *bataillon*, *bilan*, *artisan*, *cadre*, *escale*, *escompte*, *façade*, *grotesque*, *vedette*, *campagne*, *soldat*, *sourdine*, *récolte*, *attaquer*, *manquer*, *réussir*, tous empruntés au XVIe siècle, n'ont aujourd'hui rien d'exotique et font tout simplement partie intégrante du lexique français.

---

[1] Estienne se rapproche par là du point de vue exprimé en 1551 par Barthélemy Aneau et par Guillaume des Autels. Voir ci-dessus, pp. 4-5.

ÉTUDE

L'EXTENSION DU FRANÇAIS EN FRANCE[1]

S'il y avait encore à la veille de la Révolution des millions de patoisants en France, comme il ressort du célèbre rapport de l'abbé Grégoire,[2] il est permis de supposer, à plus forte raison, que les patois étaient bien vivaces au XVIe siècle, et il n'est que de consulter les textes et surtout les grammaires de l'époque pour trouver la confirmation de cet 'a priori'. Tel grammairien tire argument des nombreux dialectes pour démontrer la richesse du français par rapport aux langues étrangères;[3] tel autre croit discerner un parallélisme entre l'état dialectal de la France et celui de la Grèce antique, et oppose le parisien, le picard, le lyonnais, le limousin et le provençal aux dialectes attique, dorique, éolien, ionien et commun;[4] tel érudit, enfin, dédaigneux du français, allègue la multiplicité des dialectes pour montrer l'insuffisance et la corruption de la langue vulgaire par rapport au latin.[5]

Les traits dialectaux que les grammairiens signalent et condamnent le plus souvent, ce sont certaines particularités de la prononciation régionale. C'est en parcourant le *Champfleury* de Tory (1529), l'*Isagωge* de Dubois (1531), le *De pronuntiatione linguæ gallicæ* de Sainliens (1580) et le *De francicæ linguæ recta pronuntiatione* de Théodore de Bèze (1584) qu'on apprend que les Picards disaient *men, ten, sen*, et non *mon, ton, son*; *mi* et non *moi*; *gardin* et non *jardin*; *cat, quien, mouque*, et non *chat, chien, mouche*; *chechi, chela*, et non *ceci, cela*; *kouatre* et non *quatre*; que les Bourguignons, les Berrichons et les Lyonnais disaient *en ault, l'acquenée, l'azard, les ouseaux*, au lieu d'*en hault, la hacquenée, le hazard, les houseaux*; que les Normands disaient *en bonne fe vere* pour *en bonne foi voire*; que les Gascons confondaient *v* et *b*; que les habitants de Bourges disaient *une ajace* pour *une agace*; que les Bourguignons disaient *je va, j'aima, je parlera*, au lieu de *je vai(s), j'aimai, je parlerai*; et enfin que les Lorrains, retranchant les *e* finals féminins, prononçaient *une herbett', une musett', une chansonnett'*.

Pour ce qui est du lexique dialectal, poètes et prosateurs s'arrogent le droit d'utiliser au besoin des mots de terroir, et, effectivement, en introduisent dans leurs œuvres, puisant de préférence, mais non exclusivement, dans leur propre dialecte. Ainsi, Montaigne et Monluc ne se font pas scrupule d'employer de temps à autre des mots gascons, Marot met à

---

[1] Pour l'extension du français dans les textes et documents de toutes les régions du Nord de la France, consulter la chronologie provisoire établie par C.-Th. Gossen dans son article 'Die Einheit der französischen Schriftsprache im 15. und 16. Jahrhundert', *Zeitschrift für romanische Philologie*, LXXIII (1957), pp. 427–59. Pour le Midi, voir A. Brun, *Recherches historiques sur l'introduction du français dans les provinces du Midi* (Paris, 1923).

[2] Rapport intitulé *Sur la nécessité et les moyens d'anéantir les patois et d'universaliser l'usage de la langue françoise*, présenté à la Convention le 4 juin 1794.

[3] Voir Henri Estienne, *La Precellence du langage françois* (Paris, Mamert Patisson, 1579), pp. 132–46.

[4] Voir Geoffroy Tory, *Champfleury* (1529), f° ivᵛᵒ–vᵛᵒ, et n° 8b.

[5] Voir Charles de Bouelles (Bovillus), *De differentia vulgarium linguarum et gallici sermonis varietate* (Paris, 1533).

contribution le dialecte du Quercy, Ronsard emprunte volontiers au vendômois, Rabelais au tourangeau, Tabourot au dijonnais, et Guillaume Bouchet au poitevin. Mais c'est Ronsard qui a donné au principe de l'emprunt dialectal sa formulation magistrale en déclarant dans son *Abregé de l'art poétique françoys*:

Tu scauras dextrement choisir et approprier à ton œuvre les mots plus significatifs des dialectes de nostre France, quand mesmement [c.-à-d. surtout quand] tu n'en aurois point de si bons ny de si propres en ta nation, & ne se faut soucier si les vocables sont Gascons, Poitevins, Normans, Manceaux, Lionnois ou d'autre païs, pourveu qu'ilz soyent bons & que proprement ilz signifient ce que tu veux dire...[1] Plus nous aurons de motz en notre langue, plus elle sera parfaicte.[2]

Ronsard, il est vrai, n'est pas allé jusqu'au bout de sa propre théorie, et si dans ses œuvres de jeunesse il emploie des mots dialectaux tels que *astelle* 'éclat de bois', *bers* 'berceau', *crouillet* 'loquet', et *dougé* 'mince', il les évite à partir de 1560 environ, et il a même supprimé à la révision plusieurs mots patois qu'il avait employés dans des éditions antérieures. Parmi les prosateurs, les conteurs surtout se réservaient le droit d'employer, pour la couleur locale, des mots de terroir pittoresques ou succulents.

Il n'est pas indifférent de faire remarquer que les grammairiens ne font en général aucune distinction, en parlant de l'état linguistique du Nord de la France, entre dialecte et français régional, et leurs affirmations au sujet de la prononciation et du vocabulaire cadrent mieux avec la notion d'un français plus ou moins empreint de régionalisme qu'avec l'idée qu'il y avait de nombreux patois distincts, inintelligibles aux Parisiens. Ces patois inintelligibles existaient, certes, mais les grammairiens en disent peu de chose, précisément parce qu'ils ne les comprenaient pas et ne pouvaient les rattacher, par le menu, à ce qui leur était familier, à savoir au français régional qu'ils arrivaient encore à comprendre. C'est surtout par la prononciation et encore en partie par le vocabulaire que le français régional différait du français de Paris, et si les grammairiens, sauf exception,[3] ne disent rien de différences d'ordre syntaxique, c'est sans doute parce que celles-ni n'étaient pas en évidence, si tant est qu'elles aient existé.

Le siècle est très pauvre en littérature dialectale, et, des auteurs peu nombreux qui s'y essaient, la plupart écrivent aussi, et davantage, en français.[4]

Les grammairiens, en somme, constatent et confirment l'existence de nombreux dialectes et de nombreuses formes régionales du français, mais, exception faite d'Henri Estienne, ils n'en tirent pas vanité. Ils présupposent

---

[1] Paris, 1565, f° 4ᵛᵒ.   [2] Ouv. cit. f° 12ᵛᵒ.

[3] Jacques Pillot signale, par exemple, la tendance des Picards à dire *blanc pain, rouge vin*; voir sa *Gallicæ linguæ institutio* (Paris, Groulleau, 1550), f° 13ᵛᵒ.

[4] Voir le premier chapitre de l'ouvrage de J.-B. Noulet, *Essai sur l'histoire littéraire des patois aux XVIe et XVIIe siècles* (Paris, 1859).

tous, au contraire, une certaine norme linguistique d'après laquelle ils portent des jugements sur les écarts régionaux ou sociologiques. Cette norme, Geoffroy Tory la qualifie en 1529 de *beau françois* ou de *bon françois*,[1] et Henri Estienne, cinquante ans plus tard, de *bon et pur françois* et de *pur & nayf* [c.-à-d. naturel] *françois*.[2] Si les grammairiens ne sont pas toujours d'accord sur la question de savoir si la langue de la Cour est préférable à celle du Palais[3] — et il y en a qui ne les distinguent pas l'une de l'autre[4] — au moins sont-ils unanimes à reconnaître que Paris est suprême en matière de langage. Dubois cite le picard à tout bout de champ, mais il parle aussi de la proche parenté du français et du picard, et c'est en fin de compte le français et non le picard qui constitue le sujet déclaré de sa grammaire.[5] Il est permis de discerner une certaine ironie dans le fait que certains auteurs qui parlent, d'un air de défi, des droits de leur dialecte maternel ou qui affectent d'admirer la richesse et la variété des dialectes, se gardent bien, néanmoins, d'écrire en picard, en angevin, ou en limousin! Ronsard peut bien préconiser, comme nous l'avons vu, l'emploi de mots régionaux, mais il déclare sitôt après que la seule forme du français qui ait du prestige, c'est la langue du roi et de la Cour.[6] Montaigne a beau souhaiter 'que le gascon y arrive si le François n'y peut aller',[7] c'est en français et non en gascon qu'il a écrit ses *Essais*: il voulait simplement, comme Ronsard d'ailleurs, se réserver le droit d'employer tel mot dialectal dans le cas où il ne trouverait pas de mot français capable de traduire sa pensée avec exactitude. Il est intéressant de comparer de telles observations avec ce que dit Pierre-Robert Olivétan dans l' 'Apologie du Translateur' qui sert de préface à sa traduction de la Bible, publiée en 1535.[8] Il fait une espèce de recensement de tous les dialectes de France, comme s'il était difficile de décider dans quel dialecte il fallait traduire, tandis qu'en réalité en s'exprimant en français il a déjà fait son choix; et quoiqu'il cite comme Bovillus le mot latin *ita* qui se traduit de tant de façons différentes selon les régions, il l'a déjà traduit de prime abord par *oui*.[9] Olivétan n'est pas seul à parler en français de la difficulté de savoir dans quel dialecte écrire!

Le grammairien anglais Palsgrave décrit très nettement la situation linguistique de la France vers 1530.[10] Pour lui, la norme, c'est le français de Paris et de la région entre Seine et Loire. Et il continue: 'de quelque pays de France qu'on soit originaire, il faut toujours, en écrivant, employer le français de la région décrite ci-dessus, si l'on veut que ses écrits soient jugés estimables. Au surplus, les prédicateurs et les fonctionnaires, où

---

[1] Voir *Champfleury*, f° xii^{ro–vo} et f° xxxvii^{ro}.
[2] *Precellence*, p. 143.
[3] Voir Henri Estienne, *Deux dialogues* (1578), p. 78; Bèze, *De francicæ linguæ recta pronuntiatione*, p. 8.
[4] Voir Robert Estienne, *Traicte de la grāmaire francoise* (1557), p. 3.
[5] Voir l'*Isagœge*, a vi^{ro}.   [6] Voir l'*Abregé*, f° 5ro.
[7] *Essais*, 1er Livre, ch. xxvi, 'De l'institution des enfans'.
[8] Il s'agit de la *Bible* de Neuchâtel: voir n° 11.   [9] *Bible* *iiii^{vo}.
[10] Voir son *Esclarcissement de la langue francoyse* (Londres, 1530), 1er Livre, ch. xli, f° xiii^{vo}.

qu'ils résident, parlent ce même français parfait.' Il n'est pas jusqu'aux Wallons de Hainault et de Brabant, à en croire Palsgrave, qui ne se servent en écrivant du français de Paris, quoiqu'ils aient conservé dans leur langage parlé des habitudes linguistiques basées sur le vieux 'roman' (c'est-à-dire sur le vieux français, illustré pour Palsgrave par le *Roman de la Rose*). Plus tard, pour Robert Estienne, le français le plus pur, c'est celui qu'on parle et que l'on écrit à la Cour, au Parlement de Paris, à la Chancellerie et à la Chambre des Comptes, et c'est là l'usage qu'il prétend suivre lui-même dans sa grammaire.[1] Son fils Henri, il est vrai, n'accepte pas sans réserve le français de Paris, car il rejette d'une part le jargon affété des courtisans, et d'autre part certains aspects du langage du menu peuple, non identiques selon lui au 'pur et nayf langage françois'. Celui-ci, d'ailleurs, se parle non seulement à Paris, mais aussi dans d'autres grandes villes, à Orléans, à Vendôme, à Chartres, et même à Bourges. C'est à Paris, cependant, que la plus grande proportion des habitants parle ce français très châtié.[2] Il n'y a dans les affirmations d'Henri Estienne rien qu'on ne puisse accorder avec ce qu'avait dit Palsgrave cinquante ans plus tôt, car il ressort de l'*Esclarcissement* qu'en dehors de la région entre Seine et Loire il n'y avait qu'une minorité parlant français.

En 1539, année des Ordonnances de Villers-Cotterets, sur lesquelles nous aurons à revenir, les parlers régionaux du nord de la France, sous leur forme écrite, sont plus ou moins d'accord avec le français de Paris. Littéraires ou judiciaires, les textes en langue vulgaire sont d'une uniformité frappante, et si quelque trait dialectal perce de temps à autre, on ne saurait affirmer, pour autant, qu'il s'agisse de textes écrits en dialecte. Ainsi, en Champagne, en Franche-Comté, en Bourgogne, en Bourbonnais, en Bretagne, en Anjou, dans le Maine, en Touraine, dans le Berry, en Dauphiné du nord et en Poitou, on écrivait un français très pur. En Normandie et dans le Lyonnais, il est vrai, les traits dialectaux, plus tenaces, se font davantage remarquer, mais ils disparaissent vers la fin du siècle. Or ces témoignages de la langue écrite ne sont nullement en contradiction avec les affirmations des grammairiens qui notent telle prononciation locale ou citent tel provincialisme. Dans le Nord de la France, on se servait pour écrire de *scriptæ* régionales dans lesquelles, de tout temps, le français avait prédominé et qui s'étaient purgées petit à petit de leurs traits dialectaux. En Picardie, en Wallonie et en Lorraine ces *scriptæ* étaient plus conservatrices qu'ailleurs, et se débarrassaient encore très lentement, au cours du XVIe siècle, de leurs particularités régionales. Dans le domaine du franco-provençal on constate, après une période d'hybridisme, un recul bien net du dialecte devant le français.

Dans le Midi, par contre, la situation était tout autre: là, il s'agissait

---

[1] Voir le *Traicte de la grãmaire françoise* (Paris, 1557), 'Au lecteur', p. 3.
[2] Voir *Precellence*, pp. 134–5 et 143. Voir aussi L. Clément, *Henri Estienne et son œuvre française* (Paris, 1899), pp. 379–88.

plutôt de remplacer par le français une *scripta* occitanienne assez solidement établie. Mais l'unification du Nord et du Midi sous un gouvernement central s'était déjà accomplie (à l'exception du Béarn et du Roussillon), et les grands seigneurs féodaux avaient été réduits à la soumission. L'autorité royale n'était plus pour les Méridionaux quelque chose de lointain et d'extérieur: elle se faisait sentir dans les parlements régionaux, à Bordeaux, à Toulouse, à Aix-en-Provence, à Grenoble; elle était partout présente dans la magistrature et dans le corps des notaires et des fonctionnaires qui proliféraient. On écrivait de plus en plus le français. En de pareilles circonstances, l'ancienne dualité du Languedoil et du Languedoc ne pouvait pas continuer, au moins à l'échelon administratif, et en effet une série d'ordonnances royales imposait de plus en plus rigoureusement l'emploi du français à des fins administratives et judiciaires.

C'est ainsi qu'en 1490, par les Ordonnances de Moulins, Charles VIII décrète que les 'dits et depositions' de témoins dans les cours de justice du Languedoc 'seront mis ou redigés *en langage françois ou maternel*, tels que les dits tesmoins puissent entendre leurs depositions et on les leur puisse dire et recenser en tel langage et forme qu'ils auront dit et deposé'.

En 1510, Louis XII décrète que 'tous les procès criminels et les dites enquestes en quelque maniere que ce soit seront faites *en vulgaire et langage du pays* où seront faits les dits procès criminels et enquestes...'.

De telles mesures visaient surtout, il va sans dire, ce que l'usage du latin pouvait avoir d'injuste et de déloyal pour les témoins et les prévenus. Il ne semble pas que les rois aient eu encore l'idée d'unifier la France du point de vue linguistique: il leur suffisait sans doute que le pays fût unifié politiquement. De toute façon, les ordonnances de 1490 et de 1510 n'étaient pas toujours respectées.

En 1535, François Ier, par les Ordonnances d'Is-sur-Tille ('sur la réformation de la Justice en pays de Provence'), ordonne 'que doresenavant tous les procès criminels et les enquestes seront faictz *en françoys ou a tout le moins en vulgaire dudict pays*'.

Puis, en 1539, s'ensuivirent les Ordonnances de Villers-Cotterets, dont l'article 111, rompant avec le passé, marque un important pas en avant. Au surplus ces ordonnances étaient exécutoires dans le royaume entier.

'Nous [c.-à-d. François Ier] voulons que doresnavant tous arrestz ensemble toutes aultres procedures...soient pronõcez enregistrez & delivrez aux parties *en langage maternel françois & non aultrement*.'

Nul doute que cette disposition ne fût rédigée exprès pour rendre impossible non seulement l'emploi du latin, mais aussi, jusque-là toléré, celui d'autres langues ou dialectes vulgaires.[1] Dans les ordonnances pré-

[1] H. Peyre dans *La Royauté et les langues provinciales* (Paris, 1933), pp. 84 et suiv., et P. Fiorelli dans *Le français moderne*, t. XVIII (1950), pp. 279–88, soutiennent que la formule *langage maternel françois* permettait encore l'emploi de langues vulgaires régionales, mais il semble que personne, en 1539, n'ait songé à interpréter la formule comme le veulent MM. Peyre et Fiorelli. Voir l'article d'Auguste Brun dans *Le français moderne*, t. XIX (1951), pp. 81–6.

cédentes, les mots 'langue vulgaire' avaient prêté à l'équivoque: maintenant il n'y avait plus d'équivoque possible. L'article 111 des Ordonnances de 1539 eut donc pour conséquence d'accélérer dans le Midi un pro-

⸿ De prononcer & expédier tous actes en langage
francoys.   Article.c.xj.

Et pource que telles choses sont souuentesfois aduenues sur l'intelligence des motz latins côtenus esdictz arreftz. Nous voulons que doresnauant tous arreftz ensemble toutes aultres proceddures soient de noz cours souueraines ou aultres subalternes & inferieures/soient de registres/enquestes/contractz/commissions/sentences/testamens & aultres quelzconques actes & exploitz de iustice/ou qui en dependent soient pronôcez/enregistrez & deliurez aux parties en langage maternel francois/& non aultrement.

L'article 111 des Ordonnances de Villers-Cotterets, 1539[1]
(Photo British Museum)

cessus déjà bien avancé. Dans le nord, après tout, on n'écrivait déjà depuis longtemps qu'un français plus ou moins pur. A la fin du XVe siècle, il y avait eu, dans chaque région du Midi, un petit groupe d'administrateurs et de notaires parlant et écrivant le français au besoin. Entre 1500 et 1535, le français dominait déjà, sous sa forme écrite, la campagne limousine, le Périgord, Bordeaux, la Haute-Auvergne, le Velay, Valence, Bagnols, Avignon, Nîmes et Montpellier. Il avait pénétré dans Limoges, il rayonnait autour de Bordeaux et de Libourne, se répandait dans l'Agenais, atteignait Toulouse, Limoux, Béziers, le Gévaudan, le Vivarais, Montélimar et Arles — et tout cela avant que l'Ordonnance de Villers-Cotterets soit entrée en vigueur. Sitôt l'ordonnance promulguée, le français fait son apparition dans les documents des Landes gasconnes, de l'Armagnac, de la plaine de Bigorre, de l'Albigeois, du Quercy, du Rouergue, du Dauphiné méridional, et de la Provence. A partir de 1549, plus de traces de dialecte dans les textes, même dans les coins perdus du Rouergue, des Cévennes et des Alpes provençales. En 1450, à peu près partout dans le Midi, le français avait été une langue étrangère: en 1550, on le parle peu sans doute, mais, dans l'écrit, c'est déjà la seule langue indiquée. On l'adopte même dans des cantons où l'ordonnance n'est pas exécutoire — p.ex. dans le Comtat Venaissin, en Savoie et en Béarn.[2]

Outre les ordonnances royales intervenant directement dans l'état linguistique du Midi, d'autres facteurs, naturellement, travaillaient pour la diffusion du français. Le protestantisme, amenant à sa suite la Bible

[1] Voir *Ordonnances royaulx sur le faict de la justice*..., Lyon, Thibault Payen, 1539, D iii (B.M. Db 5/2).
[2] Voir les *Recherches historiques* d'Auguste Brun, pp. 407–11, ainsi que son article 'La Pénétration du français dans les provinces du Midi du XVe au XIXe siècle', *Le français moderne*, t. III (1935), pp. 149–61.

française, les cadets de Gascogne rentrant chez eux après avoir appris la langue du nord du pays, les nouveaux collèges transmettant, d'abord en latin mais ensuite en français, les idées de la Renaissance et les trésors de la culture nationale, l'imprimerie introduisant partout des ouvrages scientifiques et littéraires en français, et enfin et surtout l'absence d'une culture locale capable d'étayer les langues régionales — tout conspirait à rendre le français indispensable à ceux qui savaient lire et écrire.[1] On peut dire qu'en 1600, si le français n'était pas encore, et de bien loin, la langue commune du Midi, c'était au moins la langue qu'on écrivait, la langue de la presque totalité des livres, et la deuxième, plus rarement la première, langue d'une partie limitée mais très influente, et toujours croissante, de la société méridionale.

LE FRANÇAIS HORS DE FRANCE

A la fin du moyen âge, on parlait encore le français dans les cours de l'Angleterre, de l'Allemagne, des Pays-Bas, de la Savoie et de l'Italie, et on y goûtait la poésie française. Cependant, dans les relations politiques, ecclésiastiques et intellectuelles entre les différents pays d'Europe, il faut reconnaître que l'emploi du français était moins en évidence que celui du latin.

Il est certain que le français avait perdu du terrain en Angleterre depuis le XIIIe siècle, époque à laquelle c'était encore la langue maternelle de beaucoup d'Anglais, ainsi que, comme nous le rappelle Claude Fauchet,[2] la langue de la procédure et des débats parlementaires. Au XVIe siècle, le français n'est plus parlé en Angleterre que par une minorité cultivée qui l'apprend comme seconde langue à des fins culturelles ou pratiques. Mais les nombreux manuels de français qui paraissent à Londres au cours du siècle permettent de supposer que cette minorité est en expansion.[3] Surtout pendant et après les guerres de religion, de nombreux huguenots, réfugiés en Angleterre, enseignent leur langue non seulement aux nobles mais aussi à la haute bourgeoisie. Parmi ces réfugiés devenus professeurs, le plus célèbre est sans doute Claude de Sainliens, gentilhomme bourbonnais, auteur d'un dictionnaire et de manuels bilingues d'un haut mérite.[4]

L'Italie, en raison de son évidente supériorité culturelle à la fin du XVe siècle, n'est pas un terrain très propice à la diffusion du français, sauf dans

---

[1] A. Brun, *Recherches historiques*, pp. 425–30.

[2] C.-à-d. dans son *Recueil de l'origine de la langue et poesie françoise* (1581), voir n° **42 b**.

[3] Pour l'histoire de l'enseignement du français en Angleterre au XVIe siècle, consulter l'admirable thèse de Kathleen Lambley, *The Teaching and Cultivation of the French Language in England during Tudor and Stuart Times* (Manchester University Press, 1920).

[4] Sainliens a pris le nom anglais de 'Holyband', calque de 'saint lien'. Nous reproduisons ci-dessous, n° **33**, quelques pages du texte français du *French Littelton*, publié en 1576. (La date de 1566 qui paraît sur la page de titre est certainement à corriger en 1576: voir l'article de A. W. Pollard dans les *Transactions of the Bibliographical Society*, t. XIII, 1915, pp. 253–72.)

des milieux très restreints, et si Claude de Seyssel affirme en 1509 que l'on comprend le français à peu près partout en Italie,[1] c'est surtout pour flatter Louis XII des succès politiques et militaires qu'il vient d'y remporter. Dans les Pays-Bas, le français jouit depuis longtemps d'un prestige considérable, et l'influence des ducs de Bourgogne d'abord, et ensuite celle des rois de France, a suffi pour maintenir le français comme langue de culture, sauf dans les provinces septentrionales où il n'a guère pénétré. Plus tard, toutefois, pendant les guerres de religion, de nombreux réfugiés wallons s'établissent dans ces provinces, les plus éloignées du pouvoir de l'Espagne et de Rome, et désormais les professeurs de français ne manquent pas. Mais en général le français reste pour les habitants des Pays-Bas une seconde langue, cultivée par les classes supérieures de la société, et il n'empiète pas sur le domaine de l'administration, voué au flamand et au latin. Pour ce qui est de l'Allemagne, rappelons que le français est la langue maternelle de Charles-Quint, et qu'il jouit d'un grand prestige comme langue de culture en Alsace, au Palatinat, et en Hesse. A partir du traité de Cateau-Cambrésis (1559), les nobles allemands viennent volontiers passer quelque temps en France, et les professeurs de français n'attendent pas les guerres de religion pour aller s'établir en Allemagne. D'où de nombreux manuels publiés à Cologne, à Francfort, à Marbourg, à Iéna, et à Nuremberg.

Pendant les Croisades, la langue française avait pris pied au Levant et au Proche-Orient, mais elle a eu beaucoup de peine à s'y maintenir de façon bien précaire. Cependant, on peut dire que le traité conclu en 1535 par François Ier et par Soliman le Magnifique permet au français de se raffermir au Levant. Les autres pouvoirs occidentaux doivent désormais solliciter la protection française pour traiter et pour plaider auprès de la Porte ottomane.

Il y aurait certes exagération à prétendre que le français se soit établi définitivement dans le Nouveau Monde au XVIe siècle. Bien que l'expédition au Canada de Jacques Cartier en 1534 eût pour suite l'établissement du commerce des fourrures et du poisson, ce n'est qu'à partir de 1604 qu'il est légitime de parler d'une colonie française permanente. Plus au sud, les tentatives d'établir des colonies à Rio de Janeiro (1555–67),[2] à Beaufort dans la Caroline du Sud (1562) et en Floride (1565) n'ont pas eu de lendemain.

Pour terminer ce chapitre, nous donnons ci-dessous, par ordre chronologique, les titres des grammaires, des manuels de langue, et des dictionnaires les plus importants qui furent publiés à l'étranger pour faciliter l'apprentissage du français.

---

[1] Voir *Les Histoires universelles de Trogue Pompee, abbregees par Iustin Historien, Translatees...par Messire Claude de Seyssel* (Paris, 1559), prologue, aa ii^{ro}.

[2] Voir les *Singularitez* d'André Thévet (1558), n° **23 b** et **c**.

1521   Alexander Barcley, *The introductory to wryte and to pronounce Frenche* (Londres).

1528   (anonyme), *Le Fragment de Lambeth* (voir A. J. Ellis, *On early English pronunciation* (Londres, 1871), t. III, pp. 221, n. 1, et 814–16).

1530   Jehan Palsgrave, *Lesclarcissement de la langue francoyse* (Londres) (en anglais).

1532?   Giles du Wes, *An introductorie for to lerne to rede, to pronounce and to speke French truly* (Londres).

1553   Peter du Ploiche, *A Treatise in English and French right necessary and proffitable for al young children* (Londres).

1558   Jean Garnier, *Institutio gallicæ linguæ in usum iuventutis germanicæ* (Genève).

1562   Gabriel Meurier, *Vocabulaire françois-flameng* (Anvers).

1563   Gabriel Meurier, *Vocabulaire flameng-françois* (Anvers).

1565   Jacques Liaño, *Vocabulario de los vocables que mas comunmente se suelen usar, puestos por orden del Abecedario en frances y su declaracion en español* (Alcalá).

1566   Gerard du Vivier, *Grammaire françoise, touchant la lecture declinaisons des noms & coniugaisons des verbes* (Cologne).

1573   Claudius Holyband (Claude de Sainliens), *The French Schoolemaister* (Londres).

1576   Claudius Holyband (Claude de Sainliens), *The French Littelton* (Londres).

1576   Antoine Cauchie, *Grammatica gallica*, 2ème édition (Anvers).

1580   Claudius Holyband (Claude de Sainliens), *De pronuntiatione linguæ gallicæ* (Londres).

1583   Panthaleon Thevenin, *Grammatica latino-francica* (Francfort).

1584   Théodore de Bèze, *De francicæ linguæ recta pronuntiatione* (Genève).

1588   Petrus Andræas Lumme, *Grammatica gallica brevis* (Cologne).

1589   Elcie Mellema, *Dictionaire ou promptuaire françoys-flameng* (Anvers).

1592   G. ? de la Mothe, *The French alphabeth* (Londres).

1593   Claudius Holyband (Claude de Sainliens), *A dictionarie french and english* (Londres).

1593   Pierre Morlet, *Institutio gallicæ linguæ primum a Ioanne Garnerio in lucem edita* (Iéna).

1596   Pierre Morlet, *Janitrix siue institutio ad perfectam linguæ gallicæ cognitionem acquirendam* (Oxford).

1596   Levinus Hulsius, *Dictionnaire françois-alemand et alemand-françois* (Nuremberg).

1598   Abraham des Mans, *Grammaire françoise* (Cologne).

1599   Lucas Wetzlius, *Spicilegium de gallica lingua Germanis eam discentibus multum profuturum* (Marbourg).

1600   Daniel Cachedenier, *Introductio ad linguam gallicam* (Francfort).

LES GRAMMAIRIENS[1]

Abstraction faite de quelques 'manuels de langage' médiévaux, composés à l'étranger et très sujets à caution, ce n'est qu'au XVIe siècle qu'on s'avisa en France d'analyser la langue vulgaire. Que les premières grammaires soient purement descriptives ou non, elles témoignent par leur existence même d'une attitude nouvelle à l'égard du français et de ses rapports avec les langues anciennes, surtout le latin, puisqu'elles supposent toutes une langue vulgaire digne qu'on s'en occupe, et cela à une époque où il y a encore de nombreux érudits pour la considérer inférieure et corrompue.[2] Partant d'une pétition de principe qui voulait que les langues anciennes fussent arrivées à l'état de perfection et d'immutabilité, on faisait souvent allusion au caractère informe et flottant du français, tout en exprimant le souhait d'y remédier dans la mesure du possible.[3] A première vue en effet, le français était gravement désavantagé par rapport aux langues anciennes, et semblait ne pouvoir jamais prétendre rivaliser avec elles: c'était une langue mal définie, qui changeait tous les jours d'aspect, tandis que le latin et le grec, par miracle, bénéficiaient d'une immobilité naturelle — et illusoire. Véhicule de toutes les connaissances léguées par l'antiquité, langue internationale de savants et de diplomates, langue officielle des universités et de l'Église, le latin semblait jouir à la sortie du moyen âge d'un prestige inattaquable. Cependant, l'esprit vulgarisateur de la Renaissance voulait que toutes les connaissances, toutes les sciences humaines, fussent mises à la portée de tous, à commencer en attendant mieux par ceux qui savaient lire. On avait d'ailleurs devant les yeux l'exemple de l'Italie, où une langue vulgaire s'était déjà montrée capable de transmettre aux générations nouvelles tout ce qu'il y avait de plus beau et de plus édifiant dans le monde antique, et de traduire aussi des idées d'une nouveauté frappante. Pour que le français pût à son tour servir de véhicule aux connaissances les plus précieuses et les plus importantes de l'humanité, il fallait l'étudier et l'analyser, lui donner des règles, le fixer. Le latin pour sa part n'avait jamais manqué de grammairiens, et une grammaire française, qui sait? permettrait de saisir, ne serait-ce que provisoirement, le caractère véritable et les principes fondamentaux de la langue de tous les jours. Il ne suffisait

---

[1] Voir, outre les grammaires citées dans les pages suivantes, Ch. Livet, *La Grammaire française et les grammairiens du XVIe siècle* (Paris, 1859); A. Benoist, *De la syntaxe française entre Palsgrave et Vaugelas* (Paris, 1877); Ch. Brunot, *Histoire de la langue française*, t. II, pp. 124–59; et L. Kukenheim, *Contributions à l'histoire de la grammaire italienne, espagnole et française à l'époque de la Renaissance* (Amsterdam, 1932). On trouvera un répertoire très utile de toutes les grammaires publiées en France et à l'étranger dans E. Stengel, *Chronologisches Verzeichnis französischer Grammatiken vom Ende des 14. bis zum Ausgange des 18. Jahrhunderts* (Oppeln, 1890), pp. 19–30.

[2] Voir p.ex. Charles de Bouelles (Bovillus), *De differentia vulgarium linguarum et gallici sermonis varietate* (Paris, 1533), source très précieuse de renseignements sur l'état des dialectes en France au début du XVIe siècle.

[3] D'où les observations de Geoffroy Tory dans la préface de *Champfleury* (1529), voir n° 8a. On se rappelle ce qu'a dit Montaigne au sujet du caractère changeant de la langue vulgaire (*Essais*, 3ème Livre, ch. ix, 'De la vanité').

plus de parler inconsciemment et instinctivement, comme la foule des ignorants, il fallait approfondir et comprendre les procédés linguistiques. Ceux qui savaient le latin en connaissaient évidemment les règles; mais le latin n'était la langue maternelle de personne. Il était à souhaiter que ceux qui parlaient et surtout ceux qui lisaient le français eussent pleinement conscience de ce qu'ils faisaient, et la tâche était d'autant plus urgente que, déjà, apparaissaient de nombreuses traductions employant tant bien que mal une langue sans fixité et sans règles pour interpréter les langues classiques prétendues parfaites. Il importait de perfectionner la langue vulgaire, et sans délai.

Mais avant qu'on examine dans le détail les grammaires françaises du XVIe siècle, une mise en garde s'impose. Si importantes et si intéressantes qu'elles soient en tant que témoignages contemporains des événements et des faits linguistiques, les tentatives des grammairiens ne nous aident que bien rarement et de façon bien incomplète à comprendre les textes de l'époque, encore moins à en analyser le langage. Les phénomènes que les grammairiens expliquent dans le plus grand détail ne sont pas le plus souvent ce que le lecteur moderne trouve difficile ou indispensable. Là où on a le plus besoin de secours, surtout dans le domaine de la syntaxe, les grammairiens trouvent peu de chose à dire. D'un mérite inégal du reste, ils ont le défaut commun d'être hantés par la grammaire latine, et cela n'a rien que de très compréhensible. Les grammairiens de l'époque ne savaient de la linguistique que ce qui se rapportait au latin ou de toute façon aux langues anciennes. Ils avaient hérité leur système, en dernier lieu, d'ouvrages tels que l'*Ars minor* et l'*Ars grammatica* de Donat, et des *Institutiones grammaticales* de Priscien, ouvrages influencés à leur tour par la grammaire grecque. Qu'ils aient cru ou non que le français dérive du latin, ils trouvaient tout naturel de chercher dans la langue maternelle les catégories et les parties du discours qui caractérisaient le latin. Or une telle méthode avait le grand défaut de faire paraître identiques le français et le latin là où ils différaient le plus en réalité: on en arrivait à décliner les substantifs alors que, par leur forme même, ils étaient rebelles à toute déclinaison. En soulignant les points de ressemblance avec le latin, réels ou imaginaires, on risquait fort de perdre de vue le caractère essentiellement analytique du français, mais on avait quand même de bonnes raisons de mettre l'accent sur les ressemblances plutôt que sur les différences, car plus la langue vulgaire avait d'affinités avec le latin — dussent-elles s'avérer fortuites et illusoires — moins elle lui paraîtrait inférieure.

Nous signalons ci-dessous les ouvrages constituant à notre avis l'apport principal du XVIe siècle à l'histoire de la grammaire française. A moins d'indication contraire, ces ouvrages ont paru à Paris dans la langue du titre:

1529   Geoffroy Tory, *Champfleury*.
†1530   Jehan Palsgrave, *Lesclarcissement de la langue francoyse* (Londres) (en anglais).

1531	Jacques Dubois (Sylvius), *In linguam gallicam isagωge.*
1544	Jean Drosai, *Grammaticæ quadrilinguis partitiones, in gratiam puerorum* (en français en partie).
1550	Louis Meigret, *Le Trętté de la grammęre françoęʒe.*
†1550	Jean Pillot (Pilotus), *Gallicæ linguæ institutio.*
1557	Robert Estienne, *Traicte de la grãmaire francoise,* s.l.
†1558	Jean Garnier, *Institutio gallicæ linguæ in usum iuventutis germanicæ* (Genève).
1562	Pierre de La Ramee (Ramus), *Gramere,* 1ère édition.
†1570	Antoine Cauchie (Caucius), *Grammatica gallica,* 1ère édition.
1572	Pierre de la Ramee (Ramus), *Grammaire,* 2ème édition.
†1576	Antoine Cauchie (Caucius), *Grammatica gallica* (Anvers), 2ème édition.
1582	Henri Estienne, *Hypomneses de gallica lingua* (Genève).
†1584	Théodore de Bèze (Beza), *De francicæ linguæ recta pronuntiatione* (Genève).
(1607	Charles Maupas, *Grammaire françoise* (Blois).)

Les ouvrages précédés d'une croix étaient destinés surtout aux étrangers désirant apprendre le français.

Il va de soi qu'il ne s'agit pas d'ouvrages entièrement indépendants les uns des autres. Tous ces auteurs ont eu pour prédécesseurs des grammairiens latins, et ils se sont en outre influencés mutuellement. Ainsi Palsgrave mentionne Tory; Drosai cite Dubois; Meigret, bien qu'il ne nomme pas Dubois, semble le viser en s'attaquant à la régularisation excessive; et Robert Estienne doit beaucoup à Meigret et à Dubois. Pour sa première édition, Ramus a puisé plusieurs idées et même quelques erreurs chez Meigret, tandis que pour la seconde il a mis à contribution la *Conformité du langage françois avec le grec* (1565) d'Henri Estienne. Les *Hypomneses* de celui-ci sont au fond des notes complémentaires à la *Grammaire* de son père, publiée en 1557, et Cauchie a considérablement modifié sa seconde édition à la lumière des critiques qu'Henri Estienne lui a adressées.

Quelle est donc la méthode du grammairien typique du XVIe siècle? Comme nous l'avons indiqué, étant donné la formation philologique des hommes de la Renaissance, toute tentative d'analyser la langue vulgaire ne pouvait aboutir qu'à un succès très limité, car le français possédait de nombreux traits qui ne cadraient pas du tout avec le système grammatical du latin. Le grammairien typique commence par détailler l'orthographe et la prononciation, mais, en tâchant d'établir la correspondance des sons et des lettres, il confond volontiers celles-ci avec ceux-là, les diphtongues avec les digrammes, etc. La partie principale du livre porte sur l'*étymologie*, par laquelle on entendait les changements que subissent les mots (latins ou français) selon les exigences de la grammaire et de la dérivation. Aujourd'hui on dirait plutôt 'morphologie'. Quant à la syntaxe, elle manque entièrement à plusieurs grammaires, ou bien, on ne trouve que quelques observations syntaxiques très éparses, sous des rubriques où l'on ne songerait pas à les chercher. Ainsi, pour les observations — très fines d'ailleurs — que Louis Meigret a consacrées à l'ordre des mots, il faut chercher sous la rubrique *Ponctuation*![1] Jean Garnier a écrit lui aussi des pages très utiles sur la même question.[2] C'est Ramus qui le premier a voulu consacrer à la syntaxe (telle qu'il l'entendait) une partie considérable de sa grammaire, mais si on parcourt la partie prétendue syntaxique de son édition de 1562, et même celle, très augmentée, de 1572,[3] on reste sur sa faim. Le fait est qu'au XVIe siècle, la syntaxe, que les grammairiens l'aient nommée ainsi ou non, ne dépassait guère les limites de l'accord du sujet avec le verbe, de l'adjectif avec le nom, du relatif avec son antécédent. Tel grammairien qui se reproche même de n'avoir pas tout dit sur la question, propose pour tout remède la lecture 'des bons aucteurs'.[4] Pour l'examen de questions fondamentales telles que la coordination et la subordination des propositions, il faut attendre Maupas au seuil du XVIIe siècle.

Outre de flagrantes omissions, les autres faiblesses des grammairiens relèvent surtout de la façon dont ils ont analysé les parties du discours. Rappelons qu'ils avaient l'espoir de montrer le français aussi régulier que le latin, et que les modèles qu'ils estimaient le plus étaient des auteurs latins.[5] Meigret a été le premier à insister sur la valeur de la langue parlée.

L'article défini avait déjà de quoi les embarrasser, puisque cette partie du discours n'existait pas en latin. Palsgrave comparant le français avec l'anglais, qui possédait l'article, et non avec le latin qui n'en avait pas, n'a pas partagé leur embarras, et il a fait de l'article tout simplement la neuvième partie du discours.[6] Mais pour tout grammairien attaché à la grammaire traditionnelle, il ne saurait être question de plus de huit parties, à savoir *nomen*, *pronomen*, *verbum*, *participium*, *adverbium*, *præpositio*, *coniunctio* et *interiectio*. S'il fallait absolument reconnaître à l'article une place à part, ce ne pouvait être qu'en redistribuant les autres parties, car il n'y avait pas moyen de sortir du 'système à huit'. C'est sans doute pour cette raison que Ramus, pour admettre l'article,[7] combine sous la même rubrique l'adverbe et l'interjection,[8] tandis que Pillot pour sa part admet l'article mais omet l'interjection.[9] Pour ce qui est des fonctions, on ne voyait dans l'article qu'un moyen d'indiquer le genre grammatical et le cas, et si on ne songeait pas à lui attribuer la valeur déterminative qui lui revient de droit, ce doit être parce qu'il était de tradition de ne reconnaître cette valeur qu'au démonstratif et au relatif.

---

[1] *Trętté*, f° 143ro–144ro.   [2] *Institutio*, pp. 97–100.   [3] *Grammaire* (1572), pp. 124–211.

[4] Ainsi, Jean Garnier (*Institutio*, p. 101) recommande à ses lecteurs de lire le Nouveau Testament et les *Mémoires* de Commines!

[5] S'ils citent des modèles français, c'est Jean Lemaire de Belges, Georges Chastellain, Jean Molinet, les deux Gréban, Alain Chartier, Froissart, Jean de Meun et Guillaume de Lorris qu'ils nomment le plus volontiers.

[6] *Esclarcissement*, Second Livre, f° xxxiro.   [7] *Grammaire* (1572), pp. 67–8.

[8] *Grammaire* (1572), p. 119. Pour les différences entre l'édition de 1562 et celle de 1572 voir l'article de N. S. Bement dans la *Romanic Review*, XIX (1928), 309–23.

[9] *Institutio*, f° 7ro.

Toujours suivant la grammaire latine, aucun grammairien français ne sépare le substantif et l'adjectif, ne voyant dans ces deux parties du discours que deux aspects différents du nom: ce ne serait pas déformer leur idée que de dire que le nom était pour eux *un genre* dont l'adjectif était *une espèce*.

Le genre grammatical n'était pas une simple question de masculin et de féminin. Dubois distingue cinq 'genres': masculin, féminin, commun, neutre, et incertain.[1] Palsgrave nie l'existence du neutre, mais il admet le genre incertain.[2] Pour Meigret aussi, le neutre n'existe pas, mais Henri Estienne, à qui il répugne d'admettre qu'une catégorie latine puisse ne pas exister en français, déclare que le neutre existe bien, mais qu'il est identique au masculin![3]

La déclinaison latine constitue encore une pierre d'achoppement pour les grammairiens français. Leurs yeux et leurs oreilles leur font reconnaître en principe que les noms français ne se déclinent pas, puisque la terminaison ne change que pour indiquer le pluriel. Ils n'en manquent pas moins de doter le français des mêmes cas que le latin, et ils en arrivent à 'décliner' les substantifs au moyen de ce qu'ils appellent généralement des prépositions, même là où celles-ci sont en réalité des combinaisons d'une préposition et de l'article défini.[4] Meigret, lui, a nettement compris la différence essentielle entre les désinences casuelles du latin et l'emploi des prépositions en français. S'il admet ailleurs la déclinaison des pronoms, c'est que ceux-ci ne sont pas invariables.[5] On conçoit que les grammairiens de la Renaissance se soient obstinés à distinguer des cas quoiqu'ils aient compris que les noms et les adjectifs français ne se déclinent pas. La notion des cas était familière à tout étudiant de latin, et une doctrine grammaticale qui n'en aurait pas tenu compte aurait déconcerté le lecteur. On a par conséquent continué à enseigner les cas, avec ou sans conviction, pour plus de commodité pédagogique. C'est ce qu'expliquera Maupas en 1607: 'Bien qu'à vray dire tous nos noms et participes soient indeclinables, toutefois *par manière d'enseigner* nous appellons declinaison l'application des articles.'[6] Voici donc une déclinaison type du XVIe siècle: *le roi* (accusatif et nominatif); *du roi* (génitif et ablatif); *au roi* (datif); *ô roi* (vocatif). Au pluriel: *les rois, des rois, aux rois, ô rois*.

Ce n'est que bien rarement qu'on a réussi à comprendre la nature véritable des prépositions combinées avec l'article défini, indispensables au système des cas tel qu'on le concevait au XVIe siècle. Palsgrave[7] et Henri Estienne,[8] il est vrai, ne se faisaient aucune illusion à cet égard, mais la plupart des grammairiens, ne se rendant pas compte de la présence de

---

[1] *Isagωge*, p. 93.
[2] *Esclarcissement*, Second Livre, f° xxxi[ro-vo].   [3] *Conformité*, pp. 22-3.
[4] Voir Dubois, *Isagωge*, pp. 95-6; Pillot à la page 40 de l'édition de 1563 distingue 6 cas, mais ajoute que l'un d'eux est inutile.
[5] *Tṛẹtté*, f° 49[ro-vo].   [6] *Grammaire françoise*, pp. 100-1.
[7] *Esclarcissement*, 1er Livre, f° lv[vo]-lvi[ro].   [8] *Conformité*, p. 69.

l'article, n'y voyaient que des prépositions. Ils se sont montrés non moins embarrassés pour expliquer une autre fonction, celle-ci toute différente, que remplissaient certaines de ces prétendues prépositions, à savoir l'emploi partitif de *du* et de *des*. Là, certes, le latin n'était d'aucun secours.[1] C'est encore une fois Meigret qui le premier a discerné la fonction véritable du *de* dans ces combinaisons, et qui a en effet employé le mot *partitif* pour la décrire.[2] Garnier et Ramus n'ont fait que profiter de sa découverte.

On a vu généralement dans l'article indéfini une espèce de numéral. Palsgrave cependant, sans doute parce qu'en anglais l'article indéfini est distinct du numéral, a fait la même distinction pour le français.[3] Mais Robert Estienne et Antoine Cauchie, eux aussi, sont dans le vrai.

L'analyse du pronom est très compliquée. On distinguait normalement cinq catégories: pronoms personnels, démonstratifs, possessifs, relatifs et interrogatifs,[4] mais certains dont Pillot, Robert Estienne, Garnier et Ramus ont compliqué gratuitement la question en associant au démonstratif les pronoms de la première et de la deuxième personne, et au relatif ceux de la troisième personne. On a parfois groupé sous la même rubrique les interrogatifs et les relatifs.

Comme, selon les circonstances, il fallait rendre de deux façons différentes le degré superlatif des adjectifs latins, il n'est pas étonnant que la comparaison des adjectifs ait fait difficulté. Si le latin *doctissimus* est du point de vue grammatical un superlatif et qu'on le traduise par *trèsdocte*, il s'ensuit que *trèsdocte* est un superlatif, d'où le paradigme type *docte — plus docte — trèsdocte*.[5] Mais les grammairiens ne se sont pas tous laissé dérouter par le double emploi du superlatif latin, et l'analyse qu'en a faite Palsgrave est déjà celle d'aujourd'hui: *docte, plus docte, le plus docte*.[6]

Les grammairiens distinguaient quatre conjugaisons comme aujourd'hui, sauf exception,[7] et ils consacraient comme les grammaires modernes de nombreuses pages à des listes de verbes, réguliers et irréguliers, conjugués en entier ou en partie. Les modes à distinguer font écho, inévitablement, aux modes reconnus par les grammairiens grecs et latins. Ainsi l'optatif apparaît comme un mode distinct chez Dubois,[8] Meigret,[9] Robert Estienne,[10] et Cauchie.[11]

Il était admis que le français n'a pas de voix passive à formes synthétiques, et qu'il remplace de telles formes par la périphrase avec *estre*, par les

---

[1] Ainsi, certains en ont parlé comme d'un article, d'autres comme d'un pronom, d'autres encore comme d'une préposition; voir A. Holzheuer, *Neue Beiträge zur Geschichte der Entstehung des Teilungsartikels im Französischen* (Gœttingue, 1930), p. 95.

[2] *Trętté*, f° 120ᵛᵒ–121ʳᵒ.

[3] *Esclarcissement*, Second Livre, f° xxxiʳᵒ, et 3ème Livre, f° iᵛᵒ.

[4] Dubois, *Isagωge*, pp. 105–13; Meigret, *Trętté*, f° 47ᵛᵒ–62ᵛᵒ.

[5] Dubois, *Isagωge*, p. 90; Garnier, *Institutio*, pp. 11–12.

[6] *Esclarcissement*, Second Livre, f° xxxiiiʳᵒ.

[7] Palsgrave n'en distingue que trois, et Garnier en distingue trois régulières et une quatrième irrégulière (*Institutio*, p. 45).

[8] *Isagωge*, p. 113.

[9] *Trętté*, f° 69ʳᵒ et s.

[10] *Traicte*, p. 31.

[11] *Grammatica gallica* (1576), p. 108.

verbes impersonnels, par la construction avec *on*,[1] et par le passif prétendu nouveau, admissible seulement à la troisième personne: 'le vin se boit'.[2]

Le conditionnel posait évidemment un problème: on avait l'impression que cette forme du verbe se rapprochait *par le sens* de l'imparfait du subjonctif latin. Pour Dubois, le conditionnel tient à la fois du présent de l'optatif, de l'imparfait de l'optatif, et de l'imparfait du subjonctif.[3]

L'emploi des différents temps du passé est en général bien analysé. Si les grammairiens ne laissent pas de commenter la nécessité de rendre le parfait latin, selon les cas, soit par le prétérit, soit par le parfait composé, c'est qu'ils comprennent qu'il n'y a pas correspondance exacte entre les deux langues.[4] C'est Henri Estienne qui a le mieux expliqué les emplois des temps du passé,[5] et après lui Charles Maupas a consacré à cette question quelques-unes de ses meilleures pages.[6] Il ressort des affirmations des grammairiens, et des anecdotes qu'ils racontent, que la distinction entre le passé simple et le parfait d'une part, et d'autre part entre ces deux derniers et l'imparfait, constituait un traquenard pour les étrangers voulant apprendre le français. Les étrangers tombaient surtout, paraît-il, dans l'erreur d'employer le passé simple pour exprimer des actions qui s'étaient accomplies le jour même, tandis que le bon usage de l'époque voulait qu'on ne l'employât que par rapport à un passé plus éloigné, aux événements de la veille au plus tard.

Nous venons de passer en revue, assez sommairement, quelques traits des grammairiens du XVIe siècle, en mettant l'accent sur leurs points faibles et leur défaut de méthode. Nous ne nions pas qu'ils n'aient eu aussi leurs bons côtés, mais il n'en reste pas moins vrai que leurs observations les plus fines, leurs aperçus les plus pénétrants, et leurs analyses les plus poussées sont déparés par les constatations malencontreuses et même saugrenues qui les coudoient. Dubois détaille admirablement la correspondance de certains sons latins avec certains sons français, comme s'il était sur le point de découvrir, bien avant la lettre, les lois phonétiques: il observe que *fier, miel, tiede, hier, ciel* sont sortis de *ferus, mel, tepidus, heri, caelum*,[7] c'est-à-dire que la diphtongue primitive *ie* est sortie d'un *e* tonique ouvert et libre du latin, mais on n'a qu'à tourner deux pages pour le surprendre à grouper ensemble comme identiques le changement de *i* en *e* dans *docti — docte* et dans *inflare — enfler*.[8] Meigret se montre souvent d'une originalité frappante: mieux que tout autre il a compris que les règles du latin n'ont rien à voir avec le français. Il n'en est pas moins de son siècle quand il attribue des cas à des mots invariables comme *moi, toi, soi*.[9] Il serait

---

[1] Pillot, f° 20ᵛ°; Meigret, f° 62ᵛ°–65ʳ°; Dubois, pp. 113–14, 123; Maupas, pp. 195, 239–40.
[2] Meigret, f° 64ʳ°. Cette construction remonte en réalité au XIVe siècle.
[3] *Isagωge*, pp. 126–7.
[4] *Esclarcissement*, f° cxxiiᵛ°–cxxiiiʳ°; Drosai, p. 139; Meigret, f° 66ᵛ°–67ʳ°; Robert Estienne, p. 35 (Estienne suit Meigret de près); Pillot, f° 20ᵛ°–21ʳ°.
[5] *Hypomneses*, pp. 190–4.   [6] *Grammaire*, pp. 290–6.
[7] *Isagωge*, p. 20.   [8] P. 23.   [9] *Trętté*, f° 51ᵛ°–52ʳ°.

injuste, d'autre part, de lui reprocher d'avoir dit que dans *cet homme* nous avons affaire à un *t* ajouté pour éviter l'hiatus.[1] Meigret a analysé les faits de langue d'une façon admirablement 'synchronique': il ne s'était pas proposé d'écrire une grammaire historique; or la survivance du *t* dans *cet* (il s'agit en effet d'une survivance et non d'une addition) est du ressort de la grammaire historique. Au moins Meigret et à sa suite Ramus ont-ils compris la nécessité d'une grammaire descriptive et réaliste, mais leurs connaissances et leur documentation n'étaient pas suffisantes pour leur permettre de réaliser leur projet d'une façon conséquente. D'autre part Henri Estienne, qui s'est le plus soucié de documentation, penchait plutôt vers la grammaire normative; mais il a fourni de précieux renseignements (un peu épars, malheureusement, dans de nombreux ouvrages) sur l'histoire du vocabulaire et des changements de sens.

Pour ce qui est des origines de la langue française, il ne s'ensuit pas que des grammairiens attachés à la grammaire latine aient pour autant supposé le français sorti directement du latin. Dubois, certes, voyait dans le latin la source principale du français, mais il était persuadé que le grec et l'hébreu y avaient eu leur part aussi.[2] Bouelles, qui croyait volontiers à la corruption et à la dégénérescence des langues, a mis l'accent sur le rôle destructeur et corrupteur des peuples barbares.[3] Ramus fait dériver le français du gaulois,[4] parce que le patriotisme l'oblige à démontrer que la culture gauloise remonte à une antiquité égale sinon supérieure à celle du grec et qu'elle ne lui est nullement inférieure. Henri Estienne, lui, fait la part un peu trop large au grec, parce qu'il lui importe, également pour des raisons patriotiques, de montrer le français plus voisin du grec que l'italien;[5] et s'il a entrevu, de loin, le latin vulgaire, ce n'est à vrai dire qu'au siècle suivant que les historiens en auront une conception nette. C'est Claude Fauchet — nullement grammairien — qui se rapproche le plus de la vérité historique, sans pourtant y atteindre. Dans son *Recueil de l'origine de la langue et poesie françoise*,[6] il fait dériver le français d'un gaulois altéré d'abord par le latin, ensuite par le francique. Nous savons aujourd'hui que le français dérive plutôt d'un latin altéré d'abord par les habitudes linguistiques des Gaulois et ensuite par celles des peuples germaniques. Quant à Meigret, s'il ne s'intéresse aucunement aux origines de la langue française, cela n'a chez lui rien de surprenant, car c'est lui qui a dit, sans doute en exagérant un peu, qu'il est inutile d'abattre la maison pour voir si le nom de celui qui l'a fait bâtir est gravé sur la pierre fondamentale.[7]

Il est difficile d'évaluer l'influence que tous ces grammairiens ont pu exercer sur le développement ultérieur de la langue, mais il est probable

---

[1] *Tretté*, f° 54ʳᵒ.
[2] *Isagωge*, a iiiiᵛᵒ–a vʳᵒ.
[3] *De differentia, etc.*, pp. 5–13.
[4] *Grammaire* (1572), pp. 2–3.
[5] Voir surtout le *Traicté de la conformité du language françois avec le grec* (1565), et *La Precellence du langage françois* (1579). Voir aussi ci-dessus, p. 16 et n. 2.
[6] 1581, chapitres 2–4. Voir aussi n° **42a**.
[7] *Tretté*, f° 4ʳᵒ–vᵒ.

qu'elle n'a pas été très considérable.[1] Toutefois, il est permis de supposer que, malgré leurs différences d'optique et de talent, ils ont pu confirmer et réaffirmer la notion d'une norme à imiter, et il est certain qu'ils ont attiré l'attention sur plusieurs régionalismes et solécismes à éviter. Ils ont pu inspirer aux autres leur propre certitude que la langue vulgaire était promise au plus brillant avenir.

L'ORTHOGRAPHE[2]

Au XIIe siècle, l'orthographe des textes en langue vulgaire, composés soit par des clercs soit par des jongleurs, avait été à tout prendre d'une simplicité et d'une netteté admirables, et si elle ne représentait pas tout à fait la prononciation, cela tenait à ce qu'on ne disposait que de l'alphabet latin, sans accents ni signes auxiliaires, pour rendre des sons qui n'avaient pas existé en latin. Mais à part quelques rares souvenirs étymologiques, comme par exemple l'*h* muet, on peut dire qu'il n'y avait pas de lettres quiescentes. Malheureusement, tout changea au siècle suivant. Conséquence inévitable de l'introduction du français dans les écritures de la justice et de la chancellerie, la maîtrise de l'orthographe cessa d'être l'apanage exclusif des clercs et des jongleurs, pour passer assez rapidement dans les mains des praticiens qui, en plus de leurs attributions officielles, faisaient souvent fonction d'écrivains publics et de maîtres d'école. Bientôt, les écritures judiciaires surpassaient en nombre, et de bien loin, les textes littéraires. La langue continuait évidemment à évoluer, mais les praticiens, loin de modifier l'orthographe dans le sens des changements phonétiques, l'en éloignaient encore davantage en ajoutant un tas de lettres quiescentes, calquées en général sur le latin des juristes. Ils avaient leurs raisons; les lettres surajoutées servaient à distinguer les homophones, partant à éviter les équivoques. Au surplus, rapprocher le français du latin par l'orthographe ainsi que par le vocabulaire pour ne pas dire le jargon judiciaire, c'était faciliter d'autant le passage de l'une à l'autre langue et la rédaction de textes parallèles.[3] Il y aurait certes exagération à dire que les praticiens suivaient des règles précises — leurs inconséquences mêmes indiqueraient plutôt le contraire — mais à en juger surtout par les textes du XVe siècle, ils semblent bien avoir agi plus ou moins consciemment d'après deux principes de base: le *rapprochement* et la *différenciation*.[4] Ils rapprochaient les uns

[1] Pour un point de vue très pessimiste, exprimé en 1589, voir l'édition des *Commentaires* de Jules César, publiée cette année-là par Blaise de Vigenère, f° 100ᵛ°. Même à cette date assez tardive, Vigenère déclare qu'il n'y a pas de règles et que la grammaire du français reste à faire.
[2] Consulter surtout l'ouvrage magistral de Ch. Beaulieux, *Histoire de l'orthographe française* (2 t. Paris, Champion, 1927).
[3] Voir l'article important de Ch. Beaulieux dans le *Bulletin de la Société des bibliophiles de Guyenne* t. XLIX (1949), pp. 11–28.
[4] Les mêmes principes sont formellement recommandés, *pour le latin*, dans les 'règles d'orthographe des mots latins' qui servent d'introduction (a 2ʳᵒ⁻ᵛᵒ) au *Catholicon* ou dictionnaire latin

des autres, par l'orthographe, les mots qu'ils supposaient apparentés par le sens. Malgré tout ce qu'un tel procédé pouvait avoir d'arbitraire et de subjectif, il avait l'avantage de régulariser l'orthographe à l'intérieur de groupes de mots apparentés, en rapprochant le radical de tous ses dérivés, et les paradigmes des verbes de l'infinitif: ainsi, *nous rompons* mène à *tu romps, nous vendons* à *tu vends* (ou à *tu vendz*); *verd* par analogie avec *verdure* tend à remplacer *vert*, de même que *grand* par analogie avec *grandeur* et avec le féminin *grande* remplace *grant*. Dans certains cas ces substitutions de lettres pouvaient s'effectuer d'autant plus facilement qu'elles ne changeaient rien à la prononciation. Le principe de la différenciation exigeait par contre la création de distinctions artificielles (bien que fondées sur l'étymologie) entre les homophones ou mots semblables par le son mais de sens différent. C'est ainsi qu'on commença à distinguer entre *a* (préposition) et *ha* (verbe), entre *laict* et *laid, poix* et *pois, metz* ou *mets* et *mais, mes,* là où l'orthographe du XIIe siècle, uniquement préoccupée de la prononciation, n'avait fait aucune distinction. Or, différencier les mots de la langue contemporaine, c'était normalement les rapporter au latin, et rapprocher les uns des autres les mots apparentés, c'était encore affirmer les rapports du français avec le latin; ainsi, pour les praticiens, tout ramenait au latin, mais au latin de la justice et de la chancellerie. C'est encore sous l'influence latine que la terminaison médiévale *-cion* se vit évincer par *-tion,* que *douter* passa à *doubter, deuoir* à *debuoir, dit* à *dict, fait* à *faict, semaine* à *sepmaine.* Depuis le XIVe siècle, on remplaçait par *ch, ph* et *th* les *c* (ou *qu*), les *f* et les *t* qui avaient servi jusque-là à rendre les consonnes grecques χ, φ et θ. On restitua en même temps à plusieurs mots un *l* latin perdu, d'où *eulz, chault, chevaulx*; et on redoubla sous l'influence latine des consonnes phonétiquement simples, d'où *appeller* pour *apeler, afferir* pour *aferir,* et *attendre* (pour ne rien dire d'*actendre*) pour *atendre.* Pour se faire une idée du gouffre qui s'était ouvert entre l'orthographe et la prononciation, il n'est que d'observer quelques rimes typiques du XVe siècle: *dessoubz / vous; oultre / moustre; descripre / souffire.*

Or c'est cette orthographe hérissée de lettres quiescentes que les praticiens léguèrent aux premiers imprimeurs, et ceux-ci, étant pour la plupart des étrangers, ne songèrent pas à y changer quoi que ce soit. Comme les scribes et les copistes, les imprimeurs attribuaient à *u* et à *i* les valeurs consonantiques *v* et *j* en plus de leurs valeurs vocaliques. Les accents manquaient encore totalement, de sorte que *iure* pouvait représenter à la fois *ivre, juré* et *(il) jure.*[1] Il n'y avait pas d'apostrophe. Les auteurs envoyaient souvent à l'imprimeur non un manuscrit autographe, mais une transcription exécutée et altérée par un copiste, et cette transcription était alors

---

imprimé à Rouen en 1511 par Pierre Olivier. Rédigé d'abord au XIIIe siècle par Giovanni Balbi de Gênes, le *Catholicon* fut souvent recopié au moyen âge et, à partir de 1460, date de l'édition de Mayence, souvent réédité.

[1] Pour remédier à cette ambiguïté, certains imprimeurs remplaçaient *i* vocalique par i grec, d'où *yure* 'ivre'. Cf. *les yeux* pour distinguer *les yeux* d'avec *les ieux* ('les jeux').

sujette à d'autres changements, également arbitraires, de la part du typographe. Quant à celui-ci, il faut se rendre compte que de même que l'on avait confié et que l'on confiait encore aux praticiens les plus ignorants la tâche de rédiger ou de copier les documents en langue vulgaire, de même, dans les ateliers d'imprimeur, c'était normalement aux typographes les plus ignorants qu'incombait le devoir de composer les livres français d'après les manuscrits.

La situation se compliqua encore lorsque les humanistes, au début du XVIe siècle, réformèrent la prononciation du latin. A une prononciation qui avait remplacé les sons du latin par ceux du français et supprimé ou simplifié les groupes de consonnes, ils substituèrent une prononciation savante qu'ils croyaient authentique, et selon laquelle il fallait prononcer chaque lettre.[1] Comme les traductions d'œuvres classiques se multipliaient justement pendant les premières années du siècle, d'innombrables mots d'origine grecque ou latine passaient en français avec un minimum d'adaptation, et on les prononçait eux aussi selon les nouvelles règles de la prononciation latine, c'est-à-dire en articulant dans la mesure du possible les consonnes étymologiques. C'est sous ce rapport qu'il faut évaluer quelques années plus tard le point de vue extrême d'un Guillaume des Autels, qui opposa au principe de n'écrire que ce qui se prononce, celui non moins catégorique de prononcer tout ce qui s'écrit.

Toutefois, pendant les trente premières années du siècle, les rares observations qu'il est possible de relever semblent toutes favoriser le système en cours, c'est-à-dire au fond celui des praticiens, consacré et vulgarisé par les imprimeurs. Ainsi Pierre Fabri, qui traite la question assez sommairement dans *Le Grant et Vray Art de pleine rhetorique*,[2] conseille d'orthographier *prompt, contempt* avec *p*, et de maintenir l'*s* devant *t* même là où il ne se prononce pas: on écrira donc non seulement *astrolabe, chastete*, (c.-à-d. *chasteté*) mais aussi *cest, tost, hastif*. En 1529 un Picard anonyme, originaire d'Abbeville, publie sur cette question un opuscule intitulé *Tresutile et Compendieulx Traicte de lart et science dorthographie Gallicane*.[3] Dans cet ouvrage, le premier de son espèce, l'auteur recommande — et il prêche d'exemple — l'orthographe excessivement latinisée de l'époque. S'il note l'emploi double de *i* et de *u*, c'est uniquement pour le justifier, et il ajoute qu'il est inutile d'y changer quoi que ce soit, puisque tout lecteur avisé sait à quoi s'en tenir! Latiniseur conséquent, il blâme *escripre* parce qu'il n'y a pas de *p* dans l'infinitif latin, mais il approuve *escript* qui dérive de *scriptum*. Aux terminaisons surchargées *-icque* et *-ifve* (forme féminine de *-if*) il préfère les formes plus simples *-ique* et *-ive*, du moins pour les mots d'origine latine, mais il tolère *hastifve*,

[1] Procédé recommandé dans des ouvrages tels que le *Dialogus de recta latini græcique sermonis pronuntiatione* d'Erasme, publié à Bâle en 1528 et souvent réimprimé en France; et le *De recta latini sermonis pronunciatione et scriptura libellus* de Charles Estienne (Paris, 1538 et 1541; Poitiers, 1539).   [2] Rouen, 1521, f° iiiiᵛᵒ–vʳᵒ.
[3] Paris, chez Jean Saint Denis, 1529: réédité en fac-similé par Ch. Beaulieux dans *Mélanges Emile Picot* (Paris, 1913), t. II, pp. 563–8.

d'origine germanique. S'appuyant toujours sur l'orthographe latine, il recommande *damne* (c.-à-d. *damné*) et rejette *dampne*. Malgré son conservatisme à l'égard de *i* et de *u* il se propose de remédier à la fonction double de *g* et de *c*: on écrira *changeay* et non *changay*, et on distinguera entre *gorge* et *George*. *Facon* et *francois* sont à éviter: on écrira plutôt *fachon*, *franchois*, et surtout, dans le doute, 'pour observer bonne escripture il convient recourir au latin si les dictions [c.-à-d. les mots] descendent directement du dict latin'.

Si, de temps à autre, des réformateurs proposaient des remèdes aux insuffisances de l'orthographe courante, il n'y avait là rien d'uniforme ni de systématique. Tel imprimeur pouvait adopter tel accent ou signe auxiliaire et rejeter tel autre, pour l'accepter vingt ans plus tard, tandis que son concurrent pouvait accepter plusieurs innovations à la fois.[1] Les innovations les plus importantes et les plus utiles qu'on ait introduites au cours du XVIe siècle, ce sont la cédille, l'apostrophe et l'accent aigu, car c'est justement l'absence de ces signes (ainsi que la non-différenciation de *i* et de *u*) qui déroute le plus le lecteur moderne. Chose assez curieuse, la cédille, introduite en 1530 par l'imprimeur Geoffroy Tory dans *Le Sacre et coronnement de la Royne*, de Bochetel, était en usage en France depuis cinquante ans, mais seulement dans les textes espagnols.[2] Ce fut un autre imprimeur, Robert Estienne, qui en 1530, cherchant un signe qui pût servir à distinguer le *e* final féminin du *e* final masculin, imagina de marquer celui-ci d'un accent aigu superposé, et il adopta cette réforme, quoique de façon peu conséquente, pour les mots français employés par Mathurin Cordier dans son livre *De corrupti sermonis emendatione*. Il fut vite imité, mais nous tenons à souligner le fait que ni Estienne ni ses imitateurs n'employèrent l'accent aigu que pour la voyelle *e* en position finale. Même à la fin du siècle l'emploi de cet accent était très rare à l'intérieur d'un mot, et il faut dire aussi que là où *e* masculin était suivi de *e* féminin, on omettait souvent l'accent, d'où *donné*, mais *donnee* sans accent. L'apostrophe, déjà en usage depuis quelque temps dans les textes latins, fut introduite par Jacques Dubois autrement dit Sylvius, qui l'employa pour les mots français cités dans sa grammaire *In linguam gallicam isagωge* (1531).

Dans un opuscule intitulé *Briefve Doctrine pour deuement escripre selon la proprieté du langaige francoys*,[3] publié en 1533, un nommé Montflory attire l'attention de ses lecteurs sur les innovations que nous venons de décrire, et en recommande l'emploi général. L'accent aigu est indispensable, dit-il, pour distinguer par exemple *aveugle* d'*aveuglé*; la cédille, 'queue faicte d'une

[1] Ainsi, même en 1572, dans la seconde édition de la *Grammaire* de Ramus imprimée par Wechel, on ne trouve ni apostrophe, ni cédille, ni accent aigu, et cela dans un texte où l'emploi des points et des virgules est très moderne.

[2] Tory avait employé des accents dans ses impressions latines, et, dans son *Champfleury* publié en 1529 (f° liir°), il en avait aussi recommandé l'usage en français, mais à l'exception de la cédille il n'a pas donné suite à cette recommandation.

[3] S.l.; B.N. Rés. Ye 1409.

petite S quasi comme vng cinq de chiffre', permet d'indiquer que *façon* se
prononce *fasson* et non *faquon*. Quant à l'apostrophe, Montflory en recommande l'usage dans certains monosyllabes comme *le, me, que, de,* mais en
d'autres mots, pour indiquer l'élision de *e* final féminin devant voyelle
initiale, il propose un *e* barré (*ę*), et son exemple *l'esperanç en Dieu* illustre
les deux signes à la fois. Ayant préconisé aussi l'emploi du tréma pour
séparer les voyelles, il ajoute complaisamment que les accents confèrent
une certaine distinction à une langue.

En 1540 l'ouvrage de Montflory fut plagié par Étienne Dolet,[1] qui y
apporta pourtant quelques rectifications et quelques idées de son cru.
C'est Dolet et non Montflory qui distingue entre *é+s* signe du pluriel et
-ez terminaison de la deuxième personne du pluriel des verbes, et c'est
encore Dolet qui note la différence entre *h* muet et *h* aspiré: *l'homme* mais
le haren. Dolet ne dit rien de la cédille, mais ce signe fut définitivement
adopté par la plupart des imprimeurs après son emploi, la même année,
dans le roman *Le Tresor des Amadis*, qui connut un grand succès. Toutefois,
la cédille ne fut admise ni à la première ni à la seconde édition du seul dictionnaire français de l'époque, le *Dictionaire francoislatin* de Robert Estienne
(1540 et 1549). Estienne, lui, tenait à maintenir intacte l'orthographe du
Parlement, de la Chancellerie, et de la Chambre des Comptes, c'est-à-dire
en dernière analyse celle des praticiens, mais il appliquait avec une méthode
plus rigoureuse que ceux-ci, les principes de rapprochement et de différenciation. Dans sa double qualité d'humaniste et d'érudit, il était bien placé
pour savoir que du point de vue de l'étymologie, l'orthographe reçue de
certains mots était vicieuse, mais il lui suffisait, pour ratifier la forme d'un
mot, qu'elle fût traditionnelle et généralement en usage. Par consé-
quent, il accepte *scavoir* et *sangle* quoiqu'il préfère *savoir* et *cengle* plus proches
du latin *sapere* et *cingula*, et bien qu'il propose dans la seconde édition la
distinction moderne entre (les petits) *pois*, (le) *poids* et (la) *poix*, il accepte et
enregistre l'usage courant qui ne fait aucune distinction entre *le poids* et
la poix (*le* ou *la poix*). D'autre part, quoiqu'il note *legz*, il renvoie le lecteur
à l'article *laiz* (*legatum*). Il condamne en termes exprès la forme — très
courante — de l'article indéfini, *vng*; c'est pourtant la seule forme du mot
qu'il emploie lui-même. Fidèle au principe étymologique, il préfère *donter*
à *dompter*, *escrire* à *escripre*, et il est parfaitement justifié à admettre *escript*
(participe) et *escripture* (du latin *scriptum, scriptura*). Ce n'est que tout à fait
exceptionnellement qu'il s'écarte de ce principe, comme lorsqu'il enregistre
esvier et *esglise*,[2] probablement — souci assez rare chez lui — pour indiquer
la prononciation. Aucun doute que la plupart des humanistes et des imprimeurs n'aient consulté ses dictionnaires, lesquels ont continué à exercer

[1] Dans *La Maniere de bien traduire d'une langue en aultre, d'advantage de la punctuation de la langue francoyse, plus des accents d'ycelle* (Lyon, 1540).
[2] Dans l'édition de 1540, Estienne ne donne qu'*esglise*: dans celle de 1549, on trouve dans leurs positions alphabétiques respectives, *eglise* et *esglise*, sans renvoi de l'un à l'autre.

me bien incõſideré,ſi je viens a dire (come la rę́-
zon de la pronõçíaçíon me forçeroęt) q'ęn notre lange, ſ,ne doęt pas ętre pronõçée ęn beſte,
feſte , trayſtre : la ou ęlle la doęt ętr' ęn pęſte,
ręſte,triſte , ę qe , i , n,ne doęuet pas ętre pro-
ferées ęn formoient la ou nou'lęs deuons pro-
nonçer ęn moien:ne ſemblablemęnt l ęn veult,
qe deult reqiert ętre prononçée?ę einſi d'ao-
tres iñfiniz vocables?Qęlle ręzon ſarions nous
męttr'ęn auant pour couurir cęte grande bę́-
tize, & ſott' opiniatreté ? ſinon qe nous recou-
rions ſoudein a la frañçhize comune des ánes,
allegans qe ç'ęt l'uzaje,qi ęt vne vraye couuęr-
ture d'vn ſac mouĺlé.Car come l'ecriture ne ſoęt
qe la vray'imajé de la parolle, a bone ręzon on
l'eſtimera ſaoſ'ę abuziue, ſi elle ne luy ęt conforme par vn aſſęmblemęnt de lęttres conue-
nantes ao batimęnt dę'voęs. je croę q'il ny a çe
luy de nous,qi ne tint lę' Peintres pour inſęn-
ſez ſi pour fę́re le vrey pourtręt de l'home , il'
luy peñoęt au my lieu du front vne cúe de veao
ę dę'tettaſſes aoz epaoles : ou luy ęntaſſet dę'
cornes de beuſl' aos jenouęls:qi ſont toutes çho
zes q'on ne voęt poït ao vif. Come qucę donq,
nous ſauueron' nous de moqerí' ęn l'ecritture
d'eſtoient,vu q'onqes Françoęs bien aprins n'y
prononça ſ, ne i , ne n : ę ao qęl l'ecrittur' ęt de
huyt lęttres, la ou la prononçíaçíon n'ęt qe de
A iij   cinq

Louis Meigret, *Le Trętté de la grammęre françoęze*, 1550
(Photo British Museum)

une grande influence sur l'orthographe de la prose jusqu'à la fin du XVIe
siècle et même au-delà.[1]

En 1542, dans son *Traité touchant le commun usage de l'escriture françoise*,[2]
le Lyonnais Louis Meigret fait valoir, le premier, les droits du phonétisme.
'L'orthographe', dit-il, 'est...trop estrange, & diverse de la prononcia-
cion, tant par une curieuse superfluité de letres, que par une vicieuse con-

---

[1] Pour les destinées ultérieures du *Dictionaire* d'Estienne, voir ci-dessous, pp. 50–1.
[2] Paris, Janot, 1542, B.N. Rés. X. 910.

point dę propos.. Quant a la majeſte quiz̧
diſət ętrę an la clęrte d'Ecritturę, il mę ſam̃
blętout aucontreve, qu'ęllę gardę mieus ſon
honneur e dinite d'ętrę vn peu abondantę :
car vnę languę ſ'an montrę plus lęttreę e plus
doctę. Nę vaut il pas mieus quę les nations
etrangęsan liſant lę Françoęs, connoęſſət
qu'il ſoęt bien deduit e bien proportionnè a-
uęc lę Latin, ou auęc quelquę autrę languę
vulguerę, quę non pas qu'iz̧ panſſət quę cę
ſoęt vnę languę ſoliterę e ſans ſourcę ? N'ęt
il pas vrei quę les Françoęs ſęront touſjours
reputèz̧ plus politiquęs, e plus amoureus des
bonnęs choſęs, quãd on connoętra a leur lan-
guę qu'iz̧ ont ù cõmunication dę toutę ancien
nęte auęc tant dę ſortęs dę g'ans ? nę jugęra
on pas a voęr leur languę ſi conjointę auęc la
Latinę, qu'iz̧ ont etè curieus des liuręs La-
tins, e qu'iz̧ ont touſjours ù chez̧ eus grand'
multitudę dę g'ans doctes qui leur ont fęt
leur languę? E quę lę Françoęs deſçãdę tout
aplein du Latin, on lę peut tęnir pour tout eui
dant, par cę quę nous nę diſons quaſi dę deus

Jacques Peletier du Mans, *Dialoguę dę l'ortografę e prononciation françoęsę,*
1550 (Photo British Museum)

fusion de puissances [c.-à-d. de valeurs] entre elles.' La tradition est tellement
en crédit que personne n'ose rien proposer de nouveau,[1] et il déclare

Il fault confesser que puis que les letres ne sont qu'images de voix [c.-à-d. de
sons], que l'escriture devra estre d'autant de letres que la prononciation requiert
de voix: Et que si elle se treuve autre, elle est faulse, abusive & damnable. Or
voyla la touche [c.-à-d. la pierre de touche] a la quelle il nous fault faire l'epreuve
de nostre escriture, pour voyr si elle est telle, en qui nous trouvions les letres en
mesme nombre, que requiert la prononciation.[2]

Après avoir fait le procès de l'orthographe traditionnelle, dont il démontre
le caractère surchargé et absurde, il passe à l'exposition de son propre
système, qui comporte l'omission de toutes les lettres non prononcées,
l'emploi de signes et d'accents nouveaux, et la redistribution des valeurs
de l'alphabet reçu — en un mot le rapprochement de l'écriture et de la prononciation. Chose curieuse, ce hardi réformateur qui propose entre autres
choses la distinction entre *i* voyelle et *j* consonne, ne propose aucun changement pour le cas analogue de *u*.[3] Le *Traité* fut réimprimé en 1545, mais ce
n'est que trois ans plus tard que Meigret mit sa théorie en pratique pour la
première fois, et l'orthographe réformée fit son début dans le texte français
du *Menteur* de Lucien, que Meigret avait traduit. Deux ans plus tard il en
fit encore une fois usage dans son ouvrage le plus célèbre, *Le Tretté de la
grammęre françoęze*.[4] Mais des propositions tellement révolutionnaires
n'étaient pas passées sans opposition, et déjà en 1548, dans un pamphlet
intitulé *De l'antique escripture de la langue francoyse et de sa poesie contre l'orthographe des meigretistes*,[5] Guillaume des Autels avait fait d'assez vertes critiques du système de Meigret, déclarant que la prononciation devrait se
baser sur l'écriture, et non l'inverse. Au cours de la polémique acerbe qui
s'ensuivit, Meigret n'eut pas de peine à réfuter la théorie principale de Des
Autels, mais il ne répondit pas de façon satisfaisante à quelques objections
très justes que lui avait adressées son adversaire.[6]

Sans partager les vues extrêmes du Lyonnais, Thomas Sébillet dans son
Art poetique françois publié en 1548 avait conseillé à ses lecteurs de ne pas
baser leur orthographe sur le latin ou sur le grec:

Que desormais escrivant le François, tu ne sois tant superstitieus & superflu
que de suivre l'origine des vocables pris des Grecz ou Latins, pour retenir d'eus

---

[1] A ii^ro. Meigret oublie que les accents qu'il emploie lui-même sont des innovations récentes.
[2] A iii^vo.
[3] Il était d'usage parmi les imprimeurs d'employer *v*, avec la valeur de *v* ou de *u*, en position
initiale. Ailleurs, ils employaient le plus souvent *u*, également avec les deux valeurs, mais on
trouve parfois *u* (= *v*) en position initiale, et *v* (= *v*) en position intervocalique.
[4] Paris, Wechel, 1550. Nous reproduisons en p. 40 un extrait de cette grammaire.
[5] Pamphlet aujourd'hui perdu. Il est possible toutefois d'en déduire le contenu en lisant la
réponse de Meigret, ainsi que la réplique de Des Autels. Voir ci-dessous, n. 6.
[6] Voir les *Defenses de Louis Meigret touchant son orthographie françoeze* (Paris, Wechel, 1550); la
Replique de Guillaume des Autelz aux furieuses defenses de Louis Meigret (Lyon, Jean de Tournes,
1551); et finalement la *Reponse de Louis Meigret a la dezesperée replique de...Gyllaome des Aotels*
(Paris, Wechel, 1551).

quelques lettres, lesquelles escrites ne servent que d'emplir papier, sans ce qu'elles se prononcent. Mon avis est, &, si tu veus croire ton sain iugement, sans favoriser a l'antiquité, sera le tien, qu'escrivant le François tu n'y dois mettre lettre aucune qui ne se prononce...[1]

La notion, commune à Meigret et à Sébillet, que l'orthographe n'a que faire de l'étymologie, encouragea d'autres à examiner la possibilité d'un système simplifié ou quasi phonétique. Ainsi, dans l'Apologie à Louis Meigret qui sert d'introduction à son *Dialogue de l'ortografe e prononciation françoese*,[2] Jacques Peletier du Mans approuve l'initiative du Lyonnais et reconnaît qu'ils visent tous deux au même but. Toutefois, Peletier n'est pas d'accord avec tout ce que dit Meigret, et pour cause. La prononciation que celui-ci veut imposer par son système phonétique, c'est, qu'il en ait eu conscience ou non, une prononciation de Lyonnais, laquelle Peletier, originaire du Mans mais attaché aux habitudes linguistiques de la Cour, ne saurait accepter. Ainsi, Peletier recommande *heurte, queue,* et rejette *hurte, cue,* et il préfère *trop, notre, clos,* à *troup, noutre, clous,*[3] et inversement *douleur, couleur,* à *doleur, coleur.* Mais par-dessus tout, il ressort du système de Peletier, confirmé plus tard par Ramus et par J.-A. de Baïf, qu'il y avait à cette époque trois *e* en français (comme aujourd'hui d'ailleurs, quoique la distribution n'en soit pas toujours la même), présents tous trois dans les mots *honnesteté, fermeté.* Meigret par contre nie fort et ferme qu'il y en ait plus de deux, et quoiqu'il discerne pour chacun une forme brève et une forme longue, il soutient mordicus qu'il n'y a aucune différence d'ordre qualitatif entre la première et la dernière voyelle d'*escrire, deduire, pere.*[4] Ayant répondu à Meigret, Peletier passe à la partie principale de son livre, et nous présente un petit groupe de savants[5] qui discutent de tous les points de vue la question de l'orthographe. Théodore de Bèze, l'un des personnages présents à l'entretien, soutient la cause, perdue d'avance, de l'orthographe traditionnelle; mais les arguments des réformateurs l'emportent facilement à la fin. Jusqu'à sa mort en 1582, Peletier continue à employer dans tous ses ouvrages son propre système très caractéristique.[6]

Si l'année 1550 est d'une importance capitale pour l'histoire de l'orthographe, ce n'est pas uniquement en raison des initiatives de Meigret et de Peletier du Mans, car c'est encore en 1550 que Ronsard, dans l'avertissement au lecteur qui précède les *Quatre Premiers Livres des Odes,* se déclare partisan de la réforme orthographique. Il nous dit que, très impressionné par le système de Meigret, il avait résolu de s'en servir dans le texte des *Odes,* mais qu'il en avait été dissuadé par des amis 'plus studieus de (son)

---

[1] Paris, Corrozet, B.N. Rés. Ye 1213, f° 37ʳᵒ⁻ᵛᵒ.
[2] Poitiers, Marnef, 1550. L'Apologie porte la date du 5 janvier, 1549.
[3] Selon Théodore de Bèze, *De francicæ linguæ recta pronuntiatione* (Genève, 1584), p. 16, *troup,* etc., étaient caractéristiques de la prononciation lyonnaise.
[4] Voir le *Dialogue* de Peletier, pp. 31-4.
[5] Tous des personnages historiques avec lesquels Peletier était lié d'amitié.
[6] Pour un exemple de l'orthographe de Peletier, voir fac-similé en p. 41.

renom que de la vérité'.[1] Voilà pourquoi l'on ne trouve dans les *Odes* que des innovations utiles, certes, mais aussi très limitées. Pendant quelques années encore, Ronsard applique et néglige ses réformes à tour de rôle, et il finit par s'en désintéresser tout à fait. Malgré son désintérêt, les innovations du maître furent adoptées par d'autres poètes, surtout par ceux de la Pléiade et, ce qui est encore plus important, par les imprimeurs des Pays-Bas,[2] dont les livres, affluant en France pendant la première moitié du XVIIe siècle, servirent à propager la nouvelle orthographe au détriment de l'ancienne. Par conséquent, l'Académie en suivant dans la première édition du *Dictionnaire* les principes de Robert Estienne, s'écartait par là de l'usage plus moderne qu'observaient déjà la plupart des imprimeurs en France.[3] Mais en quoi le système de Ronsard consiste-t-il? Ronsard préconise l'emploi d'accents intérieurs, y compris le circonflexe, d'où *égal, béant, répondre, même, grêle, brûle, trône,* et s'il conserve l'*s* devant *t*, c'est sans doute parce que cette lettre se prononce dans plusieurs mots. Il emploie le *e̷* barré là où un *e* féminin s'élide devant l'initiale vocalique du mot suivant — idée qu'il doit à Peletier plutôt qu'à Meigret. A la finale, il remplace *x* ou *z*, signes du pluriel ou autrement, par *s*. Ailleurs, il substitue *f* à *ph*, et il omet volontiers l'*h* muet, ainsi que plusieurs consonnes finales quiescentes: *eure, doi, pié*. Il réduit souvent les consonnes doubles: *acord, aneau,* et il omet plusieurs lettres étymologiques non prononcées: *chans, (quatre) vins, aversité, septre, tans*. Il laisse inchangés *i* et *u* avec leur fonction double. Pour tous ces changements, qu'il n'a jamais appliqués de façon conséquente, il avait été inspiré non seulement par Meigret et par Peletier, mais aussi par l'orthographe plus simple d'avant les praticiens, c'est-à-dire celle de la poésie médiévale qu'il connaissait bien.

Comme nous l'avons indiqué, d'autres poètes adoptèrent le système de Ronsard,[4] et c'est ainsi que l'on constate, dans la seconde moitié du XVIe siècle, une certaine divergence entre la prose, qui continue en général à employer l'orthographe traditionnelle, et la poésie, qui conserve celle de Ronsard. Cependant, il est certain qu'il était beaucoup plus facile de se faire imprimer dans l'orthographe traditionnelle, et c'est sans doute pour cette raison que le système de Ronsard, même parmi les poètes, perd du terrain en France vers la fin du siècle, en attendant l'afflux de livres imprimés dans les Pays-Bas, qui le remettra à la mode.

Mais il y avait d'autres réformateurs, contemporains de Ronsard, pour

---

[1] A v^vo–A vii^ro. Voir aussi n° **20 b**.
[2] Déjà en 1560, l'imprimeur Plantin, d'Anvers, parlait d'adopter l'orthographe de Ronsard: voir l' 'Avis au lecteur' de son impression du *Tresor des Amadis.*
[3] Voir l'article de Ch. Beaulieux, 'L'orthographe de Ronsard. Sa destinée', *Mélanges Henri Chamard* (Paris, 1951), pp. 125–35. Ce ne fut d'ailleurs que dans la troisième édition du *Dictionnaire,* celle de 1740, que l'Académie apporta d'importantes modifications à l'orthographe officielle dans le sens du système courant.
[4] Du Bellay, pourtant, s'est abstenu. Dans la *Deffense et illustration,* il parle avec approbation de la réforme de Meigret (f° e ii^vo), mais il avoue plus tard (f° vi^vo–vii^ro) qu'il se propose d'adhérer à l'orthographe traditionnelle, de peur de mécontenter son public.

12

ziƐurs, pour dƐnoter fƐ cƐ par
lƐur particulierƐ puiſanſƐ nƐ
pƐuvƐt aucunƐmen⌐ ſinifier:
Partát, ſi nous eimion'l'amen-
dƐment e ornƐmen' dƐ notr'e-
criturƐ, il nou'cóv̇iendroe' remedier a ſe'deu'poins: c ſi celcƐ moien dƐ plu'grand avan-
tajƐ ſƐ prezentoet, nous i ran-
jer: comƐ nouſ avon'ja di'dƐ
l'Ƌ utilƐment invente pour fe-
rƐ diſtinxion d'unƐ voielƐ frã-
ſoezƐ contrƐ l'E latin : e dirons
en-apre'dƐ celcƐ'conſonƐs.Or
c'il falƐ ecrirƐ comƐ l'on pro-
nonſƐ,ſ'e'lƐ jujƐmen'de'Grecs
e Latins fonde'ſur la cauzƐ ñ-
nalƐ dƐ l'ecriturƐ,ci e'meſajer'
c truƐƐmandƐ dƐ la voes, einſi
cƐ

Pierre de La Ramée (Ramus), *Gramere*, 1562 (Photo Bibl. nat. Paris)

lesquels ses innovations manquaient de hardiesse, surtout en ce qu'elles ne faisaient pas la part assez large au phonétisme. Nous parlons de Pierre de La Ramée, autrement dit Ramus, et de Jean-Antoine de Baïf. C'est à Ramus que nous devons la distinction typographique moderne entre *u* voyelle et *v* consonne: s'il propose aussi la distinction entre *i* voyelle et *j* consonne, il ne fait que suivre en cela Meigret et Peletier. Quant à ses autres propositions, elles n'ont pas de lendemain. Dans sa *Gramere* publiée en 1562, il attribue à la consonne *c* la valeur phonétique *k*, de sorte que le *c* peut s'employer devant toutes les voyelles, *e* et *i* compris. Néanmoins, dans l'édition de 1572, il y substitue la lettre *k*. Dans toutes les deux éditions, il emploie *ss* pour *ſ*, et *ſ* avec la valeur phonétique de *ch*. En 1572 il remplace *ou* par le signe ȣ, *au* par ω, et *eu* par ө. On trouvera en p. 45 un échantillon du système qu'il proposa en 1562. Celui de 1572 d'autre part est tellement proche de celui que Jean-Antoine de Baïf proposa deux ans plus tard dans ses *Etrénes de poézie fransoęze an vęrs mezurés,*[1] que nous renvoyons le lecteur à l'échantillon de ce texte reproduit en p. 47. On remarquera pourtant que Baïf emploie *e* pour *e* féminin, tandis que Ramus emploie *ę* en 1562 et *ę* en 1572.

Si Baïf se contentait de 29 signes, sans s'écarter tout à fait de l'alphabet latin, Honorat Rambaud, instituteur de Marseille, imagina un 'code' de 52 signes dont 44 consonantiques et 8 vocaliques, et sans aucun rapport avec l'alphabet latin. Il mit son système en pratique, heureusement avec un texte parallèle en orthographe traditionnelle, dans un livre publié à Lyon sous le titre *La Declaration des abus que lon commet en escrivant, et le moyen de les eviter e representer nayvement les paroles: ce que jamais homme n'a faict* (1578). Si l'on transcrit son 'code' d'après la clef qu'il fournit lui-même, on trouve un système un peu simplifié, certes, mais nullement phonétique, même en tenant compte d'une prononciation quelque peu méridionale. Rambaud fit parler de lui, mais n'eut pas d'imitateurs.

Il serait légitime de mentionner aussi le *Dialogue sur la cacographie fransoise* du médecin Laurent Joubert.[2] D'accord avec Meigret, Peletier, Ramus, Baïf et Rambaud sur le principe qui veut que l'on écrive comme l'on prononce, il conseille d'écrire par exemple *les pretres ecrivet* et *beaus yeus dous et gracieus* plutôt que *les prebstres escripvent* et *beaulx yeulx doulx et gratieulx*. Finalement, en 1596, Odet de la Noue, Sieur de Téligni, dans un traité *De l'orthographe françoise* publié en appendice à son *Dictionnaire des rimes françoises,*[3] plaide pour une orthographe qui soit plus en harmonie

---

[1] Paris, Du Val. Il ressort du manuscrit des *Psaumes* que Baïf employait son système orthographique déjà en 1567, au moins de façon expérimentale.

[2] Publié en appendice au *Traité du Ris* du même auteur, en 1579. Joubert ne fut pas le premier à employer le mot *cacographie*, puisqu'on le trouve déjà en 1554 dans le *Discours touchant la creation du monde* de Louis Meigret (f° 2r°), qui, justement, avait été obligé par son imprimeur à abandonner son orthographe réformée et à employer ce qu'il qualifie amèrement de caco-graphie. En latin, on trouve *cacographia* dans l'*Isagωge* de Dubois, en 1531 (a vᵛ°), également par rapport à l'orthographe traditionnelle.

[3] Paris, Du Val, pp. 372–424, surtout 423–4.

ᴧS POĘTES FRANSOĘS.

Vᴏs,ᴋi,lęs vęrs vivrefus n'abandonant,
De doᴋtez efpris lęz urevs anfantemans
ᴧn Frans' aportés : vᴏs vivans ᴋi flᴏrifés:
Toę, pᴏr le plus vieɭ (Pęletier) l'onevr du
Mans,
Ki ᴏtre lęs vęrs l'art de Poęᴢi' deᴋrivis
Mon fęt reçęrçant par fᴏhęt.Toę,grand Tiart,
Ki Sᴏne fęs bruir' : e premier an nᴏs pais
D'amᴏr lez ęrrᴏrs an Soᴏęs hᴏs depliant,
An prᴏᴢ' eᴋlęrfis sãjemant lęs troęs furᴏrs
Divīnes,ᴏ fiel anlevant lez ęfperis.

Toę,nᴏble Ronfard,ᴋi premier,d'un çᴏd deᴢir
ᴧᴢant t'eᴋartér dęs çemins ᴋomuns fraiés,
La Frans' anhardis ã fe haffér bien pluhᴏt,
Loein ᴏtrepaffant tęs davanfiers trᴏp ᴋᴏars.
Toę,dont la hantiz' anᴋor' an męs jᴏnez ans
Me mit de vęrtu dan le ᴋᴏr un eperon,
Kant fᴏęt ᴋe manjant fᴏs Dorat d'un męme pein
ᴧn męme çanbre nᴏs veɭions,toę tᴏt le foęr,
E moę davanfant l'ᴏbe dęs le gran matin :
Kant nᴏs prᴏpanfions an ᴋomun fe fęt nᴏveᴏ'.
Depuis(Ami vieɭ)hᴏrs de nᴏs ᴋᴏlans tᴏdᴏs
Avęᴋe nᴏs vęrs paffet vint e ᴋatr' ivᴏrs.

ᴧ Toę, ᴋi ᴏvrier peins le vrę,jantil Beleᴏ,
ᴺature çęrçant ᴋontrefęr an fon naïf,
Ki ręftes dęs miens ᴋonpaᴏon plus ansien.

ᴧ Toę, ᴋi as pu fęre plus ᴋe n'as ᴏᴏlu,
Duçat,ᴋi montras par l'eçantiɭon doné
Konbien la Mûᴢe t'ût preté de fęs favᴏrs.

ᴧ Toę,ᴋi nᴏs fuis,Seintemart' : e fur le ᴋlein
Konfus la dᴏfᴏr dęs furᴏrs ᴋi m'ont piᴋé,

d ÿ

Jean-Antoine de Baïf, *Etrénes de poézie fransoęze an vęrs mezurés*, 1572
(Photo British Museum)

avec la prononciation, et il demande entre autres choses l'emploi de *k* devant toutes voyelles (remplaçant ainsi *qu* devant *e* ou *i*), un signe spécial pour *l* mouillé, la substitution de *ʒ* à *s* sonore entre voyelles, la simplification des consonnes doubles, et un signe de longueur.

Mais malgré toutes les initiatives et les belles hardiesses des réformateurs, la tradition des praticiens, confirmée et maintenue par la plupart des humanistes et par la presque totalité des imprimeurs, tint ferme. Un Barthélemy Aneau, auteur du *Quintil Horatian*,[1] répondant à la *Deffense* de Du Bellay, un Guillaume des Autels aux prises avec Louis Meigret, un Abel Mathieu dans les *Devis de la langue françoise*,[2] un Henri Estienne, fils de Robert, dans tous ses ouvrages en langue vulgaire,[3] soutinrent par la théorie et par la pratique l'orthographe traditionnelle qui restait fidèle à ses principes étymologiques. Ainsi, pour résumer l'apport du XVIe siècle a l'évolution de l'orthographe française, on pourrait dire que l'imprimerie répandit et vulgarisa un système qui bénéficiait de tout le prestige de la tradition et de la ressemblance — superficielle — avec les langues anciennes. A la fin du siècle, il était admis qu'un système orthographique devait indiquer les origines des mots ainsi que leurs rapports entre eux, plutôt que la prononciation. Un tel système, précisément par ce qu'il avait d'irréel par rapport à la prononciation, permettait de supposer la langue parlée beaucoup plus uniforme et régulière qu'elle ne l'était en réalité. Ceux qui par contre cherchaient à sortir de cette tradition, et qui croyaient avoir trouvé une solution phonétique ou un compromis, n'étaient ni conséquents ni d'accord les uns avec les autres, et c'est ce manque d'accord et de conséquence, ainsi que l'effet déconcertant de tout système sortant de l'ordinaire, qui faisaient discréditer la réforme, comme le fit remarquer très justement Étienne Pasquier.[4]

L'orthographe de Ronsard était sans doute un compromis utile et pratique, et pourtant, vers l'an 1600, on ne s'en servait presque plus en France. Tout ce qu'il est permis d'affirmer, c'est qu'à la fin du siècle, les pires excès des praticiens avaient été abandonnés, ou comme le disait en 1607 le grammairien Charles Maupas,[5] 'jadis...l'Orthographe françoise estoit bien plus copieuse en lettres escrittes non leües, qu'elle n'est a present'. Dans la mesure où l'on peut parler d'orthographe régulière ou classique en France à la fin du siècle, c'est certainement celle de Robert Estienne et non celle de Ronsard et de la Pléiade. La plupart des imprimeurs continuaient à ne faire aucune distinction entre *i* et *j*, *u* et *v*, et, des signes auxiliaires, seuls l'accent aigu, la cédille, l'apostrophe et le tréma étaient d'un emploi courant.

[1] La première édition de cet ouvrage, aujourd'hui perdue, parut en 1550. Le *Quintil* fut réédité, avec l'*Art poetique françois* de Sébillet, en 1551.
[2] Paris, Jean de Bordeaux, 1572, f° 2ʳᵒ–3ᵛᵒ.
[3] Voir aussi, pour la théorie, ses *Hypomneses de lingua gallica* (Genève, 1582).
[4] Voir *Les Recherches de la France* (Paris, 1596), 6ème livre, ch. vi, f° 232ᵛᵒ–233ʳᵒ, et cf. n° **46 b**.
[5] Voir sa *Grammaire françoise* (Blois, Cottereau), p. 26.

LES DICTIONNAIRES[1]

Depuis le XIIIe siècle il existait pour le latin une espèce de dictionnaire encyclopédique, le *Catholicon*, souvent recopié et, depuis 1460, souvent réimprimé.[2] A partir de 1502, cependant, le *Catholicon* se vit concurrencer et peu à peu remplacer par le *Dictionarium* d'Ambroise Calepin de Bergame, ouvrage publié en France pour la première fois en 1514, par Badius. Quelques années plus tard, l'imprimeur Robert Estienne entreprit de publier une édition revue et corrigée du 'Calepin',[3] mais il le trouva tellement criblé de fautes qu'il l'abandonna tout à fait et publia à sa place un dictionnaire de son cru, le *Dictionarium seu latinae linguae thesaurus* (1531). Dans cet ouvrage, il avait voulu surtout, supprimant les barbarismes médiévaux, restituer dans sa pureté primitive le vocabulaire du latin classique, mais il fit davantage en expliquant en français bon nombre de mots latins. Jusque-là les rares compilateurs de glossaires bilingues ou trilingues s'étaient contentés de fournir un seul mot de français comme équivalent de chaque mot de l'autre langue.[4] Dans la première édition du *Thesaurus*, il est vrai, Estienne ne donne pas l'interprétation française de tous les articles, et il ne traduit pas non plus toutes les citations servant à illustrer l'emploi des mots latins, mais il remédie dans une certaine mesure à ces insuffisances dans la seconde édition qui paraît en 1536. Ensuite, en 1538, il en publie à l'usage des étudiants une version abrégée qu'il intitule *Dictionarium latinogallicum*, mais toujours sans traduire de façon systématique les exemples latins de l'emploi des mots. Peu après, influencé par le prestige grandissant de la langue vulgaire, sinon par la publication des Ordonnances de Villers-Cotterets, il imagine de retourner tout simplement son dictionnaire latin-français pour en faire un dictionnaire français-latin, ce qu'il fait en rangeant les mots français par ordre alphabétique et en les faisant suivre d'exemples d'emploi tirés eux aussi de la partie française du *Dictionarium*. Les rôles sont intervertis, et c'est désormais le latin qui sert à traduire et à expliquer le français. Le *Dictionaire francoislatin*, destiné selon l'auteur au 'soulagement de la jeunesse françoise, qui est sur son commencement & bachelage de litterature', paraît donc en 1540.[5] C'est un volume

---

[1] Voir surtout E. E. Brandon, *Robert Estienne et le dictionnaire français au XVIe siècle* (Baltimore, 1904), et E. Armstrong, *Robert Estienne, Royal Printer. An historical study of the elder Stephanus* (Cambridge, 1954), pp. 87–94. Pour le répertoire exhaustif de tous les glossaires et dictionnaires français du XVIe siècle consulter l'article de Ch. Beaulieux dans *Mélanges Ferdinand Brunot* (Paris, 1904), pp. 371–98.

[2] Voir ci-dessus, p. 35, n. 4.

[3] On n'aura pas de peine à deviner la transition par laquelle le *calepin*, livre à consulter fréquemment, est devenue un agenda.

[4] Tel est le cas pour le *Catholicon breton-francois et latin* de Lagadeuc, publié à Tréguier en 1499, et en principe pour le *Vocabularius nebrissensis* publié à Lyon en 1511, 1516, 1517, 1524, et (s.l.) 1528: il s'agit du dictionnaire latin-espagnol d'Antoine de Nebrija, avec des mots français substitués aux mots espagnols de l'original.

[5] La page de titre porte la date 1539, mais le colophon indique que le *Dictionaire* fut achevé d'imprimer le 16 février 1540.

de 527 pages, dans lequel les mots, quoique rangés en principe par ordre alphabétique, sont groupés ensuite par familles: là où la famille contient un verbe, celui-ci précède, à l'infinitif, les autres mots de la famille. Chaque mot est traduit, selon les cas, soit par un mot soit par deux ou plusieurs synonymes latins, et en outre un assez grand nombre de mots sont suivis d'exemples littéraires de leur emploi. Pour évaluer comme il faut cet ouvrage remarquable, il faut tenir compte du fait que la notion d'un dictionnaire unilingue d'une langue vulgaire était inconnue au XVIe siècle. Ce n'est en effet qu'en 1690 que le latin fut abandonné, pour la première fois, dans le *Dictionnaire* de Furetière.

Evidemment, si le dictionnaire de 1540 est d'une portée très limitée par rapport aux ressources totales du lexique français de l'époque, cela tient à ce que, son point de départ étant le latin classique, ce qui détermine l'inclusion ou l'omission de tel mot français, c'est la présence ou l'absence d'un terme correspondant en latin classique à traduire en français. Au surplus, fâcheuse conséquence d'un dictionnaire latin retourné, certains mots français appelés sans cesse à traduire des citations et des locutions latines, occupent une place démesurée. Tandis que le mot *gros* n'est illustré que par trois exemples, on en trouvera à peu près deux cents pour illustrer *la guerre*!

On a estimé que l'édition de 1540 contient quelque 9,000 mots. La seconde,[1] publiée neuf ans plus tard, en contient 13,000 environ, car Estienne, soucieux de remédier aux insuffisances de la première, avait rassemblé au hasard de ses lectures de nombreux mots français omis auparavant, ou bien d'une attestation récente. Cette fois-ci, il se montre embarrassé par le manque d'équivalents *latins*, et c'est pour cette raison qu'il invite ses lecteurs à lui communiquer des mots latins capables à leur avis de traduire les mots français surajoutés. Mais il les prie aussi de lui fournir les mots français, absents du dictionnaire, qu'ils pourront trouver 'és Rommans & bons autheurs Francois'. Il ajoute que pour sa part il ne voit dans son ouvrage qu'un commencement 'qui jamais ne se parfera que par diverses personnes soingneuses & diligentes a observer ce que & eulx & autres lisent ou parlent, dont se dressent certaines reigles tant pour l'intelligence des mots, que pour la droicte escripture d'iceulx, côme a esté faict par les autheurs Grecs & Latins'.[2] Malgré la modestie d'Estienne, on peut dire qu'avec l'édition de 1549 la lexicographie a fait un grand pas en avant, car comme désormais certains mots français ne sont suivis d'aucun équivalent latin, on a le sentiment que les mots français ne sont plus là uniquement pour faire écho à des mots latins, et qu'ils commencent à avoir leur propre raison d'être.

Estienne mourut en 1559, et c'est son beau-frère Jacques Du Puis qui

[1] Nous passons sur l'abrégé, destiné aux enfants, du *Dictionaire* de 1540. L'abrégé parut en 1544 sous le titre *Les Mots francois tournez en latin pour les enfans*. Estienne le réimprima en 1557, et l'ouvrage connut par la suite de nombreuses réimpressions à l'étranger.

[2] Edition de 1549, Au Lecteur, aᵛᵒ.

publia la troisième édition en 1564, avec la collaboration de Jean Thierry, qui y contribua de nombreux mots nouveaux, sans rien ajouter, pourtant, aux locutions héritées de l'édition précédente. En 1572, le privilège de 1564 ayant expiré, un concurrent, Gilles Garbin, publia une contrefaçon de l'ouvrage, ce qui encouragea Du Puis à en préparer au plus vite une nouvelle édition. La quatrième édition, augmentée de quelques mots nouveaux, mais aussi et surtout d'observations linguistiques et de définitions d'ordre encyclopédique, parut en 1573. Toutes ces additions étaient l'œuvre de Jean Nicot, érudit et diplomate. Une réimpression fidèle parut en 1584, mais déjà Nicot, révisant, ajoutant, corrigeant, élargissait de plus en plus le cadre du dictionnaire, qui par ses soins tournait peu à peu à l'encyclopédie. Ainsi le *Thresor de la langue françoyse, tant ancienne que moderne,* publié en 1606, quatre ans après la mort de Nicot, est une édition très augmentée du dictionnaire de Robert Estienne, plus exactement de la quatrième édition de 1573. Si le *Thresor* se trouve considérablement grossi par suite des additions de Nicot, celles-ci ne sont importantes ni pour le vocabulaire français ni pour les interprétations latines : elles sont faites surtout soit d'indications et de conjectures étymologiques, soit de définitions françaises très circonstanciées. Ce volume marque le point culminant de la destinée du *Dictionaire,* car il est tellement encyclopédique que sa valeur en tant que dictionnaire s'en trouve compromise, et il n'est pas tout à fait étonnant que les éditions ultérieures (dont il y a eu plusieurs jusqu'en 1628) se soient écartées du *Thresor,* pour se rattacher plutôt aux éditions de Du Puis (1564, 1573).

En ce qui concerne l'orthographe de cette série de dictionnaires, il importe de comprendre que de légères inconséquences se sont insinuées dans les éditions postérieures à celle de 1549, car tandis que l'orthographe *des mots déjà présents en 1549* est restée inchangée, celle des mots ajoutés aux éditions successives a subi de légères modifications. Mais il s'agit toujours d'un système étymologique plutôt que phonétique.

Quelque édition que l'on consulte, d'ailleurs, on est frappé par l'absence d'une foule de mots appartenant à la langue de tous les jours et en effet bien attestés dans les textes de l'époque. Le vocabulaire établi d'abord par Robert Estienne fut augmenté et élargi certes par ses successeurs, mais comme leur illustre prédécesseur, ces éditeurs firent preuve, à l'égard des mots français sans équivalent latin, d'une méfiance et d'une délicatesse excessives. Ainsi, si on trouve *haquebutiers* dans l'édition de 1540, *haquebute, harquebuze* et *harquebuziers* font leur apparition en 1549 seulement. *Attaquer,* bien attesté dans la seconde moitié du siècle, n'apparaît même pas dans le *Thresor* de 1606, et si d'autre part l'on consulte l'article *attacher,* le sens 'attaquer', qui était courant, fait défaut. *Goffe* et *manquer,* italianismes récents, sont il est vrai dans l'édition de 1564. Quant à *soldat,* Estienne le donne en 1549, mais il renvoie le lecteur à *souldart.* L'édition de 1564 répète le renvoi à *souldart,* mais l'article *souldart* est suivi de l'observation 'ceulx qui parlent bien dient, *un soldat,* & non pas *un souldart*'. Le mot *patois,*

attesté au XIIIe siècle, n'était certes pas rare au XVIe, mais il manque
totalement à tous les dictionnaires d'Estienne et de ses successeurs. On le
trouvera cependant dans le *Dictionarie french and english* de Claude de
Sainliens (Londres, 1593), et dans le *Dictionarie of the French and English
Tongues*, de Cotgrave (Londres, 1611). L'œuvre lexicographique d'Estienne,
de Du Puis, et de Nicot fut considérable, mais pour l'attestation et pour
la définition contemporaines d'une foule de mots de la langue courante, on
aurait tort de ne pas consulter aussi les dictionnaires français-anglais de
Sainliens et de Cotgrave, ainsi que les dictionnaires français-flamands de
Meurier et de Mellema.[1]

[1] Meurier, *Vocabulaire françois-flameng* (Anvers, 1562), et *Dictionaire francoys-flameng* (Paris,
1584); Mellema, *Dictionaire ou promptuaire françoys-flameng* (Anvers, 1589). Pour composer
son dictionnaire, Cotgrave prit comme point de départ le dictionnaire de Sainliens, mais il
puisa aussi dans les dictionnaires français-flamands: voir pourtant l'article de H. Vaganay,
'Le vocabulaire français du XVIe siècle et deux lexicographes flamands du même siècle. 2,000
mots inconnus à Cotgrave', *Congrès international pour l'extension de la langue française* (Paris,
1906).

AUX LECTEURS

LES TEXTES

Nous nous sommes fait scrupule de changer le texte là où l'orthographe, quoique peu usuelle, est compatible avec la prononciation (p.ex. *ſe* = 'ce', *ſes* = 'ces', *qui* = 'qu'il', *eſt* = 'et'). Nous nous sommes gardé aussi d'ajouter ou de restituer, dans les textes qui font usage d'accents, ceux qui ont été omis ou oubliés, car il était encore permis de les omettre. Nous n'avons pas non plus joint des mots divisés tels que *la quelle*, ni divisé des combinaisons comme *entant, empoint, surquoi, nomplus*: de telles formes sont déconcertantes, mais nullement incompréhensibles. Nous avons par contre rectifié de fausses divisions comme *en dormiz, eſte ſcrit* (*endormiz, eſt eſcrit*). Nous n'avons ajouté ni accents ni ponctuation, mais nous avons au contraire ôté par-ci par-là des points, des virgules ou des accents visiblement déplacés et constituant de simples coquilles. Nous avons laissé inchangées les apparentes irrégularités de conjugaison telles que l'absence de *ſ* à la seconde personne du singulier (voir surtout le n° **9 b**), et nous n'avons pas restitué *e* final féminin élidé devant voyelle initiale. Nous n'avons pas résolu les abréviations. En un mot, nous nous sommes efforcé de préserver dans la mesure du possible l'aspect original de la page telle qu'elle était imprimée au XVIe siècle. Dans les notes, les citations ont la même forme que dans les textes. Dans le Glossaire et la Table de noms propres, par contre, nous avons résolu les abréviations, différencié *i* et *j*, *u* et *v*, et abandonné *ſ* longue (*ſ*); et nous avons employé de façon systématique la cédille, le tréma, l'apostrophe, et l'accent aigu sur *e* final. Pour ce qui est des autres accents, nous ne les employons dans le Glossaire et la Table que lorsqu'ils sont présents dans les textes.

LES NOTES

Un astérisque dans le texte sert à indiquer que les mots qui précèdent immédiatement sont discutés dans une note explicative.

LE GLOSSAIRE

Nous tenons à souligner que, le présent ouvrage étant destiné non seulement à des lecteurs de langue française, mais aussi à des lecteurs de langue anglaise, il a été nécessaire de faire très compréhensive la liste des mots à expliquer. S'il n'est pas nécessaire d'expliquer au lecteur d'expression française des mots tels que *fureter, diffamer, ebrieté, cancre, verjus*, il est également superflu d'expliquer au lecteur anglophone *noise, contemptible, obedient, incredible, innumerable*. Il est d'ailleurs évident que l'usager ne cherchera au Glossaire que les mots qu'il n'aura pas compris.

En établissant le Glossaire, nous avons tenu à y incorporer les catégories suivantes :

(1) Les mots qui n'existent plus dans la langue moderne, y compris ceux dont il est facile de deviner le sens : d'une part *oncques, halener, plasmature, occire, obicer, musser, esteuf, equipoller*; d'autre part *solemne, simplesse*.

(2) Les mots — très nombreux — dont le sens a changé depuis le XVIe siècle : *resverie, pratique*, (le) *vulgaire, fabrique, face, chiffre*, etc.

(3) Les mots qui ont changé de fonction grammaticale : *sus* (prép.), *dedans* (prép.), *repaistre* (intr.), *eviter* (intr.), *eschapper* (trans.), *ressembler* (trans.); ou de genre : *comté, duché, epitaphe, epithete, eschappatoire, honneur*.

(4) Les verbes dont certaines formes n'existent plus : *voise* (< aller); *doint* (< donner); *voirrons* (< voir); *voulsissent* (< vouloir).

(5) Les mots qui existent encore mais qui sont peu connus : *immarcessible*; *quintaine*.

(6) Les mots et les locutions qui, quoique familiers en soi, pourraient ne pas être compris dans le contexte où ils se présentent : *sans dou(b)te*; *(rien) du tout*; *naturellement*.

Pour indiquer qu'il ne s'agit pas de mots courants ou généralement acceptés, nous avons marqué d'un ᴸ ou d'un ᴵ majuscules les latinismes et les italianismes employés exprès comme tels. Nous n'avons pas marqué de la sorte les latinismes employés sérieusement par Molinet ou par Jean Lemaire de Belges, ni tel italianisme bien enraciné comme *bravache, cassine, cornice, race, traffique*. Quant à *bastonnade*, ce mot ne semble pas être venu directement d'Italie, et c'est de toute façon Celtophile et non Philausone qui s'en sert (voir n° **36 b**).

L'ORTHOGRAPHE, LES ACCENTS ET LA PONCTUATION

Comme les textes reproduits dans les pages suivantes n'ont subi aucune modification sauf là où il y a une faute ou une omission évidentes, nous appelons l'attention du lecteur sur certains traits qui distinguent la page imprimée au XVIe siècle de celle que nous connaissons aujourd'hui.

Les Accents

Si avant 1530 (voir ci-dessus, pp. 38 et suiv.) les imprimeurs n'emploient ni accent aigu, ni apostrophe, ni cédille, ni tréma, ils les adoptent progressivement à partir de cette date, et surtout à partir de 1540. Cependant, même à la fin du siècle, les accents sont rares à l'intérieur des mots, et l'accent aigu ne sert en général qu'à distinguer *é* final masculin de *e* final féminin. L'apostrophe n'est pas toujours employée là où on l'attendrait aujourd'hui : en d'autres termes les élisions ne sont pas toujours marquées comme telles (d'où *se esmeut* au n° **3**, *me y ont incite* au n° **4**, etc.).

La Ponctuation

La pause qui sépare la fin d'une phrase grammaticale du commencement de la suivante n'est pas nécessairement marquée, que ce soit par un point ou par un autre signe. Au surplus, un point est souvent l'équivalent d'une simple virgule, et c'est pour cette raison que les propositions relatives ou causales suivent souvent un point. La valeur d'une virgule est exprimée aussi, tantôt par deux points, tantôt par une barre (/) séparant les membres de phrase ou même les mots isolés.

Les Majuscules

Les imprimeurs emploient parfois les majuscules sans aucune raison apparente, et s'ils les mettent parfois après une virgule, ils les omettent aussi quelquefois après un point. Si d'une part les noms propres s'écrivent souvent sans majuscule, on constate d'autre part une certaine tendance à faire commencer les prénoms par une majuscule, et à imprimer sans majuscule les noms de famille qui suivent. Une lettre majuscule peut servir aussi à indiquer que ce qui suit est une citation, ou un mot à souligner.

Les Caractères

S. Cette forme est la seule employée pour la majuscule. *s* minuscule s'écrit normalement ſ en position initiale ou intervocalique, ou devant consonne, mais *s* en position finale. Deux *s* s'écrivent normalement ſſ, mais on trouve aussi ſs et ß.

V, U. En règle générale, les imprimeurs ne font pas la distinction moderne entre *u* voyelle et *v* consonne. *V* en position initiale peut représenter l'un ou l'autre des deux sons, tandis que *u* les représente partout ailleurs. Ce n'est qu'exceptionnellement que l'on trouve *u* (= *v*) en position initiale, et *v* (= *v*) en position intervocalique.

J, I. En principe, les imprimeurs emploient *i* avec les deux valeurs de voyelle (*i*) et de consonne (*j*). Cependant, l'on trouve parfois *j* avec la valeur d'une consonne.

LES ABRÉVIATIONS

(1) Le signe ~ placé au-dessus d'une voyelle remplace un *n* ou un *m* suivants. Lorsque la voyelle ainsi marquée est suivie néanmoins par *n* ou par *m*, il faut conclure à une consonne double. P.ex.: õ = 'on'; cõe = 'come' (comme); ĩeptemẽt = 'ineptement'; cõtẽtãt = 'contentant'; rẽcõtroyẽt = 'rencontroyent'; circũiacẽte = 'circunjacente': mais d'autre part hõme = 'homme'; cõmẽt = 'comment'; guerdõnera = 'guerdonnera'.

Le même signe ~ peut d'ailleurs indiquer des contractions diverses:

q̃ = 'que'; q̃ſte = 'queste'; q̃lque = 'quelque'; xp̃iens = 'chrestiens'; ap̃s = 'apres'; combñ = 'combien'; rñdit = 'respondit'; vr̃e = 'vostre'; p̃ſente = 'presente'; p̃cieux = 'precieux'; ſeigñr = 'seigneur'.

(2) Le signe ⁹ représente, surtout à la fin du mot, les lettres *us*. Ainsi no⁹, vo⁹, to⁹, pl⁹, Ven⁹, représentent 'nous', 'vous', 'tous', 'plus', 'Venus'.

(3) p initial est normalement à résoudre en *pro*: puinces = 'provinces'; puerbes = 'proverbes'; plation = 'prolation'; pcedoit = 'procedoit'; ppre = 'propre'; mais par exception en *pre* (pferés au nº **18** = 'preferés').

(4) p = *par*: puins = 'parvins'; apptenoient = 'appartenoient': mais exceptionnellement = *per* (pdirent au nº **6** = 'perdirent').

(5) q̧ = 'qui'; q̧lz = 'qu'ilz'.

(6) q. Dans les nᵒˢ **12**, **18** et **24**, q possède la même valeur que q̧.

(7) ʳ au-dessus de la ligne = *ur*. P.ex. cœʳ = 'cœur'; poʳ = 'pour'; ioʳ = 'jour'; poʳſuys = 'poursuis'; leʳs = 'leurs'; pluſieʳs = 'plusieurs'; Seignʳ = 'Seigneur'; Monſʳ = 'Monsieur'.

(8) d̔ = *de* (uniquement au nº **6**).

Noter aussi: lad ou lad̔ = 'ladi(c)te'; led̔ = 'ledi(c)t'; leſd̔ = 'lesdi(c)t(e)s'; dud = 'dudi(c)t'; vre = 'vostre'.

Nous donnons ci-dessous, pour terminer, quelques exemples servant à illustrer les principes que nous venons d'énumérer.

ſe courca (nº **2**) = 'se courça' (se courrouça).

poure dargẽt (nº **3**) = 'povre d'argent'.

ma a ce ſtimule (nº **4**) = 'm'a a ce stimulé'.

il ma ſemble bon (nº **4**) = 'il m'a semblé bon'.

dalaine (nº **4**) = 'd'alaine (d'haleine)'.

quon ſi vueille arreſter (nº **5**) = 'qu'on s'y vueille arrester'.

quil ma cõmãde q̃ (nº **12**) = 'qu'il m'a commandé que'.

en lan deſſus Mencionne (nº **6**) = 'en l'an dessus mencionné'.

celuy qui ma enuoye (nº **11**) = 'celuy qui m'a envoyé'.

ẽuye (nº **38**) = 'envye'.

eniãber (nº **39**) = 'enjamber'.

iurongnes (nº **44**) = 'ivrongnes'.

I

JEAN MOLINET (1435-1507)

Ceſt le romant de la roſe | Moraliſie cler et net | Tranſlate de rime en proſe | Par voſtre humble molinet.
Paris, A. Verard, 1500.
Londres, British Museum, C. 22. c. 2.
Prologue: b i^{vo}–b iii^{ro}.

Salomon dit q̃ dilection eſt forte cõe la mort / amour eſt hauberion impene-
trable qui les dars reiecte / qui les glaiues aguiſe / q̃ les perilz actend / q̃ de
la mort ſe gabe.* Que veulx tu plus. Virgile dit que amour vaint tout.
Eneas ſiluius[1] recite au liure des deux amans quil neſt cueur nul ſil eſt charnel
q̃l ne ſente les eſguillõs damours. Quicõques ayme touſiours meurt et iamais 5
neſt mort. Selon les diffinitions et diuerſes proprietes damours deſſus
alleguees peut on cueillir trois branches amoureuſes: ceſtaſſauoir amour
diuine: amour naturelle & amour fatuelle. Amour diuine eſt ardãt feu
reſplendiſſãt lumiere / doulx miel / fort vin / irradiant ſoleil & riche treſor
inſaciable q̃ les cherubins embraſa / qui le filz de dieu fit deſcẽdre / q̃ les 10
portes dẽſer briſa / qui lignaige humain redima / q̃ la gloire des cieulx
ouurit / et q̃ les bons guerdõnera / toute rien periſt / toute rien enuieilliſt /
toute rien ſe paſſe & fine ſi nõ lamour de dieu inextinguible / immarceſſible
& incõprehẽſible. Amour naturelle licite & honneſte entretiẽt humain
lignage en ſon eſpece / ſoubſtiẽt les enfãs en vie / nourriſt les faons des 15
animaulx / vniſt les puinces en paix / lye les cites en cõcorde / enlace
diuers cueurs enſemble & tellemẽt que ſans amour rien neſt delectable /
vtile ne permanable. Amour fatuelle eſt fole delectation / frequẽte cogitacion / ardãt feu ſans extinction / inſaciable ambition / incredible deception / dyabolicque illuſion / de rage amere portion / de vray repos 20
deſtruction* / de melodie inuention / de dons aſſuefaction / de motz
multiplication / de ſotz accumulation / de honneur retrogradacion / de
ſens adnichilation / de triſteſſe augmẽtacion / de famine nutricion /
de ſalut retardation / de bõnes meurs corrupcion / de vices generation / de
louenge remotion / de pourete replection / de bourſe euacuation / de 25
fraulde ymagination / de couleur grant mutation / de lumiere priuacion /
de force diminution / deſperit perturbation / de mẽbres deſſication / de vie
abreuiation / de corps humain perdition et de lame dãnation. De ceſte fole
deſordõnee amour* cõſite en rage & en train de forſenerie furẽt iadis
enflãbez non ſeulement les innocẽs & ſimples ydiotz*: mais auſſi aucuns 30
renõmez philoſophes* / roys princes & ducz / et q̃ plus eſt pluſieurs
glorieux parſonnaiges* deifiez au miſerable monde / leſquelz pour eſtain-

[1] *ſilmas.*

57

dre le chault tiſon de leſpriſe amoureuſe ont queru poʳ remede et for-
ſenement puys de larmes / ſourſe de plains & portion deaue mortelle Dont
35 ſans deſployer les anciẽnes hyſtoires de Iupiter et caliſtone / de orpheus et
erudice / de piramus et tiſbee / et de pluſieurs autres. No⁹ auons exẽples
ſans nõbre plus prouchaines de nous et de plus fraiſche memoire. Nagueres
que* vng florẽtin fut tãt abuſe de la beaulte dune damoyſelle* q̃ pour
paruenir a fin de ſon empriſe il lui offrit tout ce q̃ demãder lui plairoit ſe
40 poſſible eſtoit* den recouurer. La damoyſelle voulant eſprouuer ſe la
bouche & le cueur eſtoiẽt dung accord luy demanda les deux yeulx de ſon
chief. Le florẽtin ſãs auoir regard a la difformite de ſon vyaire arracha les
yeulx de ſa face ſi les luy enuoya en vne¹ boiſte. La damoiſelle fort admiree
de la fidelite de ſõ amy pour ſatiſſaire a ſon amour vouloit faire le ſem-
45 blable² / mais le conſeil de ſes parẽs len retarda pour la neceſſite de viure.
Si le print a mary cõme le plus loyal amy et le plus eſprouue de tous autres.
Vng caſtelan eſtoit tãt amoureux dune dame de france que p̃ faulte de
iouyſſance ſeſlongna oultre la mer ou il rendit lame. Mais auãt ſa mort il
commãda q̃ apres ſon decez ſon cueur fuſt enuoye en france & preſente a ſa
50 dame p̃ amours. La dame qui le receut a grant ioye le fiſt richemẽt enchaſſer
et garder entre ſes ioyaulx. Son mary q̃ dauanture le trouua ſachãt que
ceſtoit le cueur de lamoureux de ſa fẽme en fiſt ſecretement faire vng
brouet / Si luy dõna a manger* en diſant. Dame vo⁹ auez le cueur de voſtre
amy plus pres de vo⁹ que ne cuidez / Car il eſt en voſtre vẽtre et le auez
55 mãgie. La dame reſpõdit Sire ſe il eſt ainſi oncques plus precieux morſeau
ne mangay ia pieca: ne iamais plus morſeau ne mangeray. Si que bien pou
de iours apres la dame rendit lame. Autres perſonnages plus de dix
expirez plus de cẽt deplayes / & plus de mille langoureux pourrois ie
mettre en compte* ſe longue hiſtoire ne vo⁹ cauſoit ennuy / leſq̃lz acheuez*
60 damoureuſe folie confite en grãt rage deſmeſuree ont miſerablement fine
leurs iours. Nõ ſeulement p̃ amour fatuelle & mõdaine ſe ſont priuez du
benefice de viure loyaulx et certains amoureux* / mais auſſi p̃ amour
eſpirituel & diuine ſe ſont offers a glorieux martire. Les chãpions de noſtre
foy pareillement pour le bien de la choſe publicque & vtilite des pays* p̃
65 amour naturelle / amytie / affinite ou proximite de parẽtage ſont voulẽ-
tairemẽt trebuchez au pelage de la mort les fẽmes pour leurs³ marys / les
marys pour leurs fẽmes / les parens pour leurs enfans / les enfans pour
leurs parẽs / les ſubiectz pour le ſeignr̃ & le ſeigneur pour les ſubiectz.
Anciẽment gẽs infideles des naciõs barbares eſperãs retribuciõs cõdignes
70 ſe couchoiẽt au trauers des chariotz chargez de leurs ſimulachres pour
receuoir la mort ſe deſmẽbroient* pour cõplaire aux ydoles / et ſacrifioiẽt
leurs enfans a leurs dieux. Aucunes femmes ſe brufloiẽt auec les os de
leurs marys / les autres ſe ruoiẽt en la foſſe auec eulx. Et maintenãt la
charite q̃ nous xp̃iens deuons auoir a vng ſeul dieu. La vraye amytie q̃
75 deuons rendre* a noz proeſmes / & le loyal amour dont no⁹ deuõs ſeruir

¹ *vue.*   ² *ſemblabe.*   ³ *lenrs.*

les dames font de nous tãt efloingnez et refroidiez q̃ nul ne veult receuoir
martire po^r le nom de dieu / nul ne veult mourir pour le peuple / nul ne fe
tue pour les dames. Et cõbien q̃ leurs paciẽs* dient fouuent q̃lz font fort
malades pour lamour delles fi ne meurent ilz iamais. La plus angoiffeufe
playe et le plus grief tormẽt q̃lz ayẽt a porter apres foufpirs & larmes 80
faintes* font trẽblement de blanches fieures. Et pource mon trefredoubte
prince q̃ defirez eftre efcolier en luniuerfite & magiftrale faculte damours
qui eft vng dur perilleux laborinth* a paffer a ceulx q̃ ne cõgnoiffent la
quarte marine: il a pleu a voftre trefhaulte & noble feigneurie moy
cõmander de reduyre* le romãt de la rofe de rethorique en profe. Laq̃lle 85
chofe mife a execution femblera* de prime face fort eftrãge / de grãt labeur
& dinutile fruict: cõfidere q̃ ledit romant a efte ourdy tant fubtilemẽt et
tiffu de fi bõne main / et eft louurage tant incorpore* en la memoire des
hõmes q̃ de le coucher en autre ftille ne fera moindre nouuellete q̃ de
forgier vng nouuel .a.b.c. Car les fentẽces enfemble les auctoritez de art 90
rethorical acouftrees font defia cõtournees en puerbes cõmuns. Et dautre
part lexperience vfuelle damours eft fi fort cõmune et la lecon q̃ fen aprẽt:
efcripte* de fi groffe lettre & de fi legiere apprenfure a gẽs a pou de to⁹
eftatz par ce q̃ nature y dõne grãt adreffe q̃ les difciples y fõt maiftres. Les
maiftres y fõt aprẽtilz* & les aprẽtilz grãs docteurs. Non feulemẽt 95
damoifeaulx damoifelles / iouuẽceaulx iouuẽcelles / filles garfettes &
gars / mais auffi vieillottes & vieillars fe delictẽt / degoifent & refiouyffent*
en recordãt les deuifes de leurs plaifans amourettes. Puis donc q̃* chafcun
congnoift linduftrie damours et q̃ le romant de la rofe no⁹ en demõftre fi
cler enfeignement q̃ ce nous eft cõmune patenoftre que pourra prouffiter* 100
ce que ien fcauray faire. Certes mon trefredoubte prince il ne fẽble pas aux
bacheliers formez damours; nõ a ceulx q̃* en fõt lifeurs ou licenciez q̃ fache
mettre auãt lecture* fuffifant pour aprẽdre feulemẽt les nouices cõfiderees
les raifõs deffufdictes. Si puis bien dire auec Ouide. Bella michi video. Car
ie me fens defia berfaude de plufieurs menaces / et apparcoys les engins des 105
mefdifans affutez enfemble les langues ferpẽtines affillees pour dilapider
mes ouurages et debrifer les volans de voftre trefhũble & poure moulinet
fe p voftre cheualereux bras & en la fplẽdeur de voftre reflamboyãt efpee ie
ne fuis fecouru & deffendu. Toutefuoyes ie me cõfie tãt en la ferenite de
voftre illuftre feigneurie: dont le cõmandemẽt me va fort pres du cueur 110
que* iẽploieray toutes mes forces a lauãcemẽt de la q̃fte amoureufe et au
reboutemẽt des mauldietz enuieux Suppliãt q̃ de voftre grace il me foit
pardõne fe generalement ie metz en œuure to⁹ les propres termes q̃ ie
trouueray en la maffe. Car puis le tẽps que le romãt fut premier cõpile
noftre langage eft fort agẽfy / fort mignon & renouuelle. Et auec ce ie me 115
pafferay legierement daucunes repeticions illec inferees a caufe de la rime.
Mais en ce lieu pour mieulx louer les fentẽces: lefq̃lles nullemẽt ie ne vueil
amoindrir ne les cõmuer / mais entrelacheray a la foys aucunes dictions
modernes laiffãt les autres a leur entier fe trop rudes ne fõt ou hors dufage.

120 Et affin q̃ ie ne perde le froment de ma labeur et q̃ la farine q̃ en fera molue
puiſſe auoir fleur* ſalutaire iay intēcion ſe dieu men dōne la grace de tourner
& cōuertir ſoubz mes rudes meules le vicieux au vertueux / le corporel
en leſpirituel / la mōdanite en diuinite / et ſouuerainement de le moraliſer.
Et p ainſi no⁹ tirerons le miel hors de la dure pierre et la roſe vermeille hors
125 des poignās eſpines ou no⁹ trouuerōs grain & graine / fruict / fleur &
fueille / treſſouefue / odeur odorant / verdure verdoyāt* / floriture floriſ-
ſant / nourriture nourriſſāt fruict & fructifiāt paſture. Par le moyen de
laq̃lle mon treſredoubte prince q̃ eſtes principal motif* de ceſte beſongne /
et moy le ſimple rude efficiēt ie prie noſtre ſeigñr dieu que no⁹ puiſſons vo⁹
130 et moy laſſus veoir la roſe immarceſſible et gouſter le fruict de vie pardurable.

2

PIERRE GRINGORE (v. 1475–1538)

Les folles entrepriſes.
  Paris, P. le Dru, 1505.
  Oxford, Bodléienne, Douce G. 386.
  a iiiʳᵒ–a viᵛᵒ.

OR eſt ainſi que en repoſant de nuyt
Apres que ie euz prins plaiſir & deduit
Deſtudier en bibles & croniques
Me fut aduis que enuiron la mynuit
5 Entrepreneurs faiſoient tout tel bruyt
Comme ſuiſſes* en guerre portant picques
Lors aperceuz des ſerpens draconiques
Hurlans / brayans / tumbãs par vaine gloire
Leurs fiers regardz cerberins[1] plutoniques*
10 Impoſſible eſt rediger* par hyſtoire

Leur prince eſtoit appelle lucifer
Qui en orgueil ſe voulut eſchauffer*
Entreprenant le preſcauoir diuin
Luy ſes conſors* tumberent en enfer
15 Pource q̃ eurent les cueurs plus durs que fer
Et couraige fier obſtine malin
Ou endurent* vne peine ſans fin
En hurlemens / cris / tourmens merueilleux
Monſtrant que dieu qui eſt doulx et begnin
20 Veult rudement pugnir les orgueilleux

[1] *cerberies.*

LENTREPRISE DES FOLZ ORGVILLEVX

AVX orgueilleux dieu refifte et combat*
Et leur orgueil foudainement rabbat
Quant fe donnêt lhonneur qua luy doit eftre
Par orgueil fut le premier apoftat
Hault efleue en fumptueux eftat   25
Mais en fin fut defloge de fon eftre
Folle entreprife le fift trop defcongnoiftre
Entreprenant diuine fapience
Qui prouffite il* vouloir eftre grant maiftre
Par trop cuider* qui rabeffe fcience   30

Quelz biens as tu apportez en ce monde
Dautruy les prens / vela ou ie me fonde*
De dieu viennent non dautruy ne de toy
Si tu es beau & de belle faconde
Se fens raifon engin en toy habonde   35
Ce vient de dieu tel le tien & le croy
Riches poures font faitz tout dun alloy
Entrepreneurs dient par leur merite
Quilz ont des biens* mais a ce que ie voy
Pour leur auoir la mort pas ne les quitte   40

Combien voit on dorgueilleux efleuez
Qui en la fin ne foient naurez / greuez
Et trebuchez foubdain du hault en bas
En la bible plufieurs vous en trouuez
Quil foit ainfi la puiffance prouuez   45
Que dauid eut en tuant gollias
Et que deuint lorgueil adonias*
Comme aman fut en vng gibet pendu
Quât en orgueil mondains prennent foulas
En la parfin il leur eft chier vendu   50

Les orgueilleux font remplis de ventance
Et pertinax en leur fiere arrogance
Prefumptueux plains de contemption
ypocrifie / difcorde* oultrecuidance   55
Elation et inobedience
Se mettent fus auec deception
De leurs ames font la perdition
Car le dyable les aueugle & les lye

Orgueil ne vient a mon opinion
Que de gens folz qui monſtrent leur folie

Quant orguilleux font folles entrepriſes*
Leurs arrogãces font tout ſoubdain repriſes
Par pharaon orgueil on peult blaſmer
Quant il voulut* oſter de leurs franchiſes
Le peuple eſleu par eſtranges deuiſes*
Luy ſes conſors perirent en la mer
Et quant dauid fiſt ſon peuple eſtimer
Dieu ſe courca de lentrepriſe folle
Apres le doulx / il fault gouſter lamer
Folle entrepriſe en fin ſon maiſtre affolle*

Ne fut pas mis nabugodonoſor
Hors ſon ſiege / non obſtant ſon treſor
Et en beſte mue* ſept ans entiers
Pareillement le puiſſant nicanor
Plus orgueilleux que vng lyon ou vng tor
Fut deſconfit auec tous ſes routiers
Et abſalon auec tous ſes ſoubdoyers
Contre dauid ſoy monſtrant orgueilleux*
De trois lances fut par ſes familiers
Oultre perſe pendu par les cheueulx

Pheton voulut vne fois entreprendre
De charier phebus le fiſt deſcendre*
Parquoy au ciel nullement ne proſpere
Et dedalus voulant ſon filz aprendre
Voller en lair ſon vol voulut hault prendre*
Trop plus beaucop que nauoit fait ſon pere
En la mer cheut pour ſon grant impropere
Non obſtant ce quil fuſt legier iſnel
Ceſt a enfans* vng treſgrant vitupere
De contemner leur pere paternel

* * *

LENTREPRISE DES CONQVERANS

VAlere dit aux hyſtoires romaines
Que les romains ſouloiẽt dantiquite
Gaigner villes / citez / chaſteaulx / demaines
Non par force ne par iniquite
Car les conſulz par liberalite

62

Tiroient[1] a eulx le peuple en mainte forte
Mais au iourdhuy regne crudelite
Largeffe dort / fidelite eft morte
Parquoy force eft que pourete fe afforte
Auec fubgectz qui ont leurs biens perduz   100
Et tous eftatz demeurent efperduz
Tãt q̃l fauldra q̃ vng grant fcãdale en forte

Alexandre qui le monde conquift
Eft il pas mort? ouy fans faulte nulle
Emporta il* les grans biens quil acquift?   105
Nenny. certes onc nen eut vng fcrupule
Ceft fimpleffe quant biens on accumule
En vng monceau et ne feruent de rien*
De paradis par ce point on recule
En fe liant dun infernal lien   110
Suffift dauoir fon pain quotidian
Du demourant efpandre fa largeffe*
Ceft a princes damaffer grant fimpleffe*
Quant nemportent aucun bien terrien

Aucuns lieuent* malletotes ou tailles   115
Exactions / empruntz / portz & peages
Prefuppofans que fil leur vient batailles
Auront foudars en leur donnant bon gaiges
Il eft ainfi / touteffois princes faiges
Doiuent penfer que fubgetz oppreffez   120
Sont mutillez en differans paffaiges
Plus que vendenge en vng preffouer preffez
Tout leur vaillant ne fouffit pas affez
Pour contenter ceulx qui font la cueillette
Car dun denier le prince a la maillette   125
Tant feullement fe bien le compaffez

Se de nembroth prenez loutrecuidance
Qui redoubta* le deuziefme deluge
Dieu abatra voftre force et puiffance
Et ne fcaurez plus ou prendre reffuge   130
Se voftre efperit vous admonnefte et iuge
De trop aymer le trefor temporel*
Prenez raifon faictes en voftre iuge
Vers voz hommes vous fera naturel*
Ne edifiez la haulte tour babel   135

[1] *Tirorent.*

Pour affaillir le ciel a forte main
Car vng prince qui fe monftre inhumain
Ne peult monter au lieu celeftiel

Lhomme mondain quant il eft a honneur
140 Le plus fouuent fon entendement pert
Il deuient fier / cabaffeur / rapineur
A amaffer les biens dautruy expert
Et qui foit vray notoirement appert*
Pour le iourdhuy en facon euidente
145 Lamy charnel a grant peine eft appert
Pour fecourir fon parent ou parente*
Qui nemprunte* ou par gaige ou par rente
En vain parens font priez & requis
Quant au regard dauoir amys
150 Muables font comme le vent qui vente

LENTREPRISE DES COVVOITEVX

COuuoitife nuyt aux princes en fin
Septimulus nous en donne lexemple
Pareillement le couuoiteux iabin
Mal luy en print qui fes geftes contemple
155 Quant herode rauit vaiffeaulx du temple
Ses grans honneurs furent lors abatuz
Le couuoiteux fe rompt frõc cerueau temple
Tachant caffer* & abolir vertus
Rememorez la largeffe titus
160 De conftantin la vertu aprenez
Et la pitie marcellinus* prenez
Quant vous faictes voz nouueaulx eftatuz

Empereurs roys ducz contes et marquis
Cadetz feigneurs vicontes marefchaulx
165 Princes barons faichez quil eft requis
Que fupportez* voz ferfs & voz vaffaulx
Si vous faictes les guerres & affaulx
Sur eulx tumbe la perte & le dommaige
Ilz nourriffent vous voz gens & cheuaulx
170 De leur meftier / ou de leur labouraige
Vng iour direz las pourquoy labourai ge
A efpandre fans caufe fang humain
En malle heure prins le glaiue en ma main
Pour commettre fi grant vice et oultraige

3

CLAUDE DE SEYSSEL (1450–1520)

Les louenges du roy louys XIIe de ce nom | Nouuellemēt compoſees en latin par maiſtre Claude de ſeyſſel docteur en tous droitz et maiſtre des requeſtes ordinaires de lhoſtel du Roy. Et tranſlatees par luy de latin en francois
Paris, A. Verard, 1508.
Londres, British Museum, 10659. b. 29.
e iʳº–e iiiiʳº.

ET par ainſi de vouloir comparer le regne dudit Phelippe de valois et des quattre roys enſuyuãs qui furent tous plains de calamitez et dinfelicitez auec le regne du roy loys queſt a preſent tãt glorieux et plain de toute felicite il nya aucune apparence. Et neantmoins pour cõtinuer lhyſtoire ie veulx bien reciter en peu parolles les grãs affaires et aduerſitez que euſt vng 5 chaſcun deulx en leur regne. Et tant que touche ledit phelippe de valois qui fut vaillãt et notable roy cõbien q̃l deffit les flamẽs* en bataille & auſſi ledit cõte dartois / touteffois ſon armee de mer fut deffaicte par les anglois a leſcluſe en flandres & y mourut grãt nõbre[1] de frãcois / auſſi perdit il la bataille contre le roy dãgleterre a crecy enſẽble la plus part de ſes gens qui 10 furent mors ou prins et a peine peut il ſauluer ſa perſõne / Pour loccaſion deſq̃lles guerres fut miſe vne creue ſur le ſel et la valeur de la mõnoye fut haulſee au quadruple tellemẽt q̃l laiſſa le royaume a iehan ſon filz bien trauaille & poure dargẽt. Leq̃l roy iehan iaſoit quil fuſt preux & hardy & fiſt tout ce q̃ vng vaillant et noble prince & vng hardy cheualier puiſſe 15 faire / touteffois il fut ſi malheureux q̃ apres q̃ ſes cappitaines & lieutenans furent batus & deffaitz en xainctonges par les anglois luy voulant venger loultrage les voulut combatre* plus hardyement que ſaigement deuant poitiers ſans les vouloir prendre a mercy / dont ſi mal luy aduint* quil perdit la bataille ou mourut vne grande partie de ſa nobleſſe & luy meſmes 20 auec phelippe ſon filz et pluſieurs princes barons & nobles hõmes de france fut prins & mene en angleterre dont pour le rachapter charles ſon filz aiſne fut contraint de chercher tous les moyens que poſſible luy fut* pour tirer argent pour raiſon de quoy le peuple ſe eſmeut ſi furieuſement contre les grans et meſmement a Paris que en la preſence dudit charles furent tuez 25 ſes principaulx officiers et a grant difficulte ſe abſtindrent datempter a ſa perſonne. Et auec cela les anglois ne ceſſoient de faire la guerre ains vindrent courir iuſques deuant Paris dont pour leur reſiſter fut beſoing mettre par deliberations des eſtatz grandes impoſitions ſur le clergie et ſur le peuple / et furent par effect les affaires du Royaulme en ſi grant trouble et 30 neceſſite* que a peine y auoit experience de le reſouldre. Mais touteffois ledict Charles le quint de ce nom que lon appelle le ſaige par ſon ſens et

---

[1] *flandres grãt & y mourut nõbre.*

par fa conduicte apres la mort du roy Iehan fon pere le remift fus en grant
profperite et fut la chance et la fortune bien changee. Si peut on lors
35 congnoiftre clerement combien vault mieulx gouuerner* vng royaulme &
faire vne guerre par fens et par confeil que par audace et par force / Car
ledict Charles qui gueres ne bougeoit de paris par fon fens & par bon
confeil chaffa les anglois de france et dune partie de guyenne et les batoit
par tout ou ilz fe trouuoient / la ou le roy Iehan qui tant fut preux et
40 cheualereux eut toufiours du pire contre eulx. Auffi ledit roy Charles
remift* les Bretons a fon obeiffance qui contre luy feftoient rebellez / et
chaftia ceulx du montpelier qui auoient fait quelq̃ emotion / Et non pourtant ne fut pas le royaulme de fon tẽps exempt de plufieurs trauaulx &
infelicitez / car pour foubftenir la guerre fut befoing mettre fur le peuple
45 de grans impofitions: et dautre part ap̃s fi longues guerres fe trouuerent
tãt de brigans & de pillars par le royaulme que tout en eftoit infect et
plufieurs gens defrobez* / oultragez et occis. Et quelque faige quil fuft il
fit Philippe fon frere fi grant et fi puiffant que fes fucceffeurs en apres ont
mis le royaulme en telle neceffite que iamais ne fut en plus grãde* / car il
50 voullut plus toft bailler au dit philippe fon frere dame marguerite de
flandres a fẽme q̃ la prendre luy mefmes: & en faueur du mariage luy dõna
la duche de bourgongne & plufieurs autres terres & feigñries defquelles la
maifõ de bourgõne fut fi rẽforcee aiãt lad conte de flãdres & les terres[1] q̃
apptenoient a lad dame marguerite q̃ le duc Iehan filz dud duc philippe ofa
55 biẽ entreprẽdre au tẽps du roy charles vie. de faire tuer le duc loys dorleãs
frere dudit roy charles .vie fõ coufin germain en la cite de paris & ap̃s
venir en perfõne a la prefence du roy fi bien acõpaigne quil nauoit crainte
deftre offẽfe. Mais finablement a la grant pourfuyte de dame valentine de
millan femme dudit duc loys par iufte iugement de dieu en la prefence de
60 charles le daulphin il mourut de la forte quil auoit fait mourir fondict
coufin dont apres vindrent tant de maulx au royaulme du temps defdictz
deux roys charles .vie. et .viie. que a peine les pourroit lon racompter et fut
prefque perdu par les francois ainfi qua efte dit deffus. Parquoy fault bien
conclure et chafcun le confeffe que le regne de charles .vie. fut plain de
65 tribulation et de malheurete. Car au commencement de fon regne apres la
mort de Charles le quint fon pere fut beaucoup plus grande la pillerie des
genfdarmes qui neftoient point payez quelle nauoit efte au temps de fon
pere / & le peuple de paris pour limpofition nouuelle quon leur mectoit
fus fit vne grande mutinerie et le femblable firent ceulx de rouen* iufques a
70 faire vng dentre eulx roy. Auffi le[2] peuple menu de limofin dauuergne et
de poictou confpire contre les nobles et les riches tellement que plufieurs
en y eut de tuez & pillez. Et daultre part la taille fut mife fi grande fur tout
le royaulme que ce quon auoit fauue des genfdarmes eftoit prins et vendu
par les fergens tellement que plufieurs mefnaiges habandonnoient leurs
75 biẽs[3] & fen alloient hors dudit royaulme. Et neãtmoins de tout ceft argent

[1] *terrrs.*   [2] *la.*   [3] *bẽis.*

q̃ euſt eſte ſouffiſant pour dechaſſer les anglois non pas tant ſeullement de
france / mais dangleterre ne fut fait aulcune choſe qui redondaſt a lhonneur
ne prouffit du royaulme. Apres ledict roy charles ſixieſme[1] faiſant la guerre
contre les Bretons deuint Inſence dont pour le gouuernement du royaulme
ſenſuyuirent les diſſentions entre les princes du ſang Et meſmement entre 80
les ducz dorleans et de bourgongne pour raiſon deſquelles ilz ſouffrirent
mort cruelle tous deux ainſi qua eſte dit deſſus. Et phelippe filz dudit iehan
duc de bourgongne pour venger la mort de ſon pere ſe ioingnit auec les
anglois et tant firent quilz eurent entre leurs mains le roy charles .vie. et
en faueur de dame katherine ſa fille laquelle henry .ve.[2] de ce nom roy 85
dangleterre auoit eſpouſe* luy[3] remiſt ledit roy charles le royaulme de
france ſoy retenant* tant ſeullement le nom de roy a ſa vie & charles le
daulphin ſon filz par grant aduenture fut par vng cheualier ſaulue et
emporte ſoubz vng manteau de la main des anglois ce que dieu permiſt
par ſa bonte ainſi que apres eſt apparu par effect affin que vng royaulme 90
ſi religieux ſi noble ſi puiſſant et ſi habondant de toutes choſes ne tumbaſt
en ſeruage & ſubiection intolerable dune nation ſi eſtrange / ſi fiere et tant
ennemie des francois.

Depuis adonc la mort du roy Charles .vie. regna Charles ſon filz .viie. de
ce nom priue touteffois et ſpolie de paris et de la plus grant partie du 95
royaulme de france tellement quon lappelloit roy de bourges et apres quil
eut perdu la plus part de ſa nobleſſe et cheualerie a creuant et a vernueil eſtant
pres que hors deſpoir* non pas ſeullement de recouurer ce qui eſtoit perdu /
mais de garder le remenant miraculeuſemẽt et par voulente de dieu* vint
a luy Iehanne la pucelle femme de baſſe condition / par le conſeil et cõ- 100
duicte de laquelle il leua le ſiege des anglois queſtoit deuant la cite dorleans
et puis apres raſſembla les capitaines et gens de guerre qui eſtoient re-
ſchappez des batailles au parauant perdues et autres telz quil peut finer / a
laide deſquelz et de ladicte Iehanne il batit les anglois en pluſieurs lieux.
Et entre les autres Iehan baſtard dorleans qui apres fut conte de dunois 105
fut des principaulx conducteurs & fiſt de moult grans choſes dont a
touſiours ſera memoire. Et finablement ayant ledit roy Charles fait paix
perpetuelle* auec le duc philippe de bourgõgne a telles cõditions q̃ le
beſoing et le temps pouoit porter dechaſſa les Anglois non pas des parties
de france quilz auoient occupees tant ſeullement / mais du pays de 110
guyenne qui eſtoit leur heritage ancien et de celluy de normandie quilz
auoient[4] poſſede par bien long temps et les conſtraingnit apres pluſieurs
rencontres & batailles perdues ſe retirer en angleterre grãdement affoiblis
& debilitez pour la perte quilz auoient faicte de la plus part de leurs chiefz
et gens de guerre. Pour leſquelles victoires* icelluy roy charles :viie. ſãs 115
point de faulte acquiſt los & gloire immortelle* autant a peu pres que nul
des autres roys ſes predeceſſeurs. Mais non pourtant eſt il impoſſible de
faire comparaiſon de la calamite et deſolation du royaulme de france

[1] ſeptieſme.　　[2] .iiie.　　[3] et luy.　　[4] quil auoit.

queſtoit lors tout gaſte pille bruſle et defpeuple de ſi grant nombre de
120 nobles[1] vaillans hommes quauoient eſte occis en icelles guerres ſi cruelles
et ſi longues a la felicite / puiſſance / richeſſe* / opulance & habondance
dhõmes et de biens en quoy lon voit au iourduy ledit royaulme ſoubz le
roy loys regnant et la fortune* ou pour parler plus ſainement la prouidence
diuine qui conſerua ledict roy charles au royaulme / & icelluy royaulme au
125 roy charles bruſle touteſſois pille et gaſte la reſerue au roy loys dont nous
parlons pour le remectre* et regir en ſa premiere force et vertu et en plus
grant puiſſance richeſſe et felicite quil nauoit iamais eſte. Car certainement
il eſtoit bien conuenable auoir vng tel roy lequel par la bonne medecine[2]
de paix auec les fomentacions de iuſtice et de police tout ainſi que vng bon
130 medecin reſtauraſt le corps dudict Royaulme moult debilite et affoibly par
la longue maladie des guerres ſi cruelles et ſi dangereuſes et pour luy
rendre* ſa premiere vigueur et encores plus grande et auſſi luy donner tel
regime et dietes quil ſe pourra par long temps conſeruer en ſante. Et
dautre part ledit roy charles ſeptieſme apres quil eut chaſſe ſes ennemis et
135 paciffie ſon royaulme ne fut pas exempte de pluſieurs malheuretez / Car il
veſquit en ſa vieilleſſe aſſez luxurieuſement et trop charnellement entre
femmes mal renommees et mal viuans dont ſa maiſon eſtoit plaine / & ſes
barons et ſeruiteurs a lexemple de luy conſumoient leur temps en voluptez / Dances / mommeries[3] et foles amours / Et pour occaſion de la belle
140 agnes dont il fut longuement abuſe* fiſt maintes choſes mal ſeantes a vng
ſi grant Roy et ſi renomme.* Et entre aultres il perſecuta de corps et de
biens Iaques Cueur lung des plus ſaiges Hommes et des plus riches qui fut
en france de ſon eſtat / qui luy auoit ayde de conſeil et Dargent a recouurer
ſon royaulme et chaſſer ſes ennemys autant ou pl⁹ que nul aultre Et ce par
145 ſuſpecon* quil eut contre luy dauoir empriſonne ladicte agnes luy mettant
ſus touteſſois pluſieurs aultres crimes qui neſtoient pas ſouffiſans ne aſſez
iuſtiffiez pour traicter vng tel homme ſi rigoureuſement.* Auſſi recongneut
ledit roy aſſez mal les ſeruices que pluſieurs princes ſeigneurs / barons et
capitaines luy auoient faitz en ſes guerres et au recouurement de ſon
150 royaulme tellement q̃ aucuns deulx et meſmes de ceulx qui luy auoient fait
de plus grans ſeruices & des plus renommez il perſecuta et autres il laiſſa
mourir en grant pourete. Il fut auſſi grandement malheureux en ſon ſang
& en ſes parens / car le duc iehan dalencon ſon couſin pour tant que bien
luy ſembloit que lon ne recongneut pas aſſez les ſeruices quil auoit fait au
155 roy et au royaulme pourchaſſa de faire reuenir les anglois en normãdie
dont apres que la choſe fut deſcouuerte il fut prins & condampne par ledit
roy Charles en ſon lict de iuſtice a vendoſme a perdre corps et biens / et
iacoit que la vie luy fut pardonnee* ſi demoura il touteſſois priſonnier
iuſques apres la mort dicelluy Roy. Mais encores plus grant malheur luy
160 aduint de Loys ſon filz daulphin de viennois lequel par le conſeil daucuns
des princes du royaulme conſpira et machina de prendre ladminiſtration

---

[1] de&nobles.   [2] lequel la bonne medecine.   [3] monnieries.

dicelluy royaulme* dont il vint en fi grande indignation enuers ledict roy fon pere quil fut conftraint foy retirer en fon pays de daulphine et apres q̃l y eut demoure bien long temps entendant q̃ fondit pere luy voulloit courir fus fen fouyt & retira* en flandres deuers le duc philippe de bourgongne 165 contre lequel pour raifon de ce quil lauoit recueilly & lentretenoit en fon pays ledit roy Charles fut en propos de mouuoir la guerre et leut fait fi la mort ne leuft empefche* / Laquelle mort fans point de faulte eftoit grandement defiree par ledit daulphin fon filz et fes fuyuans queftoient en nombre / & quant il lentendirent nen menerent pas grant dueil comme de leur 170 pere et fouuerain feigneur / Mais fen refioyrent comme[1] de la mort de leur ennemy...

4

JEAN LEMAIRE DE BELGES
(v. 1473–avant 1524)

Senfuyt le traicte Intitule La concorde des deux langaiges.
Paris, G. de Marnef, 1513.
Londres, British Museum, G. 10248.

(*a*) *Prologue*, B vi[ro]–B vi[vo].
(*b*) *Comment Lacteur fut reboute*..., D[vo]–D ii[ro].

SENSVYT LE TRAICTE INTITVLE LA CONCORDE DES
DEVX LANGAIGES

(**a**)   *Prologue*

PUis peu de iours en ca / Eft de nouuel aduenu / q̃ deux perfonnes ayans beniuolêce lune a lautre / et tous deux de noble & gaillarde nature: Ceftaffauoir quãd a lart & eftude mercurial & palladien. Se trouuerẽt* enfemble en lieu domefticq̃ et priue / Et eurent entre aultres chofes / diuifez / entremeflees / de la comparaifon de la langue francoife / et de fa franchife et 5 bonte nayfue / enuers le langaige tofcan et florẽtin lefquelz font defriuez et defcendus dun mefme tronc & racine. Ceftaffauoir de la langue latine / mere de toute eloquẽce. Tout ainfi comme* les ruiffeaux procedent de la fontaine / et doibuẽt viure et perfeuerer enfemble / en amoureufe concordance.   10

Neantmoins commencoit entre lefditz deux perfonnaiges / qui de toute prime ieuneffe feftoient entreaymez par admiratiõ de vertu / A fourdre quelque debat* et altercation de leurs preeminences* quant a fidelite / Et ce pcedoit de gracieufe ialoufie / Car lune des parties foubftenoit / que la langue francoife eftoit affez gente / et propice / fouffifante affez / et du tout 15 allegante* pour exprimer en bõne foy / et mettre en effect / tout ce que le

---

[1] *deulx comme.*

langaige tofcã ou florentin (Iafoit ce quil foit le plus flouriffant dytalie)
fcauroit dicter / ou excogiter / foit en amours / foit aultremẽt / Et en ce
alleguoit pour fes garantz et deffenfeurs aucuns poetes / orateurs / et
20 hyftoriens de la langue frãcoife / tant antiques comme modernes / Sicõme
Iehan de meun / Froiffart / maiftre Alain Mefchinot* / les deux grebãs /
Millet Molinet / George chaftelain / et aultres / dont la memoire eft et
fera longuement en la bouche des hommes / Sans ceulx qui* encoires
viuent / et flouriffent. Defquelz maiftre Guillaume Cretin eft le prince.
25 Lautre perfonnaige deffendoit et preferoit le langaige ytalicque / Comme
celuy qui plus et mieulx apoint / et par plus grant affection / fcet exprimer
fon intention en praticque amoureufe et aultres matieres / Et pour ce
prouuer¹ mettoit en auant plufieurs acteurs renommez et actorifez / Sicõme
Dante / Petrarque / et Bocace tous trois florentins / Philelphe / Sera-
30 phin / et affez dautres ytaliens.
Pour lequel different accorder* / lune defdictes parties fefforcoit dexaul-
cer / auctorifer / et hõnorer noftre langue francoife & gallicane. Et de fait
luy feoit* bien a merueilles. Comme celle qui dun hault cueur virile et
mafculin prononcoit maintz nobles termes amoureux et prudentz / par
35 elegance feminine. Si me requift de vouloir mettre main a plume / pour
defcripre le tumulte amoureux de leur debat / Et laccord prouchaĩ qui
fen pourroit enfuiure / Ou au moĩs en dõner quelq̃ bon efpoir* et apparẽce
par mon efcripture
Laquelle charge iay voulentiers entreprife a fa benigne requefte / Comme
40 celuy qui ayme* et honnoure / a mon pouoir la langue gallicane amye et
voyfine du langaige ytalien / Ioinct a ce que aucunes aultres raifons con-
currentes et non difcrepantes / me y ont incite / Ceftaffauoir pource que ou
temps moderne plufieurs nobles hommes de france frequentans les
ytalles / fe delectent et exercitent oudict langaige tofcan / a caufe de fa
45 magnificente elegance / et doulceur. Et daultre part les bõs efperitz
ytalicques prifent et honnourent la langue frãcoife / et fe y deduyfent
mieulx quen la leur propre. A caufe de la refonance de fa gentilleffe et
courtoifie humaine.
Vne aultre raifon encoires / ma a ce ftimule. Ceft de perfuader* / autant
50 quen moy peut eftre la paix et vnion perpetuelle / entre lefdictes deux
nations et langues / lefquelles font en partie amyes et concordantes lune a
lautre / mais pour la plus grant part ennemyes. Ainfi comme fe* dame
nature / tout a fon effient les euft defioinctes et feparees par obftacle des
alpes / et des montaignes interpofites / et par la difference du ciel / des
55 meurs / & des couftumes quant au fait / Et des accentz / contenances / et
prononciations quant a la parolle.
Lefquelles chofes apperẽt affez clerement ou tẽps prefent. Ceftaffauoir
dun cofte par aucunes aliances et communications qui fe treuuẽt et fentre-
tiennent entre lefdictes deux nations. Mefmement entre le peuple de

¹ *prouuoir.*

florence et la nobleſſe francoiſe / Et le contraire ſe monſtre par les guerres / 60
factions / bendes / & ennemiſtiez violentes / des venitiẽs / auecques leurs
confederez contre ceulx de noſtre langue.

Doncques il ma ſemble bon pour choſe morale et duiſant a la choſe
publicque / et auſſi delectable aux liſans / de mettre peine a les perſuader
et enhorter / tant en general comme en particulier deſtre deſormais dun 65
meſme accord et voulente* ſans plus auoir de controuerſe entreulx / car
trop en couſte la facon.

Laquelle amiſtie* ne feaulte ne ſe pourra trouuer ou temple de Ven⁹ qui
ſignifie laſchete / et oiſiuete. Attendu quelle eſt trop amoureuſe et accoincte
de Mars / le grand dieu des batailles / lequel ne quiert ſi non ſemer diuiſiõ 70
et zizanie entre loyaulx amans / Mais bien la pourra on recouurer* ou
temple de la deeſſe Minerue / Ceſtadire de parfaicte operatiõ / de prudẽce /
paix et concorde / Comme on verra par la deduction de ce preſent traictie
/ qui ſera diuiſe en deux parties.

La premiere cõtiendra la¹ deſcription du temple de Venus / ſelon la 75
mode poeticque / Et ſera rimee de vers tiercetz / a la facon ytallienne ou
toſcane / et florentine / Ce que nul aultre de noſtre langue gallicane a encoires attempte* denſuiure / Au moins que ie ſaiche.

Lautre qui fera mention du temple de Minerue ſera meſlee de proſe et de
rime francoiſe que on dit alexandrine / Et pource que de la fin procede la 80
denomination / Il ſera intitule le chemin du temple de Minerue

Or commenceray ie ce labeur / Comme ſe aultreſſoiz ieuſſe eſte curieux
de frequẽter le temple de Venus / Et que maintenãt ie cerche* le chemin
de celuy de Minerue la belle et vertueuſe deeſſe / a qui ce preſent eſt
conſacre deſirant quelle recoyue* pour aggreable.   85

(b)   *Comment Lacteur fut Reboute du Temple de Venus*

AVx parolles de larchiprebſtre Genius pluſieurs perſonnaiges de ieuneſſe
gallicane / et francoiſe eſmuz et entalẽtez daller a loffrẽde / ſans attendre
la fin du ſermon / Comme pleins de fureur amoureuſe / cõtraignirent ledit
predicateur de ſyncoper ſa collation / Car par ardeur tumultueuſe et
farouſche / tout ainſi que ſe ilz ſe deuſſent entre batre / chaſcun ſauanca qui 5
mieulx mieulx / Tendant de baiſer les relicques du temple Venerien. Et
ſentre preſſoient* de tel ſorte que lun donnoit empeſchement a lautre.

BElacueil ſoubzdyacre faiſoit reſoner ſes grandz baſſins dargẽt / dedẽs
leſquelz qui ne pouoit aduenir / il y ruoit* / Or / argent / drogues aromatiques / et odoriferantes / riches bagues / aournemens ſumptueux / et toutes 10
eſpeces de richeſſe mõdaine. Les aultres par grãd deuotiõ atachoiẽt leurs
cierges et leurs chandelles aux treilliz du grand autel / et aux candelabres /
Tellement q̃ les clers et miniſtres dudict Belacueil ne ſouffiſoient a recueillir
et eſtaindre les chandelles / ny a eſpuiſer les grans vaiſſeaux dargent.²

¹ *le*.   ² *dargeut*.

71

15 Ien viz auffi aulcũs qui y mettoient des tableaux painctz de leurs nauf-
fraiges et mefauentures pour rẽdre grace a la deeffe de fes miracles impetrez
tant par mer que par terre.

LE dyacre nõme Dangier / qui dautre part tenoit pied ferme / Ayãt vne
grãde et lõgue verge en la main / de dur mefplier / poly & plein de neux /
20 dun vifaige rebarbatif et dune voix tonãt* / et redoubtable /[1] menaffoit
ceulx qui fefforcoient dapproucher a main vuide / aux riches couffinetz /
fur lefqlz repofoient les belles ymaiges et fymulachres feminins / & vene-
ricques / Et de fait les reboutoit rudement.

IE doncques tout delibere daccomplir mon veu ia pieca promis a
25 lexẽple des aultres / aufquelz iauoie veu faire le femblable / Prefentay* vng
petit tableau de mõ ĩduftrie affez bien efcript et enlumine de vignettes / et
flourettes / lequel ieftimoye vng chief doeuure pour le planter & dedier
deuant lymaige de ma demydeeffe / Et de fait quand ce vint a offrir ieuz
quelque peu de faueur du foubzdyacre Belacueil / Car en faifant mon
30 offrande il me fouffrit baifer les leures coraillines / de lymaige pretendãt
encoires la rebaifer* par plufieurs foiz / pour faouler ma deuotion.

MAis quand Dangier le rude Dyacre / plein dauarice facerdotalle / euft
veu* que ie ne feiz prefent que dun peu de parchemin atache en bois / fans
ce que aultrement il regardaft que tout ce feruoit a lhonneur et exaltation
35 de la deeffe Venus / & de fon temple / il me chaftia malgracieufemẽt de[2]
fa gaule / & getta mon tableau derriere le grãt autel fans en tenir compte /
pource quil ny auoit gueres de metal / dor ou dargẽt pefant ou maffif / fors
feullement de dorure / ou enlumineure fuperficielle.

VOyant mon rebout et confufion* / Ie me reputay malheureux / Et
40 fortiz hors du temple plein de vergoigne / tout penfif / & fans contenance /
fi non piteufe et lamentable / fouyant et me deftournant de la cõuerfation
de ceulx de ma congnoiffance / lefquelz par grãd foule occupoient les
chemins de toutes pars pour aller au facrifice de Venus / Si fiz tant que
iefchappay de la preffe / et tant erray par mes iournees fur mer et fur terre
45 que ie paruins en vne merueilleufe folitude / Ceftadire defert fterille /
pierreux / areneux / et tout heremiticque La ou neantmoins ie trouuoie
aucuns pas humains / imprimez en la fablonniere feiche / Non tant que ce
peuft fembler grand trac / ou chemin ferre Mais toutefuoies il donnoit*
cõfolation a ma trifteur Efperant que ie paruiendroye* a trouuer aucune
50 chofe eftrange merueilleufe et antique / dont ie fuis curieux / Ce quil
maduind / cõme vous orez cy apres.

APres loingtains voiages et erreurs plufque vagabondes / et apres
plufieurs perilz & nauffrages efchapez* / pource que ie me deftournoye
vne foiz de ca / aultreffois de la par ignorance des fentiers. Comme celuy
55 qui mieulx aymoie mourir en lieu eftrãge et incongneu / que viure en
derifion de mes voifins.* Finablement iapperceuz vng rochier trefhault
et trefmerueilleux a regarder pour fa diuerfite. Car fon chief fefleuoit par

---

[1] *redoubtale | q̃.*   [2] *de de.*

deſſus les nues. Et au pied diceluy / cõme on pouoit cõiecturer par ſem-
blãce loingtaine pouoit eſtre ymagine aucun peu darbres et verdures. Si
tiray celle part penſant que illec parauenture ie trouueroye quelque 60
refrigere deaue / ou de fruictaige pour eſtãcher ma grand ſoif qui cauſee
meſtoit par le train labourieux de la terre ſablonneuſe / et par euaporation
de ſueur alteratiue et expiration dalaine.

EN ceſt eſpoir et deſir / oubliant mon trauail par affection de nouuellete / Ie ne me dõnay garde que iapprochay le pied du roch / lequel eſtoit 65
reueſtu daucuns buiſſonnetz / Mais cler ſemez / Et non pas du tout
ſouffiſans pour donner vmbraige / et encoires moins fructueux. Si neſtoiẽt
peuplez fors de menus lezardeaux et aultres beſtiolles nõmees cygalles /
dont le chant enroue faiſoit reſonner lair de toutes pars. Neantmoins[1] ie y
cueilliz aucunes meures et framboiſes verdes dont laigreur eſtancha quel- 70
que peu lalteration de ma bouche.

OR eſtoit la roche* eſchauffee du ſoleil meridional / ſi droicte / ſi
ſcopuleuſe / et ſi difficille a monter / que ie ne men oſay oncques entremettre / Aincois alloye enuironnant ſon circuite. Souhaitant* p grand
ſoing que ie peuſſe recouurer* quelque ſourſe de fontaine. Laꝗlle choſe 75
apres grant trauail iobtins heureuſement et puins en vng lieu ſolitaire &
vmbrageux qui eſtoit le creux du Rochier large & ample / reueſtu de
mouſſe & autres herbes aquaticques duquel ſourdoit vng petit ruiſſelet
argẽtin enuirõne dun peu darbres / de fueilleure eſcharſe / Si maſſiz ſur la
riue pelee / et nõ gueres herbue / Puis mẽclinay & puiſay de leaue dedens 80
mes palmes creuſes Si beuz de celle belle liqueur refrigereuſe / et en lauay
la ſueur de ma face.

ET quãt ieuz mes eſperitz recrees et mis ſus / il me ſembla biẽ / Pour
ce ꝗ le lieu eſtoit ſepare de la noiſe du monde / ꝗ ceſtoit vng deſert
eſpouẽtable auentureux / et danciennes merueilles / et comme vng lieu 85
hante de Nymphes ou daultres eſperitz ĩcorporelz Si dreſſay la veue pour
regarder la regiõ circũiacẽte / Et ſe parauenture il y auoit* la entour choſe
aucune digne de memoire...

5

GUILLAUME BUDÉ (1468–1540)

Recueil manuscrit d'apophtegmes, présenté à François 1er en 1519.

(Le manuscrit ne porte pas de titre. Ce recueil fut publié en 1547 sous une forme très altérée
qui ne doit rien à Budé, et qui porte le titre *Le Livre de l'institution du Prince* (Paris, J. Foucher).
Nous préférons nous en tenir au manuscrit.)

Paris, Arsenal, MS 5103.
F° 14vo–19vo: Budé s'adresse à François Ier.

[1] *Reantmoins.*

73

De ces biens deffufdictz qui viēnēt de grace diuine vous eftes grandement
oblige a dieu, non feulement den rendre graces mais auffi den bien vfer
au falut de vous et de voz fubiectz. or pour fatiffaire a cefte obligation en
tout ou partie, vous eft befoing auec le bon entendement que vous auez et
5 auec la grande facilite de concepuoir ce que vous oyez ou lifez, dacquerir
prudence* par doctrine telle que vng fi grant prince comme vous peult
acquerir par honneur. en ce faifant vous augmēterez et enrichirez les biens
que nature vous a donnez a mefure comble, par vne liberalite dont elle
ne vfe pas fouuent mefmement es perfonnes des grans princes. mais cefte
10 doctrine fire naurez vous* par enfeignement de maiftre, car vous eftes fi
grant maiftre que tous autres font moindres que vous apres dieu et faincte
eglife qui eft la mere de tous creftiens, de laquelle vous eftes et vous portez
premier filz. mais vous pouez auoir vne grande maiftreffe qui equipole
toute feule a plufieurs grās precepteurs enfemble, et fi enfeigne par grant
15 plaifir et doulceur ceulx qui fe adonnent a fa doctrine. et fe nomme cefte
maiftreffe hiftoire.* laquelle cicero pere deloquence latine appelle temoing
des temps, lumiere de verite, vie de la memoire, maiftreffe de la vie
humaine, et meffagiere de lantiquite. et eft autāt a dire hiftoire en la langue
grecque comme* inquificion de toutes chofes dignes de memoire pour en
20 faire le recit au vray. fe voftre plaifir fadonne a oyr cefte maiftreffe, auec
ce quelle vous donnera paffe temps quant vous ferez ennuye de la preffe,
encores elle vous monftrera la facon de grāt honneur acquerir en voftre
vie par toute la creftiente, et fi loing que la renommee de france feftend, et
apres la mort delaiffer* de voftre nom memoire immortelle. car vous auez
25 les īftrumēs de nature et de fortune entierement et abundamment pour ce
faire, mais que vous en ayez entendu la maniere. et quant a moy ie ne
fais nul doubte que voz faitz pour le temps aduenir* ne donnent affez
matiere aux gens de lettre de compofer hiftoires, pour donner exemples a
voz fucceffeurs et a tous autres grans princes, et en ce faifant vous ferez ce
30 que fait le bon facteur de dieu en leuangile, qui mect a prouffit les talens
que dieu luy a mis en fa main, en les multipliant et faifant valoir par
induftrie a lhonneur et intention de luy. ceulx font les biens du corps et de
lame que dieu vous a donnez, ceft a dire les organes des fens corporelz, et
les vertuz et puiffances de lame dont vous eftes doue ou degre fuperlatif.
35 Mais comme dient les grans maiftres anciens hiftoire ne peult garder
longuement fon auctorite ne durer a perpetuite fi elle neft traictee et
efcripte par homme qui foit elegant et orateur, et qui faiche la facon dy
accommoder la grace et la grauite qui eft requife en hiftoire auant quon y
adioufte foy comme a chofe vray femblable, et quon fi vueille arrefter
40 comme a chofe delectable et auec ce racomptable en bonne affemblee.
Alexandre le grant monftra bien quelle eftime on debuoit faire de ceulx
qui ont doctrine excellente pour rediger par efcript les chofes dignes de
louenge ou memoire perpetuelle. car quāt il paffa la mer de lhelleſpont
pour aller conquerir lafie il voulut veoir la pourtraicture dachilles qui

74

eftoit erigee fur fon fepulchre au pres de troye la grant. et alors il dift aux 45
affiftans que achilles eftoit bien eureux, car en fa vie il eut patroclus pour
vray et loyal amy, et apres fa mort il eut vne grande trompette qui auoit
publie fes faitz et geftes louables, ceft affauoir homere le grant poete grec,
ou liure duquel nous lifons auiourduy ce que dit eft auec plufieurs chofes,
ce que alexandre ne peut auoir en fa vie quelque grant richeffe quil euft ne 50
quelque grant pays a luy fubiect. car il ne fe trouua homme de fon temps
qui luy fatiffift a defcripre fon voyaige et guerres par luy menez a fin a la
verite, par eloquence fi grande comme il appartenoit a faire la texture et
parure dung tel ouuraige. ce quil fcauoit bien congnoiftre et iuger, car il
auoit apris la langue grecque par la doctrine dariftote comme recite plu- 55
tarque en fa vie, et comme lon peult veoir par les epiftres grecques que
philippe fon pere efcripuoit audict ariftote, et par celles que ariftote
efcripuoit a alexandre et luy auffi a ariftote. ledit alexandre auoit toufiours
de nuict foubz fon cheuet fon poignart et liliade dhomere, ouquel liure le
fiege de troye eft efcript et les faitz et prouefles dachilles et autres vaillans 60
hommes dune part et dautre, difant que* ceftoit le viaticque de ceulx qui
veulent mener la guerre pour leur donner toufiours le grant cueur et
magnanimite, lequel liure il auoit totalement apris foubz ledict ariftote qui
auoit efte fon precepteur en ieune aage.

On pourroit icy dire en obiceant a ce que iay dit deuant quon ne peult 65
faillir a trouuer quant on veult prou gens affez fcauans pour efcripre
hiftoires ou cronicques de chafque pays. a ce peult on refpondre que
alexãdre cõgnoiffat quil vauldroit autant ou mieulx que les chofes demouraffent en oubly que deftre efcriptes par* gens a ce faire non fuffifans, dift
les parolles deffufdictes ou fepulchre dachilles, plus y a, quil defendit* par 70
touf fes pays que nul peintre ne nul ymager ou ftatuaire ne fift fa pourtraicture en tableau ou en cuyure excepte apelles peintre excellent fur
tous ceulx qui iamais furent, et fyfippe ymager auffi excellent, lefquelz deux
furent du temps dalexandre ainfi comme tefmoingnẽt horace et pline deux
aucteurs dignes de foy fur tous autres, et plufieurs tant grecs que latins. Ce 75
confiderant augufte premier empereur de rome et le plus renomme de tous,
combñ quil auãcaft les gens de fcauoir en toutes manieres quil eftoit
poffible de faire ainfi que dit fuetone ou liure des douze cefars, neãtmoîs
il ne vouloit* que homme efcripuift riens de luy ne de fes geftes et louenges
finon ceulx qui eftoient renommez comme les plus fcauans entre tous ceulx 80
qui fe mefloient de ce meftier, et defendoit eftroictement a ceulx qui
auoient la fuperintendence fur telles chofes quilz ne le fouffriffent,* difant
que fon nom en ce faifant fe pourroit tout ainfi auiller* comme fait vne
chofe de pris qui a paffe par plufieurs mains et demeure foillee et falle par
auoir efte trop maniee,* et a caufe de ce moins eftimee. et difoit vray, car 85
vne perle precieufe ou autre ioyau ne fe doit mectre en euure ou pollir
finon par vng excellent ouurier. a cefte caufe le temps paffe combien que
la langue grecque fuft commune a tous tellement que entre la langue

lettree et la maternelle il ny euft autre difference finon que de parler pro-
90 prement et ornement,* ne pareillement en la langue romaine qui eft
auiourduy la langue latine, ny euft tant de difference que le commun
peuple et ignorant nentendift bien la langue des gens lettrez et les oraifons
des orateurs, touteffoys on faifoit tant deftime* dung poete ou orateur
quant il eftoit excellent ou dung hiftoriographe, que ifocrates qui eftoit
95 du temps dariftote faifant profeffion dicelle fcience, vendit vne oraifon
quil auoit faicte a la requefte dung grant perfonnaige vingt talens dathenes
ainfi que dit pline le grant ou feptiefme liure de lhiftoire de nature ou il
parle des hommes dignes de memoire et des chofes merueilleufes. qui eft*
a vře monnoye douze mil efcuz a la couronne, car chafcun talent valoit
100 autant que fix cens efcuz ainfi que iay a plain monftre ou liure que iay
fait de cefte matiere.

Thucidides qui a efcript les guerres pelopõnefiacques fut chef de guerre
pour la feigneurie dathenes qui eftoit alors grande et opulente, et pource
quil fe trouua charge dauoir mal verfe en fon eftat fut banny par les
105 atheniẽs, et durant fon exil efcripuit lhiftoire deffufdicte en laquelle les
faictz des atheniens font contenuz, par laquelle congnoiffans ceulx
dathenes fon fcauoir en eloquence et en fait defcripre hiftoire, le[1] rappellerent* de fon exil ainfi que dit ledit pline. Menander poete comicque
dathenes pour la grace quil auoit de bien parler et doulcement coucher par
110 efcript en la langue atticque qui eft la parure et les delices delegance entre
les grecs et la politure deloquence, fut ẽuoye querir par le roy degypte qui
eftoit alors le royaume plus renomme* en opulẽce apres celuy de perfe, et
vint a athenes groffe ambaffade* auec grant nombre de nauires pour faire
cefte requefte aux atheniens qui eftoient fes alliez, et pour emmener a
115 grant pompe ledict menander. Et neantmoins de ce temps la floriffoit
leloquence et toutes fciences* plus quilz nont fait iamais depuis.* dautre
part le demanda le roy de macedone par ambaffade qui eftoit auffi voifin
des grecs, et neantmoins il ne alla ne a lung ne a lautre, combien que les
atheniens luy euffent permis den faire fa volunte.
120 Lon treuue en efcript auctenticque que virgile auoit vaillant cent foys
fefterce, qui eft a dire a la maniere de compter lors cent foys cent mil
petitz fefterces. laquelle fõme reduicte a vře monnoye vault deux cens
cinquante mil efcuz couronne. Et ne fe fault efmerueiller de cefte fomme,
car elle eft petite au regard des richeffes des romains de ce temps la, ainfi
125 comme iay clerement monftre par les perfonnes particulieres de rome et
par le reuenu publicque et autrement. De virgile feruie recite que iamais
augufte ne le refufa de chofe qui luy demandaft.* et auffi auoit il autres
bienfaicteurs ceft affauoir mecenas & autres princes romains qui aymoient
et auancoyent les gens fcauans et de lettre, au moyen de quoy le nom de
130 mecenas eft auiourduy auffi grant que le nom de lung des plus renommez
empereurs de rome, combien quil ne fuft que lung des princes fubiectz

[1] fe.

a augufte, car toufiours depuis luy on a appelle mecenates les grãs feigneurs et gros perfonnaiges qui ont porte faueur et fecours aux gens fcauans es bonnes lettres. et dit on auiourduy que par faulte de mecenates il neft plus de virgiles ne de horaces, non eft il* de tulles ou quintilians par faulte 135 dentretenement.

6

JEAN BOUCHET (1476–entre 1557 et 1559)

Les annalles dacquitaine faictz et geftes en fommaire des Roys de France et Dangleterre Et des pays de Naples et de Milan.
Paris & Poitiers, E. de Marnef; impr. à Poitiers par J. Bouchet, 1524.
Londres, British Museum, G. 6385.
F° xlir°–xliiv°.

Larceuefque Turpin qui a efcript la cronique dudit Charlemaigne actefte & certiffie / ce que ie diray cy apres / touteffoyz maiftre Robert Gaguin le prẽd pour fable et menfonge quãt a aulcunes chofes / ce que ne fait pas Anthonius Sabelicus en fes eneades et dift quil auroit Hõte de defmentir vng tel Acteur qui eftoit arceuefque de Reims et fainct Homme et digne de 5 croire lequel fuft prefent a ladicte expedicion et guerre Defpaigne et que trop mieulx on pourroit defmentir* ceulx la qui en ont efcript cinq cẽs ans aƥs que les chofes ont efte faictes. Or dift larceuefque Turpin q̃ en lan deffus Mencionne par reuelacion diuine & de fainct Iacques zebedee frere de fainct Iehan leuangelifte qui* fapparut a Charlemaigne / luy et fon filz 10 Loys allerẽt en Gafcongne & de Gafcõgne en Efpaigne qui lors eftoit detenue par les farrafins et Eigoland leur prince / lefquelz y eftoient venuz du pays Daffricque & vfurpoient ledit pays depuis que Charlemaigne lauoit premierement conquis ainfi que nous auons veu cy deffus.

A la premiere motion & affemblee qui fut faicte a Bayonne a Daft & 15 aultres villes circũuoifines Charlemaigne ne les Francoys neurent pas du meilleur / car ilz ƥdirent quarante mil hommes / & entre aultres Milon comte du Mayne pere de Roland qui eftoit lieutenant general de Charlemaigne en larmee / Cefte perte feit retirer Charlemaigne en Xainctonge ou il fut fuyuy par Eigoland & les farafins q̃ prindrent Xainctes & fe 20 trouuerẽt les pluffors / & eulx aduertiz q̃l venoit de layde a Charlemaigne recullerent* iufques en Efpaigne auec les defpouilles des Francoys.

Charlemaigne reftaura fon armee de forte quil affembla cent trente quatre mil combatans de diuerfes nations / ou eftoient les princes qui fenfuyuẽt* ledict Turpin duc & arceuefque de Reims qui a efcript cefte ƥfente hiftoire / 25 Roland cõte de Blayes filz de Milon comte du Mayne / Oliuier comte / de Gennes / Le comte Pigmont Aragftan⁹ duc ɗ Bretaigne / Eugeleri⁹ duc de Guyenne / Gueyfier de Bourdeaulx Gondebault roy de Frife / Oel

comte de Nantes Regnaud qui depuis tua Eigoland / Nefmes duc de
30 Bauieres / Oger roy de Dacie / Lampert prïce de Berry / Sanfon duc de
Bourgongne Conftantin preuoft ou capitaine general de Rõme / Garinus
duc de Breban & du pays que de prefent appellons lorraine.

Cefte groffe armee entra en Efpaigne de laquelle aduerty Eigoland combien q̃l euft de nouueau le fecours de deux roys de turquie fauoir eft Cor-
35 dube et Sibilus il eut neantmoïs[1] craïcte de fi grant affemblee & auec
faulconduit fortit hors la ville de Pampelune ou il eftoit pour parler au roy
Charlemaigne. Et apres affe long parlement fe accorderent que leur different fe vuyderoit par combat de certain nombre de bons cheualiers & que
les vaincuz feroient a la mercy des vainqueurs pour faire entierement ce
40 que chafcun defdictz deux roys vouldroit.

Le landemain Eigoland qui auoit faufconduict fe tranfporta en larmee
de Charlemaigne & fe trouua dauant la tante ou pauillon dudit Charlemaigne qui difnoit & auec luy les principaulx princes & feigneurs de fon
armee / & a vne aultre table douze aultres perfonnes pauurement veftues
45 qui eftoient douze mandicãs lefquelz Charlemaigne auoit acouftume
chafcun iour* auoir a fon difner / Et parce que Eigoland veit que les
pauures neftoient fi bien traictez ne fi richement veftuz que les aultres
fenquift q̃lz gens ceftoient Charlemaigne luy dift que ceftoiẽt des feruiteurs
de dieu qui eftoient venuz vers luy. Pourquoy[2] dift Eigoland a Charle-
50 maigne ne les traictes tu auffi bien q̃ ceulx de ta table puis q̃lz font feruiteurs dun dieu ie croy q̃ tu me abufes / & tout courrouce fen alla / en
difãt a charlemaigne q̃l ne feroit iamais d̃ fa loy

Charlemaigne pẽfa fort a ce q̃ Eigoland luy auoit dit / & deflors ordõna
q̃ lefd̃ .xii. pauures feroiẽt deflors en auãt traictez & nourriz de femblables
55 viãdes q̃ leffiennes et mieulx veftuz quilz nauoient acouftume / deux ou
trois iours ap̃s larmee de charlemaigne fe approcha de Pampelune pour
donner laffault a ceulx qui eftoient dedãs Eigoland fortit* / a la malleheure
pour luy car il fut occis et ceulx de fa compaignee. Puis les Frãcoys
prindrẽt lad̃ ville daffault & entrerẽt dedãs / fors mil hõmes ou enuiron
60 lequelz fe arrefterẽt a la proye & defpouille / ou ilz furẽt furprins p les
deux roys Corduba & Sibilus & le refte des farrafins qui occirent tous
lefd̃ mil hõmes de frãce Ap̃s cefte victoire / & que les farrafins fe furent
retirez* en vne aultre ville vng roy de Nauerre fe declaira contre Charlemaigne lequel il deffit et fes nauarrois.*

65 Ladmiral de Babilõne courrouce de cefte victoire enuoya fecourir les
farrafins defpaigne par vingt mil turcs / & vng prince nõme Feragu. Qui
comme recite larceuefque Turpin eftoit vng geant lequel auoit douze
couldees de grãdeur fes bras de quatre couldees de longueur / fes cuyffes
autant & groz a laduenant / fa face dune couldee / & auoit la force de
70 quarante hommes / qui feroit choffe difficille a croire a gẽs qui nont
congnoiffance de la vertuz de corps celeftes / & qui nont veu Plyne &

---

[1] *neautmois.*   [2] *Puorquoy.*

aultres hiftoriens faifans foy du grant Atheus q̃ auoit foixante dix couldees / de long / de Oriõ trouue en lifle de crete / Pufion & Secondila qui furent du temps de lempereur Octauian / & auffi Oreftes dont parle Herodotus.

Aduerty Charlemaigne de la venue des turcs & dudit gean Feragu qui 75 eftoient en la cite de Nadres en efpaigne leur alla dõner laffault / qui neftoit en ce temps baille comme on fait de prefent car on ne vfoit de haquebutes / ne aultres baftons a feu. Parquoy le gean Feragu fi horrible a veoir fortit hors la cite contre lequel fe adroiffa quelque hardy cheualier francoys mais Feragu le prinft foubz fon effelle & lemporta comme on 80 feroit vng poulet* / & ainfi feit a cinq ou fix aultres & le dernier¹ fut Ogier le dannoys / & les amena tous prifonniers / Roland qui eftoit vng prince grant / fort / et hardy / defpit de telz oultrages fe prefenta a Feragu & dura la iouxte entre eulx deux par deux iours / tant a pie que a cheual / auec baftons & fans baftons / & tellement que Roland plus par art & fubtilite 85 q̃ par force rẽdit Feragu las & demy mort / Les turcs fe mirent aux champs pour le fecourir & ainfi que les turcs / lemportoient / les Francoys coururent fur eulx en telle hardieffe & fureur quilz les occirẽt tous fans oublier Feragu / & entrerent dedans la ville / laquelle ilz pillerent / & auffi deffirent Cordube et toute fon armee. Puis fen alla Charlemaigne 90 rendre graces a dieu en leglife faïct Iacques en galice / ou il feit de grans dons.

Il y auoient encores en efpaigne deux princes* de turquie fauoir eft Marfurius et Belingandus / vers lefquelz Charlemaigne enuoia le comte Gannes ouquel il fe fioit / & leur manda quilz priffent la foy creftienne* / 95 ou fe rendiffent a luy tributaires. Gannes qui exercea loffice dun traiftre & non dun ambaffadeur corrumpu de pecune* & par enuie quil auoit contre la proeffe de Roland / traicta auec Marfurius & Belingandus de la maniere par la q̃lle ilz pourroiẽt deffaire Roland & la force de Charlemaigne. Et apres auoir receu grans trefors fen retourna a Charlemaigne / & luy dift 100 que Marfurius & Belingandus eftoient preftz de luy faire certain grant tribut / et de deffraier fon armee / & luy confeilla de paffer les portz cifarees & marcher dauãt & quil laiffaft²* pour larriere garde Roland auec les meilleurs capitaines de fon armee & vingt mil hommes pour receuoir ledit tribut / & affin que fi les turcs fe denoioient que fes gens peuffent 105 fecourir en la montaigne de rõceuaux lefditz capitaines.

Charlemaigne fe confiant en Gannes feit tout ainfi quil luy auoit confeille & dit et laiffa Roland et aultres des meilleurs cheualiers de fa bande qui cãperent en Rõceuaux auec vingt mil hommes / & luy & le refte de fon armee ou il y auoit plus de quatre .xx. mil hõmes fen allerẽt dauant. Et 110 aduertiz les turcs de fon ptement en lieu de apporter le tribut fortirent auec cinquante mil hommes fur Rolãd & les autres q̃ les actendoient en paix / ilz auoient deux batailles la premiere eftoit de vingt mil turcs qui tous furent deffaiz / & comme les francois furent laz & fatiguez lautre bataille de

¹ *denier.*   ² *o ce quil laifferoit.*

6. JEAN BOUCHET

115 trente mil turcs[1] donna fur eulx & le deffit* / le vaillant Roland feit merueilles / & apres quil eut occis ledit Marfirius fe voyant prefque feul fe
retira en vne toufche de boys tout altere & pres de la mort par faulte de
eaue / & fe voyant feul & fans ayde & q̃l eftoit pres de la mort* a ce que
les ennemys ne peuffent iamais fe ayder de fon efpee quil appelloit
120 Durandal / en donna vng grant coup fur vng perron pour la rompre ce q̃l
ne peut & fendit la pierre en deux. Puis apres fe eftre confeffe a dieu / luy
qui eftoit ledict iour matin confeffe au preftre / rendit lefprit en laage de
quarante deux ans pour la querelle de la foy catholicque. Et fut fon corps
vng iour feulemẽt fans fepulture / car Baudoyn lun des capitaines qui
125 eftoit auffi euade de la bataille trouua Roland qui rendoit lame a dieu. Et
incontinant a bride auallee alla apres Charlemaigne et luy declaira la
deconfiture / et la mort de Roland et dautres princes.

La piteufe nouuelle fceue Charlemaigne* qui eftoit a huyt lieues de
Ronceuaux retourna diligemment auec fon armee / & pourfuyuit les turcs[2]
130 & farrafins iufq̃s par de la Sarragoce ou il les trouua les aucuns deulx
buuans & mangeãs / & les autres qui repofoient / Si en defconfit trente
mil pres du Fleuue defbra / puis fen retourna a Ronceuaux / ou il feit
vifitation des occis / & trouua Roland mort qui auoit les bras en croix fur
fon corps / dont il feit plufieurs grãs regretz / auffi trouua mors plufie^rs
135 ducz & comtes q̃l feit enbafmer en nobles fepultures & emporter en leurs
pays / & mefmement[3] le corps de Roland en leglife fainct Romain de la
ville de Blayes dont il eftoit comte / & au pie de fon tumbeau feit mectre
fon cor dyuoire quil portoit en guerre & au chief / fon efpee[4] Durandal /
auec vng epitaphe en latin que led Charlemaigne eut fouuent en propos
140 depuis / & lequel a cefte caufe iay cy mis en mectres vulgaires.

> Tu as monfte* en leternel palais
> Hardy Roland la fleur des gentilz hommes
> Et en ces lieux mondains triftes et laiz
> Nous as laiffez chargez de griefues fommes
145 > Le bien gaignas lequel actendans fommes*
> Le dernier iour du ioyeux moys de may
> A Ronceuaux lan huyt cens maulgre moy.

[1] *trucs.* [2] *trucs.* [3] *mefment.* [4] *efpe.*

7

'LE LOYAL SERVITEUR' (JACQUES DE MAILLES)

La trefioyeufe plaifante & recreatiue hyftoire compofee par le loyal feruiteur des faiz geftes triumphes et proueffes du bon cheualier fans paour et fans reprouche le gentil feigneur de Bayart...
Paris, G. Du Pré, 1527.
Londres, British Museum, 673. g. 19.
F° xliii^{vo}–xlv^{vo}.

CÕMENT LE BON CHEVALIER SANS PAOVR ET SANS REPROVCHE
ESTANT A VERÕNE FIST VNE COVRSE SVR LES VENICIẼS OV
IL FVT PRINS ET RESCOVX DEVX FOIS EN VNG IOVR / ET
QVELLE EN FVT LA FIN

Chapitre .xxxixe.

LE bon cheualier fans paour & fans reprouche fut ordõne en garnifon a Verõne auecq̃s trois ou quatre cens hõmes darmes que le roy de france prefta a lempereur / ou peu de tẽps apres ceulx qui eftoiẽt pour ledit empereur a Vincence congnoiffans que la ville neftoit pas pour tenir fen vindrent retirer audit Verõne* / par ce que les veniciẽs eftoient fors aux 5 champs & marchoiẽt pour y venir mettre le fiege Mais quãt ilz la virent habandõnee* tirerent leur armee iufques a vng village nõme fainct Boniface a quinze ou dixhuyt mille dudit Verõne: ceftoit fur le temps de lyuer / et conuenoit aux fouldars qui eftoiẽt dedans la ville enuoyer* au fourrage pour leurs cheuaulx aucuneffois bien loing / tellement q̃ bien 10 fouuent fe perdoiẽt des varletz & des cheuaulx tant q̃l fut befoing leur donner efcorte / mais il neftoit gueres iour q̃lz ne rencontraffent les ennemys & fe frotoient trefbien lung lautre.* De la part des veniciens y auoit vng cappitaine fort gentil galant & plein dẽtreprinfes q̃ fappelloit Iehan paule moufron / leq̃l chafcun iour faifoit courfes iufques aux portes de verõne / 15 & tant y continua q̃l en fafcha au bon cheualier:* lequel fe delibera au premier iour que les fourrageurs yroiẽt aux champs luy mefmes leur aller faire efcorte et vfer de q̃lque fubtilite de guerre Mais fi fecretement ne le peut faire q̃ par vng efpie qui fe tenoit a fon logis nen feuft aduerty le cappi- taine Moufron: parquoy delibera* quãt il yroit aux champs mener fi bõne 20 force que fil rencontroit le bon cheualier luy feroit receuoir de la hõte. Vng ieudy matin furẽt mis les fourrageurs hors de verõne / & a leur queue trente ou quarante hõmes darmes & archiers q̃ conduyfoit le cappitaine Pierrepont lieutenãt dudit bon cheualier q̃ eftoit fage & aduife:* fi fe gecterent a lefcart du grant chemin pour aller chercher les caffines & faire 25

6   81   R L F

leurs charges. Le bon cheualier acõpaigne de cent hõmes darmes qui ne
penſoit point eſtre deſcouuert feſtoit alle gecter en vng village ſur le grãt
chemin appelle ſainct martin a ſix mille dudit Veronne / et enuoya q̃lques
coureurs pour deſcouurir qui gueres ne furẽt loing ſans veoir leurs
30 ennemys en nõbre de cinq cẽs cheuaulx ou enuiron / leſquelz marchoiẽt
droit vers ceulx q̃ alloient en fourrage. Ilz en vindrent faire leur rapport
audit bon cheualier q̃ en fut fort ioyeulx: & incontinent monta a cheual
auecq̃s la compaignie q̃l auoit pour les aller trouuer. Le cappitaine Iehan
paule moufron q̃ par leſpie auoit eſte aduerty de lentrepriſe auoit fait
35 embuſcher en vng palais pres de la cinq ou six cens hõmes de pied pic-
quiers & hacquebutiers auſquelz il auoit treſbien chãte leur lecon Et
entre autres choſes q̃lz neuſſent a ſortir* iuſques a ce quilz le verroiẽt
retirer et q̃ les francois le chaſſeroient: car il feroit ſemblant de fuyr / et par
ce moyen ne fauldroit point a les enclorre & deffaire. Le bon cheualier
40 qui feſtoit mis aux chãps ne fiſt pas deux mille quil ne veiſt a cler les ennemys. Si commencea a marcher droit a eulx / et en criant empire et france
les voulut aller charger.* Ilz firent quelque contenance de tenir bon: mais
quant ilz les virent approucher cõmencerent a eulx retirer* le long dung
chemin & droit a leur embuſche / laquelle ilz treſpaſſerent dung peu. Et
45 alors ſarreſterent tout court: & en criãt Marco Marco ſe miſrent en
deffenſe vaillamment. Les gens de pied ſortirent de leur embuſche qui
firent vng merueilleux cry: et vindrent ruer ſur les francoys en tirant force
hacquebutes / dont dung coup fut tue le cheual du bon cheualier entre ſes
iambes qui tumba ſi mal a point que vng de ſes piedz tenoit deſſoubz.* Ses
50 hommes darmes qui pour mourir ne leuſſent iamais laiſſe la firent vne
groſſe enuahie / & en deſcẽdit lung a pied quon appelloit Grãtmont lequel
gecta ſon cappitaine de ce peril / mais quelques armes quilz feiſſent ne leur
peurent de tant ſeruir que tous deux ne demouraſſent priſonniers parmy les
gens de pied qui les vouloient deſarmer. Le cappitaine Pierrepont qui
55 eſtoit auecques les fourrageurs ouyt le bruyt / ſi y courut le grãt galop
incontinent / et vint en ſi bonne heure q̃l rencontra ſon cappitaine et
Grantmont en dur party / car deſia les tiroit on hors de la preſſe pour les
emmener a ſauuete. Il ne fault pas demander ſil fut ioyeulx / car comme
vng lyon frappa ſur ceulx qui les tenoient leſquelz ſoubdain habandon-
60 nerent leur priſe et ſe retirerent a leur troppe qui combatoit contre le reſte
des francois furieuſement. Le bon cheualier et Grantmont furent incontinent remontez & ſen retournerent droit au ſecours de leurs gens qui
auoient beaucoup a ſouffrir / car ilz eſtoient aſſailliz deuant et derriere /
mais a la reuenue dudit bon cheualier et du cappitaine Pierrepont furent
65 beaucoup ſoulagez Touteſfois le ieu eſtoit mal party / car les veniciens
eſtoient quatre contre vng / et puis ſes hacquebutiers faiſoient beaucoup de
mal aux francois. Si commenca le bon cheualier a dire au cappitaine
Pierrepõt. Cappitaine ſi nous ne gaignõs le grant chemin nous ſommes
affollez / et ſi nous ſommes vne fois la nous nous retirerons en deſpit

deulx & ſi naurons point de perte aydant dieu.* Ie ſuis bien de ceſt aduis 70
diſt le cappitaine Pierrepont. Si commenceret touſiours combatans a eulx
retirer ſur ce grant chemin ou ilz paruindrent / mais ce ne fut pas ſans
beaucoup ſouffrir. Neantmoins encores nauoient point perdu de gens /
mais ſi auoient bien les ennemys* comme quarante ou cinquäte hommes
de pied et ſept ou huyt de cheual. Quant le bon cheualier et les francois 75
furent ſur ce grant chemin qui tiroit a Veronne ſe ferreret et miſrent a la
retraicte tout doulcemet / et de deux cens pas en deux cens pas retournoient ſur leurs ennemys tant gaillardemet que merueilles / mais ilz
auoient ſes gens de pied a leurs aeſles qui tiroient coups de hacquebute
menu et ſouuet / de facon que a la derniere charge fut encores tue le 80
cheual du bon cheualier qui le ſentant chanceler ſe gecta a pied leſpee au
poing ou il fiſt merueilles darmes* / mais bien toſt fut encloz. Et euſt eu
mauuais party quant le baſtard du Fay ſon guydon auecqs ſes archiers vint
faire vne charge ſi furieuſement que au meillieu de la troppe des veniciens
recouura ſon cappitaine et le remonta a cheual en deſpit deulx puis ſe 85
ſerroient auecques les autres. Ia approchoit la nuyt / parquoy commanda
le bon cheualier quon ne chargeaſt plus et quil ſuffiſoit bien ſe retirer* a
leur grant höneur. Ce quilz firent iuſques a ſainct Martin dont le matin
eſtoient partiz.* Il y auoit vng pont garny de barrieres au bout duquel ilz
ſarreſteret. Le cappitaine Iehan paule moufron congneut bien que plus ne 90
leur ſcauroit porter dömage / et puis quilz pourroient eſtre ſecouruz de
Veronne. Si fiſt ſonner la retraicte et ſe miſt au retour vers ſainct Boniface
ſes gens de pied deuät luy qui eſtoient fort laſſez de ceſte iournee ou ilz
auoiet combatu quatre ou cinq heures et voulurent ſeiourner en vng
village a quatre ou cinq mille dudit ſainct Boniface / dont le cappitaine 95
Iehan paule moufron neſtoit pas doppinion & ſen retourna auecques ſes
gens de cheual bien deſpit dont il auoit eſte ſi bien gallope et par ſi peu
de nöbre de gens. Le bon cheualier et ſes gens pour ce ſoir ſe logerent en
ce village de ſainct Martin ou ilz firet grant chere de ce qlz auoient en
parlant de leur fort belle retraicte / car ilz nauoient perdu que vng archier 100
et quatre cheuaulx tuez / et leurs ennemys auoiet porte lourde perte au pris.
En ces entrefaictes vng de leurs eſpies va arriuer* lequel venoit dudit
ſainct Boniface. Il fut mene deuant le bon cheualier qui luy demanda que
faiſoient les ennemys. Il reſpondit. Riens autre choſe. Ilz ſont en groſſe
troppe dedans ſainct Boniface / et entre eulx font courir bruit que bien 105
toſt auront Veronne / et tiennent quilz ont groſſe intelligence dedans.
Cöme ien vouloye partir eſt arriue le cappitaine Moufron bien eſchauffe
et bien courrouce / car iay ouy ql diſoit ql venoit de la guerre / et que les
dyables denfer auoit trouuez et non pas hommes. En men venät a quatre
ou cinq mille dicy ſuis paſſe en vng village ou iay laiſſe tout plain de leurs 110
gens de pied qui y ſont logez / et ſemble aduis a les veoir quilz ſoient bien
las. Alors diſt le bon cheualier. Ie vous döne ma vie ſe ce ne ſont leurs gens
de pied que nous auons au iourdhuy cöbatuz qui nont pas voulu aller

iufques a fainct Boniface. Si vous voulez ilz font noftres. La lune eft
115 clere / faifons repaiftre noz cheuaulx / et fur les trois ou quatre heures
allons les refueiller. Son oppinion fut trouuee bonne / on fift penfer les
cheuaulx le mieulx quon peut. Et apres auoir affis le guet chafcun se mift au
repos Mais le bon cheualier qui tafchoit dacheuer fon entreprife ne repofa
gueres / ains enuiron les trois heures apres minuyt fans faire bruit monta
120 a cheual auecques fes gens et fen vint droit a ce village ou eftoiĕt demourez* les gĕs de pied veniciens / lefquelz ilz trouuerĕt endormys comme
beaulx pourceaulx fans aucun guect / aumoins fil y en auoit il fut tref-
mauuais. Eulx arriuez cõmencerent a crier* / empire / empire / france /
france / a mort / a mort. A ce ioyeulx chant fefueillerent les ruftres qui
125 fortoient des maifons les vngs apres les autres / mais on les affommoit
cõme beftes. Leur cappitaine acõpaigne de deux ou trois cens hõmes fe
gecta fur la place du village ou la fe cuydoit affembler* et fortiffier / mais
on ne luy en donna pas le loyfir / car il fut charge par tant dendroitz que
luy et tous fes gens furent rompuz et deffaictz / et nen demoura que
130 trois en vie / dont lung fut le cappitaine et deux autres gentilz hommes
qui eftoient freres / pour lefquelz en les relafchât on retira deux autres*
gentilz hommes francois prifonniers es prifons de la feigneurie de Venife.
Quant le bon cheualier eut du tout et a fon grant honneur acheue fon
entreprife ne voulut plus feiourner doubtant nouuel inconuenient. Si fe
135 retira auecques tous fes gens dedans Verõne ou il fut receu a grant ioye.
Et au contraire les veniciẽs quant ilz fceurent la perte de leurs gens furent
bien marris / et en voulut meffire Andre grit prouidadour de la feigneurie
blafmer le cappitaine Iehan paule moufron de ce quil les auoit laiffez
derriere / mais il fexcufa trefbien difant quil nauoit efte a luy poffible les
140 tirer du village ou ilz auoient efte deffaictz et de linconuenient les auoit
trefbien aduifez / mais iamais ne les auoit fceu renger a congnoiftre la
raifon / touteffois en luy mefmes fe penfa bien venger en peu de iours /
mais il acreut fa honte ainfi que vous entendrez.

8

GEOFFROY TORY (v. 1480–1533?)

*CHAMP FLEVRY. Au quel eft contenu Lart & Science de la deue & vraye
Proportiõ des Lettres Attiques, quõ dit autremĕt Lettres Antiques, & vulgairement
Lettres Romaines proportionnees felon le Corps & Vifage humain.*
Paris, G. Tory, 1529.
Cambridge, Bibliothèque universitaire, F. 152. b. 4. 1.

(a) *Aux Lecteurs*, A viii[ro]–[vo].
(b) *Le premier livre*, f° iiii[vo]–v[ro].

(a) AVX LECTEVRS DE CE PRESENT LIVRE
HVMBLE SALVT

ON dict communement, & dit on vray, quil y a grande vertus naturelle
en Herbes, en Pierres, & en Parolles. Den bailler Exẽple / feroit fuper-
fluite* / tant la Verite en eft certaine. Mais ie vouldrois quil pleuft a Dieu
me donner la grace que ie peuffe tant faire par mes parolles & requeftes,
que ie peuffe perfuader* a daulcuns, que filz ne vouloient faire hõneur a 5
noftre Lãgue Francoife, au moings quilz ne la corrumpiffẽt point.* Ie
treuue* quil y a Trois manieres dhommes qui fefbaftent & efforcent a la
corrumpre & difformer. Ce font Efcumeurs de Latin, Plaifanteurs, &
Iargonneurs. Quãt Efcumeurs de Latin difent. Defpumon la verbocination
latiale, & tranffreton la Sequane au dilucule & crepufcule, puis deãbulon 10
par les Quadriuies & Platees de Lutece, & comme verifimiles amora-
bundes captiuon la beniuolence de lomnigene & omniforme fexe feminin.
me femble quilz ne fe moucquent feullement de leurs femblables, mais de
leur mefme Perfonne. Quant les Plaifanteurs, que ie puis hõneftemẽt
appeller, Dechiqueteurs de Langage, difent Monfieur du Page. fi vous ne 15
me baillez vne lefche du iour, ie me rue a Dieu, & vous dis du cas, vo⁹
aures nafarde fanguine. me femblent faire auffi grant dommage a noftre
Langue, quilz font a leurs Habitz, en dechiquetant & confumant a oultrage
ce qui vault myeulx entier que decife & mutile mefchãtement. Tout
pareillemẽt quãt Iargonneurs tiennent leurs Propos de leur malicieux 20
Iargon / & mefchant langage, me femblent quilz ne fe monftrent feulle-
ment¹ eftre dediez au Gibet, mais quil feroit bon quilz ne feuffent oncques
nez.* Iacoit que Maiftre Frãcois Villon en fon temps y aye efte grandement
Ingenieux, fi touteffois euft il myeulx faict dauoir entendu a faire aultre
pluſbõne choufe.* Mais au fort. Fol qui ne follie / pert fa faifon. Ialle- 25
guerois quelque peu du dict Iargon, mais pour en euiter la mefchante
cognoiffance, ie pafferay oultre, & dis que ie vouldrois que tels Corrompeurs dhonnefte Langage fuffent fi auyfez & fages, quilz penfaffent* que
vng homme qui veult eftre veritablement intime en pure Vertus, doibt
toufiours & en tous lieux faire & dire choufe qui foit belle / bonne / & 30
honnefte. On cognoift les hommes en faictz & en ditz. Faifon donques
tant que noz ditz & parolles foient faines & receuables en toute Raifon et
tout Hõneur. Acouftumon nous a biẽ parler & bien dire, En ce faifant
trouueron que bien nous en prendra, & que noz parolles auront fi grande
vertus quelles perfuaderont en mille beaulx propos. O Deuotz Amateurs 35
de bonnes Lettres. Pleuft a Dieu que quelque Noble cueur femployaft a
mettre & ordõner par Reigle noftre Lãgage Francois. Ce feroit moyen que
maints Milliers dhommes fe euerturoient a fouuent vfer de belles &
bonnes parolles. Sil ny eft mys & ordonne / on trouuera que de Cinquante
Ans en Cinquante Ans la² langue Francoife, pour la plus grande part, fera 40

---

¹ *feullemement.*   ² *la La.*

changee & peruertie. Le Langage dauiourdhuy eſt change en mille facons du Langage qui eſtoit il y a Cinquante Ans ou enuiron. Lautheur du Liure des Eſchecqtz diſoit en ſon temps Neantplus. & nous diſons, Nõ pl⁹. Il diſoit, Bien eſt voir. & nous diſõs Bien eſt vray. Tout pareillement il

45 diſoit, Tenroit, Ne volt pas, & Le voyeu. et nous diſons, Tiẽdroit.* Ne veult pas. & La vocale. Il en diſoit Mille aultres que ie laiſſe pour breuete. On porroit trouuer Dix Milliers de telz motz & vocables laiſſez & Changez / Deſquelz Cent aultres Autheurs vſoient au temps paſſe. On vſoit au dict temps paſſe de dire Herper, pour Iouer de la Herpe.* On diſoit,

50 Aſſembler a ſon Ennemy. pour / Commãcer a cõbatre. Lance roidde ſus le faultre, eſtoit, Lance miſe ſus larreſt. Et / Sonner des Greſles a laſſault eſtoit, Sonner des Trompetes. Eſtre affeſſe, eſtoit a dire, Eſtre apoyſanty. Ne vous deueille, eſtoit. Ne vous deplaiſe. Remettre ſon eſpee en ſon feurre, eſtoit Remettre au fourreau.* Forconſeiller, eſtoit. Malcõſeiller.

55 Tourbillõner, eſtoit. Faire grãt vent. Et Mille aultres ſemblables[1] quon porroit bien dire, & deſquelz on porroit faire vng grãt & iuſte Volume. Iaurois couleur de deplorer la ſterilite de noz mains, mais ieſpere q̃ au plaiſir de Dieu quelque Noble Priſciã / quelque Donat, ou quelque Qintilien Francois / naiſtra de Bref, ſil neſt deſia tout edifie. Ie treuue en

60 oultre quil y a vne aultre maniere dhommes qui corrompt encores pirement noſtre lãgue. Ce ſont Innouateurs & Forgeurs de motz nouueaulx. Si telz Forgeurs ne ſõt Ruffiens / ie ne les eſtime gueres meilleurs. Pencez quilz ont vne grande grace / quant ilz diſent apres boyre, quiz ont le Cerueau tout encornimatibule / & embùrelicoque dũg tas de mirilifiques

65 & triquedondaines, dung tas de gringuenauldes, & guylleroches qui les fatrouillẽt inceſſammẽt. Ie neuſſe allegue[2] telles ſottes parolles, ſe neuſt eſte, que le deſdaing de y pencer le ma faict faire.* Si natura negat / facit indignatio verſum. Lindignation ma contrainct de monſtrer la ſottete. Ie croy quil ny a ordre de purement agencer tel langage, car les Perſonnages

70 qui le forgent ſont incapables de ſaine Raiſon. Touteſſois ſi noſtre Langue eſtoit deuement Reiglee & Polye / telles immundices en porroiẽt eſtre deiectees. Parquoy ie vous prie donon nous tous courage les vngz aux aultres, & nous eſueillon a la purifier. Toutes choſes ont eu commancement. Quãt lung traictera des Lettres, & laultre des Vocales, vng Tiers

75 viendra / qui declarera les Dictions. & puis encores vng aultre ſuruiendra qui ordõnera la belle Oraiſon. Par ainſi on trouuera que peu a peu on paſſera le chemin, ſi bien quon viẽdra aux grans Champs Poetiques et Rhetoriques plains de belles / bonnes / & odoriferẽtes fleurs de parler & dire honneſtement & facillement tout ce quon vouldra.

80

En Paris
Du tout voſtre Geofroy Tory de Bourges.

[1] ſemblales.   [2] allege.

(b)

SII eft vray que toutes chofes ont eu cõmancement, il eft certain que la langue Grecque, femblablement la Latine ont efte quelque temps incultes & fans Reigle de Grammaire, comme eft de prefent la noftre, mais les bons Anciens vertueux & ftudieux ont prins peine, & mis diligẽce a les reduyre & mettre a certaine Reigle, pour en vfer honneftement a efcripre & 5 rediger les bonnes Sciences en memoire, au prouffit & honneur du bien public. ....
....
QVant Donatus, Seruius, Prifcianus, Diomedes, Phocas, Agreftius, Caper, Probus, & les aultres bons Autheurs femblables furent venus, ilz 10 la [c.-à-d. *la langue latine*] polyrent & mirent en fi bõne ordre, que depuis a toufiours de bien en myeulx augmente en fa perfection, fi bien que les Romains qui ont eu domination fus la plufgrande partie du mõde, ont plus profpere, & plus obtenu de victoires par leur langue que par leur lance. Pleuft a Dieu que peuffions ainfi faire, non pas pour eftre Tyrans & 15 Roys fus tous, mais en ayant noftre langue[1] bien reiglee, peuffions rediger & mettre bonnes Sciences & Arts en memoire & par efcript. Ie voy que fi nous voulons fcauoir quelque Science, il la nous fault mandier & prendre quafi furtiuement des Grecz & des Latins, & eulx nont q̃ faire de nous, ne de ce que pouuons fcauoir. Noftre langue eft auffi facile a reigler et mettre 20 en bon ordre, que fut iadis la langue Grecque, en la quelle y a cinq diuer-fites de lãgage, qui font la langue Attique, la Dorique, la Aeolique, la Ionique, & la Comune, qui ont certaines differences entre elles en Decli-naifons de noms, en Coniugatiõs de verbes, en Orthographe, en Accentz & en Pronunciation. Cõmme vng Autheur[2] Grec nomme Ioãnes Grãma- 25 ticus, & plufieurs autres traictent & enfeignent trefamplement. Tout ainfi pourrions nous bien faire, de la langue de Court & Parrhifiene, de la lãgue Picarde, de la Lionnoife, de la Lymofine, & de la Prouuenfalle. Ien dirois aucunes differences & accordances / fe neftoit que ie ne veulx icy eftre trop long, et que ie laiffe a plus expertz que moy eulx y employer.* 30

---

[1] *laugue.*   [2] *Aurheur.*

9

FRANÇOIS RABELAIS (1494?–v. 1553)

Pantagruel Les horribles et espouëtables faictz & prouesses du tresrenõme Pantagruel Roy des Dipsodes | Et du grant geãt Gargantua. Cõposez nouuellement par maistre Alcofribas Nasier.

Lyon, Cl. Nourry (1532).
Paris, Bibliothèque nationale, Rés. Y^e. 2146.

(*a*) Livre II, ch. vi, C iii^{vo}–C iiii^{vo}.
(*b*) Livre II, ch. viii, D ii^{ro}–E^{ro}.

(a)   CÕMENT PANTAGRVEL RENCÕTRA VNG LYMOVSIN
        QVI CONTREFAISOIT LE FRANCOYS

QVelque iour que Pantagruel se pourmenoit apres soupper auecques ses compaignõs par la porte dont lon va a Paris / Il rencõtra vng eschollier tout iolliet / qui venoit par icelluy chemin / & apres quilz se furẽt saluez / luy demanda. Mon amy dont vient tu* a ceste heure. Leschollier luy
5 respõdit De lalme inclyte & celebre academie q̃ lon vocite Lutece. Quest ce a dire dist Pantagruel a vng de ses gens. Cest respõdit il / de Paris. Tu viens doncq̃s de Paris / dist il. Et a quoy passez vous le temps vous aultres messieurs estudians audict Paris. Respõdit leschollier. Nous trãssretõs la Sequane au dilucule & crepuscule / nous deambulons par les compites &
10 quadriuiez de lurbe / nous despumons la verbocinatiõ latiale & cõme verisimiles amorabunds captõs la beneuolence de lomniiuge omniforme & omnigene sexe feminin / certaines diecules nous inuisons les lupanares... / puis cauponizons es tabernes meritoires / de la põme de Pin / de la Magdaleine / & de la Mulle / belles spatules veruecines performinees de petrosil.
15 Et si par forte fortune* y a rarite ou penurie de pecune en nos marsupiez et soyent exhaustez de metal ferrugine / pour lescot nous dimittõs nos codices & vestez oppignerees / prestolans les tabellaires a venir des penates & larez patrioticques. A quoy Pãtagruel dist. Quel diable de langaige est cecy. Par dieu tu es quelque hereticque. Seignor nõ / dist leschollier: car
20 libentissimement[1] des ce quil illucesce quelque minutule lesche de iour ie demigre en quelquũg de ces tãt biẽ architectes monstiers / et la me irrorant de belle eaue lustrale / grignotte dung trãson de quelque missicque precation de nos sacrificules. Et submirmillant mes precules horaires / elue & absterge mõ anime de ses inquinamẽs nocturnes / Ie reuere les olympi-
25 coles / Ie venere latrialement le supernel astripotens / Ie dilige & redame mes proximes / Ie serue les p̃scriptz decalogicques / et selon la facultatule de mes vires / nen discede le late vnguicule. Bien est veriforme que a cause que Mãmone ne supergurgite point en mes locules / Ie suis quelque peu

---

[1] *libentissimentent.*

88

rare et lend a fuperoger les eleemofynes a ces egenes queritans leur ftipe
hoftiatement. Et bren bren dift Pantagruel / queft ce que veult dire ce fol. 30
Ie croy quil nous forge icy quelque langaige diabolicque / & quil nous
cherme* cõme enchãteur. A quoy dift vng de fes gẽs. Seigneur fans nulle
doubte ce gallãt veult contrefaire la langue des Parifiẽs: mais il ne faict que
efcorcher le latin / & cuyde ainfi Pindarifer / & luy femble bien quil eft
quelque grand orateur en Francoys / par ce q̃l dedaigne lufance cõmun* de 35
parler. A quoy dift Pantagruel. Eft il vray. Lefchollier refpõdit. Seigneur /
mon genie neft point apte nate a ce q̃ dit ce flagitiofe nebulon pour efcorier
la cuticule de noftre vernacule Gallicque mais vice verfemẽt ie gnaue opere
& par veles & rames ie me enite de le locupleter de la redundance latinicome. Par dieu dift Pantagruel ie vous apprendray a parler. Mais deuãt 40
refponds moy / dõt es tu. A quoy dift lefchollier. Lorigine primeue de
mes aues & ataues fut indigene des regions lemouicques¹ ou requiefce le
corpore de lagiotate fainct Martial. Ientends bien dift Pantagruel. Tu es
Lymoufin pour tout potaige. Et tu veulx icy cõtrefaire le Parifien. Or viens
ca q̃ ie te dõne vng tour de peigne. Lors le print a la gorge / luy difant. 45
Tu efcorches le latin / par fainct Iehã ie te feray efcorcher le renard: car ie
te efcorcheray tout vif. Lors cõmẽca le pauure Lymoufin a dire. Vee
dicou gentilaftre. Ho fainct Marfault adiouda mi / Hau hau laiffas aquau au
nom de dious / et ne me touquas grou. A quoy dift Pantagruel. A cefte
heure parles tu naturellemẽt / & ainfi le laiffa... 50

(b) CÕMENT PANTAGRVEL ESTANT A PARIS RECEVPT LETTRES DE SON PERE GARGANTVA / ET LA COPIE DICELLES

Pantagruel eftudioit fort bien cõme affez entẽdez / & proffitoit de mefmes:
car il auoit lentendemẽt a double rebratz & capacite de memoire a la
mefure de douze oyres et botez dolif. Et cõme il eftoit ainfi la demourãt* /
receupt vng iour lettres de fon pere en la maniere que fenfuyt.*

Trefchier filz / Entre les dõs / graces / & prerogatiues / defquelles le 5
fouuerain plafmateur Dieu tout puiffant a endouayre & aorne lhumaine
nature a fon cõmencement / celle me femble finguliere et excellente / par
laquelle elle peult en eftat mortel acquerir vne efpece de immortalite / et
en decours de vie trãfitoire ppetuer fon nom & fa femẽce. Ce que eft faict
par lignee yffue de nous en mariage legitime / Dont nous eft aulcunement 10
inftaure ce qui nous a efte tollu par le peche de noz premiers parens /
efquelz fut dit / que par ce quilz nauoiẽt efte obediens au cõmandemẽt
de dieu le createur / q̃lz mourroiẽt:* & par mort feroit reduict a neãt cefte
tant magnificque plafmature* / en laq̃lle auoit efte lhõme cree. Mais par
ce moyen de propagation feminale demeure es enfans ce que eftoit de- 15
perdu² es parens / & es nepueux ce que deperiffoit es enfans / & ainfi

---

¹ lemonicques.   ² de perdu.

succeſſiuement / iuſques a lheure du iugement final / quant Ieſuchriſt aura rendu a Dieu ſon pere ſon royaulme pacificq̄ / hors tout dãgier & cõtamination* de peche: car alors ceſſeront toutes generatiõs & corruptions / &
20 feront les elemẽs hors de leurs trãſmutations continues / veu que la paix deſiree fera cõſommee & que toutes choſes ſerõt reduictes a leur fin & periode.* Doncques non ſans iuſte & equitable cauſe ie rends graces a Dieu mon cõſeruateur / de ce quil ma dõne pouoir veoir mon antiquite chanue refleurir en ta ieuneſſe: car quãd par le plaiſir de celluy qui tout
25 regiſt & modere / mon ame laiſſera ceſte habitation humaine / Ie ne me reputeray point toutallemẽt mourir: mais plus toſt trãſmigrer dung lieu en aultre / attẽdu que en toy & par toy ie demeure en mõ ymage viſible en ce mõde / viuãt / voyãt / & conuerſant entre gens de honneur & mes amys / cõme ie ſouloys / laq̃lle mienne cõuerſation a eſte / moyennãt layde &
30 grace diuine / non ſans peche / ie le confeſſe: car nous pechons tous / & cõtinuellement requerõs a dieu quil efface noz pechez / mais ſans reprouche.* Parquoy ainſi cõme en toy demeure lymage de mon corps / ſi pareillement ne reluyſoient les meurs de lame / lon ne te iugeroit pas eſtre garde et threſor de limmortalite de noſtre nom / et le plaiſir que prendroys
35 ce voyant / ſeroit petit: conſyderant* / que la moindre partie de moy / qui eſt le corps / demeureroit: et que la meilleure / qui eſt lame: & par laq̃lle demeure noſtre nom en benediction entre les hõmes / ſeroit degenerante & abaſtardie. Ce que ie ne dys pas par defiance que ie aye de ta vertu* / laquelle ma eſte ia par icy deuant eſprouuee / Mais pour plus fort te en-
40 courager* a proffiter de bien en mieulx. A laquelle entreprinſe parfaire & cõſommer / il te peult aſſez ſouuenir / cõment ie nay riens eſpargne: mais ainſi te y ay ie ſecouru / cõme ſi ie neuſſe aultre threſor en ce monde que de te veoir vne fois en ma vie abſolu & parfaict tãt en vertuz / hõneſtete / et preudhõmie / cõme en tout ſcauoir liberal & hõneſte / & tel te laiſſer*
45 apres ma mort cõme vng mirouer repreſentãt la perſonne de moy ton pere / & ſinon tãt excellẽt & tel de faict / cõme ie te ſouhaite / certes bien tel en deſir. Mais encores que mon feu pere de bõne memoire Grantgouſier euſt adonne tout ſon eſtude / a ce q̃ ie proffitaſſe en toute perfection & ſcauoir politicque / & que mon labeur & eſtude correſpondiſt treſbien /
50 voire encores oultrepaſſaſt ſon deſir / touteſfois cõme tu peulx bien entẽdre / le temps neſtoit tãt ydoine ny cõmode es letres / cõme* il eſt de p̃ſent / et nauoys pas copie de telz p̃cepteurs cõme tu as eu. Le temps eſtoit encores tenebreux & ſentent linfelicite & calamite des Gothz / q̃ auoient mis a deſtructiõ toute bonne literature. Mais par la bonte diuine / la
55 lumiere & dignite a eſte de mon aage rendue es letres / & y voy tel amendemẽt / que de p̃ſent a difficulte feroys ie receu en la p̃miere claſſe des petiz grimaulx moy qui en mõ aage virile eſtoys non a tord repute le plus ſcauãt dudict ſiecle / ce que ie ne dis pas par iactãce vaine / encores que bien ie le puiſſe & louablemẽt faire* en teſcriuãt / cõe tu as lauctorite de Marc Tulle
60 en ſon liure de vieilleſſe / et la ſentẽce de Plutarche au liure intitule / com-

ment on fe peult louer fans enuie: mais pour te donner affection de plus
hault tendre.* Maintenãt toutes difciplines font reftituees / les langues
inftaurees. Grecque / fans laquelle ceft hôte que vne perfonne fe die
fcauãt.* Hebraicque / Caldaicque / Latine. Les impreffions tãt elegãtes* et
correctes en vfance / qui ont efte inuêtees de mon aage par infpiration 65
diuine / comme a contrefil lartillerie par fuggeftion diabolicque. Tout le
monde eft plain de gens fcauãs de precepteurs trefdoctes / de librairies
trefamples / quil meft aduis* q̃ ny au temps de Platon / ny de Ciceron / ny
de Papinian / ny auoit point telle commodite deftude quil y a maintenant.
Et ne fe fauldra plus dorefenauãt trouuer en place ny en cõpaignie qui ne 70
fera biẽ expoly en lofficine de Minerue. Ie voy les brigãs / les bourreaux /
les auãturiers / les palefreniers de maintenant plus doctes que les docteurs
et prefcheurs de mon tẽps. Il neft pas les femmes et filles qui ne ayent
afpire* a cefte louãge & a cefte mãne celefte de bonne doctrine. Tant y a
que en laage ou ie fuis iay efte cõtrainct de apprẽdre les lettres Grecques / 75
lefquelles ie nauoys pas contẽne comme Caton / mais ie nauoys eu le loyfir
de comprendre en mon ieune aage. Et voulentiers me delecte a lire les
moraulx de Plutarche / les beaulx dialogues de Platon / les monumens de
Paufanias / et antiquitez de Atheneus / attendãt lheure q̃l plaira a dieu mon
createur me appeller et cõmander yffir* de cefte terre. Parquoy mõ filz ie 80
te admõnefte que employe* ta ieuneffe a biẽ pffiter en eftude. Tu es a
Paris / tu as ton p̃cepteur Epiftemon / dont lung par viues & vocales
inftructions / laultre par louables exẽples te peuft endoctriner. Ientẽds et
veulx que tu aprenes les langues parfaictement. Premieremẽt la Grecque
cõme le veult Quintilian. Secondement la latine. Et puis Lhebraicque pour 85
les fainctes lettres / & la Chaldaicque & Arabicque pareillemẽt: & que
tu formes ton ftille / quant a la Grecque / a limitation de Platon / quãt a la
Latine / a Ciceron. Quil ny ait hiftoire que tu ne tiengne en memoire
p̃fente / a quoy te aydera la Cofmographie de ceulx qui en ont efcript. Les
ars liberaulx / Geometrie / Arifmeticque / & Muficque / Ie ten dõnay 90
quelque gouft quand tu eftoys encores petit en laage de cinq a fix ans: po^r-
fuys le refte / & de Aftronomie fachez en tous les canons / laiffe moy
Laftrologie* diuinatrice / et lart de Lullius cõme abus et vanitez. Du droit
Ciuil ie veulx que tu fache par cueur les beaulx textes / et me les cõfere
auecques la philofophie. Et quãt a la cõgnoiffance des faictz de nature / Ie 95
veulx que tu te y adõne curieufement / quil ny ait mer / ryuiere / ny
fontaine / dont tu ne congnoiffe les poiffons / tous les oyfeaulx de lair /
tous les arbres arbuftes & fructices des foreftz / toutes les herbes de la
terre / tous les metaulx cachez au ventre des abyfmes / les pierreries de
tout orient & midy / riens ne te foit incongneu. Puis fongneufement 100
reuifite les liures des medecins / Grecz / Arabes / & Latins / fãs cõtẽner
les Thalmudiftes & Cabaliftes / & par frequẽtes anatomyes acquiers toy
parfaicte cõgnoiffance de laultre mõde qui eft lhõme. Et par q̃lques heures
du iour cõmence a vifiter les fainctes lettres. Premierement en Grec le

105 nouueau teftamẽt & epiftres des apoftres / & puis en Hebrieu le vieulx teftament. Sõme que ie voye vng abyfme de fciẽce: car dorefenauãt que tu deuiens homme & te fais grãd / il te fauldra iffir de cefte trãquillite & repos deftude: & apprẽdre la cheualerie & les armes / pour defẽdre ma maifon / & noz amys fecourir* en tous leurs affaires cõtre les affaulx des
110 malfaifans. Et veulx que de brief tu effaye cõbiẽ tu as pffite: ce que tu ne pourras mieulx faire / que tenãt conclufions* en tout fcauoir publicque-mẽt enuers tous & contre tous: & hantãt les gẽs lettrez / qui font tãt a Paris cõme ailleurs. Mais par ce que felon le fage Salomon / Sapience nẽtre point en ame maliuole / & fcience fans confcience neft que ruyne
115 de lame. Il te cõuient* feruir / aymer / & craindre dieu & en luy mettre toutes tes penfees / & tout ton efpoir: et par foy formee de charite eftre a luy adioinct / en forte que iamais nẽ foys defempare par peche / ayez fufpectz les abus du monde & ne metz point ton cueur a vanite: car cefte vie eft trãfitoire: mais la parolle de Dieu demeure eternellement. Soys
120 feruiable a tous tes prochains / & les ayme* cõme toymefmes. Reuere tes precepteurs / fuis les compaignies des gens efquelz tu ne veulx point reffembler. Et les graces que Dieu te a dõnees / icelles ne recoiptz point en vain.* Et quãd tu cõgnoiftras que auras tout le fcauoir de par dela acquis / retourne tẽ vers moy / affin q̃ ie te voye & donne ma benediction*
125 deuant que mourir. Mon filz la paix & grace de noftre feigneur foit auecques toy. Amen. De Vtopie ce dixfeptiefme iour du moys de Mars / ton pere GARGANTVA.

Ces lettres receues et veues Pantagruel print* nouueau courage & fut enflambe a proffiter plus que iamais / en forte q̃ le voyant eftudier &
130 pffiter / euffiez dit q̃ tel eftoit fon efprit entre les liures / cõme eft le feu parmy les brandes / tant il lauoit infatigable & ftrident.

10

CLÉMENT MAROT (1496?-1544)

(a) Les Opufcules et petitz Traictez de Clemẽt Marot de Quahors...
Lyon, O. Arnoullet (1531?).
Paris, Bibliothèque nationale, Rés. Ye 736.
a iii^{vo}–a v^{ro}: Epiftre de Marot enuoyee au Roy.

(b) LADOLESCENCE CLEMENTINE. Autrement. Les Oeuures de Clement Marot de Cahors en Quercy, Valet de Chambre du Roy, compofees en leage de fon Adolefcence...
Paris, P. Roffet, 1532: impr. par G. Tory.
Londres, British Museum, C. 20. a. 3.
F° lxx^{ro}: De celluy qui ne penfe quen famye.

(c) Fº lxxi^{vo}: *De celluy de qui lamye a faict nouuel amy.*

(d) *Les Oeuures de CLEMENT MAROT DE CAHORS, Valet de chambre du Roy...*

Lyon, E. Dolet, 1538.
Paris, Bibliothèque nationale, Rés. Ye 1457–1460.
Rés. Ye 1459: *Les Epigrãmes de Cl Marot,* fº xvi^{ro—vo}.
A fes difciples.

(a)   EPISTRE DE MAROT ENVOYEE AV ROY

    Roy des francoys plain de toutes bontez
    Quinze iours a ie les ay bien comptez
    Et des demain feront iuftement feize
    Que ie fus faict confrere au diocefe
    De fainct marry en leglife fainct prins*   5
    Si vous diray comment ie fus furprins
    Et me defplaift puis quil fault que ie dye
    Trois grands pendars vindrent a leftourdie
    En ce palays me dire en defarroy
    Nous vo⁹ faifons prifonnier de par le roy   10
    Incontinent qui fut bien eftonne
    Ce fut marot plus que fil euft tonne*
    Puis mont monftre vng parchemin efcript
    Ou ny auoit feul mot de Jefuchrift
    Il ne parloit tout que de plaidoirie   15
    De generaulx et demprifonnerie
    Vous fouuient il fe me difent il lors*
    Que vous eftiez laultre iour la dehors
    Quon recouyft* vng certain prifonnier
    Dentre noz mains / et moy de le nyer*   20
    Car foyez feur fi ieuffe dit ouy
    Que le plus fourt dentre eulx meuft bien ouy
    Et daultre part ieuffe publicquement
    Efte menteur car pourquoy et comment
    Euffe ie peu vng aultre recourir[1]*   25
    Quant ie nay fceu moy mefme fecourir
    Pour faire court ie ne fceuz tant prefcher
    Que fes mefchans me voulfiffent[2] lafcher
    Sur mes deux bras ilz ont leur main pofee
    Et mont mene ainfi qune efpoufee   30
    Non pas ainfi / mais plus roide vng petit
    Et neantmoins iay plus grant appetit
    De pardonner a leur folle fureur
    Que a celle la dung maiftre procureur

    [1] *recouurir.*   [2] *voulliffent.*

35 Que malle mort les deux iambes luy caſſe
Il a bien prins de moy vne becaſſe
Vne perdrix et vng lepurault auſſi
Et touteffoys ie ſuis encores icy
Encores ie croy ſi ien auoye plus
40 Quilz prendroient tout car ilz ont tant de gluz
Dedans leurs mains ſes faiſeurs de pipee
Que toutes choſes / ou touchent¹ eſt grippee
Mais pour venir au point de ma ſortie
Iay tant chante doulcement ma partie
45 Que nous auons bien accorde enſemble*
Si que nay plus a faire ſe me ſemble
Sinon a vous la partie eſt bien forte*
Mais le vray poinct ou ie me reconforte
Vous nentendez proces nomplus que moy*
50 Ne plaidons point ce neſt que tout eſmoy
Ie vous encroy ſi ie vous ay meffaict
Encore poſe que le cas ieuſſe faict.
Au pis aller ny echerroit que vne amende
Prenez le cas que ie la vous demande
55 Ie prens le cas que vous me la donnez
Et ſi plaideurs furent onc eſtonnez
Mieulx² q̃ ceulx cy ie veulx q̃ on me deliure
Et q̃ ſoubdain en ma place on les liure
Si vous ſuplie / Sire mandez par lettre
60 Que en liberte voz g̃s me vueillẽt mettre
Et ſi ie fors ieſpere que a grant peine
My reuerront ſi on ne my rameine
Et de rechief ie requiers voſtre grace
De pardonner a ma tres grand audace
65 Dauoir empris ce fol eſcript vous faire
Et mexcuſez* ſi pour le mien afaire
Ie ne ſuis point vers vous alle parler
Ie nay pas eu le loyſir dy aller.

(b) DE CELLVY QVI NE PENSE QVEN SAMYE

T'Outes les nuictz ie ne penſe quen celle,
Qui a le corps plus gent qune pucelle
De quatorze ans, ſur le poinct denrager,
Et au dedans vng cueur (pour abreger)
5 Autant ioly queut onques damoyſelle.

¹ *touchant.*   ² *Mieuix.*

94

Elle a beau tainct, vng parler de bon zelle.
Et le tetin rond comme vne grozelle.
Nay ie doncq pas bien caufe dy fonger.
Toutes les nuictz.

Touchant fon cueur / ie lay en ma cordele.   10
Et fon mary na finon le corps delle.
Mais touteffois, quant il vouldra changer,
Preigne le cueur,* & pour le foullager,
Iauray pour moy le gent corps de la belle.
Toutes les nuictz.   15

(c)   DE CELLVY DE QVI LAMYE A FAICT
NOVVEL AMY

IVfque a la mort / dame teuffe clamee,
Mais* vng nouueau ta fi bien reclamee,
Que tu ne veulx qua fon leurre venir.
Si ne peulx tu chofe en moy fouftenir
Pourquoy lamour deuft eftre confommee.*   5

Car en tous lieux toufiours tay eftimee,
Et fi on dit que ie tay deprimee,
Ie dy que non, & le veulx maintenir.
Iufque a la mort.

Dieu doint que* pis tu nen foys renommee.   10
Car fil eft fceu, tu en feras nommee
Femme fans cueur qui ne feft peu tenir
Daller au change / & a grant tort bannir*
Celluy qui leuft parfaictement aymee.
Iufque a la mort.   15

(d)   A SES DISCIPLES

ENfans, oyez vne Lecon:
Noftre Langue à cefte facon,
Que le terme, qui va deuant,
Voulentiers regift le fuiuant.
Les Vieilz Exemples ie fuiuray   5
Pour le mieulx: car a dire vray,
La Chancon fut bien ordonnee,
Qui dit, m'Amour vous ay donnée:

95

Et du Bafteau eft eftonné,
10   Qui dit, m'Amour vous ay donné.
Voyla la force, que poffede
Le Femenin, quand il precede.
    Or prouueray par bons Tefmoings,
Que tous Pluriers n'en font pas moins:
15   Il fault dire en termes parfaictz,
Dieu en ce Monde nous a faictz:
Fault dire en parolles parfaictes,
Dieu en ce Monde, les a faictes,
Et ne fault point dire (en effect)
20   Dieu en ce Monde, les a faict:
Ne nous a faict, pareillement:
Mais nous a faictz, tout rondement.
    L'italien (dont la faconde
Paffe les vulgaires du Monde)
25   Son langage a ainfi bafty
En difant, Dio noi a fatti.
    Parquoy (quand me fuys aduifé)
Ou mes Iuges ont mal vifé,
Ou en cela n'ont grand fcience,
30   Ou ilz ont dure confcience.

II

PIERRE ROBERT OLIVÉTAN
(fin XVe siècle–1538)

LA BIBLE Qui eſt toute la Saincte eſcripture. En laquelle ſont contenus le Vieil Teſtament & le Nouueau tranſlatez en Francoys. Le Vieil de Lebrieu: & le Nouueau du Grec.
Neuchâtel, Pierre de Wingle, 1535.
Cambridge, Bibliothèque universitaire, Syn. 2. 53. 3.

(*a*) *Apologie du tranſlateur,* *v[ro].
(*b*) *L'Evangile selon saint Jean,* ch. xii–xiiii: f° xxxiii[vo]–xxxiiii[ro].

(**a**)   APOLOGIE DV TRANSLATEVR

...Ie rendroye icy voluntiers raiſon de noſtre orthographe Francoyſe / en laquelle me ſuis accommode au vulgaire le plus que iay peu: touteſſoys que icelle ſoit bien mal reiglee / deſordonnee / et ſans arreſt. Car pluſieurs choſes ſe eſcriuent en vne ſorte: dont on ne ſcauroit rẽdre raiſõ. Que ſi on

les efcriuoit* en vne autre / on pourroit foubftenir lorthographe eftre 5
raifōnable* / comme il aduient fouuent entre ceulx qui fe meflent defcrire. Et pource que la matiere pend encore au clou / vng chafcun eftime
fon orthographe eftre la plus feure. Aucuns es motz quilz voyent naiftre
du Latin / ou auoir aucune conuenance / y tiennent le plus de lettre de
lorthographe Latine quilz peuuent pour monftrer la noblefle & anceftre 10
de la diction. Touteffoys que a la plation plufieurs de telles lettres ne fe
proferēt point. Dautres ont efcoute la plation vulgaire / & ont la reigle
leur orthographe / non ayāt efgard a la fource Latine. Ie me fuis attempere
aux vngz et aux autres le plus que iay peu / en oftant fouuēteffoys daucunes
lettres que ie veoye eftre trop en la diction / laornāt daucunes q̃ ie cō- 15
gnoiffoye faire befoing: affin de mōftrer par ce lorigine de telle diction
laq̃lle autremēt fēbloit eftre incōgneue. Et ce felon que loccafion feft dōnee /
ainfi que pourra apperceuoir le Lecteur curieux de telles chofes. Que fi les
Francoys* euffent bien garde leur ancienne langue* (dont on trouue
encore plufieurs motz en Pline et autres autheurs qui en parlent) lortho- 20
graphe ne fut pas* maintenant en debat comme elle eft: laquelle bien tard
fe pourra accorder et arrefter. Car il ya plufieurs competiteurs. Le Grec
qui y dit auoir du fien / y demande fon droict. Le Latin tient main garnie.
Lallemand y recongnoit aucunes chofes / qui dit luy appartenir. Lebrieu
ya fon droict danciennete. Il ya vne autre partie incongneue / qui ne dit 25
mot: a laquelle ie penfe que lon faict tort / & quelle eft la vraye poffefferefle.
Mais elle ne trouue nul qui luy pourchaffe fon droict. Lufage eft par deffus
qui tient bon / et ny veult point perdre fa longue prefcription quil a
obtenue. Ie dy cecy / pour reueiller et aduifer noz efpritz Gauloys: affin
quilz y mettēt quelque ordre & en pronōcent quelque arreft qui foit de 30
tenue. A laquelle chofe ientendroye voluntiers fi iauoye lopportunite /
pour en efcrire ce quil men femble. Combien que auons auiourdhuy
Iacques Syluius / qui a telle matiere a coeur / & le fcauoir pour le faire:
auquel ie men fie et rapporte...

(b) L'EVANGILE SELON SAINT JEAN

CHAPITRE .XII.

...Ces chofes dit Iefus* / puis fen alla & fe cacha deulx. Et cōbien quil eut
faict tant de fignes deuant eulx / ilz ne croyoient pas en luy: affin que la
parolle de Ifaiah le prophete fut accōplie / laquelle il a dicte: Seigneur / qui
a creu a noftre parolle? & a qui eft reuele le bras du Seigneur? Et pourtāt
ne pouuoient ilz croyre: car derechef Ifaiah dit: Il a aueugle leurs yeulx / & 5
a endurcy leur coeur: affin quilz ne voyent des yeulx / & quilz nentendent
de coeur / & q̃lz ne foyent conuertis / & que ie les guariffe. Ces chofes dift
Ifaiah / quād il veit la gloire diceluy / & parla de luy.
  Touteffois plufieurs des princes creurent en luy: mais ilz ne le confef-
foient point / pour les Pharifiens:* affin q̃lz ne fuffent iettez hors de 10

laſſemblee: car ilz ont plus ayme la gloire des hões / que la gloire de Dieu. Lors Ieſus ſeſcria / & diſt; Qui croit en moy / il ne croit pas en moy / mais en celuy qui ma enuoye. Et qui me voit / il voit celuy qui ma enuoye. Moy qui ſuis la lumiere / ſuis venu au monde / affin que quiconque croit en moy
15 ne demeure point en tenebres. Et ſi aucun a ouy mes parolles / et ne les croit point / ie ne le iuge point: car ie ne ſuis point venu affin que ie iuge le monde* / mais affin que ie ſauue le monde. Celuy qui me reiette / & ne receoit point mes parolles / il a qui le iuge. La parolle que iay parlee / icelle le iugera au dernier ioᵣ: car de moymeſme nay point parle: mais le pere qui
20 ma enuoye / iceluy ma dõne cõmandemẽt* que ie die / & parle: & ſcay q̃ ſon mandemẽt eſt vie eternelle. Les choſes dõc que ie parle ainſi / cõme le pere ma dit / ainſi ie les dy.

CHAPITRE .XIII.

DEuãt le iour de la feſte du Paſſage / Ieſus ſachant q̃ ſon heure eſtoit venue pour paſſer de ce monde au pere / cõme ainſi fut quil euſt ayme les ſiens
25 qui eſtoiẽt au monde / il les ayma iuſque en la fin. Et le ſoupper faict* / apres q̃ deſia le diable auoit mis au coeur de Iudas Iſcarioth filz de Simon / de le liurer: Ieſus ſachant que le pere luy auoit donne toutes choſes en ſes mains / & q̃l eſtoit yſſu de Dieu / & ſen alloit a Dieu: il ſe leue* du ſoup-per / & met ius ſes habillemẽs. Et apres quil eut prins vng linge / il ſen
30 ceingnit / & puis miſt de leaue en vng baſſin: & commencea a lauer les piedz des diſciples / et les eſſuyer du linge duq̃l il eſtoit ceinct. Il vint dõc a Simõ Pierre: Et iceluy Pierre luy diſt: Seigᵣ tu me laue les piedz? Ieſus reſpõdit / & luy diſt: Tu ne ſcais point maintenãt ce q̃ ie fay: mais tu le ſcauras cy apres. Pierre luy diſt: Tu ne me laueras iamais les piedz. Ieſus
35 luy reſpondit: Si ie ne te laue / tu nauras point part auec moy. Simon Pierre luy diſt: Seigneur / non pas ſeulemẽt mes piedz: mais auſſi les mains & la teſte. Ieſus luy diſt: Celuy qui eſt laue / na beſoing ſinon de lauer les piedz / mais eſt tout net. Auſſi vous eſtes netz / mais non poît tous. Car il ſcauoit lequel ceſtoit q̃ le liureroit. Pourtant diſt il: vous neſtes point netz
40 tous.
Apres dõc quil eut laue leᵣs piedz / & eut reprins ſes veſtemẽs / & fut aſſis a table / il leur diſt derechef: Scauez vous q̃ ie vous ay faict? Vo⁹ mappellez maiſtre et Seigneur / & vo⁹ dictes bien: car ie le ſuis. Si dõc moy Seigneur & maiſtre ay laue voz piedz / vo⁹ deuez auſſi lauer les piedz
45 lung de lautre: car ie vo⁹ ay dõne exẽple / affin que vo⁹ faciez cõme ie vous ay faict. En verite / en verite ie vous dy / q̃ le ſeruiteur neſt pas plus grãd q̃ ſon ſeigneur: ne lãbaſſadeur / plus grãd que celuy q̃ la enuoye. Si vous ſcauez ces choſes / vo⁹ ſerez biẽheureux ſi vo⁹ les faictes. Ie ne parle point de vo⁹ tous. Ie ſcay ceulx q̃ iay eſleu: mais il fault q̃ leſcriture ſoit accõplie:
50 Celuy q̃ mãge le pain auec moy / a leue cõtre moy ſõ talon. Maintenãt le vo⁹ dy/deuãt q̃l ſoit faict: affin que quãd il ſera faict / vo⁹ croyez que ce

ſuis ie.* En verite / en verite ie vo⁹ dy / q̃ receoit celuy q̃ iẽuoieray / il me receoit. Et qui me receoit / il receoit celuy qui ma enuoye.

Et apres q̃ Ieſus eut dit ces parolles / il fut trouble en eſperit / ſi proteſta / & diſt: En verite / en verite ie vo⁹ dy que lung de vo⁹ me liurera. 55 Lors les diſciples ſe regardoiẽt lung lautre / doubtãs poᵉ leq̃l il diſoit. Et y auoit vng des disciples de Ieſus / leq̃l Ieſus aymoit / q̃ eſtoit aſſis a table / pres le ſein diceluy. Simon Pierre donc luy feiſt ſigne quil demãdaſt q̃ eſtoit celuy de q̃ il auoit parle. Ainſi dõc quãd il ſenclina ſur la poictrine de Ieſus / il luy diſt: Seigñr / q̃ eſt ce? Ieſus reſpondit: Ceſt celuy auquel ie 60 bailleray le pain trempe. Et quand il eut trempe le pain il le dõna a Iudas Iſcarioth / filz de Simon. Et ap̃s le morceau / ſatã entra en luy. Et Ieſus luy diſt: Fais bien toſt ce q̃ tu fais. Et nul de ceulx qui eſtoient aſſis a table nentendoit pourquoy il luy auoit dit ce: car aucuns cuidoient (pource que Iudas auoit la bourſe) q̃ Ieſus luy eut dit:* Achette ce qui nous eſt neceſ- 65 ſaire / poᵉ le iour de la feſte: ou quil dõnaſt* quelque choſe aux paoures. Apres donc quil eut prins le morceau / il ſe partit incontinent & eſtoit nuict.

Et apres quil fut yſſu / Ieſus diſt: Maintenãt eſt glorifie le filz de lhõe / & Dieu eſt glorifie par luy: ſi Dieu eſt glorifie par luy / auſſi Dieu le glorifiera 70 par ſoymeſme / & incontinẽt le glorifiera. Mes petis enfans / ie ſuis encore vng petit auec vous. Vous me cercherez / & comme iay dit aux Iuifz: La ou ie vois / vous ny pouez venir: auſſi ie le vous dy maintenant. Ie vous donne vng nouueau cõmandemẽt: Que vous aymiez lung lautre / cõme ie vous ayme: affin q̃ auſſi vo⁹ vous aymez* lung lautre. En cela tous cõ- 75 gnoiſtront que vo⁹ eſtes mes diſciples / ſi vo⁹ auez dilectiõ lung a lautre. Simõ Pierre luy diſt: Seigñr / ou vas tu? Ieſus reſpõdit: La ou ie vois / tu ne me peulx maintenant ſuyuir: mais tu me ſuyuras cy apres. Pierre luy diſt: Seigñr pourquoy ne te puis ie maintenant ſuyuir ? ie mettray ma vie pour toy. Ieſus luy rñdit: Tu mettras ta vie pour moy? en verite / en 80 verite ie te dy / le coq naura pas chante / iuſque a tant que tu mauras nye trois fois.

CHAPITRE .XIIII.

AUſſi diſt a ſes diſciples: Voſtre coeᵉ ne ſoit trouble. Vo⁹ croyez en Dieu / croyez auſſi en moy. Pluſieurs demeures / ſont en la maiſon de mon pere. Si autremẽt eſtoit / ie vous leuſſe dit: Ie vous vois appreſter le lieu. Et ſi ie 85 men voy vous preparer le lieu:* ie retourneray derechef / & vous receuray a moymeſme: affin que vo⁹ ſoyez la ou ie ſuis. Auſſi vo⁹ ſcauez la ou ie vois / & ſcauez la voye. Thomas luy diſt: Seigñr / no⁹ ne ſcauõs la ou tu vas: & cõmẽt pouõs nous ſcauoir la voye? Ieſus luy diſt: Ie ſuis la voye / la verite & la vie: nul ne viẽt a mon pere / ſinon par moy. Si vous meuſſiez 90 cõgneu: vous euſſiez auſſi certes cõgneu mon pere.* Et des maintenant vous le congnoiſſez; & lauez veu.

BONAVENTURE DES PÉRIERS
(v. 1500–v. 1544)

Cymbalũ mũdi EN FRANCOYS, Contenant quatre Dialogues Poetiques, fort *antiques, ioyeux, & facetieux.*
Paris, J. Morin, 1537.
Bibliothèque de Versailles, Goujet 241.

(*a*) *Epître dédicatoire,* a ii^{ro}–a ii^{vo}.
(*b*) *Dialogue premier,* a iii^{ro}–b ii^{vo}.

(**a**) THOMAS DV CLENIER¹ A *fon amy Pierre Tryocan S.*

IL y a huyct ans ou enuirõ, cher amy, que ie te promis de te rendre en lãgaige francoys le petit traicte que ie te mõſtray, intitule Cymbalum mundi, contenãt quatre dialogues poetiques, leql iauoys trouue en vne vieille Librairie dung Monaſtere qui eſt aupres de la cite de dabas. de laquelle
5 promeſſe iay tant faict par mes iournees, que ie mẽ ſuis acquite au moins mal que iay peu. Que ſi* ie ne te lay rendu* de mot a mot ſelon le latin, tu doibs entendre que cela a eſte faict tout expres, affin de ſuyure le plus quil me ſeroit poſſible, les facons de parler qui ſont en noſtre langue Frãcoiſe: laquelle choſe cognoiſtras facilemẽt aux formes de iuremẽs qui
10 y ſont, quand pour Me Hercule, Per Iouẽ, Diſpereã, Aedepol, Per Styga, Proh Iupiter, & aultres ſemblables, iay mis ceulx la dont noz bõs gallãdz vſent, aſſcauoir: Morbieu, Sãbieu, Ie puiſſe mourir. cõme voulant plus toſt tranſlater & interpreter laffection de celuy qui parle, que ces propres parolles. Semblablemẽt, pour vin de Phalerne, iay mis vin de Beaulne: a
15 icelle fin quil te fuſt pl⁹ familier & intelligible. Iay auſſi voulu adiouſter a Proteus, maiſtre Gonĩ, pour myeulx te declairer que ceſt que Proteus. Quant aux chanſons que Cupido chante au troyſieſme dialogue, il y auoit au texte certains vers lyriques damourettes, au lieu deſquelz iay mieulx ayme mettre des chanſons de noſtre temps, voyãt quelles ſeruiront autãt a
20 propos, que leſdictz vers lyriques, leſquelz (ſelon mon iugement) ſi ie les euſſe tranſlatez, neuſſent point eu tãt de grace. Or ie te lẽuoye tel quil eſt, mais ceſt ſoubz cõdition que tu te garderas den bailler aulcune copie, a celle fin que de main en main il ne vienne a tomber en celles de ceulx qui ſe meſlẽt du faict de limprimerie, lequel art (ou il ſouloit apporter iadis
25 pluſieurs commoditez aux lettres) par ce quil eſt maintenãt trop cõmun, faict que ce qui eſt imprime, na point tant de grace, & eſt moins eſtime, que ſil demouroit encore en ſa ſimple eſcripture, ſi ce neſtoit que limpreſſion fuſt nette, & bien correcte. Ie tẽuoiray pluſieurs autres bõnes choſes, ſi ie

¹ *CLEVIER.*

cognoy que tu nayes point trouue cecy mauluais.* Et a Dieu mon cher
amy, auquel ie prie quil te tienne en fa grace, & te doint ce que ton petit 30
cueur defire.

(b)   DIALOGVE PREMIER

Les Perfonnages

MERCVRE   BYRPHANES   CVRTALIVS   LHOSTESSE

MERCVRE. IL eft bien vray quil ma cõmãde q̃ ie luy feiffe relier ce
liure* tout a neuf: mais ie ne fcay fil le demande en aix de boys, ou en
aix de papier. Il ne ma poït dict, fil le veult en veau, ou couuert de veloux.
Ie doubte auffi fil entẽd que ie le face dorer, & chãger la facõ des fers &
des cloux, pour le faire a la mode qui court. Iay grand peur quil ne foit 5
pas bien a fon gre. Il me hafte fi fort, & me dõne tant de chofes a faire a
vng coup, q̃ ioublie lune pour lautre. Dauantage Venus ma dict ie ne fcay
quoy que ie diffe aux Iouuencelles de Cypre touchant leur beau tainct.
Iuno ma donne charge en paffant que ie luy apporte quelque dorure,
quelque iaferan, ou quelque ceincture a la nouuelle facon, fil en y a point 10
ca bas.* Ie fcay biẽ que Pallas me demandera fi fes Poetes auront rien faict
de nouueau. Puis il me fault aller mener a Charõ xxvii. ames de coquins,
qui font mors de langueur ce iourdhuy par les rues, & treze qui fe font
entretuez aux cabaretz, & dixhuict au bordeau, huict petitz enfans que les
Veftales ont fuffocquez, & cinq Druydes q fe fõt laiffez mourir de manie & 15
male rage. Quant auray ie faict toutes ces cõmiffiõs? Ou eft ce que lõ relie
le myeulx? a Athenes, en Germanie, a Venise, ou a Rõme? Il me fẽble q̃
ceft a Athenes. Il vault mieulx q̃ ie y defcẽde. ie pafferay la p la rue des
orfeures & p la rue des merciers, ou ie verray fil y a riẽ pour ma dame
Iuno.* Et puis dela mẽ iray aux libraires pour chercher q̃lque chofe de 20
nouueau a Pallas. Or me cõuiẽt il garder fur tout que lon ne fache de
quelle maifon ie fuis: Car ou les Atheniens ne furfont la chofe aux aultres
que deux foys autant quelle vault, ilz me la vouldroyent vẽdre quatre foys
au double.

    BYRPHANES. Que regardes tu la mõ cõpagnon?   25
    CVRTAL. Que ie regarde?* ie voy maintenant ce que iay tant de foys
trouue en efcript, & que ie ne pouuois croire.
    BYRPH. Et que Dyable eft ce?
    CVRTA. Ceft Mercure le meffagier des Dieux, que iay veu defcendre du
ciel en terre.   30
    BYRPHANES. O, quelle refuerie. il le te femble, poure homme tu as
cela fonge en veillãt. Sus fus allons boire, & ne pẽfe plus a telle vaine
illufiõ.
    CVRTALIVS. Par le corbieu, il ny a rien plus vray,* ce neft pas
mocquerie: il feft la pofe, & croy quil paffera tãtoft par icy, attẽdõs vng 35
petit. Tien, le voys tu la?

BYRPHANES. Il ne fen fault gueres que ie ne croye ce que tu me diz, veu auffi ᵹ̃ ie voy la chofe a lœil. Pardieu voyla vng hõme acouftre de la forte que les Poetes nous defcripuent Mercure.* Ie ne fcay que faire de
40 croyre que ce le foit.

CVRTALIVS. Tay toy: voyons vng petit qui deuiẽdra,* il viẽt droit a nous.

MERCVRE. Dieu gard les compaignons.* vend on bõ vin ceans?* Corbieu iay grand foif.¹

45 CVRTALIVS. Monfieur, ie penfe quil nen y a point de meilleur dedans Athenes. Et puis mõfieur quelles nouuelles?

MERCVR. Par mõ ame ie nen fcay nulles, ie viens icy pour en apprẽdre. Hofteffe, faictes venir du vĩ, fil vo⁹ plait.

CVRTALIVS. Ie taffeure que ceft Mercure fans aultre, ie le cognoys a
50 fon maintien: & voyla quelque cas quil apporte des cieulx. Si nous vallons rien, nous fcaurons que ceft,* & luy defroberons,* fi tu men veulx croire.

BYRPHANES. Ce feroit a nous vne grãde vertu, & gloire, de defrober nõ feulemẽt vng larrõ, mais lauteur de tous larrecins, tel quil eft.

CVRTALIVS. Il laiffera fon pacquet fur ce lict, & fen ira tantoft veoir
55 par toute la maifon de ceans fil trouuera rien mal mis apoint pour le happer, & mettre en fa pouche. ce pẽdant nous verrõs que ceft quil porte la.

BYRPHANES. Ceft trefbiẽ dict a toy.

MERCVRE. Le vin eft il venu? Ca compagnons paffons dela en cefte chambre, & allõs tafter du vin.

60 CVRTALIVS. Nous ne faifons que partir de boire, touteffoys mõfieur nous fommes contens de vous tenir compagnie, & de boire encor auec vo⁹.

MERCVRE. Or meffieurs tandis que le vin viendra, ie men voys vng petit a lefbat, faictes reinffer des verres ce pendant, & apporter quelque chofe a mãger.

65 CVRTALIVS. Le voys tu la le galland? Ie cognois fes facons de faire: ie veulx quon me pende fil retourne quil nayt fouille* par tous les coings de ceãs, & quil nayt faict fa main, comment que ce foit, & taffeure bien quil ne retournera pas fi toft. Pource voyons ce pendant que ceft quil a icy, & le defrobons auffi fi nous pouuons.

70 BYRPHANES. Defpefchõs nous donc, quil ne nous furprẽne fur le faict.

CVRTALIVS. Voy cy vng liure.

BYRPHANES. Quel liure eft ce?

CVRTAL. Quæ in hoc libro cõtinentur:
Chronica rerũ memorabiliũ quas Iupiter geffit antequam effet ipfe.
75 Fatorum præfcriptũ: fiue, eorum quæ futura funt, certæ difpofitiones.
Catalogus Heroũ immortaliũ, qui cũ Ioue vitã victuri funt fempiternam.
Vertubieu, voicy vng beau liure mon compagnon, ie croy quil ne fen vend point de tel dedãs Athenes. Scays tu que nous ferõs? nous en auons vng dela, qui eft biẽ de ce volume, & auffi grand, va le querir, & le mettõs

¹ *foif.*

en fon fac*, en lieu de ceftuy cy, & le refermons comme il eftoit, il ne fen 80
doubtera ia.

BYRPHANES. Par le corbieu no⁹ fommes riches, nous trouuerons tel
libraire qui nous baillera dix mil efcuz de la copie. Ceft le liure de Iupiter
lequel Mercure vient faire relier (comme ie penfe) Car il tombe tout en
pieces de vieilleffe. tien voyla celuy q̃ tu diz, lequel ne vault de gueres 85
mieulx, & te prometz q̃ a les veoir il ny a pas grand difference de lung a
laultre.

CVRTALIVS. Voyla qui va bien, le pacq̃t eft tout ainfi quil eftoit, il ny
fcauroit rien cognoiftre.

MERCV. Sus beuuõs cõpagnõs. Ie viẽs de vifiter le logis de ceãs, leq̃l 90
me fẽble bien beau.

BYRPH. Le logis eft beau, mõfieur, pour cela quil cõtient.*

MERC. Et puis que dit on de nouueau?

CVRTAL. Nous nen fcauons rien Monfieur, fi nous nen apprenons de
vous.   95

MERC. Or bien, ie boy a vous Meffieurs.

BYRPH. Monfieur, vous foyes le tref bien venu.¹ nous vous allõs
pleiger.

MERC. Quel vin eft ce cy?

CVRTAL. Vin de Beaulne.   100

MERC. Vin de Beaulne? Corbieu, Iupiter ne boit poît de nectar meilleur.

BYRPH. Le vin eft bon: mais il ne fault pas acõparager le vin de ce mõde
au nectar de Iupiter.

MERCV. Ie renybieu, Iupiter neft point feruy de meilleur Nectar.

CVRTAL. Aduifez bien que ceft que vous dictes, car vous blafphemez 105
grandement: & diz que vous neftes pas homme de bien, fi vous voulez
fouftenir cela, voire par le fambieu.

MERCV. Mon amy, ne vous colerez pas tant. Iay tafte des deux: & vous
dys que ceftuy cy vault mieulx.

CVRTAL. Monfieur, Ie ne me colere point, ny ie nay point beu de 110
Nectar,* comme vous dictes quauez faict: mais nous croions ce quen eft
efcript, & ce que lon en dict. Vous ne deuez point faire cõparaifon de
quelque vĩ qui croiffe en ce mõde icy, au nectar de Iupiter: vous ne feriez
pas fouftenu en cefte caufe.

MERC. Ie ne fcay cõmẽt vous le croyez: mais il eft ainfi cõme ie le vo⁹ 115
dys.

CVRTA. Ie puiffe mourir de male mort, Mõfieur, (& me pardõnez, fil
vous plait) fi vous voulez maintenir cefte opiniõ, fi ie ne vous fais mettre
en lieu ou vo⁹ ne verres voz piedz de troys moys, tãt pour cela, que pour
quelque chofe que vous ne cuydez² pas que ie fache.* (Efcoute mon com- 120
pagnõ, il a defrobe ie fcay bien quoy la hault en la chãbre, par le Corbieu,
il ny a rien fi vray) Ie ne fcay qui vous eftes: mais ce neft pas biẽ faict a vo⁹

---

¹ *veuu.*   ² *cudyez.*

de tenir ces ppos la: vous vous en pourriez bien repêtir, & dautres cas que vous auez faictz il ny a pas lõg têps: & fortez de ceãs hardymêt: car, p la
125 morbieu, fi ie fors premier que vo⁹, ce fera a voz defpens. Ie vous ameneray des gens quil vauldroit mieulx que vo⁹ euffiez a faire a tous les diables denfer, que au moindre deulx.*

BYRPHANES. Monfieur, il dict vray: vous ne deuez point ainfi vilainement blafphemer. Et ne vous fiez en mon compagnon que bien apoint. Par
130 le Corbieu, il ne vous dict[1] chofe quil ne face, fi vous luy efchauffez gueres le poil.

MERC. Ceft pitie dauoir affaire aux hõmes, que le grand diable ayt part a lheure que mõ pere Iupiter me dõna iamais loffice* pour traficquer & cõuerfer entre les humains. Hoftefle, tenez, payez vous, prenez la ce quil
135 vous fault. Et biẽ, eftes vous cõtente?

LHOSTESSE. Ouy mõfieur.

MERCVRE. Ma dame, que ie vous dye vng mot a loreille fi vous plait. Scauez vous point cõment fappellent ces deux compagnõs qui ont beu dela auec moy?
140 LHOSTESSE. Lung fappelle Byrphanes, & laultre Curtalius.

MERCVRE. Ceft affez. A Dieu ma dame. mais pour le plaifir que mauez faict, tant de mauoir dõne de fi bon vin, que de me dire les noms de ces mefchans, ie vous promectz & affeure, que voftre vie fera allongee de cinquante ans en bonne fante, & ioyeufe liberte, oultre linftitution &
145 ordonnance de mes coufines les Deftinees.

LHOSTESSE. Vous me promettez merueilles, monfieur, pour vng rien: mais ie ne le puis croire: pource que ie fuis bien affeuree, que cela ne pourroit iamais aduenir. Ie croy que vous le vouldriez bien, auffi feroy ie de ma part:* car ie feroye bien heureufe de viure fi longuemẽt en tel eftat,
150 que vous me dictes: Mais fi ne fen fera il rien pourtant...

13

ÉTIENNE DOLET (1509–1546)

La maniere de bien traduire d'une langue en aultre. D'advantage. De la punctuation de la langue Francoyfe. Plus. Des accents d'ycelle.
Lyon, E. Dolet, 1540.
Paris, Bibliothèque nationale, Rés. X. 922.
Pp. 11–16.

LA maniere de bien traduire d'une langue en aultre requiert principallement cinq chofes.

En premier lieu, il fault, que le traducteur entende parfaictement le fens,

[1] *dect.*

& matiere de l'autheur, qu'il traduict: car par ceſte intelligence il ne ſera iamais obſcur en ſa traduction: & ſi l'autheur, lequel il traduict, eſt 5 aulcunement ſcabreux, il le pourra rendre facile, & du tout intelligible. Et de ce ie te uois bailler exemple familieremẽt. Dedans le premier Liure des queſtions Tuſculanes de Ciceron il y a ung tel paſſage Latin, Animum autem animam etiam ferè noſtri declarant nominari. Nam & agere animam, & efflare dicimus: & animoſos, & bene animatos: & ex animi ſententia. 10 Ipſe autem animus ab anima dictus eſt.

Traduiſant ceſt Oeuure de Ciceron i'ay parlé,* cõme il s'enſuict. Quant à la difference (dy ie) de ces dictions animus, & anima, il ne s'i fault poinct arreſter: car les facons de parler Latines, qui ſont deduictes de ces deux mots, nous donnent à entendre, qu'ilz ſignifient preſque une meſme choſe. 15 Et eſt certain,* que animus eſt dict de anima: & que anima eſt l'organe de animus: comme ſi tu uoulois dire la uertu, & inſtruments uitaulx eſtre origine de l'eſprit:* & iceluy eſprit eſtre ung effect de ladicte uertu uitale. Dy moy (toy qui entends Latin) eſtoit il poſſible de bien traduire ce paſſage, ſans une grande intelligence du ſens de Ciceron? Or ſaiche doncques, qu'il 20 eſt beſoing, & neceſſaire à tout traducteur d'entendre parfaictement le ſens de l'autheur, qu'il tourne d'une langue en aultre. Et ſans cela il ne peult traduire ſeurement, & fidellement.

La ſeconde choſe, qui eſt requiſe en traduction, c'eſt, que le traducteur ait parfaicte congnoiſſance de la langue de l'autheur, qu'il traduict: & ſoit 25 pareillement excellent en la langue, en laquelle il ſe mect a traduire. Par ainſi il ne uiolera, & n'amoindrira la maieſté* de l'une, & l'aultre langue. Cuydes tu, que ſi ung homme n'eſt parfaict en la langue Latine, & Fran-coyſe, il puiſſe bien traduire en Frãcoys quelcque oraiſon de Ciceron? Entends, que chaſcune langue a ſes proprietés, translations en diction, 30 locutions, ſubtilités, & uehemences à elle particulieres. Leſquelles ſi le traducteur ignore,* il faict tort à l'autheur, qu'il traduict: & auſsi à la langue, en laquelle il le tourne: car il ne repreſente, & n'exprime la dignité, & richeſſe de ces deux langues, deſquelles il prend le manîment.

Le tiers poinct eſt, qu'en traduiſant il ne ſe fault pas aſſeruir iuſques à la, 35 que lon rende* mot pour mot. Et ſi aulcun le faict, cela luy procede de pauureté, & deffault d'eſprit. Car s'il a les qualités deſſuſdictes (leſquelles il eſt beſoing eſtre en ung bon traducteur)* ſans auoir eſgard à l'ordre des mots il s'arreſtera aux ſentences, & faira en ſorte, que l'intẽtion de l'autheur ſera exprimée, gardant curieuſement la proprieté de l'une, & l'aultre 40 langue. Et par ainſi c'eſt ſuperſtition trop grande (diray ie beſterie, ou ignorance?) de cõmencer ſa traduction au cõmencement de la clauſule: mais ſi l'ordre des mots peruerti* tu exprimes l'intẽtion de celuy, que tu traduis, aulcun ne t'en peult reprendre. Ie ne ueulx taire icy la follie d'aulcuns traducteurs: leſquelz au lieu de liberté ſe ſubmettẽt à ſeruitude. 45 C'eſt aſſcauoir, qu'ilz ſont ſi ſots, qu'ilz s'efforcent de rendre ligne pour ligne, ou uers pour uers. Par laquelle erreur ilz deprauent ſouuent le ſens

de l'autheur, qu'ilz traduisent, & n'expriment la grace, & parfection de
l'une, & l'aultre langue. Tu te garderas diligemment de ce uice: qui ne
50 demonstre aultre chose, que l'ignorance du traducteur.

La quatriesme reigle, que ie ueulx bailler en cest endroict, est plus à
obseruer en langues non reduictes en art, qu'en aultres. I'appelle langues
non reduictes encore en art certain, & repceu: comme est la Francoyse,
l'Italienne, l'Hespaignole, celle d'Allemaigne, d'Angleterre, & aultres
55 uulgaires. S'il aduient dõcques, que tu traduises quelcque Liure Latin en
ycelles (mesmement en la Francoyse) il te fault garder d'usurper mots
trop approchans du Latin, & peu usités par le passé: mais cõtente toy du
commun, sans innouer aulcunes dictions follement, & par curiosité repre-
hẽsible. Ce que si aulcuns font, ne les ensuy en cela: car leur arrogance ne
60 uault rien, & n'est tolerable entre les gens scauants. Pour cela n'entẽds pas,
que ie dye, que le traducteur s'abstiẽne totallement de mots, qui sont hors
de l'usage commun: car on scait bien, que la langue Grecque, ou Latine
est trop plus riche en dictions, que la Francoyse. Qui nous contrainct
souuent d'user de mots peu frequentés. Mais cela se doibt faire a l'extreme
65 necessité. Ie scay bien en oultre, qu'aulcuns pourroient dire, que la plus
part des dictions de la langue Francoyse est deriuée* de la Latine, & que si
noz Predecesseurs ont heu l'authorité de les mettre en usage, les modernes,
& posterieurs en peuuent aultant faire. Tout cela se peult debattre entre
babillarts: mais le meilleur est de suiure le cõmun langage. En mon Orateur
70 Frãcoys ie traicteray ce poinct plus amplement, & auec plus grand'
demõstration.

Venons maintenant à la cinquiesme reigle, que doibt obseruer ung bon
traducteur. Laquelle est de si grand'uertu, que sans elle toute composition
est lourde, & mal plaisante. Mais qu'est ce, qu'elle contient? Rien aultre
75 chose, que l'obseruation des nombres oratoires: c'est ascauoir une liaison,
& assemblement des dictions auec telle doulceur, que non seulement l'ame
s'en contente, mais aussi les oreilles en sont toutes rauies, & ne se faschent
iamais d'une telle harmonie de langage. D'yceulx nombres oratoires ie
parle plus copieusemẽt en mon Orateur: parquoy n'en feray icy plus long
80 discours. Et de rechef aduertiray le traducteur d'y prẽdre garde: car sans
l'obseruation des nombres on ne peult estre esmerueillable en quelcque
composition que ce soit: & sans yceulx les sentences ne peuuent estre
graues, & auoir leur poix requis, & legitime. Car pense tu, que ce soict
asses d'auoir la diction propre, & elegante, sans une bonne copulation des
85 mots? Ie t'aduise, que c'est aultant que d'ung mõceau de diuerses pierres
precieuses mal ordonnées: lesquelles ne peuuent auoir leur lustre, à cause
d'une collocation impertinente. Ou c'est aultant, que de diuers instruments
musicaulx mal conduicts par les ioueurs ignorantz de l'art, & peu cõgnois-
santz les tons, & mesures de la musique.* En somme, c'est peu de la splen-
90 deur des mots, si l'ordre, & collocation d'yceulx n'est telle, qu'il appartient.
En cela sur touts fut iadis estimè Isocrate Orateur Grec: & pareillement

Demofthene. Entre les Latins Marc Tulle Ciceron à efte grand obferuateur des nombres. Mais ne penfe pas, que cela fe doibue plus obferuer par les Orateurs, que par les Hiftoriographes. Et qu'ainfi foit,* tu ne trouueras Cæfar, & Sallufte moins nombreux, que Ciceron. Conclufion quant à ce 95 propos, fans grande obferuation des nombres ung Autheur n'eft rien: & auec yceulx il ne peult faillir a auoir bruict en eloquence, fi pareillement il eft propre en diction, & graue en fentences, & en arguments fubtil. Qui font* les poincts d'ung Orateur parfaict, & urayment comblé de toute gloire d'eloquence. 100

14

ÉTIENNE DOLET (1509-1546)

LES GESTES DE FRANCOYS DE Valois Roy de France. Dans lequel Oeuure on peult congnoiftre tout ce qui a efté faict par les Francoys depuis Lan Mil cinq cents treize, iufques en Lan mil cinq cents trente neuf. Premierement compofé en Latin par Estienne Dolet: et apres par luy mefmes tranflaté en langue Francoyfe.

(Le texte auquel Dolet se réfère est un poème latin qu'il publia lui-même en 1539 sous le titre *Francisci Valesii gallorum regis fata.*)

Lyon, E. Dolet, 1540.
Londres, British Museum, G. 6373(I).
Pp. 26–34: La bataille de Marignan (1515).

Le quatorziefme iour de Septembre, Mil cinq cents, & quinze, enuiron trois ou quatre heures apres mydi les Suiffes accõpaignez des Millannois uindrent frapper fur l'armée de France, qui eftoit au champ faincte Brigide pres Marignan. Les Francoys ne f'efbahirent aulcunement: & fur touts les Aduenturiers fe porterent trefbien, & fupplierent le deffault des 5 Allemans de la bende noyre, qui auoient tourné le doz, penfantz que le Roy euft intelligence* auec les Suiffes, & qu'on les uouluft deffaire. Les quelz incontinent apres aduertiz de la uerité fe mifrent en debuoir, & frapperent fur les Suiffes: defquelz les Aduenturiers Frãcoys (qui n'eftoient que deux mille, ou enuiron) auoient deffaict une bende de quatre mille. Les aultres 10 bendes fe mifrent a frapper fur la bataille, ou eftoit le Roy: & f'attendoient bien de mectre en defarroy les Francoys, comme ilz auoient faict a Nouarre Lan mil cinq cents & treize. Mais l'artillerie befongna fi bien auec les hommes, que les Suiffes ne furent pas les plus fortz. Non diffemblable fureur conuertit en ire deux Taureaux courantz du hault d'une montaigne 15 apres vne Vache chaulde. L'ung, & l'aultre fe faict guerre front cõtre front, cornes cõtre cornes. Ainfi entrelafez fe donnent plufieurs coups fe fichantz les cornes dans la chair l'ung de l'aultre: tant qu'on leur uoirroit le col, & efpaules rougir de fang. Si n'eft leur combat fini iufques a ce que l'ung uaincu faffe tel bruict par fa uoix, que Ciel, & Terre, & lieux cir- 20

cunuoifins en retentiffent. En telle ardeur eftoient les Francoys, & Suiffes
meflez enfemble, ne craignantz d'ung cofté, & aultre ou coups, ou plaies:
comme ung Sanglier efchauffé ne crainct en rien la morfure des Chiens, &
ne daigne euiter efpée, ou dart du Veneur.

25 Les Suiffes de plus en plus affailloient les Francoys a eulx refiftantz: &
combien qu'ilz fe fentiffèt les moindres, pour cela n'eftoit remife leur
ardeur, mais de plus en plus f'efforcoient d'entrer fur les Francoys. De
l'aultre part les Frãcoys tenoièt bon, & faifoient une merueilleufe tuerie
fur leurs ennemys. Sur ce conflict la nuict furuint: qui n'empefcha*
30 toutesfois, que d'ung cofté, & aultre le combat ne fuft maintenu, pour ce
qu'il y auoit pleine Lune. Et lors y eut grande effufion de fang: car ilz
eftoièt tant encharnez les ungs fur les aultres, que iamais ne fe departirent
tant qu'ilz fe peulrèt congnoiftre. Voire & fi entrerent au camp l'ung de
l'aultre. Et pour abufer les Frãcoys les Suiffes en cefte obfcurité de la nuict
35 crioient France, France: & neantmoins tuoient les Francoys. A la fin
chafcun fut contrainct de ceffer, apres que la Lune fut couchée. Et lors
chafcun cherchoit fon ennemy, comme ung Lymier chercheroit fa proye,
fi elle luy eftoit efchappée.

Cefte nuict la n'y eut aulcũ repos en tous les deux camps. Et euft on
40 dict, que ce premier conflict eftoit une flamme grãde, dedans laquelle on
iecte une goutte d'eau, qui ne la peult eftaindre, mais plus toft augmenter.
Ou bien, que c'eftoit ung ulcere attainct d'ung coup d'ongle, fans eftre
purgé de fõ infection. Car pour toute la tuerie precedente* l'ardeur de ces
deux camps n'eftoit amoindrie: mais d'ung cofté, & aultre on n'euft ouy
45 toute la nuict que menaces de mort, & d'ung combat plus cruel que deuant.* Ceulx, qui eftoient bleffez, efperoient fe uenger le lendemain fur
leurs ennemys. Ceulx, qui eftoient entiers, & fans bleffure, enrageoient
d'entrer au combat, & donner coups, ou en recepuoir. Et ainfi les ungs, &
les aultres ne defiroièt aultre chofe que le retour du iour pour renouueler
50 la bataille.

Ce pendant le Roy Frãcoys de fon cofté uifitoit fon camp, & incitoit fes
gens de guerre pour le lendemain, en telles parolles. Et ainfi, ainfi triumphe
de fon ennemy la Nation Francoyfe (ô compaignons) & ne peult eftre
domptée par armes. Le Suiffe eft rompu: la uictoire eft noftre. Que tel
55 honneur, que telle gloire ne nous foit oftée. Et fi aulcune affection de
renom uous efmeut: fi auffi ie me fuis promis par uoftre uertu la uictoire
(que ia euffions fans la nuict furuenue)* que demain chafcun de uous fe
monftre couraigeux, & ne fe laiffe furmonter. O, que les Suiffes font bien
gẽs pour uaincre* & la Nation Francoyfe, & le Roy des Frãcoys. Seriez
60 uous fi defpourueuz de cueur d'endurer telle iniure? Par telle maniere le
Roy Francoys alloit ca, & la exhortant fes bendes, incitant ceulx, qui d'eulx
mefmes eftoient affez enflammez. A telle exhortation chafcun augmentoit
fon courage, confpirant la deffaicte uniuerfelle des Suiffes. Et fembloit a
ueoir, que* ce fuffent Tigres, qui ont perdu leurs petitz. Telle befte en telle

infortune eft remplie de fureur, & monftre bien femblant de uouloir 65
perdre la uie pour fe uenger du rapteur. Elle court ca, & la toute enragée,*
aguifant fes dentz, et ongles a toutes heurtes. Et f'il aduiĕt, qu'elle ren-
cõtre le larron de fa lignée, c'eft merueille de ueoir la rage qu'elle exerce
fur icelui: en facon, qu'elle n'eft contente de le mettre en mille pieces. De
telle fureur doncq eftoient efprins les Frãcoys cõtre les Suiffes, quand ce 70
uiendroit a l'aulbe du iour* pour fe mettre en combat.

De l'aultre part, les Cappitaines des Suiffes faifoient leur debuoir
d'inciter leurs gẽs: & les efchauffoient par telz dictz. Serõs nous a cefte
heure uaincuz par les Francoys fans nous uenger: nous, aufquelz on a
toufiours attribué toute louange en faict d'armes? Nous, aufquelz a grand 75
peine l'inuincible Cæfar peult refifter au temps pafsé? Sera il dict,* que la
uertu tant excellẽte de noz predeceffeurs preigne fin en nous? Noftre loz,
& renommée antique fera elle ainfi conculquée, & deprimée par noftre
default? Noz forces ne font encores bien attainctes au uif. Les Francoys
n'ont encores fouftenu qu'ung cõmencement de bataille. Demain au 80
matin ilz congnoiftront, que fcauons faire:* moyennant qu'ayons bon
cueur, & dechaffions toute craincte, ufantz de noftre magnanimité
antique. Noz ennemys ne nous furmontent ny par multitude, ny par ufage
d'armes. Faifons doncq, que de hardieffe, & proueffe ilz n'aient aduãtage
fur nous. Il n'ia aulcune uoulunté diuine a nous aduerfaire: ce font touts 85
mortelz, cõtre lefquelz debuons combattre. Nous auõs aultant de mains, &
aultãt d'ames qu'eulx. Parquoy faifons en forte, que l'on die par cy apres,
qu'auons uaincu ung Roy de France, cõme les plus puiffantz de touts.
Faifons, que ce comble de louange foit adioufté a noftre renom premier.
En cefte forte toutes Nations eftranges craindront par cy apres d'entrer 90
en bataille contre les Suiffes.

Par telle exhortation les bendes des ennemys furent fi fort efmeues,
qu'elles ne defiroiẽt aultre chofe, que ruer fur les Francoys: fe perfuadantz
eftre ung acte fort honorable,* que de mourir en bataille, ou reporter en
leur païs leurs enfeignes triumphãtes de la deffaicte du Roy. Et en telle 95
ardeur de combatre eftoit l'ung, & l'aultre camp, confumant la nuict en
menaces horribles, & n'attendant aultre chofe que le iour pour commencer
le conflict.

Le iour uenu, Tabourins, Fifres, & Trompetes commencent a fonner
afprement des deux coftés. Les Suiffes encharnez fur les Francoys retourne- 100
rent hardyment au combat faifantz grãd effort fur noz gens: mais ilz furent
recullez, & fort endommagez par l'artillerie, qui feit merueille de bien tirer
foubz la conduicte du Senefchal d'Armignac: ou il acquift gros honneur.*
Et de l'aultre part les Francoys fe uoiantz les plus fortz augmenterent leur
courage, & commencerent a entrer bien auant fur les Suiffes. Comme ung 105
Loup enragé de fain fe trouuãt en la troupe ou de Brebis, ou de Chieures,
auec la gueulle ouuerte, & fon chef incliné fe repaift du fang de tel beftiail,
& fe laue la gorge a l'occifion d'icelluy: puis par mefpris chaffe deuant

luy le remanãt des beftes uiuãtes, & fe baigne au fang de celles, qu'il uoit
110 couchées par terre. Non aultrement faifoient* les Francoys contre les
Suiffes: & d'aultãt plus que lefdictz Suiffes f'efforcoient de mettre en
roupte les Francoys, d'aultant plus les Francoys fe trouuoient refitantz,*
& courageux au[1] combat. Neantmoins pour tout cela l'ardeur d'ung
cofté, & aultre ne ceffe: mais f'augmente de plus en plus en combatant:
115 & ne fcait on, en quelle part doibt incliner la uictoire, tant eft la fin de ce
cõflict doubteufe. Maintenant les Suiffes prennent courage, & cuident
auoir furmonté les Francoys. Maintenant les Francoys fe penfent eftre
uictorieux. En tel efpoir le conflict dure long temps. Et n'eft a prefuppofer,
que d'ung cofté, & aultre les Cappitaines, & chefz de l'armée ne feiffent
120 leur debuoir de bien inftiguer leurs fouldarts a combatre uaillamment.
Tout ainfi que fi les uents f'eflieuent* en l'air, de courage, & force femblable combatantz entre eulx: ni les ungs, ni les aultres fe uoulent monftrer inferieurs. Les Nues tiennent bon: la Mer tient bon: le conflict eft
doubteuz long temps: & quant aux uents, chafcun d'eulx pretend la
125 uictoire. En telle obftination cõbatoient l'ung contre l'aultre Francoys, &
Suiffes: mais a la fin Mars commenca a adherer a la partie des Francoys,
& delaiffa les Suiffes. Ce que uoiantz lefdictz Suiffes,* & congnoiffantz leur
perte, & defarroy tournerent le doz, & f'en fuirent uers Millan; & n'euft
efté la poulciere, iamais ne f'en fuft faulué cent.* Toutesfois pour leur
130 roupte ilz ne laifferent de faire front en partie, & cacherent leur fuyte, le
plus honneftement quilz peulrent, fe retirãtz comme ne fe uoulantz
retirer. En la forte qu'ung Serpent fe trouuant au chemin, fi quelcque
charrete luy paffe par deffus: ou fi quelcque uoiageur le perfecute de coups
de pierre, & le laiffe demy mort, bien en uain allors il commence de fe
135 contourner, ouurir fes yeulx ardantz plus que deuant, & fiffler a toute
oultrãce, haulfant le col plus que de mefure. La partie blefsée retarde fon
effort: & a la fin eft cõtrainct, tellement quellemẽt trouuer refuge en fon
pertuis, & euiter l'inftance du uoiageur. En femblable figure les Suiffes fe
commencerent a retirer, & tourner le doz aux Frãcoys uictorieux. Toutes-
140 foys il en demeura de quinze a feize mille tãt au camp, que par les chemins
en fuyant uers Cofme,* & Millan. Les Venitiens uindrent au fecours foubz
la conduicte de meffire Barthelemy d'Aluiane: & auffi le filz du Conte
Petiliane: qui dõnerent fur la queue defdictz Suiffes: & aultres gẽs, qui
eftoient uenuz auec eulx: car ilz eftoient fortiz de la uille de Millan trente &
145 fix mille combatanz tant a pied, qu'a cheual.
    Plufieurs Princes de France, & d'ailleurs tenantz le party du Roy furent
uaillamment occiz en cefte bataille, & feconde iournée...Vne bende
defdictz Suiffes, qui f'eftoient retirez a l'auantgarde, que conduifoit le Duc
de Bourbon, comme gens aueuglez fe mifrent en une caffine: ou ledict
150 feigneur de Bourbon les feit touts brusler. Or en fin la gendarmerie de
France ne ceffa de les pourfuiure tant que l'halaine des cheuaulx peult durer.

[1] *aut.*

Incontinent apres cefte furieufe iournée les Citoyens de Millan enuoye-
rent au Roy les clefz de la uille, & fe foubmifrent a fa mifericorde. A quoy
les repceut, moyennant quelcque groffe fomme de deniers. Et au regard
du chafteau, que tenoit le feigneur Maximilian, fut fans demeure afsiegé, 155
& miné par Pietre de Nauarre: dont il en fondit grande partie,* qui fut
caufe,* que ledict Maximilian demanda appoinctement au Roy, & luy
liura le chafteau: du quel les Suiffes, qui eftoient dedans, f'en allerent leurs
bagues faufues.* Ledict feigneur Maximilian fut enuoyé en France auec
belle compaignie, & eftat de Prince, que le Roy luy donna. Et quand le 160
Roy eut faict fon entrée dedans la uille de Millã, & y eut demeuré quelcque
temps, les Citadins de Pauie trouuerent moyen par amys, & argent de faire
leur paix auec luy. Comme aufsi feirent aulcuns Cantõs des Suiffes, qui fe
declairerẽt amys du Roy, & de fon alliance, moyennant quelcque fomme de
deniers, que le Roy leur donna.   165

15

JEAN CALVIN (1509–1564)

INSTITVTION DE LA RELIGION CHRESTIENNE: EN LA-
quelle eft comprinfe vne fomme de pieté, & quafi tout ce qui eft neceffaire a congnoiftre
en la doctrine de falut.

(Traduction de la deuxième édition, revue et augmentée, de la *Christianæ religionis institutio* du
même auteur (Strasbourg, 1539).)

Genève, J. Girard, 1541.
Genève, Bibliothèque publique et universitaire, Bc 2485 rés.
Pp. 30–4.

DE LA CONGNOISSANCE *de Lhomme, & du liberal Arbitre*

CE N'EST pas fans caufe, que par le prouerbe ancien à toufiours efté tant
recommãdée à l'homme la congnoiffance de foymefme. Car fi nous efti-
mons, que ce foit honte d'ignorer les chofes, qui appartiennent à la vie
humaine: la mefcongnoiffance de noufmefmes eft encores beaucoup plus
deshonefte, par laquelle il aduient, qu'en prenant confeil de toutes chofes 5
neceffaires, nous nous abufons paourement & mefmes fommes du tout
aueuglez. Mais d'autant que ce commandement eft plus vtile, d'autant
nous fault-il plus diligemment garder de l'entendre mal. Ce que nous
voyõs eftre aduenu à d'aucuns philofophes. Car quand ilz admoneftent
l'homme de fe congnoiftre, ilz l'ameinent quant & quant a ce but, de 10
confiderer fa dignité & excellence: & ne luy font rien contempler, finon
dont il fe puiffe efleuer* en vaine confiance, & f'enfler en orgueil.
   Or la verité de Dieu nous ordõne bien de chercher autre chofe en nous
confiderant, à fcauoir vne congnoiffance,[1] laquelle nous retire loing de

---

[1] *confiance.* (Le texte latin de 1539 porte *notitiam*, leçon confirmée par *cognoiffance* dans l'édition
française de 1554.)

15 toute prefumption de noftre propre vertu, & nous defpoulle de toute
matiere de gloire, pour nous amener à humilité. Laquelle reigle il nous
conuient fuyure, fi nous voulons paruenir au but de bien fentir & biẽ faire.
Ie fcay combien il eft plus agreable à l'homme de voir qu'on l'induife à
recongnoiftre fes graces & louenges: qu'a entẽdre & voir fa paoureté,
20 ignominie, turpitude & foybleffe.* Car il n'y a rien que l'efprit humain
appette plus, que d'eftre amyellé de doulces paroles & flateries. Pourtant
quand il entend qu'on prife fes biens, il n'eft que trop enclin à croire tout
ce qui fe dit à fon auantage. Ainfi ce n'eft pas de merueille, que la plufpart
du monde a ainfi erré en ceft endroict. Car comme ainfi foit que les hommes
25 ayent vn¹ amour d'euxmefmes defordonné & aueuglé, ilz fe feront voluntiers à croire, qu'il n'y a rien en eux digne d'eftre defprifé. Ainfi, fans auoir
autre aduocat, tous recoiuent cefte vaine opinion, que l'homme eft
fuffifant de foymefme à bien & heureufement, viure. S'il y en a quelques
vns qui veullent plus modeftement fentir, combien qu'ilz concedent
30 quelque chofe à Dieu, à fin qu'il ne femble qu'ilz f'attribuent le tout.
Neantmoins ilz partiffent tellement entre Dieu & eux, que la principale
partie de vertu, fageffe, & iuftice leur demeure. Puis qu'ainfi eft, que
l'homme eft tant¹ enclin de foymefme à fe flatter: il n'y a rien qui luy
puiffe eftre plus plaifant que quand on le chatouille de vaines flateries.
35 Parquoy celuy qui a le plus exalté l'excellence de la nature humaine, a
toufiours efté le mieux venu. Neantmoins telle doctrine, laquelle enfeigne
l'homme d'acquiefcer en foymefme, ne le faict qu'abufer: & tellement
abufer, que quiconque y adioufte foy, en eft ruiné. Car quel proffit auons
nous de conceuoir vne vaine fiance, pour deliberer, ordonner, tenter, &
40 entreprendre ce que nous penfons eftre bon: & ce pendant deffaillir, tant
en faine intelligence, qu'en vertu d'accõplir? Deffaillir, dictz-ie, des le
commencement: & neantmoins pourfuyure d'vn cœur obftiné iufques à ce
que foyons du tout confonduz? Or il n'en peut autrement aduenir à ceux,
qui fe confient de pouuoir quelque chofe par leur propre vertu. Si quel-
45 qu'vn donc efcoute telle maniere de docteurs qui nous amufent à cõfiderer
noftre iuftice & vertu, il ne profitera point en la congnõiffance de foy-
mefme: mais fera aueuglé d'ignorance trefpernitieufe. Pourtãt, cõbiẽ que
la verité de Dieu conuiẽt en cela auec le iugement commun de tous les
hommes, que la feconde partie de noftre fageffe gift* en la congnoiffance
50 de noufmefmes: Touteffois en la maniere de nous congnoiftre il y a
grand' difference. Car felon l'oppinion de la chair, il femble bien aduis que
l'homme fe congnoiffe lors tresbien, quand en ce confiant en fon entendement & en fa vertu il prend courage pour f'applicquer à faire fon debuoir:
& renonceant à tous vices, f'efforce de faire ce qui eft bon & honefte.
55 Mais celuy qui fe confidere bien felon la reigle du iugemẽt de Dieu: ne
treuue rien qui puiffe efleuer fon cœur en bonne fiance, & d'autant qu'il
f'examine plus profondement, d'autant eft il plus abatu: Tant qu'entiere-

¹ vne.   ² eftant.

ment deiecté de toute efperãce, il ne fe laiffe rien, parquoy il puiffe droicte-
mẽt inftituer fa vie. Touteffois nous ne nyons pas, qu'il n'y ayt quelque
femence de nobleffe en noftre nature, laquelle nous doibue inciter à fuyure 60
iuftice & hõnefteté. Car nous ne pouuons penfer ny à noftre premiere
origine, ny à la fin à laquelle nous fommes crées, que cefte cogitatiõ ne nous
foit comme vn aguillon, pour nous ftimuler & poindre à mediter l'immortalité du royaume de Dieu. Mais tant fen fault que cefte recongnoiffance
nous doibue efleuer le cœur: que pluftoft* elle nous doibt amener à 65
humilité & modeftie. Car quelle eft cefte origine? Afcauoir de laquelle
nous fommes defcheuz: quelle eft la fin de noftre creation? Celle de
laquelle nous fommes du tout deftournez: tellement qu'il ne nous refte
rien: finon que aprez auoir reputé noftre miferable condition, nous
gemiffions: & en gemiffant foufpirions aprez noftre dignité perdue. Or 70
quand nous difons qu'il ne fault point que l'homme regarde rien en foy
qui luy efleue le cœur: nous entendons qu'il n'y a rien en luy, pourquoy il
fe doibue enorgueillir. Pourtant f'il femble bon à chacun, deuifons ainfi
la congnoiffance que l'homme doibt auoir en foymefme. C'eft qu'en
premier lieu il confidere à quelle fin il a efté crée, & doüé des graces 75
fingulieres que Dieu luy a faictes. Par laquelle cogitation il foit incité* à
mediter la vie future, & defirer de feruir à Dieu. En aprez qu'il eftime fes
richeffes, ou pluftoft fon indigence. Laquelle congneüe, il* foit abatu en
extreme confufion: comme f'il eftoit redigé à neant. La premiere con-
fideration[1] tend à cela, qui congnoiffe quel eft fon debuoir & office. La 80
feconde, qu'il congnoiffe combiẽ il eft capable de faire ce qu'il doibt. Nous
dirons de l'vn & de l'autre cà & là, comme le portera l'ordre de la difpute.

Or deuant qu'entrer à defcrire cefte miferable condition de l'homme,
il eft expedient de fcauoir, quel il a efté premierement crée. Car il eft à
craindre, quand nous monftrõs à l'homme ces vices naturelz, qu'il[2] ne 85
femble aduis que nous les veuillons imputer à l'autheur de nature, qui eft
Dieu, Car l'impieté penfe auoir affez de deffence foubz cefte couuerture,
fi elle peut pretendre, que tout ce qu'elle ha de vice eft procedé de Dieu.
Et fi on la redargue, elle ne faict nulle doubte de plaider contre Dieu, &
tranfferer fur luy toute la coulpe dont elle eft accufée. Et mefmes ceux qui 90
font femblant de parler plus fobrement de Dieu prengnent voluntiers
occafion d'excufer leurs vices en accufant nature: ne cõfiderant point
qu'ilz diffament Dieu, en ce faifant: cõbien que ce foit plus obfcurement,
veu que f'il y auoit quelque vice en noftre nature, entant quelle à efté
formée de luy,* il en receuroit vne partie du vitupere. Attẽdu donc que 95
nous voyons la chair defirer tous efchappatoires, par lefquelz elle penfe la
coulpe de fes vices pouuoir eftre transferée allieurs:* il fault obuier à cefte
malice. Il eft donc befoing de traicter tellement la calamité du genre
humain, que nous couppions la broche à toutes tergiuerfations de noftre
chair: & que la iuftice du Seigneur foit deliurée, non feulement d'accufa- 100

---

[1] confidaration.   [2] q'uil.

tion: mais aufsi de toute reproche & murmure. Neantmoins que cela fe face en telle forte, que nous ne declinions point de la pure verité. Laquelle tant fen fault qu'elle donne faueur à telles abfurditez que fi toft qu'elle eft bien entĕdue, elle fuffift pour les refuter. Car il eft certain, que Adam
105 pere de nous tous a efté crée à l'image & femblance de Dieu. Enquoy il eft monftré, qu'il a efté faict participant de la fapience diuine, iuftice, vertu, faincteté, & verité. Car on ne peut nullement fouftenir l'erreur de ceux, qui colloquent cefte image de Dieu en la feigneurie & préeminence qui luy feuft baillée fur les beftes, comme fi par cela feulement il euft efté faict
110 femblable à Dieu, qu'il en eftoit conftitué feigneur. Cefte fentence, qu'il a efté crée a l'image de Dieu, ne feroit fi fouuent repetée de Moyfe: finon qu'il y euft vn plus grand poix. Et mefmes Sainct Paul nous ofte toute difficulté de cefte queftion, quand il parle en cefte maniere. Soyez renou-uellez par l'Efprit de voftre penfée, & veftez l'homme nouueau, lequel
115 eft formé felon Dieu, en iuftice & vraye faincteté. Item: ne mentez point les vns contre les aultres, entant que vous auez defpouillé le viel homme, auec toutes fes œuures, & auez veftu le nouueau, lequel a efté reparé en congnoiffance, à l'image de celuy qui la crée. On voit comme il expofe l'image de Dieu, la conformité que ha noftre Efprit auec le Seigneur, à lors
120 qu'eftant netoyé de toute ordure terriĕne, ne fouhaifte plus que la pureté fpirituelle. L'homme donc, eftant crée à l'image de Dieu, à efté doué de graces & préeminences, lefquelles pouoient teftifier vne finguliere largeffe de fon createur enuers luy. Car il adheroit à iceluy par la participation de tous biens, pour viure perpetuellement, f'il euft perfeueré en l'integrité
125 qu'il auoit receuë. Mais il n'y eft point demeuré longuement. Car il f'eft rendu foudain, par fon ingratitude, indigne de tous les benefices que Dieu luy auoit donnez. Ainfi a efté effacée l'image celefte qu il portoit: d'autãt qu'eftant aliené de Dieu par le peché, femblablement il a efté eftrangé de la communion de tous biens, lefquelz ne fe peuuent auoir qu'en iceluy.
130 Pourtant au lieu de fapience, vertu, faincteté, verité, iuftice, defquelz ornemens il eftoit veftu, ayant la femblance de Dieu,* font furuenues horribles peftes, à fcauoir ignorance, foibleffe, ordure, vanité, iniuftice: defquelles non feulement il a efté enueloppé en fa perfonne: mais aufsi a empefché toute fa pofterité. Car tous fes fucceffeurs font femblables à
135 luy: duquel ilz tiennent leur origine, & nayffent fouillez de fa pollution.

Cefte eft la corruption hereditaire, laquelle les anciens ont appellée peché originel denotans par ce mot de peché la deprauation de noftre nature, laquelle auparauant auoit efté bonne & nette. De laquelle chofe ilz ont eu grande altercation auec les Pelagiens. Car iceulx hereticques, eftans
140 conuaincuz par manifeftes tefmoignages de l'Efcriture, que le peché eftoit defcendu du premier homme en toute fa pofterité, ilz cauilloient* qu'il eftoit defcendu par imitation: & non point par generation. Pourtant ces fainctz perfonnaiges fe font efforcez de monftrer, que nous ne fommes point corrumpuz de malice que nous attirions d'ailleurs par exemple:*

mais que nous apportons noſtre peruerſité du ventre de la mere. Laquelle 145
choſe ne ſe peut nyer ſans grande impudence. Touteſſois nul ne ſe
eſmerueillera de la temerité des Pellagiens en ceſt endroit, qui aura veu par
les eſcritz de Sainct Auguſtin, quelles beſtes ont eſté, & combien il y auoit
peu de vergongne en eux. Certes ce que cõfeſſe Dauid eſt indubitable c'eſt
qu'il a eſté engendré en iniquité, & que ſa mere la cõceu en peché. Il 150
n'accuſe point là les faultes de ſes parens: mais pour myeulx glorifier la
bonté de Dieu enuers ſoy,* il reduit en memoire ſa peruerſité des ſa
premiere nayſſance.[1] Or cela n'a pas eſté particulier à Dauid.

16

AMBROISE PARÉ (v. 1509–1590)

*La Methode DE TRAICTER LES PLAYES FAICTES PAR
HACQVEBVTES ET AVLTRES baſtons à feu: & de celles qui ſont faictes
par fleches, dardz, & ſemblables: auſſy des combuſtions ſpecialement faictes par la pouldre
à canon.*
Paris, V. Gaulterot, 1545.
Cambridge, Emmanuel College, 327. 7. 13.
(*a*) F° 4ʳᵒ–8ᵛᵒ.
(*b*) F° 16ʳᵒ–18ʳᵒ.

(a)

LEs playes faictes par baſtõs à feu, ne peuuent eſtre ſimples, mais neceſſairement compliquées, c'eſt à ſcauoir, auec contuſion, dilaceration, intemperature, & tumeur contre nature. Deſquelles les vnes ſont es parties
nobles, les autres es ignobles: ſouuent es parties carniformes, nerueuſes,
oſſeuſes: aucuneſſoys auec ruptiõ & dilaceration des grands vayſſeaux 5
comme veines & arteres: maintenant ſuperficieles, quelquefoys profundes,
ſouuent penetrantes oultre le corps ou membres, eſquelz ſont faictes,
autreſſoys non. Parquoy ſelon icelles differences, conuient au chirurgien
prendre diuerſes indications,[2] & ſuyant icelles diuerſifier les remedes.
Aucuns diſent icelles playes eſtre combuſtes* et veneneuſes par la qualité 10
de la pouldre, & balot ou boullet: dõt grands accidentz ſuruiennent. Mais
facilement ſe peult reprouuer telle opinion. Car en premier lieu, la ballote
de ſoy ne ſcauroit cauteriſer, pour ce que le plõb ne peult concepuoir ſi
grand chaleur qu'il ne fuſt fondu.* Toutesfoys nous voyons la ballotte
paſſer au trauers d'un harnoys iuſques à entrer dedans la chair, & eſtre 15
encore entiere. Oultre plus nous voyons leſdictes ballottes auoir eſté
iectées cõtre vne pierre, & neantmoins tout ſoubdain on les peult tenir en
la main, ſans notable chaleur: combien que l'atrition ou colliſiõ d'icelle

---

[1] *n'ayſſance.*　　　　　　[2] *iudications.*

auec la pierre, deuſt auoir encores augmenté ſa chaleur: Donc ne pourra
20 eſtre faicte aduſtion par la ballotte. Et s'ilz diſent eſtre par la pouldre à
canon,* ia la pouldre n'eſt cauſticque, comme l'experience le monſtre. Car
en l'applicquant ſur aucun vlcere, ne faict corroſion ou manifeſte douleur,*
fors en bien petit inſtant apres qu'elle y eſt applicquée: ce qu'ay voulu
experimēter, premier qu'en donner iugement. Et de ce chaſcun peult faire
25 facile experience. D'auantage qu'elle ne ſoit veneneuſe, ie le preuue par
ceſte raiſon: Nul ſimple qui entre en elle, n'eſt trouué veneneux, moins donc
ſera veneneuſe ſa compoſition, & toute ſa mixtion. Oultreplus poſé qu'elle
euſt biē grãd' acrimonie, encore ne pourroit elle eſtre portée auec la
ballotte, qu'en bien petite quantité: car elle eſt conſumée tant par l'action
30 du feu, que ſeparée par l'agitatiõ de l'air. Et quãt à ce que tant facilement
s'enflamme: n'eſt ſuffiſante raiſon pour conclure, qu'elle ayt faculté ou
vertu de faire aduſtion: car le camphre combien qu'il ſoit tresfroid, ne
laiſſe pourtant de prõptement s'emflammer, & ce que l'eaue de vie ſe
conuertit en flamme,* n'eſt tãt pour ſa chaleur, que pour la tenuité des
35 parties. ce qui ſe monſtre: car icelle eaue bien diſtillée, puis expoſée à l'air,
s'eſuanouit, & diſſipe* en ſubſtance aireuſe. Semblablement ſouuentesfois
on voit que parauant que la ballotte entre en aucun membre, elle rencontre harnoys, & habits: & en icelle confriction le reſte de la pouldre ſe
ſepare & diminue de ladicte ballotte: parquoy n'y peult demeurer que
40 bien petite portion d'icelle. Mais quand ne rencontre aucune choſe inter-
poſée deuant la chair, en ce cas pourroit porter plus grande quantité de
pouldre, qui eſt cauſe de noircir la playe. ce qui à deceu & abuſe aucuns,
cuidans* telles playes eſtre aduſtes: ce qui pour les raiſons predictes eſt
abſurde & mal entendu.
45 Parquoy ne debuons iuger les grãds accidents prouenir par aduſtion de la
ballotte, ny par la venenoſité ou acrimonie de la pouldre à canõ: mais à raiſon
de la contuſion, dilaceration, et fractiõ que faict la violence & rotundité
de ladicte ballotte es parties nerueuſes & oſſeuſes. Et quand le cas aduient
que ladicte ballotte ne touche que les parties carniformes, & en vn corps
50 de bonne temperature, i'ay trouué telles playes autant peu rebelles à
curation, & tant faciles à traicter, que celles qui ſont faictes par autres
baſtons, faiſantz vulneres rondes, contuſes, & de telle figure que fait la
ballotte. Par tãt eſt neceſſaire auoir plus d'eſgard aux ſymptomes de la
contuſion, dilaceration, & fracture d'os, que à la combuſtiõ, qu'on eſtime-
55 roit prouenir du boullet, & venenoſité de la pouldre à canon, pour les
raiſons predictes. Leſquelles i'ay miſes en lumiere pour ayder aux ieunes &
nouueaux practiciẽs de Chirurgie, eſcripuant de ceſte matiere brefuement
ce que i'ay peu experimenter, ſuyuãt pluſieurs foys l'exercice des guerres:
quoy faiſant* ay ſuyui le conſeil des Medecins, & gens de ma profeſſion,
60 fameux & approuués pour leur doctrine, & experiẽce. Aux quelz ce petit
traicté n'eſt eſcript, cõme ſachans* choſes plus haultaines, que mes eſcriptz:
mais aux nouueaux ouuriers de ceſt art, & à ceulx qui n'auront meilleur

ayde pour furuenir aux cas vrgents, prouenants es dictes matieres: lefquelz furprennent quelque foys le confeil du Chirurgien, fi raifon &
experiĕce ne conduict leur oeuure.   65

Au commancement doncques de la curation, fault ofter les chofes
eftranges, fi aucunes en y a: comme portion d'habitz, pieces d'harnoys,
mailles, ballotte, dragée, efquilles d'os, chair dilacerée, & aultres qui
peuuent aduenir, & des le premier appareil, fi poßible eft: car les accidents
de douleur & fenfibilité ne font fi grands au commancement cõme aux 70
aultres temps. Et pour mieulx les extraire, fault fituer le patiĕt en la figure
en laquelle il eftoit lors qu'il fut blefé, pource que les mufcles & aultres
parties aultrement fituées, peuuent eftouper la voye, & garder de trouuer
lefdictes ballottes, ou aultres chofes eftranges: & les fault chercher auec le
doigt, s'il eft poßible, plus toft que auec aultres inftrumĕts, par ce que le 75
fens du tact eft plus certain que la fonde, ou aultre chofe infenfible. Et fi
la ballotte eft profonde, foit cherchée auec vne fonde ayant rotondité en
fon extremité, de paour d'induire douleur: mais fouuent aduient que par la
fonde lon ne peult trouuer ladicte ballotte: Ce qui aduint au camp de
Parpaignan à noble feigneur monfieur de Brifach, lors qu'il fut blefé 80
d'un coup de hacquebute prés l'omoplatte, ou plufieurs Chirurgiens ne
peurent trouuer ladicte ballotte: & la difoient eftre entrée dedans le
corps, entendu qu'il n'y auoit point d'iffue à la playe. Lors fuz enuoyé par
mondict Seigneur de Rohan, vers ledict Seigneur de Brifach, pour fcauoir
fi ie pourroye trouuer ladicte ballotte. Et pour paruenir à cefte fin, ie 85
comprimay doulcement les parties circunuoifines de la playe, & en ce faifant
ie trouuay tumeur, & dureté en la chair, entre la partie inferieure de
l'omoplatte, & enuiron la feptiefme et huictiefme vertebre du dos: & en
icelluy lieu fut faicte l'incifion, & la ballotte tirée par vng nommé maiftre
Nicole, l'un des Chirurgiens de monfeigneur le Daulphin, & depuis fut 90
toft guery. Parquoy eft bon chercher la ballotte, non feulemĕt auec la
fonde, mais (cõme i'ay predict) auec les doigtz, en maniant & traictant le
lieu & enuiron, ou l'on coniecture la ballotte auoir penetré.*

(b)

Et s'il y a quelque fer demeuré en la playe, foit appliquée pouldre de
magnes fubtilement puluerizée, & foit adiouftée aux tentes auec les
deffufdictz deterfifz: car telle pouldre a grande vertu & proprieté d'attirer
le fer ainfi qu'il eft cogneu par experience. Mais il fault euiter l'erreur de
plufieurs qui s'abufent en appliquant indeuemĕt la dicte pouldre iufques 5
contre le fer, ce qu'il ne fault faire: car ou elle touche ledict fer, neceffaire-
mĕt retient iceluy, lequel elle attireroit de loing par fa faculté occulte: par
quoy fault qu'il y ait certaine diftance de la pouldre audict fer. Außi par
aulcuns iours fuiuãts fault diminuer la tente, felon qu'on verra que le fer
s'approchera de la fuperficie de la playe.   10

Et apres la mundification & extraction defdictes chofes eftranges, fault ayder à nature à regenerer chair, & cicatrifer, en appliquant les medicaments à ce conuenables, & procedant par certaines indications, lefquelles font prinfes premierement de l'effence de la maladie, & de la caufe d'icelle

15 s'elle eft prefente: iacoit que de caufe primitiue (felon Galien au troifiefme de la Methode) ne fe doibue prendre indication, non plus que du temps, ce qu'il entend de la caufe abfente, & du temps preterit. Pareillement des temps vniuerfelz, lefquelz doibuent eftre quatre en chafcune maladie curable: c'eft à fcauoir commancement, accroiffement, eftat, & declination:

20 & felon iceulx fault diuerfifier les remedes.

Aultre indication eft prinfe de la temperature du patient, laquelle femblablement varie la cure: car chafcun rational & methodique congnoit, qu'il fault aultres remedes à vn cholerique, qu'à vn phlegmatique: & ainfi des aultres temperatures, tant fimples que compofées. Et foubs cefte

25 indication fera compris l'aage lequel aufsi varie la cure: car aultres medicaments fault à vn ieune qu'a vn vieil. D'auantage fe doibt prendre indication de la couftume de viure du patient, comme s'il auoit accouftumé de mãger & boyre beaucoup, & à toutes heures, alors ne luy fault ordonner diete fi tenue, cõme à celuy qui a de couftume de peu manger & boire, &

30 à certaines heures determinées. Pour cefte caufe ne cõuient bailler telles dietes de panades aux Francoys, qu'aux Italiens: car il fault condoner & remettre quelque chofe à la couftume. Soubs icelle indication fe pourroit entendre la conditiõ de vie, & exercice du patient: pource qu'il fault remedes plus forts aux ruftiques, ou nautonniers, & gens de mõtaingne,

35 qu'il ne faict* à gens delicatz, & qui peu trauaillent, comme gens oififz, viuants delicatement, & de petit ou mediocre exercice: mais mieulx vault les reduire foubs l'indication du temperament. L'indication prinfe de la vertu du patient, fur toutes les aultres eft à preferer: car ou elle default, ou eft grãdemẽt debile, fault delaiffer toutes aultres chofes pour luy

40 furvenir: cõme quãd aduiẽt eftre neceffaire couper ou extirper vn mẽbre, ou faire ãlques grãdes incifions, ou aultres chofes femblables: toutesfoys à caufe que le patient n'a vertu fuffifante de tolerer la douleur, il eft de neceßité differer telles cures, tãt que nature ait refumé et recouuert fes vertus par bõs alimẽts et repos. Oultreplus on doibt aufsi prendre indica-

45 tion de l'air ambient, foubs lequel font comprinfes la fayfon de lannée, la region & aufsi le lieu ou lon eft fitué: car felon la chaleur, froideur, ficcité, humidité, ou par coniugation d'icelles fault adapter les remedes.

JACQUES PELETIER DU MANS (1517–1582)

L'ART POETIQVE D'HOR Ace, traduit en Vers Francois par Iacques Peletier du Mãs, recongnu par l'auteur depuis la premiere impreßion.
(Cette 'première impression', publiée en 1544, n'existe plus.)
Paris, Vascosan, 1545.
Cambridge, Emmanuel College, 333. 6. 51².

(*a*) *Au Lecteur*, A ii^(ro)–A ii^(vo).
(*b*) *Épître dédicatoire*, f° 3^(ro)–6^(ro).

(**a**)   AV LECTEVR

LEcteur, tu trouueras en ce liuret l'orthographe francoife aucunement diuerfe de celle qui eft uulgairemẽt prattiquee. A cette caufe t'a eté premis ce petit auertiffement, pour en paffant te declairer les principalles raifons de l'auteur. L'une est, que tout ainfi que la parolle eft fignificatiue de la penfee, femblablemẽt l'orthographe de la parolle,* alaquelle elle doit 5 obeir fidelement: de forte que ecrire autrement qu'on ne prononce, est comme fi on parloit autrement qu'on ne penfe. L'autre raifon qui depend de la premiere, est pour euiter fuperfluité, laquelle fans ce qu'en toutes chofes eft reprenable, tient nostre langue Francoife en fubgetiõ, fi biẽ qu'elle la garde de paffer aux nations etranges, qui pour le grand entaffe- 10 ment de lettres ne la peuent prononcer ni apprendre f'ilz ne font fur les lieux. La tierce raifon eft pour commencer a regler & mettre au net notre langage, & faire a tout pouoir que prononciation pareille n'ait orthographe diuerfe. qui est le plus expeditif moiẽ* qui puiffe aquerir honneur & maiefté a une langue, comme on uoit de la Greque & de la Latine, def- 15 quelles l'orthographe est la pronõciation mefme finon qu'elle est mue. Il est bien urai que telle entreprife ne fe peut pas acheuer ni refoudre fi a coup: & mefmes n'a femblé bon a l'auteur d'obferuer fa fantaifie de point en point et a la rigueur, bien congnoiffant que* trop foudaines mutations ne f'acceptent pas uolontiers: mais a eté content d'ouurir le chemin par le 20 plus facile & commun endroit, en attendant que le temps qui addoußit & confomme toutes chofes, donne peu a peu a cõgnoitre combien doit ualoir raifon artificielle contre abus irregulier. A tant te fuffira, ami Lecteur, n'etant ici le lieu* de deduire toutes les raifons a ce appartenantes: ioint que ia ont eté pour la plus grand part decouuertes par autres bien entenduz, 25 ainfi que tu puis uoir a ce qu'ilz en ont publié. Ce pendant tu prendras en gré ce qu'on fait pour le mieux, & en faueur de notre langue Francoife.

(b) A TRESVERTVEVX ET NO*ble homme Cretofle Perot Ecuier Senefchal du Maine, Iacques Peletier Salut*

SI de bien pres on ueut confiderer le ftile des ecriuains de temps prefent, Seigneur de renom, on uoirra clairement qu'ilz n'approchent pas de celle copieufe uehemence & gracieufe proprieté qu'on uoit luire es auteurs anciens. Et toutesfois on ne fauroit raifonnablement dire que ce fut faute
5 de grand efprit: car fi nous uoulons mettre en conte les perfonnages qui ont nagueres flori, & floriffent encores de prefent, nous trouuerons que notre fecle est en cetui egard de bien peu redeuable a l'ancienneté. Mais la principalle raifon & plus apparente,* a mon iugement, qui nous ote le merite de urai hõneur, est le mepris & contennement de notre langue
10 natiue, laquelle nous laiffons arriere pour entretenir la langue Greque & la langue Latine, confumans tout notre tẽps en l'exercice d'icelles. Au moien dequoi nous en uoions plufieurs, autrement tresingenieux & doctes, lefquelz pour telle inufitation & nonchaloir commettent erreurs lours & infupportables, nõ pas en parler quotidien feulement, mais außi en com-
15 pofition Francoife: fi bien qu'ilz femblent prendre plaifir expres a oublier leur propre & principal langage. Ie feroie a bon droit eftimé impudent calomniateur, et pour urai depourueu de fens cõmun, fi ie uouloie de- primer ces deux tãt celebres & hõnorables lãgues Latine & Greque, aufquelles fans controuerfe, & fingulierement a la Greque, nous deuons
20 toute la congnoiffance des difciplines, & la meilleure part des chofes memorables du tẽps paffé. Et tant fuis loing de telle intentiõ, que ie foutiens estre impoßible propremẽt parler ni correctement ecrire* notre langue fans aquifition de toutes deux: ou bien, affin que ne foie trop rigo- reux estimateur des chofes, de la Latine pour le moins: car fans ce que
25 la plus grãd partie de notre phrafe & de noz termes uulgaires est tiree des langues fufdictes, encores quant a l'inuention & difpofition, lefquelles uertuz ne f'aquierent que par long ufage & continuation de lire, c'est chofe toute receue & certaine,* qu'homme ne fauroit rien ecrire qui lui peut demeurer a honneur, & uenir en commendation uers la posterité fans
30 l'aide & appui des liures Grecz & Latins. Mais ie ueux bien dire qu'a une langue peregrine il ne faut faire fi grand honneur que de la requeillir & prifer pour regetter & contenner la fienne domestique. I'ai pour mes garens les anciens Rõmains, lefquelz bien qu'ilz euffent en finguliere recommandation la langue Greque, touteffois apres i auoir emploié un
35 etude certain, fe retiroint a leur enfeigne, & f'appliquoint a illustrer & enrichir leur demaine hereditaire, redigeans les preceptes philofophiques non en autre langage que le leur propre, & demeurans contens d'entendre la langue aquifitiue. Et tellement exploiterent en leur entreprife, que Ciceron prince d'eloquence Rõmaine fe uẽte que la Philofophie qu'ilz
40 auoint empruntee des Grecz, eft plus ornément et copieufemẽt ecritte en Latin qu'en Grec. Et lui de fa part s'i gouuerna fi bien, qu'a peine fauroit

on iuger lequel des deux a dõné plus de lumiere et dignité, ou le Latin a la philosophie, ou la Philofophie au Latin. A femblable Iule Cefar qui fut monarque du monde, n'auoit moindre folicitude & affectiõ d'amplifier l'ufance de fa langue, que de dilater les fins de l'empire Rommain. I'ai 45 mefmemẽt pour mes auteurs Petrarque & Bocace, deux hommes iadis de grande erudition & fauoir, lefquelz ont uoulu faire temoignage de leur doctrine en ecriuãt en leur Toufcan. Autant en est des fouuerains poetes Dante, Sannazar, außi Italiens: lefquelz biẽ qu'ilz fuffent parfondement appris en langue Latine, ont eu neant moins ce iugement qu'il uaut mieux 50 exceller en une fonction, pouruel que de foimefme foit honnefte & digne d'homme liberal, qu'en l'abandonnant estre feulement mediocre en un autre bien que plus estimable. Il est bien urai que ces auteurs là ont außi uoulu ecrire en Latin pour la maiesté & excellence d'icelui: Ce qui ne leur doit moienner petite louãge: car comme c'est une preeminence incom- 55 parable d'auoir efprit naturel plus qu'un autre, ainfi doit on reputer l'homme mal né & ingrat a foimefme, lequel fe cõgnoiffant capable de plufieurs louables profeßions, ne s'applique feulement qu'a une. Mais quant a ceux qui totalement fe uouent & adõnent a une langue peregrine (i'entens peregrine pour le refpect de la domeftique) il me femble qu'il ne 60 leur est poßible d'atteindre a celle naïue perfection des anciens nõ plus qu'a l'art d'exprimer Nature, quelque reffemblance qu'ils i pretendent.[1] Partant ne puis non grandement louer* plufieurs nobles efpriz de notre temps, lefquelz fe font etudiez a faire ualoir notre langue Francoife, laquelle n'a pas long temps cõmenca a s'anoblir par le moiẽ des Illustratiõs 65 de Gaule & fingularitez de Troie, compofees par Ian le Maire de Belges, excellent historiographe Francois, & digne d'estre leu plus que nul qui ait ecrit ci dauant. Et maintenant elle prend un tresbeau & riche accroiffe- ment fouz notre trefchretiẽ roi Francois, lequel par fa liberalité roialle en faueur des Mufes s'efforce de faire renaitre celui fecle tresheureux, auquel 70 fouz Auguste & Mecenas a Romme floriffoint Virgile, Horace, Ouide, Tibulle, & autres Poetes Latins: tellement qu'a uoir la fleur ou ell'est de prefent, il faut croire pour tout feur que fi on procede toufiours fi bien, nous la uoirrons de brief en bonne maturité, de forte qu'elle fuppeditera la langue Italienne & Efpagnole, d'autant que les Francois en religion & 75 bonnes meurs furpaffent les autres nations. Et fouuerainement cela fe pourra parfaire & mettre a chef moiennant notre Poefie Francoife, a laquelle plufieurs ont de cetui temps fi courageufement afpiré, qu'il leur eut eté facile d'i paruenir ne fut la perfuafiõ qu'ilz ont eue d'i eftre defia paruenuz. Or n'i a il meilleur moiẽ d'i atteindre, que de congnoitre les 80 uices d'icelle pour les euiter, et les uertuz pour les obferuer: cõbien qu'a peu pres on fe puiffe contenter de l'un d'iceux: pource que cõgnu l'un de deux cõtraires,* facilemẽt fe congnoit l'autre. Surquoi fe femble estre fondé notre prefent auteur Horace: car ueritablement il n'a pas tant cõpris

---

[1] *qu'il i pretende.*

85 les uertuz et proprietez d'icelle, cõme les uices & abus, lefquelz il a
entierement declairez en cetui liure trop plus precieux que grand. Et fi on
le ueut bien gouter & prattiquer, chacun ne fera fi hatif de mettre fes
ecriz en lumiere fans meure attente & preuoiance. Donques fouz efpoir
d'impetrer quelque faueur, & aucunement meriter enuers ceux qui font
90 ftudieux de notre Poefie, i'ai tranflaté cetui liure intitulé l'Art Poetique, &
l'ai uoulu approprier a icelle notre Poefie Francoife entãt qu'ai peu fauuer
l'integrite du fens. Il est urai qu'on i trouuera quelques paffages qui ne
feruent pas beaucoup a notre uulgaire, comme quant il parle du pié
Iãbe, du chore des Tragedies, & de quelques autres fpecialitez. Mais i'ai
95 mieux aimé feruir au bien publiq en communicant plufieurs belles tradi-
tions, fans lefquelles n'est aucunement poßible d'ouurer en Poefie, que
non pas qu'elles demeuraffent* cachees pour la fugetion de deux ou trois
endroiz, combiẽ qu'ilz ne foint du tout inutiles: Car fi le Lecteur est de
bon iugement, il en pourra bien faire fon profit en notre Frãcois mefme.
100 Ce mien labeur de pieca entrepris, et quelque tẽps intermis, a eté par moi
nagueres repris & acheué. Et fur le point de le mettre en euidence, uotre
humanité finguliere, noble feigneur, & le plaifir que uous prenez es chofes
qui concernent l'anobliffemẽt & decoration de l'efprit, felon le loifir que
uous ottroient les negoces ciuilz, et urgens exercices de uotre iuridiction,
105 m'ont donné l'auis,* confermé le propos, & augmenté le courage de le
uous addreffer & dedier. Puis le urai point qui m'affeure qu'il fera de uous
fauorablement receu, est que l'inuention prouient d'un auteur lequel par
fus tous a ecrit exactement, & excellé en brieueté fentencieufe, comme
uotre parfaict iugement pourra congnoitre.

18

JOACHIM DU BELLAY (1522–1560)

LA DEFFENCE, ET ILLVSTRATION DE LA Langue Francoyfe.
Paris, L'Angelier, 1549.
Paris, Arsenal, 8º B 1283 Rés.
Ch. 1–5: a iiii^{ro}–b ii^{ro}.

DE L'ORIGINE DES LANGVES

Chap. I.

SI LA NATVRE (dõt quelque Perfonnaige de grand' renõmée non fans
rayfon a douté, fi on la deuoit appeller Mere, ou Maratre) euft donné aux
Hommes vn cõmun vouloir, & confentement, outre les innumerables
commoditez, qui en feuffent procédées,* l'Inconftãce humaine, n'euft eu
5 befoing de fe forger tant de manieres de parler. Laquéle diuerfité, & con-

fuſion,* ſe peut à bõ droict appeller la Tour de Babel. Donques les Langues ne ſont nées d'elles meſmes en façon d'Herbes, Racines, & Arbres: les vnes infirmes, & debiles en leurs eſpéces: les autres ſaines, & robuſtes, & plus aptes à porter le faiz des cõceptions humaines: mais toute leur vertu eſt née au monde du vouloir, & arbitre des mortelz. Cela (ce me ſemble) 10 eſt vne grande rayſon, pourquoy on ne doit ainſi louer vne Langue, & blamer l'autre: veu qu'elles viennent toutes d'vne meſme ſource, & origine: c'eſt la fantaſie des hommes:* & ont eté formees d'vn meſme iugement, à vne meſme fin: c'eſt pour ſignifier entre nous les conceptions, & intelligences de l'eſprit. Il eſt vray q̃ par ſuccefsion de tens les vnes pour 15 auoir eté plus curieuſement reiglées ſont deuenues plus riches, que les autres: mais cela ne ſe doit attribuer à la felicité deſdites Langues, ains au ſeul artifice, & induſtrie des hommes.* Ainſi donques toutes les choſes, que la Nature a crées, tous les Ars, & Sciences en toutes les quatre parties du monde, ſont chacune endroict ſoy vne meſme choſe: mais pour ce que 20 les hommes ſont de diuers vouloir, ilz en parlent, & ecriuent diuerſement. A ce propos, ie ne puis aſſez blamer la ſotte arrogance, & temerité d'aucuns de notre nation, qui n'etans riens moins que Grecz, ou Latins, depriſent, & reietẽt d'vn ſourcil plus que Stoïque, toutes choſes ecrites en Francois: & ne me puys aſſez emerueiller de l'etrange opinion d'aucuns ſcauãs, qui 25 penſent que noſtre vulgaire ſoit incapable* de toutes bonnes lettres, & erudition: comme ſi vne inuention pour le Languaige* ſeulement deuoit eſtre iugée bonne, ou mauuaiſe. A ceux la ie n'ay entrepris de ſatisfaire. A ceux cy ie veux bien (ſ'il m'eſt poſsible) faire changer d'opinion par quelques raiſons, que brefuemẽt i'eſpere deduyre: non que ie me ſente 30 plus cler voyant en cela, ou autres choſes, qu'ilz ne ſont, mais pour ce q̃ l'affection qu'ilz portent aux lãgues eſtrãgieres, ne permet qu'ilz veillẽt faire ſain, & entier iugement de leur vulgaire.

QVE LA LANGVE FRANCOYSE NE DOIT ESTRE NOMMEE BARBARE

Chap. II.

POur commencer donques à entrer en matiere, quand à la ſignificatiõ de ce mot Barbare: Barbares anciẽnement etoint nõmez ceux, q̃ ĩeptemẽt 35 ploint Grec. Car cõme les etrãgers venans à Athenes ſ'efforcoint de parler Grec, ilz tũboint ſouuẽt en ceſte voix abſurde Βάρβαρος. Depuis les Grecz trãſportarent* ce nõ aux meurs brutaux, & cruelz, appellant toutes nations hors la Grece, Barbares. Ce qui ne doit en riẽ diminuer l'excellẽce de notre Langue: veu q̃ ceſte arrogãce Greque, admiratrice ſeulemẽt de ſes inuen- 40 tiõs, n'auoit loy ny priuilege de legitimer ainſi ſa Nation, & abatardir les autres: comme Anacharſis diſoit, que les Scythes etoint Barbares entre les Atheniens, mais les Atheniens auſſi entre les Scythes. Et quand la

barbarie des meurs de notz Ancéſtres euſt deu les mouuoir à nous apeller
45 Barbares, ſi eſt ce, que ie ne voy point, pourquoy on nous doiue maintenant
eſtimer telz: veu qu'en ciuilité de meurs, equité de loix, magnanimité de
couraiges, bref en toutes formes, & manieres de viure non moins louables,
que pſitables, nous ne ſommes rien moins qu'eux: mais bien plus, veu
qu'ilz ſont telz maintenant, que nous les pouuons iuſtement apeller par le
50 nom, qu'ilz ont donné aux autres. Encores moins doit auoir lieu,* de ce
que les Romains nous ont appellez Barbares, veu leur ambition, & in-
ſatiable faim de gloyre: qui tachoint non ſeulement à ſubiuguer, mais à
rendre toutes autres nations viles, & abiectes aupres d'eux: principalement
les Gauloys, dont ilz ont receu plus de honte, & dommaige, que des
55 autres. A ce propos, ſongeant beaucoup de foys, d'ou viẽt que les geſtes
du peuple Romain, ſont tãt celebrés de tout le Mõde, voyre de ſi long inter-
uale pferés à ceux de toutes les autres Natiõs enſemble, ie ne treuue point
pl⁹ grande raiſon que ceſte cy: c'eſt que les Romains ont eu ſi grande
multitude d'Ecriuains, que la plus part de leur geſtes (pour ne dire pis)
60 par l'Eſpace de tant d'années, ardeur de batailles, vaſtité d'Italie, incurſiõs
d'eſtrãgers, ſ'eſt cõſeruée entiere iuſques à noſtre tens. Au contraire les faiz
des autres nations ſingulierement des Gauloys, auant qu'ilz tumbaſſent en
la puyſſance des Francoys, & les faiz des Francoys meſmes depuis qu'ilz
ont dõné leur nom aux Gaules, ont eté ſi mal recueilliz, que nous en auons
65 quaſi perdu non ſeulement la gloyre, mais la memoyre. A quoy à bien aydé
l'enuie des Romains, qui comme par vne certaine coniuration conſpirant
contre nous, ont extenué en tout ce qu'ilz ont peu, notz louanges belliques,
dont ilz ne pouuoint endurer la clarté: & non ſeulement nous ont fait
tort en cela, mais pour nous rẽdre encor' plus odieux, & contemptibles,
70 nous ont apellez brutaux, cruelz & Barbares. Quelqu'vn dira, pourquoy
ont ilz exempté les Grecz de ce nom? pource qu'ilz ſe feuſſent fait plus
grand tort, qu'aux Grecz meſmes, dont ilz auoint emprunté tout ce, qu'ilz
avoient de bon, au moins quãd aux Sciẽces, & illuſtration de leur Langue.
Ces rayſons me ſemblẽt ſuffiſantes de faire entendre à tout equitable Eſtima-
75 teur des choſes, que noſtre Langue (pour auoir eté nõmes Barbares* ou
de noz ennemys, ou de ceux, qui n'auoint Loy de nous bailler ce Nom)
ne doit pourtant eſtre depriſée meſmes de ceux, aux quelz elle eſt ppre, &
naturelle: & qui en riẽ ne ſont moindres, ɋ les Grecz, ou Romains.

POVRQVOY LA LANGVE FRANCOYSE N'EST SI RICHE QVE LA GREQVE, & LATINE

Chap. III.

ET ſi noſtre Lãgue n'eſt ſi copieuſe, & riche ɋ la Greque, ou Latine, cela
80 ne doit eſtre imputé au default d'icelle, comme ſi d'elle meſme elle ne
pouuoit iamais eſtre ſi non pauure, & ſterile: mais bien on le doit attribuer

à l'ignorance de notz maieurs, qui ayans (comme dict quelqu'vn, parlant des anciens Romains) en plus grande[1] recommendation le bien faire, que le bien dire, & mieux aymans laiſſer à leur poſterité les exemples de vertu, q̃ les preceptes: ſe font priuez de la gloyre de leurs bien faitz, & nous du 85 fruict de l'immitation d'iceux:* & p̃ meſme moyen nous ont laiſſé noſtre Langue ſi pauure, & nue, qu'elle a beſoing des ornemẽtz, & (ſ'il fault ainſi parler) des plumes d'autruy. Mais q̃ voudroit dire q̃ la Greque, & Romaine euſſent touſiours eté en l'excellẽce qu'on les à vues* du tens d'Homere, & de Demoſthene, de Virgile, & de Ciceron? Et ſi ces aucteurs euſſent iugé, 90 q̃ iamais pour quelque diligẽce, & culture, qu'on y euſt peu faire, elles n'euſſent ſceu produyre plus grand fruict, ſe feuſſent ilz tant eforcez de les mettre au point, ou nous les voyons maintenant? Ainſi puys-ie dire de noſtre Langue, qui commence encores à fleurir, ſans fructifier: ou plus toſt comme vne Plante, & Vergette, n'a point encores fleury, tant ſe fault 95 qu'elle ait apporté tout le fruict,* qu'elle pouroit bien produyre. Cela certainement non pour le default de la Nature d'elle auſſi apte à engendrer, que les autres: mais pour la coulpe de ceux, qui l'õt euë en garde, & ne l'ont cultiuée à ſuffiſance: ains comme vne plante ſauuaige, en celuy meſmes Deſert, ou elle auoit commencé a naitre, ſans iamais l'arrouſer, 100 la tailler, ny defendre des Ronces, & Epines, qui luy faiſoint vmbre, l'ont laiſſée enuieillir, & quaſi mourir. Que ſi les anciens Romains euſſent eté auſſi negligẽs à la culture de leur Langue, quand premierement elle commẽca à pululer, pour certain en ſi peu de tens elle ne feuſt deuenue ſi grande. Mais eux en guiſe de bons Agriculteurs, l'ont premierement 105 tranſmuée d'vn lieu ſauuaige en vn domeſtique: puis affin que plus toſt, & mieux elle peuſt fructifier, coupant à l'entour les inutiles rameaux, l'ont pour echãge d'iceux reſtaurée de Rameaux francz, & domeſtiques magiſ- tralement tirez de la Langue Greque, les quelz ſoudainement ſe ſont ſi bien entez, & faiz ſemblables à leur tronc, que deſormais n'apparoiſſent plus 110 adoptifz, mais naturelz. De la ſont nées en la Langue Latine ces fleurs, & ces fruictz colorez de cete grande eloquence, auecques ces nombres, & cete lyaiſon ſi artificielle, toutes les quelles choſes non tant de ſa propre nature, que par artifice toute Langue a coutume de produyre. Donques ſi les Grecz, & Romains plus diligens à la culture de leurs Langues que nous 115 à celle de la noſtre, n'ont peu trouuer en icelles ſi non auecques grand labeur, & induſtrie ny grace, ny Nombre, ny finablement aucune elo- quence, nous deuons nous emerueiller ſi noſtre vulgaire n'eſt ſi riche comme il pourra bien eſtre, & de la prendre occaſion de le mepriſer cõme choſe vile, & de petit prix? Le tens viendra (peut eſtre) & ie l'eſpere 120 moyẽnant la bõne deſtinée Frãcoyſe, que ce noble, & puyſſant Royaume obtiẽdra à ſon tour les reſnes de la monarchie, & que noſtre Langue, (ſi auecques Francoys n'eſt du tout enſeuelie la Langue Francoyſe) qui com- mence encor' à ieter ſes racines, ſortira de terre, & ſ'eleuera en telle

[1] graude.

125 hauteur, & groſſeur, qu'elle ſe poura egaler aux meſmes Grecz & Romains, produyſant comme eux, des Homeres, Demoſthenes, Virgiles, & Cicerõs, auſſi bien que la France a quelquesfois produit des Pericles, Nicies, Alcibiades, Themiſtocles, Ceſars, & Scipions.

QVE LA LANGVE FRANCOYSE N'EST SI PAVVRE QVE BEAVCOVP L'ESTIMENT

Chap. IIII.

IE n'eſtime pourtant noſtre vulgaire, tel qu'il eſt maintenant, eſtre ſi vil,
130 & abiect, cõme le font ces ambicieux admirateurs des Langues Greque, & Latine, qui ne penſeroint & feuſſent ilz la meſme Pythô, Déeſſe de perſuaſion, pouuoir rien dire de bon, ſi n'etoit en Langaige etranger, & non entendu du vulgaire. Et qui voudra de bien pres y regarder, trouuera que noſtre Langue Francoyſe n'eſt ſi pauure, qu'elle ne puyſſe rendre
135 fidelement, ce qu'elle emprunte des autres, ſi infertile, qu'elle ne puyſſe produyre de ſoy quelque fruict de bonne inuention, au moyen de l'induſtrie, & diligence des cultiueurs d'icelle, ſi quelques vns ſe treuuent tant amys de leur païz, & d'eux meſmes, qu'ilz ſ'y veillent employer. Mais à qui apres Dieu rendrons nous graces d'vn tel benefice, ſi nõ à noſtre feu bon
140 Roy, & Pere Francoys premier de ce nom, & de toutes vertuz? ie dy premier, d'autant qu'il a en ſon noble Royaume premierement reſtitué tous les bons Ars, & Sciẽces en leur ancienne dignité: & ſi à noſtre Langaige au parauant ſcabreux, & mal poly, rendu elegant, & ſi non tant copieux, qu'il poura bien eſtre, pour le moins fidele Interprete de tous les autres. Et
145 qu'ainſi ſoit, Philoſophes, Hiſtoriẽs, Medicins, Poëtes, Orateurs Grecz, & Latins ont apris à parler Francois. Que diray-ie des Hebreux? Les Saintes lettres donnent ample temoingnaige de ce que ie dy. Ie laiſſeray en ceſt endroict les ſuperſtitieuſes raisons de ceux, qui ſoutiennent que les myſteres de la Theologie ne doiuent eſtre decouuers, & quaſi comme prophanez
150 en langaige vulgaire, & ce que vont allegãt ceux, qui ſont d'opinion contraire. Car ceſte Diſputation n'eſt propre à ce, que i'ay entrepris, qui eſt ſeulement de montrer que noſtre Langue n'ha point eu à ſa naiſſance les Dieux, & les Aſtres ſi ennemis, qu'elle ne puiſſe vn iour paruenir au point d'excellence, & de perfection auſsi bien que les autres, entendu que toutes
155 Sciẽces ſe peuuent fidelement, & copieuſement traicter en icelle, comme on peut voir en ſi grand nombre de Liures Grecz, & Latins, voyre bien Italiens, Eſpaignolz, & autres traduictz en Francoys, par maintes excellentes plumes de noſtre tens.

QVE LES TRADVCTIONS NE SONT SVFFISANTES POUR DONNER PERFECTION A LA LANGVE FRANCOYSE

Chap. V.

TOutesfois ce tant louable labeur de traduyre ne me fêble moyen vnique, & fuffifant, pour eleuer noftre vulgaire à l'egal, & Parãgon des autres plus 160 fameufes Langues. Ce que ie pretens prouuer fi clerement, que nul n'y vouldra (ce croy ie) contredire, s'il n'eft manifefte calumniateur de la verité. Et premier, c'eft vne chofe accordée entre tous les meilleurs Aucteurs de Rethorique, qu'il y a cinq parties de bien dire, l'Inuêtion, l'Eloquution, la Difpofitiõ, la Memoire, & la Pronũtiation. Or pour autant 165 que ces deux dernieres ne se aprennent tant par le benefice des Langues, cõme elles font données à chacun felon la felicité de fa Nature, augmentées, & entretenues par ftudieux exercice, & continuelle diligence, pour autant aufsi que la Difpofition gift plus en la difcretion, & bon iugement de l'Orateur, qu'en certaines reigles, & preceptes: veu que les euenementz du 170 Tens, la circunftance des Lieux, la condition des perfonnes, & la diuerfité des Occafions font innumerables. Ie me contenteray de parler* des deux premieres fcauoir de l'Inuention, & de l'Eloquution. l'Office donques de l'Orateur eft de chacune chofe propofée elegamment, & copieufement parler.* Or cefte faculté de parler ainfi de toutes chofes, ne fe peut acquerir 175 que par l'Intelligence parfaite des Sciences, les queles ont eté premieremêt traitées par les Grecz, & puis par les Romains Imitateurs d'iceux. Il fault donques neceffairement q̃ ces deux Langues foint entendues de celuy, qui veut acquerir cete copie, & richeffe d'Inuention, premiere, & principale Piece du Harnoys de l'Orateur. Et quand à ce poinct, les fideles Traduc- 180 teurs peuuent grandement feruir, & foulaiger ceux, qui n'ont le moyen Vnique de vacquer aux Langues eftrangeres. Mais quand à l'Eloquution, partie certes la plus difficile, & fans la quelle toutes autres chofes reftent comme Inutiles, & femblables à vn Glayue encores couuert de fa Gayne: Eloquution (dy ie) par la quelle Principalement vn Orateur eft iugé plus 185 excellent, & vn Genre de dire meilleur, que l'autre: comme celle, dont eft apellée la mefme Eloquence: & dont la vertu gift aux motz propres, vfitez, & non aliénes du commun vfaige de parler: aux Methaphores, Alegories, Cõparaifons, Similitudes, Energies, & tant d'autre figures, & ornemês, fans les quelz tout oraifon,* & Poëme font nudz, mãques, & 190 debiles. Ie ne croyray iamais qu'on puiffe bien apprendre tout cela des Traducteurs, pour ce qu'il eft impofsible de le rendre auecques la mefme grace, dont l'Autheur en a vfé;* d'autãt que chacune Langue à ie ne fcay quoy propre feulement à elle, dont fi vous efforcez exprimer le Naïf en vn autre Langue obferuant la Loy de traduyre, qui eft n'efpacier point hors 195 des Limites de l'Aucteur, voftre Diction fera contrainte, froide, eft de

mauuaiſe grace. Et qu'ainſi ſoit, qu'on me lyſe vn Demoſthene, & Homere Latins: vn Ciceron, & Vergile Francoys, pour voir ſ'ilz vous engendreront telles Affections, voyre ainſi qu'vn Prothée vous transformeront en diuerſes
200 ſortes, comme vo⁹ ſentez lyſant ces Aucteurs en leurs Langues. Il vous ſemblera paſſer¹ de l'ardente Montaigne d'Aethne ſur le froid Sõmet de Caucaſe. Et ce, q̃ ie dy des Lãgues Latine, & Greque, ce doit reciproque- mẽt dire de tous les vulgaires, dont i'allegueray ſeulemẽt vn Petrarque, du q̃l i'oſe bien dire, que ſi Homere, & Virgile renaiſſans auoint entrepris de le
205 traduyre, ilz ne le pouroint rendre auecques la meſme grace, & nayſueté, qu'il eſt en ſon vulgaire Toſcã.* Toutesfois quelques vns de notre Tens ont entrepris de le faire parler Francoys...

19
JACQUES PELETIER DU MANS
(1517–1582)

L'Aritmetique de IACQVES PELETIER du Mans, departie en quatre Liures. Poitiers, J. & E. de Marnef, 1549. Londres, British Museum, 8507. bb. 34.

(*a*) *Au Lecteur*, Dd^vo.
(*b*) *Ch. III et IV*, f° V^vo–IX^vo.

(a)   AV LECTEVR

LECTEVR, Ie croi que tu n'es pas maintenant a etre auerti de l'Ortografe* que i'ai coutume d'obſeruer, diuerſe d'auec la commune. Touteſſois ie n'ai voulu omettre a te prier de receuoir celle que tu trouueras en ce mien Liure, ſans t'en offenſer: Entre autres de ce que* i'ote l'aſpiration de
5 ces motz Aritmetique, Matematique, Metode, Teorique, Hipoteſe, & les ſemblables: de ce que ie n'vſe point d'ypſilon: de ce qu'en tous les motz terminez, en e maſculin i'ai mis vn accent Graue au lieu de l'Agu qu'on i met vulgairement: & brief de beaucoup d'autres particularitez. D'autre part, ie t'ai voulu auiſer que cõbien que l'Imprimeur ait ſuiui ma Minute au
10 plus pres qu'il a peu, touteſſois l'Ortografe, telle qu'elle eſt, encores eſt bien loing de ma propre fantaiſie, laquelle te declarerai a plein apres les autres dedens peu de iours, ſi Dieu plaiſt, en vn Dialogue,* là ou ie debat- trai* les raiſons d'vne part & d'autre, ſi bien que i'eſpere que la forme n'en ſera deſaggreable ſinon a ceux qui ne trouuẽt rien bon que ce qu'ilz
15 font. Ce pendant tu prendras la fruition de cette mienne Aritmetique: en laquelle ſ'il n'i a autre choſe qui te ſemble mauuaiſe que l'Ecritture, pour

¹ *paſſey.*

le moins te fouuiegne de ne laißer le bois pour l'ecorce: A Dieu, ami
Lecteur, De Poitiers Ce 12 iour de Fëurier 1549.

(b)   CHAPITRE TROISIESME

IL i a quatre efpeces premieres en Aritmetique, par lefquelles fe demellent
toutes operations, Regles & queftions d'icelle. La premiere eft Addition,
qui est vn aioutement de plufieurs Nombres en vn. Comme, S'ilz font duz
a quelcun 123 Ecuz* d'vne part, & 468 d'autre, & 759 d'autre, par le
moien d'Addition il faura combien fe montent les trois fommes amaffees 5
en vne. La prattique eft telle:

    Quand vous aurez deux Nombres ou plufieurs a aiouter enfemble, il les
faudra coucher chacun en fon reng les vns au deffus des autres, de forte
que la premiere figure du plus bas Nombre foit droittement fouz la premiere de chacun des autres Nombres fuperieurs, la feconde fouz la 10
feconde, & la tierce fouz la tierce, & ainfi des autres. Et eft vn ordre* qui
f'obferue generallement es operations d'Aritmetique. Exemple: Ie veux
aiouter ces trois Nombres 123, 234, & 321: Ie les dispofe en ordre, tellement que chaque Nombre foit repondant a fon chacun, note pour note:
puis ie tire vne ligne droitte au-deffouz d'iceux en cette forte: 15

$$
\begin{array}{l}
123 \\
234 \\
321 \\
\hline
\end{array}
$$

Cela ainfi fait, en commencant au bout destre, & tendant contremont
depuis la premiere & plus baße figure, iufques a la plus haute, faut 20
affembler en vne fomme toutes celles qui fe trouuent les vnes fus les autres
en droitte ligne & perpendiculaire:* Et fi la fomme fe peut reprefenter par
vne figure feule, il la faudra mettre audeffouz de la ligne tiree, droittemẽt
au niueau des figures qu'elle reprefente: Cetui reng depefchè,* en faudra
faire autãt du fecõd: & puis du tiers, & ainfi des autres f'il i en a. Comme 25
en noftre Addition propofee, les trois figures premieres tendant contremont, qui font 1, 4, 3, font 8: ie metz 8 fouz la ligne au droit defdittes
figures: Apres, les figures du fecond lieu qui font 2, 3, 2, font 7: ie metz
7 apres 8 fouz la ligne: puis ie vien au tiers & dernier lieu, duquel les trois
figures fauoir est 3, 2, 1, font 6: ie metz 6 en fon lieu apres 7: & est l'Addi- 30
tion acheeue, par laquelle ie cognoi que les trois Nombres aioutez enfemble
font 678. c'eft l'art de l'Addition felon fa fimplicitè.

    Que fi la fomme d'vn lieu ne fe peut exprimer par vne figure mais par
deux, faudra mettre la premiere d'icelles fouz la ligne, & garder l'autre
pour l'aiouter a la premiere figure du lieu prochain. Et fi celui lieu pro- 35
chain ne fe peut nomplus aualuer que par deux figures, faudra femblablement mettre la premiere & garder la feconde pour l'autre lieu d'apres: &

toufiours faire ainfi de tous les lieux iufques a ce que foiez au dernier: là
ou fi vous trouuez que la fomme foit de deux figures, mettez les toutes
40 deux, par ce que c'eft la fin de l'operation. Exemple:

$$734682456$$
$$450932345$$
$$13467891$$
$$4672123$$

---

45   1203754815

Les figures premieres 3, 1, 5, 6, font 15: & par ce que 15 eft de deux
figures, ie metz la premiere, 5, fouz la ligne, & retien la feconde, 1:
laquelle i'aioute auec la prochaine figure du fecond lieu, fauoir eft aueques
2: ce font 3, 9, 4, 5, lefquelles enfemble font 21: ie fouffcri 1 pour la
50 feconde figure de l'Addition, fauoir eft apres 5: & aioute 2 au tiers lieu,
lequel auec les autres figures fait 18: ie metz 8 apres 1: & aioute 1 aux
figures du quatriefme lieu, ce font 14: ie metz 4 pour la quatriefme figure,
fauoir eft apres 8: & aioute femblablement aux figures du cinquiefme lieu,
ce font 25: ie metz 5 pour la cinquiefme figure apres 4: & aioute 2 au
55 fiziefme lieu ce font 27: ie metz 7 pour la fiziefme figure apres 5: & aioute
2 au feptiefme lieu, ce font 13: ie metz 3 pour la feptiefme figure apres 7:
& aioute 1 a l'huittiefme lieu, ce font 10: ie metz 0 pour la huittiefme*
figure: & aioute 1 au neuuiefme lieu, ce font 12: lefquelz i'ecri tout au
long parce que c'eft la fin...

CHAPITRE QVATRIESME

60 SOVZTRACTION enfeigne a oter vn moindre nombre d'vn plus grand,
& combien il reste apres l'auoir otè. Ie ne parle point de Souztraire vn
Nombre egal de fon egal: car pour la facilitè, il n'en faut point faire de
precepte. En Souztraction i a trois Nombres, celui duquel on fait Souztraction, celui qui eft a fouztraire, & celui qui refte apres la Souztraction
65 faitte.* Comme quand ie veux fouztraire 25 de 40, 25 est le Nombre a
fouztraire: 40 eft celui duquel fe fait la fouztraction: & 15 eft le Nombre
qui reste apres la fouztraction faitte.

La prattique

Mettez le moindre Nombre fouz le plus grand, de forte que chacune des
figures reponde a fa chacune, & tirez vne ligne droitte au deffouz des deux
70 Nombres comme en l'Addition. Puis en commencant außi au cotè deftre
otez la premiere figure du Nombre inferieur de la premiere du fuperieur, &
le refte mettez fous la ligne,* au droit de la figure fouztraitte: Apres, otez
femblablement la feconde figure du nombre inferieur de la feconde du
fuperieur, la tierce de la tierce, & ainfi des autres iufques au bout, en

mettant toufiours le reste de chacune figure fouz la ligne en fon ordre. 75
Exemple: ie veux fouztraire 2345 de 9876: Apres les auoir arrengez a la
maniere fufditte, i'ote premierement 5 de 6, refte 1, lequel ie metz fouz
la ligne au droit de 5: fecondement i'ote 4 de 7, reftent 3, que ie metz au
fecond lieu fouz la ligne apres 1: Tiercement i'ote 3 de 8, restent 5, que ie
metz au troifiefme lieu fouz la ligne. Finablement i'ote 2 de 9, reftent 7 que 80
ie metz apres 5 au quart & dernier lieu: Et eft la Souztraction faitte par
laquelle il refte 7531.

Quand deux pareilles figures fe rencontrent, comme f'il falloit oter 7 de 7,
il ne reftera rien, & lors faudra foufcrire vn chiphre o.

Quand la figure qui eft a oter furpaffe en valeur fa fuperieure il la faudra 85
oter de 10, & ce qu'il reftera faudra aiouter a icelle superieure,[1] & foufcrire
la fomme: mais pour telle dizaine empruntee faudra aiouter 1 a la fuiuante
figure inferieure: Et n'i a autre chofe a faire en la Souztraction.

Exemple. Ie veux fouztraire 93576 de 4037479: apres auoir fituè les
deux Nombres comme il faut, i'ote premierement 6 de 9, reftent 3: ie 90
metz 3 fouz la ligne au droit de 6: fecondement i'ote 7 de 7, il ne refte rien,
ie metz o au fecond lieu. Apres en venant a la tierce figure, par ce que ne
puis oter 5 de 4, ie les ote de 10, reftent 5, que i'aioute a 4, ce font 9: ie
metz 9 pour la tierce figure: Quartement pour les 10 empruntez i'aioute 1
a la prochaine figure inferieure qui eft 3, ce font 4, lefquelz i'ote de 7, 95
reftent 3: ie metz 3 pour la quarte figure: Cinquiefmement, pource que
9 ne fe peuuent oter de 3, ie les ote de 10, refte 1, que i'aioute a 3: ce font
4: ie metz 4 pour la cinquiefme figure: Et fi n'etoit que i'ai dernierement
emprunté 10, la Souztraction feroit parfaitte: mais par ce qu'il faut pour
chaque dizaine toufiours aiouter 1 a la figure fuiuãte, il faut encores proceder 100
a la Souztraction. Or n'i a il aucune figure fuiuante au nombre inferieur.
Que faut il donq' faire? Il fuffira d'auoir retenu l'vnité & l'oter de la figure
fuperieure. mais quoi? ie ne puis oter 1 de 0, ie l'ote donq' de 10, reftent
9, que ie foufcri pour la fiziefme figure. Finablemẽt pour les 10 empruntez
m'en refte encor 1, lequel i'ote de la derniere figure qui eft 4, reftẽt 3, que 105
ie metz apres 9: & eft l'operation parfaitte.

S'ilz fe trouuent plufieurs Nombres a fouztraire* d'vn Nombre feul, il
les faut premierement aiouter enfemble felon la doctrine du chapitre
precedẽt, puis faire la Souztractiõ: Comme, fi i'ai a fouztraire ces trois
fommes 123, 234, 456 de 98925, i'aioute premierement les trois en vne, ce 110
font 813, lefquelz i'ote de 98925: reftẽt 98112.

Epreuue de Souztraction

Aioutez le Nombre fouztrait auec celui qui est demeurè de refte apres la
Souztractiõ faitte: & fi le total reuiẽt au Nombre duquel la Souztraction
a eté faitte, l'operation eft bonne, autrement non: Comme au dernier

[1] *inferieure.*

115 exemple, en aioutãt 813 auec 98112[1] ſe retrouuera le premier Nombre* 98925,[2] qui eſt preuue de bonne Souztraction. Autrement otez 9 du second Nombre & du tiers pris enſemble tant que les pourrez oter des figures ſimplement conſiderees, & gardez la figure* qui reſtera. Puis otez ſemblablement 9 du premier Nombre tant que les pourrez oter: & ſi la figure qui 120 reſte eſt la meſme qui etoit reſtee la premiere fois, l'operation eſt bonne: autrement c'eſt a refaire.

20

PIERRE DE RONSARD (1524–1585)

LES QVATRE PREMIERS Liures des Odes de Pierre de Ronſard, Vendomois. Enſemble ſon Bocage.
 Paris, G. Cavellart, 1550.
 Paris, Bibliothèque nationale, Rés. Ye 4769.

(*a*) *Au Lecteur*, A ii[r°]–A iii[r°].
(*b*) *Auertiſſement au Lecteur*, A v[v°]–A vii[r°].
(*c*) *A ſa lire*, f° 36[v°]–38[r°].
(*d*) *A la Fontaine Bellerie*, f° 51[r°]–52[r°].

(a)   AV LECTEVR

Si les hõmes tant des ſiecles paßés que du noſtre, ont merité quelque louange pour auoir piqué diligentement après les traces de ceus qui courant par la carriere de leurs inuentions, ont de bien loin frãchi la borne: combien dauantage doit on uãter le coureur, qui galopant librement par les 5 cãpaignes Attiques, & Romaines oſa tracer un ſentier inconnu pour aller à l'immortalité? Non que ie ſoi, lecteur, ſi gourmand de gloire, ou tant tormenté d'ambitieuſe preſumption, que ie te uueille forcer de me bailler ce que le tens peut eſtre, me donnera (tant s'en faut, que c'eſt la moindre affection que i'aie, de me uoir pour ſi peu de friuoles ieuneſſes eſtimé.) 10 Mais quãd tu m'appelleras le premier auteur Lirique Frãçois, et celui qui a guidé les autres au chemĩ de ſi hõneſte labeur, lors tu me rẽdras ce que tu me dois, & ie m'efforcerai te faire apprendre qu'en uain ie ne l'aurai receu.* Bien que la ieuneſſe ſoit touſiours elongnée de toute ſtudieuſe occupatiõ pour les plaiſirs uolũtaires qui la maiſtriſent: ſi est ce que des 15 mon enfance i'ai touſiours eſtimé l'eſtude des bonnes lettres, l'heureuſe félicité de la uie, & ſans laquelle on doit deſeſperer ne pouuoir iamais attaindre au comble du parfait contentement. Donques deſirant par elle m'approprier quelque louange, encores non cõnue, ni atrapée par mes deuanciers, & ne uoiant en nos Poëtes François, choſe qui fuſt ſuffiſante 20 d'imiter: i'allai uoir les étrangers, & me rendi familier d'Horace, contre-

---

[1] *78112.*   [2] *78925.*

faifant fa naiue douceur, des le méme tens que Clement Marot (feulle
lumier¢ en fes ans de la uulgaire poëfie) fe trauailloit à la pourfuite de fon
Pfautier, & ofai le premier des noftres, enrichir ma langue de ce nom Ode,
comme l'on peut ueoir par le titre d'un¢ imprimée fous mon nom dedãs
le liure de Iaques Peletier du Mans, l'un des plus excelens Poëtes de noftre 25
âge, affin que nul ne s'atribue ce que la uerité command¢ eftre à moi. Il est
certain que tell¢ Od¢ eft imparfaite, pour n'estre mefurée,* ne propre à la
lire, ainfi que l'Ode le requiert, comme font encores douze, ou treze, que
i'ai mifes en mon Bocage, fous autre nom que d'Odes, pour cette méme
raifon, feruans de temoignage par ce uice, à leur antiquité. Depuis aiant 30
fait quelques uns de mes amis participans de telles nouuelles inuentions,
approuuants mon entreprife, fe font diligentés faire apparoistre* combien
nostre France eft hardie, & pleine de tout uertueus labeur, laquelle chofe
m'eft aggreable pour ueoir,* par mon moien, les uieus Liriques, fi heureufement refufcités. Tu iugeras incontinant, Lecteur, qu¢ ie fuis un uanteur, & 35
glouton de louange: mais fi tu ueus entendre le urai, ie m'affure tant de tõ
accouftumée honnefteté, que non feulemẽt tu me fauoriferas: mais außi
quãd tu liras quelques trais de mes uers, qui fe pourroient trouuer dans les
oeuures d'autrui, inconfiderément tu ne me diras imitateur de leurs écris,
car l'imitatiõ des noftres m'eft tant odieufe (d'autant que la langu¢ eft 40
encores en fon enfance) que pour cette raifon ie me fuis éloingné d'eus,
prenãt ftile apart, fens apart, euure apart, ne defirant auoir rien de cõmun
auecq'une fi monftrueufe erreur...

(b) AVERTISSEMENT AV *Lecteur*

I'Auoi deliberé, lecteur, fuiure en l'orthographe de mon liure, la plus
grand part des raifons de Louis Meigret, homme de fain & parfait iugement, qui a le premier ofé deffeiller fes yeus pour uoir l'abus de noftre
écriture, fans l'auertiffement de mes amis,* plus ftudieus de mon renom,
que de la uerité: me paignant au deuant des yeus,* le uulgaire, l'antiquité, 5
& l'opiniatre auis de plus celebrés ignorans de nostre tens: laquelle
remontrãce ne m'a tant fçeu epouanter, que tu n'i uoies encores quelques
merques de fes raifons. Et bien qu'il n'ait totalement raclé la lettre
Grecque y, cõme il deuoit, ie me fuis hazardé de l'effacer, ne la laiffant
feruir finon aus propres noms grecs, comme en Tethys, Thyeste, Hippo- 10
lyte, Vlyffe, affin qu'en les uoiant, de prime face on connoiffe quels ils font,
& de quel païs nouuellement uenus uers nous, non pas en ces uocables
abíme, Cigne, Nimphe, lire, fire* (qui uiẽt comme l'on dit de κύριος
changeant la lettre κ en σ) lefquels font déia reçeus entre nous pour
François, fans les marquer* de cét epouantable crochet d'y, ne fonnant non 15
plus en eus que nostre I en ire, fimple, nice, lime...Et fi tu le uois encores
en ce mot yeus feulemẽt, faiche que pour les raifons deffus mentionnées,
obeiffant à mes amis, ie l'ai laißé maugré moi, pour remedier à l'erreur

auquel pourroient tumber nos ſcrupuleus uieillars, aiant perdu leur merque*
20 en la lecture de yeus, & de ieus: Te ſupliant lecteur, uouloir laiſſer en mon
liure la lettre I en ſa naïue ſignification, ne la deprauant point,* ſoit quelle
commance la diction, ou quelle ſoit au meilleu de deus uoielles, ou à la
fin du uocable, ſinon en quelques mots, comme en ie, en ieus, iugement,
ieuneſſe, & autres, ou abuſant de la uoielle I, tu le liras pour I conſonne,
25 inuenté par Meigret, attendant que tu reçeuras* cette merque d'I conſonne,
pour restituer l'I uoielle, en ſa premiere liberté. Quãd aus autres diph-
thõgues, ie les ai laiſſées en leur uieille corruption, auecques inſuportables
entaſſemens de lettres ſinne de noſtre ignorance, & de peu de iugement, en
ce qui eſt ſi manifeste & certain: estant ſatisfait d'auoir déchargé mõ liure
30 pour cette heure, d'une partie de tel faix: atandant que nouueaus characteres ſeront forgés* pour les ſyllabes, ll, gn, ch & autres. quand à la
ſyllabe ph, il ne nous faut autre notte que noſtre F qui ſonne autant entre
nous que φ entre les Grecs, comme manifeſtement tu peus uoir par ce mot
φίλη, feille. Et ſi tu m'accuſes d'estre trop inconſtant en l'orthographe de
35 ce liure, écriuant maintenant espée, épée, accorder, acorder, uétu, ueſtu,
espandre, épandre, blaſmer, blâmer, tu t'en dois collerer[1] contre toi
mêmes, qui me fais eſtre ainſi, cherchant tous les moiens que ie puis de
ſeruir[2] aus oreilles du ſçauant, & auſſi pour acoutumer le uulgaire à ne
regimber contre l'éguillon,[3] lors que on le piquera plus rudement, mon-
40 trant par cette inconſtance,* que ſi i'eſtoi reçeu en toutes les ſaines oppi-
nions de l'orthographe, tu ne treuuerois en mon liure preſque une ſeulle
forme de l'eſcriture que ſans raiſon tu admires tant. T'aſſurant qu'a la
ſeconde impreſſion ie ne ferai ſi grand tort à ma langue que de laiſſer
étrangler une telle uerité, ſous couleur de uain abus....

(c)   A SA LIRE

Ode 20

Lire doréҿ, ou Phebus ſeulement,
Et les neuf ſeurs ont part egalement,
Le ſeul confort qui mes tristeſſes tue,*
Que la dancҿ oit, & toute s'euertue
5 De t'obeir, & meſurer ſes pas
Sous tes fredons mignardés par compas,
Lors qu'en bruiant tu merques la cadanſe
D'un auantieu, le guide de la danſe.

Le feu armé de Iupiter s'eteint
10 Sous ta chanſon, ſi ta chanſon l'atteint:
Et au caquet de tes cordes bien iointes
Son aigle dort ſur ſa foudrҿ à trois pointes

---

[1] *collererer.*   [2] *deſeruir.*   [3] *équillon.*

Abaiſſant l'ailǝ, adonc tu uas charmant
Ses yeus agus, & lui en les fermant
Son dos heriſſǝ, & ſes plumes repouſſe   15
Flaté du ſon de ta parole douce.

Celui n'eſt pas le bien aimé des Dieus
A qui deplaiſt ton chant melodieus
Heureuſe lirǝ honneur de mon enfance,
Ie te ſonnai deuant tous en la France   20
De peu à peu, car quant premierement
Ie te trouuai, tu ſonnois durement,
Tu n'auois point de cordes qui ualuſſent,
Ne qui répondrǝ aus lois de mon doi puſſent.

Moiſi du tens ton fuſt ne ſonnoit point,   25
Mais i'eu pitié de te uoir mal empoint,
Toi qui iadis des grans Rois les uiandes
Faiſois trouuer plus douces & friandes:
Pour te monter de cordes, & d'un fuſt,
Voire d'un ſon qui naturel te fuſt,   30
Ie pillai Thebǝ', & ſaccagai la Pouille,
T'enrichiſſant de leur belle dépouille.

Adonc en Francǝ auec toi ie chantai,
Et ieune d'ans fus le Loir inuantai
De marier aus cordes les uictoires,   35
Et des grans Rois les honneurs & les gloires:
Puis affectant un euure plus diuin
Ie t'enuoiai ſous le pouſſǝ Angeuin,*
Qui depuis moi t'a ſi bien fredonnée
Qu'a nous deus ſeuls la gloirǝ en ſoit donnée.   40

Certenement celui que tes chanſons
Vont repaiſſant du ſucre de leurs ſons,
Ne ſera point haut eſtimé pour eſtre
Ou à l'eſcrimǝ, ou à la luttǝ adestre,*
Ni de Lorier couronné ne ſera,   45
Car de ſa main l'effort n'abaiſſera
L'orgueil des Rois, ni la fureur des Princes,
Portant uainqueur le feu dans leurs Prouinces.

Mais ma Gaſtinǝ, & le haut crin des bois
Qui uont bornant mon fleuue Vandomois,   50
Le Dieu bouquin qui la Neufaunǝ entourne,
Et le ſaint Cœur qui en Braie ſeiourne,
Le feront tel,* que par tout l'uniuers
Il ſe uerra renommé de ſes uers,

135

55 Tant il aura de graces en fon pouffe,
    Et de fredons tentant fa chorde douce.

    Defia ma lirɇ, un honneur tu reçois,
    Et ia defia la race des François
    Me ueut nombrer entre ceus qu'elle loue,
60 Et pour fon chantrɇ heureufement m'auoue.
    O Mufe doucɇ, ô Cleion, ô les Seurs
    Qui animés de mon luc les douceurs
    Ie vous falue, & refaluɇ encore,
    Et toi mon Luc, par lequel ie¹ m'honnore.

65 Par toi ie plai, & par toi ie fuis leu,
    C'eft toi qui fais que Ronfard foit éleu
    Harpeur François, & quant on le rencontre
    Qu'auec le doi par la ruɇ on le montre:
    Si ie plai donc, fi ie fçai contanter,
70 Si mon renom la France ueut chanter,
    Si de mon front les étoilles ie paffe,
    Certes mon Luc cela uient de ta grace.

(d)   A LA FONTAINE *Bellerie*

                        Ode 9

        Déeffe Bellerie,
        Belle Déeffe cherie,
        De nos Nimphes, dont la uois
        Sonne ta gloire hautaine
5   Acordantɇ au fon des bois,*
        Voirɇ au bruit de ta fontaine,
        Et de mes uers que tu ois.

        Tu es la Nimphe eternelle
        De ma terre paternelle,
10   Pourcɇ en ce pré uerdelet
        Voi ton Poëte qui t'orne
        D'un petit cheureau de laict,
        A qui lunɇ & l'autre corne
        Sortent du front nouuelet.

15   Sus ton bord ie me repofe,
        Et là oifif ie compofe
        Caché fous tes faules uers
        Ie ne fçai quoi, qui ta gloire
        Enuoira par l'uniuers,

                    ¹ *i'e.*

                    136

Commandant à la memoire   20
Que tu uiues par mes uers.

L'ardeur de la Canicule
Toi, ne tes riues ne brule,
Tellement qu'en toutes pars
Ton ombr¢ eſt epaiſſe & drue   25
Aus pasteurs venans des parcs,
Aus beufs las de la charue,
Et au bestial epars.

Tu feras faite fans ceſſe
Des fontaines la princeſſe,   30
Moi çelebrant le conduit*
Du rocher perſé, qui darde
Auec un enroué bruit,
L'eau de ta ſource iazarde
Qui trepillante ſe ſuit.   35

21

BONAVENTURE DES PÉRIERS
(v. 1500–v. 1544)

Les Nouuelles Recreations et Joyeux deuis de feu Bonauanture des Periers valet de chambre de la Royne de Nauarre.
  Lyon, R. Granjon, 1558. (Edition posthume.)
  Cambridge, Emmanuel College, 330. 4. 25.
(*a*) *De maiſtre Pierre faifeu*, f° xxxv^{vo}–xxxvii^{vo}.
(*b*) *Du Conſeillier, et de ſon pallefrenier*, f° xxxix^{vo}–xl^{vo}.

(**a**)   DE MAISTRE PIERRE FAIFEV QVI EVT DES BOTES QVI NE
      LVY COVSTERENT RIEN, ET DES COPIEVX DE LA FLECHE
      EN ANIOV

N'ha pas encores long temps que regnoit en la ville d'Angiers vn bon
affieux de chiendans, nommé maiſtre Pierre Faifeu, homme plein de bons
motz et de bonnes inuentions: et qui ne faiſoit pas grand mal, fors que
quelques foys il vſoit des tours villonniques. Car pour mettre* comme vn
homme habile le bien d'aultruy auec le ſien, Et vous laiſſer ſans croix ne 5
pille, Maiſtre Pierre le faiſoit bien. Et trouuoit fort bon le prouerbe qui dit,
Que tous biens ſont comuns, et qu'il n'y ha que maniere de les auoir.*
Vray eſt qu'il le faiſoit ſi dextrement et d'une ſi gentille facon, qu'on ne luy

en pouuoit fcauoir mauuais gré: et ne f'en faifoit on que rire: en f'en
10 donnant garde pourtant, qui pouuoit.* Il feroit long à racompter les bons
tours qu'il ha faitz en fa vie. Mais I'en diray vn qui n'eft pas des pires,
affin que par là vous puiffiez iuger que les aultres deuoyent valoir quelque
chofe. Il fe trouua vne foys entre toutes fi preffé de partir de la ville
d'Angiers, qu'il n'eut pas loifir de prendre des botes. Comment des botes?
15 Il n'eut pas loifir de faire feller fon cheual. Car on le fuyuoit vn peu de pres.
Mais il eftoit fi accort & fi inuentif, qu'incontinent qu'il fut à deux iectz
d'arc de la ville trouua facon d'auoir vne iument d'un poure homme qui
f'en retournoit deffus en fon village, luy difant qu'il f'en alloit par là,
et qu'il la laifferoit à fa femme en paffant. Et par ce qu'il faifoit vn peu
20 mauluais temps, Il entra en vne grange, et en grande diligence fit de belles
botes de foin toutes neufues. Et monte fus fa Iument, et picque, aumoins
talonne tant, qu'il arriua à la Fleche tout mouillé et tout mal en point: qui
n'eftoit pas ce qu'il aymoit: dont il fe trouuoit* tout pefneux. Encores pour
amender fon marché en paffant tout le long de la ville, ou il eftoit congneu
25 comme vn loup gris, et ailleurs auec: les Copieux (ainfi ont ilz efté nommez
por leurs gaudifferies) commencerent à le vo⁹ railler* de bonne forte,
Maiftre Pierre, difoyent ilz, Il feroit bon à cefte heure parler à vous,* vous
eftes bien attrempé. L'aultre luy difoit, Maiftre Pierre ton efpée vous
chet.* L'aultre, vous eftes monté comme vn fainct George, à cheual fus
30 vne iument. Mais par fus tous, les cordouanniers fe mocquoyent de fes
botes, Ah vrayement difoyent ilz, Il fera bon temps pour nous: les cheuaulx mangeront les botes de leurs maiftres. Mon maiftre Pierre eftoit mené
qu'il ne touchoit de pied en terre. Et d'aultant plus volentiers fe prenoyent
à luy, qu'il eftoit celuy qui gaudiffoit les aultres. Il print patience, et fe
35 fauue* en l'hoftelerie pour fe faire traitter. Quand il fut vn petit reuenu
aupres du feu, il commence à fonger comment il auroit fa reuenche de fes
Copieux qui luy auoyent ainfi fait la bien venue. Si luy fouuint d'un bon
moyen que le temps et la neceffité luy prefentoyent, pour fe venger des
cordouanniers, en attendant que Dieu luy donnaft fon recours contre les
40 aultres. Ce fut qu'ayant faulte de botes de cuir, Il imagina vne inuention
de fe faire boter par les cordouanniers à leurs defpens. Il demanda à l'hofte,
comme f'il n'euft gueres bien congneu la ville, f'il n'y auoit cordouanniers
là aupres, faifant femblant d'eftre party d'Angiers en diligence pour quelque affaire qu'il luy dit: et qu'il n'auoit eu loifir* de fe houfer ny efperon-
45 ner. L'hofte luy refpondit qu'il y auoit des cordouanniers à choifir, Pour
Dieu, ce dit maiftre Pierre, enuoyez m'en querir vn, mon hofte. Ce qu'il fit.
Il en vient vn: lequel de bonne auenture eftoit l'un de ceulx qui l'auoyent
ainfi bien lardé à fa venue. Mon amy, dict maiftre Pierre, ne me feras tu pas
bien vne paire de botes pour demain au matin. Ouy dea monfieur, dit le
50 cordouannier. Mais ie les voudrois auoir vne heure deuant iour. Monfr
vous les aurez à telle heure et fi bon matin que vous voudrez. Et mon amy,
Ie t'en prie, depefche les moy: Ie te payeray à tes motz. Le cordouannier

luy prend ſa meſure, et ſ'en va. Incontinent qu'il fut departy, maiſtre Pierre
enuoye par vn aultre valet querir vn aultre cordouannier, faiſant ſemblant
qu'il n'auoit pas peu accorder auec celuy qui eſtoit venu: le cordouannier 55
vint, auquel il dit tout ainſi qu'à l'autre, qu'il luy fiſt vne paire de botes
pour le l'endemain vne heure deuant iour: et qu'il ne luy chaloit qu'elles
couſtaſſent,* pourueu qu'il ne luy faillifſt point, et qu'elles fuſſent de bonne
vache de cuir. Et luy dit la meſme facon dont il les vouloit qu'il auoit dict
à l'autre. Apres luy auoir pris la meſure, le cordouannier ſ'en va. Mes deux 60
cordouanniers trauaillerent toute nuict* enuiron ces botes, ne ſachant rien
l'un de l'autre. Le l'endemain matin à l'heure dicte, Il enuoya querir le
premier cordouannier, qui apporta ſes botes. Maiſtre Pierre ſe fait chauſſer
celle de la iambe droitte: qui luy eſtoit faicte comme vn gan, ou comme de
cire, ou comme vous voudrez. Car les botes ne ſeroyent pas bonnes de 65
cire. Contentez vous qu'elle luy eſtoit moult bien faicte. Mais quand ce
vint à chauſſer celle de la iambe gauche, Il fait ſemblant d'auoir mal en la
iambe, Oh mon amy, tu me bleſſes, I'ay ceſte iambe vn petit enflee, d'une
humeur qui m'eſt deſcendue deſſus: I'auoys oublié à te le dire. La bote eſt
trop eſtroitte. Mais il y ha bon remede. Mon amy va la remettre à l'em- 70
bouchoir: Ie l'attendray pluſtoſt vne heure. Quand le cordouannier fut
ſorty, maiſtre Pierre ſe dechauſſe viſtement la bote droitte: et mande querir
l'aultre cordouannier. Et ce pendant fit tenir ſa monture toute preſte, et
compta et paya. Voicy venir le ſecond cordouannier auec ces botes.
Maiſtre Pierre ſe fait chauſſer celle de la iambe gauche: laquelle ſe trouua 75
merueilleuſement bien faicte: Mais à celle de la iambe droitte, Il fit telle
fourbe comme il auoit fait à l'aultre: et renuoye ceſte bote droitte po͏ͬ
eſtre eſlargie. Incontinent que le cordouannier ſ'en fut allé, maiſtre Pierre
reprend ſa bote de la iambe droitte, et monte à cheual ſus ſa iument. Et va
vie auec ſes botes, et des eſperons: leſquelz il auoit acheptez. Car il n'auoit 80
pas loiſir de tromper tant de gens à vn coup. Et de picquer.* Il eſtoit deſia
à vne lieue loing quand mes deux cordouanniers ſe trouuerent à l'hoſtelerie
auec chaſcun vne bote en la main. Qui ſ'entredemanderent pour qui eſtoit
la bote. C'eſt ce dit l'un pour maiſtre Pierre Faifeu qui me l'ha faict eſlargir,
pour ce qu'elle le bleſſoit. Comment? dit l'aultre, Ie luy ay eſlargie ceſte 85
cy: tu te trompes: ce n'eſt pas pour luy que tu as beſoigné. Si eſt, ſi eſt,*
dit il: n'ay ie pas parlé à luy? Ne le congnois ie pas bien? Tandis qu'ilz
eſtoyent en ce debat, l'hoſte vint, qui leur demande que c'eſtoit qu'ilz
attendoyent. C'eſt vne bote pour maiſtre Pierre Faifeu que ie luy raporte,
diſt l'un: Et l'aultre en diſoit aultant. Vous attendrez donc qu'il repaſſe par 90
icy, diſt l'hoſte: Car il eſt bien loing ſ'il va touſiours. Dieu ſcait ſi les deux
cordouanniers ſe trouuerent bien camus. Et que ferons nous de noz botes?
Diſoyent ilz l'un à l'autre? Ilz ſ'aduiſerent de les iouer à belle condemnade,
par ce quelles eſtoyent toutes deux d'une meſme facon. Et maiſtre Pierre
eſcampe dehait, qui eſtoit vn petit mieux en equipage que le iour de 95
deuant.

(b) DV CONSEILLIER, ET DE SON PALLEFRENIER QVI LVY
RENDIT SA MVLE VIEILLE EN GVISE D'VNE IEVNE

Vn Conseillier du palais auoit gardé vne mule vingtcinq ans ou enuiron:
et auoit eu entre aultres vn pallefrenier nommé didier, qui auoit pensé
ceste mule* dix ou douze ans. Lequel l'ayant assez longuement seruy, luy
demanda congé: et auec sa bonne grace, se fit maquignon de chevaulx
5 hantant neantmoins ordinairement en la maison de son maistre, en se
presentant à luy faire seruice, tout ainsi que s'il eust tousiours esté son
domestique. Au bout de quelque temps, le Conseillier voyant que sa mule
deuenoit vieille, dit à didier, Vienca, Tu congnois bien ma mule: elle m'ha
merueilleusement bien porté: Il me fasche bien qu'elle deuienne si vieille.
10 Car à grand peine en trouueray Ie vne telle. Mais regarde, Ie te prie à m'en
trouuer quelqu'une. Il ne te fault rien dire:* tu scais bien quelle il la me
fault. Didier luy dit, Monsr I'en ay vne en l'estable qui me semble bien
bonne: Ie la vous bailleray por quelque temps: si vous la trouuez à vostre
gré, nous en accorderons bien vous et moy. Sinon, Ie la reprendray. C'est
15 bien dit, Le Conseillier se faict amener ceste mule. Et ce pendant il baille la
sienne vieille à didier por en trouuer la deffaicte.* Lequel luy lime incontinent les dentz. Il la vous bouschonne, Il la vous estrille,* Il la traicte si bien
qu'il sembloit bien qu'elle fust encores bonne beste. Tandis son maistre se
seruoit de celle qu'il luy auoit baillee: Mais il ne la trouua pas à son plaisir:
20 et dit à didier, la mule que tu m'as baillée ne m'est pas bonne: elle est
fantastique, ne veulx tu point m'en trouuer d'aultre? Monsr, dit le maquignon, Il vient bien apoint. Car depuis deux ou trois iours en cà I'en ay
trouué vne que ie congnois de longue main. Ce sera bien vře cas. Et quand
vous aurez monté dessus, s'elle ne vous est bonne, reprochez le moy.
25 Didier luy ameine ceste belle mule au frain doré, qu'il faisoit moult bon
voir. Ce Conseillier la prend, Il monte dessus, Il la trouue traictable au
possible. Il s'en louoit grandement, s'esbahissant comme elle estoit si bien
faicte à sa main: elle venoit au montoir le mieulx du monde. Somme, Il y
trouuoit toutes les complexions de la sienne premiere. Et attendu mesme
30 qu'elle estoit de la taille et du poil, Il appelle ce maquignon, Vienca, didier,
ou as tu pris ceste mule? Elle semble toute faicte à celle que Ie t'ay baillee,
et en ha toute la propre facon. Ie vous prometz dit il, Monsr, que quand
ie la vey du poil de la vostre, et de la taille, Il me sembla qu'elle en auoit les
conditions, ou que bien aisément on les luy pourroit apprendre. Et pour
35 ce ie l'ay acheptee, esperant que vous vous en trouueriez bien. Vrayement
dit le conseillier, Ie t'en scay bon gré. Mais combien me la vendras tu?
Monsr dit il, vous scauez que ie suis vře, et tout ce que i'ay. Si c'estoit vn
aultre, Il ne l'auroit pas pour quarante escuz: Ie la vo⁹ laisseray pour trente.
Le conseillier s'y accorde, et donne trente escus de ce qui estoit sien, et qui
40 n'en valloit pas dix.

JOACHIM DU BELLAY (1522–1560)

LE PREMIER LIVRE DES ANTIQVITEZ DE ROME, CON-
TENANT VNE GENERALE DESCRIPTION DE SA GRAN-
DEVR, ET COMME VNE DEPLORATION DE SA RVINE:
PAR IOACH. DVBELLAY ANG.

(Pour les sources latines, néo-latines et italiennes de ces sonnets, consulter l'édition d'Henri
Chamard (Du Bellay, *Œuvres poétiques*, Paris, 1908–), t. II, pp. 4–13).

Paris, F. Morel, 1558.
Oxford, Bodléienne, Byw. I. 2. 7(3).
F° 2ro–4vo.

DIuins Esprits, dont la poudreuſe cendre
Gist ſous le faix de tant de murs couuers,
Non uoſtre loz, qui uif par uoz beaux uers
Ne ſe uerra ſous la terre deſcendre,
Si des humains la uoix ſe peult estendre   5
Depuis icy iuſqu'au fond des enfers,
Soient à mon cry les abyſmes ouuers,*
Tant que d'abas uous me puißiez entendre.
Trois fois cernant ſous le uoile des cieux
De uoz tumbeaux le tour deuotieux,   10
A haulte uoix trois fois ie uous appelle:
I'inuoque icy uostre antique fureur,
En ce pendant que d'une ſaincte horreur
Ie uays chantant* uostre gloire plus belle.

Le Babylonien ſes haults murs uantera,*   15
Et ſes uergers en l'air, de ſon Epheſienne
La Grece deſcrira la fabrique ancienne,
Et le peuple du Nil ſes pointes chantera:
La meſme Grece encor uanteuſe publira
De ſon grand Iuppiter l'image Olympienne,   20
Le Mauſole fera la gloire Carienne,
Et ſon uieux Labyrinth' la Crete n'oubliera:*
L'antique Rhodien eleuera la gloire
De ſon fameux Coloſſe, au temple de Memoire:
Et ſi quelque œuure encor digne ſe peult uanter   25
De marcher en ce ranc, quelque plus grand' faconde
Le dira: quant à moy, pour tous ie ueulx chanter
Les ſept coſtaux Romains, ſept miracles du monde.

Nouueau uenu, qui cherches Rome en Rome,
30 Et rien de Rome en Rome n'apperçois,
Ces uieux palais, ces uieux arcz que tu uois,
Et ces uieux murs, c'eſt ce que Rome on nomme.
Voy quel orgueil, quelle ruine: & comme
Celle qui miſt le monde ſous ſes loix
35 Pour donter tout, ſe donta quelquefois,
Et deuint proye au temps, qui tout conſomme.
Rome de Rome eſt le ſeul monument,
Et Rome Rome a uaincu ſeulement.
Le Tybre ſeul, qui uers la mer ſ'enfuit,
40 Reſte de Rome. O mondaine inconſtance!
Ce qui eſt ferme, eſt par le temps destruit,
Et ce qui fuit, au temps fait reſiſtance.

Celle qui de ſon chef les eſtoilles paſſoit,
Et d'un pied ſur Thetis, l'autre deſſous l'Aurore,
45 D'une main ſur le Scythe, & l'autre ſur le More,
De la terre, & du ciel, la rondeur compaſſoit.*
Iuppiter ayant peur, ſi plus elle croiſſoit,
Que l'orgueil des Geans ſe releuaſt encore,
L'accabla ſous ces monts, ces ſept monts qui ſont ore
50 Tumbeaux de la grandeur qui le ciel menaſſoit.
Il luy miſt ſur le chef la croppe Saturnale,
Puis deſſus l'estomac aßiſt la Quirinale,
Sur le uentre il planta l'antique Palatin:
Miſt ſur la dextre main la hauteur Celienne,
55 Sur la feneſtre aßiſt l'eſchine Exquilienne,
Viminal ſur un pied, ſur l'autre l'Auentin.

Qui uoudra uoir tout ce qu'ont peu nature,
L'art, & le ciel (Rome) te uienne uoir:*
I'entens ſ'il peult ta grandeur conceuoir
60 Par ce qui n'eſt que ta morte peinture.
Rome n'eſt plus: & ſi l'architecture
Quelque umbre encor de Rome fait reuoir,
C'eſt comme un corps par magique ſçauoir
Tiré de nuict hors de ſa ſepulture.
65 Le corps de Rome en cendre eſt deuallé,
Et ſon eſprit reioindre ſ'eſt allé
Au grand eſprit de ceſte maſſe ronde.
Mais ſes eſcripts, qui ſon loz le plus beau
Malgré le temps arrachent du tumbeau,
70 Font ſon idole errer parmy le monde.

Telle que dans ſon char la Berecynthienne
Couronnee de tours, & ioyeuſe d'auoir
Enfanté tant de Dieux, telle ſe faiſoit uoir
En ſes iours plus heureux ceſte ville ancienne:
Ceſte ville, qui fut plus que la Phrygienne   75
Foiſonnante en enfans, & de qui le pouuoir
Fut le pouuoir du monde, & ne ſe peult reuoir
Pareille à ſa grandeur, grandeur ſinon la ſienne.
Rome ſeule pouuoit à Rome reſſembler,
Rome ſeule pouuoit Rome faire trembler: 80
Außi n'auoit permis l'ordonnance fatale,
Qu'autre pouuoir humain, tant fuſt audacieux,
Se uantaſt d'égaler celle qui fit égale
Sa puiſſance à la terre, & ſon courage aux cieux.

Sacrez coſtaux, & uous ſainctes ruines,   85
Qui le ſeul nom de Rome retenez,
Vieux monumens, qui encor ſouſtenez
L'honneur poudreux de tant d'ames diuines:
Arcz triomphaux, pointes du ciel uoiſines,
Qui de uous uoir le ciel meſme estonnez,*   90
Las peu à peu cendre uous deuenez,
Fable du peuple, & publiques rapines!
Et bien qu'au temps pour un temps facent guerre
Les baſtimens, ſi eſt-ce que le temps
Oeuures & noms finablement atterre.   95
Triſtes deſirs, uiuez donques contents:
Car ſi le temps finiſt choſe ſi dure,
Il finira la peine que i'endure.

Par armes & uaiſſeaux Rome donta le monde,
Et pouuoit on iuger qu'une ſeule cité   100
Auoit de ſa grandeur le terme limité
Par la meſme rondeur de la terre, & de l'onde.
Et tant fut la uertu de ce peuple feconde
En uertueux nepueux, que ſa poſterité
Surmontant ſes ayeux en braue auctorité   105
Meſura le hault ciel à la terre profonde:
Afin qu'ayant rangé tout pouuoir ſous ſa main,
Rien ne peuſt estre borne à l'empire Romain:
Et que, ſi bien le temps deſtruit les Républiques,
Le temps ne miſt ſi bas la Romaine hauteur,   110
Que le chef deterré aux fondemens antiques,
Qui prindrent nom de luy, fuſt découuert menteur.

Aftres cruelz, & uous Dieux inhumains,
Ciel enuieux, & maraftre Nature,
115 Soit que par ordre, ou foit qu'à l'auenture
Voyfe le cours des affaires humains,
Pourquoy iadis ont trauaillé noz mains
A façonner ce monde qui tant dure?
Ou que ne fut de matiere außi dure
120 Le braue front de ces palais Romains?
Ie ne dy plus la fentence commune,
Que toute chofe au deffous de la Lune
Eft corrompable, & fugette à mourir:
Mais bien ie dy (& n'en ueuille defplaire*
125 A qui f'efforce enfeigner le contraire)
Que ce grand Tout doit quelquefois perir.

Plus qu'aux bords Aetëans le braue filz d'Aefon,
Qui par enchantement conquift la riche laine,
Des dents d'un uieil ferpent enfemençant la plaine
130 N'engendra de foldatz* au champ de la toifon,
Ceste ville, qui fut en fa ieune faifon
Vn Hydre de guerriers, fe uid brauement pleine
De braues nourriffons, dont la gloire hautaine
A remply du Soleil l'une & l'autre maifon.
135 Mais qui finablement, ne fe trouuant au monde
Hercule qui dontaft* femence tant feconde,
D'une horrible fureur l'un contre l'autre armez
Se moiffonnarent* tous par un foudain orage,
Renouuelant entre eulx la fraternelle rage,
140 Qui aueugla iadis les fiers foldatz femez.

Mars uergongneux d'auoir donné tant d'heur
A fes nepueux, que l'impuiffance humaine
Enorgueillie en l'audace Romaine
Sembloit fouler la celeste grandeur,
145 Refroidiffant ceste premiere ardeur,
Dont le Romain auoit l'ame fi pleine,
Soufla fon feu, & d'une ardente haleine
Vint efchauffer la Gottique froideur.
Ce peuple adonc, nouueau fils de la Terre,
150 Dardant par tout les fouldres de la guerre,
Ces braues murs accabla fous fa main,
Puis fe perdit dans le fein de fa mere,
Afin que nul, fuft-ce des Dieux le pere,
Se peuft uanter de l'empire Romain.*

ANDRÉ THÉVET (1502–1590)

LES SINGVLARITEZ DE LA FRANCE ANTARCTIQVE,
AVtrement nommée Amerique: & de plufieurs Terres & Ifles decouuertes de noftre
temps.
Paris, chez les héritiers de Maurice de la Porte, 1558.
Londres, British Museum, C. 107. d. 1.
(*a*) *Des ifles de Madere,* f° 13ᵛᵒ–15ʳᵒ.
(*b*) *De la riuiere de Ganabara,* f° 48ᵛᵒ–49ᵛᵒ.
(*c*) *Comme les Sauuages exercent l'agriculture,* f° 112ᵛᵒ–116ʳᵒ.

(a)   DES ISLES DE MADERE

NOus ne lifons point es Auteurs, que ces ifles ayent aucunement efté
congneuës ne decouuertes, que depuis foixante ans ença, que les Efpagnols
& Portugais fe font hazardez & entrepris plufieurs nauigations* en
l'Ocean. Et comme auons dit cy deuant, Ptolomée à bien eu congnoiffance
de noz ifles Fortunées, mefmes iufques au Cap verd. Pline aufsi fait 5
mention que Iuba emmena deux chiens de la grande Canarie, outre
plufieurs autres qui en ont parlé. Les Portugais doncques ont efté les
premiers qui ont decouuert ces ifles dont nous parlons, & nommées en
leur langue,* Madere, qui vault autant à dire comme bois, pourtant
qu'elles eftoyent totalemẽt defertes, pleines de bois, & non habitées. Or 10
elles font fituées entre Gibaltar, & les Canaries, vers le Ponent; & en
noftre nauigation les auons coftoyées à main dextre, diftantes de l'equinoctial enuiron trente deux degrez, & des Fortunées de foixãte trois lieuës.
Pour decouurir & cultiuer ce païs, ainfi qu'vn Portugais maiftre pilot m'à
recité, furent contraints mettre le feu dedans les bois, tant de haute 15
fuftaye, que autres, de la plus grande & principale ifle, qui eft faite en
forme de triangle, comme Δ des Grecs, contenant de circuit quatorze
lieuës ou enuiron: ou le feu cõtinua* lefpace de cinq à fix iours de telle
vehemẽce & ardeur, qu'ils furent contraints de fe fauuer & garantir à
leurs nauires: & les autres qui n'auoyent ce moyen & liberté,* fe ietterent 20
en la mer, iufques à tant que la fureur du feu fuft pafsée. Incõtinent apres
fe mirent à labourer, planter, & femer graines diuerfes, qui proffitent
merueilleufement bien pour la bõne difpofition & amenité de l'air: puis
baftirent maifons & fortereffes, de maniere qu'il ne fe trouue auiourd'huy
lieu plus beau & plus plaifant. Entre autres chofes ils ont planté abondance 25
de cannes, qui portent fort bon fucre: dont il fe fait grand traffique, &
auiourd'huy eft celebré le fucre de Madere. Cefte gent qui auiourd'huy
habite Madere, eft beaucoup plus ciuile & humaine, que celle des Canaries,
& traffique auec tous autres le plus humainement qu'il eft pofsible. La plus

30 grande traffique eft de fucre, de vin, (dont nous parlerons plus amplemẽt)[1]
de miel, de cire, orenges, citrons, limons, grenades, & cordouans. Ils font
confitures en bõne quãtité, les meilleures & les plus exquifes qu'on
pourroit fouhaitter; & les font en formes d'hõmes, de femmes, de lyons,
oyfeaux, & poiffons, qui eft chofe belle à contempler, & encores meilleure
35 à goufter. Ils mettent dauãtage plufieurs fruits en confitures, qui fe peuuẽt
garder par ce moyen, & tranfporter és païs eftranges, au foulagemẽt &
recreation d'vn chacun. Ce païs eft donc tresbeau, & autãt fertile: tant
de fon naturel & fituation (pour les belles montagnes accõpagnées de
bois, & fruits eftranges, lefquels nous n'auõs par deça) que pour les fon-
40 taines* & viues fources, dont la campagne eft arrofée, & garnie d'herbes
& pafturages fuffifamment, beftes fauuages de toutes fortes: aufsi pour
auoir diligemment enrichi le lieu de labourages. Entre les arbres qui y
font, y à plufieurs qui iettent gommes, lefquelles ils ont appris auec le
tẽps à bien appliquer à chofes neceffaires. Il fe void là vne efpece de gaiac,
45 mais pource qu'il n'à efté trouué fi bon que celuy des Antilles, ils n'en
tiennẽt pas grãd conte: peut eftre aufsi qu'ils n'entendent la maniere de le
biẽ preparer & accõmoder. Il y à aufsi quelques arbres qui en certain
tẽps de l'année iettent bonne gomme, qu'ils appellent Sang de dragon: &
pour la tirer hors percent l'arbre par le pied, d'vne ouuerture affez large &
50 profonde. Ceft arbre produit vn fruict iaune de groffeur d'vne cerize de
ce païs, qui eft fort propre* à refrefchir & defalterer, foit en fieure ou
autrement. Ce fuc ou gomme n'eft diffemblable au Cynabre, dont efcript
Diofcoride, Quãt au Cynabre, dit il, on l'apporte de l'Afrique, & fe vend
cher, & ne fen trouue affez pour fatisfaire aux peintres: il eft rouge & non
55 blafard, pourquoy aucuns ont eftimé que c'eftoit Sang de dragon: &
ainfi l'a eftimé Pline en fon liure trentetroifiefme de l'hiftoire naturelle,
chap. feptiefme. Defquels tant Cynabre que Sang de dragon, ne fe trouue
auiourd'huy de certain, ne naturel par deça, tel que l'ont defcript les
Anciens, mais l'vn & l'autre eft artificiel. Doncques attendu ce qu'en
60 eftimoyent les Anciens, & ce que i'ay congnu de cefte gomme, ie l'efti-
meroye eftre totalemẽt femblable au Cynabre, & Sang de dragon, ayant
vne vertu aftringente & refrigeratiue. Ie ne veux oublier entre ces fruits
tant finguliers, comme gros limons, orenges, citrons, & abondance de
grenades doulces, vineufes, aigres, aigrefdoulces, moyennes, lefcorce
65 defquelles ils appliquent* à tanner & enforcer les cuirs, pource qu'elles
font fort aftringentes. Et penfe qu'ils ont apris cela de Pline, car il en traite
au liure treziefme chap. dixneufiefme de fon hiftoire. Brief, ces ifles tant
fertiles & amenes furmõteront en delices celles de la Grece, fuffe Chios,
que Empedocles à tant celebré, & Rhodes Apollonius, & plufieurs autres.

---

[1] *amplemet.*

(b)   DE LA RIVIERE DE GANABARA, AVTREMENT DE IANAIRE,
& COMME LE PAIS OV ARRIVAMES, FVT NOMME FRANCE
ANTARCTIQVE

N'Ayans meilleure commodité de feiourner au cap de Frie, pour les
raifons fufdites, il fut queftion de quitter la place, faifans voile autrepart,
au grand regret des gens du païs, lefquels efperoyent de nous plus long
feiour & alliance, fuyuant la promeffe que fur ce à noftre arriuée leur en
auions faite: pourtant nauigames l'efpace de quatre iours, iufques au 5
dixiefme,* que trouuames cefte grãde riuiere nommée Ganabara de ceux du
païs, pour la fimilitude qu'elle à au lac, ou Ianaire, par ceux qui ont fait la
premiere decouuerte de ce païs, diftante de là ou nous eftions partis, de
trente lieuës ou enuiron. Et nous retarda par le chemin le vent, que nous
eumes affes contraire. Ayans donc paffé plufieurs petites ifles, fur cefte 10
cofte de mer, & le deftroit de noftre riuiere, large comme d'vn trait
d'arquebufe, nous fumes d'auis d'entrer en ceft endroit, & auec noz
barques prendre terre: ou incontinent* les habitans nous receurent autant
humainement qu'il fut pofsible: & comme eftans aduertiz de noftre venue,*
auoient drefsé vn beau palais à la couftume du païs, tapiffé tout autour de 15
belles fueilles d'arbres, & herbes odoriferes, par vne maniere de congratulation, mõftrants de leur part grand figne de ioye, & nous inuitans à faire
le femblable. Les plus vieux principalement, qui font comme roys &
gouuerneurs fuccefsiuemẽt l'vn apres l'autre, nous venoyent voir, & auec
vne admiratiõ nous faluoyẽt à leur mode & en leur langage: puis nous 20
cõduifoient au lieu qu'ils nous auoient preparé: auquel lieu ils nous
apporterent viures de tous coftez, comme farine faite d'vne racine qu'ils
appellent Manihot, & autres racines groffes & menues, trefbonnes toutesfois & plaifantes à manger, & autres chofes felon le païs; de maniere
qu'eftans arriuez, apres auoir loué & remercié (comme le vray Chreftien 25
doit faire) celuy qui nous auoit pacifié la mer, les vents, bref, qui nous
auoit donné tout moyen d'accõplir fi beau voyage, ne fut queftion finon
fe recréer & repofer fur l'herbe verte, ainfi que les Troïens apres tant de
naufrages & tempeftes, quand ils eurent rencontré cefte bonne dame Dido:
mais Virgile dit qu'ils auoyent du bon vin vieil, & nous feulement de 30
belle eau. Apres auoir là feiourné l'efpace de deux moys, & recherché tant
en ifles que terre ferme, fut nommé le païs loing à l'entour par nous decouuert, Frãce Antarctique,* ou ne fe trouua lieu plus cõmode pour baftir
& fe fortifier qu'vne bien petite ifle, cõtenant feulement vne lieuë de
circuit, fituée prefque à l'origine de cefte riuiere, dont nous auons parlé, 35
laquelle pour mefme raifon auec le fort qui fut bafti, à efté aufsi nommée
Colligni. Cefte ifle eft fort plaifante, pour eftre reueftue* de grande
quantité de palmiers, cedres, arbres de brefil, arbriffeaux aromatiques
verdoyans toute l'année: vray eft qu'il n'y à eau douce, qui ne foit affez
loing. Doncques le Seigneur de Villegagnon, pour f'affeurer contre les 40

efforts de ces Sauuages faciles à offenfer, & aufsi contre les Portugais, fi
quelquesfois fe vouloient adonner là, f'eft fortifié en ce lieu, comme le
plus commode, ainfi qu'il luy â efté pofsible. Quant aux viures, les
Sauuages luy en portent de tel que porte le païs, comme poiffons, venaifon,
45 & autres beftes fauuages, car ils n'en nourriffent de priuées, comme nous
faifons par deça,* farines de ces racines, dont nous auons n'agueres parlé,
fans pain ne vin: & ce pour quelques chofes de petite valeur, cõme petits
coufteaux, ferpettes, & haims à prendre poiffon. Ie diray entre les louënges
de noftre riuiere, que là pres le deftroit fe trouue vn marefc ou lac proue-
50 nant la plus grand part d'une pierre ou rocher, haute merueilleufement &
eleuée en l'air en forme de piramide, & large en proportion, qui eft vne
chofe quafi incroyable. Cefte roche eft expofée de tous coftez aux flots &
tormentes de la mer. Le lieu eft à la hauteur du Capricorne vers le Su,
outre l'Equinoctial vingt & trois degrez & demy, foubs le tropique de
55 Capricorne.

(c) COMME LES SAVVAGES EXERCENT L'AGRICVLTVRE, &
FONT IARDINS D'VNE RACINE NOMMÉE MANIHOT, & D'VN
ARBRE QV'ILS APPELLENT PENO-ABSOV

Noz Ameriques en temps de paix n'ont gueres autre meftier ou occupation,
qu'à faire leurs iardins: ou bien quãd le temps le requiert ils font contraints aller à la guerre. Vray eft qu'aucũs font bien quelques traffiques,
comme nous auons dit, toutefois la necefsité les contraint tous de labourer
5 la terre pour viure, comme nous autres de par deça. Et fuyuent quafi la
couftume des Anciens, lefquels apres auoir enduré & mangé les fruits
prouenans de la terre fans aucune induftrie de l'homme, & n'eftans
fouffifans pour nourrir tout ce qui viuoit deffus terre, leur cauferent
rapines & enuahiffemẽs,* f'approprians vn chacun* quelque portion de
10 terre, laquelle ils feparoient par certaines bornes & limites: & des lors
commença entre les hommes l'eftat populaire & des Republiques. Et ainfi
ont appris noz Sauuages à labourer la terre, non auecques beufs, ou autres
beftes domeftiques, foit lanigeres ou d'autres efpeces que nous auons de
par deça: car ils n'en ont point, mais auec la fueur & labeur de leur corps,
15 comme lon fait en d'autres prouinces. Toutefois ce qu'ils labourent eft
bien peu, comme quelques iardins loing de leurs maifons & village
enuiron de deux ou trois lieuës, ou ils fement du mil feulement pour tout
grain: mais bien plantent quelques racines. Ce qu'ils recueillent deux
fois l'an, à Noel, qui eft leur Efté, quand le Soleil eft au Capricorne: & à
20 la Pentecofte. Ce mil donc eft gros comme pois cõmuns, blanc & noir:
l'herbe qui le porte, eft grãde en façon de rofeaux marins. Or la façon de
leurs iardins eft telle. Apres auoir couppé fept ou huit arpens de bois, ne
laiffans rien que le pié, à la hauteur parauenture d'vn homme, ils mettent
le feu dedãs pour bruler & bois & herbe à l'entour, & le tout c'eft en plat

païs. Ils grattent la terre auec certains inftrumens de bois, ou de fer, depuis 25
qu'ils en ont eu congnoiffance: puis les femmes plantent ce mil & racines,
qu'ils appellent *Hetich*, faifans vn pertuis* en terre auecques le doigt, ainfi
que lon plãte les pois & febues par deça. D'engreffer & amender la terre
ils n'en ont aucune pratique, ioint que de foy elle eft affez fertile, n'eftant
aufsi laffée de culture, comme nous la voyons par deça. Toutefois c'eft 30
chofe admirable, qu'elle ne peut porter noftre blé:* & moymefme en ay
quelquefois femé (car nous en auions porté auec nous) pour efprouuer,
mais il ne peut iamais profiter. Et n'eft à mon auis, le vice de la terre,
mais de ie ne fçay quelle petite vermine qui le mange en terre: toutefois
ceux qui font demeurez par delà, pourront auec le temps en faire plus 35
feure experience. Quant à noz Sauuages, il ne fe faut trop efmerueiller,
f'ils n'ont eu congnoiffance de blé, car mefmes en noftre Europe & autres
païs au commencement les hommes viuoyent des fruits que la terre produifoit d'elle mefme fans eftre labourée. Vray eft que l'agriculture eft fort
ancienne: comme il appert par l'efcripture: ou bien fi des le commence- 40
ment ils auoient la congnoiffance du blé, ils ne le fçauoient accommoder à
leur vfage. Diodore efcrit que le premier pain fut veu en Italie, & l'apporta
Ifis Royne d'Egypte, monftrant à moudre le blé, & cuire le pain: car au
parauant ils mangeoient les fruits tels que Nature les produifoit, foit que
la terre fuft labourée ou non. Or que les hommes vniuerfellement en toute 45
la terre ayent vefcu de mefme les beftes brutes, c'eft plus toft fable que
vraye hiftoire: car ie ne voy que les Poëtes qui ayent efté de cefte opinion,
ou bien quelques autres les imitans,* comme vous auez en Virgile au
premier de fes Georgiques: mais ie croy trop mieux l'efcripture Sainte, qui
fait mẽtion du labourage d'Abel, & des offrandes qu'il faifoit à Dieu. 50
Ainfi auiourd'huy noz Sauuages font farine de ces racines que nous auons
appellées *Manihot*, qui font groffes comme le bras, longues d'vn pié &
demy, ou deux piés: & font tortues & obliques communément. Et eft
cefte racine d'vn petit arbriffeau, haut de terre enuiron quatre piéz, les
fueilles font quafi femblables à celles que nous nommons de par deça, 55
Pataleonis, ainfi que nous demõftrerons par figure, qui font fix ou fept en
nõbre:* au bout de chacune branche, eft chacune fueille longue de demy pié,
& trois doigts de large. Or la maniere de faire cefte farine eft telle. Ils pilent
ou rapent ces racines feches ou verdes auecques vne large efcorce d'arbre,
garnie toute de petites pierres fort dures, à la maniere qu'on fait de par 60
deça vne noix de mufcade: puis vous paffent cela,* & la font chauffer en
quelque vaiffeau fur le feu, auec certaine quãtité d'eau: puis braffent le
tout, en forte que cefte farine deuiẽt en petis drageons, cõme eft la Mãne
grenée, laquelle eft merueilleufemẽt bonne quãd elle eft recente, &
nourrift tresbien. Et deuez pẽfer que depuis le Peru Canada, & la Floride, 65
en toute cefte terre cõtinẽte entre l'Ocean & le Magellanique, comme
l'Amerique, Canibales, voire iufques au deftroit de Magellã ils vfent de
cefte farine, laquelle y eft fort commune, encore qu'il y à de diftãce d'vn

bout à l'autre de plus de deux mille lieuës de terre: & en vſent auec chair
70 & poiſſon, comme nous faiſons icy de pain. Ces Sauuages tiẽnent vne
eſtrange methode à la manger, c'eſt qu'ils n'approcheront iamais la main
de la bouche,* mais la iettent de loin plus d'vn grand pié, à quoy ils ſont
fort dextres: aufsi ſe ſçauent bien moquer des Chreſtiens, ſ'ils en vſent
autrement. Tout le negoce de ces racines eſt remis aux femmes, eſtimãs
75 n'eſtre ſeant aux hommes de ſ'y occuper.* Noz Ameriques en outre plantẽt
quelques febues, leſquelles ſont toutes blanches, fort plates, plus larges &
longues que les noſtres. Aufsi ont ils vne eſpece de petites legumes
blanches en grande abondance, non differentes à celles que lon voit en
Turquie & Italie. Ils les ſont bouillir, & en mangent auec du ſel, lequel ils
80 ſont auec eau de mer boullue, & conſumée iuſques à la moitié: puis auec
autre matiere la ſont cõuertir en ſel. Pareillement auecques ce ſel & quelque eſpice broyée ils ſont pains gros comme la teſte d'vn homme, dont
pluſieurs mãgent auec chair & poiſſon, les femmes principalement. En
outre ils meſlent quelquefois de l'eſpice auecques leur farine, non pulueriſée,
85 mais ainſi qu'ils l'ont cueillie. Ils ſont encore farine de poiſſon fort ſeche,
tresbonne à manger auec ie ne ſçay quelle mixtion qu'ils ſçauẽt faire. Ie ne
veux icy oublier vne maniere de choux reſſemblans preſque ces herbes
larges ſus les riuieres, que lon appelle Nenuphar, auec vne autre eſpece
d'herbe portant fueilles telles que noz ronces, & croiſſent tout de la ſorte
90 de groſſes ronſes piquantes. Reſte à parler d'vn arbre, qu'ils nomment en
leur langue *Penoabſou*. Ceſt arbre porte ſon fruit gros comme vne groſſe
pomme, rond à la ſemblance d'vn eſteuf: lequel tant ſ'en faut qu'il ſoit
bon à manger, que plus toſt* eſt dangereux comme venin. Ce fruit porte
dedans ſix noix de la ſorte de noz amandes, mais vn peu plus larges &
95 plus plates: en chacune deſquelles y à vn noyau, lequel (cõme ils afferment)
eſt merueilleuſement propre pour guerir playes: aufsi en vſent les Sauuages, quand ils ont eſté bleſſez en guerre de coups de fleſches, ou autrement. I'en ay apporté quelque quantité à mon retour par deça, que i'ay
departy à mes amis. La maniere d'en vſer eſt telle. Ils tirent certaine huile
100 toute rouſſe de ce noyau apres eſtre pilé,* qu'ils appliquent ſus la partie
offenſée. L'eſcorce de ceſt arbre à vne odeur fort eſtrãge, le fueillage
touſiours verd, eſpés comme vn teſton, & fait comme fueilles de pourpié.
En ceſt arbre frequente ordinairement vn oyſeau grand comme vn piuerd,
ayant vne longue hupe ſus la teſte, iaune comme fin or, la queuë noire,
105 & le reſte de ſon plumage iaune & noir, auecques petites ondes de diuerſes
couleurs, rouge à l'entour des iouës, entre le bec & les ïeux comme
eſcarlatte: & frequente ceſt arbre, cõme auons dit, pour manger, & ſe
nourrir de quelques vers qui ſont dans le bois. Et eſt ſa hupe fort lõgue,
cõme pouuez voir par la figure.
110 Au ſurplus laiſſant pluſieurs eſpeces d'arbres & arbriſſeaux, ie diray
ſeulement, pour abreger, qu'il ſe trouue là cinq ou ſix ſortes de palmes
portans fruits, non comme ceux de l'Egypte, qui portent dattes, car ceux

cy n'en portent nulles, ains bien autres fruits, les vns gros comme efteufs, les autres moindres. Entre lefquelles palmes eft celle qu'ils appellent *Gerahuua*: vne autre *Iry*, qui porte vn autre fruit different. Il y en à vne qui 115 porte fon fruit tout rond, gros comme vn petit pruneau, eftant mefme de la couleur quand il eft meur, lequel parauant à gouft de verius venant de la vigne. Il porte noyau tout blanc, gros comme celuy d'vne noifette, duquel les Sauuages mangent. Or voila de noftre Amerique, ce qu'auons voulu reduire affez fommairement, apres auoir obferué les chofes les plus 120 fingulieres qu'auons côgneuës par delà, dont nous pourrons quelquefois efcrire plus amplement, enfemble de plufieurs arbres, arbriffeaux, herbes, & autres fimples, auec leurs proprietez felon l'experience des gens du païs, que nous auons laiffé à dire pour euiter prolixité...

24

JACQUES AMYOT (1513–1593)

LES VIES DES HOMMES Illuftres Grecs & Romains, Comparees l'vne auec l'autre par Plutarque de Chæronęe, Tranflatees de Grec en François.
Paris, M. de Vascosan, 1559.
Cambridge, Trinity College, G. 5. 54.
Fº 512ᵛº–514ʳº: le meurtre de Jules César (Ch. LXII.4–LXVII.4 du texte grec).

Toutefois ceulx qui demãdoient la mutation, & qui ne regardoient que celuy là feul [*c.-à-d. Brutus*], ou à tout le moins qui le regardoiët plus que nul autre, ne f'ozoient addreffer à luy pour luy dire de bouche ce qu'ilz defiroient, mais la nuict ilz empliffoiët fon tribunal & fiege Prætorial, là ou il tenoit fon audiëce, de petits billets & efcritteaux, dont la plufpart 5 eftoit de telle fubftance, Tu dors Brutus, & n'es pas uray Brutus. Pour lefquelz efcritteaux Caffius fentant que le defir d'honneur f'efchauffoit de plus en plus en luy, follicita plus inftamment que iamais ceulx qui efcriuoient ces petits billets, aiant luy mefme quelques caufes particulieres de haine à l'encontre de Cæfar, lefquelles nous auôs declarees en la uie de 10 Brutus. Auffi l'auoit Cæfar pour fufpect: tellement qu'un iour parlant à fes plus feaux, il leur demanda, Que uous femble il que Caffius ueuille faire? car quant à moy il ne me plaift point de le ueoir ainfi pafle. Vne autre fois on calumnia enuers luy Antonius & Dolabella, qu'ilz machinoient* quelque nouuelleté à l'encôtre de luy, à quoy il refpondit, Ie ne me desfie 15 pas trop de ces gras icy, fi biê peignez & en fi bon poinct, ains bien plus toft de ces maigres & pafles là. entendant de Brutus & de Caffius. Mais certainement la deftinee fe peult bien plus facilement preueoir, que non pas euiter,* attendu mefmement qu'il en apparut des fignes & prefages merueilleux: car quant à des feuz celeftes, & des figures & fantafmes que 20

lon ueid courir ça & là parmy l'air: & auffi quãt à des oyfeaux folitaires, qui en plein iour fe ueindrent pofer fur la grande place, à l'aduẽture ne meritent pas telz pronoftiques d'eftre remarquez ny declarez en un fi grand accident. Mais Strabon le philofophe efcrit, que lon ueid marcher des
25 hommes tous en feu, & qu'il y eut un ualet de foudard qui ietta de fa main force flãme, de maniere que ceulx qui le ueirent penferent qu'il fuft bruflé, & quand le feu fut ceffé, il fe trouua qu'il n'auoit eu nul mal. Cæfar mefme facrifiant aux Dieux, il fe trouua une hoftie immolee q̃ n'auoit point de cueur, qui eftoit chofe eftrãge & mõftrueufe en nature, pource que natu-
30 rellemẽt une befte ne peult uiure fans cueur: & y en a beaucoup q̃ cõptent, qu'il y eut un deuin q̃ luy predit & l'aduertit long tẽps deuant, qu'il fe dõnaft bien de garde* du iour des Ides de Mars, qui eft le quinzieme, pource qu'il feroit en grãd dãger de fa perfonne. Ce iour eftãt uenu, il fortit de fa maifon pour f'en aller au Senat, & faluãt le deuin, luy dit en
35 riãt, Les Ides de Mars font uenues: & q̃ le deuin luy refpõdit* tout bas, Elles font uenues uoirement, Cæfar, mais elles ne font pas paffees. Et le iour de deuãt chez Marcus Lepidus, qui luy dõnoit à foupper, il fignoit d'aduẽture des letres miffiues, cõme il faifoit fouuent, & oyant un propos que les autres mirẽt en auãt, Quelle forte de mort eftoit la meilleure & la
40 plus defirable: il cria tout hault, en preuenãt les autres, Celle que moins on attend. Apres le foupper eftãt couché aupres de fa femme, comme il auoit accouftumé, tous les huys & feneftres de fa chambre f'ouurirent* d'elles mefmes, & f'eftant efueillé en furfault tout emeu du bruit & de la clarté de la lune, qui rayoit dedans la chambre, il ouyt fa femme Calpurnia
45 dormãt d'un profond fommeil, qui iettoit quelques uoix confufes, & quelque gemiffemens, non articulez, & que lon ne pouuoit entendre: car elle fongeoit, que lon l'auoit tué, & qu'elle le lamentoit, le tenant mort entre fes bras: toutefois il y en a qui difent que ce ne fut point cefte uifion qu'elle eut, mais que par ordonnance du Senat il auoit efté appofé au
50 comble de fa maifon, pour un ornemẽt & une maiefté, comme quelque pinnacle, ainfi que Liuius mefme là recite: Calpurnia en dormant fongeoit qu'elle le uoioit rompre & quaffer, & luy fembloit qu'elle le regrettoit & en ploroit, à l'occafion dequoy, le matin quand il fut iour elle pria Cæfar, qu'il ne fortift point pour ce iour là dehors, f'il eftoit poffible, & qu'il
55 remeift* l'affemblee du Senat à un autre iour, ou bien f'il ne fe uouloit mouuoir pour fes fonges, à tout le moins qu'il enquift par quelque autre maniere de diuination, ce qui luy deuoit ce iour là aduenir, mefmement par les fignes des facrifices. Cela le meit en quelque foufpeçon & quelque desfiance, pource que iamais auparauant il n'auoit apperceu en Calpurnia
60 aucune fuperftitiõ de femme, & lors il uoioit qu'elle fe tourmentoit ainfi fort de fon fonge: mais encore quand il ueit qu'apres auoir fait immoler plufieurs hofties les unes apres les autres, les deuins luy refpondoient toufiours que les fignes & prefages ne luy en promettoient rien de bon, il refolut d'enuoyer Antonius au Senat pour rompre l'affemblee. Mais fur

ces entrefaittes arriua Decius Brutus, furnommé Albinus, auquel Cæfar 65
fe fioit tãt, que par teftament il l'auoit inftitué fon fecond heritier, &
neantmoins eftoit de la coniuration de Caffius & de Brutus, & craignãt
que fi Cæfar remettoit l'affemblee du Senat à un autre iour, leur confpira-
tion ne fuft efuentee, fe mocqua des deuins, & tenfa Cæfar, en luy remon-
ftrant qu'il donnoit occafion au Senat de foy mefcontenter de luy & de le 70
calumnier, par ce qu'il prendroit cefte remife à un mefpris, à caufe que les
Senateurs f'eftoient ce iour là affemblez à fon mandement, & qu'ilz
eftoient tous prefts à le declarer par leurs uoix, Roy de toutes les prouinces
de l'empire Romain hors l'Italie, en luy permettãt de porter à l'entour de fa
tefte le bendeau royal par tout ailleurs, tant fur la terre que fur la mer, là 75
ou fi maintenant quelqu'un leur alloit denoncer de fa part, que pour cefte
heure ilz fe retiraffent chafcun chez foy, & qu'ilz retournaffent une autre
fois quand Calpurnia aura fongé de meilleurs fonges,* que diroient les
malueillans & les enuieux, & comment pourroient ilz receuoir & prendre
en payemãt les raifons de tes amis qui leur cuideront donner à entendre, 80
que cela ne foit point feruitude à eulx, & à toy domination tyrannique?
toutefois fi tu as (dit il) du tout refolu d'abominer & detefter ce iourdhuy,
encore feroit il meilleur au moins, que fortant de ta maifon, tu allaffes
iufques là, pour les faluer, & leur faire entendre que tu remets l'affemblee
à un autre iour. En luy difant ces paroles il le prit par la main, & le mena 85
dehors. Il ne fut gueres loing de fon logis, qu'il uint un ferf eftranger, qui
feit tout ce qu'il peut pour parler à luy,* & quand il ueid qu'il n'y auoit
ordre d'en approcher pour la foule du peuple, & la grande preffe qu'il eut
incontinent autour de luy, f'alla ietter dedãs fa maifon, & fe meit entre
les mains de Calpurnia, luy difant qu'elle le gardaft* iufques à ce que 90
Cæfar fuft de retour, pource qu'il auoit de grandes chofes à luy dire: &
un Artemidorus natif de l'Ifle de Gnidos, maiftre de Rhetorique en langue
Grecque, qui pour cefte fiene profeffion auoit quelque familiarité auec
aucuns des adherẽs de Brutus, au moiẽ dequoy il fçauoit la plus part de ce
q fe machinoit cõtre luy, luy uint apporter en un petit memoire efcript de fa 95
main, tout ce qu'il luy uouloit defcouurir: & uoiãt qu'il receuoit biẽ toutes
les requeftes qu'õ luy prefentoit, mais qu'il les bailloit incontinent à fes
gens qu'il auoit autour de luy, il f'en approcha le plus pres qu'il peut, &
luy dit: Cæfar lis ce memoire cy que ie te prefente feul & promptement,*
car tu trouueras de grandes chofes dedans, & qui te touchent[1] de bien 100
pres. Cæfar le prit, mais il ne le peult oncques lire, pour la multitude
grande des gens qui parloient à luy, combien que par plufieurs fois il
effayaft de le faire: toutefois tenant toufiours le memoire en fa main, & le
gardant feul, il entra dedans le Senat. Les autres difent, que ce fut un autre
qui luy prefenta ce memoire, & q̃ Artemidorus quelque effort qu'il feift, 105
ne peut onques approcher de luy, ains fut toufiours repoulfé tout au long
du chemin. Or peuuent bien toutes ces chofes eftre aduenues accidentelle-

[1] *touches.*

mềt,* & par cas fortuit: mais le lieu auquel eſtoit lors aſſemblé le Senat aiant une image de Pompeius, & eſtant l'un des edifices qu'il auoit dõnez
110 & dediez à la choſe publique auec ſon Theatre, monſtroit bien euidemment,* que c'eſtoit pour certain quelque diuinité qui guidoit l'entrepriſe, & qui en conduiſoit l'execution notamment en ceſte place là. Auquel propos on racompte que Caſſius, un peu deuant qu'ilz meiſſent la main à l'œuure, ietta ſa ueuë deſſus l'image de Pompeius qui là eſtoit, & l'inuoqua
115 tout bas à ſon aide, combien qu'autrement il adheraſt aſſez aux opinions d'Epicurus: mais le poinct du danger preſent le rauit, & tranſporta ſur l'heure hors de ſoy engendrant en luy une paſſion ſoudaine au lieu des diſcours que le mouuoient, & aux quelles il adheroit quand il eſtoit en ſens raſſis. Quant à Antonius, pource qu'il eſtoit fidele à Cęſar, & fort &
120 robuſte de ſa perſonne, Brutus Albinus l'entreteint au dehors du Senat, luy aiant commencé tout exprés un bien long propos. Ainſi comme Cæſar entra, tout le Senat ſe leua au deuant de luy par honneur, & adonc les uns des coniurez ſe meirent derriere ſa littiere, les autres luy allerent à l'encontre de front, cõme uoulant interceder pour Metellus Cimber, qui requeroit
125 le r'appel de ſon frere eſtant en exil,* & le ſuyuirent ainſi en le priant touſiours, iuſques à ce qu'il ſe fut aſſis en ſon ſiege: & comme il reiettaſt leurs prieres, & ſe courrouceaſt* à eulx les uns apres les autres, à cauſe que d'autant plus qu'il les refuſoit, d'autant plus ilz le preſſoient & l'importunoient plus uiolentemềt, à la fin Metellus luy prenant ſa robbe à deux
130 mains la luy aualla d'alentour du col, qui eſtoit le ſigne* que les coniurez auoient pris entre eulx pour mettre la main à l'execution: & adonc Caſcas luy donna par derriere un coup d'eſpee au long du col, mais le coup ne fut pas grand ny mortel, pource que ſ'eſtãt troublé, comme il eſt uray ſemblable, à l'entree d'une ſi hardie & ſi perilleuſe entrepriſe, il n'eut pas la
135 force ny l'aſſeurance de l'aſſener à poinct. Cæſar ſe retournant auſſi toſt uers luy, empoigna ſon eſpee, qu'il teint bien ferme, & tous deux ſe prirent enſemble à crier: le blecé, en Latin, O traiſtre meſchant Caſca, que fais tu? & celuy qui l'auoit frappé, en Grec, Mon frere aide moy. A ce commencement de l'emeute, les aſſiſtans qui ne ſçauoient rien de la conſpiration,
140 furent ſi eſtonnez & ſi eſpris d'horreur de ueoir ce qu'ilz uoyoient, qu'ilz ne ſceurềt oncques prendre party ny de ſ'en fouir, ny de le ſecourir, non pas ſeulement d'ouurir la bouche pour crier: mais ceulx qui auoient coniuré ſa mort, l'enuironnerent de tous coſtez les eſpees nues en leurs mains, de ſorte que de quelque part qu'il ſe tournaſt, il trouuoit touſiours
145 quelques uns qui le frappoient, & qui luy preſentoient les eſpees luyſantes aux yeux & au uiſage, & luy ſe demenoit entre leurs mains ne plus ne moins que la beſte ſauuage acculee entre les ueneurs: car il eſtoit dit entre eulx, q̃ chaſcun luy donneroit un coup & participeroit au meurtre, à l'occaſion dequoy, Brutus meſme luy en donna un à l'endroit des parties
150 naturelles: & y en a qui diſent qu'il ſe defendit touſiours & reſiſta aux autres, en trainnant ſon corps ça & là, & en criant à pleine uoix, iuſques à

ce qu'il apperceut* Brutus l'efpee traitte en la main: car alors il tira fa
robbe à l'entour de fa tefte, fans plus faire de refiftance, & fut poulfé, ou
par cas d'aduenture, ou par expres confeil des coniurez, iufques contre la
bafe, fur laquelle eftoit pofee l'image de Pompeius, qui en fut toute 155
enfanglantee: de maniere qu'il fembloit proprement qu'elle prefidaft à la
uengeance & punition de l'ennemy de Pompeius, eftant renuerfé par terre
à fes pieds, & tirant* aux traicts de la mort pour le grãd nombre de playes
qu'il auoit: car on dit qu'il eut uingt & trois coups d'efpee, & y eut
plufieurs des coniurez, qui en tirant tant de coups fur un feul corps 160
f'entreblecerent eulx mefmes. Aiant dõques efté Cefar ainfi tué, le Senat,
quoy que Brutus fe prefentaft pour uouloir rendre quelque raifon de ce
qu'ilz auoient fait, n'eut iamais le cueur de demourer, ains f'enfouit atrauers
les portes, & remplit toutes la uille de tumulte & d'effroy, tellement que
les uns fermoient leurs maifons, les autres abandonnoient leurs bouttiques 165
& leurs bancs, & f'en alloient courans fur le lieu pour veoir que c'eftoit,
les autres l'aians ueu f'en retournoient chez eulx. Mais Antonius &
Lepidus, qui eftoient les deux plus grands amis de Cæfar, fe defrobbans
fecrettement, f'en fouirent en autres maifons que les leurs. Et Brutus &
fes confors eftans encore tous bouillans de l'execution de ce meurtre, & 170
monftrans leurs efpees toutes nues, fortirent tous enfemble en trouppe
hors du Senat, & f'en allerẽt fur la place n'aians point uifages ny contenance d'hommes qui fouiffent, ains au contraire, fort ioyeux & affeurez,
admoneftans le peuple de uouloir maintenir & defendre fa liberté, &
f'arreftans à parler aux gens de qualité qu'ilz rencontroient par le chemin, 175
dõt il y en eut aucuns* qui les fuiuirent, & fe meflerent parmy eulx, comme
f'ilz euffent efté de la coniuration, pour en ufurper à faulfes enfeignes
partie de l'honneur: entre lefquelz furent Caius Octauius, & Lentulus
Spinther, qui depuis furent tous deux puniz de leur uaine conuoitife de
gloire par Antonius & par le ieune Cæfar, qui pour cefte caufe les feirent 180
mourir, & fi encores ne iouirent ilz onques de la gloire, pour l'ambition
de laquelle ilz mouroient, par ce que lon ne creut iamais qu'ilz euffent efté
du nombre des coniurez: car ceulx qui les en puniffoient, uengeoient plus
toft en eulx la uoulunté que l'effect. Le lendemain Brutus auec fes confors
defcendit en la place pour parler au peuple, qui luy donna audience telle, 185
qu'il apparoiffoit qu'il ne reprouuoit ny n'approuuoit trop ce qui auoit
efté fait: car il monftroit par un grand filence morne, que d'un cofté il
auoit pitié de Cæfar mort, & de l'autre cofté il reueroit la uertu de Brutus.

MARGUERITE DE NAVARRE, DUCHESSE D'ANGOULÊME (1492–1549)

L'HEPTAMERON DES NOVVELLES DE TRESILLVSTRE ET TRESEXCELLENTE PRINceſſe Marguerite de Valois, Royne de Nauarre, Remis en ſon vray ordre, confus au parauant en ſa premiere impreßion: & dedié à treſilluſtre & treſvertueuſe Princeſſe, Ieanne de Foix, Royne de Nauarre, par Claude Gruget Pariſien.

Paris, B. Prevost, 1559 (édition posthume).
Cambridge, St John's College, B. 8. 10.
F⁰ 131ᵛᵒ–133ᵛᵒ.

MEMORABLE CHARITE D'VNE FEMME DE TOVRS, ENVERS SON MARY PVTIER

Nouuelle Trentehuictieſme

EN LA ville de Tours y auoit vne bourgeoiſe belle & hõneſte, laq̃lle pour ſes vertuz eſtoit non ſeulemẽt aimée, mais crainte & eſtimée de ſon mary. Si eſt-ce que, ſuyant la fragilité des hõmes qui s'ennuyent de mãger bon pain, il fut amoureux d'vne meſtayere qu'il auoit, & ſouuẽt partoit de
5 Tours pour aller viſiter ſa meſtayere, ou* il demeuroit touſiours deux ou trois iours. Et quand il retournoit à Tours, il eſtoit touſiours ſi morfondu, que la pauure femme auoit aſſez à faire à le guerir: & ſi toſt qu'il eſtoit fain, ne failloit à retourner au lieu, ou pour le plaiſir oublioit tous ſes maux. Sa femme, qui ſur tout aymoit ſa vie & ſa ſanté,* le voyant reuenir
10 ordinairement en ſi mauuais eſtat, ſ'en alla en la meſtairie, ou elle trouua la ieune femme que ſon mary aymoit, à laquelle ſans colere mais d'vn treſgracieux viſage diſt, qu'elle ſçauoit bien que ſon mary la venoit veoir ſouuent: mais qu'elle eſtoit mal contente de ce qu'elle le traictoit ſi mal, qu'il ſ'en retournoit touſiours morfondu en la maiſon. La pauure femme,
15 tant pour la reuerence de ſa dame, que pour la force de la verité, ne luy peut denier le faict, duquel luy requiſt pardon. La dame voulut veoir le lict & la chambre ou ſon mary couchoit, qu'elle trouua ſi froide, ſalle & mal en poinct, qu'elle en eut grande pitié. Parquoy incontinent enuoya querir vn bon lict garny de linceux, mante, & cõtrepoincte, ſelon que ſon mary
20 l'aymoit, feit accouſtrer & tapiſſer la chambre, luy donna de la vaiſſelle hõneſte pour le ſeruir à boire & à manger, vne pipe de bon vin, des dragées, & des confitures: & pria la meſtayere qu'elle ne luy rẽuoyaſt plus ſon mary* ſi morfondu. Le mary ne tarda gueres qu'il ne retournaſt, cõme il auoit accouſtumé, veoir ſa meſtayere, & ſ'eſmerueilla fort de
25 trouuer ce pauure logis ſi bien en ordre, & encores plus quand elle luy

donna à boire dans vne coupe d'argent, & luy demanda* d'ou eftoient
venuz tous ces biens. La pauure femme luy dift en plorant, que c'eftoit fa
femme qui auoit tant de pitié de fon mauuais traictement, qu'elle auoit
ainfi meublé fa maifon, & luy auoit recommandé fa fanté. Luy voyant la
grãde bonté de fa femme, & que* pour tant de mauuais tours qu'il luy 30
auoit faicts, luy rendoit tant de biens,* eftimant fa faulte aufsi grande, que
l'honnefte tour que fa femme luy auoit faict, apres auoir donné argent à
fa meftayere, la priant pour l'auenir vouloir viure en femme de bien, f'en
retourna à fa femme, à laquelle il confeffa la debte, & que fans le moyen de
cefte grande doulceur & bonté, il eftoit impofsible qu'il euft iamais laiffé 35
la vie qu'il menoit. Et depuis vefquirent en bonne paix, laiffans entierement la vie pafsée.

Croyez, mes dames, qu'il y a bien peu de mariz, que patience & amour
de la femme ne puiffent gaigner à la longue, ou ils feront plus durs* que
pierres, que l'eau foible & molle par longueur de temps vient à cauer. Ce 40
dift Parlamente: Voyla vne femme fans cueur, fans fiel, & fans foye. Que
voulez vous? dift Longarine, elle experimentoit ce que Dieu commande,
de faire bien à ceulx qui font mal. Ie penfe, dift Hircan, qu'elle eftoit
amoureufe de quelque cordelier, qui luy auoit donné en penitẽce de faire
fi bien traicter fon mary aux chãps, à fin que, ce pendant qu'il iroit, elle 45
euft loifir de le bien traicter* à la ville. Or ça, dift Oifille, vous monftrez
bien la malice de voftre cueur, qui en bons actes faictes vn mauuais
iugemẽt. Ie croy pluftoft qu'elle eftoit fi mortifiée en l'amour de Dieu,
qu'elle ne fe foucioit plus que du falut de fon mary. Il me femble, dift
Simõtault, qu'il auoit plus d'occafion de retourner à fa femme, quand il 50
auoit froid en fa meftairie, que quand il eftoit fi bien traicté. A ce que ie
voy, dift Saffredent, vous n'eftes pas de l'opinion d'vn riche homme de
Paris, qui n'euft fceu laiffer fon accouftrement, quãd il eftoit couché auec
fa femme, qu'il n'euft efté* morfondu. Mais quãd il alloit veoir fa chambriere en la caue fans bõnet, & fans fouliers au cueur de l'yuer, il ne f'en 55
trouuoit iamais mal, & fi eftoit fort belle, & fa chambriere bien laide.*
N'auez vous pas ouy dire, dift Guebron, que Dieu aide toufiours aux
fols, aux amoureux, & aux yurognes? Peult eftre que ceftuy lá tout feul,
eftoit les trois enfemble. Par cela voulez vous cõclure, dift Parlamente, que
Dieu nuift aux chaftes, aux fages, & aux fobres? Ceux qui par eulx mefmes 60
(dift Guebron) fe peuuent ayder, n'ont point befoing d'aide. Car celuy qui
a dit qu'il eft venu pour les malades nõ point pour les fains, eft venu par la
loy de fa mifericorde fecourir à noz infirmitez, rompãt les arrefts de la
rigueur de fa iuftice: & qui fe cuide fage, eft fol deuant Dieu. Mais pour
finer noftre fermon, à qui donnera fa voix Longarine?* Ie la dõne, dift 65
elle, à Saffredẽt. Iefpere donc, dift Saffredent, vous mõftrer par exẽple, que
Dieu ne fauorife pas aux amoureux. Car nonobftant, mes dames, qu'il ait
efté dict par cy deuant, que le vice eft cõmun aux femmes & aux hõmes, fi

eft-ce que l'inuention d'vne fineſſe ſera trouuée plus promptement &
70 ſubtilement d'vne femme* que d'vn homme: & ie vous en diray vn
exemple.

BONNE INVENTION POVR CHASSER LE LVTIN
Nouuelle Trenteneufieſme

VN SEIGNEVR de Grignaulx, qui eſtoit cheualier d'honneur de la
Royne de France Anne Ducheſſe de Bretaigne, retournãt en ſa maiſon,
dont il auoit eſté abſent plus de deux ans, trouua ſa femme en vne autre
75 terre lá aupres. Et ſ'enquerant de l'occaſion, luy diſt,* qu'il reuenoit vn
eſprit en ſa maiſon, qui les tourmentoit tant, que nul n'y pouuoit demeurer.
Monſieur de Grignaulx, qui ne croyoit point en bourdes, luy diſt, que,
quand ce ſeroit le diable meſmes, il ne le craindroit, & emmena ſa femme
en ſa maiſon. La nuict, feit allumer force chandelles, pour veoir plus
80 clairement ceſt eſprit: & apres auoir veillé longuement, ſans rien ouyr,
ſ'endormit: mais incontinent fut reſueillé par vn grand ſoufflet, qu'on luy
donna ſur la iouë, & ouyt vne voix criant, Reuigne Reuigne, laquelle auoit
eſté ſa grand'mere. Lors appella la femme, qui couchoit aupres d'eux, pour
allumer de la chandelle,* pource qu'elles eſtoient toutes eſteinctes, mais
85 elle ne ſe oſa leuer. Incontinent ſentit le ſeigneur de Grignaulx, qu'on
luy oſtoit la couuerture de deſſus luy, & ouït vn grãd bruit de tables &
treſteaux, & eſcabelles, qui tomboient en la chambre, qui dura iuſques au
iour.* Et fut plus faſché ledict ſeigneur de perdre ſon repos, que de peur de
l'eſprit:* car iamais ne creut que ce fuſt vn eſprit. La nuict enſuyant* ſe
90 delibera de prendre ceſt eſprit, & vn peu apres qu'il fut couché, feit
ſemblant de ronfler treſfort, & meit la main toute ouuerte, pres ſon viſage.
Ainſi qu'il attendoit ceſt eſprit, ſentit quelque choſe approcher de luy,
parquoy ronfla plus fort qu'il n'auoit accouſtumé, dont l'eſprit ſ'appriuoiſa
ſi fort, qu'il luy bailla vn grand ſoufflet. Et tout à l'inſtant print ledict
95 ſeigneur de Grignaulx la main deſſus ſon viſage, criant à ſa femme: Ie
tiens l'eſprit: laquelle incontinent ſe leua, & alluma de la chandelle, &
trouuerẽt que c'eſtoit la chambriere, qui couchoit en leur chambre:
laquelle ſe mettant à genoux, leur demanda pardon, & leur promit confeſſer verité, qui eſtoit,* que l'amour qu'elle auoit longuement portée à
100 vn ſeruiteur de leans, luy auoit faict entreprendre ce beau miſtere, pour
chaſſer hors la maiſon maiſtre & maiſtreſſe, à fin que eux deux, qui en
auoient toute la garde, euſſent moyen de faire grand chere, ce qu'ils faiſoient, quand ils eſtoiẽt tous ſeuls. Monſieur de Grignaulx, qui eſtoit
homme aſſez rude, commanda qu'ils fuſſent battuz, en ſorte qu'il leur
105 ſouuint à iamais de l'eſprit: ce qui fut faict, puis chaſſez dehors.* Et par
ce moyen, fut deliurée la maiſon du tourment des eſprits, qui deux ans
durant auoient ioüé leur rolle.

C'eſt choſe eſmerueillable, mes dames, de penſer aux effects de ce puiſſant dieu d'amour, qui oſtant toute crainte aux femmes, leur apprend à faire toute peine aux hommes, pour paruenir à leur intention. Mais 110 d'autant qu'eſt vituperable l'intention de la chambriere, le bon ſens du maiſtre eſt louable, qui ſçauoit tresbien, que l'eſprit ſ'en va & ne retourne plus. Vrayement, diſt Guebron, amour ne fauoriſa pas à ceſte heure là le varlet & la chambriere, & confeſſe que le bon ſens du maiſtre luy ſeruit beaucoup. Toutesfois, diſt Emarſuitte, la chambriere veſquit long temps, 115 par ſa fineſſe, à ſon aiſe. C'eſt vn aiſe bien malheureux, diſt Oiſille, quand il eſt fondé ſur peché, & prend fin par honte & punition. Il eſt vray, ma dame, diſt Emarſuitte, mais beaucoup de gens ont de la douleur & de la peine, pour viure bien iuſtement,* qui n'ont pas le ſens, d'auoir en leur vie tant de plaiſir, que ceux cy. Si ſuis ie de ceſte opinion, diſt Oiſille, qu'il n'y a nul 120 parfaict plaiſir, ſi la conſcience n'eſt en repos. Comment? diſt Simontault: l'Italien veult maintenir, que tant plus le peché eſt grand, de tant plus il eſt plaiſant. Vrayement, diſt Oiſille, celuy, qui a inuenté ce propos, eſt luy meſmes vray diable...

26

JACQUES GRÉVIN (1538–1570)

LE THEATRE DE IAQVES GREVIN de Cler-mont en Beauuaiſis, A TRESILLVSTRE ET TRESHAVLTE PRINCESSE MADAME CLAVDE DE FRANCE, Ducheſſe de Lorraine.
Paris, V. Sertenas & G. Barbé, 1562.
Londres, British Museum, 243. b. 1.
Pp. 26–31: *La Tragédie de César*, Acte III.

LA NOVRRICE

Mais dites, ie uous pry, qui uous cauſe ces pleurs?

CALPVRNIE

Tant ſeulement un ſonge enaigrit mes douleurs.
Deſia ſur noſtre pol ceſte eſtoille argentine,
Qui annonce le iour, entroit dans la courtine,
Dont ſe diſtille en nous le ſomne qui la ſuit,
Et ia ſ'eſtoyent paſſez les deux tiers de la nuict,   5
Quand ie ſenty couler au plus creux de mes mouelles
Le ſomne gracieux, flatant de ſes deux aelles
Le plus fort de mon ſoing, & uoyci, ô bons dieux!
Vn eſtrange malheur preſent deuant mes yeux.   10

Nourrice, tenez moy, la force me delaiſſe,
Ie ſen mon cueur eſtrainct ainſi qu'en une preſſe.

LA NOVRRICE

Madame, reprenez le courage laiſſé,
Et ſuyuez le propos comme auez commencé.

CALPVRNIE

15 Voyci entre mes bras, helas! le cueur me tremble,
Mon Ceſar maſſacré, ainſi comme il me ſemble,
Le ſang en toutes pars luy couloit de ſon corps,
Ne luy restant ſinon la place entre les mors:*
Ie m'eſueille en ſurſault, & or' que ie le touche,
20 Si ne croy-ie pourtant qu'il ſoit dedans la couche:
Ie luy taſte le bras, la poictrine & le flanc,
Et ſemble que touſiours ie me moüille en ſon ſang:
Ie regarde entour moy, & ce qui plus m'eſtonne,
Ie uoy ma chambre ouuerte ou il n'y a perſonne.
25 Nourrice, de ceci que pourrois-ie penſer,
Sinon que quelque mal nous uueille deuancer?*

LA NOVRRICE

Laiſſez cela, Madame, & penſez que la craincte
Ne ſe doit appuyer ſur une choſe feincte:
Le ſonge eſt un menteur, tout preſt pour tormenter
30 Cil qui facilement ſe laiſſe eſpouanter.
Et quand il ſeroit uray ce qu'il uous repreſente,*
Si eſt-ce qu'il ne fault ſ'en monſtrer mal contente.
Les dieux ſouuentesfois nous ueulent aduertir
De ce qui nous menace, & y fault conſentir,
35 Pluſtoſt que deſdaigner leur diuine puiſſance.
Il uauldroit beaucoup mieux par une obeiſſance
Appaiſer leur courroux, que plorer plus long temps:
Se preſenter¹ à eux, & auecque l'encens
Parfumer les autels des temples honorables:
40 Car, Madame, les dieux ne ſont inexorables.
Non, que ie ſoye de ceux qui ont opinion
Que uerité ſ'aſſemble auec la fiction,
Et qu'on doiue penſer eſtre une choſe uraye,
Ce qui en ſonges uains plus ſouuent nous effraye.*
45 Et quant eſt de l'effroy qu'en ſongeant auez eu,

¹ prenſenter.

Comme uous racomptez, moins doit-il eftre creu:
Car qui eft celuy-là, fuft-il audacieux
Ainfi que les Geans, prest d'efcheler les Cieux,
Qui eft-il celuy-là qui ofast entreprendre
D'affronter corps-à-corps le fecond Alexandre?   50
Laiffez donc là ces pleurs, & comme un uent leger
Mettez efuanoüir tous uos fonges en l'air.

CALPVRNIE

Dieu uueille qu'ainfi foit, ma fidele nourrice,
Mais fi fault-il pourtant, qu'auiourdhuy ie iouiffe
Du don que ie demande, & dont ie l'ay prié:*   55
Toutesfois il fe rend tant ferrément lié
Au profit du pays, qu'ores que ie le prie,
Si ne ueult-il pourtant contregarder fa uie.
Ie luy ay racompté ce qui m'est aduenu,
Mais fans en faire cas, il fe fent plus tenu   60
Aux Romains qu'à foy-mefme,* & chetiue ie doubte,
Que le trop grand amour qu'il leur porte, ne coufte
La uie à mon Cefar. Mais ne le uoy-ie pas?
Si eft-ce qu'il me fault l'arrefter de ce pas.
Mes prieres, helas! n'ont elles la puiffance   65
De uous tenir un iour?

CESAR

                Que ie mette affeurance
En ces fonges menteurs!* non, de Cefar le cueur
Ne fera uainement arrefté par la peur.

CALPVRNIE

Aumoins fi ne uoulez affeurer uoftre uie,
Faites à tout le moins pour celle qui uous prie.*   70
Mettez deuant uos yeux les prefages certains,
Qui font depuis n'aguere apparus aux Romains,
La tefte de Capys, & les cheuaux fans brides
Plongez inceffamment en leurs plainctes humides.

CESAR

Bien, puis que ie ne puis appaifer autrement   75
Le uouloir obftiné de ce fafcheux torment,
Laiffons pour ce iourdhuy nos deffeins à parfaire:
Prenez que ie luy donne un iour pour luy complaire.

D. BRVTE

Magnanime Cefar, uous eft-il aduenu
80 Ores d'eftre dompté? uous qui auez tenu
Les guerres par dix ans contre l'audace fiere
D'un Barbare eftranger, & or' par la priere
Qu'une femme uous fait, ie uous uoy furmonté!
Chofe eftrange! de uoir Cefar qui a domté
85 Les plus braues du monde, eftre ferf d'une femme.
Ce n'eft plus ce Cefar, qui d'une plus grand' ame
Foula deffous fes pieds & la gloire & l'honneur
Des fept bouches du Nil, & qui domta l'honneur
Des nourriffons du Rhin, & de cefte grand' plaine
90 Qui fuit l'eau doux-coulante au grauier de la Seine.
Les peuples ennemis pourront en ce pendant
Defpiter les Romains à leur aife, attendant
Les fonges plus heureux d'une femme paoureufe.
On dit, on dit bien uray, la femme imperieufe
95 Fait plus auec les pleurs qu'un guerrier furieux,
Depuis qu'elle a caché un uenin en fes yeux.

CESAR

Ie me fens agité, ainfi qu'on uoit au uent
Vn nauire forcé, que le North ua fuyuant:
Madame d'un cofté me retient, & me prie
100 Que i'euite auiourdhuy le hazard de ma uie:
Brute d'autre cofté me propofe l'honneur:*
Et ie fen dedans moy un magnanime[1] cueur,
Qui m'empefche de croire aux fonges d'une femme.
Mais i'aime mieux la mort qu'endurer un tel blafme.
105 Croire en un fonge uain! qu'il me foit reproché
Que i'aye trop paoureux dedans mon cueur caché
Vn uouloir affoibli! non pas tant que ie uiue,
Le Tybre ne uerra Cefar deffus fa riue
Amoindri de courage, & fi i'aime bien mieux
110 Mourir tout en-un coup, qu'eftre toufiours paoureux:
Ne men parlez donc plus, & penfez que la uie
Ne m'eft tant que l'honneur.

[1] *magnanine.*

162

CALPVRNIE

Hé! pauure Calpurnie!
Tu dois bien maintenant leuant les mains aux cieux
Appuyer ton fecours fur la pitié des dieux,
Puis qu'il n'en refte aucun en tes humbles prieres.   115

LA NOVRRICE

Non non, fi le pouuoir des nations plus fieres
Ne l'ont fceu eftonner, ne penfez pas qu'il foit
Facile d'empefcher les deffeins qu'il concoit.

CALPVRNIE

Helas! ie le fcay bien: mais allons, ma nourrice,
Pour appaifer les dieux par un humble feruice.   120

27

CHARLES ESTIENNE (v. 1504–1564?) ET
JEAN LIÉBAULT (v. 1534–1596)

L'AGRICVLTVRE ET MAISON RVSTIQVE DE M. CHARLES ESTIENNE DOCTEVR EN MEDECINE.

(En traduisant le *Prædium Rusticum* de son beau-père Charles Estienne, Liébault a ajouté des pages basées sur des notes que celui-ci avait laissées inachevées. Le texte de notre extrait manque entièrement au *Prædium*.)

Paris, J. Du Puis, 1564.
Paris, Bibliothèque nationale, S. 4430.
Fº 8ᵛᵒ–10ʳᵒ.

L'OFFICE DV PERE DE FAMILLE

Chap. 6

...Ne voife* à la ville que pour fes principaux affaires,* & face gouuerner fes proces (dont à bien grand peine il fe peut paffer) par vn fidele foliciteur, à qui ne baillera que le double feulement de fes principales pieces: & ne voife en perfonne à la ville, que vers l'yuer & au temps que fon recueil eft fait, & les femailles & premiers labours depefchez: à fin que par vn 5 mefme moyen il entende à fes caufes, & au recouurement de fes debtes. Ie defire qu'il foit doux à fes gents, & qu'il ne leur commãde rien en colere: car l'homme, non plus que le cheual, ne veut eftre tãt rudoyé. Auffi ne voudrois-ie qu'il f'y rendift trop familier* pour le danger du

10 contemnement: & ne leur defcouurir fes entreprifes,* finon d'autant
quelque fois qu'il leur en demãde aduis: & faigne le plus fouuent en faire
felon leur confeil, combien qu'il l'euft ainfi premedité: car ils en œuurent
de meilleur courage, quand ils penfent que la façon vient de leur fantaifie.
Entretienne fes voifins & les fecoure en leurs neceffitez. Ne leur prefte
15 toutesfois que bien à point, & ce qu'il aymera autant perdre que demander
deux fois, fi ce n'eft en leur extreme indigence. Endure de l'importunité
& fafcheufe nature de ceux qu'il cognoiftra luy porter enuie,* & ne
querelle iamais auecq'eux, & ne leur donne occafion de quelque malcontentement: mais diffimulant de ce qu'il cognoift de leur naturel, leur
20 face plaifir tant qu'il pourra, & verra eftre à poinct, encor' qu'il fçache
n'en auoir iamais autre recognoiffance. Ainfi pourra acheter paix & repos.

L'OFFICE DV FERMIER

Chap. 7

ELifez vn fermier entre deux aages, & du païs & terroir de voftre ferme,
fi poffible eft, & tel que cognoiffez eftre de long tẽps, ou par raport de
gents fideles, hõme de bien, & de qui la femme foit mefnagere, & les
25 enfãs biẽ moriginez. Qui ne foit fouffreteux, villotier, plaideur, ne tauernier: qu'il fçache bien commander à fes appetits, & à fes fubiects. Qui ne
laiffe* rien trainer, ny dechoir: foit le premier leué, & le dernier couché:
ne hâte les marchez, foires, ne villages, fi ce n'eft pour fes neceffitez. Se
garde des conuentions apres boire, & ne laiffe rien anticiper fur fon
30 labour: car vn poulce de terre perdu en l'an, en vault vn pied deux ans
apres. Et n'eft ia befoing qu'il fçache lire ny efcrire, ou qu'il ait autre
charge que la voftre, ou qu'il face par autruy faire regiftre de fa defpence:
car le papier endure tout. Auffi ne luy faites rẽdre compte de fi long
temps, ny de plus de chofes que fa memoire puiffe porter. Somme vn bon
35 Meftayer doit eftre paifible, endurant, & actif, & faut qu'il fçache gouuerner, & refaire tous les vtils, qu'il a en maniement, ou defquels vfent fes
gents. Autrement f'il ne failloit qu'vn manche à vne houë, ou vn clou au
cheual, ou à la charrette, faudroit qu'il euft vn charron, & vn marefchal à
gages. Qu'il ait toufiours l'œil fur fes gents, & vifite fes beftes tous les
40 foirs, & tous les matins les façons de fes terres. Ne laiffe refouler fes beftes
au labour: & fçache les medecines qu'il leur faut pour les cheutes, def-
torces, & autres inconuenients, & encor' pour les maladies de fes gents.
Soit veritable fur tout, tienne fa parolle, ne iure point, & monftre tel
exemple à fes gents qui les induife à luy porter honneur. Car tout ainfi que
45 la parolle fimple & veritable, fait eftimer l'homme: auffi le blafpheme, le
langage inutile, lafcif, ou de moquerie, auec la vie de mauuais exemple, le
rendent à tous contemptible. Qu'il mange & boiue de mefme fes feruiteurs, mais en table feparee: qu'il les paye bien, leur remonftre doucement,
& ne leur auance rien, fi ce n'eft en fortune de perte, ou de maladie.

Si vous luy commettez quelques pieces à ferme (car i'entends que la 50
principale charge & fuperintẽdance foit voftre.) ne luy laiffez courir terme
fur autre, que ne le rendez negligent:* excufant toutesfois l'importunité
du temps, & ne luy efpargnez les neceffitez dont il vous requerra, foit pour
l'entretien de voftre maifon, ou pour la reparation des choses qui vous
appartiennent. Ne le prenez de fi pres qu'il ait caufe de fe plaindre, car il 55
vous pourroit faire tort en tel endroit que ne douteriez. Et notez que le
trop exiger d'vn fermier, le rend fouuent ou negligent, ou larron.* Donnez
luy plus de loüange que de reprinfe, & confiderez bien la nation dont il
eft: car le Normand veut eftre mené tout en paix, & le Picard tout chaudement: le vray François eft prompt & inuentif, mais il ne fe hafte qu'en 60
neceffité. Vous auez à choifir entre le fin Bryais, le fier Bryais, & le fot
Bryais. Le Limofin eft foigneux & efpargnãt: mais fi vous n'y prenez garde,
il fera pluftoft fon proffit que le voftre. Le Gafcon chaud & prompt à
colere. Le Prouençal haut, & qui ne veut eftre reprins. Le Poiteuin
cauteleux, & l'Auuergnac endurant du temps & de la fortune: mais f'il 65
fçait voftre gaing, il en participera f'il peut. L'Angeuin, Tourangeois, &
Manceau font fins, fubtils & amateurs de leur proffit. Le Chartrain,
Beauceron, & Soloignois laborieux, paifibles, propres, & referrans. Le
Chãpenois & Bourguignon frãcs & de bon cœur, mais arreftez en leur
opinion, & les faut fouuẽt laiffer faire iufques à l'efpreuue du contraire. A 70
toutes lefquelles complexions non feulement le Pere de famille, mais
encor' le fermier fe doit accommoder, & des pires en choifir la meilleure,
& foy bien garder de ce qui luy peut nuire, ou donner empefchement.
Confiderant que tout ainfi que les terres font diuerfes & ayment particulierement ce qui leur agree, auffi font aucunes perfonnes plus propres à vne 75
chofe que les autres.

L'ESTAT DE LA FERMIERE
Chap. 8

IE ne trouue l'eftat de la Fermiere de moindre foing & diligence que
l'office de fon mary, attendu que par noftre couftume de France, les femmes
ruftiques entendent au mefnage des vaches & des pourceaux, tant pour la
nourriture de l'vn & de l'autre, comme pour la traite du lait, façon des 80
beurres & fourmages, & referue du lard pour le viure des ouuriers.*
Encor' ont-elles le credit du four & de la caue, & leur laiffons la façon des
chanures, & la culture du Iardin à potages, mefmement de gouuerner la
volaille* & le coulombier: & la referue des fruitages, herbages, racines &
graines, & encor' d'entendre aux ruches à miel: vray eft que l'achapt & 85
vête du beftiail appartient à l'homme,* comme auffi le maniement du
denier, auec le loüage & payement des feruiteurs, mais le furplus, qui
concerne les menues affaires, comme du linge, veftement de famille, &
tous vtenfilles de mefnage, cela veritablement appartient à la femme.

90 I'entends aufsi qu'elle foit obeiffante à Dieu & à fon homme, mefnagiere,
ferrante, diligente, paifible, aymant à ne bouger de la maifon, douce aux
fiens, quand il faut, & feuere où il appartient, non querelleufe, hargneufe,
bauarde, langagere, ny fetarde. Qu'elle ait toufiours l'œil fur fes feruantes,
& foit la premiere en befongne, & la derniere qui en parte: qu'elle ne
95 laiffe perdre, ny trainer vne buchette: ne gronde iamais pour le feruice du
pere de famille, car vne miette deniee, ou donnee à regret à fon maiftre, ou
aux fiens, luy en peut coufter vn pain puis apres: ne f'amufe au rapport des
perfonnes, f'il ne luy porte confequence, & en communique bien à poinct
à fon homme. Face volõtiers plaifir à fes voifins, ne leur fubftraye leurs
100 feruiteurs, ny feruantes, & ne les hante finon quand elle leur pourra
feruir ou aider, ou qu'il fe face nopces* & affemblees compagnables. Ne
laiffe trotter fes filles aux feftes, & danfes publiques, finon auec feure compagnie, ou qu'elle mefme y foit prefente. Chaffe fes fils les premiers en
befongne: & leur remonftre l'exemple du pere, pour donner crainte aux
105 feruiteurs. N'endure dire ou prononcer vne parole impudique, ou de
iurement & blafpheme en fa maifon. Et face taire les rapporteurs, qui
f'empefchent des affaires d'autruy. Qu'elle conduife bien les chaumes &
les farmêts pour le chauffage du four. Et ne laiffe perir les coffats de
febues, poix, veffes, & encor des chardons, & herbes inutiles, pour en
110 faire bien bonne cendre. Rende bon compte à fa dame, ou à fon feigneur,
des œufs & des petits, tant de volaille comme d'autres beftes. Sçache la
medecine naturelle, pour les fiens & autres, quand mal leur viendra: mefmes pour les vaches, pourceaux, & volailles: car d'auoir le medecin à
toutes heures, fans vrgente necefsité, ce n'eft pas le proffit de la maifon.*
115 Entretienne tous fes fubiects en amitié, & n'endure qu'ils ayent rancune
l'vn à l'autre. Gouuerne fi bien le pain, que lon n'en vfe que de raffis: &
en temps de cherté, face de la Defpence pour le boire du commun, & que
le vin ferue pour fon homme, & pour les furuenans.

28

HENRI ESTIENNE (1531–1598)

*TRAICTE DE LA CON-formité du language François auec le Grec, Diuifé en
trois liures, dõt les deux premiers traictent des manieres de parler cõformes: le troifieme
contient plufieurs mots François, les vns pris du Grec entierement, les autres en partie: c'eft
à dire, en ayans retenu quelques lettres par lefquelles on peut remarquer leur etymologie.
AVEC VNE PREFACE RE-monftrant quelque partie du defordre & abus qui
fe commet auiourdhuy en l'vfage de la langue Françoife.*
   Paris, H. Estienne, 1565.
   Cambridge, Emmanuel College, 333. 6. 121.

(*a*) *Préface* ¶ iiii^{r°}–¶ vii^{r°}.
(*b*) *Préface* ¶¶ i^{v°}–¶¶ iii^{r°}.

(a)   PREFACE CONTENANT (EN*tre autres chofes*) *vne remo-*
ftrāce du defordre & abus qui eft auiourdhuy en l'vfage de la lāgue
Françoife

EN VNE epiftre Latine que ie mi l'an paffé audeuant de quelques miens
dialogues Grecs, ce propos m'efchapa, *Quia multo maiorē Gallica lingua cum*
Græca habet affinitatē quàm Latina: & quidem tantā (abfit inuidia dicto) ut Gallos
eo ipfo quòd nati fint Galli, maximum ad linguæ Græcæ cognitionem προτέρημα
feu πλεονέκτημα *afferre putem.* Ce propos (felon que i'ay peu cõgnoiftre) a 5
efté trouué de bon gouft & de bonne digeftion par plufieurs de ma nation,
bien difpofez pour iuger de telle chofe: mais ie me fuis apperceu que
beaucoup d'eftrangers au cõtraire l'ont trouué fort cru, & qu'il leur a efté
de fi dure digeftion que toufiours depuis ils l'ont gardé en l'eftomach: &
mefmes aucũs d'eux m'ont ouuertement faict entẽdre le peu de con- 10
tentement qu'ils en auoyent receu. Et d'autant que ce font perfonnages
defquels la qualité merite d'eftre par moy refpectee, ie me fuis mis en tout
devoir de cercher les moyens les plus propres & conuenables tant pour
remedier au mefcõtentement de ceux-ci, que pour obuier à celuy des
autres à l'aduenir. Mais autre expedient ne m'eft venu en penfement que 15
ceftuy-ci, c'eft que ce qu'ils ont trouué trop dur, ie tafche de l'amollir
par bonnes & peremptoires raifons: fur lefquelles des lors ie me fentois
fondé, & dont auffi i'euffe accompagné ce mien propos, fi le lieu & le tẽps
m'euffent femblé le porter. Or les raifons que i'ay à deduire, ne feront
difficiles à comprendre, d'autant qu'elles confiftent en exemples, monftrans 20
à l'œil combien le language François eft voifin du Grec, non feulement en
vn grand nombre de mots (ce que feu mon pere a ia monftré parcideuant en
partie) mais auffi en plufieurs belles manieres de parler: afin-que par cefte
cõparaifon chafcun voye combien le Latin, l'Italien, l'Efpagnol, font
efloignez du Grec, duquel le noftre eft prochain voifin: & par confequent 25
cõbien celuy qui eft né François trouue le chemin plus court pour paruenir
à la cognoiffance d'iceluy. Ce qui fera fuffifant (ce me femble) pour me
iuftifier, & mõftrer que ie n'ay rien auancé en ceft endroict, mais ay parlé
auec bõ fondement. Mais ie fay mon conte qu'on m'accorde ce principe
(comme auffi on ne doibt difputer contre ceux qui nient les principes en 30
quelque matiere que ce foit) que la langue Grecque eft la roine des langues,
& que fi la perfection fe doibt cercher en aucune, c'eft en cefte-la qu'elle fe
trouuera. Et de la ie conclu que tout-ainsi que le temps paffé, apres
que Apelles eut peinct l'image de Venus, d'autant que fon tableau eftoit
tenu pour vn parangon de toute beauté, celles qui luy pourtraioyent le 35
mieulx, & tenoyent le plus de traits de fon vifage, eftoyent eftimees les
plus belles: pareillement la langue Françoife,* pour approcher plus pres*
de celle qui a acquis la perfection, doibt eftre eftimee excellẽte pardeffus les
autres. QVE fi d'auãture ie me mefcontois en ce que ie prefuppofe tenir
ce poinct pour tout accordé, qu'vne perfection de language ne fe peut 40

trouuer qu'entre les Grecs, & qu'il me falluſt debatre* ce que ie tiẽ pour gãgné, alors ie ſerois d'aduis de tenir ce moyen contre celuy qui ſe preſenteroit à telle diſpute: aſçauoir* de luy demander en quels poincts il eſtimeroit conſiſter la perfection d'vn language. Et ſ'il m'accordoit (ce qui

45 luy ſeroit force) qu'elle giſt en ce qu'il ſoit aiſé à prononcer, contẽtant bien l'oreille, copieux & abondant en mots de toutes ſortes, ie m'aſſeure que nous tomberions biẽ toſt d'accord quant au reſte. Car ie luy aurois incõtinẽt faict cõfeſſer, (pourueu qu'il voulſiſt preſter l'oreille à raiſon) que la prononciation du Grec eſt plus aiſee ſans cõparaiſon que celle d'aucũ

50 autre, cõtẽtãt l'ouye par ſa doulceur, & la rempliſſant auſſi par ſa vehemence ou il eſt beſoin, trop mieulx qu'aucun autre language. Au demeurant qu'il eſt* ſi riche en toutes ſortes de mots, & meſmes en ce qui cõcerne les arts tant liberaulx que mechanicques, qu'il en preſte à tous autres languages, & n'en emprunte de pas vn. Et (qui eſt vn ſingulier bien) toutes

55 & quantes fois qu'il luy ſuruient choſe nouuelle n'ayant encores ſon nom, il ha le moyen de luy en pourueoir ſur le champ. Et quãd i'aurois ainſi particulierement mõſtré la perfection de ceſte lãgue, (ce qui ſeroit, à mon iugemẽt, autant de parolles perdues*) de là ſ'enſuiuroit la concluſion de ce que i'ay propoſé ci-deſſus touchant la preeminence de la noſtre: pourueu

60 auſſi que d'autre part ie feiſſe apparoiſtre du voiſinage que i'ay dict qu'elle auoit auec elle.* Ce que i'ay entrepris de faire par le preſent Traicté, pour l'occaſion que i'ay declaree ci-deſſus.

MAIS auant qu'entrer en matiere, ie veulx bien aduertir les lecteurs que mon intention n'eſt pas de parler de ce language François bigarré, & qui

65 change tous les iours de liurée, ſelõ que la fantaſie prend ou à monſieur le courtiſan, ou à monſieur du palais, de l'accouſtrer. Ie ne preten point auſſi* parler de ce François deſguiſé, maſqué, ſophiſtiqué, fardé & affecté à l'appetit de tous autres, qui ſont auſſi curieux de nouueauté en leur parler comme en leurs accouſtremens. Ie laiſſe apart ce François Italianizé &

70 Eſpagnolizé. Car ce François ainſi deſguiſé, en changeant de robbe, a quantetquãt perdu (pour le moins en partie) l'accointance qu'il auoit auec ce beau & riche language Grec. Lequel aduertiſſemẽt m'a ſemblé neceſſaire pour le Traicté des manieres de parler cõmunes à ces deux lãgues. Mais pour l'eſgard des etymologies des mots François tirees du Grec, ie ne

75 veux point auſſi oublier à proteſter que mon intention n'eſt aucunement de parler du François de la maigre orthographe, ni d'autre ſemblable, pour les raiſons que ie deduiray au long ou il ſera beſoin. De quel François doncques enten-ie parler? Du pur & ſimple, n'ayant rien de fard, ni d'affectation: lequel monſieur le courtiſan n'a point encores changé à ſa

80 guiſe, & qui ne tient rien d'emprũt des langues modernes. Comment donc? ne ſera-il loiſible d'emprunter d'vn autre language les mots dont le noſtre ſe trouuera auoir faulte? Ie ne di pas le contraire. mais ſ'il fault venir aux emprunts, pourquoy ne ferons-nous pluſtoſt ceſt honneur aux deux lãgues anciennes, la Grecque & la Latine, (deſquelles nous tenons

defia la plus grãde part de noſtre parler) qu'aux modernes, qui font (fauf 85
leur honneur) inferieures à la noſtre? Que ſi ce n'eſtoit pour vn efgard,
afçauoir d'entretenir la reputatiõ de noſtre langue, ie ſerois biẽ d'aduis
que nous rendiſſions la pareille à meſſieurs les Italiens, courans auſſi auãt*
ſur leur language, comme ils ont couru ſur le noſtre: ſinon que par amiable
compoſition ils ſ'offriſſent à nous preſter autant de douzaines de leurs mots 90
comme ils ont emprunté de cẽtaines des noſtres. Et touteſſois quãd ils les
nous auroyent preſtez, qu'en ferions-nous? Il eſt certain que quand nous
en ſeruirions, ce ne feroit point par neceſſité, mais par curioſité: laquelle
puis apres cõdamneriõs nous-meſmes les premiers, auec vn remors de
cõſciẽce, d'auoir defpouillé noſtre lãgue de ſon hõneur pour en veſtir vne 95
eſtrãgere. Ce ne feroit point (di-ie) par neceſſité, veu que, Dieu merci,
noſtre langue eſt tant riche qu'encores qu'elle perde beaucoup de ſes mots,
elle ne ſ'en apperçoit point, & ne laiſſe de demeurer bien garnie. d'autãt
qu'elle en ha ſi grãd nõbre qu'elle n'en peut ſçauoir le compte, & qu'il luy
en reſte non ſeulement aſſez, mais plus qu'il ne luy en fault. Ce non-obſtant 100
poſons le cas qu'elle ſe trouuaſt en auoir faulte en quelque endroict:
auãt que d'en venir là (ie di d'emprunter des langues modernes) pourquoy
ne ferions-nous pluſtoſt fueilleter nos Romans, & defrouiller force beaux
mots tant ſimples que compoſez, qui ont pris la rouille pour auoir eſté ſi
long temps hors d'vfage? Non pas pour ſe ſeruir de tous fans difcretion, 105
mais de ceux pour le moins qui ſeroyent les plus cõformes au language
d'auiourdhuy. Mais il nous en prend comme aux mauuais meſnagers, qui
pour auoir pluſtoſt faict, empruntent de leurs voiſins ce qu'ils trouueroyent
chez eux, ſ'ils vouloyent prendre la peine de le cercher. Et encores faiſons-
nous ſouuent bien pis, quãd nous laiſſons (fans ſçauoir pourquoy) les mots 110
qui ſont de noſtre creu, & que nous auõs en main, pour nous ſeruir de
ceux que nous auons ramaſſez d'ailleurs. Ie m'en rapporte à Manquer, & à
ſon fils Manquement: à Baſter, & à ſa fille Baſtance, & à ces autres beaux
mots, A l'improuiſte, La premiere volte, Groſſe intrade, Vn grand
efcorne.* Car qui nous meut à dire Manquer & Manquement, pluſtoſt que 115
Defaillir & Default? Baſter & Baſtance, pluſtoſt que Suffire & Suffiſance?
Pourquoy trouuons-nous plus beau A l'improuiſte, que Au defpourueu?
La premiere volte, que La premiere fois? Groſſe intrade, que Gros reuenu?
Qui fait que nous prenons plus de plaiſir à dire, Il a receu vn grand efcorne,
qu'à dire Il a receu vne grande honte? ou, Diffame? ou, Ignominie? ou, 120
Vitupere? ou, Opprobre? I'alleguerois bien la raiſon ſi ie penſois qu'il n'y
euſt que ceux de mon pays qui la deuſſent lire eſtant ici efcripte: mais ie la
tairay de peur d'efcorner ou efcornizer ma nation enuers les eſtrãgers. Ie
parle ainſi pour mõſtrer à ces meſſieurs les amateurs de noualité, iuſques
ou pourroit en la fin mõter leur entrepriſe (c'eſt à dire iuſques à combien 125
grande deriſion) ſi on ne luy couppoit chemin. Or ſçay-ie bien que quelqu'vn qui vouldra ſe monſtrer habile homme, me refpondra que Efcorne
venant de l'Italien Scorno, ha ie ne ſçay quoy de plus que aucũ de ces

autres mots Frãçois que ie viẽ de dire: mais apres auoir biẽ cerché, il
130 fauldra qu'il demeure toufiours à fon ie ne fçay quoy. Car fi ainfi eftoit que
Scorno ne fe peuft dire en bon François, il fauldroit qu'il fignifiaft quelque
chofe qui ne fe peuft mefmes dire ni en Latin, ni en Grec: d'autãt que no⁹
exprimons aifeement en noftre langue tous les mots de ces deux languages
qui concernent cefte fignification. Neantmoins pofons le cas que nul de ces
135 nõs la que i'ay mis, ne peuft correfpõdre à ceft Italien, ie di qu'en changeãt
le Verbe auec lequel il eft ioinct, nous trouuerons vne douzaine de
manieres de parler propres à ce faire. Mais n'eft-ce pas bien pour rire, que
comme nous fommes allez emprũter le mot des Italiens, Scorno, ils font
venus auffi emprunter le noftre, Honte? Vray eft qu'ils ont faict tout au
140 contraire de nous: car au lieu que nous auons adioufté vne lettre au leur,
difans Efcorne pour Scorno, ils oftent vne lettre au noftre, quand ils
pronõcent Onta* au lieu de Honte. Or comme il y en a qui penfent ne
pouuoir exprimer par vn mot Frãçois ce qu'ils expriment par ceftuy-ci
Efcorne, qui eft emprũté de l'Italiẽ, auffi ont plufieurs la mefme opiniõ
145 de Affafiner, & de ce mot qui eft tant pourmené, Se refentir.* Mais ils
diroyent autrement f'ils y auoyent bien penfé.

(b)

Mais laiffons là ces meffieurs, & au lieu de parler de ce qui fe fait, parlons
de ce qui fe devroit faire, quand il feroit queftion d'emprũter d'vne autre
langue. Ie di donc qu'il me femble que nos predeceffeurs nous ont mõftré
le chemin en ces mots, Roffe, Bouquin, Dogue, & autres femblables. Car
5 ne voulans faire l'hõneur à vn mefchãt cheual, & qui n'ha point de cueur,
de l'appeler cheual, de ce mot Roff, qui en Allemand fignifie fimplement
& generalement vn cheual, ils en ont faict Roffe pour exprimer cela.
Pareillemẽt pour fignifier vn liure duquel on ne tient plus de compte, pour
auoir efté tracaffé par beaucoup de mains, de ce mot Bouch, qui eft à dire
10 ẽ Allemãd vn liure, ils ont faict ce mot Bouquin. Du quel auffi ie penfe
que cefte maniere de parler foit venue, Cela eft bouquanier. Et quãt à ce
mot de Dogue, ils ont faict ce qui eft permis en tout language, & que les
Grecs mefmes ont practiqué, c'eft de laiffer à vne chofe venant de pays
eftrange, le nom qu'elle auoit là. Car propremẽt les grãds chiens d'Angle-
15 terre ont efté par nos predeceffeurs & font encores auiourdhuy par nous
appelez du mot Anglois Dogues. Il y a feulemẽt cefte difference, que le
mot Anglois eft cõmũ aux grãds & aux petis, que nous auõs attribué
particulieremẽt aux grãds, pource qu'on ne no⁹ a amené que des grands.
Voila cõmẽt nos predeceffeurs fe font feruis de mots emprũtez. Mais il f'en
20 eft falu beaucoup que nous ayons tenu ce chemin en tous les mots defquels
nous auons bigarré noftre language: tefmoin le mot de Piftolet, duquel
l'origine eft merueilleufe, & telle que ie raconteray. A Piftoye petite ville
qui eft à vne bõne iournee de Florẽce, fe fouloyẽt faire de petis poignards,

lefquels eftãs par nouueauté apportez en France, furent appelez du nom du lieu premierement Piftoyers, depuis Piftoliers, & en la fin Piftolets. 25 Quelque temps apres eftant venue l'inuention des petites harquebufes, on leur tranfporta le nom de ces petis poignards. Et ce poure mot ayãt efté ainfi pourmené long temps, en la fin encores a efté mené iufques en Espagne & en Italie, pour fignifier leurs petis efcus. Et croy qu'encores n'a il pas faict, mais que quelque matin les petis hõmes f'appelleront 30 Piftolets, & les petites femmes, Piftolettes. Or ay-ie voulu alleguer ceft exemple notable pour monftrer cõme nous auõs mal appliqué aucuns mots à noftre lãgue. Et à propos de Piftolet, il y a bien plus d'apparence à ce mot Iocõdale, d'autant que les Allemans difent Iochim daler, ou Ioachim daler. Il eft vray qu'ordinairemẽt ils fe contẽtẽt de dire Daler, ou Taler. Mais ie 35 laiffe pẽfer cõbiẽ d'autres mots fe font infinuez en la bonne grace de noftre languaige par moyens fubtils, fans que nous en foyons apperceus. Ie ne parle point des noms dõnez aux chofes apportees d'eftrange pays: (car il eft loifible de leur laiffer les noms qu'elles auoyent là) mais ie parle des mots que nous auons empruntez fans aucune neceffité, de nos voifins plus 40 poures que nous, feulement pour contenter noftre efprit conuoiteux de nouueauté. Mais encore ce qui f'eft faict par le paffé en ceft endroict, eftoit aucunement tolerable au pris de ce qui fe fait pour le iourdhuy : quãd nous voyons que fans aucune difcretion & fans aucun refpect, petis & grands, fçauans & ignorans fe meflent de ce meftier. Que fi tels emprunts continu- 45 ent, que pouuõs-nous attendre autre chofe auec le temps finon que noftre languaige, qui a eu fi grande vogue & fi grand credit par le paffé, en la fin à faulte de pouuoir payer fes crediteurs, foit contrainct de faire vn tour de banqueroutier.

ET CEPENDANT tant f'en fault que ie trouue mauuais que noftre 50 langue f'empare de quelques enrichiffemẽs des lãgues eftrangeres, qu'au contraire ie ferois le premier qui vouldrois luy en pouuoir donner les moyens. Mais i'enten des enrichiffemẽs qu'elle n'ha point chez foy. Car il n'y a point d'ordre que pareffeux[1] de cercher ce qui eft chez nous, allions bien loin aux emprunts. Auant donc que de fortir de noftre pays (ie di, 55 comprenãt tous fes confins) nous devrions faire noftre prouffit de tous les mots & toutes les façõs de parler que nous y trouuons: fans reprocher les vns aux autres, Ce mot la fent fa boulie, Ce mot la fent fa raue, Ce mot la fent fa place Maubert. Et quant à ce qu'on pourroit alleguer qu'il n'y auroit ordre d'vfer d'vn languaige bigarré de diuers dialectes, (que nous auons 60 differens ne plus ne moins que les Grecs*) ie refpon qu'il y a bon remede à cela: c'eft que nous en facions tout-ainfi que d'aucunes viãdes apportees d'ailleurs, que nous cuifinõs à noftre mode, (pour y trouuer gouft) & non à celle du pays dont elles viennent. Et Lucian en fa langue nous monftre mieux que nul autre, la practique de ceci. car il f'aide de mots & locutions 65 Ioniques & Doriques, les habillãt touteffois d'vn mefme manteau que les

---

[1] pareffe.

autres: de forte qu'on ne les peut recongnoiftre fi on n'y regarde de bien pres. Cela eftant faict, il nous fera plus pardonnable d'aller aux emprunts hors de noftre pays. Et fi quelcun obiecte, que fe feroit defhõneur aux 70 Frãçois d'emprûter riẽ des languages eftrãgers modernes, veu qu'ils maintiennent le leur eftre plus riche:* ie refpon que ce n'eft pas honte d'emprûter d'vn plus poure que foy en intention de luy rendre le double. Et quand ainfi ne feroit,* au pis aller, le defhonneur feroit bien toft paffé, fi on vouloit croire mon confeil: car ie ferois d'aduis de defguifer* fi biẽ 75 ce que nous emprûteriõs, & l'accouftrer tellemẽt à noftre mode, que biẽ toft apres il ne peuft eftre recongnu par ceux-mefmes qui l'auroyent prefté: & par fucceffion de temps fuft François naturalizé. Mais la plus part de ceux qui fe meflent pour le iourdhuy d'emprunter, f'y portent trefmal: car ils font leur monftre de ce qu'ils devroyẽt cacher, penfans que leurs 80 emprunts leur tournent à gloire, au lieu qu'ils leur tournent à defhonneur: mefmement d'autant qu'ils les font fans aucun iugement, ni difcretiõ, laiffans les mots de leur langue beaux & bons, pour en aller cercher des eftrãgers malotrus. En quoy ils me font fouuenir de ceux qui eftans degouftez par maladie, prennẽt plus d'appetit à vne mauuaife viãde qui 85 leur eft nouuelle, qu'à vne bõne qu'ils auoyẽt accouftumee.

29
RÉMY BELLEAU (1528–1577)

LA BERGERIE DE REMY BELLEAV
Paris, G. Gilles, 1565.
Paris, Bibliothèque nationale, Rés. p. Ye. 327.
Pp. 5–11.

LE SOLEIL ayãt chaffé la brune efpaiffeur de la nuict, acompagné de la troupe doree des heures, defia cõmançoit a poindre, eftendant fes treffes blondes fur la cime des montagnes, faifant la ronde par les plaines blanchiffantes de l'air, vifitant les terres dures, & réchauffant les flots 5 efcumeux de la mer: lors que la Fortune, & le deftin, qui de long tems auoient coniuré mon malheur, m'ayant fait fentir combien leur contrainte forcee a de pouuoir fur les hommes, laffez & recreus de me tourmenter, me prefterẽt tant de faueur, qu'ils me cõduirent en vn lieu, ou ie croy que l'hõneur, & la vertu, les amours, & les graces, auoient deliberé de fuborner 10 mes fens, enyurer ma raifon, & peu à peu me dérober l'ame, me faifant perdre le fentimẽt, fuft de l'œil, de l'ouye, du fentir, du gouter & du toucher* Et quant à l'œil.*

C'eftoit vne crouppe de mõtagne moyẽnement haute, touteffois d'affez

difficile acces : du cofté ou le foleil raporte le beau iour, fe découuroit vne
longue terraffe pratiquee fur les flancs d'vn rocher, portant largeur de deux 15
toifes & demie, enrichie d'apuis & d'amortiffemens de pierre taillee à iour,
à petites tourelles, tournees & maffonnees à cul de lampe, & auançees
hors la courtine de la terrasse, pauee d'vn paué de porfire baftard, mou-
cheté de taches blãches, rouges, verdes, grifes, & de cent autres couleurs,
nettoyee par des égouts faits à gargouilles, & mufles de Lion : L'vn des 20
bouts de cette terraffe eftoit vne galerie vitree, lambriffee fur vn plancher
de carreaux émaillez de couleur. Le frontifpice, à grandes colonnes,
canellees & rudentees, garnies de leurs bafes, chapiteaux, architraue,
frife, cornice, & mouleures de bonne grace, & de iufte proportion. La
veuë belle, & limitee de douze coupeaux de montagnettes, ruiffelets, 25
riuieres, fontaines, prez, combes, chafteaux, villages, & bois, bref de tout
cela que l'œil fauroit fouhaitter pour fon cõtentement. Or dedans cefte
galerie couuerte fe monftroit vne infinité de tableaux, faits de la main
d'vn gentil ouurier, entre autres, i'en remarquay trois. Le premier eftoit
vn païfage fi bien & fi naïuemẽt raporté au naturel, que la nature mefme fe 30
tromperoit f'elle ofoit entreprandre de faire mieux, au milieu fe découuroi-
ent deux bergers afsis & apuiez du dos contre le tronc de deux ormes, ils
eftoient fi penfifs & de fi trifte contenance qu'on iugeoit facilement quils
fe lamentoiẽt fur les miferes de noftre tems, & à la verité ils portoient l'œil
baiffé, le vifage palle & chagrin, & fi i'ay bõne memoire, ie vous diray 35
leurs complaintes que ie vis fi mignonnemẽt traçees, & contrefaites au
pinçeau fur le trõc de ces arbres, qu'il fembloit qu'elles fuffent de relief,
creües & engrofsies auec leur efcorce, le premier qui eftoit vers le foleil
leuant foufpiroit en cette façon.

FRANCIN

C'Eft de lõg tems Charlot, Charlot que la fortune   40
Eft cõme par destin entre nous deux commune
Vn miferable foin toufiours fur noftre chef
Importun amoncelle* vn monde de mechef.

CHARLOT

Hé qui feroit heureux ? quant en noftre Prouince,
Cité contre cité, & Prince contre Prince,   45
Le noble, le marchant, le foldat, l'artizan,
Le iuge, l'auocat, le ferf, le Courtifan,
Le maiftre, l'efcolier, l'Orateur, le Poette,
Le preftre, le reclus, la fimple femmelette,
S'arment contre leur fang, & pris d'ambition,   50
Dedans leur eftomac font la fedition ?

FRANCIN

Außi ne voy tu pas, que depuis que la France
Couue dedans ſon ſein, le meurtre, & la vengeance,
La France enſorcelee, & ſurpriſe d'erreur,
55 De guerre, de famine, & de peſte, & de peur,
France* le petit œil, & la perle du monde,
Eſt maintenant ſterile, au lieu d'eſtre feconde?
Et comme maugré ſoy, dépite elle produit
Par colere, dédain, ſon herbage & ſon fruit?

CHARLOT

60 Ne voy tu des foreſts le plus épais feuillage,
Qui ne porte ſinon à regret ſon ombrage?
Les Faunes, les Syluains, de tous coſtez eſpars,
Se muſſant, ont quitté leurs foreſts aux ſoudars.

FRANCIN

Il n'y a dans ces bois lieu tant ſoit ſolitaire,
65 Qui ne ſente de Mars la fureur ordinaire,
Vous le ſauez taillis, & vous couſtaux boſſus,
Prez, mõts, iardins, & bois, & vous antres mouſſus
Qui mille fois le iour répondez à mes plaintes,
Plaintes qu'on liſt au front de ces ormes empraintes,
70 Nymphes vous le ſauez, & vous qui habitez
Satyres dans les creux de ces obſcuritez,
Meſme le beau criſtal de ces viues fontaines,
Le murmure en coulant, par ces herbeuſes plaines.

CHARLOT

N'as tu pas veu, Francin, mâchotter les brebis
75 L'herbe demibrulee, au milieu des herbis?
Briſer nos chalumeaux? & de mille ruynes
Saccager les rouſeaux de nos pauures caßines?
Au lieu d'épiz creſtez naiſtre ſur les ſillons,
Des chardons heriſſez en pointes d'aiguillons?
80 Les porcs dans les ruiſſeaux? & troubler dans la pree
L'eau que tous les bergers tenoient comme ſacree?
De carmes enchantez la Lune enſorceler?
Faire tarir le lait, & le pis deſenfler
De la vache laitiere, & de mauuaiſe œillade

Rendre tout le troupeau, & galeux, & malade ? 85
Bref, i'eftime celuy trois & trois fois heureux
Qui mourant n'a point veu vn ciel fi malheureux.

FRANCIN

Quelle grefle, quel vent, quel malheur, quel orage
Quelle eftrange fureur, quel infame pillage,
Quelle rage du Ciel, quelle nüe d'erreur, 90
Quelle mauuaife main, a dérobé l'honneur,
Le repos, & la paix, la gloire, & la vaillance,
L'heritage facré de noftre douce France ?
Pleurez villes, chafteaux, & verfez larmes d'yeux
Satyres, Cheurepiez, Faunes & Demidieux, 95
Coupe tes blonds cheueux Apollon, & dénüe
Les filets ordonnez de ta lyre cornüe,
Brife ton chalumeau, & ne l'enfle iamais,
Que tu ne voye en France vne plus douce paix.
Nymphes aux beaux fourcils, Deeffes Oreades, 100
Abandonnez voz monts, & vous belles Naïades
Plongez vous au plus creux de vos coulantes eaux,
Et perdez noftre ciel, efpais de tant de maux,
Acompagnez ma voix qu'il n'y ait à cefte heure
Fleur, herbe, ny buiffon qui foufpirant ne pleure, 105
Qui ne porte le dueil, & ne pleure auec moy,
Voyant la pauure France en fi piteux arroy.
L'air courroucé f'en deult, & les blondes auettes
Murmurant à l'entour du degaft des fleurettes
Plaignent noftre malheur, & ce ruiffeau troublé 110
Le foufpire, en fuyant flot fur flot redoublé.
Hà beaux lis, beaux œillets, ha rofes gourfoulees,
Hà pauure mariolaine, ha pauures girouflees.
Le printems fleurira, & vous mes belles fleurs
Point vous ne fleurirez peintes de vos couleurs, 115
Le beau tems reuiendra, mais les branches rompues
Ne feront ny de fruits, ny de feuilles vestues,
L'Autonne renaistra, & ne renaistra point
Seulement vne fleur pour couurir le beau teint
Et les cheueux facrez des Nymphes immortelles, 120
Ny pour couurir de Pan les deux cornes iumelles.

CHARLOT

Francin, la pauure France a perdu ſa grandeur,
Son tranquille repos, ſa beauté, ſon bonheur,
On ne fait plus au chams l'annuel ſacrifice
125 A Palles, ny à Pan, tout gentil exercice
S'eſt eſloingné de nous: deſſus l'herbe luter,
Outre les clers ruiſſeaux d'vne courſe ſauter,*
Et comme dans ces chams, on ne voit dans la ville,
Qu'vn piteux deſarroy, Galate, & Amarylle,
130 De leur propre ſeiour à tous coups ſ'eſtranger,
Afin de n'eſtre proye au ſoldat eſtranger:
La pucelle eſt forcee, & la courbe vieilleſſe
Fuit d'vn pied chancelant de peur & de foibleſſe.

FRANCIN

Que pleuſt à Dieu Charlot, que de ſimples roſeaux
135 Ie ne me fuſſe au col pendu des chalumeaux,
Mais qu'en me façonnant comme ſoldat pratique,
I'euſſe apris à creſper le long bois d'vne pique,
A piquer vn cheual, le manier en rond,
A dextre, & à ſenestre, à courbette, & à bond,
140 A le mettre au galop, à luy donner carriere,
A rompre de droit fil vne lance guerriere,
A monter courageux ſur le flanc d'vn rampart,
Raportant le harnois fauçé de part en part,
Et d'vne noble playe acheter vne gloire,
145 Plustoſt que par nos chants vne ſourde memoire.

30

JACQUES GRÉVIN (1538–1570)

DEVX LIVRES DES VENINS, Auſquels il est amplement diſcouru des beſtes venimeuſes, theriaques, poiſons & contrepoiſons...
Anvers, C. Plantin, 1568.
Cambridge, Trinity College, S. 23. 37.
Pp. 3–7.

DES VENINS EN GENERAL

AVANT que d'entrer ſur le diſcours de la nature des beſtes venimeuſes & venins, il me ſemble qu'il eſt neceſſaire d'entendre premierement q̃ c'eſt que venin: à fin que deduiſans ceſte matiere, nous ne ſoyõs arreſtez en vn plain propos: ce qui ſera auſſi commun* pour l'intelligence de noſtre

fecond liure, auquel nous traicterons des poifons & côtrepoifons. Car 5
encores que ce mot foit affez commun entre le vulgaire, fi eft ce que
fouuentefois il en abufe, l'attribuant indifferēment aux chofes bonnes &
mauuaifes, & ne penfant eftre venin ce qui luy eft aggreable au gouft;
ainfi que nous remarquerons en fon endroict. Il eft auffi neceffaire de
donner vn moyen facile & affeuré, que les Grecs ont nõmé Methode, 10
pour entendre la nature & difference des venins, à celle fin que nous ne
foyõs contraincts de recommencer plufieurs fois vne mefme chofe, faute
d'auoir dés le commencement rengé vne chacune efpece de venins en fon
ordre. ainfi faifans nous pourons facilement entrer en difpute, & ferons
inftruicts fuffifamment des principaux poincts de ce difcours. Or tout le 15
traicté des venins fe peut rapporter à deux poinctz: à fçauoir à l'explication
fommaire de l'effence & nature du venin, laquelle eft appuyee en la raifon
philofophique, & en la contemplation des chofes naturelles; que nous
nommons en general, toutes celles, lefquelles font contenues entre
l'embraffemēt du ciel & le milieu de la terre. Ie n'entēds toutesfois non 20
feulemēt l'explicatiõ du fimple mot: mais auffi la deductiõ d'aucunes
generales actions, lefquelles font appuyees en raifons philofophiques, &
defquelles nous difcourons en ce premier chapitre. L'autre poinct f'arrefte
en la connoiffance hiftorialle, des diuerfes efpeces & differences des chofes
venimeufes. Ie dis cognoiffance hiftorialle, celle-là, laquelle eft fubmife au 25
iugement des fens, cõme font les Afpics, les Viperes & toutes les autres
beftes venimeufes. Nous ne ferons dõques en cecy cõme ceux lefquels fe
vantent d'auoir la vraye cognoiffance des methodes pour enfeigner les
arts: & toutesfois ne font rien moins q̃ bons methodiques, lors q̃ brouil-
lãts les doctrines infallibles ils veulēt, comme on dict cõmunement, 30
écorcher les anguilles par la queuë: mais nous nous arrefterõs en cefte
feule & principale maniere d'enfeigner, laquelle f'entremet du tout en la
diuifion des chofes generales en celles qui font moins generales, &
d'icelles nous viendrons iufques aux efpeces, & en la fin iufques aux particulieres natures, q̃ les Dialecticiēs nommēt indiuidus. Or les medecins 35
partiffent communemēt en trois mēbres, les chofes qui appartiennēt à la
medecine: c'eft à fçauoir en naturelles, en non-naturelles, & en celles,
lefquelles ils nõment cõtre nature. Par les chofes naturelles ils entendent
celles, defquelles les corps humains font cõpofez (car feulemēt ont ils le
corps humain pour fubiect) comme les quatre elemēs; les cõplexions, les 40
mēbres & parties du corps; les humeurs; & autres. Par les non-naturelles
ils entēdēt celles, lefquelles ne font neceffaires en la cõpofitiõ & eftabliffe-
mēt du corps: mais biē qui ont la vertu de les cõferuer, ou de les bleffer,
felõ q̃ lon en vfe ou biē ou mal, cõme la nouriture, les medicamēs; & les
venins auffi, fi nous les confiderõs en leur feule naiffance & nature. Et par 45
celles qui font contre nature, ils veulēt entēdre les maladies, leurs caufes &
leurs accidēts du tout contraires à la nature humaine. Mais pour venir à
noftre poinct, il nous faut vn peu arrefter fur cefte feconde partie de

medecine comprenant les chofes non naturelles, qui de leur fimple effence
50 & nature, c'eft à dire n'eftant rapportees & practiquees fur le corps, ne
sont ne bonnes, ne mauuaifes, ains peuuent eftre ou l'vn ou l'autre: comme
le vin de foy-mefmes n'eft ny bõ ny mauuais, lequel toutesfois eftant pris
à fuffifance, nourrift: & eftant beu en trop grande quantité, il engẽdre des
maladies, & eft remis & nombré entre les chofes, q̃ nous auons nõmees
55 contre nature: le venin donques qui de foy-mefme n'eft ny bon ny mauuais,
eftant rapporté au corps, eft faict cõtre nature. Parquoy nous dirons que
le venin confideré en foy eft vne chofe non naturelle, laquelle entree dans
le corps humain eft caufe ou d'vne entiere corruption, ou d'vne trefgrande
offence en iceluy: & ce ou par vne qualité exceffiue, ou par vne proprieté
60 naturelle & cachée, ou bien par vne totalle coniuration & commun
confentement de fa nature. Les Latins d'vn mot Grec le nomment
Deletere. Mais auant que paffer plus outre, nous noterons que ce mot
Pharmaque en Grec, & Venin en Latin, font pris quelquefois en bonne &
mauuaife part, comme lon void en Actie poëte tragicque, allegué par
65 None Marcel: & en Caius iurifconfulte, lequel efcrit que quand on dict,
Venin, il faut adioufter, ou bon, ou mauuais, à fin que lon fçache duquel
on veut entendre. Martian auffi iurifconfulte au liure quatorziefme des
Inftitutions, parlant des venins & medicamens, adioufte toufiours
mauuais, à la difference des bons. Dauantage Homere au liure quatriefme
70 de fon Odyffee nomme en vn mefme vers le pharmaque bon, & pernicieux:
& en quelque autre paffage, il le nomme tueur d'hommes. Toutesfois ces
diuerfes fignifications, ne font auiourdhuy en vfage entre les Frãçois.
Car le mot venin ne fe prend qu'en mauuaife part, encores que quelquefois
par iceluy les Latins ayent entendu les enchantemens, comme Ciceron en
75 fon Orateur, ou il efcript, difant que par enchantemens ou forcellerie on
luy auoit arraché la memoire. Quelquefois encore ils ont prins ce mot pour
tainture: pour autant (comme ie penfe) que communement on croit les
tainctures eftre faictes d'herbes venimeufes: en cefte fignification Virgile
l'a pris au fecond des Georgiques. On ne teint poinct (dict il) la blãche
80 laine auec le venin Affyrien. Nous auons encore receu entre les Frãçois
vn mot venu d'Italie, q̃ nous difons, Boucon (& Dieu veuille que nous n'en
retenions que le mot defpouillé de la chofe fignifiée) par lequel on entend
particulieremẽt le venin prefenté par l'empoifonneur, & eft ce que nous
nommons proprement en François Poifon: car communement les François
85 ont nommé le venin pris par la bouche, du nom de Poifon; & celuy qui le
donne, Empoifonneur: toutesfois en noftre diffinition, voire en tout ce
chapitre, nous entendons comprendre le poifon foubs le nom de venin,
comme quelquefois nous y comprenons les chofes, lefquelles ne font
de elles mefmes mauuaifes en qualitez, ou en particuliere meflange: &
90 toutesfois eftant entrées dans le corps, elles offenfent la nature par inconuenient furuenu: ainfi ny le fang de Taureau, ny le laict, ny le vin ne
font aucunemẽt venimeux. Toutesfois les deux premiers eftants caillés

dans l'eſtomach, ſont cauſe d'vn eſtouffemēt, & l'autre eſt cauſe de grãdes maladies, eſtant pris à quantité, lors principalement que* lon eſt eſchauffé.

VOILA quant au mot. il nous faut maintenant diſputer du faict, pour 95 lequel mieux entēdre, nous deuons noter que le naturel des venins eſt du tout contraire à la nouriture, de laquelle ordinairement nous vſons, voire en toute eſpece de contrarieté:* entre leſquels les medecins ont mis le medicament. Car tout ainſi que les trois ſubſtances du corps: à ſçauoir celle qui eſt ferme, & comme l'appuy des autres: celle qui eſt humide, & 100 celle qui eſt ſpirituelle, ſont augmentees & entretenues par la nouriture: ainſi par le venin elles ſont combatues & en la parfin vaincues. Mais le medicament participant de la nature de l'vn & de l'autre, corrige les accidens ennemis de nature, leſquels ſuruiennēt au corps. Ainſi donques le venin & la nourriture ſont comprins à bon droict ſoubs vn meſme 105 genre, comme eſtant du tout contraires l'vn à l'autre, non toutesfois égallement. Car les choſes nõmees par les medecins non naturelles ſe peuuent diuiſer en deux, pour autant qu'il y en a quelques vnes neceſ-ſaires à la conſeruation de la vie, leſquelles ne ſe peuuent euiter, comme l'air, le boire & le manger, l'exercice & le repos, le dormir & le veiller, la 110 retenue & le dechaſſement des ſuperfluitez, & les perturbations d'eſprit: les autres ne ſont neceſſaires, & ſe peuuent euiter comme les glaiues & venins, les medicamens, les beſtes furieuſes, & venimeuſes, & telles autres choſes; la cognoiſſance deſquelles appartient proprement & en general aux philo-ſophes, & particulierement à ceux leſquels ſont profeſſion de chacune 115 d'icelles; comme la ſcience des venins à l'empoiſonneur,* ce qu'il apprend pour faire mourir malhureuſement & traiſtrement: non pas ainſi que le philoſophe, qui le faict pour cognoiſtre la grandeur & la puiſſance de nature. Mais le Medecin ſe mect entre deux apprenant de ceſtuy-cy la cognoiſſance & contemplation des beſtes venimeuſes & de tous venins, 120 pour en cognoiſtre par ce moyen la generalle nature. & de l'autre pour eſtre plus certain des effects & particuliers accidents ſuruenans és corps humains apres la priſe d'iceux:* non toutesfois pour en vſer à meſme fin que faict l'empoiſonneur; ains pour en guarantir le corps, duquel il eſt miniſtre & conſeruateur, & à la tuition & deffence duquel il ſ'eſt du tout 125 dedié, non plus ny moins que l'empoiſonneur ſ'eſt voué à la deſtruction d'iceluy. Le Medecin donques eſt d'autãt contraire à l'empoiſonneur, qu'eſt la nouriture au venin: & d'autant auſſi doibt il eſtre aymé, maintenu, & gardé que l'empoiſonneur eſt hay, chaſſé, & pourſuiuy à la mort ignominieuſe... 130

JEAN DE LA TAILLE, SEIGNEUR DE BONDARCY (né entre 1533 et 1540, encore vivant en 1607)

SAVL LE FVRIEVX, Tragedie prife de la BIBLE, Faicte felon l'art & à la mode des vieux Autheurs Tragiques.
Paris, F. Morel, 1572.
Londres, British Museum, 1073. d. 3(1).
F° 2ᵛᵒ–6ᵛᵒ: *De l'Art de la Tragedie. A Treshaulte Princeffe Henriette de Cleues, Ducheffe de Neuers.*

...La Tragedie donc eft vne efpece, & vn genre de Poëfie non vulgaire, mais autant elegant, beau & excellent qu'il eft poffible. Son vray fubiect ne traicte que de piteufes ruines des grands Seigneurs, que des inconftances de Fortune, que banniffements, guerres, peftes, famines, captiuitez,
5 execrables cruautez des Tyrans: & bref que larmes & miferes extremes, & non point de chofes qui arriuent tous les iours naturellement & par raifon commune, comme d'vn qui mourroit de fa propre mort, d'vn qui feroit tué de fon ennemy, ou d'vn qui feroit condamné à mourir par les loix, & pour fes demerites: car tout cela n'efmouueroit pas aifément, & à
10 peine m'arracheroit il vne larme de l'œil, veu que la vraye & feule intention d'vne tragedie eft d'efmouuoir & de poindre merueilleufement les affections d'vn chafcun, car il faut que le fubiect en foit fi pitoyable & poignant de foy, qu'eftant mefmes en bref & nument dit engendre en nous quelque paffion:* comme qui vous conteroit d'vn à qui lon fit
15 malheureufement manger fes propres fils, de forte que le Pere (fans le fçauoir) feruit de fepulchre à fes enfans: & d'vn autre qui ne pouuant trouuer vn bourreau pour finir fes iours & fes maux, fut côtraint de faire ce piteux office de fa propre main. Que le fubiect auffi ne foit de Seigneurs extrememet mefchants, & que pour leurs crimes horribles ils meritaffent
20 punition: n'auffi par mefme raifon de ceux qui font du tout bons, gẽts de bien & de faincte vie, comme d'vn Socrates, bien qu'à tort empoifonné. Voila pourquoy tous fubiects n'eftants tels* feront toufiours froids & indignes du nom de Tragedie, côme celuy du facrifice d'Abraham, où cefte fainte de faire facrifier Ifaac, par laquelle Dieu efprouue Abraham, n'ap-
25 porte riẽ de malheur à la fin: & d'vn autre où Goliath ennemy d'Ifraël & de noftre religion eft tué par Dauid fon hayneux, laquelle chofe tant f'en faut qu'elle nous caufe quelque côpaffion, que ce fera pluftoft vn aife & contentement qu'elle nous baillera. Il faut toufiours reprefenter l'hiftoire, ou le ieu en vn mefme iour, en vn mefme tẽps, & en vn mefme lieu: auffi

fe garder de ne faire chofe fur la fcene qui ne f'y puiffe commodément & 30
honneftement faire, comme de n'y faire executer des meurtres, & autres
morts, & non par fainte ou autrement, car chafcun verra bien toufiours
que c'eft, & que ce n'eft toufiours que faintife, ainfi que fit quelqu'vn qui
auec trop peu de reuerence, & non felon l'art, fit par fainte crucifier en
plein theatre ce grand Sauueur de nous tous. Quant à ceulx qui difent qu'il 35
fault qu'vne Tragedie foit toufiours ioyeufe au commencement & trifte à
la fin, & vne Comedie (qui luy eft femblable quant à l'art & difpofition, &
non du fubiect)* foit au rebours, ie leur aduife que cela n'aduient pas
toufiours, pour la diuerfité des fubiects & baftiments de chafcun de ces
deux poëmes. Or c'eft le principal point d'vne Tragedie de la fçauoir bien 40
difpofer, bien baftir, & la deduire de forte qu'elle change, transforme,
manie, & tourne l'efprit des efcoutãs deçà de là, & faire qu'ils voyent
maintenant vne ioye tournee tout foudain en trifteffe, & maintenant au
rebours à l'exemple des chofes humaines. Qu'elle foit bien entre-laffee,
meflée, entrecouppee, reprife, & fur tout à la fin rapportee à quelque 45
refolution, & but de ce qu'on auoit entrepris d'y traicter. Qu'il n'y ait rien
d'oifif, d'inutile, ny rien qui foit mal à propos. Et fi c'eft vn fubiect qui
appartienne aux lettres diuines,* qu'il n'y ait point vn tas de difcours de
Theologie, comme chofes qui derogent au vray fubiect, & qui feroient*
mieux feantes à vn Prefche: & pour cefte caufe fe garder* d'y faire parler 50
des Perfonnes, qu'on appelle Fainctes, & qui ne furent iamais, comme
la Mort, la Verité, l'Auarice, le Mõde, & d'autres ainfi, car il faudroit qu'il
y euft des perfonnes ainfi de mefmes contrefaittes qui y prinffent plaifir.
Voila quant au fubiect: mais quant à l'art qu'il fault pour la difpofer, &
mettre par efcript, c'eft de la diuifer en cinq Actes, & faire de forte que la 55
Scene eftant vuide de Ioueurs vn Acte foit finy, & le fens aucunement
parfait. Il fault qu'il y ait vn Chœur, c'eft à dire, vne affemblee d'hommes
ou de femmes, qui à la fin de l'acte difcourent fur ce qui aura efté dit
deuant: & fur tout d'obferuer* cefte maniere de taire & fupplier ce que
facilement fans exprimer* fe pourroit entendre auoir efté fait en derriere: 60
& de ne commencer à deduire fa Tragedie par le commencement de
l'hiftoire ou du fubiect, ains vers le milieu, ou la fin (ce qui eft vn des
principaux fecrets de l'art dont ie vous parle) à la mode des meilleurs
Poëtes vieux, & de ces grands Oeuures Heroiques, & ce à fin de ne l'ouir
froidement, mais auec cefte attente, & ce plaifir d'en fçauoir le commence- 65
mêt, & puis la fin apres. Mais ie ferois trop long à deduire par le menu ce
propos que ce grand Ariftote en fes Poëtiques, & apres luy Horace (mais
non auec telle fubtilité) ont continué plus amplement & mieux que moy,
qui ne me fuis accommodé qu'à vous, & non aux difficiles & graues
oreilles des plus fçauants. Seulement vous aduiferay-ie, qu'autant de 70
Tragedies & Comedies, de farces, & Moralitez (où bien fouuent n'y a fens
ny raifon, mais des paroles ridicules auec quelque badinage) & autres
ieux qui ne font faicts felon le vray art, & au moule des vieux, comme d'vn

Sophocle, Euripide & Seneque, ne peuuent eftre que chofes ignorantes, mal-
75 faites, indignes d'en faire cas,* & qui ne deuffent feruir de paffetemps qu'aux
varlets & menu populaire, & non aux perfonnes graues. Et voudrois bien
qu'on euft banny de France telles ameres efpiceries qui gaftent le gouft de
noftre langue, & qu'au lieu on y euft adopté & naturalifé la vraye Tragedie
& Comedie, qui n'y font point encor à grand'peine paruenues, & qui
80 toutefois auroiẽt auffi bonne grace en noftre langue Françoife, qu'en la
Grecque & Latine. Pleuft à Dieu que les Roys & les grands fçeuffent le
plaifir que c'eft de voir reciter, & reprefenter au vif vne vraye Tragedie ou
Comedie en vn theatre tel que ie le fçaurois bien deuifer, & qui iadis
eftoit en fi grande eftime pour le paffetẽps des Grecs & des Romains, ie
85 m'oferois prefque affeurer* qu'icelles eftans naifuement iouees* par des
perfonnes propres, qui par leurs geftes honeftes, par leurs bons termes,
non tirez à force du latin, & par leur braue & hardie prononciation ne
fentiffent aucunement ny l'efcolier, ny le pẽdante, ny fur tout le badinage
des Farces, que les grands dif-ie ne trouueroient* paffetemps (eftans retirez
90 au paifible repos d'vne ville) plus plaifant que ceftuy-cy, i'entens apres
l'efbat de leur exercice, apres la chaffe, & le plaifir du vol des oifeaux. Au
refte ie ne me foucie (en mettant ainfi par efcript) d'encourir icy la dent
outrageufe, & l'opinion encor brutale d'aucuns qui pour l'effect des armes
defeftimẽt & dedaignent les hommes de lettres, comme fi la fcience, & la
95 vertu, qui ne gift qu'en l'efprit, affoibliffoit le corps, le cœur & le bras, &
que Nobleffe fuft deshonoree d'vne autre Nobleffe, qui eft la Science.
Que nos ieunes courtifans en hauffent la tefte tant qu'ils voudront, lefquels
voulants* honneftement dire quelqu'vn fol, ne le font qu'appeller Poëte
ou Philofophe, foubs ombre qu'ils voient (peut eftre) ie ne fçay quelles
100 Tragedies, ou Comedies qui n'ont que le tiltre feulement fans le fubiect,
ny la difpofition, & vne infinité de Rymes fans art ny fcience, que font vn
tas d'ignorants, qui fe meflants auiourd'huy de mettre en lumiere (à caufe
de l'impreffion trop commune, dont ie me plains à bon droit)[1] tout ce qui
diftille de leur cerueau mal tymbré, font des chofes fi fades, & malplai-
105 fantes, qu'elles deuffent faire rougir de honte les papiers mefmes, aux
cerueaux defquels* eft entree cefte fotte opinion de penfer qu'on naiffe, &
qu'on deuienne* naturellement excellent en ceft art, auec vne fureur diuine
fans fuer, fans feuilleter, fans choifir l'inuention, fans limer les vers, & fans
noter en fin de compte qu'il y a beaucoup de Rymeurs, & peu de Poëtes.
110 Mais ie ne dois non plus auoir de honte de faire des Tragedies, que ce
grand empereur* Augufte, lequel nonobftant qu'il pouuoit* toufiours
eftre empefché aux affaires du monde, a bien pris quelquefois le plaifir de
faire vne Tragedie nommee Aiax, qu'il effaça depuis, pour ne luy fembler,*
peut eftre, bien faitte: mefmes que plufieurs ont penfé que ce vaillant
115 Scipion auec fon Lælius a fait les Comedies que lon attribue à Terence.
Non que ie face meftier ny profeffion de Poëfie: car ie veux bien qu'on

[1] *droit,*

fçache que ie ne puis (à mon grãd regret) y defpendre autre temps (à fin
qu'on ne me reproche que i'en perde de meilleur) que celuy que tels
ignorants de Cour employent couftumierement à paffer le temps, à iouer
& à ne rien faire, leur donnant congé* de n'eftimer non plus mes efcripts 120
que leurs paffetẽps, leurs ieux, & leur faineantife. Mais ce pendant qu'ils
penfent,* que fi lon eft fol en Ryme, qu'ils ne le font pas moins en Profe,*
comme dit Du-Bellay. N'eft ce pas plus grande mocquerie à eulx* d'engager leur liberté, & la rendre miferablement efclaue, de laiffer legerement
le paifible repos de leur maifon de forcer leur naturel, bref de ne fçauoir 125
faire autre chofe que de contrefaire les grands, d'vfer fans propos de fineffes
friuoles, de prefter des charitez, de faire vertu d'vn vice, de reprendre à
la mode des ignorants ce qu'ils n'entendent pas, & de faire en fomme
profeffion de ne fçauoir rien? Pour conclufion, ie n'ay des hiftoires
fabuleufes mẽdié icy les fureurs d'vn Athamãt, d'vn Hercules, ny d'vn 130
Roland, mais celles que la Verité mefme a dictees, & qui portẽt affez fur le
front leur faufconduit par tout. Et par ce qu'il m'a efté force de faire
reuenir Samuël, ie ne me fuis trop amufé à regarder fi ce deuoit eftre ou
fon efprit mefmes, ou bien quelque fantofme, & corps fantaftique, & f'il
fe peut faire que les efprits des morts reuiennent ou non, laiffant la 135
curiofité de cefte difpute aux Theologiens. Mais tant y a que i'ay leu
quelque Autheur, qui, penfant que ce fuft l'ame vraye de Samuël qui
reuint, ne trouue cela impoffible, comme difant* qu'on peult bien pour
le moins faire reuenir l'efprit mefmes d'vn trefpaffé, auant l'an reuolu du
trefpas, & que c'eft vn fecret de Magie. Mais i'auray pluftoft fait de 140
coucher icy les propres mots latins de ceft Autheur nommé Corneille
Agrippe, qui font tels en fon liure de la vanité des Sciences, alleguant
Sainct Auguftin mefmes,* *In libris Regum legimus Phytoniffam mulierem*
euocaffe animam Samuëlis: licet plerique interpretentur non fuiffe animam Pro-
phetæ, fed malignum fpiritum qui fumpferit illius imaginem: tamen Hebræorum 145
magiftri dicunt, quod etiam Auguftinus ad Simplicianũ fieri potuiffe non negat, quia
fuerit verus fpiritus Samuëlis, qui ante completum annum à difceffu[1] *ex corpore facile*
euocari potuit, prout docent Goetici. Combien qu'vn autre en fes Annotations
Latines fur la Bible, allegue Sainct Auguftin au contraire: toutefois ie
trouue qu'Agrippe (homme au refte d'vn merueilleux fçauoir) erre grande- 150
ment (dont ie m'efmerueille) de penfer que Samuël reuint dãs l'an de fa
mort, veu que Iofephe en fes Antiquitez, dit notamment que Saul regna
viuant Samuël* dixhuit ans, & vingt apres fa mort, au bout defquels on fit
reuenir par enchantements l'ombre du Prophete. Sainct Paul aux Actes des
Apoftres, adiouftant encor deux ans au regne de Saul, plus que Iofephe, 155
raconte là qu'il regna XL. ans. Ie fçay que les Hebrieux, & qu'auiourd'huy
les plus fubtils en la Religion tiennent fans doubte, que c'eftoit vn Diable*
ou dæmon que fit venir la Phytoniffe, & non l'efprit vray de Samuël. Mais
d'autre part ie voudrois bien qu'ils m'euffent interpreté ou accordé ce que

[1] *diceffu.*

160 dit Salomon en fon Ecclefiaftique, qui parlant de Samuël dit ainfi: *Et apres qu'il fut mort il prophetifa, & monftra au Roy la fin de fa vie, & efleua fa voix de la terre en prophetie.* Et fi ma Mufe f'eft (comme maugré moy) en f'efgayant quelque peu efpaciee hors les bornes eftroictes du texte, ie prie ceulx la qui le trouueront mauuais, d'abbaiffer en cela vn peu leur fourcy plus que
165 Stoique,* & de penfer que ie n'ay point tant defguifé l'hiftoire, qu'on n'y recognoiffe pour le moins quelques traicts, ou quelque ombre de la verité, côme vrayfemblablement la chofe eft aduenue: m'eftant principalement aidé de la Bible,* à fçauoir des liures des Roys & des Chroniques d'icelle, & puis de Iofephe & de Zonare grec. Or par ce que la France n'a
170 point encor de vrayes Tragedies, finon poffible traduittes, ie mets cefte cy en lumiere foubs la faueur du nom de vous, Madame, comme de celle qui prefque feule de noftre aage fauorifez les arts & les fciences, qui feront tenues auffi pour cefte caufe de vous publier à la pofterité, pour luy recommander voftre gentil efprit, fçauoir & courtoifie,* à fin qu'elle
175 entende que vous auez quelquefois fait cas de ceulx qui ont quelque chofe oultre ce vulgaire ignorant & barbare. Car i'ay autrefois conclud que vous ferez ma feule Mufe, mon Phœbus, mon Parnaffe, & le feul but où ie rapporteray* mes efcripts. Mais il femble qu'il ne me fouuienne plus que ie fais icy vne Epiftre & non vn Liure.
180 Pour donc faire fin, ie fupplie DIEV, Madame, qu'il n'aduienne à vous, ny à voftre excellente maifon, chofe dont on puiffe faire Tragedie.

32

ROBERT GARNIER (1544–1590)

HIPPOLYTE, TRAGEDIE DE ROB. GARNIER CONSEILLER DV ROY au fiege Prefidial & Senechauffee du Maine.
Paris, R. Estienne, 1573.
Londres, British Museum, 11737. a. 15.
F° 42ᵛᵒ–45ᵛᵒ.

ACTE V

MESSAGER   THESEE

MESSAGER

O La trifte aduanture! ò le malheureux fort!
O defaftre! ò méchef! ò deplorable mort!
TH. Il parle d'Hippolyte. O Dieu ie te rens grace,
Ie voy bien que ma voix a eu de l'efficace.
5   MESS. Las! ne m'auoit affez malheuré le deftin*
D'auoir veu de mes yeux fi pitoyable fin,
Sans qu'il me faille encore, ò Fortune cruelle!
Sans qu'il me faille encore en porter la nouuelle?

TH. Ne crain point, Meſſager, ie veux ſçauoir comment
　Ce mal eſt aduenu: conte-le hardiment.　　　　　　　10
MESS. Le parler me default, & quand ie m'y eſſaye
　Ma langue lors muette en ma bouche begaye.
TH. Pren courage, & me dy ſans ainſi te troubler,
　Quel deſaſtre nouueau vient mon mal redoubler.
MESS. Hippolyte, ò regret! vient de perdre la vie.　　　　15
TH. I'eſtoy bien aſſeuré qu'ell' luy ſeroit rauie,
　Comme il m'auoit raui ma femme, ſes amours:
　Mais nonobſtant fay moy de ſa mort le diſcours.
MESS. Si toſt qu'il fut ſorti de la ville fort bleſme,
　Et qu'il eut attelez ſes limoniers luy-meſme,　　　　20
　Il monte dans le char, & de la droicte main
　Leue le fouet ſonnant, & de l'autre le frein:
　Les cheuaux ſonne-pieds* d'vne courſe egalee
　Vont gallopant au bord de la plaine ſallee:
　La pouſſiere s'éleue, & le char balancé　　　　　　25
　Volle deſſus l'eſſieu comme vn trait élancé.
　Il ſe tourne trois fois vers la Cité fuyante,
　Deteſtant coleré ſa luxure mechante,
　Sa fraude & trahiſon, iurant ciel, terre & mer,
　Eſtre innocent* du mal dont on le vient blaſmer:　　30
　Il vous nomme ſouuent, priant les Dieux celeſtes
　Que les torts qu'on luy fait deuiennent manifeſtes,
　Et que la verité vous ſoit cogneüe, à fin
　Que vous donniez le blaſme au coupable à la fin.
　Quand voicy que la mer ſoudainement enflee,　　　35
　Sans ſe voir d'aucun vent comme autrefois ſouflee,
　Mais calme & ſõmeilleuſe, & ſans qu'vn ſeul flot d'eau
　Se pourmenant mutin, luy fiſt rider la peau:
　Se hauſſe iuſqu'au ciel, ſe dreſſe* montagneuſe,*
　Tirant touſiours plus groſſe à la riue areneuſe.　　40
　Iamais le froid Boree armé contre le Nort,
　Et le Nort contre luy, ne l'enflerent ſi fort,
　Bien qu'ils la troublent toute, & que de la grand' rage
　Qu'ils la vont bourſoufflant,* tremble tout le riuage,
　Que Leucate en gemiſſe, & que les rocs eſmeus　　45
　Blanchiſſent tempeſtez d'orages eſcumeus.
　　Cette grand' charge d'eau ſeulement n'eſpouuante*
　Les vaiſſeaux mariniers, mais la terre peſante:
　Elle s'en vient roulant à grands bons vers le bord,
　Qui fremiſt de frayeur d'vn ſi vagueux abord:　　50
　Nous reſtons éperdus, redoutant la venue
　Et la moite fureur de ceſte ondeuſe nue,

Quand nous voyõs paroiſtre, ainſi qu'vn grand rocher,
Qui ſe va ſourcilleux dans les aſtres cacher,
55 La teſte auec le col d'vn monſtre ſi horrible,
Que pour ſa ſeule horreur il ſeroit incredible.
 Il marche à grand' ſecouſſe, & la vague qu'il fend
Bouillonnant dans le ciel, comme foudre deſcend:
L'eau ſe creuſe au deſſous en vne large foſſe,
60 Et de flots recourbez tout à l'entour ſe boſſe,
Elle bouſt, elle écume, & ſuit en mugiſſant
Ce monſtre qui ſe va ſur le bord eſlançant.
TH. Quelle figure auoit ce Monſtre ſi enorme?
MESS. Il auoit d'vn Taureau la redoutable forme.
65 De couleur azuré ſon col eſtoit couuert
Iuſques au bas du front, d'vne hure à poil vert:
Son oreille eſtoit droitte, & ſes deux cornes dures
Longues ſe bigarroyent de diuerſes peintures:
Ses yeux étinceloyent, le feu de ſes naſeaux
70 Sortoit en reſpirant,* comme de deux fourneaux:
Son eſtomach eſpois luy heriſſoit de mouſſe:
Il auoit aux coſtez vne grand' tache rouſſe:
Depuis ſon large col qu'il eſleuoit crineux,
Il montroit tout le dos doublement eſpineux:
75 Il auoit au derriere vne monſtrueuſe taille,
Qui s'armoit iuſque au bas d'vne pierreuſe eſcaille.
Le riuage trembla, les rochers qui n'ont peur
Du feu de Iupiter, en fremirent au cœur:
Les troupeaux eſpandus laiſſerent les campagnes,
80 Le berger palliſſant s'enfuit dans les montagnes,
Le chaſſeur effroyé quitta cordes & rets,
Et courut ſe tapir dans le ſein des foreſts,
Sans doubte des Sangliers ny des Ours:* car la crainte
Du monſtre a dans leur cœur toute autre peur eſteinte.
85 Seul demeure Hippolyte, à qui l'ignoble peur
Ne perſe la poitrine, & ne glace le cœur.
 Il tient haute la face, & graue d'aſſeurance,
De mon pere, diſt-il, c'eſt l'heur & la vaillance
D'affronter les Taureaux, ie veux en l'imitant
90 Aller à coup de main cetui-cy combatant.
Il empoigne vn eſpieu (car pour lors d'auanture
Le bon Heros n'eſtoit equippé d'autre armure)
Et va pour l'aborder: mais ſes cheuaux craintifs
S'acculant en arriere, & retournant retifs
95 Son char malgré ſa force & addroitte conduitte,
Tout pentelant d'effroy s'eſlancerent en fuitte.

Ce taureau furieux court apres plus leger
Qu'vn tourbillon de vent, quand il vient faccager
L'efpoir du laboureur, que les efpis il veautre*
Pefle-mefle couchez dans le champ l'vn fur l'autre.
Il les fuit, les deuance, & dans vn chemin creux
Fermé de grand rochers fe retourne contre eux:
Fait fonner fon efcaille, & roüant en la tefte
Ses grands yeux enflambez, annonce la tempefte.
    Comme quand en Efté le ciel fe courrouçant
Noircift, éclaire, bruit, les hommes menaçant,
Le pauure vigneron prefagift par tels fignes,
S'outrageant l'eftomac,* le malheur de fes vignes,
Außi tost vient la grefle ainfi que drageons blancs
Batre le fainct Bacchus à la tefte & aux flancs,
Le martelle de coups, & boutonne la terre
De fes petits raifins enuiez du tonnerre.
Ainfi faifoit ce monstre, appreftant contre nous
En fon cœur enfielé la rage & le courrous.
Il s'irrite foymefme, & de fa queüe entorce
Se battant les coftez, fe colere par force,
Comme vn ieune Taureau, qui bien loing dans vn val
Voit ialoux fa Genice auecques fon riual
Errer parmi la plaine, incontinent il bugle
Forcenant contre luy d'vne fureur aueugle.
Mais premier que le ioindre il s'effaye au combat,
Luitte contre le vent, fe fafche, fe debat,
Pouffe du pied l'arene, & dedans vne fouche
Ses cornes enfonçant, luymefme s'écarmouche.
    Lors le preux Hippolyte, qui auecques le fouet,
Auecques la parolle & les refnes auoit
Retenu fes cheuaux, comme vn fçauant Pilote
Retient contre le vent fon nauire qui flotte,
Ne fçauroit plus qu'y faire, il n'y a fi bon frain,
Bride, refne, ny voix qui modere leur train.
La frayeur les maiftrife, & quoy qu'il s'éuertue,
Il ne leur peut ofter cefte crainte teftue:
Ils fe dreffent à mont, & de trop grand effort
L'efcume auec le fang de la bouche leur fort.
Ils foufflent des nafeaux, & n'ont aucune veine,
Nerf ni mufcle fur eux, qui ne tende de peine.
Pendant qu'à les chaffer il fe trauaille ainfi,
Et qu'eux à ne bouger fe trauaillent außi,
Voicy venir le Monftre, & à l'heure & à l'heure
Les cheuaux éperdus rompent toute demeure:

100
105
110
115
120
125
130
135
140

S'élancent de trauers, grimpent aux rocs pierreux,
Penſant touſiours l'auoir en ſuitte derriere eux.
Hippolyte au contraire eſſaye à toute force
D'arreſter leur carriere, & en vain s'y efforce:
145 Il ſe panche la teſte, & à force de reins
Tire vers luy la bride auecques les deux mains,
La face luy degoute: eux que la crainte preſſe
N'arreſtant pour cela redoublent leur viteſſe:
Il eſt contraint de choir & de malheur aduient
150 Qu'vne longue laniere en tombant le retient,*
Il demeure empeſtré, le neud touſiours ſe ſerre,
Et les cheuaux ardans le trainent contre terre,
A trauers les halliers & les buiſſons touffus,
Qui le vont deſchirant* auec leurs dois griffus:
155 La teſte luy bondiſt & reſſaute ſanglante,
De ſes membres ſaigneux la terre eſt rougiſſante.*
Comme on voit vn limas qui rampe aduantureux
Le long d'vn ſep tortu laiſſer vn trac glaireux:
Son eſtomac ouuert d'vn tronc pointu, ſe vuide
160 De ſes boyaux trainez ſous le char homicide:
Sa belle ame le laiſſe, & va conter là bas,
Paſſant le fleuue noir, ſon angoiſſeux treſpas:
De ſes yeux etherez la luiſante prunelle,
Morte ſe va couurant d'vne nuit eternelle...

33

CLAUDE DE SAINLIENS (? – après 1597)

THE FRENCHE *Littelton. A MOST EASIE, PERFECT AND
ABSOLVTE Way to learne the frenche tongue...*
 Londres, T. Vautrouillier, 1576 (voir p. 24 n. 4).
 Londres, British Museum, 629. a. 35.
(a) *Pour voyagers,* et *Du logis,* A iiʳº–A viiʳº.
(b) *Des Eſcholiers et Eſchole,* B vʳº–C iiiiʳº.

(a)   POVR VOYAGERS

IE voudroyę bien avoir vne guide pour nouş conduire iuſques à Paris:
car le chemin eſt dangereux, eţ i'ay peur que nous ſoyons horş noſtre
chemin: quelle main prendronş nous?
 Piquonş fort, afin d'attaindre ceſt ḩome de cheval que ie voy loĩ d'icy

Mon amy, où eſt le droiţ chemin d'icy à Orleãs? Mõſtrez moy le chemin 5
de N. eſt-il loin d'icy à Roan? quanteş lieuëş cõpţez vouş d'icy à Saint
Denis.*

Monſieur, il n'eſt paş forţ loin d'icy, maiş le chemin eſt faſcheux à tenir:
oulţre-plus il eſt ſi fangeus eţ bouëus, que voz chevaulx y feronţ iuſques
aux cengles: maiş ie vous en enſeigneray vn pluş courţ par ce ſentier-cy 10

Nouş vouş remercionş de bon cueur:
ne nous ſommeş nouş point forvoyez?
n'ay-ie paş failly mon chemin?
ne ſuy-ie pas horş de mon chemin?
vouş vous eſtes vn peu deſtournez. 15

Ie vouş prye conduiſez moy iuſques au prochain village, eţ ie vous
donneray vn granḑ blanc: vn folz: vn teſton: eţ ſi vouş feray bien boire,
quanḑ nous feronş là arriuez.

I'en ſuy contenţ Monſ. car ie ſuy vn povre laboureur qui ay touţ perdu par
leş guerreş paſſées: eţ ſuy bien aiſe de gagner le liarḑ pour acheter du pain. 20

Or ſus, allez devant, eţ ie vous ſuivray: il me ſemble que i'apperçoy vn
clocher.

C'eſt le clocher du bourg où nous allons: laiſſez moy porter voſtre
malette.

Il n'en eſt paş beſoin, car nous ſommes arriuez au village, loué ſoiţ 25
Dieu: faiteş tirer vne pinte de vin: buvez: tenez, voila vne piece de ſix
blançs, pour voz peines, car vouş l'avez bien gagné.

Granḑ mercy meſſieurs: m'en retourneray-ie?*

Ie vouş prye mettez moy vn peu en mon droiţ chemin hors du village.

Gardez touſ-iourş la main droite, tanţ que vouş veniez* au coin d'un 30
bois, alorş tournez à la main gauche.

Ny a-il poinţ de brigãds* en ceſte foreſţz?

Non Mõ: car le preuoſt deş mareſchaulz en pẽdiţ l'autre iour, vne demie
douſainç en ceſt haut arbre,* au gibet, aux fourches, en la potence que
voyez deuanţ vous au coupeau, au ſõmet, en la cime de ceſte montagne, 35
colline, montagnette.

Certes i'ay peur que nous ſoyõs icy deſtrouſſez, deualiſez, aſſaſſinez,
brigandez.

Non non, n'ayez paş peur: touş leş briganḑs ſont allez à la guerre.

Si vouş me croyez, nouş piquerons vn peu pluş fort, car il aveſpriſt. 40

Vous allez deſia troṗ toſt pour moy, ie ſuy preſ-que las: ie ſuy rompu eţ
briſé tant à cauſe du chemin, que de ce que mon cheval trotte troṗ dur:
quant à voſtrę haquenée, elle va les ambles auſſi aiſément, que ſi vous eſtiez
en vn bateau: preſtez moy voſtrę eſcharpe de Taffetas, à cauſe de la poulḑrę
eţ du ſoleil: courage, ie voy la ville. 45

Logeronş nous aux faulx-bourğs, ou en la ville? où eſt le meilleur logis?
Il fauţ coucher aux faulx-bourğs, car on¹ leve le ponţ-levis.

¹ *ou.*

189

DV LOGIS

Madame, logeronş nous ceans ceſte nuiçt?

Mon amy logeray-ie ceans?

50 Monſieur, me voulez vouş loger pour ceſte nuiçt? me logerez vouş pour mon argent?

Ouy dea Monſ. eſteş vous à pieḑ ou à cheual? combien eſteş vous?

Nous ſommeş gentş de pieḑ: nous ſommes à pieḑ: nous ſommes à cheual: ie ſuy à pied: ie ſuy à cheual: ie ne ſuy à pieḑ, ny à cheual, car ie

55 ſuy venu ſur mule: ie ſuy venu en chariot: ie ſuy venu par eau, par bateau, par mer: auez vouş bonnę eſtable, bon foin, bonnę aueine, bonş liçtş de plume, eţ de bon vin?* auez vouş quelque choſę à manger?

Monſ. il ne vouş manquera, faudra rien:
vouş n'aurez faute de rien:
60 vous ſerez bien traitez.

Où eſt le parefrenier?* Le valleţ d'eſtable?

Me voi-cy Monſ. que vouş plait-il?

Prenez le cheval de ce gentil-ḩome, eţ pourmenez-le, de peur qu'il ne prenne les avives: car il eſt forţ chauḑ:

65 faiteş luy bonne litiere, frotez-le bien ſoubz le ventrę eţ par tout: baịllez-luy vn boteau de foin.

Garçon, va moy appeler le ſellier: mon cheval eſt tout eſcorché ſur le doz: la ſelle le blece ſur les eſpaules: lès cengles ſonţ rompuës, la croupierę eţ le poitral: nous avonş trouvé vn treſ-mauvais chemin.

70 Monſ. voſtre cheval n'a poinţ de licol.

Regardez en la bourſe de la ſelle: panſez le bien eţ ie vous donneray voſtre vin: eţ vous aurez voſtre vin.

Il n'y aura poinţ de faute: il ſera bien panſé: a-il beu? l'abbruveray-ie?

Tantoſţ quand il aura vn peu mangé: puiş deſſelez-le, deſtrouſſez ſa queuë,

75 eţ luy baịllez vn picotin d'aveine:* donnez luy deuẋ meſureş d'aveine.

Il ſera faiţ Monſ. eţ ſanş faute.

Apportez mon eſtuy de bonnet, ma bougette qui pend en l'arçon de la ſelle, n'oubliez paş ma malle: où eſt la chãbre? gouſteronş-nous ſi le vin eſt bon.

80 Ouy dea Monſ. quel vin vouş plait-il boire? du vin blanc, du vin claret, du vin rouge, du vin françois, du vin de gaſcogne, du vin baſtard, du muſcadel, de la marvoiſie, du mouſt, du vin cuiçt ou du cidre? Marguerite, apportez vne quarte de vin d'eſpagne, avec vne ſeruiettę eţ du pain: haſtez vous.

85 Mon amy, tirez mêş bottes, nettoyez-lês: eţ puiş mettez meş tricouſes et mes eſperonş dedans: baịllez meş pantoufles.

Meſſieurs, vouş plait il venir diſner?

C'eſţ bien dit: car certeş i'ay granḑ faim eţ ſoif: ie ſuy las: ie ſuy laſſé...

(b)　　　　　DES ESCHOLIERS ET ESCHOLE

Dieu vouş doinṭ bon iour Monſ. bon iour compére: bon iour commére:
Dieu vous doinṭ bon iour eṭ bon an.

Eṭ à vous auſſi: où alleẓ vous ſi matin? Où meneẓ vouş voſtre fiḻz?

Ie le conduy à l'eſcḫole, pour apprendrҽ à parler Latin eṭ François: car
il a perdu ſon temṗş iuſques à preſԑ̃t: eṭ vo⁹ ſçaueẓ bien qu'il vaudroiṭ 5
myeuḻx n'eſtre poinṭ nay, que de n'eſtre point enſeigné: ce qui eſṭ treſ-
veritable.

Vouş diteş vray: il eſṭ vray, certes: mais où va-il à l'eſcḫole?

Au cymitiere de Sainꞔṭ Paul, préş l'enſeigne de la Lucrece: il y a là vn
François, qui enſeigne léş deuẋ langues: le matin iuſques à vnzҽ ḫeures, la 10
langue Latine: eṭ apréş diſner, la Françoiſe: eṭ qui faiṭ ſon deḫvoir.

C'eſṭ le principal: car il y en a qui ſonṭ forṭ negligens eṭ pareſſeux: eṭ
quand ilz onṭ prins argenṭ deuanṭ la main, ilẓ ne ſe ſoucienṭ paş beaucoup,
ſi leurs eſcḫolierş profitenṭ, ou non.

Ce ſonṭ gentş de mauvaiſe cõſcience: cela eſṭ commҽ vnҽ eſpéce de 15
larcin . . . .
. . . .

Monſieur de Sainliens, prenez vn peu de peinҽ avec mon fiḻz: il eſṭ vn
peu dur d'eſprit, d'entendement, de memoire: il eſṭ honteux, mignard,
mauvais, mԑ̃teur, deſobedient au pérҽ eṭ à la mére: corrigez, chaſṭiez, 20
amendeẓ touteş céş fautes, eṭ ie vouş recompenſeray:
｛teneẓ ie vous aḋvanceray le quartier:
｛Ie vouş payeray le quartier devanṭ la main.

Ie vouş remercie: a-il vn ſac, vn ſachet, déş livres, de l'ancre, plumes eṭ
papier?
　　　　　　　　　　　　　　　　　　　　　　　　　　　　　　　　　25
Non, maiş ie luy vay acheter vn eſcriṗtoire, vn canivet, ganivet,
trenche-plumҽ, et touṭ ce qu'il luy faut.

Venez-ça mon fiḻz, approchez vous vn peu de moy: quel aagҽ aveẓ vous?

Ie ne ſçay mon maiſtre: mon pérҽ a mis en eſcriṗt le iour de ma nativité
en noſtre Bible qui eſṭ en la maiſon.
　　　　　　　　　　　　　　　　　　　　　　　　　　　　　　　30
Eſṭ ellҽ en Anglois, ou en Latin? ſçaveẓ vouş lire dedans?

Non paş forṭ bien.

Or bien, ſéeẓ vouş-là: appreneẓ bien afin que vous ſoyez vn ḫome de
bien, eṭ que vouş puiſſiez faire meḭlleur ſeruicҽ à voſtre Prince, à voſtre
païs, à la republicque, ayder voẓ parens, vouş meſme, & touş léş voſtres. 35

Mon maiſtre, Ieḫan N. a iure par Dieu, ioué par le chemin, vendu ſés
eſguiḭllettes, changé ſon livre, deſrobé vn couteau, menti deuẋ fois, perdu
ſon bonnet.

Eſṭ-il vray? venez-ça compagnon, deſtrouſſez vous: detacheẓ vous:
metteẓ voẓ chauſſeş bas, deſpeſcheẓ vous.
　　　　　　　　　　　　　　　　　　　　　　　　　　　　40
Nicolas ſe mocque de moy, me tire par léş cheveux, par léş oreilles:
m'a donné vn couṗ de poinğ ſur la teſte: m'a frappé: m'a faiṭ ſeigner.

Il fera batu, feffé, puni, chaftié:
Ie le fefferay quand il fera venu.
45 Fame, avez vous enuoyé le garçon à lefchole? luy avez vous baillé fon
defiuner? certes vous en ferez vn truant.
Il n'eft pas encore levé, ny efveillé:
Marguerite, faites le lever, n'eft-il pas temps? il deburoit eftre à N.
Hau Iaques levez vous, et allez à l'efchole: vous ferez batu, car il eft
50 fept-heures paffées: abillez vous viftement: mettez vous à genoux: dites
voz prieres, puis vous aurez voftre defiuner: demandez la benediction à
voftre pére: avez vous falué voftre pére et voftre mére? vous oubliez
toutes bonnes manieres, et apprenez celles qui ne valent guéres.
Ie vous prye ne le dites pas à mon Maiftre, et ie ne vous appelleray
55 iamais laide, ridée, ny édentée.
Si vous me dites ou faites mal, ie vous feray tancer, feffer, batre.
Pierre avez vous lavé lés mains et la face? auez vous dit voz prieres, et
l'oraifon dominicale? Ouy mon pére.
Dites à voftre maiftre et maiftreffe, qu'ilz viennent demain difner auec
60 moy et recommendez moy à luy elle eux elles.
D'où venez vous bon efcholier? eft-il temps de lever, et venir à l'efchole
à neuf heures? où avez vous efté?
Mon maiftre, ie vien de la maifon: mon pére fe recommende à vous, et
vous envoye fon anneau, fa bague pour enfeignes, afin que vous ne me
65 batiez point.
Cela ne vous fervira de rien, car vous n'aimez pas à lever matin, et venir
à l'efcole de bonne heure.
Mon maiftre, ie l'ay rencontré par le chemin qui faultoit, qui gliffoit fur
la glace: qui gettoit la neige: qui fe batoit à coups de poings et pelotons
70 de neige: qui fouëtoit fon fabot: qui iouoit aux efguillettes efpingles os
de cerifes gettons dez, cartes.
Entrez galland, ie vous apprendray vn ieu que vous ne fçavez pas.
Mon maiftre, pardonnez moy pour cefte fois,
⎰ et ie n'y retourneray plus:
75 ⎱ ie ne le feray plus:
ce fera la primiere et la derniere: N. fera mon plége.
Bien, ie vous pardonneray pour cefte fois, mais fi vous y retournez plus,
vous n'en ferez pas quitte pour le prix: ie vous payeray pour lés deux
enfemble.
80 Guillaume a craché fur mon papier: defchiré mon livre: effacé mon
théme: rompu ma ceinture: foulé mon chappeau foubz lés pieds: gafté
mon exemple: parlé anglois.

JEAN BODIN (1530–1596)

LES SIX LIVRES DE LA REPUBLIQVE DE I. BOdin Angeuin.
Paris, J. Du Puis, 1576.
Paris, Bibliothèque nationale, Rés. *E. 67.
Pp. 232–5.

DE LA MONARCHIE *Seigneuriale*

NOVS auons dit que la Monarchie eſt vne ſorte de Republique, en laquelle la ſouueraineté abſoluë giſt en vn ſeul Prince: Il faut maintenant éclarcir ceſte definition. I'ay dit en vn ſeul, auſſi le mot de Monarque l'emporte: autrement ſi nous y en mettons deux, ou pluſieurs, pas vn n'eſt ſouuerain: d'autant que le ſouuerain eſt celuy qui ne peut eſtre commandé de perſonne, 5 & qui peut commander à tous. Si donc il y a deux Princes egaux en puiſ- ſance, l'vn n'a pas le pouuoir de commander à l'autre, ny ſoufrir com- mandement de ſon cõpaignon, s'il ne luy plaiſt: autrement ils ne ſeroient pas egaux: il faut donc conclurre que de deux Princes en vne Republique egaux en pouuoir, & tous deux ſeigneurs de meſme peuple, & de meſme 10 pays par indiuis, ny l'vn ny l'autre n'eſt ſouuerain: mais bien on peut dire, que tous deux enſemble ont la ſouueraineté de l'eſtat, qui eſt cõpris ſoubs le mot d'Oligarchie, & proprement s'appelle Duarchie, qui peut eſtre durable, tant que les deux Princes feront d'accord: comme Romule & Tatius, tous deux Roys des Quirites: peuple compoſé des Romains & 15 Sabins: mais Romule bien toſt apres fiſt tuer ſon compaignon, comme il auoit fait ſon frere.* auſſi l'Empire Romain fut changé de Monarchie en binarchie, ſoubs Marc Aurelle, qui fut Empereur auec ſon frere Ælius Verus, mais l'vn mourut biẽ toſt apres. car ſi deux Princes ne ſont biẽ d'accord enſemble, cõme il eſt pres que ineuitable en egalité de puiſſance 20 ſouueraine, il faut que l'vn ſoit ruiné par l'autre. auſſi pour euiter à diſcord, les Empereurs partageoyent l'eſtat en deux: l'vn eſtoit Empereur d'Orient, l'autre du Ponent: l'vn tenoit ſon ſiege à Conſtantinoble, l'autre à Romme: tellement que c'eſtoyent deux monarchies: ores que les edits & ordon- nances fuſſent publiees d'vn commun conſentement des deux Princes, 25 pour ſeruir à l'vn & à l'autre Empire. mais ſi toſt qu'ils tomboyent en querelle, les deux Empires eſtoyent alors diuiſez de faict, de puiſſance, de loix, & d'eſtat. autant peut-on dire de la Monarchie des Lacedemoniens, qui dura iuſques à la mort du Roy Ariſtodeme, lequel laiſſant Procle, & Euriſthene ſes deux enfans Roys d'vn meſme païs, & par indiuis, l'eſtat 30 leur fut bien toſt oſté* par Lycurgue, ores qu'il fuſt prince du ſang de Hercules, & qu'il peuſt paruenir à l'eſtat. Le ſemblable aduint aux Roys des Meſſeniens, Amphareus,[1] & Leucippus.[2] mais les Argiens, pour euiter

---

[1] *Ampharens.* [2] *Lencippus.*

à la pluralité de Roys, eſtant le Royaume echeu à Atreus, & Thyeſte, le
35 peuple adiugerent* tout le Royaume au plus ſçauant, comme dit Lucian &
les Princes* du ſang de Merouee, & de Charlemagne, partagerẽt le
Royaume entr'eux, cõme on voit les enfans de Clouis, & de Louys
Debonnaire:* & ne s'en trouue point qui ayent eſté Roys par indiuis,
pour les incõueniens qui aduiennent de la ſouueraineté tenue en commun,
40 où il n'y a perſonne ſouuerain: hors mis quand vn Prince eſtranger eſpouſe
vne Royne, ordinairement on met l'vn & l'autre conioinctement comme
ſouuerains és mandemens & lettres patentes: comme il ſe fiſt de Ferdinãd
& Iſabelle Roy & Royne de Caſtille: Antoine & Ieãne Roy & Royne de
Nauarre. mais les Anglois ne voulurent pas permettre que Philippes
45 d'Eſpaigne ayant eſpouſé Marie d'Angleterre, euſt part aucune à la
ſouueraineté, ny aux fruits & profits d'icelle: iaçoit qu'ils accordaſſent biẽ
qu'ils fuſſent tous deux en qualité, & que l'vn & l'autre peuſt ſigner, à la
charge toutesfois que le ſeing de la Royne ſufiroit, & que ſans iceluy le
ſeing du Roy Philippe n'auroit aucun effet. ce qui fut ainſi accordé à
50 Ferdinãd Roy d'Arragon ayant eſpouſé Iſabelle,* tous les mãdemẽs eſtoient
ainſi ſignez, Yo el Rey, & yo la Reyna, & le Secretaire d'eſtat auec ſix
Docteurs. mais la ſouueraineté pour le tout eſtoit en la Royne. autrement
ny l'vn ny l'autre n'euſt eſté ſouuerain. Qui eſt le plus fort argument qu'on
pouuoit faire aux Manicheans, qui poſoient deux Dieux egaux en puiſſance,
55 l'vn bon, l'autre mauuais: car s'il eſtoit ainſi, eſtans contraires l'vn à
l'autre,* ou l'vn ruineroit l'autre, ou ils feroiẽt en guerre perpetuelle, &
troubleroient ſans ceſſe la douce harmonie, & concorde que nous voyons
en ce grand monde. Et cõment ce monde ſoufriroit-il deux Seigneurs
egaux en puiſſance, & contraires en volenté, veu que la moindre Repu-
60 blique n'en peut ſoufrir deux, ores qu'ils ſoiẽt freres, s'ils tombent tant ſoit
peu en diuiſion? beaucoup plus aiſément ſe comporteroient trois Princes,
que deux: car le troiſieſme pourroit vnir les deux, ou ſe ioignant auec
l'autre, le cõtraindre de viure en paix: cõme il aduint tandis que Pompee,
Ceſar, & Craſſus, qu'on appelloit le Monſtre à trois teſtes, furent en vie, ils
65 gouuernerẽt paiſiblemẽt l'Empire Romain, qui ne dépendoit que de leur
puiſſance: mais ſi toſt que Craſſus fut tué en Perſe, les deux autres ſe
firent la guerre ſi opiniaſtremẽt, qu'il fut impoſſible les reünir, ny viure en
paix, que l'vn n'euſt defait l'autre. le ſemblable aduint d'Auguſte, Marc
Antoine, & Lepide: leſquels neantmoins auoient fait d'vne Republique
70 populaire, trois monarchies, qui furent reduites à deux, apres qu'Auguſte
eut deſpouillé Lepide, & les deux reünies en vne, apres la iournee Actiaque,
& la fuite de Marc Antoine. Par ainſi nous tiendrons ceſte reſolution, que
la Monarchie ne peut eſtre, s'il y a plus d'vn Prince. Or toute Monarchie
eſt ſeigneuriale, ou royale, ou tyrannique. ce qui ne fait point diuerſité
75 de Republiques, mais cela prouiẽt de la diuerſité de gouuerner[1] la Monarchie. Car il y a bien difference de l'eſtat, & du gouuernemẽt: qui eſt vn

[1] gouuer.

secret de police qui n'a point esté touché de perfonne. car l'eftat peut eftre
en Monarchie, & neantmoins il fera gouuerné populairement, fi le Prince
fait part des eftats, Magiftrats, offices, & loyers egalement à tous, fans
auoir egard à la nobleffe, ny aux richeffes, ny à la vertu. Il fe peut faire 80
auffi que la Monarchie fera gouuernee ariftocratiquement: mais quãd le
Prince ne donne les eftats, & benefices qu'aux nobles, ou bien aux plus
vertueux feulement, ou aux plus riches. auffi la feigneurie ariftocratique,
peut gouuerner fon eftat populairemẽt, diftribuant les honneurs, & loyers
à tous les fugets egalement, ou bien ariftocratiquemẽt les diftribuant aux 85
nobles ou au riches feulement. laquelle varieté de gouuerner, a mis en
erreur ceux qui ont meflé les Republiques, fans prẽdre garde que l'eftat
d'vne Republique, eft differend du gouuernemẽt, & adminiftration d'icelle.
mais nous toucherõs ce point icy en fon lieu. Donc la Monarchie royale,
ou legitime, eft celle où les fugets obeiffent aux loix du Monarque, & le 90
Monarque aux loix de nature, demeurant la liberté naturelle, & proprieté
des biens aux fugets.* La Monarchie feigneuriale, eft celle où le Prince eft
fait Seigneur des biẽs, & des perfonnes, par le droit des armes, & de bonne
guerre, gouuernãt fes fugets cõme le pere de famille fes efclaues. La
Monarchie tyrãnique, eft où le Monarque mefprifant les loix de nature, 95
abufe des perfonnes libres, comme d'efclaues,* & des biẽs des fugets
cõme des fiens. La mefme differẽce fe trouue en l'eftat ariftocratique, &
populaire. car l'vn & l'autre peut eftre legitime, feigneurial, ou tyrannique
en la forte que i'ay dit. & le mot de Tyrannie fe prend auffi pour l'eftat
turbulẽt d'vn peuple forcené, cõme Ciceron a tresbien dit. Quãt à la 100
Monarchie feigneuriale, il eft befoin de la traiter la premiere, comme celle
qui a efté la premiere entre les hommes. Car ceux-là s'abufent, lefquels
fuiuãs l'opinion d'Ariftote, penfent que les premiers Monarques, aux
temps heroïques, fuffent efleus* des peuples: veu que nous trouuons que
la premiere Monarchie fut eftablie en Affyrie, foubs la puiffance de Nem- 105
rod, que l'efcripture appelle le puifsãt veneur: qui eft vne forme de parler
vulgaire aux Hebrieux, cõme qui diroit voleur: & mefmes Ariftote, &
Platon, ont mis le brigandage entre les efpeces de vennerie: comme i'ay
remarqué fus Oppian. Car au parauãt Nemrod, il ne fe trouue point qu'il y
euft puiffance, ny domination les vns fus les autres: & femble que ce nom 110
luy fut donné comme propre à fa qualité; d'autant que Nemrod fignifie
Seigneur terrible, toft apres on a veu le mõde plein d'efclaues, du viuãt
mefmement de Sem,[1] l'vn des enfans de Noé. Et en toute la Bible, l'efcripture parlant des fugets des Roys d'Affyrie, & d'Egypte, les appelle
toufiours efclaues. & non feulemẽt l'efcripture fainte, ains auffi les Grecs, 115
qui efcriuẽt à tous propos, que les Grecs eftoient libres, & les Barbares
efclaues: ils entendẽt les peuples de Perfe, & de la haute Afie. Auffi les
Roys de Perfe denonçant la guerre, demãdoient l'eau, & la terre, dit
Plutarque, pour monftrer qu'ils eftoient feigneurs abfolus des biẽs & des

[1] *Seny.*

120 perſonnes. C'eſt pourquoy Xenophõ en la Cyropedie eſcrit, q̃ c'eſt choſe belle, & loüable entre les Medois, que le Prince ſoit ſeigneur proprietaire de toutes choſes. De là venoit l'adoration qu'on faiſoit aux Roys de Perſe, comme à celuy qui* eſtoit entierement ſeigneur des perſonnes, & des biens: comme treſbien fiſt entendre Artaban, capitaine des gardes du Roy
125 de Perſe, voyant que Temiſtoche ſe vouloit ingerer de parler au Roy, & à la façon des Grecs, il empeſcha,* que premierement il ne l'euſt adoré, adiouſtant ſes mots,* Il eſt bien ſeant, dit-il, de garder les couſtumes de ſon païs: vous eſtimez la liberté, & l'equalité: mais nous eſtimons la plus belle choſe du monde, de reuerer,* ſeruir, & adorer noſtre Roy, comme l'image
130 du Dieu viuãt. Et ne doit pas la Monarchie ſeigneuriale, eſtre appellee tyrannie,* car il n'eſt pas inconuenient, qu'vn Prince ſouuerain, ayant vaincu de bonne, & iuſte guerre ſes ennemis, ne ſe face* ſeigneur des biens, & des perſonnes, par le droit de guerre: gouuernant ſes ſugets comme eſclaues, ainſi que le pere de famille eſt ſeigneur de ſes eſclaues, & de leurs
135 biens, & en diſpoſe à ſon plaiſir. mais le Prince qui par guerre, ou autres moyens iniuſtes fait des hommes libres ſes eſclaues, & s'empare de leurs biens, n'eſt pas Monarque ſeigneurial, ains vn vray tyran, ainſi voyons nous que l'Empereur Adrian, ne voulut pas qu'vn badin, que le peuple vouloit affranchir, fut libre, s'il ne plaiſoit à ſon ſeigneur: cõme Tibere
140 auoit defendu auparauant: & depuis Marc Aurele ne voulut pas qu'il fuſt libre, quelque conſentement que ſon ſeigneur euſt dõné à la clameur du peuple, reputant cela pluſtoſt force, que volonté:* afin que la pleine diſpo-ſition demeuraſt à chacun de ce qui luy appartenoit. Or combien qu'il y a peu maintenant de Monarques ſeigneuriaux, ores qu'il y ait pluſieurs
145 tyrans, ſi eſt-ce neantmoins qu'il y en a encores en l'Aſie, & en l'Etiopie: & meſmes en Europe les Princes de Tartarie, & de Moſchouie, deſquels les ſugets s'appellent Chlopes,* c'eſt à dire Eſclaues, ainſi que nous liſons en l'Hiſtoire de Moſchouie. & pour ceſte cauſe le Roy des Turcs eſt appellé le grand Seigneur, non pas tant pour l'eſtendue de pays, car le Roy
150 Catholique en a dix fois autant, que pour eſtre* aucunement ſeigneur des perſonnes, & des biens...

35
SIMON GOULART (1543–1628)

MEMOIRES de l'eſtat de France, SOVS CHARLES Neuſieſme. CONTE-NANS LES CHOSES plus notables, faites & publiees tant par les Catholiques que par ceux de la Religion, depuis le troiſieſme edit de pacification fait au mois d'Aouſt 1570, iuſques au regne de Henry troiſieſme.
Middelbourg, H. Wolf, 1577.
Cambridge, Bibliothèque univerſitaire, Mm. 16. 7.

(*a*) Harangue faite au roi Charles IX par les ambassadeurs allemands, le 23 décembre 1570: pp. 35–8.

(*b*) Attentat contre la vie de l'amiral Coligny: pp. 367–8.

(*c*) Le massacre de la Saint-Barthélemy: pp. 399–400.

(a)

Nous alleguõs ces exẽples, Sire, pour refpõdre à ceux qui ont tafché de perfuader à voftre maiefté, qu'elle ne doit endurer en fõ royaume aucune diuerfité de Religiõ. Ils deuroyent penfer que la liberté que vous accor- daftes à vos fuiets, il y aura neuf ans à ce mois de Ianuier, fut caufe que plufieurs vindrent à la cognoiffance de la Religion reformee, de laquelle 5 aucun danger ni peril ne les a peu diuertir: car c'eft Dieu feul qui a puiffance fur les confciences des hommes, qui mefmes ne l'ont pas fur la leur propre: tãt s'en faut qu'ils la puiffent auoir fur celle d'autruy. Il femble que ceux qui furent caufe des premiers troubles & guerres ciuiles en voftre royaume, n'auoyent pas experimenté* combien peut la Religion 10 au cœur des hommes, qui ont la vraye crainte de Dieu: car ils penfoyent que la crainte de perdre la vie & les biens, feroit que perfonne ne s'oferoit oppofer à leurs deffeins. La necefsité puis apres à conduit les chofes plus auant: mais comme les fages ont toufiours iugé, il faut regarder, aux guerres ciuiles, qui a le tort du commencement. Car depuis qu'elles font 15 commencees, infinies iniuftices* fe font d'vn cofté & d'autre: eftimant vn chafcun eftre licite ce qui fert* à fa conferuation. Il s'eft cõmis en ces guerres des exemples d'inhumanité, qu'on n'euft iamais penfé deuoir eftre cõmis par vn peuple, duquel la douceur a efté parci deuãt tant renommee: toutesfois fa bonté eft encore apparente, en ce qu'il a toufiours accepté la 20 paix, quand voftre maiefté la luy a propofee, & s'eft foumis a voftre obeiffance. Nous auons veu peu de guerres ciuiles aux autres nations, qui n'ayent pris fin par la totale victoire de l'vne des parties, & la ruine de l'autre, ou bien de toutes les deux, furuenant vn tiers* qui les opprimoit. Telles victoires, comme a dit quelque Sage ancien, ont eu bien fouuent 25 en elles plus de mal que la guerre mefmes. Car communement ceux qui font victorieux, fe laiffent mener à leurs pafsions, & commettent infinies cruautez, les vns par defir de vẽgence, les autres, pour auoir le bien de l'innocent, fouuent luy font à croire qu'il a fait chofes, où il n'a iamais penfé: & combien que les Rois & chefs fe foyent effayez quelques fois 30 de moderer telles victoires, il eft peu fouuent auenu qu'ils l'ayent peu faire. Mais Dieu n'a point permis, Sire, qu'on foit venu à ce poinct en voftre Royaume, ne que vos mains, ou celles des voftres, ayent en paix commis quelque chofe, dont la pofterité les puiffe accufer. On ne debatoit pas en ces guerres de la grandeur de voftre Maiefté: car il n'y auoit per- 35 fonne d'vn cofté ni d'autre qui ne la defiraft: mais on doutoit de celle que l'Euefque de Rome a vfurpee en la Chreftienté: pour laquelle maintenir il fufcite infinis troubles, & fait confumer les forces que lon deuroit

oppofer aux Turcs: & parauanture l'Italie fera la premiere qui s'en fentira.
40 Vous deuez, Sire, eftimer vos fuiets qui fe font fouftraits de fon obeiffance,
en ce vous eftre plus fideles, qu'ils ne veulent auoir* en ce monde autre
feigneur, ne faire hommage à autre qu'à vous. Et certes les Empereurs de
la Germanie ne receurent iamais tant de dommage de tous leurs ennemis
eftrangers, que leur en a porté l'affection que leurs fuiets ont portee aux
45 Euefques de Rome, qui y fouloyent anciennement fufciter troubles quand
bon leur fembloit.

Ne croyez point donc, Sire, fon confeil, ne de ceux qui* craignent que
le feu s'efteignant en voftre maifon, ne s'allume en la leur: & eftimez que
ceux qui vous confeilleront d'obferuer inuiolablement ce que vous auez
50 promis par voftre edict de pacification, vous feront fideles fuiets &
feruiteurs, bons voifins & amis. Et en cas qu'il y ait quelqu'vn qui
entreprenne* de le violer contre voftre vouloir, foit de vos fuiets, ou
autres, nous fignifions derechef à voftre maiefté, qu'en tel cas nos trefilluftres Princes feront toufiours prefts d'employer tout ce qu'ils ont de
55 forces & pouuoir, pour vous aider à maintenir voftre Eftat en paix & en
repos.

Et d'autant qu'ils voyent à quoy tendent les pratiques & deffeins de
l'Euefque de Rome, ils veulent bien qu'il fache qu'ils ont deliberé d'y
auifer dorefnauant de plus pres qu'ils n'ont fait iufques à prefent, pour
60 n'eftre point furprins, & s'oppofer* plus viuement à fes cruels deffeins,
qu'ils n'ont fait par le paffé. Outre les caufes deffufdites, ils ont occafion de
fe mefcontenter de ceux qui ont efté les autheurs des troubles en ce
Royaume: par ce que les leuees de gens en Allemagne, paffages & monftres, tant de l'vn des coftez, que de l'autre, ont porté de trefgrands
65 dommages à quelques vns d'entre eux.

Il refte, Sire, que nous prions Dieu,* qu'il maintienne voftre maiefté en
cefte faincte affection qu'elle a monftree iufques à prefent à la paix: & luy
face la grace de bien toft voir fon Royaume en fon ancienne fplendeur &
reputation. Pour à quoy paruenir,* nous efperons que la Royne fera
70 toufiours d'accord auec vous, enfuiuant en cela la fageffe, clemence, &
generofité de ceux dont elle eft iffue. Nous efperons aufsi que la Royne
mere de voftre maiefté, ayant long temps gouuerné ceft eftat, comme vn
nauire en pleine mer, battu de tous coftez d'orages & de tourmentes: &
l'ayant en fin conduit au port de paix & de repos, ne permettra pas qu'on
75 le remette derechef à la mifericorde des vents. Nous croyons aufsi que
monfeigneur voftre frere ne fera pas moins defireux de conferuer fa patrie,
que voftre maiefté mefmes; & ne doutons point que Dieu ne luy baille
affez d'occafions d'exercer heureufement en autres chofes cefte grande
vertu qui l'a fait cognoiftre à tout le monde en fa premiere ieuneffe.
80 Nous efperons que monfeigneur le Duc voftre frere, tous les Princes de
voftre fang, & autres, les Officiers de voftre Couronne, & brief, tous ceux
qui ont quelque part au gouuernement de voftre eftat, penferont combien

ils font redeuables à leur patrie, & qu'ils ne fauroyent faire chofe qui luy
foit plus pernicieufe, que de la fouiller du fang de ceux qu'elle a produits,
ni chofe plus louable, que de la maintenir en paix & en repos, & y faire 85
florir la vertu. Ce que nos trefilluftres Princes vous fupplient trefaffec-
tueufement de faire. Et pour ceft effect nous ont ici enuoyez, s'offrans de
leur part à faire,* en tel cas, tous offices de bons parens & voifins, anciens
amis, & feruiteurs de voftre maiefté. Ils vous prient aufsi de croire,
qu'autre chofe ne les fait tenir tels propos, finon le fingulier defir qu'ils ont 90
de voir voftre Royaume floriffant[1] en paix & en tranquillité: car ils ne
doutent point, que voftre maiefté, de foy-mefme, n'entende trop bien tout
ce qui fe pourroit dire en tel cas, & quelle n'ait gens en fon fage confeil,
qui l'aduertiffent de tout ce qui eft neceffaire.

(b)

Maureuel, eftant arriué à Paris, pendant ces feftins, & ayant efté veu du
Roy,* de fa mere, du Duc d'Anjou, de ceux de Guife, apres auoir parlé au
Roy, & à la Royne mere, fut donné en charge à vn nommé Chailly, qui le
mena en la maifon d'ou il tira le coup, & le recommanda à vne femme
eftant en ladite maifon.* Le vendredy 22. d'Aouft des le matin il agence fa 5
harquebouze, & attend de pied coy l'Amiral, lequel ayant obtenu audiance,
fit fon rapport au confeil du Roy (ou prefidoit le Duc d'Anjou, qui en
fortit auant les autres) puis au fortir comme il alloit en fon logis, ayant
trouué le Roy qui fortoit d'vne chappelle qui eft au deuant du Louure,
le remena iufques dans le ieu de paume (ou le Roy, & le Duc de Guife, 10
ayans dreffé partie contre Theligny, & vn autre gentil-homme, iouerent
quelque peu) puis en fortit, pour s'en aller difner en fon logis,
accompagné de douze ou quinze gentils-hommes. Il ne fut pas à
cent pas du Louure, que d'vne feneftre treilliffee du logis (ou logeoit
ordinairement Villemur, precepteur du Duc de Guife) luy fut tiree vne 15
harquebouzade auec trois balles, fur le poinct qu'il lifoit vne requefte,
allant à pied par la rue. L'vne des balles luy emporta le doigt indice de la
main droite, de l'autre balle, il fut bleffé au bras gauche.

Lors qu'il fut bleffé, le Sieur de Guerchy eftoit à fon cofté droit, d'ou
luy fut tirée l'harquebouzade, & à fon gauche, l'aifné des Pruneaux. Ils 20
furent fort esbahis & efperdus, & tous ceux qui eftoyent en la compagnie.

L'Amiral ne dit iamais autre chofe, finon qu'il monftra le lieu d'où on luy
auoit tiré le coup, & où les balles auoÿēt dōné: priant le capitaine Pilles,
qui furuint là, auec le capitaine Monins, d'aller dire au Roy ce qui luy
eftoit auenu: qu'il iugeaft* quelle belle fidelité c'eftoit, l'entendât de 25
l'accord* fait entre luy, & le Duc de Guife.

Vn autre gentil-homme voyant l'Amiral bleffé, s'approcha de luy pour
luy fouftenir fon bras gauche, luy ferrant l'endroit de la bleffure auec fon

---

[1] floriffanr.

mouchoir: le fieur de Guerchy luy fouftenoit le droict: & en cefte façon
30 fut mené à fon logis, diftant de là enuirõ de fix vingts pas. En y allant, vn
gentil-homme luy dit,* qu'il eftoit à craindre que les balles ne fuffent
empoifonnees: à quoy l'Amiral refpondit, qu'il n'auiendroit que ce qu'il
plairoit à Dieu.

Soudain apres le coup, la porte du logis d'où l'harquebouzade auoit
35 efté tiree, fut enfoncee par certains gentils-hommes de la fuite de l'Amiral.
L'harquebouze fut trouuee, mais non l'harquebouzier: ouy bien vn fien
laquais, & vne feruante du logis. l'harquebouzier s'en eftoit foudain enfuy
par la porte de derriere, qui fort fur le cloiftre de fainct Germain de
l'Auxerrois: où lon luy gardoit vn cheual preft, garny de piftolles à l'arçon
40 de la felle: fur lequel eftant efchappé, il fortit hors de la porte fainct Antoine, où ayant trouué vn cheual d'Efpagne qu'on luy tenoit en main,
defcendit du premier, & monta fur le fecond, puis fe mit au grand galop.

Le Roy entendant la bleffeure* de l'Amiral, quitta le ieu, où il eftoit
encores iouant auec le Duc de Guife: ietta la raquette par terre, & auec
45 vn vifage trifte & abbatu, fe retira en fa chãbre: le Duc de Guife fortit
aufsi peu apres le Roy, du ieu de paume.

(c)

Ce Dimanche, fut employé à tuer, violer, & faccager: de forte, qu'on
croid que le nombre des tuez ce iour la & les deux fuyuans dans Paris &
fes fauxbourgs, furpaffe dix mille perfonnes, tant feigneurs, gentils-hõmes,
prefidẽs, cõfeillers, aduocats, procureurs, efcoliers, medecins, marchãds,
5 artifans, femmes, filles, & enfans. Les rues eftoyẽt couuertes de corps
morts, la riuiere teinte en fãg, les portes & entrees du palais du Roy,
peintes de mefme couleur: mais les tueurs n'eftoyent pas encore faoulez.

Entre autres perfõnes notables font, la damoyfelle d'Yuerny belle mere
du marquis de Reynel dame hõnorable & fort affectiõnee à la Religiõ. On
10 luy prefenta le poignard à la gorge, auec menaces d'eftre maffacree fi elle
n'inuoquoit la vierge Marie & les faincts; ce que n'ayant voulu faire, les
maffacreurs la menerent* fur le pont aux mufniers, ou apres luy auoir
dõné plufieurs coups de dague la ietterẽt[1] dans l'eau. Iean Theuart procureur en parlemẽt, & le Clerc, procureur en Chaftelet, fort hais des
15 Catholiques furẽt cruellemẽt maffacrez, auec leurs femmes & familles, fans
auoir efgard à nul.* Le Lapidaire de la Royne mere, Philippes le doux
marchãt notable, & toute fa famille, Vn miniftre du Roy de Nauarre,
nõmé le More, ieune hõme fort docte, Vn autre miniftre, nõmé Burette,
aufsi ieune & trefdocte, qui auoit prefché long tẽps à Lyon, ou il eftoit
20 bien ouy. Nicolas le mercier marchãt, demeurant fur le pont noftre Dame,
fa femme, fon gendre, fa fille, fes enfans, feruiteurs & feruantes, furent
tous maffacrez & iettez dans l'eau.

---

[1] *ietterẽt.*

Les Cõmiſſaires, Capitaines, quarteniers & dizeniers de Paris, alloyẽt auec leurs gens, de maiſon en maiſon, là ou ils cuidoyẽt trouuer des Huguenots, enfonçans les portes, puis maſſacrãt cruellemẽt ceux qu'ils 25 rẽcõtroyẽt, ſans auoir eſgard au ſexe ou à l'aage: eſtans induits & animez à ce faire par les Ducs d'Aumale, de Guiſe & de Neuers, qui alloyent crians par les rues, Tuez, Tuez tout, le Roy le commande. Les charrettes chargees de corps morts, de damoiſelles, femmes, filles, hommes & enfans eſtoyent menees & deſchargees à la riuiere, couuerte de corps morts, & toute 30 rouge de ſang, qui auſsi ruiſſeloit en diuers endroits de la ville, comme en la cour du Louure & aupres, comme dit a eſté ci deſſus, & ſera encor cy apres. car c'eſt choſe par trop lamentable de continuer tout d'vn fil le recit de ces horribles cruautez & maſſacres: pendant leſquels, le Roy, la Royne mere, & leurs courtiſans rioyent à gorge deſployee, diſans que la 35 guerre eſtoit vrayement finie, & qu'ils viuroyent en paix à l'auenir; qu'il faloit faire ainſi les edits de pacification, non pas auec du papier, & des deputez: & donner ordre que les autres eſpars en diuers endroits du Roy-aume fuſſent ainſi exterminez. On dit toutesfois que le Duc d'Alençon fut fort faſché de telles cruautez, & qu'il en pleura meſmes, dont le Roy & la 40 Royne mere le tancerent aſſez aigrement.

36
HENRI ESTIENNE (1531–1598)

DEVX DIALOGVES Du nouueau langage François, italianizé, & autrement deſguizé, principalement entre les courtiſans de ce temps: De pluſieurs nouueautez, q ont accompagné ceſte nouueauté de langage: De quelques courtiſaniſmes modernes, & De quelques ſingularitez courtiſaneſques.
  Genève, H. Estienne, 1578.
  Londres, British Museum, 1073. e. 23.
(a) *Aux lecteurs,* *ii^{ro—vo}.
(b) Pp. 15–21: Celtophile s'étonne du langage italianisé de son ami Philausone.
(c) Pp. 78–82: Celtophile signale quelques affectations de langage.

(a)   IAN FRANCHET, DICT PHILAVSONE, *gentilhõme Courtiſanopolitois, Aux lecteurs tutti quanti*

MESSIEVRS, il n'y a pas long tẽps qu'ayant quelque martel in teſte (ce qui m'aduient ſouuent pendant que ie fay ma ſtanſe en la cour) & à cauſe de ce eſtant ſorti apres le paſt pour aller vn peu ſpaceger, ie trouuay par la ſtrade vn mien ami, nõmé Celtophile. Or voyãt qu'il ſe monſtret* eſtre tout sbigotit de mõ lãgage (qui eſt toutesfois le lãgage courtiſaneſq̃, dont vſent 5 auiourdhuy les gẽtils-hommes Frãcés, qui ont quelque garbe, & auſsi

defirent ne parler point ʃgarbatement) ie me mis à ragiõner auec luy tou-
chãt iceluy, en le ʃouʃtenãt le mieux qu'il m'eʃtet poʃsible. Et voyãt que
nonobʃtant tout ce q̃ ie luy pouues alleguer, ce langage italianizé luy
10 ʃemblet fort ʃtrane, voire auoir de la gofferie & balorderie, ie pris beaucoup
de fatigue pour luy cauer cela de la fantaʃie. Mais (pour voᵍ dire la verité)
ie ne trouues point de raiʃõs baʃtãtes pour ce faire: & au cõtraire tãt plus
ie m'efforces de luy leuer ceʃte opiniõ par mes ragiõnemẽs, tãt plus luy ʃe
burlet de moy, ʃe ʃentant bien aʃʃeuré de ʃon baʃton, ainʃi qu'il monʃtret. En
15 la fin, voyant que i'aues à faire à ʃi forte partie, & q̃ les repliques me
cõmançoyẽt à manquer (encore que ie fiʃʃe bonne mine) i'acceptay fort
volõtiers pour arbitre mõʃieur Philalethe, eʃperãt, qu'il y auret q̃lque
domeʃticheʃʃe entre luy & ces mots, qu'il oit ʃouuent à la cour: & pourtant
me feret ʃcorte. Mais ie trouuay que ie m'ingãnes biẽ. car luy, au lieu de me
20 fauoregger, faiʃet auʃsi ʃemblãt d'eʃtre tout ʃbigotit, & trouuer ie ne ʃçay
quelle ʃaluaticheʃʃe en ce langage eʃcorché. Et tous deux m'alleguoyẽt tãt
de raiʃons (en me rinfreʃquãt la memoire de pluʃieurs fautes qu'õ cõmet)
que ie ne ʃçauez plus ou i'en eʃtes: tellemẽt que ie leur accordes, deʃac-
cordes, & puis raccordes ce qu'ils diʃoyent. Or le pis eʃt que ces deux
25 gentils-hommes ont faict mettre en lumiere ce Diʃcours: ce que ie n'euʃʃe
iamais penʃé. Ie vous prie donc les en aduertir, ʃans leur dire toutesfois que
ie ʃuis nommé en iceluy. Car ie veux eʃtre le premier qui leur declare, pour
leur faire quandetquand mes excuʃes: & leur dire qu'ils ne doiuent
laiʃʃer d'eʃtre de bonne voglie, d'autant qu'il s'en faut beaucoup q̃ i'aye
30 deʃcouuert tout le pot aux roʃes. Et ce ʃera auʃsi toʃt que ie ʃeray ʃorti de q̃lque
intrigue, ou ie me ʃuis trouué, apres eʃtre capité en ce lieu: ou il me faut
indugier quelques iours. Ce-pendant ie leur baiʃe la main, & à vous auʃsi.

(b)

CEL. Or ça vous n'eʃtes pas maintenant tant affairé que vous ʃouliez
eʃtre: à ce que ie voy.

PHIL. Voᵍ ʃçauez quel eʃt le train de la vie courtiʃaneʃque. quelque
volte nous nous imbatons d'auoir vne grãde multiplicité de chouʃes* à
5 negotier: quelque volte auʃsi ne nous manque le loiʃir d'aller à ʃolaz.

CEL. Tout beau, tout beau, monʃieur Philauʃone, mon ami. quel langage
parlez-vous?* ne voulez-vous point auoir pitié de mes poures oreilles?
Ie l'oʃerois quaʃi nommer vn lãgage farragineux. car vn tel meʃlinge peut
bien eʃtre dict *farrago*.
10 PHIL. Vous oʃeriez quaʃi tumber au crime de leʃe maieʃté, en parlãt
ainʃi de ce lãgage courtiʃã cõme de q̃lque villaquerie.

CEL. Vous auriez bien enuie de me faire peur, à ce que ie voy: mais
ie ne m'eʃpouante pas ʃi facilement. A Dieu ne plaiʃe que ie die choʃe pour
laquelle ie puiʃʃe eʃtre accuʃé d'vn tel crime. ie ʃçay reuerer ce qui doit eʃtre
15 reueré.

PHIL. Parlez dõc reueremment du langage courtiſan: & ne luy faite point de ſcorne.*

CEL. Donnez moy premierement la definition de ce que vous appelez le langage courtiſan: & puis quãd nous ſerons d'accord de ceſte definition, i'eſpere qu'aiſémẽt nous accorderons touchant la reuerence qui luy eſt deue. 20

PHIL. Il faut que i'y penſe. car ie preuoy biẽ q̃ ſi ie vous reſpõ à l'improuiſte, vous taſcherez de me mettre en quelque labyrinthe.

CEL. Ie ſuis cõtent de vous dõner terme d'auis: mais ce-pendant ie vous prie (encore que vous vouliez que i'vſe de commãdement pluſtoſt que de priere en voſtre endroit) que parciapres vous eſpargniez vn peu d'auantage 25 mes oreilles. Car elles viennent de receuoir aſſez de baſtonnades pour vne fois. Et à ce que ie voy, vous eſtes dãgereux pour les oreilles qui ne ſont point armees: ſi vous faites ſouuent comme vous faiſiez naguere.

PHIL. Que faiſois-ie?

CEL. Vous faiſiez rage deſcorcher des paroles Italiennes. ce qu'aucuns 30 appellent Contrepeter le langage Italien.

PHIL. C'eſt grand cas que l'accouſtumance. ie vous puis aſſeurer qu'elles me coulẽt auſsi doucement q̃ ſi elles eſtoyent vrayes Franceſes: tellement qu'elles paſſent par ma bouche ſans que ie ſente aucune diuerſité.

CEL. Tant pis. 35

PHIL. Mais tãt mieux. car ie ſuis ioyeux d'auoir ces paroles Italiennes ſi à commandement. Penſez-vous que les Franceſes me mãquẽt? rien moins: mais les Italiennes me ſemblẽt eſtre plus leggiadres, plus leſtes, & auoir ie ne ſçay q̃l garbe d'auantage.

CE. C'eſt biẽ dict, Ie ne ſçay quel garbe. car vous ſeriez bien empeſché 40 à dire q̃l il eſt. Et pour le faire court, ce meſlinge de lãgages procede d'vne ie ne ſçay quelle humeur: ou pluſtoſt d'vne humeur que ie ſçay biẽ, mais q̃ ie ne veux pas dire.

PHIL. Encore que vous commanciez à vous ſtomaquer, ſi vo⁹ diray-ie plus, que ie ne trouue pas ſouuẽtesfois les mots Frances ſi baſtans pour 45 exprimer mes cõcets.

CEL. Ce ſont de merueilleux concets (s'il eſt licite d'vſer de ce mot apres vous) pour leſquels il ſoit beſoin d'eſcorcher des mots de ceſte langue eſtrãgere.

PHIL. Mais à quoy penſez-vous? quand tout ceci ne ſeroit, vous doit-il- 50 pas ſuffir qu'on parle ainſi en la cour?

CEL. Ie ne prẽ pas ceſte raiſon en payement.

PHIL. Comment? feriez-vous biẽ ſi preſomptueux que de vouloir apprendre à parler aux courtiſans? ne ſcauez-vous-pas que la cour eſt le lieu ou on parle le meilleur langage? 55

CEL. Il peut bien eſtre qu'autrefois il faloit chercher le meilleur langage entre les courtiſans: mais ie vous nie ceſte conſequence, que ſi on l'y trouuoit autrefois, on l'y trouue encore maintenant. Pour le moins il-y-a vn certain quadrain qui le nie fort & ferme.

60 PHIL. Quel quadrain?

CEL. Ie le vo⁹ apprendray, puis que vous ne le fçauez pas.

Cefte langue courtifanefque,
Qui de fon uice fait uertu,
Eft une langue barbarefque,
65 *Tout bien comté & rabatu.*

PHIL. Ie m'esbahi q̃l capricce a pris à l'auteur de ce quadrain de faire vn tel iugemẽt du langage courtifan.

CEL. S'il eftoit ici, il vous renuoyroit bien, auec voftre capricce, & auec toutes ces autres parolles efcorchees: dont mes oreilles crient vengeance 70 contre vous. car à chacune il leur fẽbloit qu'elles receuoyẽt vn coup de bafton, voire de marteau.

PHIL. Comment? vos oreilles ne s'accõmoderõt-elles point au langage qui eft parlé en la cour d'vn fi grand roy, aufsi bien que tant d'autres s'y accommodent?

75 CEL. Ie ne doute pas que plufieurs autres oreilles ne s'y accommodent, voire n'y prennẽt plaifir, & principalement celles qui font des belles & grandes, & qui approchent plus des afinines: mais quant à moy ie ne fuis point de la race de Midas.

PHIL. Ie vous di qu'on ne parla iamais à la cour fi brauement.

80 CEL. Et moy ie vous di que parler ainfi, ce n'eft point brauer, mais bauer.

PHIL. Vous faites vn grandifsime tort à ce langage. Car ce n'eft pas bauer quand on recherche les beaux mots auec vn grãd foin. Or on trou-uera que iamais on ne parla plus fadement, plus fongneufement, plus galamment, plus purement, plus ornémẽt, plus gayement.

85 CEL. On trouuera que iamais on ne parla plus falement,* ni plus mau-fadement, iamais plus rongneufemẽt, plus galeufement, plus puamment, plus cornuement, plus gayoffement.

PHIL. Ie m'esbahi comment vous imbrattez voftre langue d'vne telle fpurqueffe de paroles.

90 CEL. Ie n'ay rien dict qui ne foit bon Frãçois: ormis ce mot Gayoffe-ment:* pour lequel i'ay emprunté vn peu de voftre hardieffe.

PHIL. Ie n'entẽdés pas fpurqueffe, pour n'eftre mots Frances:* ains pour eftre mal-honneftes, & trop cõtumelieux.

CEL. Ne fçauez-vous pas que ie me plain il y a long temps de l'efcor-95 cherie qui eft en voftre lãgage courtifan? or la rongne, la gale, la puanteur, fuiuent fouuent l'efcorchement.

PHIL. Il vous plaira laiffer ce propos, & m'efcouter vn peu patiẽment.

CEL. Cela feray-ie volontiers.

PHIL. Quand il n'y auroit autre raifon pour acquiefcer au langage 100 courtifan, cefte-ci n'eft-elle pas baftante, que fa maiefté y prend vn grandifsime plaifir?

CEL. Ie croy que fi elle y prend plaifir, c'eft comme elle prendroit* à

ouir vne farce. Mais poſons le cas qu'autrement ſoit, & que vrayement elle
y prēne gouſt: que pouuez-vous inferer par cela, ſinon qu'elle s'en contente,
& le trouue bon, tel qu'il eſt, par faute d'autre? Car ſi les vns vſoyent à ſa 105
Maieſté du François eſcorché & entrelardé, & les autres du François pur &
net, & qu'on viſt ceſtui-la luy plaire dauantage que ceſtui-ci: alors pourriez
vous alleguer ſon iugement: mais à ce q̃ ie puis cognoiſtre par vos paroles,
elle n'oit non plus parler le bon & nayf François que l'Arabic. Que ſi on
luy faiſoit voir la difference qui eſt entre le ſain & entier langage François, 110
& entre celuy qui* auiourdhuy eſt ainſi italianizé & autrement deſguizé,
ie ne doute pas qu'elle ne ſoit ſi bien-nee, qu'elle ne ſoit d'vn ſi gentil
naturel & de ſi bon entēdement, qu'elle ne fiſt rappeler ceſtui-la, & bānir
ceſtui-ci: voire auec menace de faire bailler le fouet à la cuiſine à ceux qui
le voudroyent faire retourner.   115

(c)

CEL. ... Or quant à ceux entre leſquels ie me ſuis trouué, il y en a
contre leſquels ie ſuis plus irrité que contre les autres.
PHIL. Qui ſont ils?
CEL. Ceux qui mettēt vn mot Italien de mauuaiſe grace au lieu qu'ils en
ont* des François à choiſir, qui meſmement ont vn ſon plus doux & de 5
meilleure grace: comme ceux qui diſent, *Vne fogge nouuelle,** au lieu de dire,
Vne maniere nouuelle: ou, Façon nouuelle: ou, Mode nouuelle: pareillement *Baſtance*, pour dire Suffiſance: & *Manquement*, pour Defaut. Item
Leggiadrement pour Gentillement. Car ou eſt l'oreille qui ne iugera ces mots
Italiens eſtre plus rudes que ces François? Voila quant aux vns. Les autres 10
contraignent quelques mots François de ſignifier ce que leurs ſemblables
ſignifient en langage Italien. Du nombre deſquels eſtoit celuy qui diſoit
Amaſſer pour Tuer:* & en ſont auſsi ceux qui diſent *Piller* pour Prendre,*
& vſent pareillement ou pluſtoſt abuſent de quelques autres mots François,
deſquels il a eſté parlé. Et ne ſçay s'il y faudroit adiouſter ceux qui diſēt, 15
Vne belle chere d'hõme: ou, *Vn homme qui a une belle chere*: (au lieu de dire, Qui
a vne belle face, ou Qui a vn beau viſage) pource qu'ils pourront reſpondre
que Chere ce prend pour viſage en quelques autres façons de parler:
comme *Chiera* ſignifie cela en Italien. Mais il y en a vn lequel principalement court par les bouches de pluſieurs: aſçauoir Leuer, au lieu de dire 20
Oſter. Car ils diſēt meſmement *Leuer l'honneur & la uie*, au lieu de dire
Oſter l'honneur & la vie: pareillemēt, Leuer la douleur, pour Oſter la
douleur. Autrement ie confeſſeray que Leuer, pour Oſter, peut paſſer en
quelques endroits: & principalement où en parlant de la table on dit,
Leuez d'ici. Laquelle façon de parler ie penſe n'eſtre priſe de la ſignificatiõ 25
du mot Italien* *Leuare*, mais de ce qu'en oſtât les plats on les leue en haut
...Ie ſçay auſsi fort mauuais gré à ceux qui ne ſe contentent d'vſer de
quelques mots Italiens, qui en la fin ont eſté rendus familiers au lāgage

François: mais de ceux-la font venir d'autres, qui luy font aufsi eftranges,
30 côme ceux-la luy font familiers. Pour exemple, ceux qui ne fe contentent
pas de dire *Accort*, & *Accortement*, mais difent aufsi *Accortife*, & *Accortesse*.
Et vn certain perfonnage a paffé encore plus outre. car ne fe contentant pas
de ces termes, y a adioufté *Accortifer*, pour dire Faire deuenir accort: &
n'a pas fait difficulté d'en vfer en fes efcrits. Encore n'eft ce pas tout. car il
35 y en a qui ne pouuans faire pis, chãgent en partie la prononciation Françoife en l'Italienne: tellement que les mots fe trouuent eftre côme meftifs.
De quoy nous auons exemple en *Caualier* & *Caualerie*, pour Cheualier &
Cheualerie. vray eft que Cheualier n'eft pas encore du tout banni, mais fi
eft bien Cheualerie.* Nous auons aufsi exẽple en ce mot Cargue, pour
40 Charge. quand ils difent *Dõner la cargue*, ou *une cargue*: encore qu'ils n'ofent
pas dire Carguer pour Charger. Nous voyons le mefme en *Attaquer*: quãd
on dit, Il ne l'ofa pas attaquer. Car ce mot *Attaquer* participe du François
Attacher (qui eft le vray mot & nayf) & de l'Italien *Attacar*. Si d'auanture
ils n'allegoyent (pour fe couurir d'vn fac mouillé) qu'en difant *Attaquer*,
45 ils ne veulẽt pas Italianizer, mais pluftoft Picardizer. Car vous fçauez q̃ les
Picards, côme Vn cat & Vn kien, aufsi difent ils* Attaquer pour Attacher.
Tefmoin celuy qui eftant mené au gibbet aima mieux y eftre attaché,
pendu & eftranglé, qu'efpoufer vne fille qui eftoit boiteufe. Car voyãt
qu'elle clochoit, prit incõtinẽt fa refolution: & dit à l'executeur, *Attaque*
50 *attaque: elle cloque.*

37

GUILLAUME DE SALLUSTE, SEIGNEUR DU BARTAS (1544–1590)

LA SEPMAINE, OV CREATION DV MONDE, DE G. DE SALLVSTE, Seigneur du Bartas.
Paris, M. Gadoulleau, 1578.
Cambridge, Trinity College, Grylls 6. 166.
Pp. 1–5: Début du poème.

TOI qui guides le cours du Ciel porte-flambeaus,*
Qui, vrai Neptune, tiens le moite frain des eaus,
Qui fais trembler la terre, & de qui la parole
Serre & lâche la bride aus poftillons d'Æole,
5 Eleue à toi mon ame, épure mes efpris,
Et d'vn docte artifice enrichi mes Ecris.
ô Pere done moi, que d'vne vois faconde
Ie chante à nos neueus la neffance du Monde:
ô grand Dieu done moi, que i'étale en mes vers

Les plus rares beautés de ce grand Vniuers: 10
Done moi qu'en ſon front ta puiſſance ie liſe:*
Et qu'enſeignant autrui moi-méme ie m'inſtruiſe.
    De-touiour le clér feu n'enuironne les ærs,
Les ærs d'éternité n'enuironnent les mers:
La terre de tout tans n'eſt ceinte de Neptune. 15
Tout ce Tout fut bati non des mains de Fortune
Féſant entrechoquer par diſcordans accors
Du réueur Democrit' les inuiſibles cors.
    L'immuable decret de la bouche diuine,
Qui cauſera ſa fin, cauſa ſon origine: 20
Non point auant le tans, non point dedans[1] le tans,
Ains mème auec le tans: car les ſiecles, les ans,
Les diuerſes féſons, les mois, & les iournées
Sont du bal meſuré des cors celeſtes nées.*
    Or donq auant tout tans, matiere, forme, & lieu 25
Dieu tout en tout étoit, & tout étoit en Dieu,
Incompris, infini, immuable, impaſſible,
Tout-eſprit, tout-lumiere, immortel, inuiſible,
Pur, ſage, iuſte, & bon. Dieu ſeul regnoit en paix:
Dieu de ſoi-méme étoit & l'hôte & le Palais. 30
Bien eſt vrai que ſans iour, ſans ſemence, & ſans mere
De ce grand Vniuers il engendra le[2] Pere,
Ie di ſon Fis, ſa Vois, ſon Conſeil eternel,
De qui l'étre eſt égal à l'étre paternel.
De ces deux proceda leur comune Puiſſance, 35
Leur Eſprit, leur Amour non diuers en eſſance,
Ains diuers en Perſone, & dont la Deïté
Subſiſte heureuſement dés toute eternité:
Et fét des trois enſemble vne eſſance triple-vne.
    Tout beau, Muſe, tout beau: d'vn ſi profond Neptune 40
Ne ſonde point le fons: garde toi d'aprocher
Ce Caribde glouton, ce Capharé rocher,
Où mainte nef, ſuiuant la Raiſon pour ſon Ourſe,
A fét triſte naufrage au milieu de ſa courſe.
Cil qui veut ſeurement par ce goufre ramer, 45
Sage, ne doit iamés cingler en haute mer:
Ains côtoier la riue, aiant la loi pour voile,
Pour vent le ſaint Eſprit, & la foi pour Etoile.
    Combien d'eſpris ſubtils ont le monde abuſé,
Pour auoir cet Eſprit pour patron refuſé: 50
Et quittant le ſaint fil d'vne Vierge loiale,
Se ſont, perdans autrui, perdus dans ce Dedale?

---

[1] *dedant.*   [2] *lé.*

Dans les facrés caïers du double Teftament,
A peine l'home peut élire vn argument,
55   Dont le fens foit plus haut, l'enquéte plus penible,
Le fçauoir plus vtile, & l'erreur plus nuifible.
Aus rés de ce foleil ma veuë s'êblouit:
En fi profond difcours mon fens s'éuanoüit:
De mon entendement tout le fil fe reboûche:
60   Et les mos à tous cous tariffent dans ma bouche.
    Or cete Trinité, que pour ne m'empêcher,
I'aime plus mile fois adorer, qu'éplucher,
Dans l'infini d'vn rien bâtit vn edifice,
Qui beau, qui grand, qui riche, & qui plein d'artifice,
65   Porte de fon Ouurier empreint en châque part
La beauté, la grandeur, & la richeffe, & l'art:
Qui beau, qui grand, qui riche, & qui artiste, boûche
Des Homes-chiens fans Dieu la blafemante bouche.
    Echele* qui voudra les étages des Cieus:
70   Franchiffe qui voudra d'vn faut ambitieus
Les murs de l'Vniuers: & bouffi d'arrogance,
Contemple du grand Dieu face à face l'Effance.
Face encor, qui voudra, fes plus beaus penfemens
Ramper par le limon des plus bas elemens:
75   Et contemple attentif, telement ceft Ouurage,
Que l'honeur de l'Ouurier s'étoufe en fon courage.
    Piqué d'vn beau fouci, ie veus qu'ore mon vers
Diuinement humain fe guinde entre deux ærs:
De peur, qu'alant trop haut, la cire de fes æles
80   Ne fe fonde aus raïons des celeftes chandeles:
Et que trainant à terre, ou que razant les eaus,
Il ne charge les bous de fes craintis cerceaus.
    Il me plait bien de voir cete ronde Machine,
Come étant vn miroir de la face diuine:
85   Il me plait de voir Dieu: mais come reuêtu
Du manteau de ce Tout, témoin de fa vertu.
Car fi les rais ardans que le cler foleil darde
Eblouïffent les yeus de cil qui le regarde:
Qui pourra foutenir fur les cieus les plus clers
90   Du vifage de Dieu les foudroyans éclers?
Qui le pourra treuuer feparé de l'ouurage,
Qui porte fur le front peinte au vif fon image?
    Dieu, qui ne peut tomber és lours fens des humains,
Se rend come vifible és œuures de fes mains:
95   Fét toucher à nos dois: flerer à nos narines:
Goûter à nos palés fes vertus plus diuines:

Parle à nous à toute heure: ayant pour truchemens
Des pauillons aftrés les reglés mouuemens.*
   Vraiment cet vniuers eft vne docte Ecole
Où Dieu fon propre los enfeigne fans parole.   100
Vne vis à repos* qui par certains degrés
Fét monter nos efpris fur les planchers facrés
Du Ciel porte-brandons. Vne fuperbe fale,
Où Dieu publiquement fes richeffes étale.
Vn pont, fur qui* l'on peut fans crainte d'abimer   105
Des myfteres diuins paffer la large mer.
   Le Monde est vn nuage à trauers qui rayone
Non le fis tire-trés de la bele Latone:
Ains ce diuin Phœbus, dont le vifage luit
A trauers l'épeffeur de la plus noire nuit.   110
   Le Monde eft vn theatre, où de Dieu la puiffance,
La Iuftice, l'Amour, le Sauoir, la Prudence,
Ioüent leur perfonnage, & come à qui mieus mieus
Les efpris plus pefans rauiffent fur les Cieus.
   Le Monde est vn grand Liure, où du fouuerain Mêtre   115
L'admirable artifice on lit en groffe lettre.
Châque œuure eft vne page, & d'ele châque effet
Eft vn beau Caractere en tous fes trés parfet.
Mais las! come enfançons, qui laffés de l'étude,
Fuient, pour s'égaïer les yeus d'vn Mêtre rude,   120
Si fort nous admirons fes marges peinturés,
Son cuir fleurdelizé, & fes bors fur-dorés:
Que rien il ne nous chaud d'aprendre la lecture
De ce texte difert, où la docte Nature
Enfeigne aus plus groffiers, qu'vne Diuinité   125
Police de ces lois cefte ronde Cité.

38

PIERRE DE LARIVEY (v. 1540–1619)

LES ESCOLLIERS†
Rouen, ? , 1579.
Londres, British Museum, 163. b. 24.
F° 279ro–282vo. Acte I, Scène 3: Deux étudiants, Hippolite et Lactance, sont
logés chez un nommé Nicolas. Hippolite en fignifiant à celui-ci son inten-
tion de déménager lui a demandé en même temps la restitution d'une somme

† Traduction de *La Zecca*, comédie italienne de Girolamo Razzi (Florence, 1563).

d'argent qu'il lui avait prêtée. Dans cette scène, Hippolite et son serviteur Luquain, sans être vus, observent Nicolas qui se demande tout haut ce qu'il doit faire, et commentent ironiquement son monologue.

NICOLAS LVQVAIN SERVITEVR D'HIP. HIPPOLITE

OV diable trouueray-ie dix eſcus,* pour rendre à hippolite: Lactãce n'a iamais vn denier. D'aller au frippier,* ie n'ay aucun gage: & ceſte eſpece d'hommes ne preſte iamais ſur la foy, ce leur eſt faulſe monnoye. Et de trouuer en ceſte ville qui me face credit d'vn lyard, il n'en
5 eſt point de nouuelles. Ie vas reſuãt* ſi ie doys employer le medecin, les ſeruices infinis que ie luy ay faicts, & fais encores tous les iours, ne meritent que ie ſois refuſé. Toutesfois le cognoiſſant treſ¹-auaricieux, comme ſont quaſi tous docteurs, & principalemẽt les medecins, me faict douter* qu'il ne tire le cul arriere, ſans auoir egard à ce que i'ay faict pour luy.
10 Mais quand il me les preſteroit, quelle² aſſeurance luy en pourroy-ie faire?
   LV. Ceſtuy-cy penſe à trop de choſes.
   NI. Ie n'en ſçay rien. Ieſus que ie ſuis fol de penſer à tout cela: & que maniant ſes affaires,* ie ne luy ay pour le moins ferré la mule de cinq ou
15 ſix eſcus. Ie conterois le reſte tellement quellement, petit à petit on va bien plus loin. D'vne choſe naiſt vne autre choſe. S'il me donne terme d'vn an, ie ſuis trop heureux.
   LV. Ses figues ſont trop hautes.
   NI. Il pourra mourir ce pendant, encore qu'il ſoit medecin.
20 HI. La fortune me ſeroit trop amye.
   NI. Ou bien, ie pourray moymeſmes aller viſiter le royaulme des taulpes. Et ſi cela aduient, qu'ay-ie affaire qui paye mes debtes.* Ie me veux hazarder, & faire en ſorte que ie puiſſe trouuer de largent.
   LV. Ceſtuy diſcourt, comme celuy qui vouloit entreprendre enſeigner
25 l'Ours, à lire & eſcrire.
   NI. Bref, cõme dict Luquain, il vaut mieux eſtre coqu que coquin.
   HI. Il allegue la bouche de la verité.
   LV. Tant y a que ie dis vray.
   NI. Plus i'y penſe, plus ie me ſoucye. Baſte ie ne me veux plus rompre
30 la teſte: ce ſera pour le medecin.
   LV. S'il te les preſte, il me trompera.
   HI. Tais toy beſte, ou parle plus bas.
   NI. Mais (helas) ie ſuis perdu, encores qu'on me veulle preſter ceſt argent.
35 LV. Le diable le puiſſe emporter.
   NI. Parce que, ſi Hippolite ſort de chez moy pour aller demeurer ailleurs, ie n'en trouueray gueres

¹ tref.　　　² qu'elle.

HI. Dieu me veulle ayder.

NI. Qui deſpendent comme il faict.*

HI. La medecine commance à operer. 40

LV. Il eſt bon que ie parle a luy,* afin de luy tirer les vers du nez.

HI. Tu me fais rire, & ſi ie n'en ay point d'ĕuye. Eſcoute ſi tu veux.

NI. La plus grand part de ces eſcolliers regardent de ſi pres, qu'on ne peut nom-plus profiter auec eux, qu'à tondre vn œuf. I'en ay eu tels en ma maiſon, qui ſerroient iuſques à vn morceau de pain, qui leur reſtoit du 45 diſner & du ſoupper.

LV. Dieu mercy à vous, qui remuez les mains comme vn paladin.

NI. Il n'eſt pas bon auoir tels hoſtes, par-ce que nous mourrions de faim, ſi nous auions à viure du gain ordinaire, qu'on faict auec eux: & n'alongiſſions l's,* tantoſt d'vn grand blanc, & maintenant d'vn autre. 50

LV. O pauures Eſcoliers, quels larrons diſcours.

NI. Mais ie ne me puis imaginer, pourquoy Hippolite ſ'en veut aller de mon logis: attĕdu meſmes, que celle qu'il ayme biĕ eſt noſtre voiſine, & à commodité de la veoir.

HI. Ce n'eſt aſſez. 55

NI. Peut eſtre, qu'il ne ſ'en ſoucye plus. Ces ieunes hommes ayment & n'aymĕt pas en vn meſme inſtant. Si toſt que i'ay eu dict à Hippolite, qu'il torchaſt hardimĕt ſa bouche, & que la dame n'eſtoit* proye pour ſes leuriers: ie pĕſe qu'il ſ'eſt pourueu d'vne autre.

HI. Vous en eſtes mal informé, mon hoſte mon amy. 60

NI. Mais ie veux veoir, ſi ie ſçaurois tendre vn filet, pour empeſcher que ceſte proye ne m'eſchappe des mains.

LV. Ie ne ſçay lequel des deux doit eſtre l'oiſeleur ou l'oiſeau.

NI. Feſte de ma vie, il ne paſſe pas tous les iours de tels eſtourneaux.

LV. C'eſt à mon maiſtre, à qui cela ſ'adreſſe.* 65

NI. Ie ſuis reſolu. Bref ie veux faire ce que ie penſe, quoy qu'il en puiſſe aduenir. Mais comment?

LV. Il penſe prendre mõ maiſtre, & mõ maiſtre ne demande qu'à donner de la teſte en ce filet.

HI. Que cauſes tu de filet? 70

NI. Voyla le chemin, voyla le moyen.

LV. Ie dy que reſemblerez au regnard qui contre faict le mort, afin d'eſtre ietté ſur la voiture des peſcheurs, puis ſ'eſtant bien emply le ventre, ſe mocque d'eux.

NI. Ie ne voy meilleur filet, ny plus ferme panneau pour tendre* à 75 ceſt oyſeau, que le fauoriſer en l'amour. Que me ſçauroit elle faire? Ie vas tanter le gué, & vaille que vaille.

HI. Voyla ce que ie demande.

NI. Elle eſt femme. Toutes les femmes ſe reſemblent: & celles qui en geſtes & paroles, ſe monſtrent tant reueſches, & font le ſanctificetur,* qui 80 ieuſnent, & ont touſiours vn liure ſous le bras, ou vn chapelet entre les

mains: font pires que les autres,[1] foin, foin, qui eft mefchant (dict le prouerbe) & a le renom d'eftre bon, peut faire affez de mal fans en eftre mefcreu. Elles feroient bien fottes, fi elles ne fe donnoient du bon temps,
85 tandis que l'aage leur permet:* qu'elles font priees,* bienuoulues, & recherchees, fans attendre que la vielleffe les rende laydes, malgracieufes, & defprifees d'vn chacun. Ce qui eft propre à la ieuneffe,[2] fe doit exercer en la ieuneffe, au moins vne fois en la vie.

LV. Au dire de ceftui-cy, l'amour eft comme la verolle, il faut l'auoir en
90 ce monde ou en l'autre.

NI. Qui f'offre, eft mefprifé. Qui eft prié, a l'aduantage. I'aymerois mieux qu'on me priaft cent mille millions de fois, qu'eftre contraint tant foit peu, prier autruy. Hippolite eft riche, vertueux, ieune, gaillard, d'amoureufe taille, d'hõnefte maintien, & la mefme bonté.

95 LV. En voyla trop à la fois.

NI. Quant à moy, fi i'eftois femme, i'aymerois mieux auoir affaire aux efcolliers, qu'aux plus braues & magnifiques courtifans de France. Efcolliers, eh: c'eft la perle du monde. Quelles paroles douces, quelles bonnes graces, quelles[3] gayes façons.

100 LV. De toute taille bons leuriers, & de tout meftier bons ouuriers.

NI. Si cefte femme eft de chair, elle fe pourra ayfement plyer. Mais quand i'y penfe, i'ay icy beaucoup mufé: il faut aller aprefter à difner à mes Efcolliers, & veoir fi ie pourray faire mon accord auec Hippolite. Et quand il n'y auroit autre moyen, i'ayme mieux perdre le medecin, que luy:
105 iaçoit que i'aye bonne efperance m'entretenir en la bonne grace de tous deux. Et d'auantage, m'acquerir celle de Madame Lucreffe: car ie m'affeure que fi vne fois ils peuuent accorder leurs fluftes enfemble, elle me benira à iamais.*

HI. L'affaire eft pour fe porter bien, & me fuffift qu'il en eft content.*
110 LV. Il m'eft aduis qu'il a la volonté bonne.

HI. Vrayement quiconque a dict, qu'il ny a vie plus miferable que celle des amans, a dict la pure verité.

LV. Elle eft encores beaucoup pire, à qui eft fubiect à autruy.

HI. La maladie, la paoureté, les trauaux de la guerre, la fortune de la
115 mer, bref tout ce que l'homme trouue cõtraire au biõ, heur, & repos de cefte vie: font a mon opinion plus fupportables, que les tourmens amoureux.

LV. C'eft toufiours l'ordinaire de l'homme, auoir plus d'egard à ce qui luy eft particulier, qu'à ce qui regarde l'vniuerfel.

120 HI. Ah fortune tu te deuois contenter de m'auoir par experience faict cognoiftre, qu'en tes mains gift la felicité & mifere des mortels, que tu diftribues à ton plaifir. Tu deuois deformais conduire* ce vaiffeau, tant tourmenté des vagues de la tempefte d'amour, au port defiré: pour apres tant de peines, ioyr d'vn tranquile repos.*

---

[1] *auttes.*   [2] *ieuueffe.*   [3] *qu'elles.*

LV. Monfieur, il eft tard: & croy qu'il feroit tantoft temps qu'alliffions 125 difner, afin q̃ f'il aduenoit quelque fortune, qu'elle ne nous print* les boyaux vuydes.

HI. Allons.

LV. Paffez deuant, l'honneur vous appartiẽt. Ce pauure ieune homme icy, f'efgare tant en fes penfees, qu'il ne fe fouuient de boire ny de 130 manger. Dieu m'a faict vne belle grace, que ie ne fuis de fon humeur:* car nous mourrions* tous deux de faim...

39

MICHEL EYQUEM DE MONTAIGNE
(1533–1592)

ESSAIS DE MESSIRE MICHEL SEIGNEVR DE MONTAIGNE, CHEVALIER DE L'ORDRE du Roy, & Gentil-homme ordinaire de fa Chambre.

Bordeaux, S. Millanges, 1580.
Londres, British Museum, G. 2344.
Livre 1er, ch. 26: *De l'inftitution des enfans.*

(*a*) Pp. 185–91.
(*b*) Pp. 232–41.

(a) DE L'INSTITVTION DES ENFANS A MADAME DIANE DE FOIX CONTESSE DE GVRSON

IE ne vis iamais pere pour boffé ou boiteux que fut fon fils, qui laiffaft de l'auoüer nõ pourtãt, s'il n'eft du tout eniuré de cet' affection, qu'il ne s'aperçoiue* de fa defaillance, mais tant y a qu'il eft fiẽ. Auffi moy, ie voy mieux que tout autre, que ce ne font icy que refueries d'homme qui n'a goufte des fcieces que la croufte premiere en fon enfance, & n'en a retenu 5 qu'vn general & informe vifage, vn peu de chafque chofe & rien du tout,* a la Françoife. Car en fomme ie fçai qu'il y a vne Medecine, vne Iurifprudẽce, quatre parties en la Mathematicque, & en gros ce a quoi elles vifẽt: mais de y enfoncer plus auant, de m'eftre rõgé les ongles* a l'eftude de Platon, ou d'Ariftote, ou opiniatré apres quelque fcience folide, ie ne 10 l'ay iamais faict: ce n'eft pas mon occupatiõ. L'hiftoire c'eft mõ gibier en matiere de liures, ou la pœfie que i'aime d'vne particuliere inclination. Car, comme difoit Cleantes, tout ainfi que la voix contrainte dans l'etroit canal d'vne trompete fort plus aigue & plus forte: ainfi me femble il que la fentence preffée aus pieds nombreus de la poëfie s'eflance bien plus 15 brufquemẽt & me fiert d'vne plus viue fecouffe. Quant aux facultez

natureles qui font en moy, dequoy c'eft icy l'effay, ie les fens flechir fous
la charge: mes conceptions & mon iugement ne marche qu'a tatõs,*
chancelant, bronchant & chopãt: & quand ie fuis allé le plus auant que ie
20 puis, fi ne me fuis ie aucunement fatiffaict. Ie voy encore du païs au dela:
mais d'vne veüe trouble, & en nuage, que ie ne puis defmeler, & puis me
meflant de parler indifferemment de tout ce qui fe prefente a ma fantafie,
& n'y emploiant que mes propres & naturelz moiens, s'il m'auient, comme
il faict a tous coups,* de rencontrer de fortune dans les bons autheurs ces
25 mefmes lieus que i'ay entrepris de traiter, cõme ie vien de faire ches
Plutarque tout prefentement fon difcours de la force de l'imaginatiõ. A me
reconnoiftre au prix de ces gẽs la fi foible & fi chetif, fi poifant & fi en-
dormy, ie me fay pitié ou defdain a moy mefmes. Si me gratifie-ie de cecy,
que mes opiniõs ont cet honneur de rencõtrer aux leurs, & dequoy auffi
30 i'ay au moins cela,* qu'vn chacun n'a pas, de cõnoiftre l'extreme difference
d'entre eux & moy: & laiffe ce neantmoins courir mes inuẽtions ainfi
foibles & baffes cõme ie les ay produites, fans en replaftrer & refouder
les defaus que cete cõparaifon m'y a defcouuers. Car autremẽt i'ẽgendre-
rois des monftres, comme font les efcriuains indifcretz de noftre fiecle,
35 qui parmy leurs ouurages de neant võt femant des lieus entiers des antiens
autheurs pour fe faire hõneur de ce larrecin. Et c'eft au contraire,[1] car cet'
infinie diffemblance de luftres rend vn vifage fi pafle, fi terni, & fi laid a ce
qui eft du leur,* qu'ils y perdent beaucoup plus qu'ilz n'y gaignent. Il
m'auint l'autre iour de tomber fur vn tel paffage: i'auois trainé languiffant
40 apres des parolles Françoifes, fi exangues, fi defcharnées, & fi vuides de
matiere & de fens, que ce n'eftoient voirement que parolles Françoifes.
Au bout d'vn long & ennuïeus chemin ie vins a rencõtrer vne piece haute,
riche & efleuée iufques aux nuës, fi i'euffe trouué* la pente douce & la
montée vn peu alongée, cela eut efté vn peu excufable, c'eftoit vn precipice*
45 fi droit & fi coupé que des fix premieres parolles ie cõneus que ie m'enuo-
lois en l'autre monde. De la ie defcouuris la fõdriere d'ou ie venois, fi baffe
& fi profõde, que ie n'eus onques plus le cœur de m'y raualer. Si ie fardois
l'vn de mes difcours de ces riches peintures, il efclaireroit par trop la
beftife des autres. Quoy qu'il en foit, veux-ie dire, & quelles que foient ces
50 inepties, ie n'ay pas deliberé de les cacher, non plus qu'vn miẽ pourtraict
chauue & grifonnant, ou le peintre auroit mis non vn vifage parfaict, mais
le mien. Car auffi ce font icy mes humeurs & opinions: ie les donne pour
ce qui eft en ma creance, non pour ce qui eft a croire: ie ne vife icy qu'a
découurir moy mefmes, qui feray par aduenture autre demain, fi nouueau
55 aprẽtiffage me change. Ie n'ay point l'authorité d'eftre creu, ny ne le defire,
me fentant trop mal inftruit pour inftruire autruy. Quelcun donq ayãt veu
l'article precedãt me difoit ches moy l'autre iour, que ie deuoy eftre vn peu
eftendu* fur le difcours de l'inftitution des enfans. Or Madame, fi i'auoy
quelque fuffifance en ce fuiect, ie ne pourroy la mieux employer que d'en

---

[1] *coutraire.*

faire vn prefent a ce petit homme qui vous menaffe de faire tãtoft vne belle 60
fortie de chez vous (vous eftez trop genereufe Madame pour commencer
autrement que par vn mafle) car ayant eu tant de part a la conduite de
voftre mariage, i'ay quelque droit & interreft a la grandeur & profperité
de tout ce qui en viendra: outre ce que l'anciene poffeffion que vous auez
de tout temps fur ma feruitude, m'obligent* affez a defirer honneur, bien 65
& aduãtage a tout ce qui vous touche: mais a la verité ie n'y entens finon
cela, que la plus grande difficulte & importante* de l'humaine fcience
femble eftre en cet endroit, ou il fe traite de la nourriture & inftitution
des enfans.

(b) ....

Ie voudrois premierement bien fçauoir ma langue, & celle de mes voifins,
ou i'ay plus ordinaire commerce: c'eft vn bel & grand agencement fãs
doubte, que le Grec & Latin, mais on l'achepte trop cher. Ie diray icy
vne façõ d'en auoir meilleur marché q̃ de couftume, qui a efté effayée en
moy mefmes: s'en feruira qui voudra. Feu mon pere ayant faict toutes les 5
recherches qu'hõme peut faire parmy les gens fçauans & d'entendement
d'vne forme d'inftitution exquife,* fut aduifé de cet inconuenient qui
eftoit en vfage: & luy difoit on que céte longueur que nous mettiõs a
apprendre les langues eftoit la feule caufe pourquoy nous ne pouuions
arriuer a la perfection de fciance des anciens Grecs & Romains, d'autant 10
que le langage ne leur coutoit rien. Ie ne les en croy pas, que ce en foit la
feule caufe. Tãt y a que l'expedient que mon pere y trouua, ce fut que
iuftement au partir de la nourrice il me donna en charge a vn Alleman, qui
depuis eft mort fameux medecin en France, du tout ignorant de noftre
langue & tres-bien verfé en la Latine. Cetuy-cy qu'on auoit faict venir 15
expres, & qui eftoit bien cheremẽt gagé, m'auoit continuelement entre les
bras. Il en eut auffi auec luy deux autres moindres en fçauoir pour m'ac-
compagner & feruir, & foulager le premier: ceux cy ne m'entretenoient
d'autre langue que Latine. Quant au refte de fa maifon, c'eftoit vne regle
inuiolable que ny luy mefme, ny ma mere, ny valet, ny chambriere ne 20
parloint en ma compagnie qu'autant de mots de Latin, que chacun auoit
apris pour iargonner auec moy. C'eft merueille du fruict que chacun y fit:
mon pere & ma mere y apprindrent affez de Latin pour l'entendre, & en
acquirent a fuffifance pour s'en feruir a la neceffité, cõme firent auffi les
autres domeftiques, qui eftoient plus attachés a mõ feruice. Sõme nous 25
nous latinizámes tãt, qu'il en regorgea iufques a nos villages tout au tour,
ou il y a encores, & ont pris pied par l'vfage, plufieurs appellations latines
d'artifans & d'vtils. Quant a moy i'auois plus de fix ans auant que
i'entendiffe nõ plus de Frãçois ou de Perigordin, que d'Arabefque:* &
fans art, fans liure, fans grammaire ou precepte, fans fouët, & fans con- 30
trainte, i'auois appris du Latin tout auffi pur que mõ maiftre d'efcole le

fçauoit. Car ie ne le pouuois auoir meflé ny alteré. Si par effay on me vouloit donner vn theme, a la mode des colleges, on le donne aux autres en
François, mais a moy il me le falloit donner en mauuais Latin pour le
35 tourner en bon.* Et Nicolas Grouchi qui a efcrit *de comitijs Romanorũ*,
Guillaume Guerente, qui a commenté Ariftote, George Bucanan ce grand
poëte Efcoffois, qui m'ont efté precepteurs, m'ont dict fouuent, defpuis
que i'auois* ce langage en mon enfance fi preft & fi a main qu'ils crai-
gnoient eux mefmes a m'acointer. Bucanan que ie vis depuis a la fuite de
40 feu monfieur le Marefchal de Briffac me dict, qu'il eftoit apres a efcrire de
l'inftitution des enfans, & qu'il prenoit le patron de la mienne. Car il auoit
lors en charge ce Conte de Briffac, que nous auons veu depuis fi valeureux
& fi braue. Quãt au Grec, duquel ie n'ai quafi du tout point d'intelligĕce
mõ pere deffeignoit me le faire apprendre par art, mais d'vne voie nouuelle,
45 par forme d'ebat & d'exercice. Nous pelotions nos declinaifons a la
maniere de ceux, qui par certains ieus de tablier apprennent l'Aritmetique
& la Geometrie. Car entre autres chofes il auoit efté cõfeillé fur tout de me
faire goufter la fcience & le deuoir par vne volonté non forcée & de mon
propre defir, & d'efleuer mon ame en toute douceur & liberté, fans rigueur
50 & contrainte, ie dis iufques a telle fuperftition, que par ce que aucuns
tiennent que cela trouble la ceruelle tendre des enfans, de les efueiller le
matin en effroy & en furfault, & de les arracher du fommeil (auquel ils
font plonges beaucoup plus que nous ne fommes) tout a coup & par
violence, il me faifoit efueiller par le fon de quelque inftrument: & auoit
55 vn ioüeur d'efpinette pour cet effect. Ceft exemple fuffira pour en iuger le
refte, & pour recommander* auffi & le iugement & l'affectiõ d'vn fi bon
pere: auquel il ne fe faut nullement prĕdre, s'il n'a recueilli nuls fruitz
refpõdans a vne fi exquife culture. Deux chofes en furent caufe, le champ
fterille & incommode: car quoÿ que i'euffe la fanté ferme & entiere, &
60 quant & quant vn naturel doux & traitable, i'eftois parmy cela fi poifant,
mol & endormi, qu'õ ne me pouuoit arracher de l'oifiueté, non pas mefme
pour me mener ioüer. Ce que ie voiois, ie le voiois d'vn iugement bien
feur & ouuert, & fous céte complexion endormie nourriffois des imagina-
tions bien hardies, & des opinions efleuées au deffus de mon aage. L'efprit
65 ie l'auois mouffe, & qui n'aloit qu'autant qu'on le guidoit: l'apprehention
tardiue: l'inuentiõ ftupide, & apres tout vn incroiable defaut de memoire.
De tout cela il n'eft pas merueille s'il ne fceut rien tirer qui vaille. Secondement, comme ceux que preffe vn furieux defir de guerifon, fe laiffent aller
a toute forte de confeil. Le bon homme ayant extreme peur de faillir en
70 chofe qu'il auoit tãt a cœur, fe laiffa en fin emporter a l'opinion commune,
qui fuit toufiours ceux, qui vont deuant, comme les grües, & fe rengea a
l'vfage & a la couftume n'ayant plus autour de luy ceux, qui* luy auoiĕt
donné ces premieres inftitutions, qu'il auoit aportées d'Italie: & m'enuoia
enuiron mes fix ans au college de Guienne tres-floriffant pour lors, & le
75 meilleur de France. Et la il n'eft poffible de rien adioufter au foing qu'il eut

& a me choifir des precepteurs tres-fuffifãs, & a toutes les autres circon-
ftances de ma nourriture, en laquelle il referua plufieurs façons particulieres, contre l'vfage des colleges: mais tãt y a que c'eftoit toufiours college.
Mon Latin s'abaftardit incontinent, duquel depuis par defacouftumance
i'ay perdu tout l'vfage, & ne me feruit céte mienne nouuelle inftitution, 80
que de me faire eniãber d'arriuée aux premieres claffes: car a treize ans,
que ie fortis du college, i'auoy acheué mon cours (qu'ils appellent) & a la
verité fans nul fruict, que ie peuffe a prefent mettre en conte. Le premier
gouft que i'eus aus liures, il me vint du plaifir des fables de la Metamorphofe
d'Ouide. Car enuiron l'eage de fept ou huict ans ie me defrobois de tout 85
autre plaifir pour les lire: d'autant que céte langue eftoit la miêne maternelle, & que c'eftoit le plus aifé liure, que ie coneuffe, & le plus accommodé
a la foibleffe de mon aage, a caufe de la matiere: car des Lancelotz du
Lac, des Huons de Bourdeaux & tels fatras de liures a quoy la ieuneffe
s'amufe, ie n'en connoiffois pas feulement le nom, ny ne fais encore le 90
corps,* tant exacte eftoit le foing qu'on auoit a mon inftitution. Ie m'en
rendois plus láche a l'eftude de mes autres leçons contraintes. La il me vint
fingulierement a propos d'auoir affaire a vn hõme d'ètendement pour
precepteur, qui fçeut dextrement conniuer a céte miêne desbauche, &
autres pareilles. Car par la i'enfilay tout d'vn train Vergile en L'Æneide & 95
puis Terence, & puis Plaute, & des comedies Italienes, lurré toufiours par
la douceur du fubiect. S'il eut efté fi fol de me rompre ce train, i'eftime
que ie n'euffe raporté du college que la haine des liures, comme fait quafi
toute noftre nobleffe. Il s'y porta bien dextrement, car faifant femblant de
n'en voir rien, il aiguifoit ma faim, ne me laiffant que a la defrobée gour- 100
mander ces liures, & me tenãt doucemẽt en office pour les autres eftudes
plus neceffaires. Car les principales parties que mon pere cherchoit a ceux
a qui il donnoit charge de moy, c'eftoit la douceur & facilité des meurs:
auffi n'auoint les mienes autre vice que* la pefanteur & molleffe. Le dangier
n'eftoit pas que ie fiffe mal, mais que ie ne fiffe rien. Nul ne prognoftiquoit 105
que ie deuffe deuenir mauuais, mais inutile. On y preuoyoit de la ftupidité,
non pas de la malice. Mon ame ne laiffoit pourtant en mefme temps d'auoir
a part foy des remuemens fermes, qu'elle digeroit feule & fans aucune
communication. Et entre autres ie croy a la verité qu'elle eut efté du tout
incapable de fe rendre a la force & a la violence. Il n'y a tel que d'allecher 110
l'appetit & l'affectiõ, autrement on ne faict que des afnes chargés de liures:
on leur donne a coup de fouët en garde leur pochette pleine de fcience,
laquelle pour bien faire, il ne faut pas feulement loger ches foy, il la faut
efpoufer.

BERNARD PALISSY (v. 1510–1589)

DISCOVRS ADMIRABLES, DE LA NATVRE DES EAVX ET FONTEINES, TANT NATVRELLES QV'ARtificielles, des metaux, des sels & salines, des pierres, des terres, du feu & des emaux. AVEC PLVSIEVRS AVTRES EXCELlens secrets des choses naturelles.
Paris, M. Le Jeune, 1580.
Londres, British Museum, 1171. d. 3.
Pp. 34–41.

PRACTIQVE

...Quand i'ay eu bien long temps & de pres consideré* la cause des sources des fonteines naturelles, & le lieu de la ou* elles pouuoyent sortir, en fin i'ay conneu directement qu'elles ne procedoyêt & n'estoyent engendrees sinon des pluyes. Voila qui m'a meu d'entreprendre de faire des
5 recueils des pluyes, à l'imitation & le plus pres aprochans de la nature, qu'il me sera possible. & en ensuyuât le formulaire du souuerain fontenier, ie me tiens tout asseuré que ie pourray faire des fonteines desquelles l'eau sera autant bonne, pure & nette, que de celles qui sont naturelles.

THEORIQVE

Apres que i'ay entendu ton propos ie suis côtraint de dire que tu és vn
10 grand fol. Me cuides tu si ignorât que ie veuille adiouster plus de foy à ce que tu dis, qu'à vn si grand nombre de philosophes, qui disent que toutes les eaux viennent de la mer & qu'elles y retournêt? Il n'y à pas iusques aux vieilles, qui ne tienne vn tel langage;* & de tout temps nous l'auons tous creu. C'est à toy vne grande outrecuidance de nous vouloir faire
15 croire vne doctrine toute nouuelle, comme si tu estois le plus habile philosophe.

PRACTIQVE

Si ie n'estois bien asseuré en mon opinion tu me ferois grand honte: mais ie ne m'estône pas pour tes iniures ny[1] pour ton beau langage: car ie suis tout certain que ie le gaigneray contre toy & contre tous ceux qui sont
20 de ton opinion, fut ce Aristote[2] & tous les plus excellents philosophes qui furent iamais: car ie suis tout asseuré que mon opinion est veritable.

THEORIQVE

Venons donques à la preuue: baille moy quelque raisons* par lesquelles ie puisse connoistre qu'il y à quelque apparence de verité en ton opinion.

[1] *n'y.*　　　　　[2] *Aristote.*

PRACTIQVE

Ma raiſon eſt telle, c'eſt que Dieu à conſtitué les limites de la mer, leſq̃lles elle ne paſſera point: ainſi qu'il eſt eſcrit és prophetes. Nous voyons par 25 les effects cela eſtre veritable,* car combiẽ que la mer en pluſieurs lieux ſoit plus haute que la terre, toutesfois elle tient quelque hauteur au milieu: mais aux extremitez elle tient vne meſure, par le cõmandement de Dieu. afin qu'elle ne vienne ſubmerger la terre. Nous auons de fort bons teſ-moings de ces choſes, & entre les euures de Dieu, ceſte la eſt grandement 30 merueilleuſe, car ſi tu auois pris garde aux terribles effects de la mer: tu dirois qu'il ſemble qu'elle vienne de vintquatre heures en vint quatre heures, deux fois combatre la terre, pour la vouloir perdre & ſubmerger. Et ſamble ſa venue* à vne grande armee qui viendroit contre la terre, pour la combatre: & la pointe, comme la pointe d'vne bataille, vient hurter 35 impetueuſement contre les rochers & limites de la terre, menant vn bruit ſi furieux qu'il ſemble qu'elle veuille tout deſtruire. Et pource qu'il y a certains canaux ſur les limites de la mer és terres circonuoiſines, aucuns ont edifié des moulins ſur leſdits canaux, auſquels l'on à fait pluſieurs portes pour laiſſer entrer l'eau dedans le canal, à la venue de la mer: afin qu'en 40 venant elle face moudre leſdits moulins & quãt elle vient pour entrer dedans le canal, elle trouue la porte fermée & ne trouuãt ſeruiteur plus propre qu'elle meſme, elle ouure la porte & fait moudre le moulin pour ſa bien venue. Et quand elle s'en veut retourner, cõme vne bonne ſeruãte elle meſme ferme la porte du canal, afin de le laiſſer plein deau, laquelle eau 45 l'on fait paſſer apres par vn deſtroit: afin qu'elle face touſiours moudre le moulin. Et s'il eſtoit ainſi que tu dis, ſuyant l'opiniõ des philoſophes que les ſources des fonteines vinſſent de la mer,* il faudroit neceſſairement que les eaux fuſſent ſalees, comme celles de la mer, & qui plus eſt, il faudroit que la mer fuſt plus haute que non pas les plus hautes montaignes, ce qui n'eſt pas.* 50

Item tout ainſi que l'eau qui eſt entrée au dedãs des canaux, & fait moudre les moulins, & qui amene les bateaux en pluſieurs & diuers canaux, pour charger le ſel, bois & autre choſes limitrofes de la mer, eſt ſuiette à ſuyure la grande armée de mer, qui eſt venue eſcarmoucher la terre. En cas pareil* ie di qu'il faudroit que les fonteines, fleuues & 55 ruiſſeaux, s'en retournaſſent auec elle: & faudroit auſſi qu'ils fuſſent taris pendant l'abſence de la mer, tout ainſi que les canaux ſont emplis par la venue de la mer, & tariſſent en ſon abſence. Regarde à preſent ſi tes beaux philoſophes ont quelque raiſon ſuffiſante pour cõuaincre la mienne. C'eſt choſe bien certaine que quand la mer s'en eſt allée elle deſcouure en 60 pluſieurs lieux plus de deux grands lieues de ſable, ou l'on peut marcher à ſec. & faut croire que quand elle s'en retourne, les poiſſons s'enfuyent auec elle. Il y à quelque genre de poiſſons portant coquilles, cõme les moulles, ſourdons, petoncles,¹ auaillons,* huitres & pluſieurs eſpeces de

¹ *petoucles.*

65 burgaus,[1] lefquels font faits en forme de limace, qui ne daignẽt fuyure la
mer. mais fe fiant en leurs armures, ceux qui n'ont qu'vne coquille
s'atachẽt contre les rochers, & les autres qui en ont deux demeurent fur le
fable. Aucuns genres d'iceux, lefquels font formez comme vn manche
de couteau ayant enuiron demy pied de long, fe tiennent cachez dedans le
70 fable bien auant, & alors les pefcheurs les vont querir. C'eft vne chofe
admirable que les huitres eftant apportees à dix ou douze lieües de la mer,
elles fentẽt* l'heure qu'elle reuiẽt & approche des lieux ou elles faifoyent
leurs demeurances, & d'elles mefmes s'ouurent, pour receuoir aliment
de la mer, comme fi elles y eftoyent encores. Et à caufe qu'elles ont ce
75 naturel, le cancre fachant bien qu'elles fe viendrõt prefenter portes
ouuertes quãd la mer retournera en fes limites, fe tient pres de leurs
habitations, & ainfi que l'huitre aura fes deux coquilles ouuertes, ledit
cancre pour tromper l'huitre prend vne petite pierre, laquelle il met entre
les deux coquilles; afin qu'elles ne fe puiffent clore, & ce fait, il à moyen
80 de fe repaiftre de laditte huitres. Mais les fouris n'ont pas conneu la caufe
pourquoy les huitres auoyent deux coquilles: car il eft aduenu en plufieurs
lieux bien diftant de la mer, lors que les huitres fentoyent l'heure de la
marée, & qu'elles fe venoyent à ouurir, comme i'ay dit cy deffus, les fouris
les trouuans ouuertes, les vouloyent menger, & l'huitre fentant la douleur
85 de la morfure venoit à clorre & refferrer fes deux coquilles: & par ce
moyen plufieurs fouris ont efté prifes: car elles n'auoyent pas mis de pierre
entre deux, comme le cancre. Quãd eft des gros poiffõs, les pefcheurs des
ifles de Xãtonge ont inuenté vne belle chofe pour les tromper; car ils ont
planté en certains lieux dedans la mer, plufieurs grandes & groffes perches,
90 & en icelles ont mis des poulies, aufquelles ils attachent des cordes de
leurs rets ou filets, & quãd la mer s'en eft alée, ils laiffent couler leur
filets deffus le fable, laiffans toutesfois la corde ou ils font atachez, tenant
des deux bouts auditdes poulies. Et quand la mer s'en reuient, les poiffons
viennent auec[2] elle, & cherchent pafture d'vn chofté & d'autre, ne fe
95 donnant point de difficulté des filets qui font fur le fable, par ce qu'ils
nagent au deffus: & quand les pefcheurs voyent que la mer eft prefte de
s'en retourner, ils leuent leurs filets iufques à la hauteur de l'eau, & les
ayãt atachez audites perches, le bas defdits filets eft compreffé* de plufieurs
pierres, de plomb, qui les tient roides par le bas. Les mariniers ayants tendu
100 leurs rets & efleuez en telle forte, attendent que la mer s'en foit allée, &
comme la mer s'en veut aller, les poiffons la veulent fuyure, comme ils ont
accouftumé: mais ils fe trouuent deceus d'autant que les filets les arreftẽt,
& par ce moyen font pris par les pefcheurs, quand la mer s'en eft allée.
   Et afin de ne fortir hors de noftre propos ie te donneray vn autre
105 exemple. Il faut tenir pour chofe certaine que la mer eft auffi haute en efté
comme en hyuer, & quand ie diroys plus, ie ne mentirois point: par ce que
les marées les plus hautes font en la pleinne lune[3] du mois de mars, & à

---

[1] burgans.   [2] euec.   [3] l'vne.

celle du mois de Iullet: auquel temps elle couure plus de terre és parties
maritimes des infulaires Xaintoniques, que non pas en nulle autre faifon.*
Si ainfi eftoit que les fources des fonteines vinffent de la mer, comment 110
pouroyent elles tarir en efté? veu que la mer n'eft en rien moindre qu'en
hyuer, prens garde à ce propos, & tu connoiftras que fi la mer alaictoit de
fes tetines les fonteines de l'vniuers, elles ne pouroyent iamais tarir és mois
de Iullet, Aouft & Septembre, auquel temps, vn nombre infini de puits fe
tariffent. Il faut que ie difpute encores contre toy & tes philofophes Latins: 115
par ce que tu ne trouues rien de bon s'il ne vient des Latins. Ie te di pour
vne regle generale & certaine, que les eaux ne montêt iamais plus haut que
les fources d'ou elles procedent. ne fçais tu pas bien qu'il y à plus de fontaines és montaignes que non pas aux valées: & quant ainfi feroit que la
mer fuft auffi haute que la plus haute mõtaigne, encores feroit il impoffible 120
que les fonteines des montaignes vinffent de la mer: & la raifon eft, par
ce que pour amener l'eau d'vn lieu haut pour la faire monter en vn autre
lieu auffi haut, il faut neceffairement que le canal par ou l'eau paffe foit fi
bien clos qu'il ne puiffe rien paffer au trauers: autrement l'eau eftât
deffendue en la valée elle ne remonteroit iamais* és lieux hauts: mais 125
fortiroit au prochain trou qu'elle trouueroit. A prefent donc ie veux conclure que quand la mer feroit auffi haute que les montaignes, les eaux
d'icelle ne pouroyent aller iufques aux parties hautes des montaignes, d'ou
les fources procedent. Car la terre eft pleine en plufieurs lieux de trouz
fentes & abymes, par lefquels l'eau qui viendroit de la mer fortiroit en la 130
plaine, par les premiers trouz, fources ou abifmes qu'elle trouueroit, &
au parauant qu'elle mõtaft iufques au fommets des montaignes, toutes les
pleinnes feroyent abifmées & couuertes d'eau: & qu'ainfi ne foit que la
terre foit percée, les feux continuels, qui fortent des abifmes amenent auec
foy des vapeurs fulphurees, qui en rendent tefmoignage,* & ne faudroit 135
qu'vn feul trou, ou vne feule fente, pour fubmerger toutes les pleines.[1]
Or va querir à prefent tes philofophes Latins pour me donner argument
contraire, lequel foit auffi aifé à connoiftre, comme ce que ie mets en
auant.

41

JEAN BODIN (1530–1596)

DE LA DEMONOMANIE DES SORCIERS.
Paris, J. Du Puis, 1580.
Londres, British Museum, 8631. i. 4.

(a) *Preface de l'Autheur*, ã iiiᵛᵒ–ã iiiiᵛᵒ.
(b) *Des moyens illicites pour paruenir à quelque chofe*, fᵒ 41ᵛᵒ–43ᵛᵒ.

[1] *plines.*

(a)   PREFACE DE L'AVTHEVR

LE iugement qui a esté conclud contre vne Sorciere[1] auquel ie fus appellé
le dernier iour d'Auril, mil cinq cens septante & huict, m'a donné occasion
de mettre la main à la plume, pour esclarcir le subiect des Sorciers qui
semble à toutes personnes estrange à merueilles, & à plusieurs incroyable.
5 La Sorciere que i'ay dict s'appelloit Ieanne Haruillier, natifue de Verbery
prés Compiegne, accusee d'auoir fait mourir plusieurs hommes & bestes,
comme elle confessa sans question, ny torture, combien que de prime face
elle eust denié opiniastrement, & varié plusieurs fois. Elle confessa aufsi,
que sa mere dés l'aage de douze ans l'auoit presentee au Diable en guise
10 d'vn grand homme noir, outre la stature des hommes, vestu de drap noir,
luy disant qu'elle l'auoit, si tost qu'elle fut nee, promise à cestuy-là, qu'elle
disoit estre le Diable, qui promettoit la bien traicter, & la faire bien heureuse: Et que dés lors elle renonça Dieu, & promist seruir au Diable...
Dist aufsi, que le Diable se presentoit à elle quand elle vouloit, tousiours
15 en l'habit & forme qu'il se presenta* la premiere fois esperonné, botté,
ayant vne espee au costé, & son cheual à la porte, que personne ne voyoit
qu'elle...Or combiẽ qu'elle fust diffamee d'estre fort grande Sorciere, &
qu'il fust presque impossible, de garder les paysans de la rauir des mains
de Iustice pour la brusler, craignans qu'elle ne rechapast:* Si est-ce qu'il
20 fut ordonné au parauant que proceder au Iugement diffinitif, qu'on enuoye-
roit à Verbery: lieu de sa natiuité, pour s'enquerir de sa vie, & aux autres
villages où elle auoit demeuré. Il fut trouué que trente ans au parauant,
elle auoit eu le foüet pour le mesme crime, & sa mere condamnee à estre
bruslee viue, par arrest de la Cour de Parlement confirmatif de la sentence
25 du Iuge de Senlis: Et si fut trouué, qu'elle auoit accoustumé de changer
de nom & de lieu, pour couurir son faict: Et que par tout elle auoit esté
attainte d'estre Sorciere. Se voyant conuaincue, elle requist pardon,
faisant contenance de se repentir: deniant toutesfois, beaucoup de mes-
chancetez qu'elle auoit commises, & au parauant confessees: Mais elle
30 persista en la confession qu'elle auoit faicte du dernier homicide, ayant ietté
quelques poudres, que le diable luy auoit preparees, que elle mist* au lieu
où celuy qui auoit battu sa fille deuoit passer. Vn autre y passa, auquel elle
ne vouloit point de mal, & aussi tost il sentit vne douleur poignante en
tout son corps. Et d'autant que tous les voisins qui l'auoyent veu entrer
35 au lieu, où elle auoit iecté le sort, le iour mesme voyant l'hõme frappé
d'vne maladie si soudaine crioyẽt que elle auoit iecté le Sort. Elle promist de
le guarir,* & de faict elle garda le patient pendant sa maladie, & confessa
que le Mecredy deuant que d'estre prisonniere, qu'elle auoit prié le diable
de guerir son malade, qui auoit faict responce* qu'il estoit impossible: Et
40 qu'elle dist alors au Diable qu'il l'abusoit tousiours, & qu'il ne vint plus
la voir.* Et lors qu'il dist qu'il* n'y viẽdroit plus, & que deux iours apres

---

[1] *Sorcerie.*

l'hõme mourut.* Et auſſi toſt elle s'alla cacher en vne grange, où elle fut
trouuee. Ceux qui aſſiſterent au iugement, eſtoyent bien d'aduis qu'elle
auoit bien merité la mort: Mais ſur la forme & genre de mort il y en eut
quelqu'vn plus doux, & d'vn naturel plus pitoyable, qui eſtoit d'aduis 45
qu'il ſuffiſoit de la faire pendre. Les autres, apres auoir examiné les crimes
deteſtables, & les peines eſtablies par les Loix Diuines & humaines, &
meſmement la couſtume generalle de toute la Chreſtienté, & gardee en ce
Royaume de toute ancienneté, furent d'aduis qu'elle deuoit eſtre con-
demnee à eſtre bruſlee viue: ce qui fut arreſté, & la ſentence, dont il n'y 50
eut point d'appel, executee le dernier iour d'Apuril, à la pourſuitte de
Maiſtre Claude Dofay, Procureur du Roy à Ribemont. Depuis la condem-
nation elle confeſſa qu'elle auoit eſté tranſportee par le Diable aux aſſemblees des Sorcieres, apres auoir vſé de quelques greſſes, que le Diable luy
bailloit, eſtãt guidee[1] d'vne ſi grãde viſteſſe, & ſi loing, qu'elle eſtoit toute 55
laſſe & foulee, & qu'elle auoit veu aux aſſemblees grand nõbre de perſonnes, qui adoroient tous vn hõme noir: en haut lieu, de l'aage comme de
trente ans, qu'ils appelloint Belzebub...Interrogee ſi on bailloit de l'argent, dict que non: Et accuſa vn berger, & vn couureur de Gẽlis, qu'elle
dict eſtre Sorciers & ſe confeſſa, & ſe repentit, requerant pardon à Dieu. 60
Et parce qu'il y en auoit qui trouuoiẽt le cas eſtrãge, & quaſi incroyable.
Ie me ſuis aduiſé de faire ce traicté que i'ay intitulé, DEMONOMANIE DES
SORCIERS, pour la rage qu'ils ont de courir apres les Diables pour ſeruir
d'aduertiſſement* à tous ceux qui le verrõt, afin de faire cognoiſtre au
doigt & à l'œil, qu'il n'y a crimes qui ſoient à beaucoup pres ſi execrables 65
que ceſtuy-cy, ou qui meritent peines plus griefues. Et en partie auſſi pour
reſpondre à ceux qui par liures imprimez ſ'efforcent de ſauuer les Sorciers
par tous moyens: en ſorte qu'il ſemble que Sathan les ayt inſpirez, &
attirez à ſa cordelle, pour publier ces beaux liures...

(b)   DES MOYENS ILLICITES POVR PARVENIR A QVELQVE CHOSE

NOVS auons dict que le Sorcier eſt celuy, qui par moyens Diaboliques &
illicites, ſciemment s'efforce de paruenir à quelque choſe: il faut donc
ſçauoir qui ſont les moyens illicites. Nous auons monſtré les moyens de
paruenir à ce que nous pretendons par l'ayde de Dieu, ſi c'eſt choſe licite
ou par les moyens que Dieu nous monſtre en ſes creatures, & par la ſuite 5
des cauſes naturelles, & des effects encheſnez les vns auec les autres, ou
par la volonté de l'homme, qui eſt libre. Or quand les hommes veulent
paruenir à quelque choſe licite,* & que la nature leur manque, la puiſſance
humaine n'y peut rien: & qu'ils ne s'adreſſent point à Dieu* qui peut tout:
ou bien qu'ils s'y adreſſent, mais de mauuaiſe façon pour le tenter: ou 10
bien que c'eſt de bon cueur: Mais l'ayant delaiſſé en proſperité, ilz ſont

[1] *guindee.*

delaiſſez* en temps d'affliction: comme il eſt dict en Hieremie: Si Moyſe,
& Samuel me prioient pour vous à ceſte heure, ie ne les eſcouterois pas. Ilz
eſtoiẽt morts pluſieurs ſiecles auparauant, & auoient de couſtume tant
15 qu'ilz viuoient en ce monde d'appaiſer l'ire de Dieu par leurs prieres. Et
en autre lieu il dict au Prophete, Ne prie point pour ce peuple en bien,
car ny pour leurs ieuſnes, ny pour leurs prieres & ſacrifices, ie ne les
eſcouteray point,* mais ie les conſommeray de peſte & de famine. Or ilz
debuoyent neantmoins rompre le ciel de prieres, & continuer en la fiance
20 de Dieu, qui menace fort, & neantmoins il s'appaiſe ſoudain, comme dict
Ionas, auquel Dieu auoit promis raſer la ville de Babylone dedãs quarãte
iours, le peuple ayant faict grande penitence, ores qu'il adoraſt les creatures, cõme le Soleil & la Lune, & qu'il fuſt fondu en toutes ſortes d'ido-
latries & Sorceleries, ſi eſt-ce que Dieu ſe repentit auſſi: Alors Ionas
25 faſché faiſoit ſa plainte à Dieu, Ne ſçauois-ie pas, dict-il, que tu es le
Dieu le plus doux, & le plus miſericordieux, & pitoyable, qu'il eſt
poſſible, & que ſoudain tu te repens de la vengeance que tu as deliberé de
faire. Or celuy qui eſt impatient ſe deſeſpere, & appelle le Diable à ſon
ayde: Comme on void le Roy Saul, apres auoir demandé conſeil à Dieu,
30 quelle iſſue il auroit contre ſes ennemis, & aux Prophetes, & aux Põtifes,
& qu'il n'auoit aucune reſponſe de la bataille, il s'adreſſa* à vne Sorciere,
pour ſçauoir l'iſſue de ſes affaires. Les autres pour trouuer des treſors: qui
pour guerir de ſa maladie: qui pour iouïr de ſes plaiſirs, les vns pour paruenir aux honneurs & dignitez, les autres pour ſçauoir les choſes futures ou
35 abſentes, & les plus meſchans pour ſe vãger de leurs ennemis appellẽt
auſſi le Diable, qui ne reſpõd pas touſiours quand on l'appelle, & ſe faict
prier bien ſouuent, encores qu'il ſoit preſent, & pres de celuy qui le
cherche, & celuy qui ne le cherche pas,* comme nous dirons en ſon lieu.
Or ceux-là ſont les plus deteſtables Sorciers, qui renoncent à Dieu &
40 s'adreſſent au Diable, & luy iurent preſter toute obeiſſance, ſeruice,
ſugection, & adoration, par conuention expreſſe. Mais il y en a qui ont
horreur de s'adreſſer à Sathã pour ſçauoir ce que ils demandent, toutesfois
ilz ne font point difficulté de s'adreſſer aux Sorciers, ſãs aſſiſter à leurs
ſacrifices, qui n'eſt gueres moins offenſer Dieu, que s'adreſſer au Diable
45 meſme: comme il y en a au cas pareil, qui ne voudroiẽt pas s'adreſſer à
Sathan, pour auoir guariſon d'vne maladie, mais ils ne font pas con-
ſciẽce de s'adreſſer aux Sorciers, qui prient le Diable en leur preſence, pour
leur donner guariſon: comme il aduint n'a pas lõg temps en Vau, qui eſt
vn faux-bourg de la ville de Laon, où il y eut vne Sorciere qui oſta le ſort
50 à vne pauure femme en extremité de maladie: laquelle Sorciere ſe miſt à
genoux, & puis la face contre terre, priant tout haut, & appellant le
Diable pluſieurs fois, pour donner guariſon à la femme, puis apres elle
diſt quelques paroles, & bailla vn morceau de pain à manger à la femme,
qui fut guarie. Qui n'eſt pas moins que ſi la femme malade euſt elle meſme
55 prié Sathan pour auoir guariſon: & vaudroit mieux mourir de la plus

cruelle mort qu'on pourroit imaginer, que de guerir en ceſte ſorte. Il y en
a d'autres qui ne veulẽt auoir aucune accointance au Diable, ny aux
Sorciers, mais ils vſent des moyens Diaboliques executez par les Sorciers
à l'ayde du Diable, lequel aſſiſte touſiours ceux qui vſent de tels moyens, &
conduict leurs deſſeings. Or celà s'appelle traicter conuention tacite auec 60
Sathan, fuyuant la definition de S. Auguſtin, pour la difference qu'il y a de la
conuention expreſſe. Et non ſeulement ſainct Auguſtin, ains auſſi Thomas
d'Aquin, & Durand, Ægidius Romanus, & les autres Theologiens d'vn
commun conſentement diſent, qu'il y a deux pactions qu'on faict auec
le Diable: l'vne expreſſe, que font les Necromanciens, & autres Sorciers 65
qui l'adorent: l'autre tacite, ou implicite, qui eſt en toute ſorte d'idolatrie,
& obſeruation ſuperſtitieuſe, ſciemment, & ſans cauſe naturelle: Voyla leur
definition. Vray eſt que celuy qui penſe bien faire de prendre le vol des
oyſeaux pour ſçauoir ſi ſon voyage ſera heureux, cõme les anciẽs le
faiſoiẽt par forme de religiõ, ne ſe peut appeller Sorcier, & n'a conuention 70
expreſſe ny tacite auec Sathan, encores qu'il ſoit idolatre, & n'offenſe pas
tant que celuy qui le faict par curioſité, ne ſachant pas qu'il ſoit defendu
de Dieu, & celuy qui le faict par curioſité & ignorance, n'offenſe pas tant
que celuy qui le faict ſachãt bien qu'il eſt defendu par la loy de Dieu. C'eſt
pourquoy nous auons mis le mot, Sciemment, en la definition du Sorcier. 75
Mais celuy eſt coulpable, qui ſçait la defenſe de la loy de Dieu, & toutesfois
par meſpris d'icelle s'adonne à telles choſes, doibt eſtre puny* comme
Sorcier, & non pas toutesfois ſi rigoureuſement que les Sorciers qui ont
conuention expreſſe auec Sathan. Et à fin d'eſclarcir le mot de Sorcier,
c'eſt en bons termes celuy qui vſe de Sort, & gette en Sort en actions 80
illicites.

42

CLAUDE FAUCHET (1530–1602)

*RECVEIL DE L'ORIGINE DE LA LANGVE ET POESIE
FRANÇOISE, RYME ET ROMANS. PLVS LES NOMS ET
SOMMAIRE DES ŒVVRES DE CXXVII. poetes François, viuans
auant l'an M.CCC.*
  Paris, M. Patisson, 1581.
  Cambridge, Trinity College, III. 12. 11.

(a) *Aucunes cauſes du changement des langues*, pp. 7–9.
(b) *Que la langue Françoiſe a eſté cogneue, priſee & parlee de plus de gens, qu'elle n'eſt a
  preſent*, pp. 42–7.

(a) AVCVNES CAVSES DV CHANGEMENT DES
LANGVES: & OV LON POVRROIT TROVVER
LES TRACES DE L'ANCIENNE LANGVE
GAVLOISE

ET pource lon peult maintenãt demander, où chacune langue Gauloife,
dont parle Cefar, s'eft retiree: & fi elles font efteintes & alterees, en quel
lieu s'en trouuent les meilleures & plus certaines marques. Outre les
caufes de la diuerfité des langues ia cy deffus recitees, ie croy que (auec le
5 temps qui vfe & confomme tout) deux chofes ont grandement aidé à les
changer: lefquelles ie declareray fommairemẽt, ne voulant repaffer fur les
erres d'autres, qui ont fait vn pareil difcours. Ie dy donc, que l'vne eft la
pronontiation: laquelle alteree par vice de nature, ou par accidẽt, fait que
la parolle n'a pas toufiours eu mefme fon en la bouche des hommes naiz
10 fous pareil climat. Dont vient que* vous oyez aucuns tirer leur parolle
plus du gofier: autres la contraindre ferrans les dens: & quelques vns la
ietter du bout des leures. Or puis qu'il eft certain, que nous fommes tous
iffus d'vn feul pere, vne façon de parler ou prononcer ayant efté fuiuie de
quelqu'vn par vice de nature, ou plaifir des oreilles, fon fils l'a prife de luy,
15 & de ceftuicy d'autres: iufques à ce que par imitation elle s'eft continuee
en vne famille: & finalement eftendue en vn peuple & nation. L'autre
feconde & plus forte caufe de la mutation des langues, vient du changement des feigneuries, ou d'habitation: quand vn peuple eft contraint
receuoir en fa terre, vn nouueau maiftre plus puiffãt: & viure fous loix
20 nouuelles. Car vne partie des vaincus, & mefmes les principaux, pour
euiter le mauuais traictemẽt que les opiniaftres reçoiuent, apprennent* la
langue des victorieux, oublians peu à peu la leur propre: ce que toutesfois
ils ne peuuent fi nettement, qu'il ne demeure vne grande diuerfité entre
la pronontiation des naturels, ou des nouueaux & apprentifs.* Encores le
25 plus fouuent il aduient que les victorieux fortans d'vn mauuais pais, pour
entrer en vn bien gras & delicieux, fe laiffent prendre aux voluptez qu'ils
rencontrent, & ne les pouuans appeller par leurs noms propres, font
cõtraints les emprũter de ceux qui en vfoyent: & à la fin eux mefmes
vaincus des plaifirs,* pour auoir vne entiere ioye, alterer leur lãgue,* qui
30 ne peult declarer tant de delicateffes. Ainfi fut perdue celle des Gots,
Francs & Lombars, apres la conquefte d'Efpagne, Gaule, & Italie. A quoy
les Romains ne furent fubiets, quand ils fe feirent maiftres de ces pais. Car
tenãs defia (auant que venir en Gaule) la Grece & partie d'Afie, remplies
de toutes belles chofes attrayantes, ils s'en aiderent incontinent, de-
35 fpouillans prefque ces prouinces de tous leurs ornemens. De forte que l'or,
l'abondance de tous fruits, beftail, & des ferfs qu'ils trouuerent deça, ne
feruit qu'à continuer & entretenir leurs plaifirs. Auffi les Gaulois ne furent
pas moins affuiectis par les armes des Romains, que par les delices eftrã-

geres qu'ils apporterent: & lefquelles volõtiers les vaincus embrafferent, voyans qu'ils pouuoyent y fournir, & les entretenir auffi aifémẽt que leurs 40 feigneurs. Tellemẽt que les richeffes de ce pais furent caufe de faire tant plus toft apprendre les langues, maiftreffes du plus grand vfage des voluptez.

(b) QVE LA LANGVE FRANÇOISE A ESTÉ COGNEVE, PRISEE & PARLEE DE PLVS DE GENS, QV'ELLE N'EST A PRESENT

…Quant aux courfes des Gots, Wandales, Francs, Bourguignõs, & autres peuples Barbares, elles corrompirent & non pas deracinerent le Latin, ne pouuans introduire* entierement leur langue, pour deux raifons: l'vne qu'eftans gens inciuils, & venans de mauuais pais, trouuans les delices Romaines, ils commencerent à f'y adonner: non toutefois tant, 5 qu'il ne demouraft beaucoup de leur barbarie, en la bouche des peuples par eux vaincus. Et d'autant que cefte tempefte & rauage, n'eftoyent point affeurez fus richeffes, ou puiffance certaine, il fallut qu'en brief temps ils f'aneantiffent, ainfi que toutes chofes violẽtes. Car ces peuples diuifez en plufieurs Roys foibles à caufe de leur nombre, chacun voulant garder par 10 armes, ce qu'il auoit acquis, ne le defendit pas* auec plus grande opiniaf-treté, qu'il auoit de moyens. Tellement qu'auec leurs forces ainfi diuifees, ils amoindrirent premierement leur authorité, & perdirent depuis leurs Royaumes, & confequemment leurs langues maternelles: demourant la Latine plus forte,* toute corrompue qu'elle fut par les trauerfes de tãt de 15 peuples diuers. Ce qui n'aduint aux Sarazins, peuple d'Arabie: car ayans conquis l'Egypte, l'Afrique & l'Efpagne, ils y planterent leur langue: fe monftrans fi curieux de l'entretenir & augmenter, que plufieurs des leurs embraffans les difciplines, tournerẽt en Arabe grãd nõbre de bons liures, compofez auant leur venue, tant en Medecine qu'Aftrologie: fi heureufe- 20 ment, que les principales fciences euffent grandement fouffert fans eux: ayans Auerrois, Albumafar, Mefué, & autres, efté nõ moins eftimez* par nos Philofophes & Medecins, qu'Hippocrates & Galen.

Tout ce long difcours retranché du premier & fecond chapitres, a efté icy rapporté pour monftrer que les langues fe renforcent, à mefure que les 25 princes qui en vfent f'agrandiffent. Et pour autant que nos Roys ont iadis efté fort redoutez, i'eftime que leur langue eftoit apprife de plus de gens. Comme du temps de faint Louis (que ie penfe depuis Charles le grand auoir efté* le plus puiffant Roy de France, & le plus honoré des nations eftrãges) elle eftoit fort prifee: car les nobles d'Angleterre, & les 30 gens de Iuftice parloyent François. Ce qui fut continué par ceux-cy iufques à ce (dit Polydore Virgile au xix. liure de l'hiftoire qu'il a faite des Roys Anglois) que du temps d'Edouard III. & l'an M.CCCLXI. au Parlement tenu à Weftmonftier, il fut ordõné: Que les Iuges, plaideurs, aduocats,

35 procureurs, commiſſaires, ne parleroyent plus François ou Normand: &
que les plaidoyers, ſentences, & autres actes de iuſtice, ſeroyent eſcrits en
langue Angloiſe ou Latine: au grand profit (dit-il) & aduantage du peuple,
lequel n'eut plus que faire d'vſer de Trucheman, pour plaider ſes cauſes.
Or la langue Frãçoiſe auoit eſté portee en Angleterre, par Guillaume le
40 Baſtard duc de Normandie, en conquerãt ceſte iſle* l'an M.LXVII. Lequel
deſirant la ioindre à iamais auec ſon patrimoine: apres auoir Fiefé la
plus grande partie de ce qu'il auoit conquis, aux gentils-hommes qui
l'auoyent ſuiui (preſque tous François) y voulut encores planter ſa langue,
qu'il eſtimoit plus polie que la Saxone ou Angloiſe: ordonnant que les
45 loix nouuelles, faites par luy pour le reglement de ſa Iuſtice, fuſſent
eſcrites en François. Ce qui contraignoit les habitans, d'apprendre noſtre
lãgue: auec ce que les ſucceſſeurs de ce Roy, tenans de beaux Duchez &
Contez deça, en terre ferme, y demouroyent plus ſouuent qu'en l'iſle:
eſtans cõtraints outre la douceur du pais, d'y venir à cauſe des guerres
50 qu'ils auoyent continuellement contre les Roys de France: auſquels ils
pouuoyent faire teſte, par le moyen de leurs grandes richeſſes. Car Henry II.
Roy d'Angleterre, & duc de Normandie par ſa mere, auoit ſuccedé à
ſon pere aux Comtez de Maine, Anjou, & Touraine. Puis ayant eſpouſee
Leonor, repudiee par Louis le ieune Roy de France, elle luy apporta le
55 Poitou* & la Guienne. De ſorte que ces grandes ſeigneuries, plus deli-
cieuſes que l'Angleterre, les contraignoyent y demourer: eſtant Chinon
en Touraine, vn des principaux ſeiours de ce Henry. Ainſi dõc les Anglois
auoyent des loix Françoiſes, leur Roy parloit ceſte langue, & les nobles
l'apprenoyent pour ſ'approcher de leur maiſtre & auoir ſon oreille. Tout
60 cela me fait croire, que leurs ſucceſſeurs retenoyent ce langage, ayãs gardé
Bourdelois & Gaſcongne iuſques à l'an M.CCCCLII. Que ſi quelcũ trop
ſcrupuleux, veult dire que Polydore laiſſe en doute, ſi c'eſt François ou
Normand, que lon parloit en Angleterre auant ce Parlement de Weſt-
monſtier: Ie luy reſpon qu'il eſt croyable, que chacũ ſ'eſtudioit à mieux
65 parler. Et ie vous oſe dire, que les Anglois (i'entens Roys & nobles) ne
perdirent pas la langue auec les ſeigneuries qu'ils tenoyent par deça:
teſmoing ce que l'autheur meſme dit peu apres: qu'Edoard eſtabliſſant
l'ordre de la Iartiere, voulut que la parolle qu'il auoit dite leuant le lien de la
chauſſe de ſ'amie, fuſt eſcrite à l'entour de l'ordre: à ſçauoir, HONNI SOIT
70 IL QVI MAL Y PENSE: ce qui monſtre qu'il parloit François: & neantmoins
ce Roy ne tenoit en France, que Guyenne. Ce fut donc vne perte & diminution de la langue Françoiſe, que ceſt Edict de Weſtmõſtier. Car ſi
l'ancienne couſtume euſt duré iuſques au iourdhuy, la plus grande partie
de l'iſle parleroit François: eſtant certain que* chacun ſe range volontiers
75 du coſté du profit.

La langue Françoiſe n'eſtoit pas moins priſee en Sicile, Ieruſalem, Chipre
& Antioche: à cauſe des conqueſtes de Robert Guiſchard, & des
Pelerins qui paſſerent en la terre ſainte, auec Hugues le grand, frere de

Philippe Roy de France: Godefroy de Bolongne, & autres feigneurs François. Et la feigneurie que Baudouin Comte de Flandres, & les fiens 80 eurent en Conftantinople, l'efpace de plus de foixante ans, fit encores apprendre le François aux Grecs: ayant vne partie du pais efté donné* aux feigneurs qui auoyent fuiui ledit Comte Baudouin: tels que Louis Comte de Bloys, Geofroy de Ville-Hardoin, Payen d'Orleans, Baudoin de Biauuoir, Pierre Braiecul, & infinis autres nobles de France. Elle fut en- 85 core plus eftimee à Naples, à caufe de Charles Comte d'Anjou, frere du Roy S. Louis: lequel conquift ce Royaume, & prenoit grand plaifir en la poefie Françoife, comme nous trouuōs par les chanfons qu'il a laiffees portans fon nom. L'Vniuerfité de Paris alors prefque vnique pour la Theologie, eftoit encore tres-fameufe en toutes autres fciences: lefquelles 90 inuitoyent les eftrangers à y venir apprendre les lettres Latines, & par cōfequent quelques traits de la langue Frãçoife. Auffi toutes fortes de gens y accouroyent: Italiens, Efpagnols, Anglois, Alemãs: comme tefmoignent les efcoles & colleges, que ces nations baftirent en la ville de Paris. Dante Poete Florentin, & Bocace du mefme pais, y ont eftudié: qui eft la caufe 95 pourquoy vous rencontrez dans les liures de ceftuy-ci, vne infinité de parolles & manieres de parler toutes Frãçoifes. Et qui voudra fueilleter nos vieils Poetes, il trouuera dedans, les mots dont les Italiens fe parent le plus: voire les noms & differences de leurs Rymes, Sonnets, Ballades, Lais, & autres. Quant au Sonnet, Guillaume de Lorris mõftre que les François 100 en ont vfé: puis qu'il dit au Roman de la Rofe,

'Lais d'Amours & Sonnets courtois.

Et ie monftreray bien dans nos fableaux, & liures plus anciens que Bocace, cinq ou fix de fes meilleures & plus plaifantes nouuelles. Ainfi donc y ayant* en ce temps-la plufieurs Cours en Europe, qui auoyent des 105 feigneurs nourris de laict François, d'auantage de gens le parloyent...

43

ÉTIENNE TABOUROT, SEIGNEUR DES ACCORDS (1549–1590)

LES BIGARRVRES DV SEIGNEVR DES ACCORDZ.
Paris, J. Richer, 1583.
Oxford, Bodléienne, Antiq. g. F. 1583/1.
Preface, ã ii^{ro}–ã v^{vo}.

PREFACE DV SEIGNEVR DES *Accords*

ENCOR que ce foit vne façon ordinaire* prefque à tous ceux qui expofent quelque œuure en lumiere, de choifir vn certain perfonnage à fin de luy dedier,* & fous fa faueur, comme ils dient, marcher plus hardimẽt en

public. Ou d'adreſſer quelque aduertiſſement au Lecteur, qu'ils amadoüent
5 d'infinis epithetes flatereaux, le prians qu'il recoiue gracieuſement & d'vn
bon œil, les matieres ſelon qu'elles ſont par eux traictees, auec excuſes que
s'il y a quelques fautes elles ſont ſuruenues à cauſe de la grandeur &
difficulté du ſubiect par eux traicté ou bien par inaduertence: & qu'il y en
ait d'autres plus tendres de cerueau, qui preuiennent auec iniures &
10 menaces ceux qui voudront reprendre leurs eſcrits, ou bien ſe baſtiſſent
par imagination de vaines raiſons, qu'on leur peut ce leur ſemble obiecter,
& puys les ayãs rabatues ſelon leurs fantaſies, chantent eux meſmes le
triumphe de leur victoire: eſtimans comme ils ſe perſuadent, que l'authorité des premiers empeſchera qu'on ne les oſe attaquer: Que les lecteurs
15 ainſi emmielez de leurs flatteries excuſeront leurs fautes, & que intimidez
de leurs groſſes menaces, ils craindront de les offencer. Ie n'ay voulu
toutesfois eſtre imitateur[1] de telles façons de faire, que i'ay de tout temps
eſtimé vaines & ridicules, & croy que pluſieurs, s'ils veulent prendre la
peine de les conſiderer, feront de mon aduis. Car (pour en parler librement)
20 quelle aſſeurance peut eſtre de bon recueil, & de faueur enuers la pluſpart
de ceux auſquels tels liures ſont dediez? veu que s'ils ſont grands ſeigneurs,
ils n'auront ſeulement loiſir d'en veoir le tiltre, & ne daigneront les
regarder que par la couuerture ſi elle eſt belle & bien doree: car la plus-part
prent bien plus grand plaiſir* d'ouyr diſcourir de leurs affaires, & entendre
25 quelque moyen pour hauſſer leur reuenu, que de veoir tels diſcours, qu'ils
eſtimẽt entre eux des briguefaueurs, ou attrapedeniers: encor que la
faueur ne ſoit que d'vn branſlement de teſte, & de l'autre point riẽ du
tout. Quant à la protection dont ils ſe veulent preualoir, ie ne ſçay ſurquoy
ils la fondent, veu que la plus-part notoirement ſont ignares, n'ayãs autre
30 doctrine que leur richeſſe. Mais quand bien ils ſeroient ſçauãs comme il
aduient quelquefois, que ſe ſoucient ils de ſe rompre la teſte pour defendre
celuy qui ſans conſideration les en prie? I'ay beaucoup veu de repre-
henſions ſur des liures, mais ie n'ay point de ſouuenance d'auoir[2] veu aucuns auſquels ils fuſſent dediez qui s'en ſoit remué ny ſoucié.* Quãt aux
35 flateurs, eſtiment ils les perſonnes ſi graues, que de ſe laiſſer corrompre par
leur langage macquereau & ſottes excuſes? Riẽ moins les bons eſprits
veulent eſtre payez en monnoye de bon alloy, & ne laiſſent pour tout
cela ſi l'autheur[3] le merite de luy dõner vne attainte. Car quelle excuſe
merite celuy, qui de certaine ſcience & propos deliberé, commet vn acte
40 duquel il peut recepuoir honte? Qui eſt ce qui le contrainct d'y iecter en
public ſon erreur, puiſ-que il eſtoit en ſa puiſſance, celant l'imperfection de
ſon labeur, d'oſter toute occaſion de mocquerie. Moins ſert ceſte façon
d'vſer d'iniures à l'encontre de ceux qu'ils preſument deuoir eſtre repre-
henſeurs de leurs eſcrits: Car outre ce que cela ſent ſa feruelle eſuentee, &
45 trop grande preſomption de ſoy meſme, pour ſe vouloir rendre exempt*
de reprehenſiõ, l'on ſe mocque de tels iniurieurs qu'on laiſſe crier auec

---

[1] imitateut.   [2] d'anoir.   [3] l'authenr.

l'anguille de Melun, auant qu'on les efcorche: Et Dieu fçait de quelle
forte on leur laue les teftes, quand on voit leurs belles raifons fi bien rabatues qu'il eft aifé à veoir que ce font fantofmes fi drolatiques, qu'autres
qu'eux mefmes ne voudroient[1] prendre la peine de les abiecter & refoudre. 50
D'autres y a encor qui fe plaifent par vn long difcours de faire oftentation
de leur bien dire, & monftrer comme ils fçauët Amadigaulifer, rempliffant
vne page entiere de ce qui fe pourroit efcrire en deux lignes, qui faict que*
le lecteur impatiët de telles lögueurs, apres auoir baaillé trois ou quatre
fois, iecte en fin par terre le liure, & baille au diable vn fi grand babillard 55
d'autheur. Mais i'ay grand peur que ce pendant que ie parle des autres, ie
ne tombe moy-mefme en faute, & qu'on ne die que ie vueille faire le Roy
des Reprenards fans aduifer à ce liure fi fubiet à reprehenfiõ qu'il n'y aura
pas iufques aux petits grimelins qui ne fe meflët d'en faire vne affixe au
College. Or en vn mot ie fais declaration que ie mets ce liure hors de ma 60
maifon & l'expofe en public, felon la loy de ceux qui vont en mafque,
fçauoir pour recepuoir patiemment tous brocards,[2] iniures & rifees, fans
replicquer ny me faire cognoiftre. T'affeurant de ma part que* ie ne
treuueray point eftrange fi quelqu'vn daigne prendre la peine de taxer &
reprendre mes efcrits: Veu que c'eft & doibt eftre vn hazard commun à 65
tous ceux qui mettent leurs œuures en lumiere. Car fans autres infinies
fautes qui fe treuueront par aduenture à reprendre, ie ne fay point de
doubte que la plufpart des matieres contenues en diuers chapitres ne
foient aggreables aux vns, & defagreables aux autres: Mais ie confeille, à
chacun de choifir feulement ce qui luy viendra à grè, & laiffer le furplus, 70
fe perfuadant que ie luy dedie feulement cela: que fi ils fe formalifent pour
le furplus, & alleguent que c'eft autant de tëps perdu que de le lire, fans me
fonder plus auant en raifon, & pour les contenter, ie veux bien qu'ils
croyent que ie fuis de mefme opiniõ. Auffi n'y ay ie employé autres heures,
que celles que plufieurs de mon eage, ordinairement employent à la 75
paume, cartes, & dez, fans entendre de ceux qui emploiët le iour & la
nuict. Et en vn mot, ce liure n'eft autre chofe qu'vne fuperfluité de mon
efprit, que i'ay autresfois permis s'efgayer en ces follaftres difcours. Si tu
me crois, tu feras de mefme, & n'employeras à la lecture d'icelluy que les
heures à demy perdues, & faulte de meilleure occupation. La parade du 80
tiltre n'eft pas telle, que tu ne puiffe aifement defcouurir par iceluy le
merite du fubiect. Il eft baptifé par ce nom de Bigarrures, qui donne affez à
cognoiftre, que ce font diuerfes matieres, & fans grande curiofité ramaffees.
Ie l'ay mieux aymé furnommer ainfi, que de pefcher autre nom plus fuperbe entre les Grecs & Latins, comme fõt plufieurs qui veulent acquerir 85
reputation d'eftre bien fages en Grec & Latin, & grands fots en François,
pour aller comme coquins* emprunter des bribes eftrangeres & ne fçauoir
dequoy treuuer à viure en leur pays. Auffi aduient fouuent que quand on
void ces fuperbes tiltres, façonnez de mots enflez du tout inufitez exotiques,[3]

[1] voudroit.   [2] brocarps.   [3] extiques.

90 & qui feroiët peur aux petits enfans, l'on demande ordinairement où font
les liures de ces tiltres. Ie ne me fuis non plus affecté à rechercher curieufement les authoritez de beaucoup d'autheurs, & moins de ces abftrus &
loups garoux, Comme font les Docteurs d'Efpaigne, d'Italie, & du Comté
de Bourgongne, qui negligent le beau texte des pandectes, pour alleguer
95 en vne page, vingt ou trente des plus enfumez Docteurs de leurs eftudes.
Encor que pour ce regard, ie ne feray agreable à nos modernes, qui pour le
moindre axiome qui fe prefente, debagollent dix ou douze authoritez, &
les Iurifconfultes pour vne vulgaire regle de droict, fept ou huict loix
comme chiens courans, tefmoin l'epiftre que i'infereray cy apres d'vn
100 eftudiant à fon Pere: car ie me contente d'vne bonne & folide raifon fi ie
la treuue, & ne me foucie point par qui elle foit alleguee. A cefte occafion
ie n'ay point faict quelque fois de difficulté d'alleguer vne bonne commere
fi elle a parlé bien à propos comme Mere Pintette, Tante Chopine, Dame
Iaquette, Caquillon...et autres. A l'exemple du diuin Socrates pere des
105 Philofophes qui difoit n'auoir point de hôte, d'eftre enfeigné par vne
vieille. Or il fuffira pour cefte heure, Car ie voy bien que tu t'ennuyes d'vn
fi long prologue, Auffi fay ie bien moy de plus auant contefter.* A Dieu
donc fi tu le merite & te contente de ce falut.* Car c'eft la vraye priere que
tu pourrois faire pour toy-mefme, comme dit le Philofophe Apollonius
110 dans Theophrafte.

A tous Accords.

44

GUILLAUME BOUCHET (v. 1514–1594)

*SEREES DE GVILLAVME BOVCHET, Iuge & Conful des Marchands,
a Poictiers. LIVRE PREMIER.*
Poitiers, Bouchet, 1584.
Oxford, Bodléienne, Douce BB. 542.
Pp. 1–9.

PREMIERE SEREE

Du Vin

NE DESPLAISE aux Dames, le Vin va toufiours deuant: comme celuy
qui* accroift la chaleur naturelle, qui fortifie la digeftion, prouoque l'vrine,
humecte le corps, eftant incontinant digeré & tranfmué en noftre fubftance,
& diftribué en toutes les parties du corps, engendrant le bon fang, dont
5 vient le bon fens. Puys donc que* le vin va deuant, & que les Grecz ont
appellé leurs conuis *Thoinas* & *Sympofes*, (côme on m'ha faict a croire) pour
y boire enfemble:* a caufe que le vin eft le principal du banquet, vous ne

trouerez eftrange f'il mene la danfe, & que noz Serees ce commancent par celuy fans lequel elles feroyent froides, fades, muettes, ou du tout auortees, ou pour le moins elles feroyent plenes de propos tragiques, melancholiques 10 & ennuieux, veu le temps auquel elles ont prins naiffance & accroiffement. Qui pouuoit mieux faire oublier les meurtres, la perte des amys & des biens, la mifere & malheurté qu'apportent les guerres ciuiles, que ce bon pere Bacchus (homme de bien, & non point vn yurongne) qui les ha arroufees de fa douce liqueur? A cefte caufe les Grecz l'ont nommé *Lyæus*, 15 encores difons nous chere-lie, & les Latins *Liber*,* de ce qu'il deflie de foucy, mettant les triftes penfees foubz le pied, mefmes aux vieillardz, le vin leur eftant côme le laict aux enfans, & le dernier plaifir naturel. Platon dit que Dieu ha donné le vin aux hommes pour medecine falutaire contre le chagrin de la vieilleffe: car tout ainfy, dit il, que le fer f'amollift par la 20 force du feu, aufsi le corps du vieillard eft rendu plus maniable & humain par le vin. A raifon dequoy les Poëtes ont baillé la couronne de lierre a Bacchus, pour demontrer que le vin entretient l'homme en fa verdeur, comme le lierre eft toufiours verdoyant. Les Egyptiens quand ilz vouloyent fignifier par leurs lettres Hieroglyphiques la ioye, ilz mettoyent la vigne. 25 Les Latins difent que la vigne eft appellee *vitis* quafi *vita*. Que fi vous fongez feulement en la vigne, ou de boire la nuyct, ou au vin,* cela eft vn bon prefage, & vn bon heur qui vous doyt aduenir: comme vous trouuez de l'efchanfon de Pharaon qui predit la deliurance de Iofeph. Outre plus, le vin chaffe la trifteffe du cœur mieux que l'or, il donne courage au ieune, 30 vigueur au vieillard, couleur au blefme, au couärt faict venir le cœur, (remede plus affeuré que l'Afferal ou Opium des Turcz) au pareffeux il donne la diligence, conforte le cœur & le ceruueau,* chaffe la froideur de l'eftomach, ofte la puanteur de la bouche, eft bon pour le mal des dentz, refueille la puiffance aux refroidis, faict fupporter le trauail aux plus laffez, 35 non feulemêt aux hômes, mais aufsi es beftes. Philippes de Commines, raconte qu'eftant a la guerre, il auoit vn cheual fort vieil & recreu, qui fe deftacha vne nuyct, & trouua vn feau plein de vin, qu'il beut, & que le lendemain en vne bataille, il ne trouua iamais cheual fi allegre, fi difpos, ne fi courageux. Les Anciens ont heu le vin en fi grand pris, que ceux qui 40 le prefentoyent eftoyent ieunes enfans, les plus nobles qu'on pouuoit trouuer. Le filz de Menelaus bailloit du vin en vn banquet. Euripide eftant ieune baille a boire aux faulteurs d'Athenes au temple d'Appollon. Ceux qui donnoyent le vin au Prytanee, & a Romme aux publics facrifices du peuple, eftoyent choifis d'entre tous les plus nobles. Comme au con- 45 traire, on ne mettoit que les perfonnes les plus abjectes & viles pour adminiftrer l'eau aux playdeurs, dont eft venu l'adage, *Ad aquam malus.* Encores au iourd'huy le vin eft fi precieux, & tant eftimé & honoré de tous, que les Allemans & François quand ilz veulent honorer les eftrangers, leur enuoyent du vin, aufsi bien que les Romains, qui appelloyent ce 50 vin, *vinum honorarium.* Puis donc qu'il n'y ha chofe en ce monde tant

recommandee que le vin, ny qui recree plus l'esprit de l'homme, & le rende plus subtil & ioyeux, engendrant beaucoup de sang, dont vient la ioye: ie ne craindray a commancer ces Serees par le vin, puys que les
55 propos & deuis honnestes, plaisans & ioyeux, qui ont esté tenuz en ces Serees, ont prins leur naissance & aduãcement de ceste excellente liqueur. Les espritz estans ioyeux & subtiliez, n'enfantent ilz pas leurs semblables? Rabelays ne dict pas sans raison,

Furieux est, de bon sens ne iouist,
60   *Qui boyt bon vin, & ne s'en resiouist.*

Or ces Serees ne pouuoyent mieux sortir en lumiere qu'apres auoir soupé:* où* le plus souuent on se dispense de plier vn peu plus le coude qu'en autre repas. Et aussi qu'il n'y ha rien* qui plus ayde a nostre santé, & a la concoction, qu'apres auoir recree & repeu le corps, recreer & repaistre
65 l'esprit par ces discours plaisans, honnestes, & ioyeux: se sentans du bon sang* & bon sens qu'engendre le bon vin, dont ilz sont procedez. Et ne crains pas, encores que Horace dict,

Laudibus arguitur vini vinosus Homerus,

qu'en louänt le bon pere Bacchus, & commançant ces Serees par le vin,
70 dont elles ont prins leur vie, & leur estre, qu'on m'estime vn bon yurongne, & qu'on die que les Bachanales ont tousiours esté celebrees par de bons *iurongnes*: car par vn gentil anagramme, ou inuersion & transposition de lettres, c'est a dire par de bons *vignerons.* Ie craindray moins la sotte opinion d'aucuns, qui sans raison ont dict, qu'anciennement les vignes se plantoy-
75 ent plus tost pour boire du vin en maladie, qu'en santé: de sorte, disent ilz, que le vin ne se vendoit pas es tauernes, ains es boutiques des Apothi- caires. Et a ce propos nous alleguent vne Loy que Zeleucus donna aux Locriens: par laquelle celuy qui beuuoit du vin sans le congé du Medecin, estant malade, estoit puny, encores qu'il reuint en santé. Car ie leur respons
80 que Hypocrate permettoit le vin aux fiebures chaudes & aigues, pour ayder la digestion, & renforcer le patient. Asclepiades Medecin ha faict vn liure de l'vtilité qui procede du vin donné aux malades. Mnesitheus dit que Bacchus fut appellé Medecin & Guerisseur. Si ne voulez croire a ceux cy, regardez qu'en dict* sainct Augustin en son liure des vierges sacrees.
85 Et ne m'arresteray a l'Edict de Domitian, qui deffendit a tous ceux de l'Asie d'auoir des vignes, a cause des seditions qui procedoyent de l'abon- dance du vin: Et encores moins a ce que l'Empereur bailla permission aux François & Espagnolz de planter des vignes en leur pays, par priuilege & recompense: Et a ce qu'anciennement* le vin n'estoit pas commun, &
90 qu'il ne se bailloit qu'aux banquetz des Princes, & ce par grand honneur: ce qui s'obserue encores enuers les estrangers, a cause, disoyët ilz, du mal qui procede du vin. N'estant pas raisonnable,* pour l'yurongnerie d'aucuns que le vin offense, qu'on doiue deffendre le vin, plus tost que

punir telle faulte, & que la faute de peu doiue eftre chaftiee par la peine de
tous. Que fi vous m'alleguez qu'Icarus fut meurdry aux Indes, pour leur 95
auoir apprins a faire le vin: a caufe qu'ilz difoyent qu'on leur auoit baillé
du venin: car quand ilz commancerent a tafter du vin, ilz deuindrent comme
infenfez & enragez: Vous pouuez lire qu'ilz en furent depuis bien marriz,
& punis: & le mal qui eft furuenu* a ceux qui ont contemné le Dieu
Bacchus, comme a Penthee, & a Lycurgus. Plutarque parlant de la vertu 100
du vin, dit que la pefte eftant en l'armee* de Cæfar, il vint a prendre vne
ville d'affaut, où eftants les foldatz entrez, & y trouuans de fort bons vins,
ilz en beurent tant que la pefte ceffa.

CE QVI bailla occafion a tous ceus de la Seree de parler du vin, de fes
effectz, & de fa vertu, fut que quelqu'vn f'apperceut apres le fouper 105
qu'vn des noftres auoit defchaufsé Bertrand, & qu'on ne f'eftoit point
moqué de luy, ne luy ayant point tenu le bec en l'eau. La plus part de la
Seree excufoit ceftuy cy qui f'eftoit ainfi mis dedans: parce que quand on
eft en compagnie ioyeufe, on tient plus longue table, tenant plus longue
table, on mange d'auantage, a caufe de la diuerfité des viandes, en man- 110
geant on f'altere: car la viande tire a foy l'humidité du corps, comme vne
efponge: le corps eftant deffeché, tombe en foif. Les autres difoyent qu'en
parlant & deuifant l'on f'altere, & qu'il n'y ha fi fage ne fi fobre qui en
compagnie ne foufle plus a l'encenfoir qu'a fon particulier, ofté Socrate,*
qui difoit n'auoir iamais plus mangé en vn feftin qu'en fa maifon. Et auffi 115
que la diuerfité des vins, que les banquetz apportent, caufe diuers effectz,
voire es plus fobres: là où a l'entree de table on boyt* du blanc, au milieu
du gris & clairet, a la defferte du rouge, & de diuerfes fortes d'vn chacun:
combien que Cæfar en fon triomphe n'en bailla que de quatre fortes. De
cefte diuerfité de vins fe leua vne difpute: affauoir fi le vin rouge & clairet 120
eftoyent plus chaultz que le blanc. Ceux qui fouftenoyent le vin rouge &
clairet eftre plus chaultz que le blanc, difoyent les chofes chaudes extréme-
ment tendre a vne couleur rougeaftre & iaune, comme eft le vin rouge &
clairet: plus le vin rouge nourrir mieux que le blanc, parquoy conuenir*
mieux es meigres, & le blanc aux gras: eftant donc le vin rouge plus 125
falutaire es complexions froides, corrigeant la froideur, & confumant le
flegme, cela demontre qu'il* eft plus chault, & par confequant enyurer plus
toft* que le blanc. Ceux qui eftoyent de contraire aduis, fe deffendoyent
d'vn feul & fort argument, difans le vin rouge eftre plus froid que le
blanc, d'autant qu'il eft plus terreftre, le blanc tenant plus de l'air: & tant 130
plus que quelque chofe tient de la terre, elle* eft plus froide: còme au
contraire, tant plus elle tient de l'air, elle eft plus chaude, & ha plus
d'efpritz. A cefte caufe l'eau mife au vin rouge, difoyent ilz, le rafraichit
plus que mife au vin blanc: le vin rouge, qui eft plus froid que le blanc,
eftant plus terreftre: & le vin blanc plus chault, & tenant plus de l'air. 135
Auffi que tous les vins fortz & excellans, comme la Maluoifie, le Mufcat,
d'Andeloufie, & autres eftranges, font blancs, & leur donne l'on le nom

de mafle, & au rouge de femelle. Ceſtuy de qui on ne ſ'eſtoit point moqué,
pour ne luy auoir tenu le bec en l'eau, qui ſeruit de ſubject* a ceſte pre-
140 miere Seree, voyant que ceſte diſpute, a ſon aduis, ſe faiſoit pour l'amour
de luy, voulut bien leur montrer qu'il n'en auoit que quelques grains, encores qu'il aymaſt autant le rouge que le blanc, pourueu qu'il fut bon. Et
affin d'accorder ceux qui ne ſ'accordoyent point en ſa teſte, pour mieux
apres accorder ceux qui en diſputoyent, va dire au rouge, au clairet, au
145 gris, & au blanc, qu'il auoit prins durant le ſouper, qui l'auoyent auſſi
prins, & qui commançoyent a luy monter en la teſte: Accordez vous, ſi
vous voulez, car ſi vous ne vous accordez, ie vous ietteray par la feneſtre:
comme ſouuent faiſoit* l'Empereur Caligule. Ayant eſté a l'eſcolle de
Syluius, il vouloit pratiquer ce qu'il luy auoit ouy dire a vne de ſes leçõs,
150 que pour garder* que les forces de noſtre eſtomach ne ſ'appareſſent, qu'il
eſt bon vne fois* le moys les eſueiller par ceſt excez & exercice, & les
piquer, pour les garder de ſ'engourdir: Et auſſi qu'Auicenne tient que
l'ebrieté aucuneſfois eſt profitable. Cela faict, il ne laiſſa pas de doctement
diſcourir* ſur ce differant: encores que la langue trop humectee le fiſt vn
155 peu bégayer. Et va dire,* que quand Galien appelle le vin blanc, qui eſt
petit, *Vinum aquoſum*, qu'il dit auoir moins de force que les autres, nourrir
moins, n'eſtre ſi fumeux,* ne ſi chault, que cela ſ'entend ſi on faict comparaiſon des vins rouges & des blancs d'vn meſme terroüer: car ie vous
aſſeure, diſoit il, que le vin blanc de Beaulne, ou d'Onix, eſt plus fort, plus
160 chault, & enyure plus toſt que le vin rouge de Poictou: comme auſſi le vin
du Rin, & le vin Grec, qui ſont blancs, ſont ſans comparaiſon, quant a la
force & chaleur, bien autres que les vins rouges de France, fuſſent ilz de
Graue ou d'Orleans. Qu'il ſoit ainſy, dit il en continuänt, ie m'en vay vous
faire vn conte* aſſez gentil & plaiſant, par lequel vous iugerez la force, la
165 chaleur, & la vertu du vin Grec blanc: ſi la diuerſité des vins que i'ay beu
durant le ſouper, & le trop que i'en ay prins, comme vous penſez, ne m'ha
oſté toute la memoire. Le grand Roy Francoys, reſtaurateur des Lettres, &
l'appuy des Lettrez, auoit entre autres vins, vne bouteille de vin Grec,
lequel luy auoit eſté enuoyé ou de Falerne, ou de l'iſle de Chio...Or il
170 aduint qu'vn archer de la garde Eſcoſſeſe, ſe trouuant en la ſommellerie
du Roy, trouua moyen de crocheter vne de ces bouteilles qui y eſtoyent,
mais la fortune voulut qu'il rencontra la bouteille où eſtoit ce vin Grec,
entre toutes les autres, le trouuant ſi bon qu'il n'en laiſſa pas vne goute.
Durant le ſouper il ſouuint au Roy de ſon vin Grec, qui en va demander:
175 L'eſchanſon voulant verſer de ce vin en la coupe, trouua la bouteille
aſſechee & vuyde: qui ſ'addreſſant au Roy luy diſt, que ſon vin Grec auoit
eſté beu, & que la bouteille auoit eſté ſi dextrement crochetee, qu'il ne
ſçauoit qui en accuſer. Tous ceux qui eſtoient au ſouper du Roy, ſe regar-
dans l'vn l'autre, craignans que le Roy ſe faſchaſt, voyent que ceſt Eſcoſſois
180 portoit ſa halebarde tout de coſté, ne ſe pouuant luy meſme tenir droict, &
que contre ſa couſtume il n'auoit fait rien que babiller durant le ſouper,

eftant beaucoup plus ioyeux qu'on ne l'auoit iamais veu: le vin changeant
les mœurs* fcelon l'object qu'il rencontre. Le Roy voyant que tous auoyent
l'œil fur ceft archer, le regardant va dire, que celuy qui auoit fi bien faict
l'effay de fon vin Grec, deuoit eftre quelque bon compagnon, & homme 185
de bien, & qu'il ne f'en foucioit pas, n'aymant pas les vins fi fortz, ne fi
fumeux, & que celuy qui l'auoit beu le pouuoit dire hardiment. L'efcoffois
f'affeurant vn peu, f'approche du Roy, & fe mettant a genoux, confeffa que
c'eftoit luy qui auoit beu fon vin Grec. Le Roy voyant bien qu'il auoit
hauffé le temps, luy demande en riant, comme fçays-tu* que c'eft du vin 190
Grec que tu has beu, veu qu'il eftoit entre d'autres bouteilles plenes
d'autres vins? L'archer affeura le Roy que c'eftoit du vin Grec qu'il auoit
beu, car, difoit il au Roy, beuuant a mefme la bouteille,* le vin qui en
fortoit, & tõboit en ma gorge, difoit, & faifoit Grec, grec, grec...

45

NOEL DU FAIL (v. 1520–1591)

*LES CONTES ET DISCOVRS D'EVTRAPEL. Par le feu Seigneur de
la Heriffaye: Gentil-homme Breton.*
Rennes, N. Glamet, 1585.
Londres, British Museum, 1073. b. 6.
F° 132vo–135ro.

DES ESCHOLIERS *& des Meſsiers*

DIctes nous verité, mon neueu, mon amy (difoit vn Gentil-homme à vn
fien parent, reuenant des Efcholes* de Paris) ne mētez point, auez vous
touiours eftudié, c'eft à dire aucunefois, au moins deux ou trois heures le
iour? comme eft il allé* de voftre proces auec les Mefsiers & gardeurs de
vignes ces vendanges dernieres? lon nous a rapporté (mais ce font hommes 5
qui fe iouent ainfi, & qui ont enuie de parler) que vos Offices & Partitions
de Cicero y eftoient demeurees pour gages, &, qui pis eft, ie ne le puis pas
bõnement croire, c'eft qu'ils vous auoient rẽuoié, fans haut de chauffes, &
le chapeau perdu & cõfifqué. Monfieur mon oncle (dit le ieune homme, en
hontoiant & rougiffant, marques & interfignes d'vn bon naturel) fi ie n'ay 10
eftudié & fatisfait à mon deuoir, comme i'y eftois tenu, à tout le moins i'ay
fait ce que i'ay peu: C'eft affez, difoit vn ancien, d'auoir voulu & effaié
chofes hautes & dificiles. Au regard des Mefsiers, ie vous en diray rondement & à la bonne foy ce qui en eft, encore que, peut eftre, il fe pourroit
faire mieux ne s'enquerir tant curieufemēt de plufieurs petites chofes, qui 15
fe paffent parmy la ieuneffe, & qui, pour eftre la plus part mal raportees,*
troublent aigrement l'entendement de nos parens. Verité eft, qu'vn iour

de Ieudy (ouy, dit Eutrapel, car *In die Iouina nunquam fit lectio bina*) noſtre
maiſtre nous permit aller esbatre & iouer aux champs, confinant neant-
20 moins & deſignant les voyes & chemins que nous deuions tenir, parce,
diſoit-il, que* vous eſtes à Paris, lieu eſtrange, où il vous faut traiter &
gouuerner* ſagement auec grand' meſure & en enfans de bône maiſon.
Vous auez affaire à vn bon peuple, & qui vous aime: mais gardez ſur tout
à ne le trôper en ceſte honneſte familiarité où il vous reçoit. Ce que vous
25 ferez, vous iettans en leurs vignes,* deſrobans leurs raiſins, faiſans pluſieurs
degaſts, debauſches, & outrages, comme les enfans mal inſtituez & nourris
ont accouſtumé faire: & en ay connu, diſoit-il, de tellement mal nais, qu'ils
aymoient mieux auoir quelque choſe par vne malicieuſe fineſſe, que le
pourſuiure honneſtement, & auec eſtat, vos eſtudes ſont là reſolus &
30 arreſtez: pour autre choſe n'eſtes icy enuoyez, & ne vous aporte autre
profit la lecture des liures, que pour aprendre n'eſtre mal-faiſans, haïr le
peché, & informer vos ames & eſprits d'vne bonne & ſainte paſture d'actes
genereux & de vertu. Donc me fiant de cela, voire de plus grande choſe en
vous, ie me pourmeneray icy au long des Chartreux, auec autres mes
35 coëgaux & compagnons, tandis que vous prendrez là & ailleurs aux
enuirons vos petits esbats & paſſe-temps. Noſtre intention & deliberation
eſtoit telle, mais l'vn de nos compagnons nous faiſant les affaires d'autre
volume que nous n'eſperions, nous fit tous entrer en vne grande vigne là
pres, pleine de beaux & meurs raiſins, où en l'inſtant nous fuſmes prins &
40 ſaiſis par cinq ou ſix gros ribauds de Meſſiers & Sergens qui nous eſpioient,
couchez ſur le vêtre, & leſquels ſe ruans ſur nous à grands cris & hurlemens eſpouuantables, nous menerent en toute ſolennité deuant le Iuge de
Saincte Geneuieue, ayans la teſte liee & entortillee de branches de vignes,
& pluſieurs autres attachees à nos ceintures, & les manches de quelques-
45 vns plaines de raiſins liees par le bout: & ainſi qualifiez & equippez nous
entre-regardiõs, plorans, reſſemblans à ces peintures de Bachus, accuſans
la faute de luy qui nous auoit cõduits en ce bel exploit, & qui auoit bien
ſeu gaigner le haut; adiouſtans pour noſtre iuſtification, qu'il nous auoit
donné à entendre que les vignes eſtoient à vn ſien oncle, & que tout le
50 ſurplus eſtoit l'ancien patrimoine de l'Vniuerſité & Eſcholiers, leſquels par
vne lõgue ſucceſsion d'annees, par ſouffrance & honneſte patience s'eſtoient laiſſé rauir & perdre les droits qu'ils y auoient, cõme ſon hoſte du
Porc-eſpy luy auoit conté plus au long. Au moyen deſquelles volontaires
& franches declarations & confeſsions, les Officiers qui bien ſauoient de
55 quel bois on ſe chauffoit en ce païs Scholaſtic, nous renuoyerent à nos
maiſtres. Voila, Monſieur mon oncle, ce que ie vous puis dire de ce qui ſe
paſſa en ces premiers ans: mais ſi i'oſois vous rechercher de voſtre ieuneſſe,
on y trouueroit biẽ des coups d'eſpee, & vne longue liace de folies, & vous
m'accuſez auoir mangé du raiſin, qui me fut biẽ cher vendu. Qui n'auroit
60 eu pitié de ma ieuneſſe,* dit l'oncle, il y a long temps qu'il ne ſeroit
nouuelle que de ma mort funeſte, lamẽtable, & honteuſe: & ſeroit vn mer-

238

ueilleux deluge, fi tous ceux qu'on enuoye aux Efcholes, en reuenoient
doctes & fauans. Tefmoin la bõne femme, qui demanda fi vne grand'
troupe d'Efcholiers qu'elle voyoit fe pourmenans & iouans aux prairies
d'Orleans, feroient tous Aduocats: Mon Dieu! dit-elle, fi cela eft, tout eft 65
perdu & ruiné, nous n'en auons qu'vn en noftre village (c'eft trop de la
moitié) qui nous fait plus de mal, que tous les quatre Mendians enfemble.
Comment, dit Eutrapel, fut-ce toute la reuanche que vous autres feigneurs
Efcholiers euftes* de telles & fi audacieufes braueries? De mon temps, dit
Polygame, il en alla bien autrement, lors que ce tres-docte Grammairien 70
Turnebus lifoit au College Saincte Barbe le troifiefme de Quintilien: Car
vne bande & compagnie de bõnetiers du faubourg fainct Marceau, ioints
& adherez à ces beaux Mefsiers & gardeurs de vignes, nous ayãs em-
poigné & pris fur[1] le fait, prenans & pillans* cõme Eftourneaux des
raifins, outre ce que l'Efcriture faincte en permet, qui eft honneftement & 75
difcrettement, nous y battirent & froterent tres-bien nos efpaules, quelques remonftrances que feufsions alleguer, que par nos chartres* & titres
eftãs aux Mathurins tous les vignobles & païs adiacens de Vaubert fuffent
à nous & propres à l'Vniuerfité. Iamais à la bataille de Cerifoles, où ie fus
fous la charge du Capitaine la Mole, qui y demeura, ne furent trouuez tant 80
de corfelets, harquebufes, piques, morions, & halebardes des Imperiaux
efparfes cy & là: comme lon vit à cefte groffe rencontre de vendãges (il la
faut ainfi appeller, & nõ bataille, d'autãt que le canon ne ioua) de Terences,
de octo partibus, de Peliffons, *pro Milone*, de Bucoliques de Virgile, & efcri-
toires là delaiffees, à ce chaud alarme. Mais deuãt le mois eftre paffé* 85
l'Vniuerfité, toutes les chãbres affemblees,* auec baftõs ferrats, & nõ
ferrats, fouftenuë d'vn Regiment d'Imprimeurs tous haus à la main, fe
ietta fans autre recognoiffance, fur ces maiftres bonnetiers & affociez, qui
renuerfez & rendus fugitifs, tous leurs outils, chaudieres, broches, &
autres inftrumens furent caffez,* brifez, & abatus: qui a donné occafion aux 90
chapeliers de fe faire fubroger aux droits des bonnets, l'vfage defquels eft
bien endommagé. Lupolde dit fe fouuenir qu'en la maifon de Bafoges en
ce pays, y a vn fort beau & grand bois de haute-fuftaye, dans lequel y
auoit vn Corbin y faifant tous les ans fon aire, fignification & note de
l'antiquité du bois où tel oyfeau veut naturellement habiter, auec vn grand 95
ayfe & plaifir aux laboureurs voifins, parce qu'il chaffe & fait vuider les
Corneilles & Chouettes d'alentour les champs prochains & enfemencez.
Mais quelque longue poffefsion que ce Corbin peuft aleguer, & fe fuft
maintenu,* fi trouua-il vn beau matin, au retour de fa commifsiõ, fon aire
rompue & brifee par vne infinité de Corneilles: tellement que fe voyant 100
deniché, & fes ennemis impatronifez* & faits maiftres de la place, fe retira
on ne fait où, auec ce qu'il auoit de poiffon prins. Le Seigneur de l'hoftel,
homme recogny & plus regretté pour fes louables vertus & grãdeur, dont
il egaloit les premiers de fa faifon, fut grandement fafché de la perte de fon

[1] *fur fur.*

105 Corbin, eſſayant en toutes ſortes,* meſme à force de harquebuzades, chaſſer
ce maudit beſtiail, mais en vain, car tant plus il les tourmentoit, plus y
abondoient: ce qu'il laiſſa,* & fut côtraint quitter tout. Mais ne tarda vn
mois que ce maiſtre Corbin, accompagné de plus de cent autres, fut veu vn
beau matin brouillant, tracaſſant, iettant les œufs de ſes parties aduerſes par
110 terre, rompant leurs nids, & faiſant vn terrible meſnage ſur icelles à coups
d'ongles & de bec: ſi bien que la pluſpart y demeurerent mortes ſur le
champ, & les blecees pendues aux hayes & buiſſons. Dequoy les renards,
qui eſtoient ſur les ailes, & aux eſcoutes, *fecerunt magnum feſtum*, & de bons
repas. Et ainſi fut reintegré ce pauure ſpolié en ſes premiers grades &
115 libertez, auſsi bien que vous autres Meſsieurs les Eſcholiers.

46

ÉTIENNE PASQUIER (1529–1615)

*LES LETTRES D'ESTIENNE PASQVIER CONSEILLER ET
ADVOCAT GENERAL DV ROY en la chambre des Comptes de Paris.*
Paris, A. L'Angelier, 1586.
Londres, British Museum, 636. 1. 21.

(*a*) *A Monſieur de Querquifinen* (écrite vers 1560), f° 51ʳᵒ–54ᵛᵒ.
(*b*) *A Monſieur Ramus profeſſeur du Roy* (écrite en 1572), f° 63ᵛᵒ–66ʳᵒ.

(a)   A MONSIEVR DE QVERQVIFINEN SEIGNEVR
D'ARDIVILLIERS

VOVS n'eſtes pas le premier qui eſtes de ceſte opinion, & y en a vne
infinité en France, qui eſtiment* auec vous qu'il faut puiſer l'Idee, &
vraye naïfueté de noſtre langue de la Cour de noz Rois, comme ſeiour &
abord general de tous les mieux diſants de la France. Si vous me diſiez que
5 c'eſt là où il faut aller* pour apprendre à bien faire ſes beſongnes, ie le vous
allouerois franchement: mais pour apprendre* à parler le vray François, ie
le vous nie tout à plat. Au contraire (voyez ie vous prie combien ie
m'eſlongne en cecy de vous) i'eſtime qu'il n'y a lieu où noſtre langue ſoit
plus corrompue. De cecy la raiſon eſt bonne. Car comme ainſi ſoit que
10 noſtre langage ſymboliſe ordinairement auec noz mœurs, auſſi le courtiſan
au milieu des biens & de la grandeur, eſtant nourry à la molleſſe, vous
voyez qu'il a transformé* la pureté de noſtre langage en vne Grammaire
toute effeminée,* quand au lieu de *Roine, alloit, tenoit,* & *venoit,* il dict maintenant *Reine, allet, tenet,* & *venet.** Ie vous paſſe ſouz ſilence dix mil autres
15 particularitez: ne m'eſtât propoſé d'offenſer ceux qui ont puiſſance de nous
offenſer. Bien puis-ie dire que le peu d'eſtude qu'employent les courtiſans à
bien parler, fait que ie ne les choiſirai iamais pour maiſtres d'vne telle

É

efcole. Vous penferez parauêture que ie vueille dõner cefte louange* à
noftre Palais. Si vous le pêfez, vous vous abufez. Ie ne dy pas que le biẽ
dire ne foit vne proprieté & vertu qui deuft eftre annexée à noftre eftat: 20
mais ie ne fçai comme* le malheur veut que la plus part de nous non
feulement ne s'eftudie d'vfer de paroles de choix, mais qui pis eft, le
faifant il y a* ie ne fçay quelle jaloufie qui court entre les Aduocats mefmes,
d'imputer non à louange, ains à vne affectation, l'eftude que l'on y veut
apporter. Qui eft caufe que plufieurs, ores qu'ils le puiffent faire, font 25
contens mieux penfer & moins dire. Quoy doncques? eft il impoffible de
trouuer entre nous la pureté de noftre langue? Veu qu'elle ne fait fa
demeure, ny en la court du Roy, ny au Palais? Vous entendrez s'il vous
plaift quell'eft mon opinion. Ie fuis d'aduis que cefte pureté n'eft reftrainte
en vn certain lieu ou pays, ains efparce par toute la France. Non que ie 30
vueille dire qu'au langage Picard, Normant, Gafcon, Prouençal, Poiteuin,
Angeuin, ou tels autres, feiourne la pureté dont nous difcourons. Mais tout
ainfi que l'Abeille volette fur vnes & autres fleurs, dõt elle forme fon miel,
auffi veux-ie que ceux qui auront quelque affeurance de leur efprit, fe
donnent loy de fureter par toutes les autres langues de noftre France, & 35
rapportẽt à noftre vulgaire tout ce qu'ils trouueront digne d'y eftre
approprié. Car mefmes en vn befoin voulant reprefenter vn efprit tel
qu'eft celuy du Gafcon, ie ne doubterois d'emprunter de luy le mot
d'*efcarbillat*, qui eft né au milieu de l'air du pays pour defigner ce qu'il eft.
Et non feulement defiré-ie que cefte emploite fe face és pays qui font 40
compris dans l'enceinte de noftre France, mais auffi que nous paffions tant
les monts Pirenées, que les Alpes, & trafiquions auec les langues qui ont
quelque cõmunauté auec la noftre, comme l'Efpagnole & l'Italienne. Non
pas pour ineptemẽt Italianifer comme font quelques fotarts, qui pour
faire paroiftre qu'ils ont efté en Italie, couchent à chaque bout de champ de 45
quelques mots Italiens. Il me fouuient d'vn quidam, lequel demandant fa
Berrete pour fon *Bonnet*, & fe courrouçant à fon valet qu'il ne luy apportoit,*
le valet fe fceut fort bien excufer,* luy difant qu'il eftimoit qu'il cõmen-
daft quelque chofe à fa chambriere Perrette. Et l'autre au lieu du Bon-iour
François, faifant vn mal façonné *Buonigiorne* à vn fien voifin, à peine efchapa- 50
il de venir aux mains pour cefte fotte courtoifie: d'autant que l'autre
penfoit qu'il l'euft appellé *Bougerrone*. Comme en cas femblable puis
n'agueres me promenant auec vn gentilhomme accort, l'vn de mes compagnons me faluant* du *Buon di* Italien: ie penfois, me dit l'autre en fe
mocquãt, qu'il vouluft dire* que vous bondiffiez.[1] l'ay vfé de propos 55
deliberé en ce lieu de ce mot *Accort* qui eft emprũté de l'Italien, auffi bien
que *Reüffir*, mais le temps nous les a naturalifez. Ie ne diray pas *imbofcade*,
comme faifoit le foldat fouz le regne du Roy Henry fecond, pour dire
qu'il auoit efté à la guerre de Parme ou au voyage de monfieur de Guife. Le
mot *d'embufche* nous eft tref-propre & naturel. Et à mon grand regret diray 60

[1] *boudiffiez.*

16   241   RLF

cauallerie, infanterie, enseigne colonnelle, esquadrons, au lieu de *cheualerie, pietons, enseigne coronale, bataillons:* mais pourtant si en vseray-ie puis que l'vsage commun l'a gaigné, contre lequel ie ne seray iamais d'aduis que l'õ se heurte. Ce que ie vous dy est pour vous monstrer qu'il faut mesnager les
65 autres vulgaires dans le nostre, mais auec telle dexterité que l'on ne s'en apperçoiue. Æquicole en son liure de l'amour dit que Petrarque acquit la vogue entre les siens pour ne s'estre seulement arresté au langage Toscan, ains auoir emprũté toutes paroles d'eslite en chaque sujet de diuerses contrées de l'Italie, & les auoir sceu naïfuemẽt adapter à ce qu'il traitoit.
70 Ie serai plus hardi que lui, & dirai, que tout ainsi que ses amours hebergeoient au pays de Prouence, & qu'il viuoit en la court du Pape qui lors seiournoit en Auignon, aussi mandia-il* plusieurs mots qu'il sceut fort bien adapter à ses conceptions. Le semblable deuõs nous faire chacun de nous en nostre endroit pour l'ornement de nostre langue, & nous aider mesmes
75 du Grec & du Latin, non pour les escorcher ineptement, comme feit sur nostre ieune aage Helisaine, dont nostre gentil Rabelais s'est mocqué fort à propos en la personne de l'escolier Limosin, qu'il introduit parlant à Pantagruel en vn langage escorche-latin.* Mais auec telle sobrieté, que comme le bõ estomac qui ne se charge point mal à propos de viandes ne les rend
80 morceau pour morceau, ains les digere & transforme en vn sang pur, qui s'estend & distribue par toutes les veines, iettant le marc és lieux les plus vils: aussi nous digeriõs & transformions* doucemẽt en nostre langue ce que trouuerons pouuoir faire* du Grec & Latin, & ce qui sera insolent, que le reiettiõs liberalement, faisants ce perpetuel iugemẽt en nous, qu'il y
85 a plusieurs choses bien-seantes en chaque langue, qui seroiẽt de mauuaise grace en la nostre. Mais sur tout me semble qu'il y a vn chemin que nous deuons tenir en ce fait cy. Ie veux que celuy qui desire reluire par dessus les autres en sa langue, ne se fie tant en son bel esprit, qu'il ne recueille, & des modernes, & des anciens, soient Poëtes, ou qui ont escrit en Prose,
90 toutes les belles fleurs qu'il pensera duire à l'illustration* de sa langue. Nulle terre quelque fertile qu'elle soit, n'apporte bon fruit, si elle n'est cultiuée. Ie souhaite qu'il lise & vn Romant de la Rose, & vn Maistre Alain Chartier, & vn Claude de Seissel, & vn Maistre Iean le Maire de Belges, duquel Monsieur de Ronsard tira tous les plus beaux traits de
95 l'Hymne triomfal qu'il feit sur la mort de la Roine de Nauarre: & le mesme Iean le Maire se feit riche de quelques belles rencontres[1] des Pierre de sainct Cloct, & Iean le Niuellet, qui escriuirent en vers de douze syllabes la vie d'Alexandre, que nous auons delà nommez Alexandrins. Non pas pour nous rẽdre antiquitaires (d'autant que ie suis d'aduis qu'il faut fuir
100 celà comme vn banc ou escueil en pleine mer) ains pour les transplanter entre nous, ny plus ny moins que le bon iardinier sauluageon, ou vieux arbre, ente des greffes nouueaux,* qui rapportent des fruits soüets. Ie veux encores que celuy mesmes que ie vous figure, ne contemne nul quel qu'il

---

[1] *rencontre.*

foit en fa profeſſion. Pour parler du fait militaire, qu'il haleine les capitaines & guerriers: pour la chaſſe, les veneurs: pour les finãces, les thre- 105
fauriers; pour la practique, les gens du Palais: voire iufques aux plus
petits artifans en leurs arts & manufactures. Car comme ainſi foit que
chaque profeſſion nourriſſe diuerfemẽt de bons efprits, auſſi trouuẽt ils en
leur fujet des termes hardis, dont la plume d'vn homme bien efcriuãt
fçaura faire fon profit en temps & lieu, & peut eftre mieux à propos que 110
celui dont il les aura apris. Vn iour deuifant auec des Veneurs du Roy, &
les fondant de tous coftez, fur toutes les particularitez de la Venerie, entre
autres chofes l'vn d'eux me dift* qu'ils cognoiſſoient la grandeur d'vn cerf,
par les voyes, fans l'auoir veu. Ha (dy-ie lors) voilà en noftre lãgue ce que
le Latin voudroit dire *Ab vnguibus leonem*, & de fait il m'aduint d'en vfer par 115
expres au premier liure de mes Recherches, au lieu qu'vn efcolier reuenant
fraiz efmolu des efcoles euft dit recognoiftre le Lyon par les ongles. Vne
autrefois deuifant auec vn mien vigneron que ie voyois prompt & dru à
la befongne, ie luy dis en me riant qu'il feroit fort bon à tirer la rame. A
quoy il me refpondit promptement, que ce feroit tref-mal fait: Par ce que 120
les galeres eftoient dediées pour les faitneants & vauriens, & non pour luy
qui eftoit frãc au trait. Recherchez telle metaphore qu'il vous plaira, vous
n'en trouuerez nulle ſi hardie pour exprimer ce qu'il vouloit dire: laquelle
eft tirée des bons cheuaux qui font au harnois. Dont ie ne me feuſſe iamais
aduifé, pour n'auoir efté chartier:* vn pitault de village me l'aprit. Achep- 125
tant vn cheual d'vn macquignon, & luy difant qu'il me le faifoit trop hault:
defendez vous du prix* (me feit-il) ie marquai dés lors cefte chaſſe, qui
valoit mieux ce me fembloit que le cheual que ie voulois achepter. Quand
nous lifons quelquefois, reprẽdre nos anciẽs arrhemẽs, pour dire que nous
retourniõs à noftre premier propos, de qui le tenons nous que de la pra- 130
tique? Quand fur vn mefme fujet nous difons retourner fur noz brifées ou
fur noz routes, qu'eft-ce autre chofe que metaphores tirées de la Venerie?
Il y en a dix mille autres fortes dont pouuons nous rendre riches en noftre
langue par la defpouille de toutes autres profeſſions, fans toutes-fois
les appauurir. Qui eft vn larcin* fort louable, & dont on n'euft iamais 135
efté repris dedãs la ville de Sparte. Qui fuiura cefte voye, il attaindra
à mon iugement à la perfection de noftre langue, laquelle biẽ mife en
vfage eft pleine de mots capables de tous fujets. Et n'y a riens qui nous
perde tant en celà; finon que la plus part de nous, nourriz dés noftre
ieuneſſe au Grec & Latin, ayants quelque aſſeurance de noftre fuffifance, 140
ſi nous ne trouuons mot apoinct, faifons d'vne parole bonne Latine, vne
tref-mauuaife en François: Ne nous aduifants pas que cefte pauureté ne
prouient de la difette de noftre langage, ains de nous mefmes & de noftre
pareſſe. En quoy il nous en prend prefque tout ainſi comme à pluſieurs de
noz Medecins, lefquels ayans efté nourriz en leurs ieunes ans en Hipocrat, 145
Galien, Auicenne, & autres tels autheurs, võt rechercher les fimples au
leuant, contemnants ceux qui naiſſent à leurs pieds, felon la temperie de

l'air qui fe conforme à la temperature de noz corps. Vous me direz que
cefte eftude eft inutile & non neceffaire, veu que les langages vulgaires fe
150 changent de fiecle en fiecle. Vous dites vray, fi ie ne defirois que la parole,
mais ie fouhaite qu'elle foit accompagnée de fujet qui prouienne de noftre
fonds & eftoc. Brief que ce foit vn corps folide, auquel les paroles ne
feruent que d'acouftrement & de luftre. Mais de cefte particularité nous en
difcourrons vne autre-fois enfemblement plus à loifir. A Dieu.

(b)   A MONSIEVR RAMVS PROFESSEVR DV ROY, EN LA PHILOSOPHIE ET MATHEMATIQVES

OR SVS, ie vous veux denoncer vne forte guerre, & ne m'y veux pas
prefenter que bien empoint.* Car ie fçay combien il y a de braues capitaines
qui font de voftre party. Le premier qui de noftre temps prit cefte querelle
en main contre la commune fut Louys Meigret, & apres luy Iacques
5 Pelletier grand Poëte, Arithmeticien, & bon Medecin; que ie puis prefque
dire auoir efté le premier qui meit noz Poëtes François hors de pages. A la
fuitte defquels vint Iean Antoine de Baïf, amy commun de nous deux,
lequel apporta encores des regles & propofitions plus eftroites. Et finalement vous, pour clorre le pas, auez fraifchement mis en lumiere vne Gram-
10 maire Françoife, en laquelle auez encores adioufté vne infinité de chofes
du voftre, plus eftranges que les trois autres.* Ie dy nommément plus
eftranges: car plus vous fouruoiez de noftre ancienne orthographe, &
moins ie vous puis lire. Autant m'en eft-il aduenu voulant donner*
quelques heures à la lecture de voz partifans. Ie fçay que voftre propofition
15 eft trefpecieufe de prime rencontre. Car fi l'efcriture eft la vraye image du
parler, à quoy nous pouuons nous plus eftudier que de reprefenter par
icelle en fon naïf ce pourquoy elle eft inuentée? Belles paroles vrayement.
Mais ie vous dy que quelque diligence que vous y apportiez, il vous eft
impoffible à tous de paruenir au deffus de voftre intention. Ie le cognois
20 par voz efcrits: car combien que decochiez toutes voz fleches à vn mefme
blanc, toutesfois nul de vous ny a fceu atteindre. ayant chacun fon orthographe particuliere, au lieu de celle qui eft commune à la France.* Comme
de fait nous le voyons par l'Apologie que Pelletier a efcrit encontre
Meigret, où il le reprend de plufieurs traits de fõ orthographe. Et vous
25 mefmes ne vous rapportez prefque en riẽs par la voftre à celle, ny de
Meigret, ny de Pelletier, ny de Baïf.* Qui me fait dire* que pẽfants y
apporter quelque ordre, vous y apportez le defordre. Par ce que chacũ fe
dõnant la mefme liberté, que vous, fe forgera vne orthographe particuliere. Ceux qui mettẽt la main à la plume, prennent leur origine de diuers
30 pays de la Frãce, & eft malaifé qu'en noftre pronõciation il ne demeure
toufiours en nous ie ne fçay quoy du ramage de noftre pays. Ie le voy par
effet en vous, auquel, quelque lõgue demeure qu'ayez faite dans la ville de
Paris, ie recognois de iour à autre plufieurs traits de voftre Picard, tout

ainſi que Polliõ recognoiſſoit en Tite-Liue ie ne ſçay quoy de ſon Padoüan.
l'adioufte que foudain que chacun en ſon particulier ſe faict accroire eſtre 35
quelque choſe entre nous, auſſi nous veut-il ſeruir de mots non meilleurs,
ains qu'il nous debite, par vne faulſe perſuaſion, pour tels. Le courtiſan
aux mots douillets, nous couchera de ces paroles; *Reine*, *allét*, *tenét*, *venét*,
menét: cõme nous veiſmes vn des Eſſars, qui pour s'eſtre acquis quelque
reputation par les huit premiers liures du Romant d'Amadis de Gaule, en 40
ſes dernieres traductions de Ioſephe & de Don Flores de Grece,[1] nous
ſeruit de ces mots, *Amonneſter, Contenner, Sutil, Calonnier, Aminiſtratiõ*. Ny
vous ny moy (ie m'aſſeure) ne prononcerons, & moins encores eſcrirons
ces mots de *Reine*, *allét*, *tenét*, *venét*, & *menét*, ains demeurerons en noz
anciens qui ſont forts, *Roine*, *alloit*, *venoit*, *tenoit*, *menoit*. Et quant à mon 45
particulier dés à preſent ie proteſte d'eſtre reſolu & ferme en mon ancienne
prononciation, d'*Admõneſter, Contemner, Subtil, Calomnier, Adminiſtrer*. En
quoy mon orthographe ſera autre que celle de des Eſſars,[2] puis que ma
prononciation ne ſe conforme à la ſienne. Pelletier en ſon dernier liure de
l'Orthographe & prononciation Françoiſe commande d'oſter la lettre de 50
*G** des paroles eſquelles elle ne ſe prononce, comme en ces mots (dit-
il) *Signifier, Regner, Digne*, quãt à moy ie ne les prononçay iamais qu'auecques le *G*. En cas ſemblable Meigret en ſa Grammaire Françoiſe eſcrit,
*Pouure & Sarions;** d'autant que vray ſemblablement ſa prononciation
eſtoit telle. Et ie croy que celuy qui a la langue Françoiſe naïfue en main, 55
prononcera, & par conſequent eſcrira, *Pauure & Sçaurions*. A tãt puis que
noz prononciatiõs ſont diuerſes, chacun de nous ſera partial en ſon
eſcriture. La volubilité de la langue eſt telle, qu'elle s'eſtudie d'adoucir, où
pour mieux dire racourcir ce que la plume ſe donne loy de coucher tout au
long par eſcrit. Et de fait n'eſtimez pas que les Romains en ayent vſé 60
autrement que nous. Car quand ie ly dans Suetone qu'Auguſte fut du
nombre de ceux qui pẽſoient qu'il failloit eſcrire comme on prononçoit, ie
recueille que l'eſcriture ne ſymbolizoit en tout au parler, ains qu'Auguſte
par vne opinion particuliere telle que la voſtre, eſtoit d'vn aduis contraire à
la cõmune, toutesfois ſi ne le peut-il gaigner. D'autant que du temps 65
meſmes de Neron, Quintilian nous enſeigne que l'on eſcriuoit autrement
qu'on ne prononçoit. C'eſt vne regle generale non ſeulement en noſtre
langue, ains en tous vulgaires, que ſe trouuãt vne parole clauſe d'vne conſonante,* la conſonante perd ſa puiſſance, ſi le mot qui la ſuit commence
par vne autre, & n'en entendez la force ſinon quand elle eſt ſuiuie d'vne 70
voyelle. Par exemple, que ie die: *ne penſez pas que ie vous aime*; le *Z* de *penſez*,
& l'*S* du *pas* ſe mangent & elident par les ſubſequentes conſones, & n'y
a que l'*S* du *vous*, qui ſoit ouye & exprimée pour tõber en vne voyelle
immediate.* Le ſemblable fut-il aux Romains, comme l'on peut recueillir
de ce vers d'Ennius 75

---

[1] *Gaule.*   [2] *celle des Eſſars.*

Egregie cordatus homo catus Æliu' Sextus.

Ou vous voyez à tous les mots qui font fuiuis de voyelle, l'*S* eftre pro-noncée,* & non à celuy d'*Ælius*, par ce qu'il eftoit recueilly d'vn *Sextus*. Ennius efcriuoit vray-femblablement côme il prononçoit; d'autant que la

80 langue Latine n'eftoit encore en fa fleur. Mais la pofterité ne trouua pas bonne cefte maniere d'orthographe, ores que la pronôciation fut plus courte. Oftez de noftre efcriture les lettres que nous ne pronôçons pas, vous introduirez vn chaos en l'ordre de noftre Grammaire,* & ferez perdre la cognoiffance de l'origine de la plus grãd' partie de noz mots. Confondant

85 le fingulier & plurier enfemble: par ce qu'ẽ ces mots l'*Il fait*, & *ils font* le mot d'*Il* fe pronôce tout d'vne mefme teneur, & reprefente neantmoins diuers nombres. Car quãt à ce que vous vantez faire beaucoup par voftre opinion, pour l'eftranger,* qui voudra apprendre noftre langue; pour autãt qu'il apprendra en la lifant, de la prononcer, fi vous le penfez, vous-

90 vous mefprenez grandement. Eftimez-vous que pour eftre le Latin efcrit tout de fon long,* nous le prononçions à fon naïf? De ma part ie croy que fi Ciceron, Cefar, Sallufte & tous ces grãds autheurs de la langue Latine reuenoient en leur premier eftre, & qu'ils nous ouyffent parler leur langage, ils ne nous entendroient pas, ains trouueroient noz prononciations

95 ajencées, les vnes à la Françoife, autres à l'Efpagnole, autres à l'Alemande, felon la diuerfité des nations. Chofe que vous mefmes recognoiffez* en paffant dans voftre Grammaire Françoife, & dõt nous feifmes ample preuue dãs la ville d'Etampe en l'an mil cinq cent foixante fept, Monfieur Loyfel & moy allants* aux grãds iours de Poitiers, où ayãs rencontré vn

100 efcolier Allemãt qui nous voulut entretenir en Latin, nous n'ẽ entendions pas la moitié, ny luy de nous. Ce que ie cognuz à l'œil prouenir* de ce qu'en parlant Latin il ne fe pouuoit difpenfer de la pronôciation de fon pays à nous incognuë, ny nous de la noftre. Auffi faut-il que vous me confeffiez qu'il y a quelque naïfueté en la prononciation de toutes lãgues, que l'on ne

105 fçauroit reprefêter deffus le papier.

47

FRANÇOIS DE LA NOUE (1531–1591)

DISCOVRS POLITIQVES ET MILITAIRES du Seigneur de la Nouë.
Nouuellemẽt recueillis & mis en lumiere.
Bâle, F. Forest, 1587.
Cambridge, Bibliothèque universitaire, Acton. d. 26. 1467.
Pp. 4–12.

Ce ne feroit pas chofe maintenãt hors de propos de dire quelque mot des Religiõs: mais mon intention n'eft pas de le faire, ains feulemẽt aduertir les François de cõfiderer que pour les diuerfitez d'icelles, ils ne doyuent pas s'eftimer* cõme Turcs les vns les autres. Car puis que chacun confeffe qu'il adore vn mefme Dieu, auouë pour Sauueur vn mefme Iefus Chrift, & 5 que les Efcritures & fondemens font femblables, il doit y auoir telle fraternité & charité entr'eux, que ceffans toutes haines,* cruautez & guerres on viene à quelque reconciliation. Ne fe doit-on pas cõtenter de plus de deux cens mille hommes de guerre qui font peris par* la fureur de ces diuifions? Y eut-il onq de plus effroyables facrifices, que ceux-la? Ie penfe 10 que ceux qui ont quelque impreffion de Religion en l'ame doiuent eftre induits à s'adoucir, & ceux qui y ont la vẽgeance logee, doiuent eftre affouuis de tant de fang qui a efté refpandu.

Ie parleray feulemẽt à cefte heure de trois vices execrables, qui font comme dependances de l'Impieté, & qui ont infecté la Frãce. Le premier 15 eft l'Atheïfme, le fecond, les Iuremens & blafphemes: & le dernier, vn pernicieux vfage de la Magie & de plufieurs autres efpeces de deuinations & forcelleries. Toutes lefquelles chofes deshonnorent & vilipendent le treffainct Nom de Dieu, & l'irritent merueilleufement. Quant à l'Atheïfme, ce n'eft pas vn vice nouueau, ains il a fon origine de longue antiquité, & 20 au regne de Dauid il auoit cours, comme il le tefmoigne, difant,

> *Le fol malin en fon cœur dit & croid*
> *Que Dieu n'eft point, & corrompt & renuerfe*
> *Ses mœurs, fa vie: horribles faits exerce.*

Cela donne effroy à y penfer feulement, dequoy il fe trouue* des creatures 25 humaines, qui ofent defauouër leur Createur, & mefmemẽt auiourd'hui que les belles clartez de l'Efcriture reluifent. Mais il ne s'en faut pas trop efbahir, car elle nous enfeigne qu'aux derniers temps il y aura foifon de telles gens, lefquels encores qu'ils fe facẽt affez conoiftre, fi fera-il bon de les voir depeints* comme ils font en la Sapience de Salomon, qui en parle 30 ainfi: Les mefchans ont dit en eux-mefmes, le temps de noftre vie eft bref, & auec ennuy, & n'eft aucun qui foit conu eftre retourné des morts:* car nous fommes nais de rien, & apres ce, nous ferons cõme fi nous n'euffions point efté. Car noftre corps fera cendre efteinte, & l'efprit fera efpars cõme le mol air, & noftre nom fera oublié auec le temps. Venez donc, & prenons 35 iouïffance des biẽs qui y font, & vfons de la creature legerement, comme en jeuneffe. Empliffons-nous de vin pcieux, & de parfums, & que la fleur du tẽps ne nous paffe point. Couronnons-nous de rofes auant qu'elles foyẽt fleftries, qu'il n'y ait aucune prairie, où noftre intemperãce ne paffe, & delaiffons par tout les fignes de lieffe: car c'eft noftre part, & c'eft noftre 40 fort. Certainemẽt entre toutes nos corruptions rien n'apparoit de plus prodigieux, q̃ ceux qui parlent & viuent en cefte maniere: car celui qui a fon ame contaminee de quelque herefie ou fuperftition, voire ceux qui

fuiuĕt les loix Payennes, encor cerchent-ils vn falut,* & flefchiffent les
45 genoux deuant quelque Deïté qu'ils fe font forgee: au contraire ceux-ci la
fuyent & la mefprifent, tant leurs fens font deuenus brutaux. Ils ont befoin
qu'on ait pitié d'eux: pource qu'être ceux qui fe perdent, ils font les plus
perdus.

Si on demande qui a produit vne telle generation, on ne refpondra pas
50 mal, que ce font nos guerres pour la Religion, qui nous ont fait oublier
la Religion. Et ne faut point que les vns ni les autres difent, C'eft le parti
contraire qui engĕdre les Atheïftes: car de toutes parts ils fe rencontrent.
L'office des Rois eft de les reprimer, & chaque focieté s'en doit auffi
purger, pource, que peu de benediction s'efpand és lieux, où herbes fi
55 venimeufes multiplient.

Quant au fecond vice, l'irreuerence de Dieu l'engendre, & l'accouftu-
mance le forme: & auiĕt que la plufpart de ceux qui s'en rendent
coulpables, deuienent fi ftupides, qu'ils cuident que ce n'eft qu'vne faute
tres-legere. Nos bons Rois du paffé, cõme fainct Louys & d'autres, ont fait
60 des ordonnances pour le fupprimer, combien que ie cuide qu'alors il n'y euft
que quelques gens debauchez qui iuraffent beaucoup. Depuis cefte pefte
s'eft introduite parmi la Nobleffe, & fpecialement entre les gens de guerre,
qui aux voyages paffez d'Italie en rapporterent, ce dit-on, les grands blafphemes: mais depuis quarante ans, le desbordement eft venu, qui va
65 toufiours en augmentant, de forte que les petis enfans de fept ou huit ans
fçauent defia abufer du Nom de Dieu. Les païfans auffi, qui font les plus
efloignez des Courts & des citez, où les corruptions feiournent, fuyuans la
route commune, defpitent le ciel auffi bien que les foldats, lefquels entre
tous emportent le pris de cefte iniquité. Sõme, de quelque cofté qu'on fe
70 tourne, on n'oit retentir que reniemens de Dieu. Voila comment le
mauuais exemple & l'incorrection ont donné perfeuerance à ce detestable
vice. Les Hiftoires anciennes ne recitent point, qu'il y ait iamais eu fiecle,
où il fut fi commun à beaucoup pres, que nous le voyons auiourd'hui. Et
qui confiderera le peuple Iudaïque, il le trouuera peu fouillé d'icelui: car
75 qui lors blafphemoit eftoit lapidé. Les Payĕs iuroyent rarement, & auoyent
les fermens en grande reuerence. Les Sarrafins, qui embrafferent la Loy de
Mahõmet, n'ofoyent faillir en ce poinct, craignãs la punition diuine: &
encores maintenãt les Turcs, qui leur ont fuccedé, s'abftiennent de blafpheme. Certes tous ces peuples s'eleuerõt quelque iour contre les
80 Chreftiens, & nommément contre les François: qui ayans eu plus de
conoiffance que ces pauures aueugles, ont fait dix fois pis que eux. Si
quelqu'vn auoit efté conuaincu de crime de lefe Maiefté, chacun crieroit
qu'il eft digne de punition: & celui qui aura renoncé & defchiré le nom de
Dieu (qui eft vn crime de lefe Maiefté diuine) on ne lui dira mot en terre!
85 toutesfois il eft efcrit, qu'vn tel ne fera point tenu pour innocent.

Vn fage mondain pourra venir en auãt, & dire, qu'encor que ceft
erreur foit chaftiable, fi eft-ce qu'il n'eft de ceux qui font perdre les

Eftats, & que fi lon pouuoit trouuer moyẽ de remedier aux neceffitez de la Frãce, qu'on donneroit* puis apres bon reiglement à cefte imperfection. A mon auis tels fages reffemblent à ceux qui ont beaucoup de liures, & pour 90 en auoir veu les couuertures, & leu les titres, penfent eftre doctes. Auffi eux ne s'eftans iamais arreftez qu'à la fuperficie des chofes, ne confiderent pas que les principales caufes, qui amenent en vn païs les miferes, & les defordres, font telles offenfes, directement faites cõtre l'honneur de Dieu: comme au contraire, quand les Magiftrats tienent la main à ce que la 95 grãdeur de fon Nom foit à tous venerable, on void alors florir les Eftats, & auoir abondance de biens. S'ils fe monftrent negligens en cela, le fleau ne fe departira point de leur maifon: & ne leur feruira de rien de dire: Quant à moy ie cõtiendray bien ma langue, car ils font ordonnez non pour eux feulement, mais auffi pour l'inftitution & correction des autres. 100 N'ont-ils iamais leu ce qui eft efcrit au troifiéme liure de Moyfe? Quicon-que aura maudit fon Dieu portera la peine de fon peché, & le blafphema-teur du nõ du Seigneur mourra de mort, toute la cõgregation du peuple le lapidera, foit qu'il foit citoyen, ou eftranger. Ces paroles ici font de celui qui fait branler les fondemens de la terre, enfuïr la mer, & qui lance les 105 efpouuantables foudres fur les plus fuperbes citez. Qu'ils facent donc ce qui eft en eux, & ce qu'ils peuuent, pour chaffer ce mal, duquel ils fe rendront coulpables en le fupportant.

Le troifiéme vice depẽdant de l'Impieté, n'eft pas fi vniuerfel, ne fi defcouuert que le precedent, mais il eft enuers Dieu auffi abominable: car 110 les illicites voyes de deuination, & les arts Magiques, apres auoir alienè les hõmes de lui, les iettent en vne ineuitable perdition. Il y a de deux fortes de pieges, dont le Diable fe fert en ceci. Par les forcelleries qui font groffieres, il attire ordinairement les rudes & fimples malicieux, qui pour fatisfaire à leurs cupiditez de vengeãce, ou pour paruenir à autres fins, fe 115 laiffent tellement feduire, qu'ils vienẽt à ce poinct de le reconoiftre, & s'allier à lui. Il fe reprefente fouuẽt à plufieurs fous diuerfes figures, comme les experiences, confeffions, proces, & iugemẽs qu'on en a faits en feruent de preuue, & ceux qui en voudront douter, lifent le liure* que Bodin a compofé contr'eux, & ils verront les horribles mefchancetez & vilenies 120 que commettẽt, tant contre Dieu, que contre les hommes, ces miferables creatures, qui, apres auoir renoncé leur Createur, fe vont affuiettir à celui, qui, en fe mocquant d'eux, les traine en ruine eternelle. Le mefme autheur recite, que du temps du Roy Charles neufiéme, leur Chef fut pris, qui confeffa que le nõbre des forciers en la feule France paffoit trẽte mille 125 perfonnes. Cela eft effroyable de voir vne proftitution fi volõtaire à l'ennemi irreconciliable de Dieu & des hommes: mais quand la malice abonde il n'y a chofe fi pernicieufe, à quoy elle ne s'attache. Ceux qui font plus fpirituels & habiles, & qui ont encor en eux quelques femences de pieté, ont befoin d'autres artifices qui ayent belle apparẽce, pour les 130 faire entrer peu à peu dãs ces fentiers de perdition: car qui leur monftreroit*

du commencement le deshõneur qu'ils font à Dieu, parauanture que plufieurs s'en deftourneroyent. Mais comme les fubtilitez du Diable font merueilleufes, il les attire par beaux femblans, iufques à ce qu'ils fe trou-
135 uent fi fort enlacez qu'ils ne fe peuuent deflier. La caufe de leur malheur gift en leurs affectiõs deprauees, qui les pouffent à cercher par voyes illegitimes & dãnables l'accompliffemẽt d'icelles. L'vn voudroit fçauoir ce qui lui doit fucceder en vne fiene grande entreprife: autres comme ils pourront euiter certains dangers. L'auare & l'ambitieux s'enquerront par
140 quels moyens ils obtiẽdront leurs fouhaits. Celui qui hait, & qui veut nuire, tout de mefme. L'vn voudroit alonger fa vie, l'autre euiter la mort: ceftui ci fçauoir l'iffuë d'vne guerre: ceftui-là, fi vn Eftat fe conferuera, & autres chofes infinies qui tombẽt en l'efprit humain. Somme, que la vanité de l'hõme a fait de la vanité mefme des oracles pour fatisfaire à fa curieufe
145 peruerfité. En cefte maniere font venues en auant tant d'efpeces de Magies, enchantemens & forcelleries, qu'on peut dire qu'il n'y a rien au ciel, ni en la terre, voire deffous la terre, dequoy l'homme plongé en cest erreur ne fe ferue, penfant y trouuer quelque inftruction ou foulagement: mais il eft ordinairement fruftré de fon attente, parce qu'il n'y rencontre que mẽfonge
150 & tromperie. Et que peut-il fortir autre chofe des enfeignemens du diable, veu qu'il eft mẽteur & trompeur? Or pour mieux conoiftre comme ces abus doiuent eftre reiettez, il faut ouïr ce que Moïfe en declare. Quand tu feras (dit-il) entré en la terre que le Seigneur ton Dieu te donnera, garde toy d'enfuyure les abominations de ces gens-là, & en toy ne fera trouué
155 qui* face paffer fon fils ni fa fille par le feu, ou qui interrogue les deuins, & qui obferue les fonges, & les chãts des oifeaux, & qu'il n'y ait aucun forcier, n'enchanteur, ni homme demandant confeil aux efprits familliers, ni demandant la verité aux morts: car toutes ces chofes font abomination[1] au Seigneur, & à caufe de telles abominations le Seigneur les dechaffera de
160 deuant ta face. Ce n'eft pas ici vne Loy de quelque Iurifconfulte, ains vne defenfe expreffe du Dieu Tout-puiffant: en laquelle on peut remarquer trois chofes. La premiere, que ces impietez font inuentiõs de ceux qui ont delaiffé Dieu: la feconde, que fur tous crimes, il detefte ceux-là: & la tierce, qu'il les chaftie grieuemẽt par punitions terribles. Qui voudra à cefte heure
165 recercher où ces maudites vanitez fe pratiquent, qu'il aille és Courts, où il en verra de toutes qualitez & fexes, qui ne font pas feulement affectionnez, ains enragez apres les deuins, comme on a efté enuers vn Noftradamus, & autres, defquels on receuoit les menteries pour veritez. Qu'il fe promene apres par la France, & il cognoiftra que parmi la Nobleffe, parmi les gens
170 d'Eglife & de Iuftice, il y a des difciples couuerts de cefte profeffion: dont vne partie (à mon opinion) ne penfent pas faire le mal qu'ils font. & toutesfois les moindres fautes en tels cas font reputees vn trefgrand peché,[2] tefmoin ce que* l'Efcriture faincte, pour agrauer l'enormité de quelque forfait, dit, que c'eft comme vn peché de deuins. Il eft certain qu'vn des

---

[1] *abomination,.*   [2] *pebé.*

plus aparens fignes de la ruïne d'vn Eftat, c'eft quãd telles ordures y 175
pullulent, & qu'on les fouffre. Et ceux qui font fouïllez de celle-ci & des
autres fus mentionnees s'en doyuent netoyer. Car il eft bien malaifé d'eftre
bon citoyen de la France, quand pour caufe fi inique on fe bannit volontairement de la faincte Cité de Dieu.

48

BLAISE DE MONLUC (1499?–1577)

*COMMENTAIRES DE MESSIRE BLAISE DE MONLVC,
MARESCHAL DE FRANCE, Tome fecond.*
Bordeaux, S. Millanges, 1592 (édition posthume).
Cambridge, Bibliothèque universitaire, Mm. 17. 25.
F° 74ʳ°–77ʳ°: Au début du VIe livre, Monluc décrit les événements qui ont
suivi la paix d'Amboise, conclue en mars 1563.

LIVRE SIXIESME

LA France iouyft cinq ans de ce repos auec les deux religions: toutesfois ie
me doubtois toufiours, qu'il y auoit quelque anguille foubs roche: mais
pour la Guyenne ie ne craignois pas beaucoup. I'auois toufiours l'œil au
guet, donnant aduis à la Royne de tout ce, que i'entendois, auec toute la
fidelité, dont ie me pouuois aduifer. Pendant ce temps le Roy vifita fon 5
Royaume. Eftant arriué à Thouloufe, ie fuz* baifer les mains à fa Majefté,
laquelle me fit plus honnorable recueil, que ie ne meritois. Les huguenots
ne fallirent à faire leurs praticques & menées; & me faifoient faux-feu fouz
main: car à defcouuert ils n'ofoient le faire: mais ie ne m'en donnois pas
grand peine. La Royne me fift ceft honneur de me dire tout ce, qui fe 10
paffoit, & me monftra la fiance, qu'elle auoit en moy. Et cogneuz bien
lors qu'elle n'aimoit pas les huguenots. Vn iour eftant en fa chambre auec
mefsieurs les Cardinaux de Bourbon & de Guyfe, elle me racompta fes
fortunes, & la peine, ou elle s'eftoit trouuée. Et entre autres chofes me
dict, que le foir, que la nouuelle luy vint, que la bataille de Dreux eftoit 15
perdue (car quelque hardie lance luy donna ceft' alarme, n'ayant pas eu
loifir d'attendre ce que monfieur de Guyfe feroit, apres que mõfieur le
Conneftable fut rompu & prins) elle fut toute la nuict en confeil,* ou
eftoient* mefdicts feigneurs les Cardinaux, pour aduifer quel party elle
prendroit pour fauuer le Roy. En fin fa refolution fut, que fi le matin la 20
nouuelle fe fut trouuée veritable, elle tacheroit fe retirer en Guyène, encor
que le chemin fut bien long, ou elle fe tenoit plus affeurée,* qu'en tout
autre pays de la France. Ie prie à Dieu, qu'il ne m'aide iamais, fi les larmes
ne m'en vindrẽt aux yeux, luy oyant racompter fa defolation.* Et luy dis
ces mefmes mots, He mon Dieu, madame, vous eftes vous trouuée en 25

telle necefsité? Elle me l'affeura & iura fur fon ame, comme firent aufsi mefsieurs les Cardinaux. Il faut dire la verité, que fi cefte bataille euft efté perdue, fa Majefté euft bien eu à fouffrir: & croy que c'eftoit faict de la France, car l'eftat euft changé, & la religion. Car à vn ieune Roy, on faict
30 faire ce qu'on veut.

Or leurs Majeftez ayant trauerfé la Guyenne trouuerent les chofes en meilleur eftat, qu'on ne leur auoit dict: car les huguenots mes bons amis auoient faict courir le bruit, que tout eftoit ruyné & perdu: mais ils trouuerent, qu'elle eftoit en meilleur eftat que le Languedoc. Leurs Majeftez
35 fejournerent au Mont de Marfan quelque temps, attendant que la Royne d'Efpagne vint à Bayonne. Ie veux efcrire icy vne chofe, que ie defcouurislà, pour monftrer que i'ay toufiours tenu à la Royne la promeffe, que ie luy fis à Orleans, apres la mort du Roy François, Que ie ne defpendrois iamais* que du Roy & d'elle, comme i'ay toufiours faict.* Encor que ie n'en aye
40 pas rapporté grand fruict, fi eft-ce que i'aime mieux que la faute foit venue d'ailleurs, que fi i'auois manqué à ma promeffe. Ie fentis dõc le vent, qu'vne ligue s'eftoit dreffée en la France, là où il y auoit* de grands perfonnages, Princes, & autres, lefquels ie n'ay affaire de nommer, bien engagez de promeffe. Ie ne fçay au vray à quelle fin cefte ligue fe faifoit: toutesfois vn
45 gentil-homme me les nomma prefque tous: & fuz perfuadé par ledict gentil-homme de m'y mettre, m'affeurant que* ce ne feroit que pour bon effect: mais il cogneuft à mon vifage que ce n'eftoit pas viãde de mon gouft. I'en aduertis fecrettement la Royne tout aufsi toft, car ie ne le pouuois porter fur le cœur. Elle le trouua bien eftrange, & me dict que c'eftoient
50 les premieres nouuelles, me commandant de m'enquerir encor mieux du tout. Ce que ie fis, & n'en trouuay rien daduantage, que ce que ie luy en auois dict: car ce gentil-homme fe tint fur fes gardes.

Sa Majefté me demanda aduis, cõme elle s'en deuoit gouuerner:* ie luy dis & la confeillay qu'elle deuoit mettre en auãt, & moyener que le Roy
55 propofaft luy-mefme, qu'il auoit entendu, qu'vne ligue fe dreffoit en fon Royaume, & que cela ne pouuoit eftre, fans le mettre en craincte, & foupçõ: qu'il deuoit prier tous generallement de rompre cefte ligue: & qu'il vouloit faire vne affociatiõ en fon Royaume, de laquelle il feroit le chef. Elle fut ainfi appellée quelque tẽps: mais apres on changea de nom, &
60 l'appella-on la confederation du Roy. La Royne pour lors que ie luy donnay ce confeil, ne le trouua pas bon: & me dict, que fi le Roy en faifoit vne, il feroit à craindre que les autres en fiffent vn'autre. Mais ie luy repliquay, qu'il falloit que le Roy y obligeaft ceux, qui en pourroient faire au contraire, & que c'eftoit chofe, qui ne fe pourroit celer: & à laquelle on
65 pourroit pourueoir. Deux iours apres fa Majefté fouppant, elle m'appella,* & me dict, qu'elle auoit mieux penfé en l'affaire, que ie luy auois parlé, & qu'elle trouuoit que mon confeil eftoit fort bon: & me dict, que le lendemain fans plus tarder elle vouloit faire propofer au Roy cet affaire: comme elle fift. Et m'enuoya querir à mõ logis, pour m'y trouuer: mais ie n'y

eſtois point. Le ſoir elle me dict pourquoy ie n'y eſtois venu, & me 70
cõmanda de m'y trouuer* le lendemain: parce que au cõſeil y auoit eu
pluſieurs grandes difficultez, leſquelles on n'auoit peu refoudre. Ie m'y
trouuay ſelon le commandement, qu'elle m'en auoit fait. Il y euſt encores
pluſieurs diſputes. Monſieur de Nemours parla fort ſagement, & remonſtra
qu'il feroit bon de faire vne ligue & aſſociation pour le bien du Roy & de 75
ſon eſtat: afin que tous d'vne meſme volonté, ſi les affaires ſe preſentoiẽt,
ſe rendiſſent aupres de ſa Majeſté, pour expoſer leurs biens, & leurs vies
pour ſon ſeruice. Et d'autre part, que ſi quelques vns de quelque religion
que ce fut, leur vouloiẽt courir ſus, ou remuer quelque choſe, que tous*
d'vn accord & vniõ expoſaſſent leurs vies, pour ſe deffendre. Monſieur le 80
Duc de Montpenſier fut de ceſte meſme opinion, & pluſieurs autres, diſant
tous, que cela ne pouuoit que d'autant plus tenir le Royaume en paix, veu
qu'on ſçauroit les plus grands ainſi liguez pour la deffence de la couronne.

La Royne me fiſt ceſt honneur de me commander, que i'en diſſe mon
aduis. Alors ie propoſay que ceſte ligue ne pouuoit porter preiudice au 85
Roy. Car tout tendoit à vne bõne fin, pour le ſeruice de ſa Majeſté, bien &
repos de ſon Eſtat, & de ſes ſubjets: mais que celle, qui ſe faiſoit à cachettes, ne pouuoit porter que mal-heur. Car comme lon entendroit qu'il
s'eſtoit fait vne ligue, d'autres en voudroiẽt faire vn'autre, & non ſeulement vne, mais pluſieurs: & qu'il n'y auroit rien, qui nous menaſt ſi toſt 90
aux armes, que cela. Et que ſi les vns tendoient à bonne fin, on n'eſtoit pas
aſſeuré que d'autres ne tendiſſent à la mauuaiſe. Car les bons ne pouuoiẽt
reſpõdre pour les mauuais. Que ſi les cartes ſe meſloiẽt vne fois de ligue à
ligue, il y auroit bien affaire d'en tirer vn bon jeu: car c'eſtoit vne vraye
porte ouuerte pour faire entrer les eſtrangers dans le Royaume, & mettre 95
tout en proye: mais que tous generallemẽt, Princes & autres deuiõs faire
vne ligue ou aſſociation, qui s'appelleroit la ligue, ou bien confederation
du Roy: & faire les ſermens grands & ſolemnes de n'y contreuenir, à
peine d'eſtre declarez tels, que le ferment porteroit: & que ſa Majeſté ayant
faict les concluſions, deuoit deſpeſcher meſſagers par tout le Royaume de 100
France, auec procurations pour reçeuoir le ferment de ceux, qui n'eſtoiẽt là
preſens: & que par là lon cognoiſtroit, qui voudroit viure & mourir au
ſeruice du Roy & de l'Eſtat. Que ſi quelqu'vn eſt ſi fol, d'ozer leuer les
armes, Iurons tous, Sire, de luy rompre la teſte. Ie vous reſpons, que i'y
mettray ſi bon ordre en ce pays,* que riẽ ne branſlera, que vous ne ſoyez 105
recogneu* pour noſtre maiſtre. Et par meſme moyen promettons par la
foy, que nous deuons à Dieu, que ſi quelqu'autre cõtreligue ſe trouue, nous
vous en aduertirons. Faictes ſigner la voſtre aux plus grãds de voſtre
Royaume. La feſte ne ſe pourroit iouër ſans eux, ainſi on pourra les obliger,
& pourueoir aux inconueniẽs. Voyla ma propoſition. Là il y euſt pluſieurs 110
diſputes: mais en fin fut conclue l'aſſociatiõ du Roy, & arreſté que* tous
les Princes, grands ſeigneurs, gouuerneurs de prouinces, & capitaines de
gens darmes renonceroient à toute ligue & confederatiõ, tant dehors que

dedans le Royaume. & que tous feroient de celle du Roy, & feroiët le
115 ferment, à peine d'eftre declarez rebelles à la couronne. Et y a encores
d'autres obligations, defquelles il ne me reffouuient. Il y euft plufieurs
difficultez pour coucher les articles. Les vns difoyët, qu'ils deuoyent eftre
couchez d'vne forte, & les autres d'vn'autre. Car à ces confeils, aufsi bien
qu'aux noftres, il y a du blanc & du noir, & de l'opiniaftrife, & de la
120 difsimulation. Et tel, peut eftre, faifoit bonne mine, qui eftoit emprunpté
ailleurs. Ainfi va du monde. O que c'eft vne chofe miferable, quand vn
Royaume tombe en la ieuneffe d'vn Roy. S'il euft eu lors la cognoiffance,
qu'il a eu defpuis, ie croy qu'il euft bien faict parler des gens bon François.
En fin tout fuft paffé & accordé, & commençarent* les Princes à faire le
125 ferment & fe figner, puis les Seigneurs. Et encores que ie ne foye qu'vn
pauure gentil-homme, le Roy vouluft que ie m'y fignaffe, pour la charge
que ie tenois de luy, & fut enuoyé à monfieur le Conneftable,* qui eftoit à
Bayonne, lequel s'y figna. D'autre part ils defpefcharent vers monfieur
le Prince de Condé, monfieur l'Admiral, mõfieur Dãdelot, & autres
130 feigneurs & gouuerneurs de la France. Et les meffagers de retour,* le Roy
en fift faire vn inftrument, comme lon me dict, lequel fut mis dans fes
coffres. Et croy bien, qu'il n'eft pas perdu, & qu'on y peut veoir des gens
en blanc & en noir, qui ont efté pariurez à bon efcient. Or ie ne fçay, qui
fuft caufe de commencer la guerre à la fainct Michel: car celuy qui la
135 cõmença, a contreuenu a fon ferment. Et iuftement, fi le Roy le vouloit,
le feroit declarer tel: car luy-mefmes s'y eft obligé par fon fein. On ne luy
feroit pas de tort, puis qu'il s'y eft foubfmis. Et encores que cela ne con-
fifte pas en combats, fi penfe-ie auoir faict vn grand feruice au Roy, & à
la Royne, de leur auoir defcouuert cefte menée. Car peut eftre, que les
140 affaires fuffent allez encores pis, qu'ils n'ont faict.*

49

JEAN LEROY, JACQUES GILLOT, FLORENT CRESTIEN, PIERRE PITHOU, JEAN PASSERAT ET NICOLAS RAPIN

SATYRE MENIPPEE DE LA VERTV DV CATHOLICON D'ESPAGNE, ET DE LA TENVE des Eftatz de Paris.
[Paris] ?, 1594.
Londres, British Museum, 1080. c. 6.
G vᵣº–Hᵣº: La *Satyre Ménippée* exprime le point de vue des Français modérés et tolérants à l'égard des partisans d'Henri de Bourbon et du roi Philippe II d'Espagne. Comme la plupart des autres personnages de la *Satyre*, le Sieur Du Rieu (De Rieux) trahit naïvement, dans son discours, son ambition personnelle.

HARANGVE DV SIEVR DV RIEV, SIEVR DE PIERRE-
FONT, *pour la nobleffe de l'union*

MEffieurs, je ne fçay pourquoy on m'à deputé pour porter la parolle en
fi bonne compagnie, pour toute la nobleffe de noftre party: Il faut bien
dire qu'il y a quelque chofe de divin en la faincte union, puis que par fon
moyen, de commiffaire d'artillerie affez malotru, je fuis devenu gentil-
homme, & gouverneur d'une belle fortereffe: voire que je me puis efgaler 5
aux plus grands, & fuis ung jour pour monter bien hault, à reculon où
autremẽt. I'ay bien occafion de vous fuivre, monfieur le lieutenant, & faire
fervice à la noble affemblee, à bis, où à blanq, à tort, où à droict, puis que
tous les pauvres prebftres, moines, & gens de bien, devots catholiques
m'aportent des chandelles, & m'adorent comme vn fainct Macabée du 10
temps paffé. C'eft pourquoy je me donne au plus vifte des diables, q̃* fi
aucun de mon gouvernement s'ingere à parler de paix, je le courray cõme
ung loup gris: Vive la guerre, il n'eft que d'en avoir,* de quelque part
qu'il vienne. Ie voy je ne fçay quels defgouftez de noftre nobleffe qui
parlent de conferver la religion & l'eftat tout enfemble: & que les Efpa- 15
gnols perdront* à la fin l'ung & l'autre, fi on les laiffe faire: Quant à moy je
n'entends point tout cela: pourveu que ie leve toufiours les tailles, & qu'on
me paye bien mes apoinctements, il ne me chaut que deviendra le Pape,
ny fa femme. Ie fuis apres mes intelligences pour prendre Noyon: fi i'en
puis venir à bout, je feray Evefque de la Ville, & auffi des Champs, & 20
feray la mõue à ceux de Compiegne: Ce pendant ie courray la vache, & le
manant, tant que ie pourray: & n'y aura payfan, laboureur, ny marchand
autour de moy, & à dix lieues[1] à la ronde, qui ne paffe par mes mains, &
qui ne me paye taille, ou rançon. Ie fçay des inventions pour les faire venir
à la raifon: Ie leur donne le frontail de cordes liees en cordeliere: je les 25
pends par les effelles, je leur chauffe les pieds d'une pelle rouge: ie les mets
aux fers, & aux ceps: je les enferme en ung four, en ung coffre percé, plein
d'eau: je les pends en chapõ rofty: ie les foyte d'eftrivieres: ie les fale, ie les
fay jeufner: je les attache eftendus dedans ung van: bref, i'ay mille gẽtils
moyens pour tirer la quinte effence de leurs bourfes: & avoir leur fub- 30
ftance pour les rendre beliftres à jamais, eux & toute leur race. Que m'en
foucie-je, pourveu que i'en aye: Qu'on ne me parle point la deffus du
point d'hõneur: je ne fcay que c'eft: Il y en a qui fe vantent d'eftre defcendus de ces vieux chevaliers François qui chafferent les Sarrafins d'Efpagne,
& remirent le Roy Pierre en fon Royaulme: les autres fe difent eftre de la 35
race de ceux qui allerent conquerir la terre faincte aveq faint Loys: Les
autres de ceux qui ont remis les Papes en leur fiege par plufieurs fois, ou
qui ont chaffé les Anglois de France, & les Bourguignons de la Picardie:
ou qui ont paffé les monts aux conqueftes de Naples & de Milan, que le

<hr>

[1] *lieus.*

40 Roy d'Efpagne a ufurpé fur nous: Il ne me chaut de tous ces tiltres &
pancartes, ny d'armoiries, tymbrées ou non tymbrees: je veux eftre vilain
de quatre races, pourveu que ie reçoyue toufiours les tailles, fans rẽdre
compte: je n'ay point leu les livres, ny les hiftoires, & Annales de Frãce:
& n'ay que faire de fçauoir s'il eft vray qu'il y ait eù des paladins &
45 chevaliers de la table ronde, qui ne faifoient profeffion que d'honneur, &
de deffendre leur Roy, & leur pays: & fuffent pluftoft morts que de
recevoir ung reproche: ou fouffrir qu'on euft faict tort à quelqu'un: j'ay
ouy compter à ma grand mere, en portant vendre fon beurre au marché,*
qu'il y avoit eù autrefois ung Gaftõ de Foix, ung Compte de Dunois, ung[1]
50 la Hire, ung Poton, ung capitaine Bayart, & autres qui avoient faict rage
pour ce poinct d'honneur: & pour acquerir gloire aux François: mais ie
me recommande à leurs bonnes graces, pour ce regard: i'ay bonne efpee,
& bon piftolet: & n'y a fergent ny Prevoft des marefchaux qui m'ofaft
adjourner: advienne qui pourra, il me fuffift d'eftre bon catholique: la
55 juftice n'eft pas faicte pour les gentils-hõmes comme moy: ie prendray les
vaches, & les poules de mon voifin quand il me plairra: ie leveray fes
terres, ie les renfermeray avecq les miennes dedans mon clos, & fi n'en
oferoit grommeler: tout fera à ma bien feãce: Ie ne fouffriray poinct que
mes fubiects paient de taille, finon à moy: & vous confeille Meffieurs les
60 nobles, d'en faire tout ainfi: auffi bien n'y a il que les trezoriers & financiers
qui s'en engraiffent, & ufent de la fubftãce du peuple, comme des choux de
leur jardin: Par la mort dieu, fi ie trouue ny fergent, ny recepveur, ny
homme de iuftice faifant exploict fur mes terres fans m'en demander
congé, ie leur feray manger leur parchemin: c'eft trop enduré: fommes
65 nous pas libres? Mõfieur le lieutenant, ne nous avez vous pas donné
liberté de tout faire: & monfieur le legat nous a il pas mis la bride fur le
col, pour prendre tout le bien des politiques, tuer & affaciner, parents,
amis, voifins, pere & mere, pourveu qu'y facions nos affaires, & que foions
bõs catholiques? fans iamais parler ny de trefve, ny de paix? i'en feray
70 ainfi, & vous prie d'en faire de mefme.

Mais i'ay encor une autre chofe à vous remonftrer, c'eft de ne parler plus
de cefte loy Salique: je ne fçay que c'eft, mais le Seigneur Diego me[2] l'a
donné par memoire, aveq quelques pieces rondes qui me feront grand bien.
C'eft en tout cas, qu'il faut aller faccager ces chaperõs fourrez de la court
75 de parlement, qui font les galants, & fe meflent des affaires d'eftat, où
ils n'ont rien que voir: Qu'on me les donne ung peu à manier: iamais Buffy
le clerc n'y fit œuvre: fi monfieur le Legat me cõmande feulemẽt de leur
aller mettre la main fur le collet, il n'y a ny bonnet quarré, ny bourlet, q̃ ie
ne face voler s'ils m'efchaufent trop les aureilles: mefmemẽt à ce mõfieur
80 le Maiftre, & ce du Vayr qui mettent les autres en train: Que n'y donnez
vous ordre, monfieur le Lieutenant: fçavez vous pas biẽ que le prefidẽt
de Nully vous a dict & nõmé par nom & par furnom tous ceux qui ont

___

[1] *nug.*   [2] *Diego, me.*

opiné pour cefte mefchãte loy: que ne les envoiez vous iecter en la riviere
comme il vous a confeillé? Et ce beau Marillac qui faifoit tant l'efchaufé
au commencemẽt, & n'opinoit que feu & fang, ie crain à la fin qu'il ne 85
face banqueroute à la Ligue, fi on luy promect d'eftre Confeiller d'Eftat
du Biarnois:* Gardons nous de ces¹gens qui tournent leur robe fi ayfement,
& fuyvent le vent de fortune, quand ils voient que leur party va mal: Ha
brave Machault: Ha vaillant Bordeaux: vous eftiez dignes d'eftre comme
moy, eflevez au plus haut degré d'hõneur de noblefſe: Entre les robes 90
longues ie n'ayme que vous, & ce fameux prefident que ie nommeray
encor icy par honneur, Mõfieur de Nully, qui outre le courageux commencement & progrez qu'il a faict à la Ligue, de laquelle il peut eftre dict
le pere putatif, a bien daigné expofer fes filles, & proftituer leur reputation
au bourdel, pour faire fervice á meffieurs les Princes, & á meffieurs fes 95
curez & predicateurs. Diray-je auffi le faict heroïque de ce bon Bafton, qui
figna fi valeureufement la ligue de fon propre fang, tiré de fa main, laquelle
depuis par miracle a demeuré eftropiée, tant ce glorieux martyr a voulu
fouffrir pour la faincte uniõ? Et toy genereux arc boutant de l'union
Loys d'Orleans: ton catholique Anglois, & ton expoftulation, & la 100
harangue faicte en faveur & à l'honneur du Legat & des Efpagnols meri-
toient qu'on te mift en la place du prefident Briſſon: mais on ne recom-
panfe pas les gens de bien comme il faut: non plus que ton compagnon
d'office, pour auoir efcrit fi curieufement les droicts de l'oncle contre le
neveu. Ceux là font des hommes juftes, & vertueux,² non pas ces foireux, 105
qui voyants qu'il n'y avoit plus rien à grabeler en leur palais de cefte ville,
& que touts leur facs eftoient vuides, où pendus au croq, s'en font allez à
Tours, & a Chalons où ils fçavoient q̃ la mangeoire eftoit pleine, & les
rafteliers garnis. Bref, oftez en* cinq ou fix de toute cefte megnée, tout le
refte n'en vault rien, & au diable le meilleur: Ie ne fçay que ces gens de 110
juftice m'ont faict, mais ie ne les ayme poinct. Ie monftray une fois ma
main à vne vielle Ægiptienne, qui me dift que i'avoy le poulce rond, &
que ie me gardafſe de rond, ou demy rond. Ie croy qu'elle vouloit dire de
ces gens-là, qui portent le bonnet rond.

En fin meffieurs, i'ay charge de la noblefſe, de vous remonftrer* qu'il 115
faut rabatre l'infolence de ces hochebrides, & aualeurs de frimats, & faire
vos affaires pẽdant que le temps eft beau: Si la loy Salique eft entretenuë,
ie crain que monfieur le Legat s'en fafche, & q̃ l'infante foit en danger
d'eftre tonduë: mais ie m'en rapporte à monfieur le Lieutenant qui fçaura
bien rõpre le coup, & faire la barbe à fon nepveu fans razoyr: Au demeu- 120
rant s'il faut eflire ung Roy, ie vous prie vous fouvenir de moy, & de mes
merites: On m'a faict croire qu'il s'en eft faict autrefois de pires que moy:
Les Lydiens (ie ne fçay quelles gens fe font) en firent ung qui menoit la
charrue: Les Flamens firent vn Duc qui eftoit braſſeur de biere: les Normands ung cuyfinier, les Parifiens ung efcorcheur: Ie fuis plus que tous 125

---

¹ ce. ² vertuex.

ceux-là: Car mon grand pere eſtoit mareſchal en France, où de France, &
s'il à gaigné enfer, ie gaigneray paradis: Voyla monſieur de ſainct Paul
maintenant Comte de Rethelois, Mareſchal de l'vnion, & Archeveſque de
Reims, qui a biẽ ſon pere n'agueres demourãt en* une cahuette[1] couuerte
130 de chaulme pres de Nangy, & qui a encor ſes ſœurs mariees, l'vne aueq
vn tauernier, & l'autre aveq vn tiſſerã: Neantmoins le voila payr &
mareſchal de France, & qui preſte argent ſur bons gages à monſieur de
Guyſe ſon maiſtre, & bienfacteur. A ce compte, vous pouuez bien me
faire Roy: & ferez biẽ: Car ie vous lairray faire tout ce que vous voudrez.
135 l'aboliray toutes ces mangeries de juſtice: ie ſuprimeray tous les ſergents
procureurs, chiquaneurs, commiſſaires, & conſeillers, excepté ceux qui
ſont de nos amis: mais il ne ſe parlera plus d'adiournements ny de ſayſie,
ny de payer ſes debtes: vous ferez tous cõme rats en paille, & me ſuffira
que m'appelliez Sire: Vous y aduiſerez: pour le moins ie ſçay bien que i'en
140 vaux bien ung autre: & vous en diroy d'auãtage ſinon que ie ſuis preſſé
d'aller executer mon entreprinſe ſur Noyõ, apres que i'auray combatu le
gouuerneur de ceſte ville: & ſur ce *bazo las manos de voſtra mercéd*.

Apres que le Sieur du Rieu eut fini ſa concion militaire, chaſcun des
aſſiſtans monſtra au viſage qu'on auoit prins plaiſir à ſon eloquẽce naturelle,
145 pour ung homme qui n'auoit point de lettre, & qui pourroit faire vn
grand fruict s'il la faiſoit longue en ce monde...

50

GUILLAUME DU VAIR (1556–1621)

*LA CONSTANCE ET CONSOL*Ation *és calamitez publiques. Seconde
Edition reueüe & corrigee.*
(La première édition fut publiée à Paris en 1594, par Mamert Patisson, mais nous n'avons
pas réussi à en trouver un exemplaire dans les bibliothèques de Paris.)
    Paris, L'Angelier, 1595.
    Paris, Bibliothèque nationale, D. 33376.
    F° 1ʳᵒ–7ʳᵒ.

VN iour, pendant ce ſiege, que Paris a enduré auec tant de miſeres, ie me
promenois tout ſeul en mon iardin, pleurant du cœur & des yeux la
fortune de mon pays. Et comme la paſſion croiſt demeſurément quand elle
eſt trop flattee, ie commençois à accuſer le ciel, d'auoir reſpandu ſur nous
de ſi cruelles influences, & euſſe volontiers diſputé contre Dieu meſme, ſi
5 vne crainte ſecrette n'euſt refrené ma douleur.* Comme mon eſprit
flottoit parmy telles penſees, arriua vn de mes meilleurs amis, perſonnage
fort conſommé és bonnes lettres, meſmes és ſciences Mathematiques: mais

---

[1] *chauette.*

plus recommandable beaucoup* pour ſa ſinguliere probité & fidelité
(rares vertus en ce ſiecle.) Son nom pour ceſte heure ſera Muſee, puis que 10
ſa modeſtie ne me permet pas d'autrement le vous nommer. Nous eſtãs
entre-ſaluez, & recueillis de quelques propos communs, & luy m'ayant
enuiſagé pluſieurs fois, & veu ſur mes ioües les traces de mes larmes,
encores toutes freſches, Ie ne vous demande point (dit-il)* de quels diſcours vous vous entretenez icy, ie le recognois aſſez à voſtre viſage: les 15
gens de bien n'en ont maintenant gueres d'autre, que l'apprehenſion de la
calamité publique. Ceſte playe nous cuit ſi fort, que nous ne pouuons que
nous n'y portions ſouuẽt la main.* Mais quoy? hier quand ie vous veins
voir, ie vous trouuay en meſme eſtat: pour le premier coup ie ne fey
ſemblant de rien, voyant auiourd'huy que* vous continuez, & que la 20
triſteſſe vous maiſtriſe de ceſte façon, ie ne me puis tenir que ie ne vous
demande ce que vous auez faict de la Philoſophie. Ie vous cherche en vous-
meſmes, & ne puis croire que celuy duquel i'ay receu tant de conſolation,
en manque tant à ſoy-meſme. Il n'y a rien ſi equitable,* que de ſouffrir pour
ſoy ce que l'on a ordonné pour autruy: ou reſtituez moy à la liberté de 25
pleurer, que vos diſcours m'ont oſtee, ou obeiſſez vous-meſmes à la loy
que vous auez autrefois preſcrit* à ma douleur. O mon cher Muſee, dy-ie
lors, i'appren maintenant par experience combien il eſt plus aiſé de parler
que de faire, & combien ſont foibles les argumens de la Philoſophie à
l'eſchole de la Fortune. Voulez-vous que ie vous die tout franchement ce 30
que i'en penſe? Noſtre philoſophie eſt vne brauache & vne ventarde: elle
triomphe à l'ombre d'vne ſalle les brettes à la main: c'eſt vn plaiſir de la voir
mettre en garde, faire ſes demarches, parer des armes ou du corps, vous
diriez qu'il n'y a rien au monde qui luy peuſt donner atteinte: mais quand
il faut ſortir dehors, qu'il faut combattre à l'eſpee blanche, & que la 35
fortune luy tire vn reuers de toute ſa force, elle eſt bien toſt enfoncee, & les
armes luy tombent incontinent des poings. La douleur que nous combatons
de paroles, eſt vne feinte, ſemblable aux hommes de bois, contre leſquels
on tire à la quintaine, qui* ſe laiſſent viſer à l'aiſe, & reçoiuent le coup ſans
ſe defendre. La vraye douleur eſt bien autre: elle eſt viue, elle eſt remuante, 40
elle nous aſſaut la premiere, elle nous ſurprend, elle nous ſaiſiſt & ſerre
de ſi pres, que nous ne nous pouuons aider. Nous a elle touchez? faiſons
ſi bonne mine que nous voudrons, ſi nous cuiſt-il. Et bien que pour vn
temps nous grincions les dents, endurant opiniaſtrement le mal, de peur
de le confeſſer: ſi eſt-ce qu'à la fin il ſe fera recognoiſtre pour ce qu'il eſt, & 45
arrachera violemment de noſtre eſtomach les plaintes & les ſouſpirs, que
nous ne luy aurons pas volontairement accordez. Non, croyez qu'en tels
accez que ceux-cy, la nature & noſtre philoſophie ne peuuent compatir
enſemble: il faut choiſir laquelle des deux vous voulez retenir. Voudriez-
vous, ou pourriez-vous chaſſer la nature qui eſt legitime maiſtreſſe de nos 50
paſſions, & laquelle ſe doutant bien que nous nous pourrions laiſſer
ſuborner à des paroles emmiellees & diſcours affetez, pour nous ſouſtraire

de fon obeiffance, tient fes affections en garnifon chez nous, qui nous
efpient & nous veillent, & à toutes les occafions qui fe prefentent, exigent
55 de nous l'hommage & le tribut que nous luy deuons? Ou les larmes ne
font point chofes naturelles & marques d'vne iufte douleur, ou nous les
deuons rendre au mal auquel la nature eft plus offenfee, qui eft en la ruyne*
& fubuerfion de noftre pays. Car par ce coup font bleffez tous ceux que la
Nature nous a conioint de fang, d'amitié, de bien-vueillance, de commu-
60 nauté. Que fi nous n'auons reffentiment de leur mal, & compaffion de leur
mifere, ie dy que nous violons & les loix ciuiles, & la pieté naturelle, & la
Majefté mefmes de ce grand Dieu, l'Efprit duquel conuerfe parmy nous,
comme garde & patron des droicts de la focieté humaine. I'eftois defia
offenfé de voftre importune & auftere philofophie, qui nous defend les
65 larmes: mais lifant auiourd'huy dans vn ancien, il m'eft venu* enuie de la
chaffer auec iniures, tant m'a pleu vn paffage fur lequel ie fuis tombé, où il
efcrit, Qu'il y auoit à Cumes vne image d'Apollon qui auoit efté apportee
de Grece, laquelle plora vifiblement, voire auec grande abondance de
larmes, lors que les Romains deftruifoient la ville dont elle auoit efté
70 tiree, comme regretant que fon pays fe ruinaft fans qu'elle le peuft
fecourir: pource que la ruine en eftoit fatale, & Apollon mefmes l'auoit
predicte auparauant. Hé quoy? vne ftatue de marbre aura trouué des larmes
pour pleurer fon pays, & ie n'en trouueray point pour deplorer le mien?
Efloignee de tant de lieües, elle aura compati au mal de fes concitoyens: &
75 moy à la veüe des miens, & au milieu de leurs miferes, ie ne foufpireray
point? Non, non, ie fuis François, ie fuis natif de la ville que ie voy perir.
Croyez que pour auoir à cefte heure les yeux fecs, il faudroit auoir le cœur
de pierre: encore eftimé-ie que fi la pieté n'eft du tout efteinte au monde,
nous pleurerions auffi bien que l'Apollon de Cumes: car nous en auons
80 bien plus de fujet qu'il n'auoit. Cefte belle ville capitale du plus beau
Royaume de la terre, le domicile de nos Rois, le thrône de la iuftice de ceft
Eftat, & comme le temple commun de toute la France, perit à noftre veüe,
& quafi par nos mains: les richeffes de fes citoyens, la magnificence de fes
baftimens, l'erudition de tant de celebres & fçauans perfonnages qu'elle a
85 eleuez ne l'ont peu garantir ny aider. O que cet ancien parloit bien de la
puiffance de Dieu fous le nom de la Fortune, quand il difoit, Que lors
qu'elle a refolu quelque chofe, elle aueugle les efprits des hommes, de peur
qu'ils ne luy rompent fon coup. Voyez vn peu, comme fans y penfer, nous
auons quafi tous aidé à noftre ruine, & prefté nos mains pour renuerfer nos
90 maifons deffur nous. Car, mon Mufee, vous fçauez quel grand nombre
d'hommes, voire de ceux qu'on eftimoit des plus fages, fe font affociez à
dreffer cet equipage, & nous ietter en cefte tempeftueufe mer de guerres
plus que ciuiles. Nous y voicy, puis qu'il a pleu à Dieu, à la veille d'vn
grand naufrage, où nous auons egalement à craindre la rage de nos zelez
95 de dedans, alterez du fang de ceux qui defirent le bien public: & la
violence, qui peut arriuer de dehors, qui feuiroit confufément contre les

bons & les mauuais: & vous voulez en ce trifte & lugubre office me defendre les larmes? A ce que ie voy, me refpondit-il, le temps porte que chacun change de party, c'eft peut eftre le vice du fiecle. I'ay tenu toute ma vie pour la nature côtre voftre philofophie: pource qu'il me fembloit que 100 vous la faifiez trop puiffante, & luy vouliez attribuer vn commandement trop violent & tyrannique. Mais il aduient ordinairement que l'iniure, qui eft faite à vne perfonne à qui nous ne voulons pas beaucoup de bien, nous reconcilie auec elle, & nous fait par pitié entreprendre fa defenfe. Ie voy auiourd'huy que vous deshonorez & diffamez la philofophie, laquelle vous 105 a fi tendrement & cherement eleué: & que vous permettez que les paffions luy mettent le pied fur la gorge, fans qu'elle f'ofe defendre. Vous la furnommiez auparauant roine de la vie, maiftreffe de nos affections, tutrice de noftre felicité: maintenant vous la voulez tenir comme vne petite plaifante, qui ne ferue qu'à vous faire paffer le temps, & vous entretenir 110 pendant que vous ferez à voftre aife. Traittez-la aumoins en fille de bonne maifon, vous n'auez point de fuject de la repudier: fi vous voulez faire diuorce auec elle, rendez-luy la liberté qu'elle a apporté chez vous, qu'elle fe retire fon honneur fauue,* & auecques fes droicts. Quant à moy, ie la maintien franche, & me rens afferteur de fa liberté: ie ne luy veux pas 115 attribuer cefte puiffance d'ofter au corps, ny à l'efprit, le fentiment du mal. Car ie croy qu'elle doit paffage aux affections naturelles: mais ie maintien qu'elle peut contenir & referrer la douleur & la paffion dans leurs bornes, empefcher qu'elles n'occupent plus de lieu & d'authorité en noftre ame qu'elles ne doiuent, & les amollir & adoucir, voire mefmes auec le temps 120 du tout eftoufer & amortir...

ABRÉVIATIONS

absol.	absolument	loc. adv.	locution adverbiale
adj.	adjectif	loc. conj.	locution conjonctive
adv.	adverbe	loc. prép.	locution prépositive
art.	article	m.	masculin
cf.	conférez, comparez	nég.	négation, négatif
cond.	conditionnel	num.	numéral
conj.	conjonction	op. cit.	ouvrage cité
dém.	démonstratif	p.	page
éd.	édition, éditeur	p.p.	participe passé
empl.	employé	p. simple	passé simple
ex.	exemple	part.	participe
ext.	extension	pl.	pluriel
f.	féminin	prés.	présent
fig.	figure, figuré	pron.	pronom
fut.	futur	rel.	relatif
id.	idem	rub.	rubrique
impérat.	impératif	s.	substantif
impers.	impersonnel	subst.	substantivé
impf.	imparfait	s.v.	*sub verbo*, au mot
ind.	indicatif	sing.	singulier
indéf.	indéfini	subj.	subjonctif
inf.	infinitif	t.	tome
inf. subst.	infinitif pris substantive-	v.	voir
	ment	v. intr.	verbe intransitif
interj.	interjection	v. pron.	verbe pronominal
loc.	locution	v. tr.	verbe transitif

NOTES

I

2–3 qui les dars reiecte | qui les glaiues aguiſe | . . . q̃ de la mort ſe gabe. Cf. ci-dessous (10) *q̃ les cherubins embraſa.* Dans le français médiéval, il est normal de placer le complément avant le verbe dans les propositions relatives, mais cet ordre, quoiqu'il se retrouve dans les textes du XVIe siècle, se cantonne de plus en plus dans le langage poétique.

20–1 de rage amere portion | de vray repos deſtruction, etc. Le complément déterminatif est placé avant le substantif déterminé, transposition qui convient mieux au latin qu'au français.

28–9 De ceſte ſole deſordõnee amour. Plus souvent qu'aujourd'hui, l'adjectif épithète précède le substantif, et l'on trouve parfois dans cette position deux ou trois adjectifs de suite, avec ou sans coordination formelle.

29–30 furẽt iadis enflãbez̧ non ſeulement les innocẽs & ſimples ydiotz̧. Noter la tendance à rejeter le sujet grammatical à la fin de la proposition lorsque celle-ci commence par un complément.

30–1 aucuns renõmez̧ philoſophes. Aucuns n'a pas encore perdu son sens positif de 'quelques', 'certains'.

32 parſonnaiges. Les textes du moyen âge et du XVIe siècle reflètent de temps en temps la tendance populaire à ouvrir la voyelle *e* en *a* devant *r*, prononciation qui a fini par s'imposer dans certains mots, d'où *une larme, une sarcelle.* D'autre part, par hypercorrection, on a banni des formes d'abord correctes; ainsi, *garir* (*guarir*), *asparges, jarbe, sarcueil,* se sont vu remplacer par *guérir, asperges, gerbe* et *cercueil.* (Pour *guarir, guarison,* voir ci-dessous, nº **41a**, 37.) Quant à la terminaison *-aige,* elle représente peut-être la prononciation diphtongale dont parle Palsgrave dans son *Esclarcissement* (1er livre, fº iiiiʳᵒ), mais cette prononciation — la seule correcte selon lui — ne semble avoir été typique que du nord et de l'est. De toute façon, Molinet n'est pas du tout conséquent dans sa façon d'orthographier les mots en *-age.*

37–8 Nagueres que. Nagueres ayant conservé quelque chose de son sens primitif (= 'il n'y a pas longtemps'), *que* n'est pas de trop, bien qu'on ne l'emploie plus après *naguère.*

38 fut tãt abuſe de la beaulte dune damoyſelle. L'agent du passif est souvent introduit par *de* là où le français moderne exigerait *par.* Meigret trouve *par* moins 'nayf', c.-à-d. moins naturel, que *de* dans cette fonction: voir *Trẹtté* (1550), fº 63ʳᵒ.

39–40 tout ce q̃ demãder lui plairoit ſe poſſible eſtoit. . . Inversions tout à fait étrangères à la langue moderne.

53 Si luy dõna a manger: 'et le lui donna à manger'. L'omission du pronom complément direct de la troisième personne est normale dans le français du moyen âge et du XVIe siècle, sans doute pour des raisons d'ordre euphonique. Cf. nᵒˢ **12b**, 51, **38**, 85, **43**, 2–3, et **46a**, 47. C'est Vaugelas qui a posé la règle moderne: voir les *Remarques sur la langue françoise* (1647), Préface ã iiiᵛᵒ et p. 33.

57–9 *Autres perfonnages...pourrois ie mettre en compte.* L'emploi du mot *autres* (cf. *tel, ce(tte), semblable*, etc.) suppose un rapport logique avec la phrase précédente. Dans cette circonstance surtout, l'ancienne langue admettait l'ordre régime — verbe.

59 *lefḡlz acheuez*, etc. *Lesquels* se rapporte à *plus de mille langoureux*, mais il en est séparé non seulement par *pourrois ie mettre en compte* mais aussi par une parenthèse.

61–2 *fe font priuez du benefice de viure loyaulx et certains amoureux*. Inversion du verbe et du sujet, provoquée par le complément qui précède.

64 *pour le bien de la chofe publicque & vtilite des pays*. Cf. plus bas (82) *en luniuerfite & magifrale faculte damours*. Les auteurs du XVIe siècle n'éprouvaient pas le besoin de répéter l'article défini, le possessif, ou le démonstratif, ni même de les différencier selon le genre grammatical des substantifs coordonnés: voir Huguet, *La Syntaxe de Rabelais*, pp. 365–6. On verra dans les pages suivantes des ellipses beaucoup plus osées que celles que nous citons ici.

70–1 *pour receuoir la mort fe defmēbroient*. Aujourd'hui il faudrait une virgule entre *mort* et *se*.

74–5 *vng feul dieu. La vraye amytie q̃ deuons rendre*. Substituer une virgule au point. C'est surtout à la 3e personne du singulier et aux trois personnes du pluriel que le pronom personnel sujet est omis.

78 *leurs paciēs. Leurs* = des dames.

80–1 *foufpirs & larmes faintes*. Il est normal, dans l'ancien français et même au XVIIe siècle, de faire accorder avec le dernier substantif l'adjectif se rapportant logiquement à tous les substantifs de la série. Cf. nº **3**, 116, *acquift los & gloire immortelle*. Vaugelas (*Remarques*, pp. 82–5) penche pour ce genre d'accord, 'parce qu'ordinairement on parle ainsi' à la Cour; mais il hésite à le poser comme règle, et s'en remet au goût de chaque individu.

83 *vng dur perilleux laborinth*. Noter encore une fois la position des adjectifs. *Laborinth* ('labyrinthe') est une forme attribuable sans doute à l'étymologie populaire.

84–5 *moy cõmander de reduyre*. L'usage médiéval permettait l'emploi du pronom tonique devant le verbe. Au XVIe siècle cet emploi n'est plus toléré que devant l'infinitif et le gérondif, et il se fait de plus en plus rare.

85–6 *Laq̃lle chofe mife a execution femblera*. Il y a ici pour ainsi dire deux latinismes, d'abord l'emploi du relatif de liaison en début de phrase, et ensuite le sujet constitué par un substantif accompagné d'un participe exprimant une action accomplie.

88 *et eft louurage tant incorpore*. Au XVIe siècle, même *et* pouvait provoquer l'inversion du verbe et du sujet.

92–3 *q̃ fen aprēt: efcripte...* Faire abstraction des deux points.

94–5 *q̃ les difciples y fõt maiftres. Les maiftres y fõt aprētilz. Que* introduit la proposition consécutive qui dépend de *fi fort cõmune*, etc. Le point équivaut à une virgule.

97 *fe delictēt | degoifent & refiouyffent*. Le pronom réfléchi se rapporte à tous les trois verbes, ceux-ci étant tous pronominaux.

98 *Puis donc q̃...* Certaines conjonctions n'étant pas encore stéréotypées sous forme composée, on trouve de temps en temps de pareilles disjonctions. Cf. *lors...que, parce...que*, dans les pages suivantes.

100 *cõmune patenoſtre que pourra prouffiter* . . . *Que* est interrogatif et marque le commencement d'une nouvelle proposition: 'A quoi pourra servir. . . ?'

102 *nõ a ceulx q̃:* 'ni à ceux qui'.

102–3 *q̃ ſache mettre auãt lecture* . . . = 'que je sois capable de proposer une lecture. . .'

110–11 *dont le cõmandemẽt me va fort pres du cueur que* . . . Il faut une virgule après *cueur*. *Que* est consécutif et se rapporte à *ie me cõfie tãt* . . .

117–21 *pour mieulx louer* . . . *Et affin q̃ ie ne perde* . . . *et q̃ la farine* . . . *puiſſe auoir fleur* . . . Toutes ces propositions finales annoncent la principale, qui commence par les mots *iay intẽcion ſe dieu men dõne la grace* . . . A noter: *pour que* est assez rare au XVIe siècle.

126 *odeur odorant* | *verdure verdoyãt*, etc. Cf. ci-dessus (9) *reſplendiſſant lumiere* et (98) *plaiſans amourettes*. Le participe présent avait hérité de l'invariabilité du participe latin en matière de genre, et certains auteurs ne font pas l'accord même lorsqu'il est employé comme adjectif. En règle générale on peut dire que l'accord se fait en nombre plutôt qu'en genre, mais que l'analogie de l'adjectif se fait de plus en plus sentir au cours du siècle. Selon Palsgrave, l'accord en genre est plus caractéristique du vers, voir l'*Esclarcissement*, 3e livre, fº cccxiivo–cccxiiiro.

128 *principal motif*. Molinet emploie le mot *principal* comme s'il s'agissait de l'adjectif latin *principalis*, qui pouvait signifier à la fois 'princier' et 'principal'.

2

5–6 *Entrepreneurs* . . . *ſuiſſes. Des*, article à la fois indéfini et partitif, manque souvent, sans qu'il soit possible de donner une règle précise qui détermine cette omission. *tel bruyt* | *Comme:* 'autant de bruit que'. *Comme*, dans la langue du moyen âge et du XVIe siècle, sert à introduire le second terme d'une comparaison d'égalité dont le premier terme comporte l'emploi de *tel, aussi, tant* ou *autant*. Voir aussi nº **9b**, 51, note.

9 *Leurs fiers regardz cerberins plutoniques*. Ces mots constituent l'objet grammatical de *rediger* au vers suivant.

10 *Impoſſible eſt rediger*. Deux choses à noter: l'omission, assez courante, de *il* dans les expressions impersonnelles, et, non moins courant, l'emploi de l'infinitif construit sans préposition.

12 *ſe voulut eſchauffer*. Le principe qui veut que le pronom personnel complément ou réfléchi précède l'auxiliaire et non l'infinitif est resté en vigueur jusqu'au XVIIe siècle. Selon Vaugelas, le type *je ne le veux pas faire* était 'incomparablement plus usité'. Lui, cependant, préfère le tour moderne (*Remarques*, pp. 376–7).

14 *Luy ſes conſors:* 'Lui et ses complices'.

17 *Ou endurent:* proposition relative se rapportant à *enfer* trois vers plus haut.

21 *AVX orgueilleux dieu reſiſte et combat. Combattre* pouvant être intransitif au XVIe siècle, nous n'avons pas nécessairement affaire ici à une juxtaposition de verbes à constructions différentes, du genre cité dans la note au nº **9b**, 124.

28–9 *Entreprenant diuine ſapience Qui prouffite il*. Il faut supposer un point après *ſapience*, et un point d'interrogation après *ſcience* au vers 30. Il s'agit en effet d'une question: 'A qui est-il profitable...?' Pour l'absence du *t* euphonique, voir plus bas note au vers 105.

30 *Par trop cuider. Par* se combinait souvent avec l'infinitif pour marquer le moyen, et parfois la cause. Dans la première de ces fonctions, cette construction a été remplacée en général par le gérondif précédé de *en*. Ainsi, dans le cas présent, il faudrait dire en français moderne 'En présumant trop'.

32 *vela ou ie me fonde:* 'voilà sur quoi je me fonde', 'c'est sur cette vérité que je me fonde'.

38–9 *Entrepreneurs dient par leur merite Quilz ont des biens. Par leur merite* modifie par prolepse le verbe de la subordonnée qui suit.

47 *lorgueil adonias:* ' l'orgueil d'Adonias'. Déjà archaïque en 1505, ce tour possessif dérive de la simple juxtaposition que permettait le système casuel de l'ancien français.

53–4 *plains de contemption ypocrife | difcorde*, etc. La répétition des prépositions devant les termes régis ne se fait encore que de façon tout à fait arbitraire.

61 *font folles entreprifes.* L'omission de l'article indéfini est encore plus courante lorsque le substantif est accompagné d'un adjectif.

63–4 *Par pharaon orgueil on peult blafmer Quant il voulut...* Inversion du régime *orgueil. Quant il voulut* marque le commencement d'une phrase nouvelle, dont la principale est *Luy fes confors perirent en la mer*: puis cette construction se répète dans les deux vers suivants.

65 *par eftranges deuifes:* à rapporter à *voulut ofter* et non à *efleu*.

70 *Folle entreprife en fin fon maiftre affolle.* Noter l'ordre des mots: sujet — régime — verbe.

73 *Et en befte mue.* La mesure de ce vers montre que *mue* est mis pour *mué* (= 'changé').

78 *Contre dauid foy monftrant orgueilleux.* Pour cet emploi de la forme tonique du pronom réfléchi voir la note au n° 1, 84–5.

82 *De charier phebus le fift defcendre. Phebus* marque le commencement d'une phrase nouvelle.

84–5 *Et dedalus voulant fon filz aprendre Voller en lair fon vol voulut hault prendre.* Comme il ressort du vers suivant, c'est le fils qui est le sujet de *voulut hault prendre. Dedalus voulant fon filz aprendre* est donc un nominatif absolu calqué sur l'ablatif absolu du latin.

89 *a enfans* = 'de la part des enfants'.

105 *Emporta il...* Le *t* euphonique, de rigueur aujourd'hui, est d'une rareté extrême dans les textes du XVIe siècle, mais il est certain que la langue parlée en usait largement. Meigret et Peletier le désapprouvent, et soutiennent qu'il est toujours correct de dire, et non seulement d'écrire, *ira-il* (*Tretté*, fº 56ʳº; *Dialogue*, pp. 199–200). Maupas, tout en confirmant le fait phonétique, ajoute que le *t* ne s'écrit que très rarement (*Grammaire*, pp. 4–5).

107–8 *quant biens on accumule...et ne feruent de rien:* 'quand on accumule des biens et qu'ils ne servent à rien'.

112 *Du demourant efpandre fa largeffe.* Quoique la préposition *de* ne soit pas répétée, *efpandre* dépend de *Suffift de* au vers précédent. Traduire donc par 'et de distribuer le reste, le superflu, en largesse'.

113 *Ceft a princes damaffer grant fimpleffe.* L'ordre des mots rend la phrase obscure. 'C'est une grande folie, quand on est prince, d'amasser (des richesses)'.

115 *lieuent*. Reste de l'ancienne conjugaison, caractérisée par la présence de la diphtongue *ie* dans les formes accentuées du radical. *Lever* se conjuguait en ancien français *lief*, *lieves*, *lieve*, *levons*, *levez*, *lievent*.

128 *Qui redoubta*. *Qui* se rapporte évidemment à *nembroth*. Le relatif est souvent séparé de son antécédent par plusieurs mots, et lorsqu'il est immédiatement précédé par un autre substantif, c'est le contexte seul qui laisse deviner le rapport véritable.

132 *De trop aymer le trefor temporel*. Fin de phrase. *Prenez raifon* constitue en soi une proposition nouvelle.

134 *vous fera naturel*. Le sujet est (*la*) *raison*.

143 *Et qui foit vray notoirement appert*. *Il* étant phonétiquement *i* devant consonne, on relève assez souvent cette confusion orthographique de *qu'il* et de *qui*. Le sens est 'Qu'il en soit ainsi, voilà qui apparaît à l'évidence'.

146 *fon parent ou parente*. Le possessif se rapporte sans distinction de genre aux deux substantifs. Cf. note au n° 1, 64.

147 *Qui nemprunte*. *Qui*, pronom indéfini: 'si l'on n'emprunte'. Cf. (154) *qui fes geftes contemple*.

158 *Tachant caffer*: 'en tâchant de casser'. Rien de plus instable, dans le français du XVIe siècle, que l'emploi des prépositions devant l'infinitif régime. On voit alterner, dans les pages d'un même auteur, des *à*, des *de*, et des infinitifs sans préposition. Tout ce qu'on peut affirmer, c'est que l'infinitif pur se fait plus rare vers la fin du siècle.

159–61 *la largeffe titus...la pitie marcellinus*. Cf. ci-dessus note au vers 47.

166 *Que fupportez*. Forme de la 5e personne du subjonctif présent. On trouve de même *supportons* à la 4e personne. Mais ces formes, très caractéristiques du XVe siècle et de la première moitié du XVIe, se voient peu à peu remplacer par *-ions*, *-iez*, qui ont la préférence de la plupart des grammairiens contemporains. Voir Gräfenberg, *Beiträge*, p. 73.

3

7 *cõbien ql deffit les flamẽs*. L'orthographe du XVIe siècle étant ce qu'elle est, il n'y a pas moyen de savoir si nous avons affaire ici au passé simple ou à l'imparfait du subjonctif. Toutefois, l'emploi de l'indicatif n'était pas rare après *combien que*; voir N. S. Bement, *French Modal Syntax*, pp. 93–5.

17–18 *luy voulant venger loultrage les voulut combatre:* 'impatient de venger cet outrage, il voulut les combattre'.

19 *dont fi mal luy aduint*. *Dont* se rapporte à toute la proposition précédente, et signifie à peu près 'en raison de quoi'. Cf. plus bas (28) *dont pour leur refifter*. Dans *fut prins & mene en angleterre dont pour le rachapter* (22), d'autre part, ainsi que dans *dont apres vindrent tant de maulx* (61), il serait permis de voir dans *dont* l'équivalent de *d'où*.

23 *fut contraint de chercher. tous les moyens que poffible luy fut*. C.-à-d. 'qu'il lui fut possible'.

30–1 *en fi grant trouble et neceffite*. L'adjectif qualifie les deux substantifs coordonnés.

35 *combien vault mieulx gouuerner.* Cf. plus bas (44) *fut befoin mettre.* L'emploi du pronom il est rare avec les verbes impersonnels.

40–1 *Auffi ledit roy Charles remift.* Cf. (70–1) *Auffi le peuple menu...dauuergne ...confpire. Aussi* en début de phrase n'exprime pas ici de lien logique avec ce qui précède: c'est un simple équivalent de *en outre.* C'est le contexte qui indique le sens, et non le fait de la non-inversion, indice peu probant dans un texte du XVIe siècle, comme l'atteste un autre exemple (147–8) *Auffi recongneut ledit roy affez mal les feruices,* où le sens est toujours *en outre,* mais où il y a inversion.

46–7 *tout en eftoit infect et plufieurs gens defrobez.* Ellipse du verbe dans le second terme: il faut supposer *eftoient.*

49 *iamais ne fut en plus grãde* (c.-à-d. en plus grande nécessité). Quoique *grant* et *grande* soient interchangeables comme formes féminines de l'adjectif quand celui-ci précède le nom (sauf dans certaines locutions fixes où *grant* prédomine), c'est toujours *grande* qui fait fonction d'attribut. Voir Palsgrave, *Esclarcissement,* 3e livre, fº lxxxʳº.

69 *et le femblable firent ceulx de rouen.* L'ordre des mots est ici l'inverse de celui du français moderne. Cependant, on peut dire qu'il offre un exemple de la 'séquence progressive', pour reprendre le terme de Charles Bally, par laquelle on passe du connu à l'inconnu. Logiquement *le femblable* est, par son sens même, en rapport avec ce qui précède: *ceulx de Rouen* constitue du nouveau.

86 *auoit efpoufe.* L'accord du participe passé avec le régime qui le précède ne se fait pas encore de façon régulière, et la plupart des auteurs du XVIe siècle ne sont pas conséquents avec eux-mêmes à cet égard. Noter plus bas (114) *la perte quilz auoient faicte.* C'est le poète Clément Marot qui formule, pour la première fois en français, la règle moderne, au moins dans ce qu'elle a d'essentiel: voir nº 10d et note. D'autre part l'accord, par anticipation, du participe passé des verbes transitifs avec le régime *qui suit,* est déjà rare au XVIe siècle, et il le devient de plus en plus.

87 *foy retenant:* 'retenant pour lui-même'.

96–8 *apres quil eut perdu...eftant pres que hors defpoir.* Le sujet grammatical est toujours Charles VII.

99 *miraculeufemẽt et par voulente de dieu.* Ces mots modifient le verbe *vint* qui suit.

107–8 *ayant ledit roy Charles fait paix perpetuelle...* Les inversions de ce genre sont surtout fréquentes dans les locutions participiales.

115 *Pour lefquelles victoires.* Au lieu d'employer un simple démonstratif, plusieurs auteurs du XVIe siècle, sans doute sous l'influence du latin, aiment mieux rapporter la nouvelle proposition encore plus étroitement à ce qui précède, au moyen du *relatif de liaison.*

116 *los & gloire immortelle.* Accord de l'adjectif avec le substantif le plus proche.

121 *a la felicite | puiffance | richeffe,* etc. A rapporter à *faire comparaifon de* (118).

122–3 *foubz le roy loys regnant et la fortune.* On pourrait très bien mettre un point après *regnant.*

123–6 *et la fortune...qui conferua ledict roy...la referue au roy loys...pour le remectre:* 'a réservé au roi Louis la tâche de le (= le royaume) remettre'.

128–32 *lequel...reftauraft...et pour luy rendre.* Changement de construction:

'capable de le restaurer...et qui plus est, de lui rendre...' ou bien 'qui le restaurât...et qui plus est, qui lui rendît'.

140 *dont il fut longuement abuſe.* Cet emploi de *dont* est normal, puisque l'agent du passif est souvent exprimé par *de*. Voir ci-dessus, note au n° 1, 38.

140-1 *vng ſi grant Roy et ſi renomme.* Coordination — très courante — d'un adjectif épithète placé après le nom, avec un autre qui le précède.

144-5 *Et ce par ſuſpecon.* *Ce* se rapporte, non à ce qui précède immédiatement, mais à la 'persécution de corps et de biens' dont il est question au début de la phrase. 'Et il le fit parce qu'il le soupçonnait d'avoir emprisonné...'

147 *pour traicter vng tel homme ſi rigoureuſement.* C.-à-d. 'pour qu'il traitât'. Le français moderne exige en règle générale que l'infinitif placé dans une proposition subordonnée ait le même sujet que le verbe de la principale. Il n'en était pas de même au XVIe siècle.

158 *iacoit que la vie luy fut pardonnee.* Sur le mode apparent ou réel de *fut*, voir ci-dessus, 7, et note.

159-62 *dicelluy Roy...dicelluy royaulme.* On ne fait pas encore la distinction moderne entre les formes de l'adjectif démonstratif et celles du pronom correspondant. *(I)celluy* peut remplir les deux fonctions.

165 *ſen fouyt & retira.* Ellipse du pronom réfléchi. 'S'enfuit et se retira'.

167-8 *et leut (= leuſt) fait ſi la mort ne leuſt empeſche.* L'emploi du plus-que-parfait du subjonctif aux deux termes d'une phrase hypothétique est encore usuel.

4

(a) 2-3 *Ceſtaſſauoir...Se trouuerẽt.* *Ceſtaſſauoir* (= C'est à savoir) introduit une parenthèse qui se termine par un point. *Se trouuerẽt* est le verbe de la proposition complétive que régit *Eſt...aduenu/q̃.*

8 *Tout ainſi comme.* Membre de phrase explicatif, à comprendre comme développement de l'idée que le français et le toscan dérivent tous deux du latin.

11-13 *commencoit...A ſourdre quelque debat.* La langue moderne ne tolérerait pas cette séparation.

13 *leurs preeminences.* C.-à-d. la prééminence respective des deux langues.

16 *allegante.* C.-à-d. 'élégante'. Forme bien attestée au XVIe siècle: voir le Complément du *Dictionnaire* de Godefroy, s.v. *élégant.*

21 *maiſtre Alain Meſchinot.* Séparer les deux noms propres: il s'agit de deux personnages différents, (maître) Alain (Chartier) et Jean Meschinot.

23 *Sans ceulx qui:* 'sans parler de', 'pour ne rien dire de ceux qui...'

31 *Pour lequel different accorder.* *Lequel:* relatif de liaison imité du latin. Le régime placé avant l'infinitif n'est pas un latinisme, mais un ordre traditionnel qui n'est sorti de l'usage qu'au XVIIe siècle.

32-3 *Et de fait luy ſeoit.* Le sujet est *noſtre langue francoiſe & gallicane.*

37 *Ou au moĩs en dõner quelq̃ bon eſpoir.* C.-à-d. *pour en donner,* continuant *pour deſcripre* ci-dessus.

39-40 *Comme celuy qui ayme...* Cf. plus haut (33-4) *Comme celle qui...prononcoit* et (25-6) *Comme celuy qui...ſcet exprimer.* Cette construction, imitée du

latin *quippe qui,* exprime la cause du fait annoncé dans la principale. A traduire
ici par 'car j'aime...'.

49 *Vne aultre raifon...Ceft de perfuader:* 'Un autre motif...à savoir le désir
de persuader...'

52 *Ainfi comme fe:* 'tout comme si...'

65-6 *dun mefme accord et voulente.* L'article indéfini, ainsi que l'adjectif *mefme,*
se rapportent aux deux substantifs coordonnés.

68 *Laquelle amiftie.* Autre exemple du relatif de liaison. Cf. ci-dessus, 31 et note.

71 *Mais bien la pourra on recouurer. La* se rapporte à *laquelle amiftie.*

77-8 *Ce que nul aultre...a encoires attempte.* L'omission de *ne* est un pur
latinisme.

83 *ie cerche. Cercher,* dérivé du bas latin *cĭrcāre,* est la forme primitive de ce
verbe, celle des textes médiévaux. *Chercher,* dû à l'assimilation de l'*s* initial à la
chuintante sourde de la syllabe suivante, est très rare avant le XVIe siècle, et ne
l'emporte qu'au XVIIe.

85 *defirant quelle recoyue.* Le sujet est toujours *ie.* L'omission du pronom
complément *le* (= *ce prefent*) est un latinisme.

(b) 6-7 *Et fentre preffoient.* Quoique le verbe soit au pluriel, il n'est pas exclu que
le sujet soit *chafcun,* car ce distributif appelait indifféremment le verbe au singulier
ou au pluriel. D'autre part il est également possible que le sujet soit le *ilz* de
ilz fe deuffent entre batre.

9 *qui ne pouoit aduenir | il y ruoit.* Le pronom personnel fait pléonasme avec le
relatif: 'celui qui ne pouvait y accéder, jetait...'

20 *dune voix tonāt.* Le participe présent pouvait rester invariable en genre,
mais non en nombre. Il est intéressant de constater que cet exemple fut changé
en *d'une voix tonnante* dans une édition de 1549.

24-5 *IE doncques tout delibere...Prefentay.* Les pronoms sujets, placés aujourd'hui immédiatement avant le verbe, pouvaient s'en trouver séparés par
plusieurs mots.

29-31 *en faifant mon offrande il me fouffrit baifer les leures coraillines | de lymaige
pretendāt encoires la rebaifer...* La syntaxe moderne exige que le gérondif se
rapporte au sujet de la proposition principale, ou au moins, qu'il n'y ait pas
d'équivoque possible. 'Pendant que je faisais mon offrande, il (Belacueil) me
permit de baiser...et je me proposais...'

32-3 *quand Dangier...euft veu...* Autre confusion orthographique: il s'agit
sans doute du passé antérieur.

39 *mon rebout et confufion.* Le possessif *mon* se rapporte sans distinction aux
deux substantifs: 'ma rebuffade et ma confusion'.

47-8 *Non tant que ce peuft fembler...Mais toutefuoies il donnoit. Il,* pronom
neutre, remplace souvent *ce,* dont l'emploi comme pronom sujet est déjà limité
à quelques verbes peu nombreux. *Ce* et *il* sont à rapporter ici tous les deux au
phénomène des *pas humains.*

49 *Efperant que ie paruiendroye* = 'car j'espérais'.

52-3 *apres plufieurs perilz & nauffrages efchapez.* Latinisme caractérisé par le
participe passé rapporté à un substantif dépendant d'une préposition. Brunot
(HLF, II, 467) cite l'exemple *apres la paix conclue,* calqué sur le latin *post pacem
conclusam.*

54–6 *Comme celuy qui* (voir note (a) 39–40)...*voifins.* Parenthèse. *Finablement iapperceuz* marque le commencement de la principale, annoncée par *APres loingtains voiages* (52).

72 *OR eftoit la roche*... Comme *et, or* pouvait au XVIe siècle provoquer l'inversion.

74 *fon circuite. Souhaitant*... Substituer une virgule au point.

74–5 *Souhaitant...que ie peuffe recouurer*... Comme le participe *souhaitant* se rapporte au sujet du verbe subordonné, cet emploi du subjonctif serait aujourd'hui inadmissible.

86–7 *Si dreffay la veue pour regarder la regiõ...Et fe...il y auoit.* Construction asymétrique: le puriste dirait sans doute 'pour regarder la région *et pour voir si...*'

5

5–6 *dacquerir prudence:* dépend de *vous eft befoing.*

9–10 *mais cefte doctrine...naurez vous.* La langue moderne exigerait la reprise du substantif par un pronom: 'cette doctrine...vous ne l'aurez pas...'

15–16 *et fe nomme cefte maiftreffe hiftoire.* L'inversion a pour effet de juxtaposer le sujet et le prédicat.

18–19 *et eft autãt a dire hiftoire...comme...:* 'et le mot histoire veut dire...'

23–4 *et apres la mort delaiffer. Delaiffer* dépend de *la facon de.*

27 *le temps aduenir.* Confusion orthographique de *à+venir* avec le verbe *aduenir* 'arriver', où le *d* n'était pas prononcé, s'il faut en croire Peletier du Mans (*Dialogu̧*, p. 180).

61 *difant que...:* 'car il (Alexandre) disait que...'

68–9 *cõgnoiffãt quil vauldroit autant ou mieulx que les chofes demouraffent en oubly que deftre efcriptes par...* Anacoluthe. Le sens est 'sachant qu'il vaudrait autant ou mieux laisser tomber les choses en oubli que de les laisser décrire par...'

70 *plus y a, quil defendit...:* 'et qui plus est, il défendit...'

78–9 *neãtmõis il ne vouloit.* Emploi pléonastique du pronom sujet *il*, servant à reprendre devant le verbe le sujet nominal *augufte*, qui en est séparé par trois subordonnées.

81–2 *defendoit...a ceulx qui...quilz ne le fouffriffent.* La construction qui consiste à faire suivre *défendre* de l'infinitif, avec ou sans préposition, est très rare dans la première moitié du XVIe siècle.

83 *fon nom en ce faifant fe pourroit...auiller. En ce faifant* ne dépend pas de *fon nom*, mais de *ilz*. 'S'ils faisaient de la sorte', ou 's'ils le permettaient, son nom etc....'

84–5 *par auoir efte trop maniee:* 'par l'usure', 'par le fait d'avoir été maniée'.

88–90 *entre la langue lettree et la maternelle il ny euft autre difference finon que de parler proprement et ornement...* Construction assez lâche. Qui est-ce qui parlait? Budé veut dire sans doute que la seule chose qui manquait à la langue parlée (*la maternelle*), c'est la propriété des termes et l'élégance qui caractérisaient la langue littéraire (*la lettree*).

93 *touteffoys on faifoit tant deftime:* voici enfin la proposition principale.

98 *qui eft:* 'ce qui est': se rapporte à la somme de *vingt talens dathenes*, mentionnée ci-dessus.

106–8 *par laquelle congnoiſſans ceulx dathenes ſon ſcauoir . . . le rappellerent.* Construction calquée sur le latin. Rien de plus commun, d'ailleurs, que l'inversion dans la construction participiale. 'Les Athéniens, reconnaissant par là son savoir, le rappelèrent.'

111–12 *le roy degypte qui eſtoit . . . le royaume plus renomme.* Le pronom relatif se rapporte à *egypte*, c.-à-d. à un nom indéterminé.

112–13 *et vint a athenes groſſe ambaſſade.* Noter l'inversion après *et*. L'omission de l'article indéfini est particulièrement fréquente lorsque le substantif est accompagné d'un adjectif.

115–16 *floriſſoit leloquence et toutes ſciences.* L'accord en nombre se fait avec le substantif le plus proche du verbe.

116 *plus quilz nont fait iamais depuis.* Dans la première moitié du XVIe siècle, cette confusion de *ilz* et de *elles* n'est pas rare. *Nont fait: faire*, verbe suppléant, remplace *florir*.

127 *. . . choſe qui luy demandaſt. Qui = quil*, voir note au n° **2**, 143.

135 *non eſt il:* 'et il n'y a pas non plus . . .'

6

6–7 *et que trop mieulx on pourroit deſmentir . . .* Continuation de la construction introduite ci-dessus par *diſt* (*quil auroit Hôte*).

9–10 *par reuelacion diuine & de ſainct Iacques . . . qui:* c.-à-d. 'par révélation de Dieu, et de S. Jacques qui . . .'

21–2 *eulx aduertiz . . . recullerent.* Cf. plus bas (33–5) *de laquelle aduerty Eigoland . . . il eut . . . craīcte*, et (75–6) *Aduerty Charlemaigne . . . leur alla dōner laſſault.* Cet emploi concis du participe, imité du latin, permet d'éviter soit une proposition temporelle, soit la construction *ayant été (averti)*.

24 *ou eſtoient les princes qui ſenſuyuēt. Ou*, se rapportant à *combatans*, est à traduire par 'parmi lesquels'.

46 *chaſcun iour. Cha(s)que* est très rare avant le milieu du siècle, et *chascun* continue longtemps à fonctionner comme déterminatif de distribution.

57 *ceulx qui eſtoient dedãs Eigoland ſortit.* Il faut un point après *dedãs*.

62–3 *Aps ceſte victoire | & que les ſarraſins ſe furent retirez.* Construction asymétrique. *Apres* a deux compléments de natures différentes; le premier est un nom, et le second un verbe à mode fini. Pour plus ample discussion de ce genre de construction voir Vaugelas, *Remarques*, p. 394; Brunot, *HLF*, III, 701, et Brunot, *La Pensée et la langue*, p. 358.

63–4 *vng roy de Nauerre ſe declaira contre Charlemaigne lequel il deſſit et ſes nauarrois.* Il ressort du contexte plutôt que de la construction que c'est Charlemagne qui défit le roi de Navarre et non l'inverse.

80–1 *lemporta comme on feroit vng poulet. Feroit:* verbe suppléant, 'comme on emporterait un poulet'.

93 *Il y auoient . . . deux princes.* Cet accord par attraction de l'attribut est particulièrement fréquent quand le verbe est impersonnel. Pour d'autres exemples voir Brunot, *HLF*, II, 440–1, et cf. n° **19b**, 3–4, 107.

95 *& leur manda quilz priſſent la foy creſtienne.* La construction moderne exigeant l'emploi de l'infinitif lorsque le verbe de commandement, etc., a un régime

personnel, fait son apparition vers la fin du moyen âge et prend une grande extension au cours du XVIe siècle. Mais la vieille construction avec le subjonctif est tenace, car en 1647 Vaugelas peut condamner comme 'mal dites' des phrases telles que *il m'a commandé que je fisse, il m'a prié que je fisse,* leur préférant *il m'a commandé de faire, il m'a prié de faire* (voir *Remarques,* p. 322). Quarante ans plus tôt, Maupas citait comme plus élégants des exemples de la construction moderne (*Grammaire,* pp. 318–20).

97 *corrumpu de pecune. Corrumpu* se rapporte à Gannes (Ganelon) et non à *ambaſſadeur.*

103 *& quil laiſſaſt.* Nous adoptons ici la leçon de l'édition de 1537.

115 *donna ſur eulx & le deffit.* Faut-il voir dans *le* une coquille ou une représentation phonétique de *les* devant consonne? Cf. ci-dessus (60) *lequelȝ.*

118 *& ſe voyant ſeul & ſans ayde & ȷl eſtoit pres de la mort.* Changement de construction: la phrase continue comme si elle avait commencé par *voyant qu'il eſtoit seul.* On pourrait résoudre la difficulté en traduisant par 'se voyant seul et près de la mort'. Vaugelas, *Remarques,* p. 358, cite l'exemple de *il s'est bruſlé, & tous ceux qui eſtoient aupres de luy,* et ajoute 'cette façon de parler...n'est pas bonne'.

128 *La piteuſe nouuelle ſceue Charlemaigne.* Nominatif absolu, calque de l'ablatif absolu du latin. Cf. le français moderne *toute réflexion faite.*

141 *Tu as monſte.* Dans la conjugaison des verbes intransitifs on trouve assez souvent l'auxiliaire *avoir* employé là où la langue moderne exigerait *être.* Mais l'inverse se produit aussi.

145 *actendans ſommes.* Le verbe simple peut se remplacer par une périphrase formée d'*être* (ou d'*aller*) et du participe présent du verbe. Cf. n° **32,** 154, 156.

7

1–5 *fut ordõne en garniſon a Verõne...ou peu de tẽps apres...ſen vindrent retirer audit Verõne. Ou* se réfère à la première mention de Vérone: la seconde, grammaticalement superflue, sert de rappel.

6–7 *quãt ilȝ la virent habandõnee. La* = la ville de Vicence.

9 *et conuenoit aux ſouldars...enuoyer.* L'infinitif sujet de *convenir* s'employait souvent sans préposition.

12–13 *mais il neſtoit gueres iour qȷlȝ ne rencontraſſent les ennemys & ſe frotoient treſbien lung lautre. Se frotoient,* etc.: l'indicatif est employé parce que ces mots ne dépendent plus de *il neſtoit gueres iour que,* mais au contraire constituent une proposition indépendante.

16 *ȷl en faſcha au bon cheualier.* Construction impersonnelle: 'que le bon chevalier s'en irrita'.

20 *parquoy delibera.* Il ressort du contexte que le sujet de ce verbe est le capitaine Moufron.

24 *ȷ eſtoit ſage & aduiſe. Qui* se rapporte au capitaine Pierrepont. Cf. ci-dessous (26–7) *Le bon cheualier acõpaigne de cent hõmes darmes qui ne penſoit point eſtre deſcouuert:* on trouve des cas où le pronom relatif est encore plus éloigné de son antécédent.

36–7 aufquelz il auoit...chãte leur lecon Et...q̃lz neuſſent a ſortir. Coordination de deux propositions alors que le verbe principal ne convient pas pour le sens. Il faut sous-entendre devant la seconde proposition un verbe différent: 'et il leur avait commandé...'

42 les voulut aller charger... Le pronom précède l'auxiliaire et non l'infinitif dont il constitue le régime grammatical. Voir note au n° 2, 12.

43 cõmencerent...a eulx retirer. Cet emploi du pronom accentué et non réfléchi est courant au moyen âge et au XVIe siècle.

49 qui tumba ſi mal a point que vng de ſes piedz tenoit deſſoubz. Il est impossible de savoir si c'est le cheval ou Bayard qui est le sujet du verbe *tomber.* Le fait que *vng de ſes piedz* se rapporte à Bayard n'est pas probant.

70 aydant dieu. Nominatif absolu. On dit encore *Dieu aidant.*

74 mais ſi auoient bien les ennemys. L'auxiliaire répété dans une construction affirmative remplace le verbe composé de la proposition négative qui précède. 'Mais l'ennemi, lui, avait bien essuyé des pertes, à savoir...'

82 ou il fiſt merueilles darmes. Ou se rapporte de façon assez vague à la notion contenue dans *ſe gecta a pied*: en d'autres termes, nous avons affaire ici à un relatif rapporté à un nom indéterminé. Traduire par 'il descendit de cheval et fit à pied...'

86–7 parquoy commanda le bon cheualier quon ne chargeaſt plus et quil ſuffiſoit bien ſe retirer. Noter, outre l'inversion après *parquoy,* le changement de construction après *commanda.* Les verbes des propositions complétives ne sont pas au même mode. Pour évaluer la seconde proposition, il est nécessaire de faire abstraction de la notion d'un ordre donné, et de ne plus voir dans *commander* qu'un simple substitut de *dire.*

88–9 a ſainct Martin dont le matin eſtoient partiz, (94–6) voulurent ſeiourner... dont le cappitaine...neſtoit pas doppinion, (97) bien deſpit dont il auoit eſte. Voici, à peu de distance les uns des autres, trois emplois différents de *dont,* tous inadmissibles dans la langue moderne. Au premier *dont,* il faudrait substituer *d'où,* au second *ce dont* (mais il vaudrait mieux tourner autrement, en disant 'ce qui n'était pas l'avis du capitaine...'), et au troisième *de ce que.*

102 va arriuer. Il importe de ne pas confondre cet emploi d'*aller* avec celui, très courant aujourd'hui, qui exprime un futur prochain. Nous avons affaire plutôt à un simple substitut du prétérit. Voir Gräfenberg, *Beiträge,* p. 83.

120–1 demourez. Demouré, forme phonétiquement régulière du participe passé, s'est vu peu à peu évincer par *demeuré,* forme analogique due à l'influence du radical *demeur-,* phonétiquement régulier aux trois personnes du singulier et à la troisième personne du pluriel de l'indicatif et du subjonctif présents.

123 Eulx arriuez cõmencerent a crier. On évite une construction plus lourde en rapportant le participe au sujet du verbe.

127 ou la ſe cuydoit aſſembler. La fait pléonasme avec *ou.*

131 pour leſquelz en les relaſchât on retira deux autres... Il faut sous-entendre (*en les relaſchât) dans la suite,* ou *plus tard.* Les Français firent prisonniers deux Vénitiens qu'ils échangèrent plus tard contre deux prisonniers français.

8

(a) 2–3 *Den bailler Exēple | feroit fuperfluite.* L'infinitif sujet se faisait volontiers précéder de *de* au XVIe siècle, et cette construction est encore possible aujourd'hui. Mais on employait souvent aussi l'infinitif pur. Cf. nº **27**, 113–14.

4–5 *tant faire...que ie peuſſe perſuader.* Cette subordonnée appelle le subjonctif parce que la conséquence est considérée comme un but à atteindre.

5–6 *perſuader a daulcuns, que...quilz ne la corrumpiſſēt point.* En raison de la structure lâche de la phrase, les auteurs du XVIe siècle trouvent prudent de répéter le *que* de subordination, qui sert de rappel ou de reprise.

6–7 *Ie treuue.* L'ancienne alternance vocalique *je treuve–nous trouvons* a donné naissance à deux conjugaisons séparées, *trouver* et *treuver*, que certains auteurs du XVIe siècle emploient de façon conséquente, tandis que d'autres continuent à observer l'alternance, et que d'autres encore mélangent sans système les formes des deux verbes.

21–3 *me ſemblent quilz ne ſe monſtrent ſeullement...mais quil ſeroit bon quilz ne feuſſent oncques nez.* A moins que *me ſemblent* ne soit attribuable uniquement à l'attraction de *Iargonneurs*, la deuxième proposition complétive ne se rapporte plus à cette forme du verbe, mais plutôt à un impersonnel (*il*) *me ſemble*, qui reste inexprimé.

23–5 *Iacoit que Maiſtre Frācois Villon...y aye eſte grandement Ingenieux, ſi touteffois euſt il myeulx faict dauoir entendu a faire aultre pluſbōne chouſe:* 'Quoique... Villon ait fait preuve d'une grande ingéniosité à cet égard, il aurait mieux fait quand même de s'occuper de quelque chose de mieux.'

27–8 *ie vouldrois que tels Corrompeurs...fuſſent ſi auyſez & ſages, quilz penſaſſent...* Le subjonctif dans la subordonnée de conséquence, très courant au XVIe siècle, est employé maintenant seulement lorsque la principale est négative ou interrogative.

45 *Tenroit...Tiēdroit.* Cette forme archaïque du conditionnel s'est en effet vu remplacer par *tiendroit*, refait sur les formes accentuées sur le radical.

49 *Herper...Herpe.* Tory juge correcte la forme *herpe*, mais il serait permis d'y voir un cas d'hypercorrection. Cf. ci-dessus notre note sur *parſonnaiges*, nº **1**, 32.

54 *feurre...fourreau.* Remplacement d'une forme simple par un dérivé à suffixe.

67 *le ma faict faire:* cf. plus bas **b**, 18, *il la nous fault mandier.* Ordre normal des pronoms: l'ordre moderne ne sera définitivement adopté qu'au XVIIe siècle. Vaugelas (*Remarques*, pp. 33–4) atteste que certains de ses contemporains continuaient à suivre l'ancien ordre, au moins dans l'écrit.

(b) 30 *eulx y employer.* Cette substitution du pronom personnel au réfléchi proclitique est déjà rare au XVIe siècle. Voir Huguet, *La Syntaxe de Rabelais*, pp. 65 et suiv.

9

(a) Si Rabelais a puisé dans le *Champfleury* de Geoffroy Tory (voir n° **8a**, 9–12) le point de départ de cet épisode, il a su donner à l'idée initiale un assez vaste développement. Cela dit, il importe de distinguer entre les latinismes que Rabelais a forgés exprès et ceux qui étaient courants à son époque. De ceux-ci, plusieurs sont restés dans la langue, et ne passent pas aujourd'hui pour particulièrement savants, p.ex. *crépuscule, déambuler, sexe, féminin, méritoire, pénurie, patriotique, nocturne, révérer, vénérer, génie, apte, redondance, origine, indigène.*

4 *dont vient tu.* Une faute, évidemment, mais qui ne changeait rien à la prononciation.

15 *par forte fortune.* Calque du latin *fors fortuna,* où *fors* n'a rien à voir avec l'adjectif *fortis.*

31–2 *quil nous cherme. Cherme* = 'charme', par hypercorrection. Cf. note au n° **8a**, 49.

35 *lufance cõmun.* Survivance de l'invariabilité, quant au genre, des adjectifs latins en *-is.* Rien de plus banal, dans les textes du XVIe siècle, que la forme féminine *grant,* mais pour les autres adjectifs de la même catégorie, l'invariabilité est très rare. Noter sous ce rapport n° **1**, 100, *cõmune patenoftre.*

(b) 3 *cõme il eftoit ainfi la demourãt.* Périphrase durative.

4 *en la maniere que fenfuyt.* Ces mots ne modifient pas *receupt,* mais se rapportent à *lettres* et signifient 'ainsi conçues', 'rédigées dans les termes suivants'.

12–13 *efquelz* (= 'auxquels') *fut dit | que par ce quilz nauoiẽt efte obediens... | q̃lz mourroiẽt.* Noter la reprise de *que* : cf. n° **8a**, 5–6.

13–14 *reduict a neãt cefte...plafmature.* L'accord du participe passé conjugué avec *être* ayant été assez rigoureusement fait au XVIe siècle, il faut probablement voir dans cette apparente exception un simple cas d'élision.

18–19 *hors tout dãgier & cõtamination. Tout* se rapporte aux deux substantifs coordonnés.

21–2 *leur fin & periode.* Redoublement très au goût de l'époque.

31–2 *mais fans reprouche.* A rapporter à *non fans peche.*

35 *confyderant :* 'quand on considère'.

38 *Ce que ie ne dys pas par defiance que ie aye de ta vertu.* Nous avons affaire ici au subjonctif de la fausse cause.

39–40 *Mais pour plus fort te encourager.* Ces mots constituent la cause véritable.

44 *tel te laiffer.* L'attribut est souvent placé de cette façon avant le verbe.

51 *tãt ydoine ny cõmode...cõme.* Cf. plus bas (52) *telz p̃cepteurs cõme tu as eu,* et (112–13) *tãt a Paris cõme ailleurs,* (130) *tel eftoit fon efprit...cõme eft le feu.* Pour cet emploi de *comme* voir note au n° **2**, 5–6.

58–9 *encores que bien ie le puiffe & louablemẽt faire.* L'ancienne langue avait la possibilité de séparer par un ou plusieurs mots les termes coordonnés, fussent-ils substantifs, adjectifs ou adverbes.

61–2 *mais pour te donner affection de plus hault tendre.* A rapporter à *ce que ie ne dis pas par iactãce vaine.* La fausse cause est suivie de la vraie après une assez longue parenthèse.

63–4 *que vne perfonne fe die fcauãt.* Les mots qui se rapportent au substantif *personne* peuvent être au masculin. Voir *personne* au *Dictionnaire* de Huguet.

64 *Les impreffions tãt elegãtes.* Ces mots ne constituent pas le sujet grammatical d'une phrase nouvelle: ils ne font que continuer l'énumération qui commence par *toutes difciplines.*

68 *quil meft aduis.* Proposition consécutive assez mal annoncée par *Tout le monde eft plain.* Il faut ou comprendre *tout le monde eft fi plain,* ou voir en *que* l'équivalent de *à tel point que.*

73–4 *Il neft pas les femmes et filles qui ne ayent afpire....*: 'Il n'y a pas, il n'est pas jusqu'aux femmes et aux filles qui n'aient aspiré.'

80 *cõmander yffir.* L'infinitif sans préposition était d'un emploi courant après les verbes *commander, craindre, feindre, mériter, permettre,* et *promettre.* Mais on trouve aussi la préposition *de.*

80–1 *ie te admõnefte que employe.* Cf. plus bas (88) *tiengne,* (94) *fache,* (94) *cõfere,* (96) *adõne,* (97) *congnoiffe,* (110) *effaye.* Les formes sans *s* sont bien attestées, tant à l'indicatif qu'au subjonctif. Il ne suffit pas d'expliquer ce phénomène uniquement par l'amuissement de l's final après *e,* car l'omission est beaucoup plus rare, et même tout à fait exceptionnelle, dans le pluriel des substantifs à terminaison féminine. Il est plus tentant de supposer que l's est tombé par analogie avec les autres personnes du singulier.

92–3 *laiffe moy Laftrologie.* Cf. plus bas (94) *et me les cõfere...* Il s'agit du *dativus ethicus* de la grammaire latine. Sous la forme d'un objet indirect, le pronom de la première personne exprime l'intérêt que prend à l'action celui qui parle. V. aussi nᵒˢ **21a**, 26, **21b**, 17, et **23c**, 61.

108–9 *pour defèdre ma maifon | & noz amys fecourir.* Chiasme qui combine l'ordre des mots moderne avec l'ancien.

111 *que tenãt conclufions:* 'qu'en disputant'.

115 *Il te cõuient.* Proposition principale, annoncée par *Mais par ce que.*

119–20 *Soys feruiable a tous...& les ayme.* Cf. ci-dessus (92–4) *laiffe...et me les cõfere.* Le pronom personnel objet du second de deux impératifs coordonnés précédait autrefois celui-ci. Cf. le vers bien connu de Boileau *Poliffez-le sans cesse et le repoliffez,* et voir aussi Grevisse, *Le Bon Usage,* 8e édition, p. 419.

122–3 *les graces que Dieu te a dõnees | icelles ne recoiptz point en vain.* Reprise: 'ne les reçois pas en vain'.

124 *affin q̃ ie te voye & donne ma benediction.* La langue moderne ne permet pas qu'un pronom personnel soit à la fois objet direct d'un verbe et objet indirect d'un autre verbe, coordonné. Pour des emplois classiques et postclassiques de cette construction, voir Grevisse, *Le Bon Usage,* 8e édition, p. 417.

128 *Ces lettres receues et veues Pantagruel print.* Participe absolu, calque de l'ablatif absolu du latin.

10

(a) 4–5 *ie fus faict confrere au diocefe De fainct marry en leglife fainct prins.* Jeu de mots sur *S. Méry* et *marry* (affligé), *S. Priest* et *prins* (prisonnier): autant dire 'confrère au diocèse de l'affliction, dans l'église de la réclusion'.

11–12 *qui fut bien eſtonne Ce fut marot plus que ſil euſt tonne.* Souvenir du rapport étymologique entre *tonner* et (*s'*)*estonner*, rapport préservé pour Marot et ses contemporains dans l'expression proverbiale *tout ce qui tonne ne nous eſtonne point.*

17 *me diſent il lors. Il,* forme primitive du pronom pluriel, avait été remplacé au cours du moyen âge par la forme analogique *ils,* mais rien n'était plus facile que de les confondre, la prononciation des deux étant *i* devant consonne.

19 *Quon recouyſt. Que* introduit une proposition temporelle à rapporter à *laultre iour.*

20 *et moy de le nyer.* L'infinitif de narration fait son apparition en moyen français: voir Brunot, *HLF,* 1, 476, II, 460–1; et A. Lombard, *L'Infinitif de narration dans les langues romanes. Etude de syntaxe historique,* Upsal, 1938, p. 194.

25 *Euſſe ie peu vng aultre recourir.* Rien de plus commun, dans la langue du moyen âge, que l'intercalation du régime entre l'auxiliaire et l'infinitif. Mais à l'époque de Marot, cet usage se cantonne de plus en plus dans le langage poétique.

45 *nous auons bien accorde enſemble.* Jeu de mots où il s'agit à la fois d'un accord signifiant 'pacte' ou 'convention' et d'un accord musical.

47 *Sinon a vous la partie eſt bien forte. Sinon a vous* marque la fin de la proposition, et on pourrait très bien ajouter un point.

49 *Vous nentendez proces nomplus que moy:* 'C'est que vous ne songez pas plus que moi à un procès'.

66 *Et mexcuſez.* Cf. note au nº **9b**, 119–20. Le 'premier impératif' est en quelque sorte implicite dans les vers 63–4.

(b) 13 *Preigne le cueur.* Subjonctif à sens impératif. Quoique plus fréquent qu'au moyen âge, l'emploi de *que* n'est pas encore de rigueur. Toutefois, Meigret (*Tretté,* fº 69ᵛᵒ), en parlant de 'l'impératif de la troisième personne', donne comme exemples *q'il faſſe, q'il* (pl.) *eymet.*

(c) 1–2 *dame teuſſe clamee, Mais...* Construction à rapprocher de celle de l'hypothèse, la proposition *Mais vng nouueau ta ſi bien reclamee* étant en quelque sorte l'équivalent de *ſi vng nouueau ne teuſt ſi bien reclamee.*

4–5 *Si ne peulx tu choſe en moy souſtenir Pourquoy lamour deuſt eſtre conſommee.* 'Et pourtant tu ne peux rien alléguer dans ma conduite qui te justifie de mettre fin à notre amour.'

10 *Dieu doint que.* Subjonctif à sens optatif.

13 *Daller au change | & a grant tort bannir. Bannir,* tout comme *aller,* est à rapporter à *ne ſeſt peu tenir* au vers précédent, mais la langue du XVIe siècle n'exige pas la répétition de la préposition.

(d) Ce poème, publié pour la première fois en 1538, résume en quelques vers la règle de l'accord du participe passé conjugué avec *avoir* lorsque le régime précède le verbe. Avant Marot, seul Palsgrave a traité cette question, mais il a constaté une tendance plutôt qu'il n'a formulé une règle (voir l'*Esclarcissement,* Second Livre, fº liiiiᵛᵒ, et 3e Livre, fº ccccxiiiʳᵒ–ccccxiiiʳᵒ⁻ᵛᵒ). Sylvius, pour sa part, ne parle que de l'accord avec le régime qui suit le verbe (*Isagωge,* pp. 123–4). Marot cite avec approbation une vieille chanson, mais le fait est qu'il aurait pu également citer bien d'autres exemples médiévaux où l'accord n'est pas fait; et on ne voit pas très bien comment les règles de l'italien concernent le français. De toute façon, et que cela soit dû ou non à l'influence de Marot, on constate une nette tendance à faire l'accord dans la seconde moitié du siècle, quoique les exceptions soient encore nombreuses. En 1550, Meigret, qui qualifie de 'lourdes incongruités' les accords de ce genre (*Tretté*, f° 66ʳᵒ), ajoute que l'usage les accepte et les trouve élégants. Antoine Cauchie déclare en 1576 (*Grammatica gallica*, pp. 144–5) que le non-accord est populaire et l'accord plus érudit. Il est évident que pour Maupas en 1607 (*Grammaire*, p. 334) et encore davantage pour Vaugelas en 1647 (*Remarques*, pp. 175–6, 575), c'est une faute de ne pas faire l'accord.

II

(a) 4–5 *Que ſi on les eſcriuoit.* *Que* constitue une ligature assez vague avec ce qui précède.

5–6 *on pourroit ſoubſtenir lorthographe eſtre raiſõnable.* La proposition infinitive, imitée du latin, se construit surtout avec les verbes signifiant *dire, croire, savoir, vouloir, ordonner*, etc. Cf. plus bas (7–8) *eſtime ſon orthographe eſtre la plus ſeure* et (15–16) *q̃ ie cõgnoiſſoye faire beſoing*. Cette construction est beaucoup plus rare aujourd'hui, sauf évidemment avec *faire, laisser* et les verbes de perception. Voir Gougenheim, *Grammaire de la langue française du XVIe siècle*, pp. 155–8; Brunot, *HLF*, II, 453–6; et Grevisse, *Le Bon Usage*, 8e édition, pp. 1034 et suiv.

18–19 *Que ſi les Francoys.* *Que* explétif.

19 *leur ancienne langue.* C.-à-d. la langue gauloise.

20–1 *lorthographe ne fut pas.* Lire *fuſt.*

(b) 1 *Ces choſes dit Ieſus.* Cf. plus bas (7–8) *Ces choſes diſt Iſaiah.* Ordre encore possible au XVIe siècle, surtout lorsqu'un régime, d'ordinaire assez bref, est accompagné du démonstratif ou du relatif de liaison.

10 *pour les Phariſiens.* *Pour* a souvent le sens de 'à cause de'.

16–17 *ie ne ſuis point venu affin que ie iuge le monde.* Quoique la construction moderne *afin de*+infinitif existe au XVIe siècle, on trouve encore parfois une proposition subordonnée introduite par *que*.

20 *iceluy ma dõne cõmandemẽt.* Reprise du sujet *le pere* par le pronom *iceluy*.

25 *Et le ſoupper faict.* Participe absolu.

27–8 *Ieſus ſachant...il ſe leue.* On trouve assez souvent cette reprise du pronom sujet atone de la 3e personne, lorsque le sujet nominal est séparé du verbe par une subordonnée ou par une apposition.

51–2 *ce ſuis ie.* Cette formule, héritée du français médiéval, se voit remplacer au cours du siècle par le type moderne *c'est moi*. A la différence de la construction moderne, c'est le pronom personnel qui est le sujet grammatical, et *ce* le prédicat. Il semble que le tour moderne ait été adopté plus tôt à l'interrogatif qu'à l'affirmatif: voir Brunot, *HLF*, II, 441–2. Meigret (*Tretté*, f° 50ʳᵒ⁻ᵛᵒ) atteste *ce ſuis ie* et *c'eſt tu* [*sic*], et il préfère *ce ſont ils* à *c'eſt eux*. Maupas (*Grammaire*, p. 147) cite *c'est moy, toy, luy, nous, vous, eux*, mais de l'autre paradigme il ne cite que *ce suis je, ce sommes nous*, et *ce sont eux*.

64–5 aucuns cuidoient...q̃ Iefus luy eut (=euft) dit. Au XVIe siècle le subjonctif est facultatif dans les propositions qui dépendent d'un verbe signifiant *croire*, *penser*, employé à l'affirmatif. Il est vrai qu'il s'agit ici d'une supposition erronée, mais d'autre part on trouve parfois le subjonctif même là où la supposition s'avère exacte. Il faut reconnaître qu'il n'y a tout simplement pas de règle. Voir Bement, *French Modal Syntax*, pp. 5–9.

65–6 luy eut dit: Achette...ou quil dõnaft. Changement de construction. Olivétan cite d'abord les paroles supposées de Jésus, mais il continue par une construction indirecte, le verbe étant au subjonctif parce que *dire* exprime un commandement. Après *dire*, la construction moderne avec l'infinitif se fait attendre plus longtemps qu'après les autres verbes exprimant le commandement, et même en 1647, Vaugelas considère comme un gasconisme le tour *il m'a dit de faire* (*Remarques*, p. 322). Il faut y voir plutôt un cas d'analogie.

75 affin q̃ auffi vo⁹ vous aymez. Forme archaïque du présent du subjonctif, cf. note au n° **2**, 166.

85–6 Et fi ie men voy vous preparer le lieu. La Vulgate porte *si abiero*: en d'autres termes il s'agit bien ici d'une hypothèse, et non de *si* dérivé de *sic*. *Ie retourneray derechef* est la principale.

90–1 Si vous meuffiez cõgneu: vous euffiez auffi certes cõgneu mon pere. Voir note au n° **3**, 167–8.

12

(a) *6 Que fi. Que*, ligature assez vague, se rapporte d'une façon générale à ce qui précède.

6 ie ne te lay rendu. Noter, déjà, l'ordre moderne des pronoms compléments atones. Voir cependant la note au n° **8a**, 67.

28–9 fi ie cognoy que tu nayes point trouue cecy mauluais. On trouve souvent le subjonctif dans une proposition qui dépend d'une autre de caractère hypothétique, que le verbe de celle-ci soit au subjonctif ou non.

(b) *1–2 quil ma cõmãde q̃ ie luy feiffe relier ce liure.* Pour la construction voir la note au n° **6**, 95.

10–11 fil en y a point ca bas, et cf. plus bas (45) *il nen y a point de meilleur.* *En* devant *y*, ordre encore normal au XVIe siècle, mais que Vaugelas condamnera comme archaïque en 1647 (*Remarques*, p. 94).

19–20 ie verray fil y a riẽ pour ma dame Iuno. Il ne faut pas conclure, de l'absence de *ne*, à une omission. *Rien* n'a pas encore tout à fait perdu son sens positif, mais s'il s'emploie sans *ne*, c'est surtout dans des propositions interrogatives ou hypothétiques. Cf. plus bas (50–1) *Si nous vallons rien*, et (55) *fil trouuera rien.*

26 Que ie regarde? Que s'emploie tant dans l'interrogation indirecte que dans l'interrogation directe. Ici, le sens est '(Tu me demandes) ce que je regarde?'

34 rien plus vray. Il n'est pas encore d'usage de relier *rien* ou *quelque chose* à un adjectif au moyen de la préposition *de*. Cf. plus bas (122) *rien fi vray.*

38–9 acouftre de la forte que les Poetes nous defcripuent Mercure. Le pronom relatif *que* — comme *lequel* d'ailleurs — peut s'employer en quelque sorte comme forme passe-partout pour marquer la liaison entre l'antécédent et la subordonnée qui le qualifie. Ici, *que* remplit la fonction de complément de manière.

41 *voyons...qui deuïēdra. Qui* = (*ce*) *que*+*i*(*l*).

43 *Dieu gard les compaignons. Gard:* forme archaïque du subjonctif présent de la première conjugaison. Subjonctif à sens optatif.

43 *vend on bõ vin ceans?* L'emploi de l'article partitif est bien attesté au XVIe siècle, mais il est encore possible de l'omettre devant les noms de matière (Meigret, *Trẹtté*, f° 46ʳᵒ, cite *j'ai or, ou monnaie*), et surtout lorsque ceux-ci sont précédés d'un qualificatif. Mais noter plus bas (48) *faictes venir du vĩ*.

51 *nous fcaurons que cefl* = 'ce que c'est': cf. ci-dessus **a**, 16 *pour myeulx te declairer que cefl que Proteus*, et ci-dessous (56) *nous verrõs que cefl quil porte la*, et (68) *voyons...que cefl.*

51 *et luy defroberons:* 'et le lui déroberons'. Voir note au n° **1**, 53.

66 *fil retourne quil nayt fouille:* 's'il revient sans avoir cherché, avant d'avoir cherché'.

79–80 *va le querir, & le metïõs en fon fac.* Voir note au n° **9 b**, 119–20.

92 *pour cela quil cõtient. Cela que*, pour *ce que*, est condamné par Meigret: voir *Trẹtté*, f° 54ʳᵒ⁻ᵛᵒ.

110–11 *Ie ne me colere point, ny ie nay point beu de Nectar. Ni* peut remplacer *et* comme lien entre deux propositions négatives, et *point* ou *pas* ne sont pas rares avec *ni*. Cf. note au n° **41 b**, 17–18.

120 *quelque chofe que vous ne cuydez pas que ie fache.* Cette construction, connue sous le nom de 'proposition doublement relative', est tolérée aujourd'hui lorsqu'elle comporte l'emploi de deux *que*, mais évitée sous la forme *que...qui*.

126–7 *des gens quil vauldroit mieulx que voꝰ eufſiez a faire a tous les diables denfer, que au moindre deulx.* C.-à-d. 'des gens tels que'.

133 *lheure que mõ pere Iupiter me dõna...loffice. Que*, relatif passe-partout, marque cette fois-ci un complément de temps.

148–9 *aufſi feroy ie de ma part. Feroy* (conditionnel): verbe suppléant à rapporter à *vous le vouldriez bien*, donc 'moi aussi je le voudrais bien'.

13

12 *Traduifant cefl Oeuure...i'ay parlé.* Il est à noter que les fonctions du participe et du gérondif ne se sont pas encore nettement séparées.

16 *Et efl certain.* L'emploi de *il* dans les expressions impersonnelles est encore rare.

17–18 *comme fi tu uoulois dire la uertu, & inſtruments uitaulx eſtre origine de l'efprit.* Noter, d'abord la non-répétition de l'article malgré la différence de nombre et de genre, et ensuite la subordonnée infinitive après *dire*.

27 *il ne uiolera, & n'amoindrira la maieflé.* Cf. plus bas (33) *il ne reprefente, & n'exprime la dignité.* Cette coordination de deux verbes négatifs par *et* au lieu de *ni* est très courante.

31–2 *Lefquelles fi le traducteur ignore.* Construction tout à fait latine: cf. plus bas (59) *Ce que fi aulcuns font.*

35–6 *il ne ſe fault pas aſſeruir iuſques à la, que lon rende* . . . : 'il ne faut pas s'asservir au point de rendre. . .'

37–8 *leſquelles il eſt beſoing eſtre en ung bon traducteur* = 'nécessaires chez un bon traducteur'.

43 *l'ordre des mots peruerti.* Participe absolu.

65–6 *la plus part des dictions de la langue Francoyſe eſt deriuée.* Devant le problème de l'accord du verbe avec les sujets collectifs ou envisagés comme tels, la langue hésite beaucoup. Dans les pages qui suivent, on verra que *la plus part* régit parfois le verbe au pluriel comme dans la langue moderne.

88–9 *& peu cõgnoiſſantz les tons, & meſures de la muſique.* L'accord du participe présent est déterminé au XVIe siècle plus par le hasard que par la distinction moderne entre la fonction adjectivale et la fonction verbale.

94 *Et qu'ainſi ſoit*. . . 'Et la preuve qu'il en est ainsi, c'est que. . .': tour très courant, mais voir aussi note au n° **40**, 133–5.

98–9 *Qui ſont :* 'Ce sont là. . .'

14

6–7 *penſantz que le Roy euſt intelligence.* Cf. (15) *deux Taureaux courantz du hault d'une montaigne,* (17–18) *ſe fichantz les cornes,* (22) *ne craignantz,* (82–3) *uſantz de noſtre magnanimité antique.* Accord du participe, contraire à la règle moderne. Cf. n° **13**, 88–9, note.

29 *la nuict ſuruint : qui n'empeſcha. Qui* se rapporte soit à la nuit, soit à la proposition entière. Dans la seconde hypothèse, il équivaut à *ce qui*.

43 *pour toute la tuerie precedente. Pour,* exprimant l'opposition, est ici l'équivalent de *malgré*.

45–6 *plus cruel que deuant.* La distinction moderne *devant* (lieu) — *avant* (temps) ne s'est pas encore établie.

57 *que ia euſſions ſans la nuict ſuruenue.* L'elliptique *ſans la nuict ſuruenue,* calqué sur une construction latine (voir note au n° **4 b**, 52–3), est ici l'équivalent de la protase d'une hypothèse dont *que ia euſſions* serait l'apodose.

58–9 *O, que les Suiſſes ſont bien gẽs pour uaincre*. . . Exclamation ironique, à en juger par le texte latin à cet endroit.

63–4 *Et ſembloit a ueoir, que*. . . : 'Et il semblait, à les voir, que. . .'

66 *toute enragée.* Comme en français médiéval, *tout* malgré sa fonction adverbiale fait l'accord adjectival. Cf. n° **46a**, 13.

70–1 *quand ce uiendroit a l'aulbe du iour :* 'en attendant l'aube', 'en attendant que vînt le jour'.

76 *Sera il dict,* cf. (78) *ſera elle. . .conculquée*. . . Voir note au n° **2**, 105.

81 *ilz congnoiſtront, que ſcauons faire :* 'ce que nous savons faire', 'ce dont nous sommes capables'.

93–4 *ſe perſuadantz eſtre ung acte fort honorable*. . . Subordonnée infinitive, imitée du latin : 'se persuadant que ce serait une action fort honorable'.

103 *ou il acquiſt gros honneur. Ou* se rapporte d'une façon très vague à l'occasion entière. Traduire donc par 'occasion dans laquelle il acquit. . .'.

110 *Non aultrement faiſoient.* Calqués sur le latin *haud secus,* ces mots continuent et complètent la comparaison introduite par *Comme ung Loup enragé.*

112 *reſitantz.* La prononciation *resiter* est attestée ailleurs par la rime, voir Brunot, *HLF,* ii, 272–3. Toutefois, l'édition de 1543 de notre texte porte la leçon *reſiſtantz.*

121 *ſ'eſlieuent.* La diphtongue *ie* est encore fréquente dans les formes accentuées du radical. Voir note au n° **2,** 115.

127–8 *Ce que uoiantz leſdictz Suiſſes…* Latinisme.

129 *ne ſ'en fuſt ſaulué cent :* 'il ne s'en fût pas sauvé cent'.

140–1 *par les chemins en fuyant uers Coſme.* Confusion du participe avec le gérondif.

156 *dont il en fondit grande partie :* 'par suite de quoi une grande partie s'effondra'.

156–7 *qui fut cauſe :* 'ce qui fut cause'.

158–9 *leurs bagues ſauſues.* Nominatif absolu, construit cette fois-ci avec un adjectif au lieu d'un participe.

15

11–12 *ſinon dont il ſe puiſſe eſleuer. Dont :* 'ce dont'.

19–20 *ſa paoureté, ignominie, turpitude & foybleſſe.* Un seul possessif vaut pour tous ces substantifs coordonnés.

49 *que la ſeconde partie de noſtre ſageſſe giſt. Que* se rapporte à *conuiĕt en cela.*

64–5 *tant ſen fault que…que pluſtoſt…* Cette construction, quoique passée de mode, est au moins logique, car le second *que* introduit la conséquence annoncée par *tant.* Cf. plus bas (102–4) *Laquelle tant ſen fault qu'elle donne…que…elle ſuffiſt,* et n⁰ˢ **23** c, 92–3, **28** b, 50–1, **31,** 26–7. Vaugelas, *Remarques,* pp. 489*–490*, condamne l'omission de *que* comme une faute.

76 *il ſoit incité.* Subjonctif à sens impératif: 'qu'il soit incité'. Cf. (78) *il ſoit abatu.*

78 *Laquelle congneüe, il…* Participe absolu.

94–5 *entant quelle à eſté formée de luy.* Cf. plus bas (111) *ſi ſouuent repetée de Moyſe.* L'emploi de *par* pour introduire l'agent du passif est beaucoup plus rare au XVIe siècle qu'il ne l'est aujourd'hui. Voir note au n° **1,** 38.

96–7 *elle penſe la coulpe de ſes vices pouuoir eſtre transferée allieurs.* Proposition infinitive imitée du latin.

131 *ayant la ſemblance de Dieu.* C.-à-d. 'quand il avait…'.

139–41 *iceulx hereticques, eſtans conuaincuz…ilz cauilloient.* Reprise à peu près normale dans la langue du XVIe siècle, lorsque le verbe se trouve séparé de son sujet par des subordonnées ou par des appositions.

144 *par exemple :* 'par l'exemple', 'par l'imitation d'autrui'.

151–2 *la bonté de Dieu enuers ſoy.* C.-à-d. 'envers lui'. Le pronom réfléchi est très souvent employé dans des cas où la langue moderne exigerait le pronom personnel.

16

(a) 10 *Aucuns difent icelles playes eftre combuftes.* Il est intéressant de noter que Paré, qui ignore le latin, emploie quand même une construction imitée de cette langue. C'est que la subordonnée infinitive est à peu près universelle dans la langue écrite de l'époque. Noter aussi (43) *cuidans telles playes eftre aduftes,* et (45) *iuger les grãds accidents prouenir.*

14 *qu'il ne fuft fondu :* 'sans fondre'.

20–1 *Et s'ilz difent eftre par la pouldre à canon.* C.-à-d. *difent eftre faite aduftion.* 'Et s'ils disent que la brûlure se fait par la poudre à canon...' L'ellipse rend la phrase assez obscure.

21–2 *Car en l'applicquant fur aucun vlcere, ne faict corrofion ou manifefte douleur.* La syntaxe moderne exige que le participe (ou gérondif) se rapporte au sujet de la proposition principale, ce qui n'est pas le cas ici. Au XVIe siècle, malgré l'absence d'une telle règle, les équivoques sont relativement rares. Traduire ici par 'quand on l'applique...'.

33–4 *ce que l'eaue de vie fe conuertit en flamme. Ce que :* 'le fait que'.

36 *s'efuanouit, & diffipe.* Lorsque deux verbes pronominaux sont coordonnés, on ne répète pas, le plus souvent, le pronom réfléchi.

42–3 *ce qui à deceu & abufe aucuns, cuidans.* C.-à-d. 'certains qui croyaient'. Cf. plus bas (51–2) *autres baftons, faifantz vulneres rondes,* 'd'autres armes, qui font...'

59 *quoy faifant.* Autre latinisme courant.

60–1 *Aux quelz ce petit traicté n'eft efcript, cõme fachans...:* 'Ce n'est pas pour eux que ce petit traité a été écrit, car ils savent...'

93 *ou l'on coniecture la ballotte auoir penetré.* Encore un exemple de la subordonnée infinitive.

(b) 35 *qu'il ne faict.* Verbe suppléant, remplaçant *il fault.*

17

(a) 5 *femblablemēt l'orthographe de la parolle.* Ellipse pour *l'orthographe eft fignificatiue de la parolle.*

14 *qui est le plus expeditif moiē.* Se rapporte à toute la proposition précédente, et non aux seuls mots *orthographe diuerfe.*

19 *bien congnoiffant que :* 'car il sait bien que...'

24 *n'etant ici le lieu :* 'car ce n'est pas le moment...'

(b) 8 *la principalle raifon & plus apparente.* L'adjectif épithète placé après le nom est coordonné avec un autre qui précède le nom.

21–2 *ie foutiens estre impoffible propremēt parler ni correctement ecrire.* Le sens négatif du mot *impoffible* appelle *ni* plutôt que *et.*

27–8 *c'est chofe toute receue & certaine.* Ces mots continuent et développent l'idée introduite par *fans ce que* (= 'outre que').

63 *ne puis non grandement louer :* 'je ne peux ne pas louer...'

82–3 *cõgnu l'un de deux cõtraires.* Participe absolu.

94–7 *i'ai mieux aimé feruir...que non pas qu'elles demeuraffent.* Construction asymétrique: comme il arrive assez souvent dans les textes de cette époque, un infinitif régime est suivi par un autre régime composé d'une proposition complétive. *Non pas:* on trouve souvent la négation accentuée *non* ou *non pas* dans le second terme d'une comparaison d'inégalité: cf. nos 24, 18–19, et 40, 109.

101–5 *Et fur le point de le mettre en euidence, uotre humanité finguliere...& le plaifir que uous prenez...m'ont donné l'auis.* Ici, l'ellipse est particulièrement déroutante. Il faut comprendre 'maintenant que je suis sur le point de le publier...'

18

4 *qui en feuffent procedées. Être* s'employait comme auxiliaire avec des verbes qui appellent aujourd'hui *avoir.*

5–6 *Laquéle diuerfité, & confufion. Laquéle:* relatif de liaison.

13 *c'eft la fantafie des hommes. C'eft* est ici l'équivalent de 'c'est-à-dire' ou 'à savoir'. Cf. (14) *c'eft pour fignifier.*

17–18 *au feul artifice, & induftrie des hommes.* En général les auteurs du XVIe siècle n'éprouvent pas le besoin de répéter, ni même de différencier l'article ou l'adjectif devant deux ou plusieurs substantifs coordonnés.

26 *penfent que noftre vulgaire foit incapable.* Pour l'emploi du subjonctif, voir note au n° 11 b, 64–5.

27 *pour le Languaige.* C.-à-d. 'selon la langue employée'.

38 *trãfportarent.* Cf. note au n° 1, 32. Approuvée par certains grammairiens, mais condamnée par la plupart, cette forme de la terminaison du passé simple n'est presque plus en usage à la fin du siècle, sauf chez les auteurs gascons. Voir Brunot, *HLF*, II, 338–9.

50 *Encores moins doit auoir lieu,* etc. La phrase n'a pas de sujet précis, mais le sens littéral est 'Encore moins doit-il arriver [qu'on nous estime barbares maintenant]', donc 'encore moins doit-on nous estimer barbares maintenant'. 'Que les Romains nous aient jugés barbares, c'est là une raison encore plus insuffisante pour supposer que nous le soyons aujourd'hui.'

75 (*pour auoir eté nõmes Barbares...*): 'parce que nous avons été qualifiés de barbares'.

85–6 *fe font priuez de la gloyre de leurs bien faitz, & nous du fruict de l'immitation d'iceux:* 'ils se sont privés eux-mêmes...et ils nous ont privés, nous...' Voir note au n° 6, 118.

89 *en l'excellẽce qu'on les à vues:* rapport de lieu exprimé par le pronom relatif passe-partout.

95–6 *tant fe fault qu'elle ait apporté tout le fruict.* Ces mots constituent le complément du début de la phrase *Ainfi puys-ie dire...*

172 *Ie me contenteray de parler.* Proposition principale annoncée par *Or pour autant que* (165–6).

173–5 *l'Office...de l'Orateur eft de chacune chofe propofée elegamment, & copieufe-ment parler:* '...de parler avec élégance et abondance de chaque sujet proposé'.

190 *tout oraiſon. Tout:* lorsqu'il y a élision de *e* muet final, l'orthographe s'adapte parfois à la prononciation. Cf. note au nº **9 b**, 13–14.

192–3 *la meſme grace, dont l'Autheur en a vſé. En* fait pléonasme avec *dont.*

205–6 *la meſme grace, & nayſueté, qu'il eſt en ſon vulgaire Toſcã. Qu'il est:* relatif passe-partout. Traduire par 'qu'il possède', ou bien par 'qui le caractérisent'.

19

(a) 1 *tu n'es pas maintenant a etre auerti de l'Ortografe:* 'tu n'es pas sans connaître déjà...'

4 *Entre autres de ce que.* Rapporter *de ce que* à *t'en offenſer.*

12 *en vn Dialogue.* Il s'agit du *Dialoguȩ dȩ l'ortografȩ e prononciation françoȩse* qui parut à Poitiers en 1550. Voir ci-dessus, p. 43.

12–13 *là ou ie debattrai. Là* fait pléonasme avec *ou.*

(b) 3–4 *S'ilz ſont duz a quelcun 123 Ecuz.* Cette confusion des constructions impersonnelle et personnelle est due à l'attraction de l'attribut. Cf. nº **6**, 93, et note.

11 *Et eſt vn ordre:* 'et c'est là un ordre'.

22 *en droitte ligne & perpendiculaire.* Noter la séparation des deux épithètes coordonnées.

24 *Cetui reng depeſchè.* Participe absolu: cf. (19) *Cela ainſi fait.*

57 *l'huittieſme lieu...la huittieſme.* On constate de bonne heure une certaine hésitation à faire l'élision devant *huit, huitiesme,* et cela malgré l'origine purement graphique de l'*h.*

64–5 *apres la Souztraction faitte.* Voir notes aux nᵒˢ **4 b**, 52–3, et **14**, 57.

71–2 *& le reſte mettez ſous la ligne.* Cf. plus bas (86) *& ce qu'il reſtera faudra aiouter a icelle ſuperieure.* L'inversion du régime étant encore admissible, la langue du XVIe siècle tend à négliger la reprise dans les phrases de ce genre, tandis qu'elle fait souvent par contre des reprises du sujet que le français moderne trouverait superflues et inélégantes.

107 *S'ilz ſe trouuent pluſieurs Nombres a ſouztraire.* Attraction de l'attribut: cf. ci-dessus, note, 3–4.

115 *en aioutãt 813 auec 98112 ſe retrouuera le premier Nombre.* Changement de sujet: la langue moderne exigerait 'Quand on ajoute' ou 'Si l'on ajoute'.

118 *figure.* Voir aussi ci-dessus (84) *chiphre.* Il est intéressant de noter que Peletier, qui emploie *figure* au sens de 'chiffre', emploie *chiphre* au sens primitif de 'zéro'.

20

(a) 12–13 *qu'en uain ie ne l'aurai receu.* Plus souvent qu'aujourd'hui, les adverbes et les locutions adverbiales sont placés avant le verbe. Cf. ci-dessous (39) *inconſiderément tu ne me diras imitateur.*

27 *pour n'estre meſurée.* Construction très courante au XVIe siècle pour l'ex-

pression de la causalité, mais parfois ambiguë parce que la même construction sert à exprimer la finalité: voir n° **25**, 119, et note. Pour des emplois modernes de *pour*+infinitif non-composé marquant la cause, voir Kr. Sandfeld, *Syntaxe du français contemporain*, III, 409 et suiv.

30–2 *Depuis aiant fait quelques uns de mes amis participans...approuuants mon entrepriſe, ſe ſont diligentés faire apparoistre.* C'est Ronsard qui est le sujet logique de *depuis aiant fait*. 'Quand j'ai fait part de ces innovations à quelques-uns de mes amis, ils ont signifié leur approbation en s'empressant de...'

34 *pour ueoir:* 'parce que je vois'. Cf. ci-dessus, 27, et note.

(b) 4 *ſans l'auertiſſement de mes amis:* ces mots se rapportent de façon assez vague au début de la phrase, *l'Auoi deliberé...ſuiure*. Il faut donc suppléer '[ce que j'aurais fait] si mes amis ne me l'avaient déconseillé'.

5 *me paignant au deuant des yeus* (noter cette fois le participe invariable). Le sujet logique est *mes amis*, traduire donc par 'car ils me firent voir'.

13 *ſire*. A la différence des autres mots cités par Ronsard, *sire* n'est pas d'origine grecque, mais dérive du bas latin **seior*, forme populaire de *senior*.

15 *ſans les marquer*. A rapporter à la proposition principale *ie me ſuis hazardé de l'effacer* (9).

19 *aiant perdu leur merque*. C.-à-d. 'dans le cas où ils auraient perdu leur point de repère'. *Merque*, ainsi que *merquer* (c, 7), est sans doute une hypercorrection: voir note au n° **1**, 32.

20–5 *Te ſupliant lecteur...attendant que tu reçeuras*. Ces participes se rapportent toujours à Ronsard.

21 *ne la deprauant point*. Participe à rapporter cette fois-ci au lecteur (voir ci-dessus (20) *Te ſupliant lecteur, uouloir laiſſer...*).

29–31 *estant ſatisfait d'auoir déchargé...atandant que nouueaus characteres ſeront forgés*. Participes à rapporter à *ie les ai laiſſées*.

37–40 *cherchant tous les moiens...montrant par cette inconſtance*. Le sujet est toujours Ronsard.

(c) 3 *qui mes triſteſſes tue*. Ordre poétique assez courant dans les propositions relatives.

38 *le pouſſé Angeuin*. Allusion à Joachim Du Bellay, Angevin.

43–4 *(eſtimé) pour eſtre...adestre:* 'pour son adresse', 'parce qu'il est adroit'.

53 *Le feront tel. Le = celui que tes chanſons Vont repaiſſant*.

(d) 5 *Acordantę au ſon des bois:* 'qui s'accorde avec le son des bois'. Quoique verbal (puisqu'il régit un complément), le participe s'accorde comme s'il était un adjectif.

31 *Moi çelebrant le conduit*. Participe présent absolu. Cette construction, assez limitée dans l'ancien français, prend une grande extension au XVIe siècle sous l'influence latine.

21

(a) 4 *pour mettre:* 'quand il s'agissait de mettre'.

7 *qu'il n'y ha que maniere de les auoir:* 'simple question de trouver le joint pour les avoir'.

10 *qui pouuoit:* 'si l'on pouvait'.

22–3 *qui n'eſtoit pas...dont il ſe trouuoit:* 'ce qui n'était pas...en raison de quoi il se trouvait'.

24–6 *en paſſant tout le long de la ville...les Copieux...commencerent à le vo⁹ railler.* Le sujet de la principale n'est pas celui du gérondif qui précède.

27 *Il feroit bon...parler à vous.* Cet emploi de la forme accentuée du pronom complément précédé de *à* est normal pour l'objet indirect du verbe *parler*.

28–9 *ton eſpée vous chet.* Mélange sans doute moqueur du tutoiement et du vouvoiement. En règle générale les caractères des *Nouvelles Recreations* tutoient leurs inférieurs et vouvoient leurs supérieurs.

34–5 *Il print patience, et ſe ſauue.* De telles transitions ne sont pas rares dans l'ancienne langue, qui regarde comme interchangeables le présent historique et les temps narratifs du passé.

43–4 *faiſant ſemblant d'eſtre party...et qu'il n'auoit eu loiſir.* Changement de construction. La proposition complétive suppose une seconde construction sous-entendue, telle que 'et disant que' ou bien 'et il ajouta que'.

56–8 *il dit...qu'il luy fiſt vne paire de botes...et qu'il ne luy chaloit qu'elles couſtaſſent.* Le changement de mode correspond au changement de signification du verbe *dire*, employé premièrement au sens de 'commander', 'ordonner', d'où le subjonctif, et deuxièmement au sens de 'déclarer', d'où l'indicatif.

61 *toute nuict.* Survivance d'une formule médiévale. *Toute la nuit* était réservé en ancien français aux seuls cas où il s'agissait d'une nuit particulière, mais *toute nuit* était d'un emploi beaucoup plus général.

81 *Et de picquer.* L'infinitif de narration, attesté en moyen français, devient assez courant au XVIe siècle. Voir aussi nº **10a**, 20, et note.

86 *Si eſt, ſi eſt. Si,* accompagné d'un verbe à mode fini, s'employait pour contredire et pour répondre de façon affirmative à une question négative. Si la question ou la phrase négative contenaient le verbe *être* ou *avoir*, on répondait en combinant *si* avec le verbe à la personne et au temps indiqués. Si d'autre part elles contenaient un autre verbe, on combinait *si* avec *faire*.

(b) 2–3 *qui auoit penſé ceſte mule.* Le XVe siècle fournit déjà des exemples de cette spécialisation du sens de *penser*. Plus tard, la langue reconnaîtra le fait en établissant la différenciation orthographique que l'on sait.

11 *Il ne te fault rien dire* = 'Il n'est pas nécessaire que je t'en dise plus long.'

16 *poʳ en trouuer la deffaicte:* 'pour s'en débarrasser'? ou 'pour que Didier s'en débarrasse'? Le doute est permis, car on ne faisait pas toujours cette distinction au XVIe siècle.

17 *Il la vous bouſchonne.* Pour l'emploi du *dativus ethicus*, voir note au nº **9b**, 92–3, et cf. ci-dessus **a**, 26.

22

7 *Soient à mon cry les abyfmes ouuers.* Subjonctif à sens impératif.

14 *Ie uays chantant.* Très usitée au moyen âge, la périphrase durative formée par *aller* et le participe présent est encore vivace au XVIe siècle, mais il ressort d'une observation de Vaugelas (*Remarques*, pp. 185–6) qu'elle passait pour vieille en 1647, sauf quand il était réellement question d'un *mouvement*.

15 *Le Babylonien fes haults murs uantera,* cf. (18) *le peuple du Nil fes pointes chantera,* et (94–5) *le temps Oeuures & noms finablement atterre.* Même en prose, il était possible d'intercaler le régime entre le sujet et le verbe, mais cet ordre se recommandait surtout aux poètes.

22 *Et fon uieux Labyrinth' la Crete n'oublira.* Ordre de mots relativement rare, sauf quand le sujet est un pronom.

43–6 *qui...la rondeur compaffoit,* cf. (50) *qui le ciel menaffoit,* (68–9) *qui fon loz...arrachent du tumbeau* et (86) *Qui le feul nom de Rome retenez.* Ordre assez courant dans les propositions relatives, mais surtout en vers. Voir note au n° 1, 2–3.

58 *te uienne uoir.* Subjonctif à sens impératif.

90 *Qui de uous uoir le ciel mefme estonnez:* 'qui effrayez le ciel même de votre vue'.

124 *& n'en ueuille defplaire:* '(qu'il) n'en déplaise'.

130 *N'engendra de foldatz.* La proposition étant comparative, *ne* est à rapporter aux mots *Plus que* qui commencent la strophe.

135–6 *ne fe trouuant au monde | Hercule qui dontaft.* Sujet impersonnel: 'comme il ne se trouvait pas d'Hercule pour dompter'.

138 *Se moiffonnarent.* Voir note au n° **18**, 38.

154 *Se peuft uanter de l'empire Romain.* C.-à-d. 'pût se vanter *d'avoir vaincu* l'empire romain'.

23

(a) 3 *fe font hazardez & entrepris plufieurs nauigations.* Selon un principe bien établi au XVIe siècle, l'auxiliaire n'est pas répété devant le second de deux verbes coordonnés, même si les deux verbes se conjuguent d'ordinaire avec des auxiliaires différents. 'Se sont hasardés...et ont entrepris.'

8–9 *ont decouuert ces ifles...& nommées en leur langue...* C.-à-d. 'et *les ont* nommées'.

18 *ou le feu cõtinua.* Ou, ligature très vague, peut se rapporter soit à la *principale ifle,* soit aux *bois*; mais il est également possible qu'il ait ici un sens temporel.

20 *ce moyen & liberté,* cf. (38) *fon naturel et fituation.* Voir note au n° 1, 64.

39–40 *que pour les fontaines. Que* est à rapporter à *tant* (*de fon naturel,* etc.).

51 *qui eft fort propre.* Quoique très éloigné de son antécédent, *qui* se réfère à *fruict.*

62–5 *Ie ne veux oublier entre ces fruits tant finguliers, comme gros limons...lefcorce defquelles ils appliquent.* C.-à-d. 'Parmi ces fruits si singuliers, je ne veux pas oublier par exemple les gros limons, les oranges, les citrons…dont ils appliquent l'écorce.'

(b) 5–6 *iufques au dixiefme.* C.-à-d. jusqu'au dixième jour du mois.

13 *ou incontinent. Ou* se rapporte au substantif indéterminé (*prendre*) *terre.* Voir note au n° **7**, 82.

14 *comme eftans aduertiz de noftre venue:* 'comme ils avaient été informés de notre venue'.

31–3 *Apres auoir là feiourné…fut nommé le païs…Frãce Antarctique.* Anacoluthe: 'Après que nous y eûmes séjourné…'.

37 *pour eftre reueftue:* 'parce qu'elle est revêtue…'

45–6 *comme nous faifons par deça. Faire* remplace *nourrir*: à traduire donc par 'comme nous en élevons ici'.

(c) 6–9 *lefquels apres auoir enduré & mangé les fruits prouenans de la terre…& n'eftans fouffifans pour nourrir tout ce qui viuoit deffus terre, leur cauferent rapines & enuahiffemẽs.* Changement de sujet assez déconcertant. 'Quand les anciens eurent mangé… les fruits de la terre, ceux-ci, devenus insuffisants pour nourrir les peuples du monde, furent cause de pillages et d'invasions.'

9 *f'approprians vn chacun:* 'car chacun s'appropriait…'

26–7 *les femmes plantent…faifans vn pertuis.* Si au XVIe siècle on fait accorder le participe même lorsqu'il est suivi d'un complément, cet accord est surtout en nombre et rarement en genre. Cf. plus bas (111–12) *palmes portans fruits…*, mais (88–9) *vne autre efpece d'herbe portant fueilles.*

30–1 *c'eft chofe admirable, qu'elle ne peut porter noftre blé.* En général, les verbes affectifs et les expressions qui en dérivent, n'exigent pas le verbe subordonné au subjonctif.

48 *quelques autres les imitans:* 'd'autres qui les ont imités'.

56–7 *qui font fix ou fept en nõbre. Qui* se rapporte à *fueilles.*

61 *puis vous paffent cela.* Voir note au n° **9b**, 92–3.

71–2 *ils n'approcheront iamais la main de la bouche.* Emploi assez insolite du futur pour exprimer la notion d'une habitude invariable.

74–5 *Tout le negoce…eft remis aux femmes, eftimãs n'eftre feant aux hommes de f'y occuper.* Il est à tout prendre plus probable que ce sont les hommes, et non les femmes, qui constituent le sujet de *eftimãs.* 'Parce qu'ils ne jugent pas convenable que les hommes s'en occupent.'

92–3 *lequel tant f'en faut qu'il foit bon à manger, que plus toft… Lequel* est à rapporter à *fon fruict. Que plus toft:* voir note au n° **15**, 64–5: 'est si loin d'être bon à manger, qu'il est même dangereux'.

99–100 *Ils tirent certaine huile…de ce noyau apres eftre pilé.* Changement de sujet: 'après qu'il a été broyé', ou bien 'après l'avoir broyé'.

24

14 *on calumnia enuers luy Antonius & Dolabella, qu'ilz machinoient…:* 'on dit calomnieusement en sa présence que' ou bien 'on calomnia A. et D. en sa présence, en disant que…'

18–19 *plus facilement preueoir, que non pas euiter.* Cf. ci-dessus, note au n° **17 b**, 94-7.

31–2 *l'aduertit…qu'il ſe dõnaſt bien de garde.* Cf. (53–5) *elle pria Cæſar, qu'il ne ſortiſt…& qu'il remeiſt.* La langue moderne substituerait un infinitif objet à la subordonnée complétive introduite par *que.* Voir aussi note au n° **6**, 95.

35 *& q̃ le deuin luy reſpõdit. Que* sert à rappeler *y en a beaucoup q cõptent, que.*

41–2 *eſtãt couché aupres de ſa femme…tous les huys & feneſtres…ſ'ouurirent.* Changement de sujet: 'quand il était couché'.

77–8 *& qu'ilz retournaſſent…quand Calpurnia aura ſongé de meilleurs ſonges. Aura ſongé:* transition au discours direct d'une construction d'abord indirecte. Noter plus bas (80) *les raiſons de tes amis.*

87 *pour parler à luy.* Voir note au n° **21 a**, 27.

90 *luy diſant qu'elle le gardaſt.* Voir note au n° **11 b**, 65–6.

99 *ſeul & promptement.* Malgré leur position dans la phrase, ces mots se rapportent au verbe *lis* et non au verbe *preſente.*

107–8 *Or peuuent bien toutes ces choſes eſtre aduenues accidentellemẽt. Or,* comme *et,* pouvait provoquer l'inversion.

108–11 *le lieu…aiant une image de Pompeius, & eſtant l'un des edifices…monſtroit bien euidemment:* 'le fait que l'édifice où était assemblé le Sénat contenait une image de Pompée, et que le même édifice fût de ceux qu'il avait donnés… montrait à l'évidence…'

125 *le r'appel de ſon frere eſtant en exil.* C.-à-d. 'le rappel de son frère exilé', 'le rappel de son frère qui était en exil'.

126–7 *comme il reiettaſt leurs prieres, & ſe courrouceaſt.* On trouve assez souvent, dans la langue des XVe et XVIe siècles, le subjonctif après *comme,* cet emploi étant dû à la supposition abusive que *comme* dérive de la conjonction latine *cum.* Il dérive en réalité de *quomodo.*

130 *qui eſtoit le ſigne:* 'ce qui était le signe'.

151–2 *iuſques à ce qu'il apperceut.* S'il s'agit en effet du passé simple et non de l'imparfait du subjonctif — et l'orthographe ne permet aucune certitude à cet égard — cela n'aurait rien d'étonnant dans un texte du XVIe siècle.

157–8 *eſtant renuerſé…& tirant.* La langue moderne supprimerait *eſtant.*

176 *dõt il y en eut aucuns. En* fait pléonasme avec *dont.*

25

5 *ſa meſtayere, ou. Ou* = 'chez laquelle'.

9 *aymoit ſa vie & ſa ſanté.* C.-à-d. celles de son mari.

22–3 *& pria la meſtayere qu'elle ne luy rẽuoyaſt plus ſon mary…* Pour la construction, voir note au n° **6**, 95.

26 *& luy demanda.* C.-à-d. 'il (le mari) lui demanda'.

29–30 *Luy voyant la grãde bonté…& que.* Il arrive souvent dans les textes de l'époque que le même verbe a des compléments de natures différentes, le premier étant un nom, le second une complétive. Cf. plus bas (34–5) *confeſſa la debte, & que…il eſtoit impoſſible.*

30–1 *& que pour tant de mauuais tours qu'il luy auoit faicts, luy rendoit tant de biens.*

C.-à-d. '*elle* lui rendait tant de biens'. L'omission du pronom, surtout quand il y a changement de sujet, est l'un des aspects les plus déconcertants de la syntaxe du XVIe siècle.

39 *ou ils feront plus durs:* 'ou ils doivent être plus durs'.

45–6 *ce pendant qu'il iroit, elle euft loifir de le bien traicter. Il* = le mari: *le* = le cordelier.

54 *qu'il n'euft efté:* 'sans être'.

56 *& fi eftoit fort belle, & fa chambriere bien laide.* Ce n'est qu'au deuxième terme de la proposition que le lecteur comprend que c'est la *femme* du *riche homme de Paris* qui *eftoit fort belle.* 'Et pourtant sa femme était très belle...'

65 *à qui donnera fa voix Longarine?* Dans l'interrogation, la langue du XVIe siècle a parfois recours à l'inversion du sujet nominal même quand le verbe a un objet. Mais la périphrase avec *est-ce que*, et le type à reprise (*à qui Longarine donnera (t) elle sa voix?*) tendent à évincer l'autre construction, héritée de l'ancien français.

69–70 *fera trouuée...d'vne femme.* Noter par contre plus bas (81) *fut refueillé par vn grand foufflet* et voir note au n° **1**, 38.

75 *Et f'enquerant de l'occafion, luy dift.* Changement de sujet: c'est le mari qui demande la raison, et sa femme qui la lui dit.

83–4 *appella la femme...pour allumer de la chandelle.* C.-à-d. 'pour qu'elle allumât'. Cf. note au n° **21 b**, 16.

87–8 *qui dura iufques au iour.* Noter la séparation du relatif et de son antécédent *bruit.*

88–9 *que de peur de l'efprit:* 'que par la peur de l'esprit'.

89 *La nuict enfuyuant.* Voir la note au n° **4 b**, 20.

98–9 *confeffer verité, qui eftoit. Qui* se rapporte à un substantif indéterminé (= 'confesser *la* vérité').

104–5 *commanda qu'ils fuffent battuz...ce qui fut faict, puis chaffez dehors. Ce qui fut faict* constitue une parenthèse, et *chaffez* dépend, tout comme *battuz*, de *fuffent*.

119 *pour viure bien iuftement.* Construction finale ou causale? Voir la note au n° **20 a**, 27.

26

18 *Ne luy restant finon la place entre les mors.* Construction impersonnelle, cf. note au n° **22**, 135–6. 'De sorte qu'il ne lui restait de place que parmi les morts.'

25–6 *que pourrois-ie penfer, Sinon que quelque mal nous uueille deuancer?* Pour le subjonctif après *penfer*, voir note au n° **11 b**, 64–5.

31 *Et quand il feroit uray ce qu'il uous reprefente.* 'Et quand ce qu'il vous représente serait vrai...'

43–4 *Et qu'on doiue penfer eftre une chofe uraye, Ce qui en fonges uains plus fouuent nous effraye:* 'et que l'on doive croire véritable ce qui...,' '...une chose qui...'

55 *& dont ie l'ay prié:* 'et que je l'ai prié de m'accorder'.

60–1 *il fe fent plus tenu Aux Romains qu'à foy-mefme.* Pour cet emploi de *soi-même*, voir note au n° **15**, 151–2.

66–7 *Que ie mette aſſeurance En ces ſonges menteurs!* Il faut sous-entendre 'l'on veut que…'. Traduire par 'Moi, me fier à ces songes menteurs!'

70 *Faites…pour celle qui uous prie. Faites* remplace le verbe *assurer.* Le sens est 'assurez-la' (c.-à-d. votre vie).

101 *me propoſe l'honneur.* C.-à-d. 'me propose ce qui est honorable'.

27

1 *Ne voiſe.* Subjonctif à sens impératif: cf. plus bas (14–20) *Entretienne,* etc. Quand le subjonctif ne se distingue pas de l'indicatif (p.ex. (14) *Ne leur preſte,* (16) *Endure*), on comprend la nécessité du *que* exigé par la syntaxe moderne.

1 *principaux affaires.* Faut-il conclure à la forme archaïque du féminin de l'adjectif (voir note au n° **9a**, 35) ou plutôt au genre facultativement masculin d'*affaire?* D'une part on trouve plus bas *principales pieces* (3), d'autre part on trouve plus loin *menues affaires* (88). Problème impossible à résoudre.

9 *qu'il ſ'y rendiſt trop familier.* Y (comme *en* d'ailleurs), pouvant désigner des personnes, s'employait dans des cas où il est aujourd'hui de règle d'employer 'à lui', 'à elle' etc. (dans le cas présent = 'avec eux').

10 *& ne leur deſcouurir ſes entrepriſes.* Changement de construction: une subordonnée infinitive, dépendant du verbe *vouloir,* s'ajoute à une subordonnée introduite par *que,* laquelle dépend du même verbe.

17 *ceux qu'il cognoiſtra luy porter enuie.* Subordonnée infinitive: voir note au n° **11a**, 5–6 et cf. plus bas (23–4) *tel que cognoiſſez eſtre…hõme de bien.*

25–7 *Qui ne ſoit…Qui ne laiſſe.* A rapporter à *ELiſez vn fermier.*

52 *que ne le rendez negligent.* Subjonctif présent (voir note au n° **2**, 166). *Que* = 'pour que': le sens est donc 'pour ne pas le rendre négligent'.

56–7 *le trop exiger d'vn fermier, le rend…ou negligent, ou larron.* Comme dans l'ancien français, tout infinitif peut être substantivé. Traduire par 'trop exiger d'un fermier, c'est le rendre…'.

81 *le viure des ouuriers:* c.-à-d. leur subsistance. Autre infinitif substantivé, conservé dans la langue moderne uniquement au pluriel, au sens plus concret de *vivres.* Cf. (117) *le boire du commun.*

83–4 *meſmement de gouuerner la volaille.* A rapporter à *& leur laiſſons la façon.*

85–6 *l'achapt & vête du beſtiail appartient à l'homme.* Le verbe reste souvent au singulier même après deux sujets coordonnés par *et.*

100–1 *ne les hante* (subjonctif à sens impératif) *ſinon quand elle leur pourra ſeruir…ou qu'il ſe face nopces.* Le verbe du second terme se met au subjonctif, sans doute parce que la première partie de la proposition est envisagée comme l'équivalent d'une proposition hypothétique introduite par *si.*

113–14 *d'auoir le medecin à toutes heures…ce n'eſt pas le proffit de la maiſon.* Pour l'infinitif sujet introduit par *de,* voir note au n° **8a**, 2–3.

28

(a) 37 *pareillement la langue Françoise*... Proposition annoncée par *tout-ainſi que*, qu'elle continue et complète.

37 *pour approcher plus pres:* 'parce qu'elle est plus proche'.

40–1 *qu'vne perfection de language ne ſe peut trouuer qu'entre les Grecs, & qu'il me falluſt debatre.* La première proposition se rapporte à *ce poinct* (à savoir que...); la seconde reprend l'hypothèse du commencement de la phrase (*ſi d'auăture ie me meſcontois* (et que)).

42–3 *ie ſerois d'aduis de tenir ce moyen...aſçauoir:* 'j'aurais à mon avis cette ressource, à savoir...'

51–2 *Au demeurant qu'il eſt.* Continuation de la proposition introduite par *cōfeſſer* (48).

57–8 *ce qui ſeroit...autant de parolles perdues.* C.-à-d. parce qu'une telle démonstration serait superflue.

59–61 *pourueu...que...ie feiſſe apparoiſtre du voiſinage que i'ay dict qu'elle auoit auec elle:* 'si je faisais voir aussi quelque chose de l'affinité qui existe, comme je l'ai dit, entre le grec et le français'. Noter, d'abord, la proposition doublement relative (voir note au n° **12 b**, 120), et ensuite la répétition du pronom *elle*, qui n'ajoute pas à la clarté.

66 *Ie ne preten point auſſi:* 'je ne prétends pas non plus...'

88 *courans auſſi auăt.* C.-à-d. 'en courant...'.

112–15 *Manquer...Manquement...Baſter...volte...intrade...eſcorne.* En soulignant ces néologismes d'origine italienne, Estienne annonce en quelque sorte les *Deux dialogues du nouveau langage françois italianizé*, ouvrage qui paraîtra en 1578. Voir ci-dessus, p. 16, et ci-dessous, n° **36**.

139–42 *Honte...Onta.* Estienne a tort d'attribuer à *onta* une origine française. *Honte* et *onta* dérivent tous deux, et de façon indépendante, du même mot germanique.

145 *Se reſentir. Ressentir* est attesté au XIIIe siècle, mais il semble que *se ressentir* (*d'une injure*) au sens de 'se venger' soit dû à l'influence de l'italien *risentirsi* au XVIe siècle.

(b) 50–1 *tant ſ'en fault que...que.* Voir note au n° **15**, 64–5.

60–1 *diuers dialectes,* (*que nous auons differens ne plus ne moins que les Grecs*). C'est aussi l'avis de Geoffroy Tory: voir n° **8 b**.

70–1 *ils maintiennent le leur eſtre plus riche.* Subordonnée infinitive. 'Ils soutiennent que le leur est plus riche.'

73 *Et quand ainſi ne ſeroit:* 'Et quand cela ne serait pas le cas', 'quand il n'en serait rien'.

74 *ie ſerois d'aduis de deſguiſer:* 'je serais d'avis qu'on déguise'.

NOTES

29

1–12 *LE SOLEIL...& du toucher.* En lisant ce paragraphe il importe de ne perdre de vue ni la proposition principale, qui est *LE SOLEIL...deſia cõmançoit a poindre,* ni la proposition temporelle, qui est *lors que la Fortune, & le deſtin... me preſterẽt tant de faueur.*

12 *Et quant à l'œil.* Pour mieux introduire la description qui suit, Belleau reprend ici le premier des noms qu'il vient d'énumérer.

43 *Importun amoncelle.* L'adjectif rapporté au sujet est substitué à un adverbe, procédé très goûté par la Pléiade et expressément recommandé par Du Bellay, qui cite comme exemples *ilz combattent obſtinez* et *il vole leger* (voir *Deffense et illustration*, II, ch. 9 (e vʳᵒ)). Cf. nᵒ **32**, **39**, et note.

52–6 *la France...France.* Hésitation très caractéristique de l'époque, mais l'usage de l'article devant les noms de pays se répand de plus en plus.

126–7 *deſſus l'herbe luter...d'vne courſe ſauter.* Ces infinitifs, en apposition avec *tout gentil exercice,* se rapprochent de l'emploi substantivé.

30

4 *ce qui ſera auſſi commun:* 'ce qui sera non moins valable', 'ce qui s'appliquera également...'

94 *lors principalement que.* Voir note au nᵒ **1**, 98.

97–8 *voire en toute eſpece de contrarieté:* 'et contraire sous tous les rapports', 'contraire en tout point'.

116 *comme la ſcience des venins à l'empoiſonneur.* Ellipse: 'comme la science des venins *appartient* à l'empoisonneur'.

123 *apres la priſe d'iceux:* 'après qu'on les (= les poisons) a absorbés'.

31

13–14 *eſtant meſmes en bref & nument dit engendre en nous quelque paſſion.* 'Même quand il (= le sujet) est raconté brièvement et nûment, il fait naître en nous quelque émotion', 'même raconté brièvement et nûment, il fait naître...'

22 *tous ſubiects n'eſtants tels. Tels = pitoyables & poignants de ſoy* (voir ci-dessus, 12–13).

37–8 *& non du ſubiect:* 'et non quant au sujet'.

47–8 *Et ſi c'eſt vn ſubiect qui appartienne aux lettres diuines.* Le caractère hypothétique de la première proposition s'étend à celle qui en dépend: subjonctif très normal au XVIᵉ siècle.

49 *comme choſes qui derogent...& qui ſeroient:* 'puisque ces choses-là dérogent ...et seraient...'

50 *ſe garder.* Infinitif employé comme impératif exprimant un ordre général et impersonnel. A part des différences d'ordre contextuel, c'est déjà l'usage moderne.

59 *& ſur tout d'obſeruer.* Cf. plus bas (61) *& de ne commencer à deduire ſa Tragedie.* Tous deux à rapporter à (54–5) *l'art...c'eſt de (la diuiſer,* etc.).

295

60 *ſans exprimer:* 'sans être exprimé'.

75 *indignes d'en faire cas:* 'indignes qu'on en fasse cas'.

84-5 *ie m'oſerois preſque aſſeurer*... Malgré la virgule qui précède, c'est une nouvelle phrase qui commence.

85 *icelles eſtans naifuement iouees:* 'si elles (c.-à-d. une vraie tragédie ou une vraie comédie) étaient jouées'.

89 *que les grands diſ-ie ne trouueroient. Que,* à rapporter à *ie m'oſerois preſque aſſeurer (que),* fait pléonasme.

98 *voulants.* Accord adjectival en fonction verbale.

105-6 *aux cerueaux deſquels.* C.-à-d. dans les cerveaux des ignorants dont il est question plus haut.

106-7 *ceſte ſotte opinion de penſer qu'on naiſſe, & qu'on deuienne.* Cf. (137) *penſant que ce fuſt l'ame.* Voir note au nº **11b**, 64-5.

110-11 *ie ne dois non plus auoir de honte...que ce grand empereur:* 'je ne dois pas avoir plus de honte que...'

111 *nonobſtant qu'il pouuoit.* Comme après *encore que* et *combien que,* on trouve parfois l'indicatif après *nonobſtant que.*

113 *pour ne luy ſembler:* 'parce qu'elle ne lui semblait pas'.

120 *leur donnant congé:* 'et je leur permets...'

121-2 *Mais ce pendant qu'ils penſent.* Nous n'avons pas affaire à la conjonction *ce pendant que,* qui existait bien au XVIe siècle, mais tout simplement à l'adverbe *cependant. Que* sert à introduire un commandement.

122 *qu'ils ne le ſont pas moins en Proſe. Que* fait pléonasme avec *que (ſi lon eſt fol en Ryme).*

123 *mocquerie à eulx:* 'moquerie de leur part'.

138 *comme diſant:* 'car il dit'.

142-3 *alleguant Sainct Auguſtin meſmes:* 'où il (Corneille Agrippe) cite St Augustin'.

153 *viuant Samuël:* 'du vivant de Samuel'. Participe présent absolu.

157 *tiennent ſans doubte, que c'eſtoit vn Diable:* 'considèrent comme démontré que...'

164-5 *leur ſourcy plus que Stoïque:* 'leur arrogance ultra-stoïcienne'. La Taille fait écho ici à Du Bellay, *Deffenſe et illustration,* 1, ch. 1: voir nº **18**, 24.

167-8 *m'eſtant principalement aidé de la Bible:* 'car je me suis servi surtout de la Bible'.

174 *voſtre gentil eſprit, ſçauoir & courtoiſie.* Le possessif et l'adjectif se rapportent aux trois substantifs coordonnés.

177-8 *où ie rapporteray. Où* = 'auquel'.

32

5 *ne m'auoit aſſez malheuré le deſtin...?* Dans l'interrogation, l'inversion du sujet nominal est encore possible, voir note au nº **25**, 65.

23 *Les cheuaux ſonne-pieds.* A l'imitation du grec, certains poètes de la Renaissance forment volontiers des épithètes composées: cf. note au nº **37**, 1. Toutefois, *sonipes* est attesté en latin classique.

29–30 *iurant...Eſtre innocent:* 'jurant son innocence'.

38–9 *luy fiſt rider la peau: Se hauſſe...ſe dreſſe.* Le présent historique étant l'équivalent d'un passé simple, le poète peut légitimement employer l'imparfait du subjonctif dans la subordonnée introduite par *ſans que.* Plus bas, par contre, on trouvera le subjonctif présent de la subordonnée rapporté à un passé simple de la principale: (42–6) *ne l'enflerent ſi fort, Bien qu'ils la troublent toute, & que...tremble...Que...gemiſſe...que...Blanchiſſent.*

39 *ſe dreſſe montagneuſe.* Cf. plus bas (157) *qui rampe aduantureux.* Voir note au n° 29, 43. Si *montagneuſe* caractérise le sujet plutôt que l'action, *aduantureux* caractérise l'action plutôt que le sujet, et se rapproche par là de l'emploi adverbial.

44 *Qu'ils la vont bourſoufflant. Que,* relatif passe-partout, équivaut ici à *dont.* Pour la périphrase verbale voir plus bas 154, note.

47 *ſeulement n'eſpouuante.* C.-à-d. 'n'épouvante pas seulement'.

69–70 *le feu de ſes naſeaux Sortoit en reſpirant.* C.-à-d. 'quand il respirait', 'avec sa respiration'.

83 *Sans doubte des Sangliers ny des Ours:* 'sans craindre ni ours ni sanglier'.

99 *que les eſpis il veautre. Que* reprend *quand.* 'Et qu'il abat les épis.'

108 *S'outrageant l'eſtomac:* 'se frappant la poitrine'.

150 *vne longue laniere en tombant le retient...:* 'le retient quand il tombe'.

154 *Qui le vont deſchirant. Aller,* conjugué avec le participe présent, constitue une périphrase durative. Cf. plus bas (164) *Morte ſe va couurant.* Voir aussi note au n° 22, 14.

156 *la terre eſt rougiſſante.* Autre genre de périphrase durative, formé cette fois-ci avec *estre.* Cf. ci-dessus n° 6, 145.

33

(a) Ce n'est pas le moindre mérite du *French Littelton* que son auteur tenait à indiquer dans le texte les lettres quiescentes. Il est vrai qu'en faisant abstraction des lettres marquées d'une petite croix sous la ligne, le lecteur n'arrivera qu'à une prononciation très approximative, mais Sainliens, sans doute conscient de cette insuffisance, tâchera d'y remédier en publiant en 1580 un traité sur la prononciation, *De pronuntiatione linguæ Gallicæ.*

6–7 *quantes lieuës comptez vous d'icy à Saint Denis* (cf. Meigret, *Trętté,* 1550, f° 45ᵛᵒ, *qans homes aue' vous?*). En tant qu'adjectif, *quant* était en voie de disparition, paraît-il. Dans l'édition de 1593 du *French Littelton,* la question précitée est remplacée par *Combien de lieües y a-il à Saint Denis?* En 1611, Cotgrave ne cite pas *quant* tout court, mais seulement la formule toute faite *quantes fois?*

28 *m'en retourneray-ie?* (Cf. plus bas 73, *l'abbruveray-ie?*) La langue moderne exigerait soit 'dois-je m'en retourner?' soit 'voulez-vous que je m'en retourne?'

30 *tant que vous veniez.* On trouve souvent le subjonctif après *tant que,* lorsque la conjonction se rapporte à l'avenir.

32 *Ny a-il point de brigâds,* et plus bas (73) *a-il beu,* (b, 8) *où va-il à l'eſchole,* (b, 24) *a-il vn ſac.* Voir note au n° 2, 105. Si Sainliens indique les consonnes quiescentes, il se garde bien, paraît-il, d'insérer le *-t-* euphonique dans les formes à inversion de la troisième personne, sans doute parce que cette lettre, pour lui,

était étrangère à l'*orthographe* telle qu'il l'entendait. Voir aussi son *De pronuntiatione* (1580), pp. 33–4.

34 *cest haut arbre.* Selon les grammairiens contemporains, il y avait dans certaines régions une tendance à négliger le *h* aspiré, et les Bourguignons, les Berrichons et les Lyonnais en particulier étaient blâmés pour cette faute (v. ci-dessus, p. 18). Faut-il ajouter les Bourbonnais? Il est possible que *cet haut arbre* représente la prononciation de Sainliens: de toute façon c'est une erreur qu'il répète dans l'édition de 1593. Il n'est pas indifférent de noter qu'à *vostre haquenée* (plus bas, 43), qui suppose un *h* muet, l'auteur substitue *vostre haquenée* en 1593.

56–7 *auez vous...bon foin, bonne aueine, bons lic̨ts...et de bon vin?* Cf. (**b**, 24–5) *a-il...dés livres, de l'ancre, plumes et papier?* L'hésitation et l'inconséquence caractérisent l'emploi du partitif au XVIe siècle. Cf. note au n° **12 b**, 43.

61 *parefrenier.* Cette forme, qu'atteste le dictionnaire de Cotgrave, est due sans doute à l'assimilation. Sainliens la remplace en 1593 par *palefrenier.*

74–5 *desselez-le...et luy baillez vn picotin d'aveine.* Ordre normal: le premier verbe à l'impératif est le seul qui demande la postposition du pronom. Cf. note au n° **9 b**, 119–20. *Aveine:* la forme moderne *avoine* est due à la fausse régression. *Roine* d'autre part (pour *reine:* voir *roine* au glossaire) ne s'est pas imposé, malgré le plaidoyer de Pasquier (voir n° **46 a**, 9–14, et **b**, 37–45).

34

16–17 *comme il auoit fait son frere.* C.-à-d. 'fait tuer': répétition de l'auxiliaire comme verbe suppléant.

29–31 *lequel* (= le roi Aristodème) *laissant Procle, & Euristhene ses deux enfans Roys d'vn mesme païs...l'estat leur fut bien tost osté.* Participe présent absolu ayant ici la valeur d'une proposition temporelle.

33–5 *mais les Argiens, pour euiter à la pluralité de Roys, estant le Royaume echeu à Atreus, & Thyeste, le peuple adiugerent... Estant le Royaume echeu* constitue encore un participe absolu, exprimant cette fois-ci soit un rapport de temps, soit un rapport de cause. *Le peuple adiugerent,* syllepse: le mot *peuple* représentant et reprenant *les Argiens* régit le verbe au pluriel.

35–6 *comme dit Lucian & les Princes.* Il faut pour le moins une virgule après *Lucian.*

37–8 *côme on voit les enfans de Clouis, & de Louys Debonnaire:* 'comme il arriva, on le sait, aux enfants de Clovis et de Louis Débonnaire.'

50 *ayant espousé Isabelle:* 'quand il épousa'.

55–6 *s'il estoit ainsi, estans contraires l'vn à l'autre...* 'Si leur supposition était juste, et que les deux dieux fussent en effet contraires l'un à l'autre, (alors...).'

91–2 *demeurant la liberté naturelle, & proprieté des biens aux sugets.* Participe présent absolu: 'et où les sujets conservent la liberté naturelle, etc.'

96 *comme d'esclaues:* 'comme si elles étaient des esclaves'. Cf. (97) *côme des siens.*

103–4 *pensent que les premiers Monarques...fussent esleus.* Ce n'est pas nécessairement parce qu'il s'agit d'une erreur que l'on trouve ici le subjonctif après *penser* affirmatif: on le trouve même quand il n'y a pas d'erreur possible. Voir note au n° **11 b**, 64–5.

123 *comme à celuy qui.* Il n'a été question jusqu'ici que *des rois* de Perse, mais *celuy* est à comprendre comme se référant à n'importe quel roi de Perse, considéré comme typique.

124–6 *Artaban...voyant que Temiſtoche...il empeſcha.* La langue moderne exigerait un point, et non une virgule, après *capitaine des gardes du Roy de Perſe.* *Il empeſcha,* c.-à-d. il empêcha Thémistocle de s'adresser au roi.

127 *adiouſtant ſes mots.* Le sujet est toujours Artaban: 'et il ajouta...'.

128–9 *nous eſtimons la plus belle choſe du monde, de reuerer:* 'nous estimons que la plus belle chose du monde, c'est de révérer'.

130–1 *Et ne doit pas la Monarchie ſeigneuriale, eſtre appellee tyrannie.* Ce n'est pas une question, mais une simple inversion provoquée par *et* placé en tête de phrase.

132 *ne ſe face.* Selon la grammaire moderne, *ne* est de trop.

142 *reputant cela pluſtoſt force, que volonté.* Le sujet est Marc-Aurèle.

147 *Chlopes. Chlope* représente le russe *kholóp,* 'serf'.

149–50 *non pas tant pour l'eſtendue de pays...que pour eſtre,* etc. 'Moins à cause de l'étendue du pays, que parce qu'il est en quelque sorte seigneur...'

35

(a) 8–10 *Il ſemble que ceux qui ſurent cauſe...n'auoyent pas experimenté.* Au XVIe siècle, on trouve assez souvent l'indicatif après *il ſemble que:* voir Bement, *French Modal Syntax,* p. 27.

16 *infinies iniuſtices.* On constate une nette tendance à omettre l'article lorsque le substantif est accompagné d'un adjectif. Cf. plus bas (27–8) *infinies cruautez,* (38) *infinis troubles.* Voir aussi n° 2, 61.

16–17 *eſtimant vn chaſcun eſtre licite ce qui ſert.* Participe présent absolu. 'Car chacun estime licite ce qui sert...'

24 *ſuruenant vn tiers.* Autre participe présent absolu. 'Quand survenait une troisième personne.'

40–1 *Vous deuez...eſtimer vos ſuiets...en ce vous eſtre plus fideles, qu'ils ne veulent auoir:* 'Vous devez juger que vos sujets vous sont plus fidèles en ce qu'ils ne veulent pas avoir...'

47 *ne de ceux qui:* 'ni celui (= le conseil) de ceux qui...'

51–2 *en cas qu'il y ait quelqu'vn qui entreprenne.* Le caractère hypothétique de la proposition introduite par *en cas que* s'étend à la proposition qui en dépend, d'où *entreprenne.* Cf. n° **31,** 47–8.

59–60 *pour n'eſtre point ſurprins, & s'oppoſer.* La non-répétition de la préposition, souvent anodine, crée ici une équivoque sérieuse, car *s'oppoſer* pourrait continuer soit *ils ont deliberé (de),* soit *pour n'eſtre point ſurprins (et pour).*

66 *Il reſte...que nous prions Dieu.* Il faut probablement voir dans *prions* un subjonctif présent non différencié (voir note au n° 2, 166). 'Il nous reste à prier Dieu.'

69 *Pour à quoy paruenir.* Latinisme employant le relatif de liaison. 'Et pour y parvenir...'

87–8 *s'offrans de leur part à faire:* 'en s'offrant à faire...'

(b) 1–2 *ayant efté veu du Roy*. C.-à-d. 'par le roi', mais au XVIe siècle *par* est moins usité dans cette fonction, voir note au n° 1, 38.

4–5 *vne femme eftant en ladite maifon*. Du point de vue de la langue moderne, *eftant* est nettement superflu.

25 *qu'il iugeaft. Que* exprime ici la finalité: donc 'afin qu'il (le roi) jugeât'.

25–6 *l'entendât de l'accord*, 'faisant allusion à l'accord'. C'est l'Amiral blessé qui est le sujet.

30–1 *En y allant, vn gentil-homme luy dit:* 'pendant qu'ils y allaient'. Voir note au n° **4 b**, 29–31.

43 *entendant la bleffeure*. C.-à-d. 'entendant la nouvelle de la blessure', 'entendant que l'Amiral avait été blessé'.

(c) 11–12 *ce que n'ayant voulu faire, les maffacreurs la menerent...* Nominatif absolu. 'Sur son refus, les massacreurs la menèrent.'

15–16 *furêt...maffacrez...fans auoir efgard à nul*. C.-à-d. 'sans que leurs assassins eussent égard'.

36

(a) 4 *monftret*. Cf. plus bas *Frâcés...eftet...pouues...femblet...trouues*, etc. Estienne a tort de supposer que le remplacement de la diphtongue *oi* par *e* soit dû à l'influence des courtisans italianisés. Au contraire, cette prononciation caractérisait, dès le XVe siècle, le peuple de Paris. *E* était vulgaire, certes, mais nullement une affectation. Voir Brunot, *HLF*, ii, 255; Thurot, *Prononciation*, i, 375 et suiv.

(b) 4 *choufes*. Là où la voyelle *o* était déjà fermée, on hésitait beaucoup entre *o* et *ou*, même en syllabe accentuée. (Voir Thurot, *Prononciation*, i, 241, 246–7; Brunot, *HLF*, ii, 251–4.) *Choufe* passait pour une affectation, il est vrai, mais il n'est pas certain que l'italianisme y ait été pour quelque chose.

6–7 *Tout beau...quel langage parlez-vous?* Celtophile est choqué par des mots comme *courtifanefque, volte, s'imbattre, manquer*, et peut-être par des prononciations telles que *choufe, folaz* (= *soulas*).

16–17 *ne luy faite point de fcorne. Faite:* orthographe phonétique que confirme la seconde édition (Anvers, Niergue, 1579, p. 16).

85 *plus falement*, etc. Il est à noter qu'en répondant à Philausone, Celtophile choisit exprès des adverbes qui, malgré l'opposition de sens, rappellent un peu par leur forme ceux que vient d'employer son interlocuteur: *fadement — falement* et *maufadement; fongneufement — rongneufemêt; galamment — galeufement; gayement — gayoffement*, etc.

90 *Gayoffement*. Cet adverbe, forgé exprès paraît-il, dérive en effet de l'adjectif italien *gaglioffo*, 'bête', 'lourdaud', mais on trouve déjà *galiofle*, employé substantivement, dans les *Cent Nouvelles Nouvelles*, ouvrage à dater entre 1456 et 1467 (éd. Sweetser, n° xlv, 67).

92 *pour n'eftre mots Frances:* 'parce que ce ne sont pas des mots français.'

102 *comme elle prendroit*. C.-à-d. 'comme elle en prendrait'.

110–11 *entre le fain & entier langage François, & entre celuy qui...* La répétition de *entre* constitue un pléonasme.

(c) 4–5 *au lieu qu'ils en ont.* *Que*, relatif passe-partout, représente ici *où*.

6 *Vne fogge nouuelle.* *Fogge* dérive de l'italien *foggia*, 'manière'.

13 *Amaſſer pour Tuer.* *Amaſſer* est un calque de l'italien *ammazzare*.

13 *Piller pour Prendre.* *Piller* (au sens de 'prendre') est calqué sur l'italien *pigliare*. *Piller patience*, tour employé par Philausone dès la première page de l'ouvrage, est déjà dans les *Cent Nouvelles Nouvelles* (LXIV, 102).

25–6 *Laquelle façon de parler ie penſe n'eſtre priſe de la ſignificatiõ du mot Italien.* Tant à cause du relatif de liaison qui commence la proposition qu'en raison de la subordonnée infinitive, cette phrase est d'un style très latinisé.

38–9 *mais ſi eſt bien Cheualerie.* Il est vrai qu'au sens d'ensemble de troupes à cheval, le mot 'chevalerie' avait été remplacé par 'cavalerie', d'origine italienne; mais les autres sens du mot sont restés intacts.

45–6 *les Picards...auſsi diſent ils.* Sorte de reprise du sujet.

37

1 *porte-flambeaus.* Cf. (39) *triple-vne*, (103) *porte-brandons*, (108) *tire-trés.* Epithètes composées, imitées du grec. Voir aussi note au n° 32, 23.

7–11 *done moi, que...Ie chante...que i'étale...que...ie liſe:* 'accorde-moi de chanter, etc.'

24 *nées.* Le participe s'accorde grammaticalement avec *iournées*, mais logiquement avec tous les substantifs coordonnés.

69 *Echele.* Cf. (70) *Franchiſſe*, (73) *Face*, etc. Subjonctifs à sens impératif.

98 *Des pauillons aſtrés les reglés mouuemens.* Chiasme: les mots des deux groupes qui s'opposent sont disposés exprès en sens inverse.

101 *Vne vis à repos:* 'un escalier à paliers'.

105 *Vn pont, ſur qui.* De même que l'on employait au XVIe siècle *quoi* par rapport aux personnes, de même on employait *qui* après préposition par rapport aux choses. Mais cet emploi se fait rare, et sera condamné par Vaugelas (voir *Remarques*, p. 55). Cf. plus bas (107) *vn nuage à trauers qui*.

38

1 *OV diable trouueray-ie dix eſcus.* C'est Nicolas qui parle.

2 *D'aller au frippier.* Cf. (4) *de trouuer...qui me face credit.* De a ici la valeur de 'pour ce qui est de'. Voir aussi n° 39a, 9.

5 *Ie vas reſuãt.* Périphrase durative. Les courtisans disaient encore *je va* en 1647, mais à tort, selon Vaugelas: la forme correcte était déjà *je vais* (*Remarques*, p. 27).

7–8 *le cognoiſſant treſ-auaricieux...me faict douter.* Changement de construction. La phrase commence comme si la suite devait comporter *je doute que*. Pour maintenir *me fait douter*, il faudrait dire aujourd'hui 'le fait que je le sais très avaricieux'.

13–14 *que ie ſuis fol de penſer à tout cela: & que maniant ſes affaires ie ne luy ay...*

ferré la mule. Changement de construction, le même verbe, *penſer*, ayant deux compléments de natures différentes.

22 *qu'ay-ie affaire qui paye mes debtes:* 'je n'aurai plus besoin qu'on paye mes dettes'.

39 *Qui deſpendent comme il faict.* Conclusion de la phrase interrompue par l'observation d'Hippolite. *Faict:* verbe suppléant remplaçant *deſpendre.*

41 *que ie parle a luy.* Construction normale avec *parler.* Voir note au n° **21a**, 27.

50 *alongiſſions l's.* (Cf. plus bas 125, *alliſſions* pour *allassions.*) Forme bien attestée de l'imparfait du subjonctif des verbes de la première conjugaison: voir Gougenheim, *Grammaire*, p. 119, et Brunot, *HLF*, 11, 339–40. Certains grammairiens contemporains vont jusqu'à préférer cette forme (R. Estienne, J. Garnier, J. Pillot).

57–8 *Si toſt que i'ay eu dict...qu'il torchaſt... & que la dame n'eſtoit...* Le changement de mode repose sur l'ambiguïté du verbe *dire* (1 = 'ordonner', 2 = 'déclarer'). Cf. note au n° **21a**, 56–8. *I'ay eu dit:* le passé surcomposé, attesté au XVe siècle, ne pénètre que très lentement dans la langue littéraire, et au XVIIe siècle les bons auteurs l'évitent. Meigret (*Trętté*, f° 69r°) l'appelle *préterit perfęt* et cite comme exemple *j'ey u fęt auant q'il arriuát.* Voir aussi n° **40**, 1.

65 *C'eſt à mon maiſtre, à qui cela ſ'adreſſe.* Solécisme très courant au XVIe et même au XVIIe siècle. En 1607, Maupas considère comme interchangeables *C'eſt à luy que ie m'adreſſe* et *à qui ie m'adreſſe* (*Grammaire françoise*, p. 156).

75 *pour tendre:* 'à tendre'.

80 *font le ſanctificetur.* Cette expression n'est pas attestée en français avant la date des *Eſcholliers.* Il est possible que Larivey, en adaptant superficiellement la locution italienne *fare il sanctificetur*, l'ait lancée à la mode en France. Voir Huguet, *Dictionnaire*, s.v. *sanctificetur.*

85 *tandis que l'aage leur permet:* 'tant que leur âge le leur permet'. Pour l'omission du pronom *le* voir ci-dessus, note au n° **1**, 53.

85 *qu'elles ſont priees.* Ces mots continuent la proposition introduite par *tandis que.*

107–8 *elle me benira à iamais.* Sur ces mots, Nicolas sort, laissant Hippolite et Luquain seuls sur la scène.

109 *& me ſuffiſt qu'il en eſt content.* L'indicatif n'est pas rare après *il suffit que* dans les textes du XVIe siècle.

120–2 *tu te deuois contenter...Tu deuois deformais conduire.* Le sens est plutôt 'tu devrais', et le texte italien porte, justement, *doveresti* (c.-à-d. le conditionnel) dans les deux cas. Voir aussi note au n° **39a**, 56–8.

123–4 *pour apres tant de peines, ioyr d'vn tranquile repos:* 'pour qu'il (le vaisseau, c.-à-d. Hippolite lui-même) jouisse...' Dans le texte, l'infinitif se rapporte à un autre terme de la phrase que le sujet, qui est la Fortune.

126 *afin q̃ ſ'il aduenoit quelque fortune, qu'elle ne nous print.* *Que*, strictement pléonastique, marque une sorte de reprise tolérée et autant vaut normale au XVIe siècle.

131 *que ie ne ſuis de ſon humeur:* 'en me permettant de ne pas être de son humeur'.

132 *car nous mourrions.* C.-à-d. '*si je l'étais*, nous mourrions...'

NOTES

39

(a) 2–3 *nõ pourtãt…qu'il ne s'aperçoiue.* L'adverbe *pourtant* a été intercalé dans la conjonction *non que*: nous n'avons affaire ici ni à *non pourtant* (= 'cependant', 'malgré cela'), ni à *pourtant que* (= 'parce que').

6 *vn peu de chafque chofe & rien du tout.* Il y aurait évidemment un contresens si *rien du tout* avait ici sa signification moderne. Mais Montaigne veut dire que s'il possède des connaissances superficielles de beaucoup de choses, il ne possède aucun sujet *à fond.*

9 *de y enfoncer plus auant, de m'eftre rõgé les ongles. De* = 'pour ce qui est de': cf. ci-dessus, note au n° **38**, 2.

18 *mes conceptions & mon iugement ne marche qu'a tatõs.* Le verbe est au singulier quoique le premier des deux sujets soit au pluriel: en d'autres termes, l'accord se fait avec le substantif le plus proche.

23–4 *comme il faict a tous coups. Faict* remplace *auient* 'arrive'. Cf. plus bas (25–6) *cõme ie vien de faire chez Plutarque…fon difcours de la force de l'imaginatiõ,* où *faire* remplace *rencontrer.*

29–30 *& dequoy auffi i'ay au moins cela. Dequoy* (= 'de ce que') reprend et remplace *de cecy, que…*

37–8 *a ce qui eft du leur:* 'auprès de ce qui est pris aux auteurs anciens'.

43 *fi i'euffe trouué.* Marque effectivement le début d'une phrase nouvelle.

44 *c'eftoit vn precipice:* 'mais c'était…'

56–8 *Quelcun donq…me difoit…que ie deuoy eftre…eftendu.* C.-à-d. '…que j'aurais dû…m'étendre'. *Devoir,* ainsi que *vouloir* et *falloir,* s'employait autrefois à l'imparfait dans des circonstances qui appelleraient aujourd'hui le conditionnel présent ou passé. Voir aussi n° **38**, 120–2, et note.

64–5 *outre ce que l'anciene poffeffion…m'obligent.* Le verbe est au pluriel parce que *outre ce que* fait supposer qu'il ne s'agit pas *uniquement* de l'ancienne possession, et que ce qui précède constitue aussi en quelque sorte une obligation.

67 *la plus grande difficulte & importante.* La position du substantif entre deux adjectifs coordonnés est très courante au XVIe siècle.

(b) 7 *d'vne forme d'inftitution exquife.* A rapporter à *recherches.*

28–9 *auant que i'entendiffe nõ plus de Frãçois…que d'Arabefque:* 'j'avais plus de six ans et j'ignorais le français comme j'ignorais l'arabe'.

34–5 *pour le tourner en bon:* 'pour que je le rende en bon latin'. Voir notes aux n°s **3**, 147, **21b**, 16, **41a**, 63–4, et cf. ci-dessous, 55–6.

37–8 *m'ont dict fouuent, defpuis que i'auois.* Question de ponctuation. Le sens est 'm'ont dit souvent depuis lors, que j'avais'.

55–6 *Ceft exemple fuffira pour en iuger le refte, & pour recommander.* Changement de sujet. Dans *Ceft exemple fuffira pour recommander,* les deux verbes ont le même sujet: dans *Ceft exemple fuffira pour en iuger le refte,* par contre, c'est le lecteur qui est le sujet de *iuger.* Substituer 'pour que le lecteur' ou 'pour que l'on juge du reste'.

72 *n'ayant plus autour de luy ceux, qui:* 'car il n'avait plus autour de lui ceux qui…'

90–1 *ny ne fais encore le corps. Fais* supplée *connoiſtre.* 'Et même aujourd'hui je n'en connais pas la matière.'

104 *auſſi n'auoint les mienes autre vice que:* 'et mon caractère n'avait pas d'autre défaut que…' Pour l'inversion après *aussi* voir note au n° **3**, 40–1.

<h1 style="text-align:center">40</h1>

1 *Quand i'ay eu bien long temps…conſideré…* Noter l'emploi du passé surcomposé: cf. n° **38**, 57, et note.

2 *le lieu de la ou:* 'le lieu d'où'.

12–13 *Il n'y à pas iuſques aux vieilles, qui ne tienne vn tel langage.* Le manque d'accord en nombre semble dû à la confusion de deux constructions: (1) *il n'y a pas jusqu'aux vieilles qui ne tiennent,* et (2) *il n'y a aucune vieille qui ne tienne…*

22 *quelque raiſons.* Orthographe phonétique indiquant l'amuïssement de l'*s* devant consonne initiale.

25–6 *Nous voyons…cela eſtre veritable.* Subordonnée infinitive. *Voir,* verbe de perception, se construit encore aujourd'hui en principe avec l'infinitif, mais son emploi avec *être* paraît avoir été abandonné.

34 *Et ſamble ſa venue.* Inversion provoquée par *Et* initial.

47–8 *Et s'il eſtoit ainſi que tu dis, ſuyuant l'opiniõ des philoſophes que les ſources…* *vinſſent de la mer.* Le subjonctif est employé ici parce que la proposition dépend d'une hypothèse: voir note au n° **31**, 47–8.

50 *ce qui n'eſt pas:* 'ce qui n'est pas le cas', ou 'mais il n'en est rien'.

55 *En cas pareil.* A rapporter à *tout ainſi que* au début de la phrase précédente.

64 *ſourdons…auaillons.* Termes saintongeais ou aunisiens: voir E. Dupuy, *Bernard Palissy* (Paris, 1894), p. 233.

71–2 *les huitres eſtant apportees…elles ſentẽt.* On trouve souvent la reprise du sujet lorsque celui-ci fait partie d'une construction participiale. Voir ci-dessous (125) *elle ne remonteroit iamais.*

97–8 *& les ayãt atachez audites perches, le bas deſdits filets eſt compreſſé.* Changement de sujet: ce sont les pêcheurs qui ont attaché les filets aux perches.

109 *que non pas en nulle autre ſaiſon.* La langue moderne se contente d'un *ne* explétif dans le second terme de la comparaison, et encore uniquement lorsque celui-ci contient un verbe. Cf. ci-dessus, n° **17b**, 94–7, et n° **24**, 18–19.

124–5 *l'eau eſtãt deſſendue en la valée elle ne remonteroit iamais.* Pour la reprise du sujet voir ci-dessus, 71–2. 'L'eau, une fois descendue…, ne remonteroit jamais.'

133–5 *& qu'ainſi ne ſoit que la terre ſoit percée, les feux continuels, qui ſortent des abiſmes amenent auec ſoy des vapeurs ſulphurees, qui en rendent teſmoignage:* 'les feux continuels qui sortent des abîmes en apportant des vapeurs sulfureuses fournissent la preuve que la terre est percée.' Pour l'emploi de *ſoy* voir note au n° **15**, 151–2. Pour la substitution illogique de *qu'ainſi ne ſoit* à *qu'ainſi ſoit,* voir E. Borlé, *Observations sur l'emploi des conjonctions de subordination dans la langue du XVI siècle* (Paris, 1927), p. 216; ainsi que les *Remarques* de Vaugelas, pp. 557–8. Selon Vaugelas, on ne disait plus en 1647 que *qu'ainsi ne soit.*

NOTES

41

(a) 15 *en l'habit & forme qu'il se presenta. Que:* relatif passe-partout, cf. note au n° **12 b**, 38–9.

19 *craignans qu'elle ne rechapaft:* 'comme ils (= les paysans) craignaient que…'

30–1 *ayant ietté quelques poudres…que elle mift:* 'à savoir, qu'elle avoit jeté …et qu'elle les avait mises…' Il faut reconnaître que le second verbe n'ajoute pas grand' chose au sens.

37 *guarir,* (39) *guerir* et plus bas **41 b,** (46) *guarifon,* (48) *guerifon,* (54) *guarie,* (56) *guerir.* Noter cette hésitation quant à la forme à employer. *Guarir, guarifon,* ont le mérite d'être les formes primitives: *guerifon, guerir* sont attribuables à l'hypercorrection. Voir note au n° **1,** 32.

39 *qui auoit faict refponce:* 'et qu'il (le diable) avait fait réponse'. Comme il arrive souvent, le relatif *qui* est très éloigné de son antécédent.

39–41 *Et qu'elle dift alors au Diable qu'il l'abufoit…& qu'il ne vint* (= vînt) *plus la voir.* Changement de construction rendu possible par les deux sens de *dire,* voir notes aux n°s **21 a,** 56–8, et **38,** 57–8. Le contexte indique que nous avons bien affaire à un imparfait du subjonctif dans *Qu'il ne vint plus la voir.* Noter aussi la position, déjà moderne, du pronom complément.

41 *Et lors qu'il dift que…:* 'Et qu'il dit alors que…'

41–2 *& que deux iours apres l'hôme mourut.* Cette proposition ne dépend plus de *il dit,* mais fait partie des aveux de la sorcière.

63–4 *pour feruir d'aduertiffement.* Se rapporte à *ce traicté:* donc 'pour qu'il serve'. Cf. n° **39 b,** 34–5, et note.

(b) 8 *quelque chofe licite. Quelque chose* (comme *rien* d'ailleurs, voir note au n° **12 b,** 34) peut se relier sans *de* à un adjectif.

9 *& qu'ils ne s'adreffent point à Dieu. Que* continue à remplacer *quand,* comme dans la proposition précédente.

11–12 *ilz font delaiffez.* C'est la proposition principale.

17–18 *ny pour leurs ieufnes, ny pour leurs prieres & facrifices, ie ne les efcouteray point.* On trouve souvent *pas* ou *point* avec *ni,* cf. note au n° **12 b,** 110–11.

29–31 *Comme on void le Roy Saul, apres auoir demandé confeil à Dieu, quelle iffue il auroit…& qu'il n'auoit aucune refponfe…il s'adreffa.* Asymétrie: deux constructions différentes dépendent de la même préposition (*après avoir* et *après que*). Dans *il s'adreffa, il,* strictement pléonastique, sert de rappel ou de reprise du sujet.

38 *& celuy qui ne le cherche pas:* 'et de celui qui…'

76–7 *Mais celuy eft coulpable, qui…doibt eftre puny.* La phrase continue comme si les mots *eft coulpable* n'y étaient pas. Il faut donc faire précéder de *et il* le dernier terme: (*et il*) *doibt eftre puny.*

42

(a) 10 *Dont vient que.* Ces mots pourraient introduire soit une explication soit une question, mais il est à tout prendre plus probable que le sens est 'Voilà pourquoi'.

20–1 *vne partie des vaincus…apprennent.* Syllepse.

24 *la pronontiation des naturels, ou des nouueaux & apprentifs.* C.-à-d. '*et* des nouveaux, etc.'

29 *vaincus des plaiſirs:* 'par les plaisirs'. Voir note au n° I, 38.

29 *alterer leur lāgue.* A rapporter à *ſont cōtraints.*

(b) 3 *ne pouuans introduire.* Le sujet n'est pas les *courſes* des Goths, mais les peuples barbares. 'Car ces peuples ne purent introduire définitivement leur langue.'

9–11 *Car ces peuples diuiſez...chacun voulant garder par armes...ne le defendit pas.* 'Car, ces peuples étant divisés, chacun voulait garder...mais ne le défendit pas.'

14–15 *demourant la Latine plus forte.* Participe présent absolu.

22 *ayans Auerrois, Albumaſar* (etc.)*...eſté nō moins eſtimez...:* 'car Averroès etc....ont été non moins estimés...'

28–9 *que ie penſe...auoir eſté.* Subordonnée infinitive imitée du latin.

39–40 *auoit eſté portee...par Guillaume le Baſtard...en conquerāt ceſte iſle.* Changement de sujet: 'lorsqu'il conquit cette île'.

53–5 *Puis ayant eſpouſee Leonor...elle luy apporta le Poitou.* Encore un changement de sujet: 'quand il épousa Aliénor'. *Eſpouſee:* l'accord par anticipation est assez rare, et nettement condamné par Meigret, voir *Trẹtté,* f° 68ʳº.

74 *eſtant certain que:* 'car il est certain que'.

82 *ayant vne partie du pais eſté donné:* 'car une partie du pays avait été donnée...'

104–5 *Ainſi donc y ayant:* 'comme il y avait'.

43

1–19 Malgré la multiplication des propositions, il est possible — pourvu que l'on ne se laisse pas trop dérouter par la ponctuation — de discerner la construction fondamentale. La subordonnée initiale *ENCOR que ce ſoit vne façon ordinaire* est reprise beaucoup plus tard (8–9) par *& (encor) qu'il y en ait d'autres,* et ces deux propositions ensemble annoncent la principale, qui commence (16–18) par *Ie n'ay voulu toutesfois eſtre imitateur de telles façons de faire...et croy que...*

2–3 *à fin de luy dedier.* Pour l'omission du pronom régime *la,* voir note au n° I, 53.

23–4 *la plus-part prent bien plus grand plaiſir.* Cf. (29) *la plus-part...ſont ignares...* et (68–9) *que la pluſpart...ne ſoient aggreables.* La langue hésite beaucoup quant au nombre du verbe qui suit *la plupart.*

33–4 *aucuns auſquels ils fuſſent dediez qui s'en ſoit remué ny ſoucié.* La phrase continue comme si *aucuns auſquels* avait été au singulier. Il est d'ailleurs évident que dans les constructions négatives de ce genre, la distinction logique entre le singulier et le pluriel est très atténuée.

45 *pour ſe vouloir rendre exempt:* 'parce que l'on veut s'exempter'.

53 *qui faict que:* 'ce qui fait que'.

63 *T'aſſeurant de ma part que:* 'et je t'assure que...'

87 *pour aller comme coquins:* 'parce qu'ils vont comme des mendiants'.

107 *Auſſi fay ie bien moy de plus auant conteſter. Fay* reprend et remplace le verbe *s'ennuyer,* que l'auteur vient d'employer à la seconde personne. 'Et moi aussi, je m'ennuie — de continuer la dispute.'

108 *& te contente de ce salut:* 'et contente-toi de cette salutation'. C'est la présence de *et* qui permet cet ordre, survivance de l'usage médiéval qui place le pronom régime atone avant l'impératif, pourvu que ce ne soit pas en début de phrase.

44

1–2 *comme celuy qui:* 'car c'est ce qui...' Voir note au n° **4a**, 39–40.

5 *Puys donc que.* Voir aussi n°ˢ **30, 94, 45**, 20–1, et note au n° **1**, 98.

6–7 *pour y boire enfemble:* 'parce que l'on y buvait ensemble'.

15–16 *Lyæus...chere-lie...Liber.* Bouchet a tort de supposer un rapport entre *lie* et le grec Λυαῖος ou le latin *Liber. Lie* dans *chere-lie* représente l'adjectif féminin *liée*, dérivé du latin *lætus, læta* (='joyeux').

26–7 *fi vous fongez...en la vigne, ou de boire...ou au vin.* Hésitation typique de l'époque. *En* et *à*, suivis de l'article défini, étaient souvent interchangeables. Cf. plus bas (36) *aux hõmes...es beftes*, et n° **50**, 57.

33 *conforte le cœur & le cerueau.* Ces mots et ceux qui les suivent ne se rapportent plus à l'action du vin sur *le pareffeux*, mais à son action en général.

61 *qu'apres auoir foupé.* Changement de sujet: 'après qu'on a soupé'.

62 *où:* 'car c'est alors que...'

63 *Et aufsi qu'il n'y ha rien. Que* est explétif.

65–6 *fe fentans du bon fang.* Se rapporte à *ces difcours plaifans* etc. Donc = 'qui se ressentent...'.

84 *regardez qu'en dict:* 'regardez ce qu'en dit...'

87–9 *a ce que l'Empereur bailla...a ce qu'anciennement.* Dans les deux cas, *a ce que* est l'équivalent de 'au fait que'.

92 *N'eftant pas raifonnable:* 'car il n'est pas raisonnable'.

99 *& le mal qui eft furuenu. Le mal* est l'objet grammatical du verbe *lire*, qui se trouve par là avoir deux compléments de natures diverses: *lire que* et *lire le mal* — c.-à-d. l'apprendre en lisant.

101 *la pefte eftant en l'armee.* Sens purement temporel: 'quand la peste était...'

114 *ofté Socrate:* participe passé absolu. *Excepté*, l'équivalent moderne, n'est plus senti comme un participe, mais comme une préposition.

117 *là où...on boyt.* Ce relatif se rapporte strictement à *banquetz.* 'Car on y boit', 'car ce sont des occasions où l'on boit'.

121–4 *fouftenoyent le vin rouge & clairet eftre...difoyent les chofes chaudes... tendre...le vin rouge nourrir...parquoy conuenir. Parquoy conuenir:* cas extrême de l'emploi de la subordonnée infinitive. '(Que le vin rouge est plus nourrissant...) et que pour cette raison il convient mieux...'

125–7 *eftant donc le vin rouge plus falutaire...cela demontre que:* 'le fait que le vin rouge est plus salutaire démontre que'.

127–8 *cela demontre qu'il eft plus chault, & par confequant enyurer plus toft.* Changement de construction: *demontre...enyurer* fait supposer une construction du type *demontre le vin enyurer*.

131 *quelque chofe...elle.* De même que *quelque chofe* peut être construit avec un adjectif (voir note au n° **41b**, 8), de même il n'a pas entièrement perdu son genre primitif. Mais noter par contre n° **45**, 28–9, *quelque chofe...le pourfuiure.*

139 *qui feruit de fubject:* 'et qui servit de sujet'.

150 *que pour garder:* 'à savoir, c'est-à-dire, que pour garder...'

150–1 *qu'il eſt bon vne fois. Que* fait pléonasme avec *que* (*pour garder*). Cf. plus bas (155–7) *va dire, que quand Galien...que cela ſ'entend.*

153–4 *de doctement diſcourir.* L'adverbe est souvent placé immédiatement avant le verbe.

155 *Et va dire:* 'Et il dit.' Cf. plus bas (174) *qui en va demander.* Pour cette périphrase, équivalent du passé simple, voir note au n° **7**, 102.

156–7 *qu'il dit auoir moins de force...nourrir moins, n'eſtre ſi fumeux.* Subordonnées infinitives.

163–4 *Qu'il ſoit ainſy...ie m'en vay vous faire vn conte:* 'Qu'il en soit ainsi, c'est ce que je vais prouver par un conte' ou bien 'pour prouver qu'il en est ainsi, je vais vous raconter une histoire'.

182–3 *le vin changeant les mœurs:* 'car le vin change les mœurs'.

190 *comme ſçays-tu.* Dans l'interrogation tant indirecte que directe, *comme* remplace souvent *comment*.

193 *beuuant a meſme la bouteille:* 'quand je buvais...'

45

2 *reuenant des Eſcholes:* 'qui revenait'.

4 *comme eſt il allé? Comme* = 'comment'. Voir note au n° **44**, 190.

16 *pour eſtre la plus part mal raportees:* 'étant pour la plupart mal rapportées'.

20–1 *parce, diſoit-il, que.* Séparation parfaitement admissible au XVIe siècle. Voir n° **30**, 94, n° **44**, 5, et note au n° **1**, 98.

21–2 *où il vous faut traiter & gouuerner:* 'où vous devez vous observer et vous comporter'.

25 *vous iettans en leurs vignes.* C.-à-d. '*si* vous empiétez sur leurs vignes'.

59–60 *Qui n'auroit eu pitié de ma ieuneſſe.* 'Si l'on n'avait eu pitié.'

68–9 *fut-ce...euſtes.* Cet emploi du passé simple dans la conversation est normal, comme l'attestent plusieurs grammairiens contemporains. Mais quand il s'agit d'événements qui se sont produits le jour même, le passé composé est seul admissible. Voir surtout H. Estienne, *Traicté de la conformité*, pp. 54–5; *Hypomneses*, pp. 190–4; Pillot, *Institutio* (édition de 1550), f° 20ᵛ°; et Maupas, *Grammaire*, pp. 290–6.

74 *prenans & pillans:* 'pendant que nous prenions...'

76–7 *quelques remonſtrances que ſeuſsions alleguer, que par nos chartres...Alleguer* a deux régimes. Traduire par 'quelques raisons que nous pussions alléguer en soutenant que...'

85 *deuât le mois eſtre paſſé.* La construction type *devant*+infinitif est en principe attestée, mais ce qui frappe ici, c'est que *devant* soit construit avec un infinitif *accompagné d'un sujet. Pour* admettait une construction analogue: voir n° **46b**, 90–1, et note.

86 *toutes les châbres aſſemblees.* Nominatif absolu.

88–90 *qui renuerſez & rendus fugitifs, tous leurs outils...furent caſſez.* Nominatif absolu. 'Et, ceux-ci ayant été vaincus et mis en fuite,...'

98–9 *& ſe fuſt maintenu:* 'et il aurait eu gain de cause...' (c.-à-d. si la 'longue possession' avait compté pour quelque chose).

100–1 *ſe voyant deniché, & ſes ennemis impatroniſez.* Construction asymétrique, à traduire par 'se voyant déniché et trouvant ses ennemis en possession'. Voir note au n° **6**, 118.

105 *eſſayant en toutes ſortes:* 'et il essaya'.

107 *ce qu'il laiſſa. Ce que* se rapporte, soit à *il les tourmentoit*, soit à *eſſayant en toutes ſortes.*

46

(a) 1–2 *vne infinité...qui eſtiment.* Syllepse.

5 *c'eſt là où il faut aller.* Solécisme fréquent. Cf. note au n° **38**, 65.

6 *mais pour apprendre.* Ellipse pour 'mais qu'il faille y aller pour apprendre'.

10–12 *le courtiſan au milieu des biens...vous voyez qu'il a transformé.* Sorte d'incise avec reprise du sujet. 'A transformé, vous le voyez bien...'

13 *toute effeminée.* Voir note au n° **14**, 66.

13–14 *Roine, alloit, tenoit, ...venoit. Reine, allet,* etc. Voir la note au n° **36a**, 4, et, pour *roine–reine,* la note au n° **33a**, 74–5. La prononciation blâmée s'est quand même imposée.

18 *Vous penſerez...que ie vueille dōner ceſte louange.* Pour cet emploi du subjonctif voir note au n° **11b**, 64–5. *Ceſte louange:* c.-à-d. celle de posséder le langage le plus pur.

21 *ie ne ſçai comme. Comme* = 'comment'. Voir n°s **44**, 190, et **45**, 4.

22–3 *le faiſant il y a.* Changement de sujet. *Le faiſant* est à rapporter à *la plus part de nous...s'eſtudie.* 'Quand nous le faisons, il y a.'

46–8 *lequel demandant...& ſe courrouçant...le valet ſe ſceut fort bien excuſer.* Participe présent absolu.

47 *qu'il ne luy apportoit.* Noter d'abord l'emploi de l'indicatif dans cette proposition qui dépend d'une expression affective (cf. n° **23c**, 30–1), et ensuite la suppression du pronom régime *la* (cf. n° **1**, 53).

53–4 *me promenant...me ſaluant.* Nominatifs absolus: 'quand je me promenais...et que l'un de mes compagnons me salua...'

54–5 *ie penſois...qu'il vouluſt dire.* Cf. (48–9)...*il eſtimoit qu'il cōmendaſt.* Voir note au n° **11b**, 64–5.

72 *mandia-il.* Voir note au n° **2**, 105.

75–8 Pasquier se trompe. Rabelais écrivit l'épisode de l'écolier limousin trop tôt pour avoir pu subir l'influence d'Hélisenne de Crenne. On sait d'ailleurs qu'il puisa l'idée initiale dans le *Champfleury* de Geoffroy Tory: voir n° **8a**, 9–12, et note au n° **9a**.

82 *auſſi nous digeriōs & transformions.* Se rapporte à *telle ſobrieté, que comme.* La conséquence étant envisagée comme un but, le subjonctif est normal.

82–3 *ce que trouuerons pouuoir faire:* 'ce que nous verrons la possibilité de faire' (*faire* remplace *digerer* et *transformer*).

90 *toutes les belles fleurs qu'il penſera duire à l'illuſtration.* Subordonnée infinitive: 'qu'il jugera utiles à...'

101–2 *le bon iardinier ſauluageon, ou vieux arbre, ente des greffes nouueaux.* Sujet — régime — verbe (*ente*).

111–13 *Vn iour deuifant...l'vn d'eux me dift.* Changement de sujet: 'un jour lorsque je parlais...'

125 *pour n'auoir efté chartier:* 'n'ayant jamais été charretier'.

125–7 *Acheptant vn cheual...me feit-il.* Changement de sujet: 'quand j'achetais un cheval.'

127 *defendez vous du prix.* C.-à-d. 'le prix est la seule difficulté qu'il vous reste à vaincre.'

135 *Qui eft vn larcin.* 'Ce qui est un larcin.'

(b) 1–11 Pour le détail des réformes orthographiques préconisées par Meigret, Peletier, Baïf et Ramus, voir ci-dessus, pp. 40–7.

1–2 *& ne m'y veux pas prefenter que bien empoint.* Il est à noter qu'aux XVIe et XVIIe siècles, le tour *ne...pas...que*, bien loin de posséder son sens moderne, était l'équivalent d'un simple *ne...que. Que*, équivalent de *si ce n'est*, annulait logiquement la négation totale exprimée par *ne...pas, ne...point.* C'est pour cette raison que Corneille a pu écrire dans *Horace* (III, 6) *Et ne l'aurait point vue obéïr qu'à son prince.* Vaugelas condamne en termes formels l'emploi de *pas, point* 'devant le *que* qui s'exprime par *nisi* en Latin', mais il tombe lui-même dans cette erreur en une autre page (voir *Remarques*, pp. 405–6, 346).

13 *voulant donner:* 'quand je voulais donner'.

22 *celle qui eft commune à la France.* C.-à-d. celle des dictionnaires de Robert Estienne. Voir ci-dessus, pp. 39–40, 49–51.

26 *ny de Baïf.* Comme Pasquier parle, non de la *Grammaire* de 1562, mais de celle de 1572, il a tort de déclarer que l'orthographe de Ramus ne se rapporte 'presque en rien' à celle de Baïf, car elle en est en réalité très proche.

26 *Qui me fait dire.* 'Ce qui me fait dire.'

49–51 *Pelletier...commande d'ofter la lettre de G.* Voir le *Dialogue de l'ortografe*, p. 175.

54 *Pouure & Sarions.* Voir Meigret, *Tretté*, f° 23ro et f° 29ro.

68–9 *fe trouuât vne parole claufe d'vne confonante.* Participe présent absolu: 'lorsqu'un mot se trouve fermé par une consonne'. Pour l'emploi de *de* pour introduire l'agent du passif, voir note au n° 1, 38.

73–4 *pour tôber en vne voyelle immediate:* 'parce qu'elle précède immédiatement une voyelle'.

77–8 *vous voyez...l'S eftre prononcée.* Subordonnée infinitive: 'vous voyez que l'S est prononcée'.

82–3 *Oftez de noftre efcriture les lettres que nous ne pronôçons pas, vous introduirez vn chaos en l'ordre de noftre Grammaire.* Pasquier résume admirablement des arguments encore valables et que l'on fait valoir aujourd'hui.

87–8 *quât à ce que vous vantez faire beaucoup...pour l'eftranger.* Allusion à la préface de la *Grammaire* de 1572, p. xx.

90–1 *Eftimez-vous que pour eftre le Latin efcrit tout de fon long.... Pour*, marquant la cause, est construit ici avec un infinitif accompagné d'un sujet, construction faite pour déconcerter le lecteur moderne. Gougenheim (*Grammaire*, p. 201) cite un exemple où *pour* marque le but et non la cause. Voir aussi n° **45**, 85, et note.

96 *Chofe que vous mefmes recognoiffez.* En effet, dans la *Grammaire* de 1572 on trouve le passage suivant (p. 15): 'Si tous peuples vfantz des letres Latines en gardoient le vray fon, ce feroit vn merueilleux bien pour la langue Latine: Car

chacun apporte le mefme fon des letres Latines, quil a accouftume en fa langue maternelle.'

98–9 *Monfieur Loyfel & moy allants:* 'lorsque M. Loysel et moi nous allions'.

101 *Ce que ie cognuz...prouenir.* Subordonnée infinitive.

47

3–4 *pour les diuerfitez d'icelles, ils ne doyuent pas s'eftimer.* C.-à-d. 'la différence de leurs religions n'est pas une raison pour qu'ils se considèrent les uns les autres comme...'.

7 *ceffans toutes haines.* Participe présent absolu. Noter l'accord en nombre et l'absence d'accord en genre.

9 *font peris par:* 'ont péri par suite de'. *Perir* est l'un des nombreux verbes intransitifs qui, dans l'ancienne langue, se conjuguent avec *être* aux temps composés.

25 *dequoy il fe trouue:* 'qu'il se trouve'.

29–30 *telles gens, lefquels encores qu'ils fe facĕt...conoiftre, fi fera-il bon de les voir depeints:* 'des gens qu'il sera bon de voir dépeints, quoiqu'ils se fassent connaître...' *Les* fait double emploi avec *lefquels*.

32 *& n'eft aucun qui foit conu eftre retourné des morts:* 'aucun dont on sache qu'il soit revenu des morts'.

44 *encor cerchent-ils vn falut:* 'cherchent quand même leur salut'. Pour la forme *cercher*, voir note au n° 4 a, 83.

88–9 *& que fi...qu'on donneroit.* La répétition de *que* constitue un pléonasme.

119 *ceux qui en voudront douter, lifent le liure.* Subjonctif à sens impératif.

131–2 *qui leur monftreroit:* 'si on leur faisait voir'.

154–5 *& en toy ne fera trouué qui.* Il ne s'agit pas d'une conséquence, mais d'une sorte de souhait La Noue ne fait ici que traduire quelques vers de la Vulgate (Deutéronome xviii. 10: *nec inveniatur in te qui lustret filium suum*).

173–4 *tefmoin ce que:* 'témoin le fait que...'

48

6 *Eftant arriué à Thouloufe, ie fuz.* Nominatif absolu: c'est le roi qui était arrivé à Toulouse.

15–18 *le foir, que la nouuelle luy vint...elle fut toute la nuict en confeil.* C.-à-d. 'la nouvelle lui étant parvenue le soir, elle resta toute la nuit en conseil.'

18–19 *en confeil, ou eftoient.* Le pronom relatif *où* se réfère ici à un substantif indéterminé.

22 *ou elle fe tenoit plus affeurée.* C.-à-d. en Guyenne.

24 *luy oyant racompter fa defolation.* Selon la grammaire moderne, cette construction se rapporte mal à *les larmes m'en vindrĕt aux yeux.* Tourner par 'quand je lui entendis raconter'.

38 *Que ie ne defpendrois iamais:* 'à savoir, que je ne dépendrais jamais'.

39 *comme i'ay toufiours faict. Faict* remplace *defpendu* appelé par le contexte.

41–2 *vne ligue…là où il y auoit. Là où* se rapporte à *ligue* et non à *France*. Traduire par 'une ligue dont étaient membres', 'une ligue à laquelle adhéraient'.

45–6 *& fuʒ perſuadé…m'aſſeurant que.* C'est le gentilhomme qui est le sujet d'*aſſeurer*. 'Car il m'assurait que…'

53 *me demanda aduis, cõme elle s'en deuoit gouuerner. Comme* = 'comment': voir note au n° **44**, 190, et n° **45**, 4.

65 *ſa Majeſté ſouppant, elle m'appella.* Exemple frappant de la tendance à reprendre le sujet lorsqu'il fait partie d'une construction participiale.

70–1 *& me cõmanda de m'y trouuer.* Construction toute moderne, mais noter plus bas (84–5) *La Royne me fiſt ceſt honneur de me commander, que i'en diſſe mon aduis.*

78–9 *Et d'autre part, que ſi…que tous.* Les deux *que*, dont le second fait pléonasme avec le premier, se rapportent strictement à *remonſtra que*, ci-dessus (74–5), mais d'une façon assez vague quant au sens.

104–5 *i'y mettray ſi bon ordre en ce pays. Y* fait pléonasme avec *en ce pays*.

105–6 *riẽ ne branſlera, que vous ne ſoyeʒ recogneu. Riẽ ne branſlera* a l'air de se rapporter assez mal à ce qui suit, mais le sens est au fond 'il n'y aura pas la moindre opposition à ce que vous soyez reconnu'.

111 *en fin fut conclue l'aſſociatiõ…& arreſté que.* Tandis que *l'aſſociatiõ* est bien le sujet grammatical de *fut conclue*, celui de (*fut*) *arreſté* est un *il* impersonnel sous-entendu ('et *il* fut arrêté que').

124 *commençarent.* Cf. plus bas (128) *deſpeſcharent.* Monluc est Gascon: voir note au n° **18**, 38.

127 *& fut enuoyé à monſieur le Conneſtable.* C.-à-d. 'le texte du serment fut envoyé'.

130 *Et les meſſagers de retour.* Nominatif absolu: 'et quand les messagers furent de retour'.

140 *fuſſent allez encores pis, qu'ils n'ont faict.* C.-à-d. 'qu'ils ne sont allés', mais on pourrait très bien omettre le second terme de cette comparaison, sans rien changer au sens.

49

11 *je me donne au plus viſte des diables, q̃.* La subordonnée introduite par *que* dépend du sens 'je jure', implicite dans la principale.

13 *il n'eſt que d'en avoir. En avoir* = 'avoir de l'argent', d'où, 'de quelque part qu'*il* vienne'. Cf. plus bas (32) *pourveu que i'en aye.*

15–16 *& que les Eſpagnols perdront.* Mal rapporté à *qui parlent de.* Il faut supposer 'et qui disent que'.

48 *en portant vendre ſon beurre au marché:* 'quand elle portait'.

86–7 *ſi on luy promect d'eſtre Conseiller d'Eſtat du Biarnois.* C.-à-d. 'si on lui promet le poste de Conseiller d'Etat…'.

109 *oſtez en:* 'si vous exceptez', 'exception faite de'.

115 *i'ay charge de la nobleſſe, de vous remonſtrer:* 'la noblesse m'a chargé de vous déclarer'.

129 *qui a biẽ ſon pere n'agueres demourãt en…:* 'dont le père demeurait naguère dans…'

50

5–6 *& euſſe...diſputé...ſi vne crainte ſecrette n'euſt refrené ma douleur.* L'emploi du subjonctif plus-que-parfait dans les deux termes d'une hypothèse est tenace, et l'on en trouve des exemples même au XVIIe siècle.

9 *plus recommandable beaucoup.* L'adverbe d'intensité suit souvent l'adjectif qu'il modifie.

11–14 *Nous eſtãs entre-ſaluez...& luy m'ayant enuiſagé...& veu...Ie ne vous demande point (dit-il).* Nous eſtãs entre-ſaluez est ici la seule construction participiale absolue: les autres participes se rapportent au sujet du verbe de la principale.

17–18 *nous ne pouuons que nous n'y portions...la main:* 'nous ne pouvons nous tenir, nous empêcher, d'y porter la main'.

20 *voyant auiourd'huy que:* '*mais* comme je vois aujourd'hui que...'

24 *rien ſi equitable.* Cf. n° **12 b**, 34, et note; n° **41 b**, 8.

26–7 *la loy que vous auez...preſcrit.* Cf. (58–9) *ceux que la Nature nous a conioint* et (113) *la liberté qu'elle a apporté chez vous*; mais noter d'autre part (42) *Nous a elle touchez*, (46–7) *les plaintes & les ſouſpirs, que nous ne luy aurons pas...accordez*, et (84–5) *tant de celebres & ſçauans perſonnages qu'elle a eleuez.* Maupas condamnera bientôt le non-accord comme une faute.

38–9 *contre leſquels on tire à la quintaine, qui... Qui* = 'et qui'.

57 *au mal auquel...en la ruyne.* Les auteurs continuent à hésiter entre *à* et *en* lorsque l'article défini les suit. Cf. n° **44**, 26–7, et note.

65 *liſant...il m'eſt venu:* 'pendant que je lisais'.

114 *ſon honneur ſauue.* Nominatif absolu, cf. n° **14**, 158–9, et note. Le genre masculin de ce substantif est attesté à partir du XIVe siècle, mais le féminin est tenace.

GLOSSAIRE

À, v. *avoir*.

à, prép. *À ce que* conj. pour que **6**, 118.

aage, s.m. âge **33b**, 28; **35c**, 26; **38**, 85; **39b**, 85; **41a**, 9; **43**, 75; **46a**, 76; *entre deux aages*, d'un certain âge **27**, 22; *de mon a.* depuis que je suis en vie **9b**, 55, 65.

abastardir, v.tr. déclarer illégitime **18**, 41; *s'a.* dégénérer **39b**, 79; p.p. dégénéré **9b**, 38.

abatardir, v. *abastardir*.

abbruver, v.tr. abreuver **33a**, 73.

abimer, v. *abismer*.

abismer, v.tr. engloutir **40**, 133; intr. = s'engloutir **37**, 105.

abjecter, v.tr. rabattre, réfuter **43**, 50.

abominer, v.tr. éviter comme peu propice **24**, 82.

abord, s.m. lieu où l'on aborde **46a**, 4.

abreviation, s.f. action de raccourcir **1**, 28.

abstenir, v.pron. p.simple 6 *s'abstindrent* **3**, 26.

[^L]*absterger*, v.tr. nettoyer **9a**, 24.

abstindrent, v. *abstenir*.

abstrus, adj.subst. difficile à connaître ou à comprendre **43**, 92.

abus, s.m. erreur **9b**, 93; **17a**, 23; **17b**, 85; **20b**, 3, 44; **28b** rub.

abuser, v.tr. tromper **1**, 38; **3**, 140; **6**, 51; **14**, 34; **16a**, 42; **37**, 49; **41a**, 40; v.pron. se tromper **15**, 6, 37; **16b**, 5; **34**, 102

abyme abysme, s.m. et f. cavité **40**, 130; *a. de science* homme très savant **9b**, 106.

accez, s.m. événement inattendu, crise subite **50**, 48.

accident, s.m. événement **24**, 24; **30**, 104, 122; malheur **16a**, 11, 45; accès **16a**, 69; au pl. attributs **30**, 47; *par a.* par hasard **42a**, 8.

accoinct, adj. intime, familier **4a**, 69.

accointance, s.f. familiarité **28a**, 71; **41b**, 57.

accommoder, v.tr. prêter, fournir **5**, 38; adapter **23c**, 41; apprêter, assaisonner **23a**, 47; *s'a. a* s'accommoder de **27**, 72; se conformer à **11a**, 2; s'adapter à **36b**, 72. P.p. = convenable, approprié **39b**, 87.

accordance, s.f. Au pl. = traits de ressemblance **8b**, 29.

accorder, v.tr. mettre d'accord **31**, 159; **38**, 107; **44**, 143; *a. que* avec ind. concéder, convenir **28a**, 44; avec subj. consentir, permettre **34**, 46; *a. de* convenir de **21b**, 14; intr. = s'accorder **20d**, 5; **21a**, 55; *a. ensemble* s'entendre, s'harmoniser (jeu de mots) **10a**, 45; pron. convenir **6**, 37.

[^I]*accort*, adj. prudent, avisé, habile **21a**, 16; **36c**, 31; **46a**, 53.

[^I]*accortement*, adv. d'une manière avisée, habile, rusée **36c**, 31.

[^I]*accortesse*, s.f. habileté **36c**, 31.

[^I]*accortise*, s.f. habileté **36c**, 31.

[^I]*accortiser*, v.tr. rendre accort, faire devenir accort **36c**, 33.

accourir, v.intr. affluer **42b**, 93.

accoustrement, s.m. habit(s), vêtement(s), costume **25**, 53; **28a**, 69; **46a**, 153.

accoustrer, v.tr. préparer, disposer, arranger **1**, 91; décorer, bien disposer **25**, 20; habiller **12b**, 38; **28a**, 66; **28b**, 75.

accoustumance, s.f. habitude **36b**, 32; **47**, 56.

accoustumer, v.tr. *avoir accoustumé* = avoir coutume (de) **6**, 45; **16b**, 27; **24**, 42; **25**, 24; **28b**, 85; **40**, 102; **41a**, 25; **45**, 27.

accoutumer, v. *accoustumer*.

accroire, v.tr. *faire a.* = faire croire ce qui n'est pas vrai **35a**, 29; donner à entendre **44**, 6; *se faire a.* se faire illusion **15**, 26; **46b**, 35.

accroissement, s.m. aggravation **16b**, 19; extension **17b**, 68; développement **44**, 11.

acculer, v.tr. pousser dans un endroit où l'on ne puisse reculer **24**, 147; *s'a.* = reculer **32**, 94.

acheter, v.tr. se procurer **27**, 21.

achever, v.pron. s'accomplir **17a**, 17.

acointer, v.tr. aborder **39b**, 39.

acomparager, v.tr. comparer, égaler **12b**, 102.

acoustrement, *acoustrer*, v. *accoustrement*, *accoustrer*.

acquiescer, v.intr. *a. en soymesme* être content de soi **15**, 37; *a. à* consentir à, accepter **36b**, 99.

acreut, v. *acroistre*.

acrimonie, s.f. âcreté **16a**, 28, 46.

acroire, v. *accroire*.

acroistre, v.tr. accroître, p. simple 3 *acreut* **7**, 143.

acte, s.m. action **14**, 94; *a. de justice* acte judiciaire **42b**, 36.

actester, v.tr. attester **6**, 1.

acteur, s.m. auteur **4a**, 28; **4b**, rub.; **6**, 5.

actiaque, adj. *la journee a.* la bataille d'Actium **34**, 71.

actif, adj. vif, laborieux **27**, 35.

action, s.f. effet, opération **30**, 22.

actoriser, v. *auctoriser*.

addoussir, v.tr. adoucir, tempérer **17a**, 21.

adestre, adj. adroit, habile **20c**, 44.

adherer, v.intr. (+*à*) se rallier à, se joindre à **14**, 126; p.p. attaché à, associé à **45**, 73.

adjacent, adj. +*de* auprès de **45**, 78.

adjoinct, adj./p.p. joint **9b**, 117.

adjouda mi, verbe +pronom (dans le parler de l'écolier limousin) aide-moi **9a**, 48.

adjournement, s.m. assignation, citation **49**, 137.
adjourner, v.tr. citer devant un juge, assigner en justice **49**, 54.
adjouster, v.tr. ajouter **12a**, 15 ; **14**, 89 ; **30**, 66 ; **31**, 155 ; **34**, 127 ; **36c**, 15 ; **39b**, 75 ; **45**, 48.
adjuger, v.tr. attribuer **34**, 35.
administrer, v.tr. servir **44**, 47.
admirable, adj. étonnant, remarquable **23c**, 31 ; **40**, 71.
admiral, s.m. émir **6**, 65.
admiration, s.f. étonnement **23b**, 20.
admirer, v.pron. s'étonner **1**, 43.
admonester, v.tr. conseiller, exhorter **9b**, 81 ; **46b**, 42, 47 ; **15**, 9 ; **24**, 174 ; déconseiller **2**, 131.
adnichilation, s.f. annihilation, destruction **1**, 23.
adonc, adv. alors **3**, 94 ; **20c**, 13, 33 ; **22**, 149 ; **24**, 122, 131.
adonner, v.tr. consacrer, livrer **9b**, 48 ; pron. = aller, se diriger **23b**, 42 ; =se disposer **5**, 20.
adroisser, v.pron. se diriger **6**, 79.
aduste, adj. brûlé **16a**, 43.
adustion, s.f. cautérisation, brulûre **16a**, 20, 32, 45.
advancement, s.m. progrès, développement **44**, 56.
advancer, v.tr. payer d'avance **33b**, 22.
advanture, v. *adventure*.
advenant, a l', loc.adv. de même **6**, 69.
advenir (inf. subst.) v. *avenir*.
advenir, v. intr. arriver **3**, 19, 160 ; **4b**, 9 ; **12b**, 148 ; **15**,43 ; **16a**,48,etc. ; se trouver **16b**,40 ; *a. de qqcb* provenir de, découler de **34**, 39 ; *a. de qqun* arriver à qqun **34**, 68 ; prés. ind. 3 *advient* **11a**, 6 ; **13**, 55 ; **14**, 67, etc. ; impf. 3 *advenoit* **38**, 126 ; p.simple 3 *advind* **4b**, 51 ; *advint* **3**, 19 ; **16a**, 79 ; **34**, 32, etc. ; *avint* **39a**, 39 ; cond. 3 *aviendroit* **35b**, 32 ; prés. subj. 3 *advienne* **31**, 180 ; **49**, 54 ; p.p. *advenu* **4a**, 1 ; **15**, 9, etc. ; *avenu* **35a**, 31 ; **35b**, 25.
adventure, s.f. hasard, événement imprévu **32**, 1 ; *par grant a.* heureusement **3**, 88 ; *d'a.* par hasard **1**, 51 ; **24**, 38 ; **28a**, 39 ; **32**, 91 ; *à l'a.* peut-être **24**, 22 ; *de bonne a.* par un heureux hasard **21a**, 47 ; *par a.* v. *paravanture*.
adventurier, s.m. soldat d'aventure **9b**, 72 ; **14**, 5.
advenu, v. *advenir*.
advertir, v.tr. informer **6**, 21 ; **14**, 8 ; **23b**, 14 ; **35a**, 94 ; **36a**, 26.
advertissement, s.m. avant-propos **17a**, 3 ; **43**, 4.
advient, v. *advenir*.
advind, v. *advenir*.
advis, s.m. conseil **27**, 11 ; **48**, 53 ; *terme d'a.* préavis **36b**, 23 ; notion, idée **17b**, 105 ; *sembler a.* sembler **7**, 111 ; **15**, 51, 86 ; *estre a.* sembler **2**, 4 ; **9b**, 68 ; opinion **23b**, 12 ; **28a**, 42 ; **28b**, 74.

advisé, adj. prudent, avisé **7**, 24.
adviser, v.tr. informer, prévenir, faire savoir **7**, 141 ; **11a**, 29 ; **13**, 85 ; **19a**, 9 ; **31**, 38, 70 ; **39b**, 7 ; intr. faire attention, prendre garde **12b**, 105 ; **43**, 58 ; considérer **48**, 19 ; réfléchir **49**, 139 ; pron. réfléchir **10d**, 27 ; comprendre, se rendre compte **46a**, 142 ; *+de* se permettre de **41a**, 62.
aele, s.f. aile **26**, 8 ; **37**, 79 ; flanc d'une armée **7**, 79 ; **45**, 113.
aelle, v. *aele*.
aeolique, adj. éolien **8b**, 22.
aer, s.m. air **37**, 13.
aesle, v. *aele*.
aetëan, adj. du royaume d'Aétès en Colchide **22**, 127.
affaire, s.m. **9b**, 109 ; **10a**, 66 ; **22**, 116 ; **48**, 66, 68 ; fém. **27**, 88 ; difficulté **48**, 94 ; *avoir a.* avoir besoin **38**, 22 ; **48**, 43.
affecter, v.tr. désirer **20c**, 37 ; adapter, accommoder **28a**, 67 ; pron. *+à* s'attacher, s'acharner à **43**, 91.
affection, s.f. désir **4b**, 64 ; **9b**, 61 ; **14**, 55 ; **17b**, 44 ; **20a**, 9 ; **47**, 136 ; chaleur, passion **4a**, 26 ; émotion, sentiment **12a**, 13 ; **18**, 199 ; **31**, 12 ; **50**, 53, 117 ; amour **35a**, 44, 67 ; attachement, affection **18**, 32 ; **39b**, 56 ; inclination **39b**, 111.
affectionné, adj./p.p. atttaché, dévoué, ardent **35c**, 9 ; **47**, 166.
affectueusement, adv. instamment **35a**, 86.
affermer, v.tr. affirmer **23c**, 95.
affessé, p.p. devenu pesant **8a**, 52.
affeté, adj. trompeur, perfide **50**, 52.
affieux, s.m. planteur **21a**, 2.
affixe, s.f. affiche, placard **43**, 59.
affoiblir, v.tr. affaiblir **3**, 113 ; **26**, 107 ; **31**, 95.
affoler, v.tr. perdre, ruiner **2**, 70 ; **7**, 69.
affuter, v.tr. poster pour faire le guet **1**, 106.
agencement, s.m. ornement **39b**, 2.
agencer, v.tr. rendre gracieux, rendre agréable **8a**, 69 ; accommoder, disposer, arranger **35b**, 5 ; **46b**, 95.
agensir, v.tr. parer, rendre élégant **1**, 115.
^L*agiotate*, adj. très saint **9a**, 43.
agraver, v.tr. accentuer **47**, 173.
agreer, v.intr. être favorable à **27**, 75.
agu, adj. aigu **20c**, 14 ; subst. (accent) aigu **19a**, 7.
aguillon, v. *aiguillon*.
aguiser, v. *aiguiser*.
aider, v.intr. **25**, 57 ; *aydant Dieu* si Dieu nous aide **7**, 70 ; pron. employer ses forces **50**, 42 ; pron. *+de* =se servir de **6**, 119 ; **28b**, 65 ; **31**, 168 ; **42a**, 34 ; **46a**, 74.
aigrement, adv. vivement, violemment **35c**, 41 ; **45**, 17.
aigreur, s.f. acidité **4b**, 70.

aiguillettes s.f.pl. cordons servant à attacher les chausses **33 b**, 37, 70.

aiguillon, s.m. dard **1**, 5, etc.; *pointes d'a.* = pointes aiguës **29**, 79.

aiguiser, v.tr. **1**, 2; **14**, 67; rendre plus vif **39 b**, 100.

aile, v. *aele*.

ainçois, adv. mais (après négation) **4 b**, 74.

ains, adv. mais (après négation) **3**, 27; **7**, 119; **18**, 17, 99; **23 c**, 113; **24**, 16; **30**, 51, 124; **31**, 62; **34**, 115; **36 b**, 92; **37**, 37; **41 b**, 62; **44**, 76; **46 a**, 24, 30; etc. *ains même* mais plutôt **37**, 22.

ainsi, adv. *par a.* v. *par*; *qu'ainsi soit*...la preuve qu'il en est ainsi, c'est que...**13**, 94; **18**, 145, 197; *qu'ainsi ne soit* (même sens) **40**, 133; *quant a. seroit que* même si **40**, 119; loc. conj. *a. que* comme **21 b**, 6; **23 a**, 14; **26**, 12; *a. comme* comme **4 a**, 8; **9 b**, 32; **11 b**, 21; **26**, 16; **46 a**, 144; conj. *a. que* au moment où **6**, 87; **40**, 77; =pendant que **25**, 92; *a. comme* au moment où **24**, 121.

aire, s.f. nid **45**, 94.

aireux, adj. aérien **16 a**, 36.

aise, s.m. plaisir, joie, contentement **25**, 116; **31**, 27; **45**, 96; *à l'a.* loc. adv. commodément **50**, 39.

aiseement, adv. aisément **28 a**, 133.

aix, s.m. planchette à l'usage des relieurs **12 b**, 2.

ajencer, v. *agencer*.

ajoutement, s.m. addition **19 b**, 3.

alaicter, v.tr. allaiter **40**, 112.

alarme, s.m. appel aux armes, à la vigilance **45**, 85; fém. **48**, 16.

aleguer, v. *alleguer*.

alentour prép. autour de **45**, 97; +*de* (loc. prép.) **23 c**, 106; **24**, 74, 130, 153; **42 b**, 69.

aliéne, adj. étranger **18**, 188.

aliener, v.tr. éloigner **15**, 128; **47**, 111.

allecher, v.tr. attirer **39 b**, 110.

allegant, adj. élégant **4 a**, 16.

allegre, adj. leste, agile **44**, 39.

alleguer, v.tr. citer **1**, 7; **4 a**, 19; **8 a**, 25; **30**, 64; **31**, 142; **43**, 94; mettre en avant **18**, 150; **36 a**, 9, 21; **44**, 77; **45**, 77, 99; déclarer **28 b**, 59; **43**, 72.

aller, v.intr. prés.ind. **1** *voy* **11 b**, 86; *vay* **33 b**, 26; **44**, 163; *vas* **38**, 5, 76; *vois* **11 b**, 73, etc.; impf. **1** *alloye* **4 b**, 74; **3** *allet* **46 a**, 14; **46 b**, 38; prés.subj. **3** *voise* **22**, 116; **27**, 1; impf. subj. **4** *allissions* **38**, 125.

allet, *allissions*, v. *aller*.

allieurs, adv. ailleurs **15**, 97.

allonger, v. *alonger*.

allouer, v.tr. reconnaître comme vrai, concéder **46 a**, 6.

alloy, s.m. métal **43**, 37; au fig. =qualité **2**, 37.

^{L}*alme*, adj. nourricier, généreux, libéral **9 a**, 5.

alonger, v.tr. prolonger **12 b**, 143; **47**, 141; rendre moins perceptible (une pente) **39 a**, 44; *a. l's* grossir malhonnêtement un compte **38**, 50; impf. subj. **4** *alongissions* **38**, 50.

alongissions, v. *alonger*.

alteratif, adj. qui altère, qui excite la soif **4 b**, 63.

alteration, s.f. soif ardente **4 b**, 71.

amadiga uliser, v. intr. imiter le style du roman d'*Amadis de Gaule* **43**, 52.

amadoüer, v.tr. caresser, flatter **43**, 4.

amasser, v.tr. ajouter l'un à l'autre **19 b**, 5; absol. =amasser des richesses **2**, 113.

^{I}*amasser*, v.tr. tuer **36 c**, 13.

ambassadeur, s.m. apôtre **11 b**, 47.

ambient, adj. environnant. *L'air a.* =l'atmosphère **16 b**, 45.

ambles, s.m.pl. *aller les a.* =aller l'amble **33 a**, 43.

ame, s.f. au pl. =effectif, nombre **14**, 87.

ameine, *ameinent*, v. *amener*.

amendement s.m. amélioration **9 b**, 55.

amender, v.tr. fertiliser **23 c**, 28; *a. son marché* améliorer sa situation **21 a**, 24.

amene, adj. agréable, charmant **23 a**, 68.

amener, v.tr. faire venir **40**, 122; apporter **40**, 134; prés.ind. **3** *ameine* **21 b**, 25; **6** *ameinent* **15**, 10.

amenité, s.f. douceur **23 a**, 23.

amiable, adj. bienveillant, amical **28 a**, 89.

ammonester, v. *admonester*.

amoindri, p.p. (+*de*) privé (de) **26**, 109.

^{L}*amorabund*, s.m. amoureux **9 a**, 11.

^{L}*amorabunde*, s.m. amoureux **8 a**, 11.

amortir, v.tr. détruire, anéantir **50**, 121.

amortissement, s.m. ornement qui couronne ou surmonte un bâtiment **29**, 16.

amour, s.f. **1**, 8, 13, 18; **10 d**, 8; au pl. *ses amours* =sa bien-aimée **32**, 17; **46 a**, 70.

amoureux, adj. qui caractérise l'amour, qui appartient à l'amour **1**, 7.

amplifier, v.tr. élargir **17 b**, 44.

amuser, v.tr. occuper qqun, faire perdre son temps à qqun **15**, 45; pron. perdre du temps **27**, 97; **31**, 133; **39 b**, 90.

amyeller, v.tr. allécher, séduire, attirer **15**, 21.

amytié, s.f. affection **1**, 65.

an, s.m. *en ses ans* son époque **20 a**, 22.

anatomye, s.f. dissection **9 b**, 102.

anciemment, adv. anciennement, autrefois **1**, 69.

ancien, s.m. vieillard **45**, 12; écrivain de l'antiquité **8 b**, 4; **17 b**, 61; **23 a**, 59; **50**, 65.

ancienneté, s.f. les anciens, l'antiquité **17 b**, 7; *de toute a.* depuis un temps immémorial **41 a**, 49.

ancre, s.f. encre **33 b**, 24.

aneantir, v.pron. sombrer, se réduire à néant **42 b**, 9.

angoisseux, adj. douloureux **1**, 79; angoissant **32**, 162.

anguille, s.f. *l'a de Melun* (qui crie avant qu'on l'écorche) **43**, 47; *quelque a. soubs roche* quelque intrigue **48**, 2; *écorcher les a. par la queue* faire le contraire de ce qu'il faudrait pour réussir **30**, 31.

Lanime, s.f. âme **9a**, 24.

animer, v.tr. inciter **35a**, 26.

annexer, v.tr. unir, joindre **46a**, 20.

anoblir, v.pron. se faire connaître, s'illustrer **17b**, 65.

anoblissement, s.m. action d'ennoblir **17b**, 103.

antarctique, adj. qui dépend du pôle austral: *la France a.* =la France de l'Amérique du Sud, par opp. au Canada **23b**, 33; v. aussi *France* à la Table des noms propres.

anticiper, v.tr. prendre d'avance **27**, 29.

antien, v. *ancien*.

antique, adj. ancien **4a**, 20; **22**, 12.

antiquitaire, s.m. celui qui recherche l'archaïsme **46a**, 99.

antiquité, s.f. vieillesse **9b**, 23; ancienneté **20a**, 30; tradition **20b**, 5.

antre, s.m. caverne, **29**, 67.

aorner, v.tr. orner, parer **9b**, 6; **11a**, 15.

aournement, s.m. ornement, parure **4b**, 10.

aparent, v. *apparent*.

apoinct, v. *point*.

apoinctement, v. *appoinctement*.

apothicaire, s.m. pharmacien **44**, 76.

apoysanty, adj. devenu pesant **8a**, 52.

apparcoys v. *appercevoir*.

appareil, s.m. pansement **16a**, 69.

apparence, s.f. vraisemblance **3**, 4; **4a**, 37; motif sérieux **28b**, 33.

apparent, adj. évident, manifeste **17b**, 8; **35a**, 20; **47**, 175.

apparesser, v.pron. devenir paresseux **44**, 150.

apparoir, *apparoistre*, v.intr. se montrer, se manifester **47**, 41; *faire apparoistre* faire voir **20a**, 32; **28a**, 60; prés.ind. 3 *appert*, **2**, 143; **23c**, 40; 6 *apperent* **4a**, 57; pron., p.simple 3 *s'apparut* =parut **6**, 10; p.p. *apparu* **3**, 90; **26**, 72.

appartenir, v.impers. falloir, convenir **5**, 53; **13**, 90; **27**, 92; adj./part.prés. *appartenant* relatif, pertinent **17a**, 24.

apperceu, *apperceut*, v. *appercevoir*.

appercevoir, v.pron. prés.ind. 1 *apparcoys* **1**, 105; *apperçoy* **33a**, 21; p.simple 3 *s'apperceut* **44**, 105; p.p. *apperceu* **24**, 59; **28a**, 7; **28b**, 37.

apperent, *appert*, v. *apparoir*, *apparoistre*.

appert, adj. +*pour* prompt à, disposé à **2**, 145.

appeter, v.tr. désirer, rechercher **15**, 21.

appoinctement, s.m. accord, accommodement, entente **14**, 157; au pl. salaire **49**, 18.

apporter, v.tr. porter **18**, 96; **40**, 71.

apposer, v.tr. placer, mettre **24**, 49.

apprehension, *apprehention*, s.f. conception, idée **50**, 16; faculté de comprendre **39b**, 65.

appren, v. *apprendre*.

apprendre, v.tr. enseigner **1**, 103; *a. qqun faire qqch* **2**, 84; =apprendre, +inf. =apprendre à faire qqch **45**, 31; +*de* +inf. **46b**, 89; prés.ind. 1 *appren* **50**, 28; p.simple 6 *apprindrent* **39b**, 23; p.p. *apprins* **44**, 96; p.p. *appris* =instruit **17b**, 50.

apprensure, s.f. apprentissage **1**, 93.

apprentif, s.m. celui qui apprend **42a**, 24.

apprindrent, *apprins*, v. *apprendre*.

apprivoiser, v.pron. s'enhardir, devenir plus familier **25**, 93.

approprier, v.tr. adapter, rendre convenable **17b**, 91.

appuyer, v.tr. +*en* =appuyer sur, fonder sur **30**, 17.

aprendre, voir *apprendre*.

aprentil, s.m. apprenti **1**, 95.

aprentissage, s.m. leçons, enseignement **39a**, 55.

apres, adv. *estre apres qqch* =travailler à **49**, 19; adv. *en a.* dans la suite **3**, 48; **15**, 77; *estre a. à* +inf. =être en train de **39b**, 40; *a. tout* =avec tout cela **39b**, 66.

apui, s.m. support **29**, 16.

aquau, pron.dém. neutre: *cela* (dans le parler de l'écolier limousin), **9a**, 48.

aquisitif, adj. acquis **17b**, 38.

arabesque, adj. arabe **39b**, 29.

arabic, adj. arabe **36b**, 109; fém. *arabicque* **9b**, 86.

arbitre, s.m. volonté **15**, rub.; **18**, 10.

arc boutant, s.m. au fig. principal soutien **49**, 99.

archiprebstre, s.m. grand prêtre **4b**, 1.

Larchitecter, v.tr. construire, édifier **9a**, 21.

ardant, *ardent*, adj. brûlant **1**, 8, 19; **22**, 147; **37**, 87.

ardeur, s.f. chaleur **23a**, 19.

arene, s.f. sable **32**, 123.

areneux, adj. sablonneux **4b**, 46; **32**, 40.

argentin, adj. qui a la couleur de l'argent **26**, 3; qui rend un son argentin **4b**, 79.

arismetique, s.f. arithmétique **9b**, 90.

arme, s.f. fait d'armes, exploit guerrier **7**, 52; *les a.* =le maniement des armes **9b**, 108.

armée, s.f. *a. de mer* flotte **3**, 8.

armer, v.pron. être armé, muni **32**, 76.

armoirie, s.f. blason, écu héraldique **49**, 41.

armure, s.f. arme offensive **32**, 92.

arrenger, v.tr. ranger, disposer **19b**, 76.

arrest, s.m. décret, précepte **11a**, 30; **25**, 63; fixité **11a**, 3.

arrester, v.tr. décider, déterminer **41a**, 50; **45**, 30; résoudre **48**, 111; pron. se fixer **11a**, 22; +*à* faire attention à, avoir égard à **5**, 39;

arrester (suite)

13, 14, 39; **46a**, 67; **47**, 92; =s'attarder à **6**, 60; s'étaler, s'étendre (sur un sujet) **30**, 48; **44**, 85; +*en*=insister sur **30**, 23, 31; adj./p.p. *arresté*=têtu **27**, 69.

arrhement, s.m. *reprendre ses a.*=revenir à son sujet, à son propos **46a**, 129.

arrivée, s.f. *d'a.*=dès l'arrivée **39b**, 81.

arrouser, v.tr. arroser **18**, 100; **44**, 15.

arroy, s.m. état, condition **29**, 107.

art, s.m. artifice, adresse **6**, 85.

articulé, adj. *non a.*=inarticulé, mal articulé **24**, 46.

artifice, s.m. art **18**, 18, 114; **37**, 64; art consommé, habileté **37**, 6; chef d'œuvre **37**, 116.

artificiel, adj. humain et non naturel **17a**, 23; artistique **18**, 113.

artiste, s.m. architecte **37**, 67.

asinin, adj. qui appartient à l'âne, qui caractérise l'âne **36b**, 77.

aspic, s.m. vipère ou variété de serpent à lunettes **30**, 26.

aspiration, s.f. =la lettre *H* **19a**, 4.

asprement, adv. rudement, avec violence **14**, 100.

assaillir, v.tr. attaquer **7**, 63; prés.ind. 3 *assaut* **50**, 41.

assaut, v. *assaillir*.

assecher, v.tr. mettre à sec **44**, 176.

assemblée, s.f. société, compagnie **5**, 40; synagogue **11b**, 11; armée **6**, 35; rencontre de deux armées, bataille **6**, 15.

assemblement, s.m. union **13**, 76.

assembler, v.tr. réunir **19b**, 21; intr. *a. à son ennemy*=engager le combat **8a**, 50; pron. *s'a. avec*=accompagner, aller de pair avec **26**, 42.

assener, v.tr. porter, appliquer (un coup) **24**, 135.

asseoir, v.tr. poser (le guet) **7**, 117; planter, dresser **22**, 52.

asseral, s.m. drogue employée par les Turcs pour chasser le chagrin **44**, 32.

asserteur, s.m. celui qui affirme **50**, 115.

asseurance, s.f. confiance **24**, 135; **32**, 87; **46a**, 34, 140; *mettre a. en* ajouter foi à **26**, 66; certitude **43**, 20; sûreté, caution, gage **38**, 10.

asseurer, v.tr. sauver **26**, 69; assurer **17b**, 106; pron. se rassurer, reprendre confiance **44**, 188; être certain, persuadé **20a**, 36; **28a**, 46; **31**, 85; **38**, 106; **46b**, 42; p.p. *asseuré* certain, persuadé **12b**, 147; **32**, 16; **40**, 7, 17; **48**, 92; certain, infaillible **30**, 10; **44**, 32; en sûreté **48**, 22; *a. de son baston*=sûr de son fait **36a**, 14; *a. sus* fondé sur, affermi par **42b**, 8.

assister, v.tr. aider **41b**, 59.

assortir, v.pron. +*avec*=se joindre à **2**, 99.

assuefaction, s.f. action de s'habituer **1**, 21.

assujettir, v.pron. se rendre sujet, se soumettre **47**, 122.

assurer, v. *asseurer*.

astré, adj. où il y a des astres **37**, 98.

astringent, adj. qui resserre (les tissus vivants) **23a**, 62.

ᴸ*astripotens*, s.m. le maître des astres **9a**, 25.

ᴸ*atave*, s.m. bisaïeul, ancêtre **9a**, 42.

atempter, v. *attempter*.

atrition, s.f. choc, frottement **16a**, 18.

attaindre, v.tr. accuser, convaincre **41a**, 27; *a. au vif*=toucher au vif, affecter sérieusement **14**, 79; p.p. *attainct* **14**, 42.

attainte, s.f. *doner (une) a.*=porter un coup **43**, 38; **50**, 34.

attaquer, v.tr. attacher (picardisme) **36c**, 46.

atteinte, v. *attainte*.

attemperer, v.pron. +*à*=se régler sur **11a**, 13.

attempter, v.intr. +*à*=attenter à **3**, 26; +*de*=essayer, tenter de **4a**, 78.

attendre, v.pron. +*de*=s'appliquer à **14**, 11; p.p. *attendu* compte tenu de **23a**, 59; *a. que*, conj. =car, puisque **4a**, 69; **9b**, 27; **15**, 95; **21b**, 29; **24**, 19; **27**, 78; **38**, 53.

atterrer, v.tr. faire tomber, abattre **22**, 95.

attirer, v.tr. dériver, tirer **15**, 144; *a. à sa cordelle* gagner, attirer à son parti **41a**, 69.

attrapedeniers, s.m. moyen d'attraper de l'argent **43**, 26.

attrempé, adj./p.p. doux, sage, modéré ᴇᴛ trempé, mouillé (jeu de mots) **21a**, 28.

auctoriser, v.tr. mettre en honneur, glorifier **4a**, 32; p.p. =qui fait autorité **4a**, 28.

aucun, pronom indéfini: quelqu'un **11b**, 15; **13**, 36; **28a**, 32; **49**, 12; devant nég. =personne **13**, 44; au pl. =quelques-uns, certains **2**, 115; **3**, 150; **4b**, 15; **6**, 130; **8a**, 5; **11a**, 8; **11b**, 64; **13**, 59; **16a**, 10, 42, 67; **18**, 22, etc.; adj. indéf. quelque, certain **1**, 30, 72, 116; **4b**, 47, **16a**, 22; **18**, 25; **28b**, 62; **40**, 68; **42a**, rub., etc.; n'importe lequel **28a**, 128.

aucunefois, v. *aucunesfois*.

aucunement, adv. dans une certaine mesure, en quelque sorte **9b**, 10; **13**, 6; **17a**, 1; **17b**, 89; **28b**, 43; **31**, 56; **34**, 150; après nég. = du tout, **14**, 4; **17b**, 96; **30**, 92; **31**, 88; **39a**, 20.

aucunesfois, adv. parfois, quelquefois **7**, 10; **16a**, 5; **44**, 153; **45**, 3.

audevant, v. *devant*.

audience, s.f. *donner a.* écouter **24**, 185.

aulcun, *aulcunement*, v. *aucun*, *aucunement*.

aultre, pron. *sans a.* et nul autre **12b**, 49.

aultreffois, adv. une autre fois, d'autres fois **4b**, 54.

auparavant, prép. avant **34**, 109; *a. que*, conj. **40**, 132; **41a**, 20.

aureille, s.f. oreille; *eschaufer les a.* impatienter, irriter **49**, 79.

auret, v. *avoir*.

aurore, s.f. levant, orient **22**, 44.

aussi, adv. en outre **3**, 9, 40; **5**, 127; **23c**, 77; **27**, 9; **34**, 117; de même **18**, 43; **28a**, 144; **44**, 21; **46a**, 10; avec nég. =non plus **27**, 33; **28a**, 66; **31**, 18; *a. bien que* conj. outre que **36b**, 73.

autant, adv. *a.* +adv./adj. +*que* =aussi...que **10b**, 5; **23b**, 14; **31**, 2; **40**, 8; *d'a. plus que* ...*d'a. plus* =plus...plus **14**, 111; **24**, 128; *d'a. que...d'a.* =plus...plus **15**, 7, 56; *(d')a.* +adj. =tout aussi...**23a**, 37; 30, **127**; *a....comme* =autant...que **23a**, 9; **28a**, 90; *d'a. que* conj. comme, puisque **15**, 127; **17b**, 75; **18**, 141, 193; **20a**, 40; **28a**, 11, 20; **34**, 5, 111; =de même que **25**, 111; =dans la mesure où **27**, 10; *pour a. que* conj. parce que **18**, 165; 30, 77, 108; **42b**, 26; **46b**, 88.

auteur, s.m. garant, autorité **17b**, 46.

authorité, s.f. personnage qualifié, cité par un auteur **43**, 92.

availlon, s.m. sorte de coquillage **40**, 64.

avaleur, s.m. *a. de frimats* homme qui sort de très bonne heure (l'expression s'applique surtout aux gens de justice) **49**, 116.

avaller, v.tr. baisser, abattre: *a bride a.* à bride abattue **6**, 126; tirer vers le bas **24**, 130.

avaluer, v.tr. calculer **19b**, 36.

avancé, adj. en saillie, en encorbellement **29**, 17.

avant, adv. *d'a.* en avant **6**, 103; *bien a.* profondément **14**, 105; **40**, 70; *plus a.* =plus profondément **39a**, 9; =plus longtemps **43**, 107; conj. *a. que (de)* +inf. avant de **28a**, 63, 102; **28b**, 55; 30, 1, 62; **42a**, 33.

avantjeu, s.m. prélude **20c**, 8.

ᴸ*ave*, s.m. aïeul **9a**, 42.

avec, adv. aussi **21a**, 25; *a. ce que* conj. outre que **5**, 20; **42b**, 47; prép. *avecques* avec **9a**, 1; **18**, 112; **23c**, 12, 59; **32**, 118; **46b**, 52; **50**, 114; *avecque* **26**, 38; **27**, 18.

aveine, s.f. avoine **33a**, 56.

avenir, inf.subst. temps futur **28a**, 15; **35c**, 36; *le temps a.* =l'avenir **5**, 27.

aventure, v. *adventure, paravanture*.

aventureux, adj. qui expose à des aventures **4b**, 85.

aventurier, v. *adventurier*.

avenu, v. *advenir*.

avertissement, v. *advertissement*.

aves, v. *avoir*.

avesprir, v. impers. *il avesprist*, il commence à faire nuit **33a**, 40.

avette, s.f. abeille **29**, 108.

avient, aviendroit, v. *advenir*.

aviler, v.pron. s'avilir, s'abaisser **5**, 83.

avint, v. *advenir*.

avis, v. *advis*.

aviser, v. *adviser*.

avives, s.f.pl. inflammation des glandes parotides **33a**, 64.

avoir, v.tr. prés.ind. 2 *has* **44**, 191; 3 *ha* **15**, 88, 119; **18**, 152; **21a**, 1, etc.; *à* **18**, 89; **38**, 54; impf. 1 *aves* **36a**, 15; *avoye* **10a**, 39; *avoy* **39a**, 58; **49**, 112; p. simple 1 *eu* **20c**, 26; 3 *eust* **3**, 5; **4b**, 32; **48**, 73, 110, 116; cond. 3 *auret* **36a**, 17; prés. subj. 3 *aye* **8a**, 23; impf.subj. 3 *eut* **3**, 167; **17b**, 79; **11b**, 1; **39a**, 44; **39b**, 97; p.p. *heu* **13**, 67; **44**, 40; inf. subst. propriété, possession **2**, 40.

avorté, p.p. échoué **44**, 9.

avouer, v.tr. reconnaître **20c**, 60; **47**, 5; reconnaître pour sien **39a**, 2.

avoy, v. *avoir*.

ayder, v. *aider*.

ayeux, s.m.pl. aïeux, ancêtres **22**, 105.

ayse, v. *aise*.

azurer, v.tr. revêtir d'une couleur d'azur **32**, 65.

baailler, v.intr. bâiller **43**, 54.

bacchus, s.m. vigne **32**, 110.

bachanales, s.f.pl. fêtes célébrées à Rome en l'honneur de Bacchus **44**, 71.

bachelier, s.m. jeune homme **1**, 102.

badin, s.m. bateleur, bouffon **34**, 138.

bagues, s.f.pl. bagage: *leurs b. sauves* sans dommage **14**, 159.

bailler, v.tr. donner **6**, 77; **8a**, 2; **11b**, 61; **12a**, 22; **12b**, 83; **13**, 7, etc.; *b. à femme* faire épouser **3**, 50.

bal, s.m. danse, au fig. mouvement régulier **37**, 24.

balancer, v.tr. secouer, ballotter **32**, 25.

ᴵ*balorderie*, s.f. balourdise **36a**, 10.

ballotte, balote, s.f. balle d'arquebuse **16a**, 12, 16.

banc, s.m. établi **24**, 166; banc de sable **46a**, 100.

banqueroute, s.f. *faire b. à qqun* fausser compagnie **49**, 86.

barbaresque, adj. barbare **36b**, 64.

barbe, s.f. *faire la b. à qqun sans razoir* tenir tête à, obtenir un avantage sur **49**, 120.

barque, s.f. embarcation **23b**, 13.

bas, adv. *mettre b.* abaisser, abattre **22**, 110; poser (culotte) **33b**, 40; *a b.* en bas **22**, 8.

base, s.f. socle **24**, 155.

ᴵ*bastance* s.f. suffisance **28a**, 113; **36c**, 8.

ᴵ*bastant*, adj./p.prés. suffisant **36a**, 12; **36b**, 45, 100.

bastard, adj. artificiel **29**, 18; *vin b.* sorte de vin muscat **33a**, 81.

baste, interj. il suffit, c'en est assez **38**, 29.

basteau, s.m. *estre estonné du b.* =avoir perdu la tête 10d, 9.

¹*baster*, v.intr. suffire 28a, 113.

bastiment, s.m. structure, argument (d'une pièce de théâtre) 31, 39.

bastir, v.tr. construire 10d, 25; charpenter (une pièce) 31, 41; pron. s'imaginer 43, 10.

baston, s.m.arme offensive de toute espèce 6, 85; 16a, 52; *asseuré de son b.* sûr de son fait 36a, 14; *b. à feu* arme à feu 6, 78; 16a, 1.

bastonnade, s.f. coup de bâton 36b, 26.

bataille, s.f. bataillon 6, 113; 14, 11; 40, 35.

baver, v.intr. dire des niaiseries 36b, 80.

beau, adj. explétif *de belle eau* =rien que de l'eau 23b, 31.

bec, s.m. *tenir le b. en l'eau à qqun* empêcher de s'enivrer 44, 107.

begnin, adj. doux, bienveillant 2, 19.

belistre, s.m. mendiant, gueux 49, 31.

bellique, adj. guerrier 18, 67.

bende, s.f. querelle 4a, 61; troupe de soldats 14, 6, 61.

bendeau, s.m. *b. royal* diadème, couronne 24, 75.

benediction, s.f. *en b.* aimé, béni 9b, 37.

benefice, s.m. bienfait 1, 62; 15, 126; 18, 139, 166; fief 34, 82.

¹*benevolence*, s.f. bienveillance 9a, 11.

¹*benivolence*, s.f. bienveillance, affection 4a, 2; ¹8a, 12.

¹*berrete*, s.f. petit bonnet plat 46a, 47.

bersauder, v.tr. frapper à coups de flèche 1, 105.

besoigner, v. *besongner.*

besoin, v. *besoing.*

besoing, s.m. *estre b.* être nécessaire, falloir 3, 28, 44; 5, 4; 7, 11; 13, 21, 38; 15, 98; 33a, 25; *faire b.* être nécessaire 11a, 16; *en un b.* au besoin 46a, 37.

besongne, s.f. au pl. *faire ses b.* faire ses affaires, avoir du profit 46a, 5.

besongner, v.intr. travailler 14, 13; 21a, 86.

besterie, s.f. bêtise 13, 41.

bestiail, s.m. bétail 14, 107; 27, 86; bêtes (il s'agit d'oiseaux) 45, 106.

bestial, s.m. bétail 20d, 28.

beu, beurent, beut, beuvant, beuvoit, beuz, v. *boire.*

bien, s.m. bienfait 25, 27, 31; 28a, 54.

bien dire, s.m. éloquence, habileté de parole 18, 84, 164; 43, 52; 46a, 19.

bienfacteur, s.m. bienfaiteur 49, 133.

bienfait, s.m. haut fait, belle action 18, 85.

bien seance, s.f. commodité, agrément 49, 58.

bien seant, v. *seoir.*

bienvoulu, adj. aimé 38, 85.

bien-vueillance, s.f. bienveillance, affection 50, 59.

bigarrer, v.tr. diversifier, former d'éléments disparates 28a, 64; 28b, 21; pron. être marqué de couleurs qui tranchent l'une sur l'autre 32, 68.

bigarrure, s.f. assemblage de choses disparates 43, 82.

binarchie, s.f. gouvernement de deux empereurs 34, 18.

bis, adj. *à b. ou à blanq* d'une façon ou d'une autre 49, 8.

blafemer, v.intr. blasphémer 37, 68.

blanc, adj. *il y a du b. et du noir* il y a des contradictions 48, 119; *espee blanche* épée aiguisée 50, 35; *blanches fievres* v. *fievre*; *a bis ou a b.* v. *bis*; s.m. pièce de monnaie, la moitié d'un sou 33a, 27; *grand b.* =un sou 33a, 17; 38, 50; cible 46b, 21.

blesme, adj. pâle, blême 32, 19; 44, 31.

boire, v.tr. prés.ind. 1 *boy* 12b, 96; impf. 3 *beuvoit* 44, 78; p.simple 1 *beuz* 4b, 81; 3 *beut* 44, 38; 6 *beurent* 44, 103; impér. *beuvons!* 12b, 90; p.prés. *beuvant* 44, 193; p.passé *beu* 12b, 110; 30, 53; 33a, 74; 44, 165, 177; s.m. =ce qu'on boit, boisson 27, 117.

bois, s.m. hampe (d'une pique) 29, 137; *laisser le b. pour l'écorce* s'arrêter à l'écorce au lieu de pénétrer plus avant 19a, 17; *savoir de quel b. on se chauffe* savoir de quoi l'on est capable 45, 55.

bond, s.m., pl. *bons* 32, 49; *manier (un cheval) à bond* faire bondir 29, 139.

bonnement, adv. bien, vraiment 45, 8.

bonnet, s.m. *b. quarré* bonnet des clercs 49, 78; *b. rond* =bonnet des hommes de robe 49, 114.

bordeau, s.m. bordel 12b, 14; 49, 95.

bors, s.m.pl. bords 37, 122.

bosser, v.intr. devenir inégal 32, 60; p.p. *bossé* bossu 39a, 1.

bossu, adj. inégal, montueux 29, 66.

bote, s.f. tonneau, baril 9b, 3.

boteau, s.m. botte (de foin) 33a, 66.

boûcher, v.tr. *b. la bouche à* faire taire, 37, 67.

boucon, s.m. poison 30, 81.

bouffi, adj. gonflé 37, 71.

bougeronne, s.m. sodomite 46a, 52.

bougette, s.f. petit sac, bourse, 33a, 77.

bouillir, v.intr. bouillonner; prés.ind. 3 *boust* 32, 61; p.p. *boullu* =bouilli 23c, 80; p.prés. *bouillant* au fig. =excité 24, 170.

boulie, s.f. bouillie (de bébé) 28b, 58.

bouquanier, adj. vieilli, suranné, démodé 28b, 11.

bouquin, adj. qui a des pieds de bouc 20c, 51.

bouquin, s.m. vieux livre 28b, 4.

bourde, s.f. mystification 25, 77.

bourdel, v. *bordeau.*

bourlet, s.m. ornement qui entourait le bonnet des maîtres ès arts, des docteurs etc., et par ext. le bonnet lui-même 49, 78.

bourse, s.f. sacoche 33a, 71.

boursouffler, v.tr. rendre enflé 32, 44.

bous, s.m.pl. bouts **37**, 82.

bouschonner, v.tr. frotter vigoureusement **21 b**, 17.

boutonner, v.tr. parsemer **32**, 111.

boy, v. *boire*.

boyau, s.m. intestin: *les b.* le ventre **38**, 127.

braire, v.intr. crier, hurler ; p.prés. *brayant* **2**, 8.

brandes, s.f.pl. bruyères desséchées **9 b**, 131.

bransler, v.intr. remuer, bouger **48**, 105.

brasser, v.tr. mêler, remuer, agiter **23 c**, 62.

bravache, adj. fanfaron **50**, 31.

brave, adj. orgueilleux **22**, 105, 120; héroïque, courageux **22**, 127, 133; **26**, 85; noble, élevé **22**, 151; beau **31**, 87; **38**, 97.

bravement, adv. orgueilleusement **22**, 132; gracieusement, élégamment **36 b**, 79.

braver, v.intr. faire l'élégant **36 b**, 80.

braverie, s.f. témérité, insolence **45**, 69.

brayans, v. *braire*.

bref, adv. en un mot, en somme **18**, 47; **23 b**, 26; **29**, 26; **31**, 5; *de b.* bientôt **8 a**, 59.

brefvement, adv. brièvement **16 a**, 57; **18**, 30.

bren, interj. triviale **9 a**, 30.

bresil, s.m. bois rouge **23 b**, 38.

brette, s.f. épée longue **50**, 32.

breveté, s.f. brièveté **8 a**, 46.

bribe, s.f. morceau de pain (à donner aux mendiants) **43**, 87.

bride s.f. *mettre la b. sur le col* laisser libre d'agir, donner carte blanche **49**, 66; v. aussi *avaller*.

brief, adj. bref **42 b**, 8; adv. bref, en somme **19 a**, 8; **23 a**, 67; **35 a**, 81; **46 a**, 152; *de b.* bientôt **9 b**, 110; **17 b**, 74.

brigander, v.tr. saisir, dépouiller violemment **33 a**, 38.

briguefaveur, s.m. qui brigue la faveur **43**, 26.

brisé, adj. exténué **33 a**, 42.

brisées, s.f.pl. *retourner sur ses b.* revenir à son sujet, à son propos **46 a**, 131.

brocard, s.m. raillerie **43**, 62.

broche, s.f. *coupper la b. à* couper court, mettre empêchement **15**, 99.

brouet, s.m. bouillon **1**, 53.

brouiller, v.tr. mettre pêle-mêle, mettre en désordre **45**, 109.

bruict, s.m. renommée **13**, 97.

bruire, v.intr. produire un son musical **20 c**, 7.

brun, adj. sombre **29**, 1.

buchette, s.f. menu morceau de bois **27**, 95.

bugler, v.intr. beugler **32**, 119.

buissonnet, s.m. petit buisson **4 b**, 66.

burgau, s.m. genre de bigorneau **40**, 65.

¹*burler*, v.pron. se moquer **36 a**, 14.

ça, adv. ici **9 a**, 45; **21 b**, 8; **33 b**, 28; *ça bas* ici-bas **12 b**, 11; *en ça* avant le temps présent **4 a**, 1; **21 b**, 22; **23 a**, 2.

ça, interj. allons! **12 b**, 58; v. aussi *or*.

cabaliste, s.m. homme savant dans la cabale des juifs **9 b**, 102.

cabasseur, s.m. paillard, voleur, trompeur **2**, 141.

cachette, s.f. *à cachettes* secrètement, en cachette **48**, 87.

cadet, s.m. puîné de famille noble **2**, 164.

cahuette, s.f. cabane, chaumière **49**, 129.

caïer, s.m. feuillet **37**, 53.

cailler, v.pron. se figer, se coaguler; p.p. *caillé* coagulé **30**, 92.

caldaic, adj.; fém. *caldaicque* chaldaïque **9 b**, 64.

camus, adj. confus, penaud **21 a**, 92.

canal, s.m. tuyau (d'un instrument de musique) **39 a**, 13.

cancre, s.m. crabe **40**, 75.

canellé, adj. orné de cannelures, de rainures **29**, 23.

canicule, s.f. grande chaleur d'été **20 d**, 22.

canivet, s.m. canif **33 b**, 26.

canon, s.m. règle, loi **9 b**, 92.

capable, adj. capable d'exprimer **46 a**, 138.

¹*capiter*, v.intr. arriver **36 a**, 31.

ᴸ*capter*, v.tr. obtenir par insinuation **9 b**, 11.

caquet, s.m. bavardage **20 c**, 11.

¹*cargue*, s.f. charge (terme militaire) **36 c**, 39.

carien, adj. de la Carie en Asie Mineure **22**, 21.

carme, s.m. chant magique **29**, 82.

carniforme, adj. charnu **16 a**, 4, 49.

carreau, s.m. espèce de pavé plat **29**, 22.

carriere, s.f. chemin, route **20 a**, 3; course, élan **32**, 144; *donner c. à* laisser galoper librement **29**, 140.

carte, s.f. carte (marine) **1**, 84; carte à jouer: *si les cartes se mesloient* = si les affaires s'embarrassaient **48**, 93.

cas, s.m. supposition, hypothèse **10 a**, 54; **28 a**, 101; **36 b**, 103; chose **12 b**, 50, 123; *grand c.* chose importante **36 b**, 32; affaire **8 a**, 16; **21 b**, 23; coup **10 a**, 52; éventualité **16 a**, 48; *par c. d'adventure* par un effet du hasard **24**, 154; *par c. fortuit* fortuitement **24**, 108; v. aussi *poser*, *prendre*.

casser, v.tr. *quasser* **24**, 52; *c.* = supprimer, annuler **2**, 158.

cassine, s.f. petite maison, cabane **7**, 25; **14**, 149; **29**, 77.

castelan, s.m. gouverneur d'un château fort **1**, 47.

cat, s.m. chat (forme picarde) **36 c**, 46.

ᴸ*cauponizer*, v.tr. manger au cabaret **9 a**, 13.

cause, s.f. procès **27**, 6; *a c. que* (conj.) parce que **16 b**, 42; **24**, 71, 127; **40**, 74; **44**, 7, 96; *a cette c.* pour cette raison **5**, 87; **6**, 140; **17 a**, 2; **44**, 15; *être c. que* être la raison pour laquelle **14**, 157; **35 a**, 4; **46 a**, 25.

causer, v.tr. dire **38**, 70.

causticque, adj. corrosif, brûlant **16 a**, 21.

cauteleux, adj. rusé **27**, 65.

cauteriser, v.tr. brûler (une plaie) avec un caustique ou un fer rouge **16a**, 13.

[I]*cavalerie*, s.f. chevalerie **36c**, 37; **46a**, 61.

[I]*cavalier*, s.m. chevalier **36c**, 37.

caver, v.tr. creuser **25**, 40.

[I]*caver*, v.tr. ôter **36a**, 11.

caviller, v. tr. (+que) dire en raisonnant avec subtilité et mauvaise foi **15**, 141.

ce, pronom réflexif = se, **15**, 52; **18**, 202; **36c**, 18; **44**, 8.

ce, pronom dém. neutre, cela **2**, 36; **4b**, 34; **5**, 85; **11a**, 16; **11b**, 64; **23b**, 4, 47; **31**, 64; **36a**, 3; **44**, 90; ceci **47**, 33; *ce suis je* c'est moi **11b**, 51; *quand ce vint à* quand vint le moment de **4b**, 28; **21a**, 66; *ce que* le fait que **16a**, 30, 33; **44**, 87; **46b**, 87; **47**, 173; *à ce que* = pour que **6**, 118.

ceans, adv. ici dedans, dans cette maison **12b**, 43; **33a**, 48.

cejourdhuy, adv. aujourd'hui **12b**, 13; **26**, 77.

cela, pron.dém.neutre *c. que* ce que **12b**, 92; **29**, 27; **39a**, 30.

celebré, p.p. célèbre **20b**, 6; **23a**, 27.

celer, v.tr. cacher **43**, 41; **48**, 64.

celestiel, adj. céleste **2**, 138.

celien, adj. formé sur le Celius, colline au sud-est de Rome **22**, 54.

celle, adj.dém.fém. cette **4b**, 60, 81; **12a**, 22; **17b**, 2, 61; **30**, 11.

celuy, adj.dém.masc. ce **17b**, 70; **18**, 99; **19b**, 35; pron. *c.-là qui* celui qui **26**, 49.

ce neantmoins, loc.adv. néanmoins, cependant **39a**, 31.

cengle, s.f. sangle **33a**, 10.

ce nonobstant, loc.adv. néanmoins **28a**, 100.

cep, s.m. pied de vigne **32**, 158; fer de prisonnier **49**, 27.

ce pendant, adv. en attendant **12b**, 63; **17a**, 26; **19a**, 15; **21a**, 73; **31**, 121; **36a**, 32; **38**, 19; *en c. p.* pendant ce temps **26**, 91; conj. *ce p. que* pendant que **25**, 45; **43**, 56; *en c. p. que* pendant que **22**, 13.

cerberin, adj. digne de Cerbère **2**, 9.

cerceau, s.m. aile **37**, 82.

cercher, v.tr. chercher **4a**, 83; **11b**, 72; **28a**, 13, 32; **28b**, 54, 82; **47**, 44, 136.

cerner v.tr. *c. le tour de* faire le tour de **22**, 9.

certain, adj. fidèle **1**, 62; authentique, véritable **23a**, 58; fixé, déterminé **17b**, 35; **18**, 170; loc.adv. *pour c.* certainement, à n'en pas douter **18**, 104; **24**, 111.

certiffier, v.tr. assurer **6**, 2.

cervelle, s.f. cerveau **39b**, 51; **43**, 44.

ces, adj.possessif pl. ses **12a**, 13; **15**, 85; **37**, 126.

cest, adj.dém.masc. employé devant voyelle **4a**, 64; **7**, 70; **28a**, 135; **28b**, 42; **31**, 141; **35a**, 72; **39b**, 55; **44**, 151, etc.

ceste, adj.dém.fém. cette **9b**, 107; **12b**, 4; **21b**, 3; **31**, 173; **32**, 52; **36a**, 13; **41b**, 13, etc.; pron. **15**, 136; pron. +*cy* **18**, 58; **21a**, 85; **31**, 170; **36b**, 100; pron. +*là* **28a**, 32; **40**, 30.

cestuy, adj.dém.masc. ce, cet **17b**, 7, 78, 86, 90; **19b**, 24; pron. celui-là **38**, 24; celui **44**, 138; pron. +*cy* **12b**, 80; **28a**, 16; **30**, 119; **31**, 90; **32**, 90; **36b**, 107; **38**, 12; **39b**, 15; **41a**, 66; **44**, 108, etc.; pron. +*là* **25**, 58; **36b**, 107, 113; **41a**, 11; **47**, 142

cet, v. cest.

cet', adj.dém.fém. devant voyelle **39a**, 2, 36.

cete, cette, v. ceste.

cetui, v. cestuy.

ceulx, pron.dém.m.pl. **25**, 43; *c. sont* = ce sont là **5**, 32; *c. la qui* ceux qui, **6**, 7; **31**, 163.

chacun, v. chascun.

chaloir, v. impers. importer: prés.ind. *chaud* **37**, 123; *chaut* **49**, 18; impf. *chaloit* **21a**, 57.

chalumeau, s.m. flûte champêtre **29**, 76, 98.

chambriere, s.f. femme de chambre **25**, 54; **39b**, 20; **46a**, 49.

champ, s.m. champ de bataille **45**, 112; au pl. campagne **6**, 86; **7**, 6, 17; **25**, 45.

chance, s.f. sort, destinée **3**, 34.

chandele, s.f. *les celestes ch.* les astres **37**, 80.

change, s.m. changement en amour **10c**, 13.

chantre, s.m. poète **20c**, 60.

chanu, adj. chenu **9b**, 24.

chaperon, s.m. *ch. fourré* allusion au costume des docteurs en droit, **49**, 74.

chapon, s.m. coq châtré, engraissé pour la table **49**, 28.

châque, v. chasque.

charge, s.f. tâche, devoir, obligation **4a**, 39; **7**, 26; **12b**, 9; **49**, 115; *à la ch. que* à condition que **34**, 48; *avoir en ch.* avoir sous sa responsabilité **39b**, 42; *sous la ch. de* sous le commandement de **45**, 80.

charger, v.tr. surcharger **37**, 82; accuser **5**, 104.

charier, v.tr. conduire un char (empl. absol.) **2**, 82.

chariot, s.m. char **1**, 70; voiture **33a**, 55.

charité, s.f. amour, affection, tendresse **1**, 74; au fig. *prester des ch. à* = calomnier **31**, 127.

charnel, adj. intime, dévoué **2**, 145.

charron, s.m. celui qui fait des voitures, des chariots, etc. **27**, 38.

chartier, s.m. charretier **46a**, 125.

chartreux, s.m. religieux de l'ordre de saint Bruno **45**, 34.

chascun, adj.indéf. chaque **5**, 99; **6**, 46; **7**, 15; **13**, 30; **16b**, 18; **18**, 174; **23c**, 57; **42a**, 1, etc.; pron.indéf. *un ch.* = tous **23a**, 37; **23c**, 9; = chacun **3**, 5; **11a**, 7; **31**, 12; **35a**, 17; **38**, 87; **39a**, 30; **44**, 118; *son chacun, sa chacune* = son homologue **19b**, 14, 69.

chasque, adj.indéf. chaque **37**, 117; **39a**, 6.

chasse, s.f. *marquer une ch.* (jeu de paume) =marquer l'endroit où est tombée la balle, d'où noter, remarquer exactement **46a**, 127.

chasser, v.tr. pousser en avant, faire avancer **32**, 137.

chastiable, adj. qui mérite d'être châtié **47**, 87.

chaud, v. *chaloir*.

chaud, adj. ardent, emporté **27**, 63; (*vin*) *c.* = réchauffant **44**, 121; au fém. =en chaleur **14**, 16.

chaudement, adv. avec vivacité **27**, 59.

chauffer, v. *bois*.

chauld, v. *chaud*.

chaulme, v. *chaume*.

chault, v. *chaud*.

chaume, s.m. paille couvrant des constructions rurales **49**, 130; au pl. paille **27**, 107.

chausse, s.f. (dans le costume féminin) bas **42b**, 69; au pl. (*haut de*) *ch.* ancien vêtement d'homme tenant lieu de bas et de culotte **33b**, 40; **45**, 8.

chaut, v. *chaloir*.

chef, s.m. tête **1**, 42; **6**, 138; **14**, 107; **22**, 43, 51, 111; **29**, 42; sommet **4b**, 57; *mettre a ch.* mener à bonne fin **17b**, 77.

chemin, s.m. *couper c. a* enrayer, arrêter dans son cours **28a**, 126.

chere, s.f. visage **36c**, 16; *faire grant c.* faire un bon repas **7**, 99; mener joyeuse vie **25**, 102.

chere-lie, s.f. bonne chère **44**, 16.

cherement, adv. à haut prix **39b**, 16; affectueusement **50**, 106.

chermer, v.tr. charmer, ensorceler **9a**, 32.

cherté, s.f. disette, pénurie **27**, 117.

chet, v. *choir*.

chetif, adj. malheureux **26**, 61; faible, pauvre **39a**, 27.

cheut, v. *choir*.

cheute, s.f. chute **27**, 41.

chevalereux, adj. courageux, vaillant **1**, 108; **3**, 40.

chevalerie, s.f. =chevaliers **3**, 97; cavalerie **36c**, 38; **46a**, 61; art militaire **9b**, 108.

chevrepiéz, s.m. qui a des pieds de chèvre, satyre **29**, 95.

chief, v. *chef*.

chien, s.m. *comme chiens courans* =avec facilité **43**, 99.

chiendant, s.m. au fig. difficulté, embarras **21a**, 2.

chievre, s.f. chèvre **14**, 106.

chiphre, s.m. zéro **19b**, 84.

chiquaneur, s.m. chicanier, avocassier **49**, 136.

choir, v.intr. tomber, **32**, 149; prés.ind. 3 *chet* **21a**, 29; p.simple 3 *cheut* **2**, 87.

cholerique, s.m. personne chez laquelle prédomine l'humeur colérique **16b**, 23.

choper, v.intr. buter, trébucher **39a**, 19.

chore, s.m. chœur **17b**, 94; **20c**, 52.

chose, s.f. *la c. publique* l'état, la République **1**, 64; **4a**, 63; **24**, 110.

chouse, v. *chose*.

ci, v. *cy*.

cicatriser, v.tr. fermer, dessécher une blessure **16b**, 12.

cil, pron.dém.masc. =celui **26**, 30; **37**, 45, 88.

cingler, v.intr. faire route, voguer **37**, 46.

cinquiesmement, adv. en cinquième lieu **19b**, 96.

circonvoisin, v. *circunvoisin*.

circuit, s.m. pourtour, circonférence **23a**, 17; **23b**, 35.

circuite, s.m. pourtour **4b**, 74.

circunjacent, adj. environnant, situé autour **4b**, 87.

circunvoisin, adj. à proximité, autour, environnant **6**, 16; **14**, 20; **16a**, 86; **40**, 38.

cire, s.f. *comme de c.* =très bien ajusté **21a**, 65.

citadin, s.m. citoyen **14**, 162.

citoyen, s.m. concitoyen, compatriote **47**, 104.

civil, adj. civilisé, cultivé **23a**, 28.

civilité, s.f. politesse, courtoisie **18**, 46.

clairet, adj. et subst.s.m. (vin) d'un rouge clair **33a**, 80; **44**, 118.

clamer, v.tr. déclarer, appeler **10c**, 1.

claret v. *clairet*.

clarté, s.f. éclat **18**, 68; *les c.* =les lumières **47**, 27.

claus, v. *clore*.

clausule, s.f. phrase **13**, 42.

cler, adj. clair **37**, 13, 87; *a c.* loc.adv. =clairement, distinctement **7**, 40.

clerc, s.m. acolyte **4b**, 13.

clergie, s.m. corps des ecclésiastiques **3**, 29.

clocher, v.intr. boiter en marchant **36c**, 49; prés.ind. 3 *cloque* (forme picarde) **36c**, 50.

cloquer, v. *clocher*.

clore, v.tr. fermer **40**, 79; *c. le pas* fermer la marche, terminer la série **46b**, 9; p.p. *claus* **46b**, 68; *clos* **40**, 124.

clorre, v. *clore*.

clos, s.m. clôture **49**, 57.

clou, s.m. *au. c.* =en suspens (v. aussi *pendre*) **11a**, 7.

L*codice*, s.m. cahier, livre **9a**, 17.

coëgal, s.m. au pl. *coëgaux* collègues **45**, 35.

cœur, s.m. courage **14**, 60; **24**, 163; **27**, 69; **28b**, 5; **44**, 31; *mettre au c. de qqun de* = l'encourager à **11b**, 26.

cœur, v. *chore*.

cogitacion, cogitation, s.f. réflexion **1**, 18; **15**, 62, 76.

cognoi, v. *cognoistre*.

cognoissance, s.f. fréquentation, compagnie **8a**, 27; savoir, connaissances **47**, 81; **48**, 122.

cognoistre, v.tr. savoir **9b**, 123; **11a**, 15; **11b**, 75; **16b**, 22; **17a**, 19; **17b**, 57; **23a**, 60; **27**, 17; **38**, 7; **47**, 32, 151; reconnaître,

cognoistre (suite)

comprendre 3, 35; 5, 54, 68, 106; 7, 4, 90, 141; 12a, 9; 14, 33; 15, 78; 17a, 22; 17b, 109; 38, 121; 39a, 45; 41a, 64; 46b, 19; 47, 169; 48, 11; savoir, apprendre 12a, 29; 14, 81; 36b, 108; 40, 23; 48, 102; discerner 14, 127; remarquer 12b, 89; avoir l'expérience de 23c, 121; prés.ind. 1 *cognoi* 19b, 31; *cognoy* 12a, 29; *congnois* 21a, 87; *cognois* 46b, 19; 3 *congnoist* 1, 99; *congnoit* 16b, 22; p.simple 1 *conneus* 39a, 45; *cognuz* 46b, 101; *cogneuz* 48, 11; 3 *cogneust* 48, 47; fut. 2 *cognoistras* 12a, 9; 6 *congnoistront* 11b, 75; cond. 3 *cognoistroit* 48, 102; impf.subj. 1 *coneusse* 39b, 87; p.p. *cogneu* 16b, 4; *congneu* 15, 78; 21a, 24; 23c, 121; *congnu* 17b, 82; 23a, 60; *conneu* 40, 3, 80.

cognoy, v. *cognoistre*.

col, s.m. cou 14, 19; 24, 130; 29, 135; 32, 55; v. aussi *bride*.

colerer, v.pron. se mettre en colère 12b, 108; 20b, 36; 32, 28, 116.

collation, s.f. harangue, sermon 4b, 4.

collerer, v. *colerer*.

collocation, s.f. juxtaposition 13, 87.

colloquer, v.tr. placer, reléguer 15, 108.

¹*colonnel*, adj. qui appartient à celui qui commande 46a, 61.

colosse, s.m. statue d'une grandeur extraordinaire, érigée dans le port de Rhodes 22, 24.

combe, s.f. petite vallée 29, 26.

combien que, conj., +subj. quoique 5, 77, 87; 118; 6, 33; 14, 26; 15, 93; 16a, 18; 17b, 81, 98; 19a, 9; 24, 102; 35a, 30, etc.; +ind. 11a, 32; 15, 47; 34, 143; 44, 119.

comble, s.m. partie destinée à supporter le toit d'une maison 24, 50.

combust, adj. brûlé 16a, 10.

combustion, s.f. brûlure 16a, 54.

commandement, s.m. autorité 34, 7; 50, 101; *a c.*=à discrétion, en abondance 36b, 37.

commander, v.intr. dompter, maîtriser 27, 26; être le maître de 34, 6; v.tr. demander 46a, 48.

comme, adv., dans les comparaisons =que 9b, 44; 16a, 70; 18, 119; 23a, 9; 23c, 30; 28a, 91; 36c, 30, etc.; =une sorte de 24, 50; par exemple 23a, 63; à savoir 7, 74; 23b, 22; 23c, 16; comment 44, 190; 45, 4; 46a, 21; 47, 138, 151; 48, 53; conj. marquant la cause, +subj. 24, 126; *c. si* +subj. 47, 33; *c. ainsi soit que* +subj. comme, attendu que 15, 24; 46a, 9, 107; *c. ainsi fut que* +subj. 11b, 24.

commencement, s.m. *du c.* d'entrée, de premier abord 47, 132.

commencer, v.pron. 44, 8; p.simple 6 *commencèrent* 48, 124.

commendation, s.f. considération, estime 17b, 29.

commender, v. *commander*.

comment que, conj. +subj. *c. q. ce soit* =d'une façon ou d'une autre 12b, 67.

commerce, s.m. relations, rapports 39b, 2.

commere, s.f. femme curieuse ou bavarde 43, 102; terme d'amitié entre voisins et gens qui ont des relations fréquentes 33b, 1.

commettre, v.tr. confier 27, 50.

commissaire, s.m. magistrat 35c, 23; 42b, 35; *c. d'artillerie* officier commis pour servir dans l'artillerie et avoir soin de l'attirail 49, 4.

commode, adj. avantageux, favorable 9b, 51.

commodité, s.f. facilité, conditions favorables 9b, 69; 23b, 1; 38, 54; avantage 12a, 25; 18, 4.

commuer, v.tr. changer, modifier, transformer 1, 118.

commun, adj. normal, ordinaire 19a, 2; *c. pour* valable pour, applicable à 30, 4; s.m. l'usage du plus grand nombre 13, 58; le plus grand nombre 27, 117.

communauté, s.f. affinité 46a, 43; 50, 59.

commune, s.f. *la c.* =le vulgaire 46b, 4.

communication, s.f. au pl. relations, entente 4a, 58.

communion, s.f. communauté, partage 15, 129.

communiquer, v.intr. *c. de qqch à* faire part 27, 98.

compagnable, adj. amical 27, 101.

compagnon, s.m. *bon c.* bon vivant 44, 185; *c. d'office* collègue 49, 103.

compas, s.m. *par c.* exactement, en mesure, régulièrement 20c, 6.

compasser, v.tr. mesurer 2, 126; 22, 46.

compatir, v.intr. *c. ensemble* s'accorder, s'entendre 50, 48; +*à* être touché de compassion pour les maux d'autrui 50, 74.

compere, s.m. terme d'amitié entre gens qui ont des relations de camaraderie 33b, 1.

compiler, v.tr. rédiger, mettre par écrit (sans nuance péjorative) 1, 114.

¹*compite*, s.m. carrefour 9a, 9.

complainte, s.f. au pl. lamentations 29, 36.

complexion, s.f. trait caractéristique 21b, 29; caractère, manière d'être 27, 71; 30, 40; 39b, 63; tempérament 44, 126.

comporter, v.tr. supporter, tolérer 34, 61.

composé, adj. mixte 16b, 24.

composition, s.f. accommodement, accord, compromis 28a, 90.

comprendre, v.tr. apprendre 9b, 77; p.p. *comprins* 16b, 45; 30, 105.

compresser, v.tr. charger 40, 98.

comprimer, v.tr. presser, serrer 16a, 86.

comprins, v. *comprendre*.

compte, v. *conte*.

compter, v.tr. raconter **24**, 30 ; **49**, 48 ; payer **38**, 15 ; *tout bien compté* tout compte fait, tout bien examiné **36b**, 65.

comter, v. *compter*.

concepvoir, v.tr. comprendre, saisir **5**, 5 ; recevoir, contenir **16a**, 13.

^I*concet*, s.m. idée, conception **36b**, 46.

concion, s.f. harangue, discours **49**, 143.

conclu, conclud, v. *conclure*.

conclure, v.tr. décider, **48**, 111 ; prés.ind. I *conclu* **28a**, 33 ; p.p. *conclud* **31**, 176 ; **41a**, 1.

conclusion, s.f. loc.adv. = pour conclure, en conclusion **13**, 95 ; *tenir conclusions* soutenir des propositions, disputer **9b**, 111 ; au pl. décisions, résolutions **48**, 100.

concoction, s.f. digestion **44**, 64.

concordance, s.f. concorde **4a**, 10.

concorder, v.intr. s'accorder, harmoniser **4a**, 51.

conculquer, v.tr. fouler aux pieds, mépriser, outrager **14**, 78.

concurrent, adj. convergent **4a**, 41.

condemnade, s.f. sorte de jeu de cartes, lansquenet **21a**, 93.

condigne, adj. juste, mérité **1**, 69.

condition, s.f. *c. de vie* état **16b**, 33 ; au pl. manière d'être, caractère **21b**, 34.

condoner, v.tr. faire des concessions **16b**, 31.

conducteur, s.m. chef, capitaine **3**, 106.

conduicte, v. *conduite*.

conduire, v.tr. manier, employer **13**, 88 ; amasser **27**, 107 ; diriger, guider **41b**, 60 ; prés.ind. I *conduy* **33b**, 4 ; p.simple 6 *conduirent* **29**, 8.

conduit s.m. canal, tuyau **20d**, 31.

conduite, s.f. conclusion (d'un mariage) **39a**, 62 ; commandement **14**, 103, 142.

coneusse, v. *cognoistre*.

conferer, v.tr. *c. avec* comparer avec, rapporter à **9b**, 94.

confermer, v.tr. affermir **17b**, 105.

confier, v.pron + *de* = compter **15**, 44.

confiner, v.tr. délimiter, déterminer **45**, 19.

confins, s.m.pl. limites, bornes **28b**, 56.

confirmatif, adj. qui confirme **41a**, 24.

confort, s.m. réconfort, consolation, soulagement **20c**, 3.

conforter, v.tr. fortifier, affermir **44**, 33.

confriction, s.f. frottement, friction **16a**, 38.

confusément, adv. indifféremment, sans distinction **50**, 96.

congé, s.m. permission **44**, 78 ; **49**, 64 ; *donner c. de* permettre **31**, 120.

congneu, congnoistre, congnoistront, congnoit, v. *cognoistre*.

congratulation, s.f. félicitation, compliment **23b**, 16.

conjoinctement, adv. ensemble, de concert **34**, 41.

conjoindre, v.tr. unir, joindre **50**, 59.

conjugation, s.f. combinaison, dosage **16b**, 47 ; conjugaison **8b**, 24.

conjuration, s.f. action concertée **18**, 66 ; **30**, 60.

conneu, conneus, v. *cognoistre*.

conniver, v.intr. + *à* fermer les yeux sur, feindre de ne pas voir **39b**, 94.

connoistre, v. *cognoistre*.

conscience, s.f. *faire c. de* faire scrupule de **41b**, 46.

conseil, s.m. habileté, sagesse **16a**, 64 ; dessein, intention, décision **24**, 154.

conseiller, v.tr. *c. qqun de* + inf. **39b**, 47 ; *c. qqun que* + ind. conseiller à qqun de **48**, 54.

consequemment, adv. par conséquent **42b**, 14.

consequence, s.f. importance **27**, 98.

consideration, s.f. discrétion, égard **43**, 32.

consommer, v.tr. achever, accomplir **9b**, 41 ; **17a**, 22 ; **22**, 36 ; **42a**, 5 ; détruire, faire périr **10c**, 5 ; **41b**, 18 ; p.p. achevé, accompli **9b**, 21 ; parvenu à un haut degré de perfection **50**, 8.

consonante, s.f. consonne **46b**, 68.

consort, s.m. (pl. *consors*) compagnon (en mauvaise part), complice **2**, 14, 66 ; **24**, 170, 184.

constraingnit, constraint, v. *contraindre*.

consumer, v.tr. employer, passer (du temps) **3**, 138 ; **14**, 96 ; **17b**, 11 ; user, employer à l'excès **8a**, 18 ; p.p. = évaporé **23c**, 80.

conte, s.m. *mettre en c.* compter, énumérer **1**, 59 ; **17b**, 5 ; = mettre en ligne de compte **39b**, 83 ; *faire son c. que* être sûr, persuadé **28a**, 29 ; estime, cas **23a**, 46 ; **28b**, 8.

conté, s.f. comté **3**, 53.

contemnement, s.m. mépris, dédain **17b**, 9 ; **27**, 10.

contemner, v.tr. mépriser, dédaigner **2**, 90 ; **9b**, 76 ; **17b**, 32 ; **44**, 99 ; **46a**, 103, 147 ; **46b**, 42.

contempler, v.tr. voir, regarder **23a**, 34.

contemptible, adj. méprisable **18**, 69 ; **27**, 47.

contemption, s.f. mépris **2**, 53.

contenance, s.f. air, maintien **4b**, 40 ; **24**, 172 ; mine **7**, 42 ; **29**, 33 ; **41a**, 28 ; au pl. disposition des mots, rythme de la phrase **4a**, 55.

contenir, v.tr. retenir **47**, 99 ; contraindre, réprimer **50**, 118.

contenner, contennement, v. *contemner, contemnement*.

content, adj. satisfait **12b**, 135 ; **17a**, 20 ; **17b**, 37.

contenter, v.pron. *contentez-vous* = croyez-m'en **21a**, 66.

conter, v. *compter*.

contester, v.intr. disputer **43**, 107.

continent, adj. *terre continente* = continent **23c**, 66.

contourner, v.tr. changer, transformer **1**, 91;
v.pron. se retourner, se tordre **14**, 135.

contraindre, v.tr. contenir, réprimer, retenir
42a, 11; forcer, serrer **39a**, 13; p.p.
obligatoire **39b**, 92; p.simple 3 *constraingnit* **3**, 112; p.p. *contraint* **3**, 163.

contraire, adj. opposé **30**, 97; loc.adv. *faire au c.*
faire le contraire, agir d'une façon con-
traire **28a**, 140; **48**, 64; *alleguer qqun au c.* le
citer comme ayant dit le contraire **31**, 149;
s.m. terme d'une antinomie **17b**, 83.

contrarieté, s.f. désaccord, opposition **30**, 98.

contrefaire, v.tr. imiter **9a**, 33; **31**, 126;
imiter par l'art **20a**, 20; **29**, 36; feindre **31**,
53; *c. le mort* faire le mort **38**, 72.

contrefil, s.m. loc.adv. *a c.* au contraire, à
rebours **9b**, 66.

contregarder, v.tr. garder, préserver, protéger
26, 58.

contreligue, s.f. ligue opposée à une autre **48**,
107.

contremont, adv. vers le haut **19b**, 19, 26.

contrepeter, v.tr. (mal) imiter, contrefaire **36b**,
31.

contrepoincte, s.f. courtepointe **25**, 19.

contrepoison, s.f. antidote **30**, 5.

contrevenir, v.intr. +*à* agir contrairement à **48**,
98, 135.

controverse, s.f. *sans c.* incontestablement **17b**,
19.

contumelieux adj. injurieux, outrageant **36b**,
93.

contus, adj. broyé, meurtri, blessé par un choc
16a, 52.

convaincre, v.tr. vaincre tout à fait **40**, 59.

convenance, s.f. affinité, rapport, ressemblance
11a, 9.

convenir, v.impers. +inf. =il faut, il convient
de **7**, 9; **9b**, 115; **12b**, 21; **15**, 17; **16a**, 8;
16b, 30; v.intr. *c. avec* s'accorder avec **15**,
48.

convention, s.f. assemblée, réunion **27**, 29;
pacte **41b**, 41, 60.

conversation, s.f. compagnie, société **4b**, 41;
manière de vivre, conduite **9b**, 29.

converser, v.intr. séjourner, habiter **9b**, 28;
12b, 134; **50**, 62.

convertir, v.tr. pousser, exciter **14**, 15; v.pron.
se transformer **16a**, 34; **23c**, 81.

convi, s.m. repas auquel on invite, festin,
banquet **44**, 6.

convoiteux, adj. **2**, 153; avide, désireux **28b**, 41.

copie, s.f. abondance **9b**, 52; **18**, 179; exemplaire **12b**, 83.

copieusement, adv. abondamment **17b**, 40; **18**,
155, 174; amplement, longuement **13**, 79.

copieux, adj. abondant **17b**, 3; **18**, 79, 143;
28a, 46.

copieux, s.m.pl. railleurs, moqueurs (sobriquet

des habitants de La Flèche en Anjou) **21a**,
25.

copulation, s.f. union, liaison **13**, 84.

cocu, s.m. cocu, homme dont la femme est
infidèle **38**, 26.

coquin, s.m. mendiant **12b**, 12; **38**, 26; **43**, 87.

coraillin, adj. rouge comme le corail **4b**, 30.

corbieu, interj. (juron atténué) **12b**, 34.

corbin, s.m. corbeau **45**, 94.

corde, s.f. lacs pour capturer les animaux
sauvages **32**, 81.

cordele, v. *cordelle*.

cordelier, s.m. religieux de l'ordre de saint
François d'Assise **25**, 44.

cordeliere, s.f. corde à nœuds **49**, 25.

cordelle, s.f. =parti, *avoir en sa c.* **10b**, 10;
attirer a sa c. **41a**, 69.

cordouan, s.m. cuir, peau **23a**, 31.

cordouannier, s.m. cordonnier **21a**, 30.

cornice, s.f. corniche **29**, 24.

cornu, adj. qui a des cornes: *lyre cornüe* allusion
à la forme de la monture **29**, 87.

cornuement, adv. d'une manière absurde **36b**,
87.

coronal, adj. qui appartient à celui qui commande **46a**, 62.

ᴸ*corpore*, s.m. corps **9a**, 43.

corps, s.m. portion de matière **37**, 18; matière,
sujet (d'un livre) **39b**, 91.

correction, s.f. amélioration, amendement,
réforme **47**, 100.

correspondre, v.tr. égaler **9b**, 49.

corrompable, adj. périssable, corruptible **22**,
123.

corrompeur, s.m. corrupteur **8a**, 27.

cors, v. *corps*.

corselet, s.m. cuirasse légère **45**, 81.

cosmographie, s.f. géographie **9b**, 89.

cossat, s.m. cosse (de fève, etc.) **27**, 108.

costau, s.m. coteau, colline **22**, 28; **29**, 66.

costoyer, côtoier, v.tr. aller, passer, naviguer le
long de **23a**, 12; **37**, 47.

couärt, s.m. poltron, lâche **44**, 31.

coucher, v.tr. rédiger **1**, 89; **46b**, 59; **48**, 117;
intr. +*dire*, proférer **46a**, 45; **46b**, 38.

coude, s.m. *plier le c.* aimer la boisson **44**, 62.

couldee, s.f. coudée, ancienne mesure de
longueur **6**, 68.

couleur, s.f. *avoir c.* de avoir de bonnes raisons
pour, être fondé à **8a**, 57; s.m. couleur **32**,
65.

coulombier, s.m. colombier **27**, 84.

coulpe, s.f. faute, péché **15**, 90; **18**, 98.

coup, s.m. *a c.* vite, brusquement **17a**, 18; *a un
c.* à la fois **12b**, 7; **21a**, 81; *tout en un c.* tout
d'un coup **26**, 110; *pour le premier c.*
d'abord **50**, 19; *a tous cou(p)s* tout le temps
29, 130; **37**, 60; **39a**, 24; *a coup de main*
violemment **32**, 90; v. aussi *rompre*.

coupé, p.p. escarpé **39a**, 45.

coupeau, s.m. sommet **29**, 25; **33a**, 35.

coupper, v. *broche* et *chemin*.

courage, s.m. disposition **2**, 16; zèle, volonté, énergie **27**, 13; cœur **18**, 47; **37**, 76.

courageux, adj. fougueux, **44**, 40.

couraige, v. *courage*.

courbe, adj. courbé, penché **29**, 132.

courbette, s.f. mouvement d'un cheval qui lève ensemble les deux pieds de devant **29**, 139.

courcer, v. *courroucer*.

coureur, s.m. éclaireur **7**, 29; cavalier engagé dans une course **20a**, 4.

courir, v.intr. faire une incursion **3**, 28; *c. sus à* attaquer **3**, 164; **48**, 79; *c. sur* =attaquer **6**, 88; =faire main basse sur, piller **28a**, 88; v.tr. encourir **27**, 51; poursuivre, persécuter **49**, 12, 21.

couronne, s.f. *escu c.* ancienne monnaie de France **5**, 99, 123.

courroucer, v.pron. se fâcher, se mettre en colère: +*de* **2**, 68; +*à* **24**, 127; **46a**, 47.

course, s.f. attaque, incursion **7**, 15; **42b**, 1; lutte de vitesse **29**, 127.

court, s.f. cour **8b**, 27; **46a**, 28; **47**, 67; **49**, 74.

court, adj. *pour le faire c.* pour abréger **36b**, 41; adv. *faire c.* être bref, abréger **10a**, 27.

courtine, s.f. rideau de lit **26**, 4; mur joignant les flancs de deux bastions **29**, 18.

¹*courtisanesque*, adj. de courtisan **36a**, 5; **36b**, 3.

cous, v. *coup*.

coustau, v. *costau*.

cousteau, s.m. *couteau* **23b**, 48.

coustume, s.f. manière de vivre, train de vie **16b**, 27; habitude **16b**, 32; manière **23b**, 15; *avoir de c.* avoir coutume **16b**, 29; **41b**, 14.

coustumierement, adv. d'ordinaire **31**, 119.

couvert, adj. dissimulé **47**, 170.

couverture, s.f. prétexte **15**, 87.

couvoiteux, v. *convoiteux*.

couvoitise, s.f. convoitise **2**, 151.

couvreur, s.m. ouvrier qui fait ou répare les toitures des maisons **41a**, 59.

couvrir, v.tr. cacher **41a**, 26; v.pron. *se c. d'un sac mouillé* apporter de méchantes excuses **36c**, 44.

coy, adj. *(attendre) de pied c.* tranquillement, de pied ferme **35b**, 6.

crain, v. *craindre*.

craindre, v.tr. *c. à faire qqch* =craindre de faire qqch **39b**, 38; **44**, 54; prés.ind. 1 *crain* **49**, 85, 118; impérat. *crain* **32**, 9.

creance, s.f. croyance **39a**, 53.

creature, s.f. création, chose créée **41b**, 5; **47**, 36.

credit, s.m. responsabilité, charge **27**, 82; réputation, renom **28b**, 47.

crediteur, s.m. créancier **28b**, 48.

cresper, v.tr. brandir, agiter **29**, 137.

cresté, adj. qui a une crête **29**, 78.

creu, s.m. *de nostre c.* venant de notre fonds personnel **28a**, 111.

creu, v. *croistre*.

creu, v. *croire*.

creue, s.f. augmentation d'impôts, impôts nouveaux **3**, 12.

creurent, creut, v. *croire*.

crin, s.m. chevelure **20c**, 49.

crineux, adj. garni de poils **32**, 73.

cristal, s.m. limpidité **29**, 72.

crochet, s.m. allusion à la forme de la lettre *Y* **20b**, 15.

crocheter, v.tr. déboucher **44**, 171.

croid, v. *croire*.

croire, v.tr. suivre le conseil de **33a**, 40; **43**, 79; *digne de c.* =digne de foi **6**, 6; v.intr. *c. en* **11b**, 9; *c. à* **44**, 83; prés.ind. 1 *croy* **9a**, 31; **10a**, 39; **25**, 48; **26**, 20; **28b**, 29; **39b**, 11, etc.; 3 *croid* **35c**, 2; **47**, 22; p.simple 3 *creut* **24**, 182; **25**, 89; 6 *creurent* **11b**, 9; prés.subj. 5 *croyez* **11b**, 51; impérat. *croy* **2**, 36; p.p. *creu* **11b**, 4; **26**, 46; **39a**, 55; **40**, 14.

croisse, croist, v. *croistre*.

croistre, v.intr. croître, augmenter; prés.ind. 3 *croist* **50**, 3; prés.subj. 3 *croisse* **12b**, 113; p.p. *creu* **29**, 38.

croix, s.f. *sans c. ne pille* sans le sou **21a**, 5.

croppe, s.f. v. *croupe*.

croq, s.m. *au croq* indécis, non résolu (v. aussi *pendre*) **49**, 107.

croupiere, s.f. partie du harnais passant sous la queue du cheval **33a**, 68.

crouppe, s.f. sommet arrondi **22**, 51; **29**, 13 (v. aussi *quirinal, saturnal*).

crouste, s.f. partie extérieure du pain, d'où aspect superficiel **39a**, 5.

croyable, adj. vraisemblable **42b**, 64.

crudelité, s.f. cruauté **2**, 97.

cueillette, s.f. collecte d'argent, levée d'impôts **2**, 124.

cueur, v. *cœur*.

cuict, v. *cuire*.

cuider, v.intr. croire, penser, s'imaginer **1**, 54; **9a**, 34; **11b**, 64; **12b**, 120; **13**, 28; **14**, 116; **16a**, 43; **25**, 64; **40**, 10; **47**, 58, 60; espérer, compter **7**, 127; **35c**, 24; essayer, tâcher **24**, 80; présumer, prétendre **2**, 30.

cuire, v.intr. brûler, faire mal **50**, 17, 43; v.tr. p.p. *(vin) cuict* obtenu en faisant évaporer une partie du moût jusqu'à consistance sirupeuse **33a**, 82.

cuisiner, v.tr. préparer, accommoder **28b**, 63.

cuist, v. *cuire*.

cul, s.m. *tirer le c. arriere* se dérober, reculer **38**, 9; *c. de lampe* saillie ou encorbellement qui ressemble au dessous d'une lampe d'église **29**, 17.

cultiveur, s.m. cultivateur **18**, 137.
cupidité, s.f. désir, appétit **47**, 115.
curable, adj. guérissable **16b**, 19.
curation, s.f. cure, traitement **16a**, 51, 66.
curieusement, adv. soigneusement **9b**, 96; **13**, 40; **18**, 16; **43**, 91; **45**, 15; **49**, 104.
curieux, adj. soucieux, désireux **4a**, 82; **4b**, 50; **28a**, 68; attentif, soigneux **42b**, 18.
curiosité, s.f. soin **13**, 58; **31**, 136; **43**, 83.
ᴸ*cuticule*, s.f. peau **9a**, 38.
cuyder, v. *cuider*.
cy, adv. ici **6**, 140; *cy et là* çà et là **45**, 82; *cy apres* bientôt **11b**, 34, 78; =plus loin, ci-dessous **6**, 2; **35c**, 32; **43**, 99; *cy devant* précédemment **17b**, 68; ci-dessus **23a**, 4.
cygalle, s.f. cigale **4b**, 68.
cynabre, s.m. cinabre, sulfure de mercure de couleur rouge, d'où aussi, couleur rouge **23a**, 52.

dame, s.f. titre qui précède le nom d'une personne féminine **3**, 50; **4a**, 52; maîtresse **10c**, 1; **27**, 110.
damoiseau, s.m. jeune gentilhomme **1**, 96.
damoiselle, s.f. fille de qualité **1**, 38; **10b**, 5; femme noble **35c**, 29.
darder, v.tr. faire jaillir **20d**, 32.
davant, v. *devant* et *avant*.
davantage, adv. en outre, de plus **12b**, 7; **16a**, 25; **16b**, 26; **23a**, 35; **30**, 69; **38**, 106.
de, prép. depuis **17b**, 100; **37**, 13; =pour ce qui est de **38**, 2; **39a**, 9; *d. ce que* par ce motif que **18**, 50; **44**, 16.
dea, particule qui renforce l'affirmation. *ouy d.* =certainement **21a**, 49; **33a**, 52.
ᴸ*deambuler*, v.intr. se promener **8a**, 10; **9a**, 9.
debagoller, v.tr. vomir, au fig. proférer **43**, 97.
debattre, v.tr. discuter **13**, 68; **19a**, 12; soutenir **28a**, 41; intr. +*de* disputer de **35a**, 34; pron. s'agiter **32**, 122.
debausche, s.f. excès **45**, 26.
debiliter, v.tr. rendre débile, affaiblir **3**, 114.
debiter, v.tr. offrir en vente, vendre **46b**, 37.
debriser, v.tr. briser, rompre **1**, 107.
debte, s.f. dette **25**, 34; **27**, 6.
deça, adv. ici **42a**, 36; **42b**, 48; *par d.* v. *par*.
ᴸ*decalogicque*, adj. qui se rapporte au décalogue, aux dix commandements **9a**, 26.
deception, s.f. tromperie **1**, 19; **2**, 56.
deceu, v. *decevoir*.
decevoir, v.tr. tromper; p.p. *deceu* **16a**, 42; **40**, 102.
dechassement, s.m. expulsion, évacuation **30**, 111.
dechasser, v.tr. chasser, expulser **3**, 76, 109; bannir, éloigner **14**, 82; **47**, 159.
dechiqueteur, s.m. *d. de langage* celui qui écorche une langue **8a**, 15.
dechoir, v. *deschoir*.

deciser, v.tr. découper, couper en morceaux **8a**, 19.
declairer, v. *declarer*.
declarer, v.tr. exprimer **42a**, 30; proclamer **24**, 73; expliquer, exposer **8a**, 75; **12a**, 16; **17a**, 3; **17b**, 86; **19a**, 11; **24**, 10; **28a**, 62.
declination, s.f. déclin, diminution, décroissance **16b**, 19.
decliner, v.intr. s'écarter, s'éloigner **15**, 102.
deconfiture, s.f. défaite, déroute **6**, 127.
decours, s.m. cours, passage **9b**, 9.
decouvrir, v. *descouvrir*.
dedale, s.m. labyrinthe **37**, 52.
dedans, *dedens*, prép. dans **4b**, 8; **6**, 89; **7**, 9; **10a**, 41; **12b**, 45, etc.; adv. au-dedans **14**, 158.
dedier, v.tr. vouer, destiner **8a**, 22; pron. se consacrer, se vouer **30**, 126.
deduction, s.f. énumération **30**, 21; récit, exposé **4a**, 73.
deduire, v.tr. dériver **13**, 14; exposer, développer **17a**, 24; **18**, 30; **28a**, 19, 77; **30**, 3; **31**, 41, 61, 66; v.pron. se divertir, prendre du plaisir **4a**, 46.
deduit, s.m. délectation, amusement **2**, 2.
defaillance, s.f. *sa d.* =ses défauts **39a**, 3.
defaillir, v.intr. *d. en* manquer de **15**, 40; manquer, faire défaut, être insuffisant **16b**, 38; **28a**, 116; **32**, 11; prés.ind. 3 *default* **16b**, 38; **32**, 11.
defait, v. *deffaire*.
default, v. *defaillir*.
default, s.m. défaillance, faiblesse **14**, 5, 79; manque, défaut **28a**, 116.
deffaict, v. *deffaire*.
deffaicte, s.f. débarras **21b**, 16.
deffaire, v.tr. battre, détruire **6**, 64, 90, 99; **14**, 7; mettre en déroute **34**, 68; p.p. *deffaict* **3**, 8, 17; **7**, 129, 140; *defait* **34**, 68.
deffit, v. *deffaire*.
deffraier, v.tr. payer la dépense de **6**, 102.
defiance, s.f. méfiance, doute, incertitude **9b**, 38.
degenerant, adj. dégénéré **9b**, 37.
degoiser, v.pron. chanter, gazouiller **1**, 97.
degouster, v.tr. ôter l'appétit, inspirer de la répugnance pour un aliment **28b**, 84; p.p. *desgousté* =scrupuleux **49**, 14.
degouter, v.intr. dégoutter (de sueur) **32**, 147.
dehait, adv. vivement, lestement **21a**, 95.
dehors, prép. hors de **48**, 113.
deïté, s.f. divinité **37**, 37; **47**, 45.
dejecter, v.tr. exclure, expulser **8a**, 72; rejeter, repousser **15**, 58.
dela, adv. *ici* **12b**, 79, 139; par conséquent **46a**, 98; *(de) par dela*, v. *par dela*.
delaisser, v.tr. laisser en héritage **5**, 24; abandonnner **26**, 11; **45**, 85; **47**, 163; laisser **47**, 40.

deletere, adj. nuisible, nocif **30**, 62.

deliberation, s.f. intention, décision **45**, 36.

deliberer, v.tr. examiner, considérer **15**, 39; intr. décider **4b**, 24; **7**, 20; **20b**, 1; **29**, 9; **35a**, 58; **39a**, 50; **41b**, 27; pron. se décider **7**, 16; **25**, 90.

delicat, adj. susceptible, douillet **16b**, 35.

delicatement, adv. douillettement, mollement **16b**, 36.

delicatesse, s.f. finesse **42a**, 30.

delicter, v.pron. se délecter **1**, 97.

delivrance, s.f. mise en liberté **44**, 29.

deluge, s.m. calamité, désastre **45**, 62.

demaine, s.m. domaine **2**, 93; **17b**, 36.

demarche, s.f. *faire ses d.* changer de position, se déplacer **50**, 33.

demeller, v.pron. se résoudre **19b**, 1.

demener, v.pron. se débattre **24**, 146.

demerite, s.m. faute, action blâmable **31**, 9.

demeurance, s.f. séjour **40**, 73.

demeure, s.f. séjour **46b**, 32; retard, délai **14**, 155; **32**, 140.

demeurer, v.intr. *y d.* =demeurer sur la place, être tué **45**, 80; *d. pour gages* =être pris, être perdu **45**, 7; inf. *demourer* **24**, 163; **42b**, 56; impf. 3 *demouroit* **12a**, 27; 6 *demouroyent* **42b**, 48; p.simple 3 *demoura* **3**, 158; **7**, 129; impf.subj. 3 *demourast* **42b**, 6; 6 *demourassent* **5**, 68; **7**, 53; p.prés. *demourant* **9b**, 3; **42b**, 14; **49**, 129; s.m. *demourant* =ce qui reste, demeurant **2**, 112; p.passé *demouré* **3**, 164; **7**, 120.

demibrulé adj. à demi brûlé **29**, 75.

ᴸ*demigrer*, v.intr. se transporter, aller **9a**, 21.

demonomanie, s.f. folie dans laquelle on se croit possédé du démon **41a**, 62.

demourer, v. *demeurer*.

denicher, v.tr. priver de son nid **45**, 101.

denier, v.tr. nier **41a**, 8, 28; refuser **27**, 96; pron. =se démentir, impf. 6 *denoioient* **6**, 105.

denier, s.m. ancienne monnaie française valant le douzième d'un sou **2**, 125; **38**, 2; =argent **14**, 154; **27**, 87.

denoioient, v. *denier*.

denoncer, v.tr. annoncer, faire savoir **24**, 76; *d. (la guerre)* déclarer **34**, 118; **46b**, 1.

dent, s.f. au fig. *la d. outrageuse* =l'envie, la jalousie **31**, 92.

denüer, v.tr. ôter, enlever **29**, 96.

departir, v.tr. distribuer **23c**, 99; intr. partir **21a**, 53; pron. se séparer **14**, 32; pron. +*de* s'éloigner **47**, 98.

dependance, s.f. accessoire **47**, 15.

dependre, v.intr. +*de* =relever de **47**, 109.

deperdre, v.tr. perdre **9b**, 16.

deperir, v.intr. se perdre, être perdu **9b**, 16.

depescher, v. *despescher*.

depit, v. *despit*.

deplayer, v.tr. blesser **1**, 58.

depouille, v. *despouille*.

depravation, s.f. altération, corruption **15**, 137.

depraver, v.tr. altérer, rendre inexact **13**, 47; **20b**, 21.

deprimer, v.tr. déprécier, rabaisser en paroles **10c**, 7; mépriser **14**, 78; rabaisser **17b**, 17.

depriser, v. *despriser*.

depuis, adv. puis, dans la suite, ensuite **18**, 37; **20a**, 30; **24**, 179; **42a**, 13; **44**, 98; prép. = après **20c**, 39.

dequoy, pron.rel. dont **39a**, 17; **45**, 112; **47**, 147; conj. =de ce que **39a**, 29; =que **47**, 25.

deroger, v.intr. +*à* s'écarter de **31**, 49.

derriere, adv. *au d.* =derrière **32**, 75; *en d.* =en arrière **31**, 60.

desaccorder, v.tr. cesser d'accorder **36a**, 23.

desacoustumance, s.f. *par d.* faute d'habitude ou de pratique **39b**, 79.

desbauche, s.f. abus **39b**, 94.

desbordement, s.m. excès **47**, 64.

deschausser, v.tr. *d. Bertrand* =s'enivrer **44**, 106.

descheu, v. *deschoir*.

deschirer, v.tr. décrier, injurier **47**, 83.

deschoir, v.intr. tomber en mauvais état, dans un état inférieur **27**, 27; p.p. *descheu* **15**, 67.

desconfire, v.tr. mettre en déroute **6**, 131; p.p. *desconfit* **2**, 76.

descongnoistre, v.pron. s'oublier, se méconnaître **2**, 27.

descouvrir, v.tr. observer, contempler **39a**, 46; révéler, faire connaître, faire savoir **17a**, 25; **18**, 149; **24**, 96; **27**, 10; **39a**, 33, 54; explorer le terrain **7**, 29; dégarnir (de sa végétation) **23a**, 14; p.p. *descouvert* évident, manifeste **47**, 110; *à d.* ouvertement **48**, 9.

desemparer, v.tr. séparer, **9b**, 117.

desenfler, v.intr. devenir moins enflé **29**, 83.

desesperer, v.intr. *d. ne pouvoir attaindre* =désespérer d'atteindre **20a**, 16.

desestimer, v.tr. mésestimer, mépriser **31**, 94.

desgousté, v. *degouster*.

deshoneste, adj. déshonorant **15**, 5.

deshonorer, v.tr. discréditer **50**, 105.

designer, v.tr. tracer, indiquer **45**, 20.

desirer, v.tr. souhaiter **39a**, 65.

desjoindre, v.tr. disjoindre, désunir, séparer; p.p. *desjoinct* **4a**, 53.

desjuner, s.m. déjeuner, repas matinal **33b**, 46.

deslier, v.tr. *d. (de souci)* =libérer **44**, 16.

desobedient, adj. désobéissant **33b**, 20.

despendre, v.tr. passer **31**, 117; dépenser **38**, 39.

despescher, v.tr. achever, compléter **19b**, 24; **27**, 5; expédier **21a**, 52; **48**, 100; p.simple 6 *despescharent* **48**, 128.

despit, adj. dépité, fâché, irrité **6**, 83; **7**, 97; **29**, 58.

despiter, v.tr. braver, défier **26**, 92; **47**, 68.

desployer, v.tr. =ouvrir (un livre) **1**, 35.

despouille, s.f. butin, dépouilles **6**, 22; **20c**, 32; **46a**, 134.

despouiller, v.tr. se dépouiller de, quitter **15**, 116; déposséder **34**, 71.

despourveu, p.p. dépourvu, privé **14**, 60; *au d.* à l'improviste **28a**, 117.

despriser, v.tr. mépriser, dédaigner, blâmer **15**, 26; **38**, 87; déprécier **18**, 23, 77.

ᴸ*despumer*, v.tr. dégoiser **8a**, 9; **9a**, 10.

desrober, v.tr. voler **3**, 47; **12b**, 51.

desrouiller, v.tr. débarrasser de la rouille **28a**, 103.

desseigner, v.intr. +inf. =avoir dessein de **39b**, 44.

desseiller, v.tr. dessiller, ouvrir (les yeux) **20b**, 3.

desseler, v.tr. ôter la selle **33a**, 74.

desserte, s.f. dessert **44**, 118.

dessous, prép. sous **22**, 44; **26**, 87; **47**, 147.

dessur, prép. sur **50**, 90.

dessus, prép. sur **22**, 52; **23c**, 8; **24**, 114; **25**, 86; **26**, 108; **29**, 126; **32**, 26; **40**, 92; **46b**, 105; *par d.* au-dessus de **46a**, 87; *parvenir au d. de* aller jusqu'au bout de **46b**, 19; adv. ci-dessus **3**, 63; **20b**, 17; *estre par d.* tout primer **11a**, 27; *dessusdit* précité, susdit **5**, 1; **35a**, 61.

destorce, s.f. entorse **27**, 41.

destre, v. *dextre*.

destroit, s.m. passage étroit **23b**, 11; **23c**, 67; **40**, 46.

destrousser, v.tr. laisser retomber ce qui était troussé **33a**, 74; dévaliser **33a**, 37; pron. détrousser son vêtement **33b**, 39.

detacher, v.pron. se défaire **33b**, 39.

detenir, v.tr. garder en sa possession **6**, 12.

detersif, s.m. ce qui sert à nettoyer (les plaies) **16b**, 3.

detester, v.tr. maudire, faire des imprécations contre **24**, 82; **32**, 28.

deu, v. *devoir*.

deueille, v. *doloir*.

deuement, adv. dûment, comme il se doit **8a**, 71.

deult, v. *doloir*.

deusse, deussent, deust, v. *devoir*.

devaller, v. intr. tomber **22**, 65.

devancer, v.tr. se présenter à **26**, 26.

devant, prép. avant **11b**, 23; **20c**, 20; **21a**, 50; adv. avant, auparavant **5**, 65; **14**, 45; **24**, 31; **31**, 59; en avant **6**, 103, 110; *le jour de d.* la veille **21a**, 96; **24**, 37; d'abord **9a**, 40; *par icy d.* antérieurement **9b**, 39; loc.adv. *d. la main* d'avance, par avance **33b**, 13, 23; prép. *au d. de* devant **24**, 122; **28a**, 1; **35b**, 9; conj. *d. que* +subj. avant que **11b**, 51; **24**, 113; *d. que* +inf. avant de **9b**, 125; **15**, 83; *d. que de* **41a**, 38; *d. le mois estre passé* avant la fin du mois **45**, 85.

devenir, v.intr. *d. en* se changer en, devenir **23c**, 63; p.simple 6 *devindrent* **44**, 97.

devers, prép. chez **3**, 165.

devination, s.f. divination **47**, 17, 111.

devis, s.m.pl. propos, conversation, entretien **44**, 55.

devise, s.f. dessein, projet **2**, 65; au pl. propos **1**, 98.

deviser, v.tr. diviser **15**, 73; tracer le plan de, ordonner la construction de **31**, 83; intr. causer, parler, s'entretenir **44**, 113; **46a**, 111, 118.

devoir, v.tr. prés.ind. 2 *doibs* **12a**, 7; 3 *doibt* **13**, 64; impf. 1 *devoy* **39a**, 57; prés.subj. 3 *doibve* **13**, 93; **15**, 60; impf.subj. 1 *deusse* **39b**, 106; 3 *deust* **10c**, 5; **16a**, 19; **46a**, 20; 6 *deussent* **4b**, 5; **28a**, 122; **31**, 75, 105; p.p. *deu* **18**, 44; **36b**, 20; inf.subst. *se mettre en d.* se préparer, se disposer **14**, 8; **28a**, 13.

devot, s.m. zélé, dévoué **8a**, 35.

devotieux, adj. sacré, consacré **22**, 10.

devoy, v. *devoir*.

dextre, adj. droit **19b**, 19, 70; **22**, 54; **23a**, 12; adroit **23c**, 73; loc.adv. *à dextre* à droite **29**, 139.

dextrement, adv. adroitement, habilement **21a**, 8; **39b**, 94; **44**, 177.

di, v. *dire*.

diable, s.m. *au d. le meilleur* =même le meilleur ne vaut rien **49**, 110.

dicou, (dans le parler de l'écolier limousin) je dis **9a**, 48.

dict, v. *dire*.

dicter, v.tr. composer, écrire **4a**, 18.

diction, s.f. mot **1**, 118; **8a**, 75; **11a**, 11, 15; **13**, 13, 58, 63; **20b**, 22; vocabulaire **13**, 30, 98; style **18**, 196.

die, v. *dire*.

ᴸ*diecule*, s.f. jour **9a**, 12.

dient, v. *dire*.

diete, s.f. régime alimentaire **3**, 133; **16b**, 29.

diffame, s.m. honte, infamie, propos injurieux **28a**, 120.

diffamer, v.tr. déshonorer **15**, 93; **50**, 105; accuser **41a**, 17.

differant, v. *different*.

difference, s.f. au pl. variétés, genres **42b**, 99.

different, s.m. différend **4a**, 31; **6**, 37; différence **44**, 154.

difficulté, s.f. objection, scrupule **36c**, 34; **41b**, 43; **43**, 102; souci, hésitation **40**, 95; question, problème **39a**, 67; *a d.* à peine, avec difficulté **9b**, 56.

diffinitif, adj. définitif **41a**, 20.

diffinition, s.f. définition **1**, 6; **30**, 86.

difformer, v.tr. déformer **8a**, 8.

difformité, s.f. laideur **1**, 42.

digestion, s.f. *de bonne d.* facile à digérer **28a**, 6.

dilaceration, s.f. déchirure **16a**, 2, 5.

dilacerer, v.tr. déchirer **16a**, 68.
dilapider, v.tr. démolir, ruiner, détruire **1**, 106.
dilater, v.tr. élargir, étendre **17b**, 45.
dilection, s.f. affection, amour **1**, 1; **11b**, 76.
diligentement, adv. diligemment **20a**, 2.
diligenter, v.pron. +inf. s'empresser de **20a**, 32.
^L*diliger*, v.tr. chérir **9a**, 25.
^L*dilucule*, s.m. jour naissant **8a**, 10; **9a**, 9.
^L*dimitter*, v.tr. abandonner **9a**, 16.
dious, s.m. Dieu (dans le parler de l'écolier limousin) **9a**, 49.
dire, v.tr. appeler **30**, 25; **36b**, 9; vouloir dire **28a**, 102; **37**, 33; demander **48**, 70; prés. ind. 1 *dy* **10c**, 8; **13**, 13; **22**, 121, etc.; *di* **28a**, 82; **36b**, 79; **37**, 33; 3 *dict* **8a**, 1; 6 *dient* **5**, 35; p.simple 3 *dict* **39b**, 40; **41a**, 59; **48**, 15; *dist* **7**, 71; **40a**, 40; cond. 1 *diroy* **49**, 140; prés.subj. 1 *dye*, *die* **10a**, 7; **11b**, 20; **12b**, 137; **13**, 61; **36b**, 13; **46b**, 71; **50**, 30; 3 *die* **9b**, 63; **14**, 87; **43**, 57; **44**, 71; 6 *dient* **2**, 38; **43**, 3; impérat. *dy* **13**, 19; **32**, 13; p.prés. *les mieux disants* les plus éloquents **46a**, 4.
^L*disceder*, v.intr. s'écarter, s'éloigner **9a**, 27.
discipline, s.f. science **9b**, 62; **17b**, 20; **42b**, 19.
discord, s.m. discorde, désaccord **34**, 21.
discourir, v.intr. parler **30**, 23; **31**, 58; **43**, 24; **46a**, 32, 154; raisonner **38**, 24.
discours, s.m. raisonnement, argument **24**, 118; **31**, 48; **37**, 58; **42a**, 7; **42b**, 24; **50**, 26, 52; traité, exposé **30**, 1, 15; **32**, 18; **39a**, 26, 58; réflexion **39a**, 48; **43**, 78; **50**, 14; au pl. propos **38**, 51; sujets de discours **43**, 25.
discrepant, adj. en désaccord, contradictoire **4a**, 42.
discretion, s.f. discernement **18**, 169.
disert, adj. éloquent **37**, 124.
disner, inf. subst. =déjeuner **33b**, 11.
dispenser, v.pron. +de se permettre de **44**, 62; se passer, se débarrasser de **46b**, 102.
disposé, p.p. *bien d. pour* bien placé pour **28a**, 7.
disposition, s.f. état **23a**, 23; droit de disposer **34**, 142.
disputation, s.f. discussion, controverse **18**, 151.
dispute, s.f. matière à discussion **30**, 14.
dissimuler, v.intr. +de feindre de ne pas voir **27**, 19.
distiller, v.pron. tomber goutte à goutte **26**, 5; intr. **31**, 104.
dit, s.m. mot **8a**, 32.
divers, adj. différent **17a**, 2; **19a**, 2; **44**, 116; **46b**, 87.
diversement, adv. de diverses manières **18**, 21; **46a**, 108.

diversifier, v.tr. varier **16a**, 9; **16b**, 20.
diversité, s.f. différence **36b**, 34; **42a**, 23; **47**, 3; variété **44**, 110; *la d. (de gouvernner)* =les façons différentes **34**, 75; difficulté d'accès **4b**, 57; au pl. espèces **8b**, 21.
divertir, v.tr. détourner, éloigner **35a**, 6.
divinateur, adj. (au fém. *divinatrice*) divinatoire **9b**, 93.
divise, s.f. au pl. propos, entretien, conversation **4a**, 4.
division, s.f. désunion, discorde **4a**, 70; **34**, 61.
dizaine, s.f. unité de dix **19b**, 87.
dizenier, s.m. chef d'une dizaine, subdivision d'un quartier **35c**, 23.
docteur, s.m. érudit **1**, 95; **9b**, 72; **15**, 45; **38**, 8; **43**, 93.
doctrine, s.f. instruction, éducation **9b**, 74; **43**, 30; enseignement **5**, 15, 55; **19b**, 108; savoir, érudition **5**, 6, 10; **16a**, 60; **17b**, 48.
doi, s.m. doigt **20c**, 24, 68; **32**, 154; **37**, 95; *doigt* mesure approximative, équivalente à un travers de doigt **23c**, 58; loc.adv. *au d.* avec précision **41a**, 65.
doigt, v. *doi*.
doint, v. *donner*.
doloir, v.impers. déplaire **8a**, 53; pron. +*de* s'affliger, pleurer **29**, 108; prés.ind. 3 *deult* **29**, 108; prés.subj. 3 *deueille* **8a**, 53.
^I*domestichesse*, s.f. familiarité **36a**, 18.
domesticque, *domestique*, adj. familier **4a**, 4; **18**, 108; propre, bien à soi **17b**, 32, 60; non sauvage **18**, 106.
doncques, adv. donc **9a**, 7; **13**, 20; **16a**, 66; **17b**, 88; **18**, 6; **20a**, 17; **22**, 96; **24**, 161; **40**, 22; etc.
donner, v.intr. *d. sur* attaquer, fondre sur **6**, 115; **14**, 143; porter (d'une balle) **35b**, 23; tr. communiquer **39a**, 52; +inf. permettre de **9b**, 23; + *que* permettre que **10c**, 10; **37**, 7; pron. se présenter **11a**, 17; prés.subj. 3 *doint* **10c**, 10; **12a**, 30; **33b**, 1.
dont, adv. interr. d'où **9a**, 4, 41; **26**, 5; pron. rel. d'où **3**, 22, 61; **7**, 88; **9a**, 2; **18**, 54; **25**, 74; **28b**, 64; **44**, 4, 47, 53; **50**, 69; en raison de quoi **3**, 19, 28; **6**, 134; **14**, 156; **21a**, 23; =ce dont **7**, 95; **15**, 12; **31**, 151; **46a**, 124; de ce que **7**, 97.
donter, v.tr. dompter **22**, 35, 99, 136.
dorenavant, adv. dorénavant **9b**, 70.
dorique, adj. dorien **28b**, 66.
dormir, inf. subst. sommeil **30**, 110.
dorure, s.f. objet doré, parure recouverte d'une couche d'or **12b**, 9.
double, s.m. reproduction, copie **27**, 3; deux fois autant **12b**, 24; **28b**, 72.
doublement, adv. *d. espineux* garni de deux rangées de pointes **32**, 74.

doubte, s.f. doute **9a**, 33 ; peur, hésitation **15**, 89 ; **32**, 83 ; *tenir sans d.* (*que*) considérer comme démontré **31**, 157.

doubter, v.tr. craindre **7**, 134 ; +*que* craindre que **26**, 61 ; se douter, prévoir, soupçonner **27**, 56 ; +*de* hésiter à **46a**, 38 ; être incertain, ne pas savoir **11b**, 56 ; **12b**, 4.

douillet, adj. doux, délicat **46b**, 38.

doute, *douter*, v. *doubte*, *doubter*.

doux-coulant, adj. qui coule doucement **26**, 90.

draconique, adj. de la nature du dragon **2**, 7.

dragée, s.f. grain de plomb **16a**, 68 ; sucrerie, friandise **25**, 22.

drageon, s.m. petite balle, petite particule **23c**, 63 ; **32**, 109.

dragon, s.m. *sang de d.* sorte de résine **23a**, 48.

dresser, v.tr. préparer, organiser **35b**, 11 ; **50**, 92 ; pron. se constituer **48**, 42, 55.

droictement, v. *droitement*.

droit, adj. abrupt **4b**, 72 ; **39a**, 45 ; *le d. chemin* le bon chemin **33a**, 5 ; v. aussi *fil* ; s.m. *a bon d.* à juste titre **17b**, 16 ; **18**, 6 ; **30**, 105 ; **31**, 103 ; côté droit, la droite **19b**, 27, 72.

droitement, adv. correctement, bien **15**, 58 ; directement, exactement **19b**, 9, 23.

drolatique, adj. comique, drôle **43**, 49.

dru, adj. fort **46a**, 118.

druyde, s.m. nom des anciens prêtres gaulois, d'où moine **12b**, 15.

duarchie, s.f. gouvernement de deux rois **34**, 13.

duché, s.f. duché **3**, 52 ; s.m. **42b**, 47.

duire, v.intr. convenir, être utile **46a**, 90 ; p.prés. *duisant* convenable **4a**, 64.

dur, adj. ferme **29**, 4 ; adv. rudement : *trotter d.* avoir le trot dur **33a**, 42.

dy, v. *dire*.

eage, v. *aage*.

eaue, s.f. eau **9a**, 22 ; **11b**, 30 ; **16a**, 33.

ebat, v. *esbat*.

éblouir, v.pron. se laisser éblouir **37**, 57.

ebrieté, s.f. ivresse **44**, 153.

ecarmoucher, v. *escarmoucher*.

echeler, v. *escheler*.

echerroit, *echeu*, v. *echoir*.

echoir, v.intr. tomber en partage, cond. 3 *echerroit* **10a**, 53 ; p.p. *echeu* **34**, 34.

eclarcir, v. *esclarcir*.

écler, s.m. éclair **37**, 90.

ecorce, s.f. *laisser le bois pour l'e.* s'arrêter à l'écorce au lieu de pénétrer plus avant **19a**, 17.

ecorcher, v. *escorcher*.

ecri, v. *escrire*.

ecrit(t)ure, v. *escripture*.

edifier, v.tr. créer, former **8a**, 59 ; construire **2**, 135 ; **40**, 39.

effect, s.m. action **31**, 93 ; **40**, 31 ; fait **40**, 26 ;

exécution, accomplissement **4a**, 16 ; **24**, 184 ; résultat **48**, 47 ; au pl. = influence, impression produite **25**, 108 ; *par e.* en effet **3**, 30, 90 ; **46b**, 32 ; *pour cet e.* à cet effet **39b**, 55.

efficace, s.f. efficacité, effet **32**, 4.

efficient, s.m. artisan **1**, 129.

efforcer, v.pron. impf. 1 *efforces* **36a**, 13.

egaïer, v. *esgayer*.

egalé, p.p. égal, **32**, 23.

[L]*egene*, adj. indigent **9a**, 29.

eguillon, v. *aiguillon*.

elancer, v.tr. lancer, jeter, décocher **32**, 26.

elation, s.f. présomption **2**, 55.

[L]*eleemosyne*, s.f. aumône **9a**, 29.

eleu, *elire*, v. *eslire*.

élire, v. *eslire*.

eloquution, s.f. style **18**, 165, 173.

[L]*eluer*, v.tr. laver **9a**, 23.

embouchoir, s.m. embauchoir, instrument servant à élargir les bottes **21a**, 70.

embrasser, v.tr. faire sien, adopter **42a**, 39.

emburelicoqué, adj./p.p. troublé, brouillé **8a**, 64.

embusche, s.f. embuscade **7**, 44 ; **46a**, 60.

embuscher, v.tr. mettre en embuscade, poster **7**, 35.

emeu, v. *esmouvoir*.

emeute, s.f. soulèvement, révolte **24**, 139.

emmieler, v.tr. charmer, séduire **43**, 15 ; p.p. *emmiellé* mielleux, flatteur **50**, 52.

emotion, s.f. soulèvement **3**, 42.

empeschement, s.m. obstacle, embarras, encombrement **27**, 73.

empescher, v.tr. encombrer, gêner, embarrasser **15**, 134 ; résister, s'opposer **34**, 126 ; pron. s'embarrasser, se gêner **37**, 61 ; *s'e. de* se mêler de **27**, 107 ; *empesché à* gêné par **31**, 112 ; embarrassé pour **36b**, 40.

empestrer, v.tr. enchevêtrer, embarrasser **32**, 151.

emplir, v.tr. remplir **24**, 4 ; **38**, 73 ; pron. **47**, 37.

emploite, s.f. entreprise, occupation **46a**, 40.

employer, v.tr. passer (du temps) **43**, 74, 76 ; solliciter l'aide de **38**, 5 ; pron. s'appliquer **8a**, 36 ; **8b**, 30 ; **18**, 138.

empoint, v. *point*.

emporter, v.tr. remporter **47**, 69 ; signifier **34**, 3.

empraindre, v.tr. empreindre, imprimer **29**, 69.

emprendre, v.tr. entreprendre **10a**, 65.

empris, v. *emprendre*.

emprise, s.f. entreprise **1**, 39.

emprisonnerie, s.f. emprisonnement **10a**, 16.

emprunpté, adj. gêné, embarrassé **48**, 120.

en, pron.pers. ; *en avoir* = avoir de l'argent **49**, 13, 32.

enaigrir, v.tr. rendre plus pénible, plus douloureux **26**, 2.

enbasmer, v.tr. embaumer **6**, 135.

encensoir, v. *soufler*.

enchanté, adj. magique **29**, 82.

encharné, adj. +*sur* acharné contre **14**, 32, 100.

enchesné, p.p. enchaîné, imbriqué **41a**, 6.

encliner, v.pron. se pencher, se baisser **4b**, 80; **11b**, 59.

enclorre, v.tr. entourer, environner **7**, 39; p.p. *encloz* **7**, 82.

encloz, v. *enclorre*.

encontre, prép. contre **46b**, 23; *à l'e. de* contre **24**, 10, 15; **43**, 43.

encor, encore, encores, adv. à cette heure **18**, 94; en outre **5**, 22; **21a**, 23; **23c**, 85; **42b**, 81; même **10a**, 52; quand même **47**, 44; conj. *e. que*+subj. quoique **9b**, 47; **23a**, 97; **30**, 6; **36a**, 16; **36b**, 24; **38**, 19, 33; **41b**, 37; **43**, 26; **47**, 29; **48**, 22, etc.; +ind. **23c**, 68; **43**, 96; **44**, 67; **45**, 14.

encornimatibulé, adj. embarrassé **8a**, 64.

endemain, s.m. lendemain **21a**, 57.

endoctriner, v.tr. instruire **9b**, 83.

endouayrer, v.tr. douer **9b**, 6.

endroit, s.m. égard **15**, 24, 147; **28a**, 101; **28b**, 42; **36b**, 25; **46a**, 74; moment, situation **27**, 56; prép. *e. soy* = pour sa part **18**, 20.

endurer, v.tr. tolérer, accepter **23c**, 6; +inf. laisser, permettre de **27**, 105; *c'est trop enduré* c'en est trop **49**, 64.

energie, s.f. figure de rhétorique qui consiste à rendre les choses sensibles aux yeux par un style tout en images **18**, 189.

enfançon, s.m. petit enfant **37**, 119.

enfielé, adj. plein de fiel, de méchanceté **32**, 114.

enfiler, v.tr. = lire l'un après l'autre **39b**, 95.

enflamber v.tr. enflammer, embraser **1**, 30; **32**, 104; exciter **9b**, 129.

enfler, v.tr. souffler dans **29**, 98.

enfoncer, v.tr. percer, toucher de l'épée **50**, 36; intr. pénétrer **39a**, 9.

enforcer, v.tr. renforcer, fortifier **23a**, 65.

enfouir, v.pron. s'enfuir **3**, 165; **24**, 141; reculer **47**, 105.

enfuïr, v. *enfouir*.

enfumé, adj. enragé **43**, 95.

engager, v.tr. compromettre, mettre en gage **31**, 123; *engagez de promesse* liés par une promesse, ayant engagé leur parole **48**, 43.

engin, s.m. ingéniosité, subtilité **2**, 35; ruse, artifice **1**, 105.

engresser, v.tr. engraisser, enrichir d'engrais **23c**, 28.

engrossir, v.intr. grossir **29**, 38.

enhorter, v.tr. exhorter, pousser **4a**, 65.

ᴸ*eniter*, v.pron. +*de* s'efforcer de **9a**, 39.

enjamber, v.intr. +*à* = passer directement à **39b**, 81.

enluminer, v.tr. orner d'enluminures **4b**, 26.

ennemistié, s.f. inimitié, hostilité **4a**, 61.

ennuy, s.m. affliction, douleur, tristesse **47**, 32.

enquerir, v.pron. s'informer, demander **25**, 75; **41a**, 21; **45**, 15; **47**, 139; **48**, 50; fut. 6 *enquerront* **47**, 139; p.simple 3 *enquist* **6**, 48; **24**, 56.

enquerront, enquist, v. *enquerir*.

enrager, v.intr. enrager d'amour **10b**, 3; être impatient **14**, 47; **47**, 167.

enrichir, v.tr. impérat. *enrichi* **37**, 6.

enseigne, s.f. *a faulses e.* faussement **24**, 177; *pour enseignes* comme preuve **33b**, 64; drapeau, étendard **46a**, 61.

enseigner, v.tr. instruire **33b**, 6; **37**, 12; **43**, 105; montrer **33a**, 10; *e. qqun de faire qqch* **15**, 36; *à faire qqch* **38**, 24; *nous enseigne que* nous apprend, nous informe que **46b**, 66.

ensemble, prép. avec **1**, 90; **3**, 10; adv. aussi **23c**, 122; à la fois **5**, 14; **25**, 59.

ensemblement, adv. ensemble, entre nous **46a**, 154.

ensuivre, v.tr. suivre, imiter **4a**, 78; **13**, 59; **47**, 154; se conformer à **35a**, 70; **40**, 6; pron. = suivre (intr.) **6**, 24; **9b**, 4; **13**, 12; impérat. *ensuy* **13**, 59; p.prés. *ensuivant* suivant **3**, 2; **25**, 89.

ensuy, ensuyvre, v. *ensuivre*.

entalenté, adj. +*de* disposé à, désireux de **4b**, 2.

enten, entendés, v. *entendre*.

entendre, v.tr. comprendre **5**, 26; **9a**, 43; **9b**, 50; **11b**, 6, 64; **13**, 3, 19; **16b**, 33; **17b**, 37; **18**, 74; **23a**, 46; **24**, 46, 80; **28a**, 10; **30**, 2, 96; **31**, 60, 128; **34**, 124; **35a**, 92; **39b**, 23; **44**, 157; **46b**, 94, 100; **49**, 17; avoir en vue **10a**, 49; vouloir dire, faire allusion à **15**, 72; **16b**, 17; **17b**, 60; **22**, 59; **24**, 17; **30**, 11, 20, 42; **35b**, 25; **36b**, 92; **39a**, 66; **43**, 76; supposer, s'imaginer **13**, 60; *e. que +* subj. vouloir que **9b**, 83; **12b**, 4; **27**, 50, 90; *e.* +inf. vouloir **28a**, 78; **30**, 87; *e. à* s'occuper de, s'appliquer à **8a**, 24; **11a**, 31; **27**, 6, 79, 85; prés.ind. 1 *enten* **28a**, 78; **28b**, 53; *entens* **31**, 90; **39a**, 66; **42b**, 65; impf. 1 *entendés* **36b**, 92; p.p. *entendu* intelligent **17a**, 25; *mal e.* mal compris, méconnu **16a**, 44; *e. que* puisque **16a**, 83; **18**, 154.

enter, v.tr. greffer, insérer un scion **18**, 110; **46a**, 102.

entier, adj. solide, robuste **36b**, 110; indemne, sans blessure **14**, 47; intact **16a**, 16; impartial **18**, 33; *a leur e.* inchangés **1**, 119.

entorce, v. *entors*.

entors, adj. (fém. *entorce*) tordu, tors **32**, 115.

entortillé, p.p. entouré **45**, 43.

entour, prép. autour de **26**, 23; adv. *là e.* aux environs **46**, 87; *à l'e. de*, v. *alentour*.

entourner, v.tr. entourer **20c**, 51.

entreblecer, v.pron. se blesser mutuellement **24**, 161.

entrecoupper, v.tr. interrompre, suspendre en divers endroits **31**, 45.

entredemander, v.pron. demander l'un à l'autre **21a**, 83.

entrée, s.f. *à l'e.* de au début de **24**, 134; *à l'e. de table* = avec le premier plat **44**, 117.

entrelacer, v.tr. intercaler, faire intervenir **1**, 118; enlacer **14**, 17; tramer **31**, 44.

entrelacher, v. *entrelacer*.

entrelarder, v.tr. mélanger, entremêler **36b**, 106.

entrelasser, v. *entrelacer*.

entremettre, v.pron. +*de* s'occuper de **4b**, 73; +*en* **30**, 32.

entreprendre, v.tr. usurper, empiéter sur **2**, 13, 28; prendre **50**, 104.

entrepreneur, s.m. celui qui fait une entreprise **2**, 5.

entrepresser, v.pron. se serrer les uns contre les autres **4b**, 7.

entreprinse, s.f. initiative: *plein d'e.* = hardi, entreprenant **7**, 14; entreprise **9b**, 40; **49**, 141.

entrer, v.intr. *e. sur* = entamer **30**, 1; = entamer le front **14**, 27, 105; *e. à* commencer à **15**, 83.

entre-regarder, v.pron. se regarder les uns les autres **45**, 46.

entre-saluer, v.pron. se saluer mutuellement **50**, 12.

entreteint, v. *entretenir*.

entretenement, s.m. entretien, subsistance **5**, 136.

entretenir, v.tr. maintenir **1**, 14; **27**, 115; **28a**, 87; **30**, 101; **42a**, 37; **42b**, 18; **49**, 117; parler, converser avec **24**, 120; **39b**, 18; **46b**, 100; **50**, 110; vivre en bons termes avec **27**, 14; pron. se maintenir **38**, 105; se parler à soi-même **50**, 15; p.simple 3 *entreteint* **24**, 120.

envahie, s.f. attaque **7**, 51.

envers, prép. auprès de **4a**, 6; **17b**, 89; **43**, 20; devant **24**, 14; **47**, 110.

envie, s.f. *sans e.* sans éveiller la haine d'autrui **9b**, 61.

envieillir, v.intr. vieillir **1**, 12; **18**, 102.

environ, prép. = à, en s'occupant de **21a**, 61; adv. alentour, tout autour **16a**, 93.

environner, v.tr. faire le tour de **4b**, 74.

envisager, v.tr. regarder **50**, 13.

envoira, envoiray, v. *envoyer*.

envoyer, v.tr. fut. 1 *envoiray* **12a**, 28; 3 *envoira* **20d**, 19; cond. 3 *envoyeroit* **41a**, 20.

eperonner, v. *esperonner*.

epitaphe, s.m. **6**, 139.

epithete, s.m. **43**, 5.

éplucher, v.tr. examiner avec minutie **37**, 62.

equalité, s.f. égalité **34**, 128.

equinoctial, s.m. l'équateur **23a**, 12; **23b**, 54.

equipage, s.m. *mieux en e.* mieux équipé **21a**, 95; équipement ou armement d'un navire ou d'une flotte **50**, 92.

equipoler, v.intr. équivaloir à, égaler **5**, 13.

errer, v.intr. voyager **4b**, 44; se tromper **15**, 24; **31**, 150.

erres, s.m./f. pl. traces **42a**, 7.

erreur, s.f. course, détour **4b**, 52; s.m. erreur **17b**, 13; **20b**, 18; **47**, 87, 147.

es, art. contracté (*en les*) = dans les, aux **5**, 9; **7**, 132; **9a**, 13; **9b**, 15, 16; **16a**, 3; **17b**, 3, 102; **23a**, 1; **30**, 122; **34**, 42; **37**, 93; **40**, 38, etc.

esbahir, v.pron. se déconcerter **14**, 4; s'étonner **21b**, 27; **47**, 28; se demander avec stupéfaction **36b**, 66, 88; p.p. *esbahi* stupéfait **35b**, 21.

esbastre, v. *esbatre*.

esbat, s.m. jeu, amusement, divertissement, récréation **12b**, 63; **31**, 91; **39b**, 45; **45**, 36.

esbatre, v.pron. se divertir **8a**, 7; intr. se divertir **45**, 19.

escabelle, s.f. escabeau **25**, 87.

escaille, s.f. (terme collectif) = écailles **32**, 76, 103.

escamper, v.intr. décamper **21a**, 95.

escarbillat, adj. vif, gai, éveillé **46a**, 39.

escarmoucher, v.tr. attaquer **32**, 124; attaquer en une escarmouche **40**, 54.

eschanson, s.m. échanson, officier chargé de servir à boire à un roi **44**, 29, 175.

eschaper, v.tr. échapper à **4b**, 53.

eschappatoire, s.m. échappatoire **15**, 96.

eschars, adj. rare, peu abondant **4b**, 79.

eschauffer, v.tr. *e. le poil à qqun* échauffer la bile **12b**, 130; *e. les aureilles à qqun* impatienter, irriter **49**, 79; exciter **14**, 73; enflammer **22**, 148; pron. s'animer, s'emporter **2**, 12; **24**, 7; p.p. ardent, zélé **49**, 84; furieux **7**, 107; **14**, 23.

eschecqtz, s.m.pl. échecs; v. aussi *Livre des E.* dans la Table des noms propres.

escheler, v.tr. attaquer par escalade **26**, 48; escalader **37**, 69.

eschine, s.f. arête **22**, 55.

eschole, s.f. école **33b**, 4; **45**, 2; **50**, 30.

escholier, s.m. écolier **9a**, 2; **33b**, 14; **45**, 50.

esclairer, v.intr. *le ciel...esclaire* il éclaire **32**, 106.

esclarcir, v.tr. éclaircir, expliquer **34**, 2; **41a**, 3; **41b**, 79.

escorche-latin, adj. qui écorche le latin **46a**, 78.

escorcher, v.tr. *e.* (*le langage*) corrompre, déformer, parler ou prononcer mal **9a**, 34; **36a**, 21; **36b**, 30, 48; **46a**, 75; *e. le renard* vomir, rendre gorge **9a**, 46; *e. les anguilles*, v. *anguille*.

escorcherie, s.f. action de déformer, de corrompre le langage **36b**, 94.

^L*escorier*, v.tr. déformer, corrompre **9a**, 37.

^I*escorne*, s.m. affront, honte, dommage **28a**, 115.

^I*escorner*, v.tr. ridiculiser **28a**, 123.

^I*escornizer*, v.tr. ridiculiser **28a**, 123.

escot, s.m. montant de la dépense pour un repas **9a**, 16.

escoutant, s.m. au pl. =auditoire **31**, 42.

escoutes, s.f.pl. *aux e.* aux aguets, attentif à ce qui se passe **45**, 113.

script, v. *escrire*.

escript, s.m. *mettre en e.* écrire une chose pour s'en souvenir **33b**, 29.

escriptoire, s.m./f. encrier **33b**, 26; **45**, 84.

escripture, s.f. écrit, composition **4a**, 38; orthographe **19a**, 16; **20b**, 4; **46b**, 58, 63.

escrire, v.tr. décrire **5**, 60; prés.ind. 1 *ecri* **19b**, 58; p.p. *escript* **1**, 93; **5**, 37.

escritteau, s.m. petit écrit, billet **24**, 5.

escumeur, s.m. celui qui 'écume' ou recueille de tous côtés (des mots latins) **8a**, 8.

esgard, s.m. *pour l'e. de* à l'égard de **28a**, 74; considération, raison **28a**, 86; attention **16a**, 53.

esgayer, v.pron. s'amuser, se réjouir **31**, 162; **37**, 120; se dissiper **43**, 78.

esguillettes, v. *aiguillettes*.

esguillon, v. *aiguillon*.

esleu, v. *eslire*.

eslever, v.tr. soulever **40**, 100; pron. s'élever prés.ind. 6 *eslievent* **14**, 121.

eslievent, v. *eslever*.

eslire, v.tr. élire, choisir **37**, 54; p.p. *esleu* **2**, 65; **11b**, 49; **34**, 104; *éleu* **20c**, 66.

eslite, s.f. choix **46a**, 68.

eslongner, v.pron. +*de* au fig. =différer de **46a**, 8.

esmerveillable, adj. admirable, remarquable **13**, 81; étonnant **25**, 108.

esmeu, esmeut, v. *esmouvoir*.

esmolu, v. *esmoudre*.

esmoudre, v.tr. aiguiser sur une meule; p.p. au fig. *fraiz esmolu* frais émoulu, sorti récemment (de l'école) **46a**, 117.

esmouveroit, v. *esmouvoir*.

esmouvoir, v.tr. pousser, inspirer, stimuler **14**, 56, 92; troubler, déconcerter **24**, 23; secouer, ébranler **32**, 45; toucher, affecter **31**, 11; pron. se rebeller, se révolter **3**, 24; p.simple 3 *esmeut* **3**, 24; **14**, 56; cond. 3 *esmouveroit* **31**, 9; p.p. *esmeu* **14**, 92; **32**, 45; *emeu* **24**, 43.

esmoy, s.m. ennui, trouble **10a**, 50.

espacier, v.intr. sortir, s'étendre au-delà de **18**, 195; pron. **31**, 163.

espais, adj. épais, dense **23c**, 102; **29**, 103; **32**, 71.

espaisseur, s.f. opacité **29**, 1.

espandre, v.pron. se répandre **47**, 54.

espargnant, adj. économe, ménager de son bien **27**, 62.

espece, s.f. catégorie **19b**, 1.

esperdu, adj. troublé **2**, 101; **35b**, 21.

esperit, v. *esprit*.

esperonner, v.tr. munir d'éperons **41a**, 15; pron. **21a**, 44.

espés, v. *espais*.

espice, s.f. substance aromatique **23c**, 82.

espicerie, s.f. substance aromatique **31**, 77.

espie, s.m. espion **7**, 19, 102.

espieu, s.m. lance employée dans la chasse au cerf, au sanglier, etc., **32**, 91.

espinette, s.f. instrument de musique à clavier et à cordes **39b**, 55.

espineux, adj. garni de pointes **32**, 74.

espingle, s.f. *jouer aux e.* jouer pour des épingles **33b**, 70.

espirituel, adj. spirituel **1**, 63, 123.

espois, adj. v. *espais*.

espousée, s.f. fiancée ou mariée **10a**, 30.

espreuve, s.f. preuve **27**, 70.

esprins, adj. enflammé **14**, 70; frappé, saisi **24**, 140.

espris, v. *esprins*.

esprise, s.f. action de s'enflammer, de s'éprendre **1**, 33.

esprit, s.m. fantôme **25**, 76; *rendre l'e.* rendre l'âme **6**, 122; être immatériel **4b**, 86; **47**, 157; au pl. =esprits alcooliques, surtout l'esprit-de-vin, **44**, 57, 133.

esprouver, v.tr. vérifier **1**, 40; mettre à l'épreuve **1**, 46; **9b**, 39; **23c**, 32; faire subir des souffrances **31**, 24.

espuiser, v.tr. vider **4b**, 14.

^I*esquadron*, s.m. troupe de soldats **46a**, 61.

esquelles, pronom relatif contracté =dans lesquelles, auxquelles **46b**, 51.

esquelz, pronom relatif contracté =auxquels, dans lesquels **9b**, 12, 121; **16a**, 7.

esquille, s.f. petit fragment d'un os fracturé **16a**, 68.

essay, s.m. expérience, épreuve **39b**, 32.

essayer, v.tr. vérifier **9b**, 110; pron. +*de* essayer de **35a**, 30.

esselle, s.f. aisselle **6**, 80; **49**, 26.

essence, s.f. nature **16b**, 14; *la quinte e.* l'essentiel, le principal **49**, 30.

essient, s.m. *à son e.* de propos délibéré, exprès **4a**, 53.

estable, s.f. écurie **21b**, 12; **33a**, 56.

establissement, s.m. constitution **30**, 42.

estancher, v.tr. apaiser (la soif) **4b**, 61.

estat, s.m. condition **27**, 77; charge, office **5**, 104; **34**, 79; **46a**, 20; dignité **45**, 29; train, apparat, équipage **14**, 160; état de permanence, état ferme **16b**, 19; au pl. les États généraux **3**, 29.

estatut, s.m. statut **2**, 162.

esteint, p.p. disparu **42a**, 2 ; **50**, 78.

estendu, p.p. *estre e. sur* au fig. s'étendre sur, s'étaler sur **39a**, 58.

estet, v. *estre*.

esteuf, s.m. balle du jeu de paume **23c**, 92, 113.

estimateur, s.m. appréciateur, juge **17b**, 24 ; **18**, 74.

estimer, v.tr. déterminer la valeur **15**, 77 ; dénombrer **2**, 67 ; croire, juger **46a**, 2 ; **46b**, 60 ; considérer **34**, 128 ; **47**, 4.

estoi, v. *estre*.

estomac, estomach, s.m. poitrine **22**, 52 ; **32**, 71, 108 ; **50**, 46 ; au fig. sein **29**, 51.

estonner, v.tr. effrayer **22**, 90 ; **24**, 140 ; **26**, 23, 117 ; pron. s'effrayer, se déconcerter **40**, 18 ; p.p. *estonné* =stupéfait **10a**, 11, 56 ; v. aussi *basteau*.

estouper, v.tr. boucher, fermer **16a**, 73.

estourdi, loc.adv. *à l'estourdie* à l'improviste **10a**, 8.

estourneau, s.m. au fig. homme léger et inconsidéré, étourdi **38**, 64.

estoy, v. *estre*.

estrainct, p.p. serré, étreint **26**, 12.

estrange, adj. étranger **14**, 90 ; **16a**, 67, 74 ; **17a**, 10 ; **23a**, 36 ; **28b**, 14 ; **42b**, 30 ; **44**, 137 ; exotique **23a**, 39.

estranger, v.pron. s'éloigner, se retirer **29**, 130 ; tr. =éloigner **15**, 128.

estre, v.subst. prés.ind. 1 *suy* **33a**, 14, 41 ; impf. 1 *estoi* **20b**, 40 ; *estoy* **32**, 16 ; *estes* **36a**, 23 ; 3 *estet* **36a**, 8 ; p.simple 1 *fuz* **16a**, 83 ; **48**, 6, 45 ; 3 *fust* **3**, 14 ; **6**, 6 ; **48**, 124, 134 ; *feust* **7**, 19 ; **15**, 109 ; 4 *fusmes* **45**, 39 ; cond. 1 *seroie* **17b**, 16 ; prés.subj. 1 *soi* **20a**, 6 ; *soie* **17b**, 23 ; *soye* **26**, 41 ; **48**, 125 ; impf.subj. 1 *feusse* **46a**, 124 ; 3 *feust* **7**, 19 ; **18**, 104 ; *fust* **40**, 50 ; **42b**, 69 ; *fut* **11a**, 21 ; **11b**, 3 ; **17b**, 79 ; **39a**, 1 ; **44**, 142 ; **46b**, 81 ; **48**, 21 ; *fusse* **23a**, 68 et *fut ce* **40**, 20 =fût-ce ; 6 *feussent* **8a**, 22 ; **18**, 4, 92 ; inf.subst. lieu, séjour, demeure **2**, 26 ; existence **44**, 70 ; **46b**, 93.

estriller, v.tr. nettoyer avec l'étrille (brosse en fer à lames dentées) **21b**, 17.

estroictement, adv. rigoureusement **5**, 81.

estude, s.m. **4a**, 3 ; **9b**, 48 ; **17b**, 35 ; **45**, 29 ; souci, soin, préoccupation **9b**, 48 ; **46a**, 16, 24, 149 ; s.f. **46a**, 149.

estudier, v.pron. s'appliquer : +*à* **17b**, 64 ; **42b**, 64 ; **46b**, 16 ; +*de* **46a**, 22 ; **46b**, 58.

esvanoüir, v.pron. se dissiper, disparaître **16a**, 36 ; **26**, 52 ; **37**, 58.

esveiller, v.pron. +*à* =veiller à **8a**, 73.

esventer, v.tr. découvrir, révéler **24**, 69 ; p.p. *esventé* étourdi, surexcité **43**, 44.

étage, s.m. *les e. (des cieus)* domaines superposés **37**, 69.

etheré, adj. pur, noble, sublime **32**, 163.

étoufer, v.pron. périr **37**, 76.

etrange, v. *estrange*.

étrangler, v.tr. étouffer **20b**, 44.

etudier, v. *estudier*.

eust, v. *avoir*.

euvre, v. *œuvre*.

evacuation, s.f. action de vider **1**, 25.

evanouir, v. *esvanouir*.

evertuer, v.pron. +*de* faire de grands efforts pour **20c**, 4.

evidemment, adv. à l'évidence **24**, 110.

evidence, s.f. *mettre en e.* publier **17b**, 101.

eviter, v.intr. +*à* éviter, obvier à **34**, 21, 33.

exacte, adj. exact **39b**, 91.

exangue, adj. exsangue, qui a perdu beaucoup de sang **39a**, 40.

exaulcer, v.tr. exalter **4a**, 31.

excogiter, v.tr. inventer, imaginer **4a**, 18.

executeur, s.m. bourreau **36c**, 49.

exemple, s.m. copie **33b**, 82 ; *par e.* par l'imitation d'autrui **15**, 144 ; par l'exemple, par un exemple **25**, 66 ; *pour e.* par exemple **36c**, 30 ; s.f. **1**, 36.

exercer, v.tr. pratiquer **23c**, rub. ; commettre **47**, 24.

exercice, s.m. occupation, activité **16a**, 58 ; **16b**, 33, 36 ; **17b**, 104 ; **29**, 125 ; pratique, emploi **17b**, 11.

exerciter, v.pron. s'exercer **4a**, 44.

^L*exhauster*, v.tr. vider, épuiser **9a**, 16.

expedient, adj. convenable, utile, à propos **15**, 84 ; s.m. ressource, moyen **28a**, 15 ; **39b**, 12.

expeditif, adj. rapide, facile **17a**, 14.

experience, s.f. connaissances nécessaires **3**, 31.

experimenter, v.tr. déterminer par l'expérimentation **16a**, 24, 58 ; connaître par expérience, éprouver **35a**, 10 ; mettre en pratique, exécuter **25**, 42.

exploict, s.m. *faire e.* remettre un exploit d'ajournement, délivrer une assignation à une personne que l'on cite à comparaître en justice **49**, 63.

exploiter, v.intr. faire des progrès, réussir **17b**, 38.

expoly, adj. poli, orné, cultivé **9b**, 71.

exposer, v.tr. *e. en lumière* publier **43**, 1.

expostulation, s.f. réclamation, plainte **49**, 100.

expres, adv. loc.adv. *par e.* =exprès **46a**, 116.

exprimer, v.tr. rendre **28a**, 133 ; *sans e.* implicitement **31**, 60.

exquilien, adj. formé sur le nom de la colline Esquiliæ **22**, 55.

exquis, adj. excellent **39b**, 7, 58.

extenuer, v.tr. diminuer fortement **18**, 67.

extirper, v.tr. enlever radicalement, arracher **16b**, 40.

extremité, s.f. *en e. de maladie* malade à la dernière extrémité **41b**, 50.

fableau, s.m. fabliau, conte en vers des XIIᵉ et XIIIᵉ siècles **42b**, 103.

fabrique, s.f. édifice **22**, 17.

face, s.f. visage **1**, 43; **4b**, 82; **6**, 69; **32**, 87, 147; **33b**, 57; **36c**, 17; **37**, 84; **41b**, 51; *de prime f.* d'abord **1**, 86; **20b**, 11; **41a**, 7.

facilité, s.f. complaisance, indulgence **39b**, 103; *pour la f.* parce que c'est (trop) facile **19b**, 62.

façon, s.f. mode **12b**, 10; moyen, manière **5**, 22; **21a**, 17; **39b**, 4; règle **39b**, 77; caractéristique **10d**, 2; **21b**, 32; **23c**, 21; taille, pointure **21a**, 59; manière d'agir, de faire **4a**, 67; procédé **43**, 1; technique, opération **27**, 13, 40; préparation **27**, 82; fabrication **27**, 80; *en f. que* de sorte que **14**, 69; *en f. de* à la façon de **18**, 7; **23c**, 21.

facond, adj. éloquent **37**, 7.

faconde, s.f. éloquence **2**, 34; **10d**, 23; **22**, 26.

façonner, v.tr. former, entraîner **29**, 136; prononcer, proférer, articuler **46a**, 50.

facteur, s.m. économe **5**, 30.

faction, s.f. action militaire, fait d'armes **4a**, 61.

ᴸ*facultatule*, s.f. petite capacité, petit pouvoir **9a**, 26.

faculté, s.f. puissance, pouvoir **16b**, 7; *avoir f. de* être capable de **16a**, 31.

faict, v. *fait*.

faigne, v. *faindre*.

faillir v.intr. échouer **39b**, 69; tomber en faute, commettre une faute **47**, 77; manquer, faire défaut **21a**, 58; **27**, 37; **33a**, 58; *f. à faire qqch* manquer de faire qqch **5**, 66; **7**, 39; **13**, 97; **25**, 8; **48**, 8; falloir **46b**, 62; pron. =s'en falloir **18**, 95; tr. *f. son chemin* manquer, s'écarter involontairement du chemin **33a**, 14; prés.ind. 3 *fault* **18**, 87; impf. 3 *failloit* **25**, 8; **27**, 37; **46b**, 62; p.simple 6 *fallirent* **48**, 8; fut. 3 *fauldra* **9b**, 70; cond. 3 *fauldroit* **7**, 39; impf.subj. *faillist* **21a**, 58; p.p. *failly* **33a**, 13.

fainct, v. *faindre*.

faindre, v.tr. feindre, simuler **27**, 11; prés.subj. 3 *faigne* **27**, 11; p.p. *fainct* imaginaire, controuvé **31**, 51.

fainte, s.f. feinte, dissimulation **31**, 24.

faintise, s.f. feinte, dissimulation **31**, 33.

faire, v.tr. rendre **2**, 134; **3**, 48; **20c**, 53; **22**, 83; **38**, 6; **41a**, 12; faire paraître **50**, 101; finir **28b**, 30; *f. que* +subj. =faire en sorte que **14**, 84; **31**, 42; *f. que* +ind. =être cause que **28a**, 119; **35a**, 12; **42a**, 8; **46a**, 17; *ne savoir que f. de* ne pas pouvoir s'empêcher de **12b**, 39; *n'avoir que f. de* ne pas avoir besoin de **42b**, 38; pron. =avoir lieu **5**, 101; p.p. *c'estoit faict de* c'en était fait de **48**, 28; *f. à sa main* qui convient parfaitement **21b**, 28; *elle semble toute faicte à* ressemble en

tout point à **21b**, 31; prés.ind. 1 *fay* **11b**, 33; **28a**, 29; **43**, 67; **49**, 29; 3 *fét* **37**, 39; impf. 3 *faiset* **36a**, 20; p.simple 1 *fey* **50**, 19; *feiz* **4b**, 33; 3 *feit* **6**, 19; **14**, 102; **24**, 87, etc.; *feist* **11b**, 58; *fist* **48**, 84; 4 *feismes* **46b**, 97; 6 *feirent* **14**, 163; **24**, 180; **42a**, 32; fut. 3 *faira* **13**, 39; cond. 1 *feroy* **12b**, 148; 3 *feret* **36a**, 19; prés.subj. 1 *face* **12b**, 4 etc.; impf. subj. 1 *feisse* **12b**, 1; **28a**, 60; 3 *feist* **24**, 105; *fist* **3**, 15; *fit* **49**, 77; 6 *feissent* **7**, 52; **14**, 119; impérat. *fay* **32**, 18; *faite* **36b**, 16; p.prés. *fésant* **37**, 17.

fait, s.m. *de fait* en effet **9b**, 46, etc.; *en f. de* en matière de **5**, 107; **14**, 75; *quant au f.* quant aux choses, au physique **4a**, 55; crime, délit **41a**, 26; **47**, 24; *f. militaire* choses militaires **46a**, 104; *les f. de nature* les phénomènes naturels **9b**, 95.

faiz, s.m. fardeau pesant, faix **18**, 9.

fallirent, v. *faillir*.

fame, s.f. femme **33b**, 45.

fantaisie, v. *fantasie*.

fantasie, s.f. fantaisie **28a**, 65; imagination **18**, 13; **27**, **36a**, 11; **39a**, 22; **43**, 12; idée, notion **19a**, 11.

fantasme, s.m. fantôme **24**, 20.

fantastique, adj. capricieux **21b**, 21; imaginaire **31**, 134.

fantosme, s.m. chimère **43**, 59.

faon, s.m. petit de n'importe quel animal **1**, 15.

farder, v.tr. peindre, colorer **28a**, 67; **39a**, 47.

farragineux, adj. qui tient du farrago, mal assorti, disparate **36b**, 8.

farrago, s.m. mélange de grains, d'où mélange tout court **36b**, 9.

fascher, v.impers. *il en fascha au bon chevalier* le bon chevalier s'en fâcha, s'en irrita **7**, 16; *il me f. que* je regrette que **21b**, 9.

fascheux, adj. pénible, fatigant **33a**, 8.

fatras, s.m. amas confus **39b**, 89.

fatrouiller, v.tr. farfouiller, déranger **8a**, 66.

fatuel, adj. fou, sot **1**, 8, 18, 61.

faucer, v.tr. trouer, percer **29**, 143.

fault, *fauldra*, *fauldroit*, v. *faillir*.

faulte, s.f. besoin **28a**, 82, 101; *à f. de* **28b**, 48; *par f. de* faute de **1**, 47; **5**, 135; **6**, 117; **36b**, 105.

faultre, s.f. *lance sus le f.* lance en arrêt **8a**, 51.

faut, *faudra*, *faudroit*, v. *faillir*.

faute, v. *faulte*.

faux-feu, s.m. *faire f. à* user de tromperie, de perfidie à l'égard de qqun **48**, 8.

ᴸ*favoregger*, v.tr. favoriser **36a**, 20.

favoriser, v.intr. *f. à* =favoriser **25**, 67.

feal, adj./s.m. Au pl. *feaux* fidèles, amis fidèles **24**, 12.

feaulté, s.f. fidélité, loyauté **4a**, 68.

febve, s.f. fève **23c**, 28; **27**, 109.

feille, s.f. feuille **20b**, 34.

feiz, v. *faire*.

felicité, s.f. nature heureuse, richesse foncière **18**, 17, 167.

femenin, s.m. genre féminin **10d**, 12.

femmelette, s.f. femme ignorante, de basse condition **29**, 49.

fer, s.m. fermoir **12b**, 4.

ferir, v.tr. frapper; prés.ind. 3 *fiert* **39a**, 16.

ferme, adj. *terre f.* continent **23b**, 32; **42b**, 48.

ferrat, adj. ferré **45**, 86.

ferrer, v.tr. *f. la mule* tromper sur la dépense **38**, 14; p.p. *chemin ferré* chemin dont le fond est pierreux et où l'on n'enfonce point **4b**, 48.

Lferruginé, adj. de fer **9a**, 16.

feste, interj. (figure dans plusieurs exclamations et jurons) **38**, 64.

fetard, adj. lent, paresseux, **27**, 93.

feu, s.m. *le f. armé* la foudre **20c**, 9.

feurre, s.m. fourreau **8a**, 54.

feussent, feust, v. *estre*.

fey, v. *faire*.

fiance, s.f. confiance **15**, 39, 56; **48**, 11; ferme espoir **41b**, 19.

fidelité, s.f. loyauté, bonne foi **35b**, 25; justesse expressive **4a**, 13.

fiefer, v.tr. donner en fief **42b**, 41.

fiel, s.m. amertume, jalousie inspirée par l'amour **25**, 41.

fier, adj. cruel, sauvage, terrible **2**, 9, 16; **3**, 92; **22**, 140; **26**, 81.

fier, v.pron. *+ de* se fier à **45**, 33; *+ en* **12b**, 129; **46a**, 88.

fiert, v. *ferir*.

fievre, s.f. *blanches fievres* maladie d'amour **1**, 81.

figue, s.f. *ses f. sont trop hautes* il est trop exigeant **38**, 18.

figure, s.f. forme **16a**, 52; **24**, 20; **32**, 63; **47**, 117; chiffre **19b**, 9, 20; illustration, gravure **23c**, 56, 109; posture, attitude **16a**, 71; manière **14**, 138.

figurer, v.tr. décrire **46a**, 103.

fil, s.m. tranchant **37**, 59; *de droit f.* sans biaiser **29**, 141; *tout d'un f.* d'affilée, sans interruption **35c**, 33.

filet, s.m. corde **29**, 97; piège **38**, 61.

fin, s.f. objet, but **15**, 67; **16a**, 85; **18**, 14; limite **17b**, 45.

finablement, adv. enfin, finalement **3**, 58, 107; **4b**, 56; **18**, 117; **19b**, 80, 104; **22**, 95, 135.

finer, v.tr. trouver, se procurer **3**, 103; achever, terminer **1**, 60; **25**, 65; intr. mourir **1**, 13.

finesse, s.f. ruse, artifice **25**, 116; **45**, 28; pl. subtilités **31**, 126.

fis, s.m. fils **37**, 108.

Lflagitiose, adj. infâme, criminel **9a**, 37.

flater, v.tr. caresser, toucher légèrement **26**, 8; *f. (une passion)* s'y livrer, s'y abandonner **50**, 4.

flatereau, adj. diminutif méprisant de *flatteur* **43**, 5.

flegme, s.m. une des quatre humeurs de la médecine ancienne **44**, 127.

flerer, v.tr. flairer, sentir **37**, 95.

fleur, s.f. fleur de farine **1**, 121; floraison **17b**, 72; **46b**, 80.

fleurdelizé, adj. orné, semé de fleurs de lis **37**, 122.

fleurir, v.intr. sens littéral **18**, 94, 95; **29**, 114, 115.

florir, v.intr. prospérer, fleurir au fig. **4a**, 17, 24; **5**, 115; **17b**, 6, 71; **35a**, 86, 91; **39b**, 74; **47**, 96; impf. 6 *florissoint* **17b**, 71; p.prés. *florissant* = qui fleurit, au sens littéral **1**, 126.

floriture, s.f. floraison, amas de fleurs **1**, 126.

flourette, s.f. fleurette **4b**, 27.

flourir, v. *florir*.

fluste, s.f. *accorder leurs f.* s'entendre, se mettre d'accord **38**, 107.

Lfogge, s.f. manière **36c**, 6.

foible, adj. faible **39a**, 27; **50**, 29.

foiblesse, s.f. faiblesse **29**, 133; **39b**, 88.

foin, interj. exclamation marquant le dédain, le dégoût **38**, 82.

foireux, adj. = poltron **49**, 105.

fol, adj./s.m. fou (s'emploie indifféremment devant voyelle et consonne) **8a**, 25; **9a**, 30; **10a**, 65; **25**, 58, 64; **31**, 98; **38**, 13; **39b**, 97; **40**, 10; **47**, 22; **48**, 103; *si f. de* assez fou pour **39b**, 97; **48**, 103.

follastre, adj. fou, insensé **43**, 78.

follier, v.intr. être fou, agir en fou **8a**, 25.

fomentacion, s.f. remède **3**, 129.

fonder, v.pron. *+ en* = se fonder sur **43**, 73.

fondre, v.intr. s'effondrer **14**, 156; pron. fondre **37**, 80; p.p. *fondu* plongé, tombé **41b**, 23.

fondriere, s.f. enfoncement dans le sol **39a**, 46.

fons, s.m. fond **37**, 41.

fontenier, s.m. *le souverain f.* l'auteur, le créateur de toute fontaine **40**, 6.

force, s.f. *ce qui lui seroit f.* ce qu'il serait obligé de faire **28a**, 45; *force est que* + subj. il faut que **2**, 99; *il m'a été f. de* j'ai été obligé de **31**, 132; *à f.* artificiellement **31**, 87; *à toute f.* de toutes ses forces **32**, 143; forces militaires **6**, 99; **7**, 21; adv. beaucoup de **7**, 47; **24**, 26; **25**, 79; **28a**, 103.

forcener, v.intr. se déchaîner, être emporté **32**, 120; **34**, 100.

forcer, v.tr. secouer, agiter **26**, 98; violer **29**, 132; p.p. = inévitable, fatal, inéluctable **29**, 7.

forconseiller, v.tr. donner de mauvais conseils **8a**, 54.

formaliser, v.pron. se mettre en peine, s'émouvoir **43**, 71.

formulaire, s.m. exemple, modèle **40**, 6.

fors, prép. excepté **4b**, 37; **6**, 59; **16a**, 23; adv. au dehors **7**, 5; *f. que* si ce n'est que **21a**, 3.

forsenement, s.m. folie, fureur, démence **1**, 33.

forsenerie, s.f. folie, déraison **1**, 29.

fort, adj. *par* ^L*forte fortune* par hasard **9a**, 15 (voir note); *au f.* après tout, à la fin **8a**, 25.

fortune, s.f. hasard **38**, 114, 126; **44**, 172; *de f.* par hasard **39a**, 24; cas **27**, 49; sort, destin **38**, 120; **50**, 3; aventure **48**, 14.

forvoyer, v.pron. s'écarter, s'égarer **33a**, 12; **46b**, 12.

fouir, v.intr. fuir: impf.subj. 6 *fouissent* **24**, 173; p.prés. *fouyant* **4b**, 41; *s'en f.* v. *enfouir*.

fouler, v.tr. accabler, opprimer, fouler aux pieds **22**, 144; p.p. fatigué **41a**, 56.

fourbe, s.f. fourberie, tromperie **21a**, 77.

fourches, s.f.pl. gibet à plusieurs piliers **33a**, 34.

fourmage, s.m. fromage **27**, 81.

fournir, v.intr. *y f.* =y pourvoir **42a**, 40.

fourrage, s.m. herbe, etc. pour la nourriture des chevaux **7**, 10.

fourrer, v.tr. garnir de fourrure **49**, 74.

fourvoier, v. *forvoier*.

foy, s.f. *faire f. de* prouver l'existence de, attester **6**, 72; *prester sur la f.* sur une simple promesse verbale **38**, 3; *à la bonne f.* en bonne foi **45**, 14.

foye, s.m. rancune **25**, 41.

foyter, v.tr. fouetter **49**, 28.

fraction, s.f. rupture **16a**, 47.

fragilité, s.f. faiblesse **25**, 3.

fraischement, adv. récemment **46b**, 9.

fraiz, v. *esmoudre*.

franc, adj. sain, pur, net **18**, 108; libre **50**, 115; *f. au trait* travailleur **46a**, 122.

francés, v. *françois*.

franchise, s.f. noblesse **4a**, 5; au pl. =liberté **2**, 64.

françois, adj. *à la françoise* librement, sans gêne **39a**, 7; *faire parler bon f.* faire s'exprimer nettement **48**, 123.

fredon, s.m. son d'un instrument à cordes **20c**, 6, 56.

fredonner, v.tr. faire résonner un instrument à cordes **20c**, 39.

frequenter, v.tr. usiter **13**, 64.

friand, adj. agréable au goût **20c**, 28.

frimats, s.m. frimas, brouillard **49**, 116; v. aussi *avaleur*.

frippier, s.m. marchand d'habits **38**, 2.

fronc, v. *front*.

front, s.m. **2**, 157; loc.adv. *de f.* par devant **24**, 124.

frontail, s.m. frontal, torture qui consiste à étreindre avec une corde à nœuds le front du patient **49**, 25.

frontispice, s.m. façade, face principale **29**, 22.

froter, v.pron. se battre **7**, 13; tr. battre **45**, 76.

fructice, s.m. arbrisseau **9b**, 98.

fructueux, adj. fruitier **4b**, 67.

fruict, s.m. profit, avantage **1**, 87; **39b**, 22, 57, 83; **48**, 40; *faire un grand f.* être très utile **49**, 146.

fruictage, s.m. fruits **4b**, 61; **27**, 84.

fruitage, v. *fruictage*.

fruition, s.f. possession, jouissance **19a**, 15.

fueilleure, s.f. feuillage **4b**, 79.

fumeux, adj. qui trouble le cerveau **44**, 157.

fureter, v.intr. fouiller dans, chercher en fouillant **46a**, 35.

fureur, s.f. transport de l'âme **31**, 107; au pl. emportements de la passion **31**, 130.

fust, s.m. bois, monture en bois **20c**, 25, 29.

fustaye, s.f. (*bois, arbres*) *de haute f.* =parvenus à tout leur développement **23a**, 16; **45**, 93.

gaber, v.pron. se moquer **1**, 3.

gage, s.m. (*je n'ai*) *aucun g.* rien à engager **38**, 2; *demeurer pour gages* être pris, perdu **45**, 7.

gager, v.tr. payer, salarier **39b**, 16.

gaiac, s.m. lat. *guaiacum*, plante qui possède des propriétés laxatives et sudorifiques **23a**, 44.

gaigner, v.tr. gagner **6**, 145; **7**, 68; *le g.* l'emporter **40**, 19; **46a**, 63; **46b**, 65; *g. le haut* s'enfuir **45**, 48.

gaillard, adj. jovial, enjoué **38**, 93; vigoureux, vif **4a**, 2.

gaillardement, adv. audacieusement, hardiment **7**, 78.

gaing, s.m. succès **27**, 66.

galant, adj./s.m. hardi, vaillant **7**, 14; **9a**, 33; **12a**, 11; **12b**, 65; brave **33b**, 72; *faire le g.* faire l'habile homme **49**, 76.

gale, s.f. maladie de la peau **36b**, 95.

galeusement, adv. d'une manière galeuse **36b**, 86.

galeux, adj. qui a la gale **29**, 85.

galland, gallant, v. *galant*.

gallican, adj. gaulois, français **4a**, 32.

^L*gallicque*, adj. français **9a**, 38.

galloper, v.tr. poursuivre au galop **7**, 97.

galop, s.m. loc.adv. *le grant g.* au grand galop **7**, 55.

gan, s.m. gant **21a**, 64.

ganivet, s.m. canif **33b**, 26.

garantir, v.tr. préserver, protéger **30**, 124; **50**, 85; pron. se mettre en sûreté **23a**, 19.

^I*garbe*, s.f. bonne grâce, charme **36a**, 6; s.m. **36b**, 39.

gard, v. *garder*.

garde, s.f. *se donner g. de* se mettre sur ses gardes contre **21a**, 10; **24**, 32; *se mettre en garde* (terme d'escrime) **50**, 33.

garder, v.tr. empêcher **16a**, 73; **17a**, 10; **41a**, 18; **44**, 150, 152; observer, maintenir **34**,

gardes (suite)

127; **41a**, 48; protéger **12b**, 43; retenir **19b**, 37; *g. à + ne* + inf. se garder de **45**, 23; pron. + *de + ne* + inf. se garder de faire qqch **31**, 30; prés.subj. *3 gard* **12b**, 43.

gardeur, s.m. gardien **45**, 4.

garent, s.m. (pl. *garens*) garant **17b**, 33.

garni, adj. *tenir main g.* posséder une arme puissante **11a**, 23.

garsette, s.f. fillette **1**, 96.

gaster, v.tr. dévaster **3**, 119, 125.

gaudir, v.tr. railler, se moquer de **21a**, 34.

gaudisserie, s.f. raillerie, moquerie **21a**, 26.

gaule s.f. verge **4b**, 36.

[1]*gayoffement*, adv. bêtement, sottement **36b**, 87.

gecter, v. *jeter, jetter.*

gendarmerie, s.f. cavalerie **14**, 150.

generation, s.f. engendrement **9b**, 19.

generaulx, s.m.pl. =conseillers généraux **10a**, 16.

genereux, adj. noble **39a**, 61; **49**, 99.

genice, s.f. jeune vache **32**, 118.

[L]*genie*, s.m. esprit **9a**, 37.

gens, s.m.f.pl. domestiques, serviteurs **24**, 98; **27**, 7; soldats **35a**, 63; v. aussi *pied.*

gensdarmes, s.m.pl. soldats, hommes de guerre **3**, 67; **48**, 113.

gent, s.f. race **23a**, 27.

gent, adj. gentil, joli, gracieux **4a**, 15; **10b**, 2, 14.

gentil, adj. noble, digne **7**, 14; **29**, 29, 125; **31**, 174; **36b**, 112; **46a**, 76.

gentilastre, s.m. gentilhomme (dans le parler de l'écolier limousin) **9a**, 48.

gentillement, adv. gentiment, joliment **36c**, 9.

gentillesse, s.f. noblesse, distinction, grâce **4a**, 47.

gents, v. *gens.*

gesir, v.intr. reposer, se trouver **15**, 49; **22**, 2; résider **18**, 169, 187; **28a**, 45; **31**, 95; **34**, 2; **38**, 121; **47**, 136; prés.ind. *3 gist* **15**, 49; **18**, 169; **22**, 2, etc.

gestes, s.m.pl. actions, exploits, hauts faits **2**, 154; **5**, 48; **18**, 55.

gibier, s.m. *mon g.* affaire de ma compétence, de mon goût, à ma portée **39a**, 11.

girouflée, s.f. giroflée **29**, 113.

gist, v. *gesir.*

glaireux, adj. gluant, visqueux **32**, 158.

glaive, s.m. épée **1**, 2; **2**, 173; **18**, 184; **30**, 112.

glisser, v.intr. faire des glissades **33b**, 68.

glouton, adj. gourmand, avide **20a**, 36; **37**, 42.

[L]*gnave opere, je* je travaille à **9a**, 38.

[1]*gofferie*, s.f. lourdeur, grossièreté **36a**, 10.

gomme, s.f. résine **23a**, 43.

gorge, s.f. *mettre le pied sur la g. de qqun* imposer sa volonté par la violence **50**, 107.

gottique, adj. gothique, barbare **22**, 148.

gourfouler, v.tr. endommager, maltraiter **29**, 112.

gourmander, v.tr. dévorer en gourmand **39b**, 100.

gouster, v. *gouter.*

gouter, v.tr. faire l'essai de **17b**, 87; déguster **33a**, 78; inf.subst. goût **29**, 11.

gouvernement, s.m. autorité **49**, 12.

gouverner, v.tr. ménager, distribuer prudemment **27**, 116; élever **27**, 83; garder, entretenir **27**, 35; soutenir **27**, 1; pron. se comporter **48**, 53; se maîtriser, se dompter **45**, 22; *s'y gouverna* se régla là-dessus **17b**, 41.

grabeler, v.tr. passer au crible **49**, 106.

grace, s.f. faveur **9b**, 122; **21b**, 4; v. aussi *recommender.*

gracieusement, adv. favorablement, avec bienveillance **43**, 5.

grade, s.m. rang, dignité **45**, 114.

grain, s.m. *quelques g.* une petite quantité **44**, 141.

grand, adj. important **18**, 11; **24**, 91, 100; fém. *grand, grant* **1**, 60, 94; **2**, 113, 145; **3**, 33; **4b**, 11; **5**, 115; **6**, 35; **7**, 99, 135; **10a**, 61; **13**, 70; **14**, 75; **21b**, 10; **22**, 26, etc.

grandement, adv. beaucoup, très, extrêmement **3**, 113, 152; **5**, 1; **8a**, 23; **16b**, 39; **17b**, 63; **18**, 181; **21b**, 27; **31**, 150; **40**, 30; **42a**, 5; **42b**, 21; **45**, 104; **46b**, 90.

[1]*grandissime*, adj. très grand **36b**, 81, 101.

grant, v. *grand.*

gratifier, v.pron. se féliciter, se réjouir **39a**, 28.

gré, s.m. goût **21b**, 14; *prendre en g.* trouver bon **17a**, 27; *venir a g.* plaire **43**, 70.

grec grec, onomatopée: glouglou **44**, 194.

greffe, s.m. ente, scion **46a**, 102.

grené, adj. réduit en grains **23c**, 64.

gresle, s.m. trompette **8a**, 51.

gresse, s.f. graisse, onguent **41a**, 54.

grever, v.tr. accabler, blesser, endommager **2**, 42.

grief, adj. grave, dangereux **1**, 80; lourd **6**, 144; sévère, rigoureux **41a**, 66.

griffu, adj. armé de griffes **32**, 154.

grignotter, v.tr. au fig. =dire du bout des lèvres **9a**, 22.

grimauld, s.m. écolier d'une classe de grammaire **9b**, 57.

grimelin, s.m. petit écolier **43**, 59.

gringuenaulde, s.f. crotte, ordure **8a**, 65.

gris, adj. *(vin) gris* vin très paillet **44**, 118; *loup gris* v. *loup.*

grisonner, v.intr. commencer à devenir gris **39a**, 51.

grommeler, v.intr. murmurer, se plaindre **49**, 58.

gronder, v.intr. se plaindre **27**, 95.

gros, adj. grand **5**, 113, 133; **14**, 103.

GLOSSAIRE

grosseur s.f. grandeur **18**, 125.

grou, adv. (dans le parler de l'écolier limousin) guère **9a**, 49.

grozelle, s.f. groseille **10b**, 7.

guarantir, v. *garantir*.

guarir, v.tr. guérir **11b**, 7; **41a**, 37; **41b**, 54.

guarison, s.f. guérison **41b**, 46.

gué, s.m. *tenter le g.* = explorer le terrain, tenter l'aventure **38**, 77.

guerdonner, v.tr. récompenser **1**, 12.

guide, s.m. *le g. de la danse* qui mène la danse **20c**, 8; s.f. guide **33a**, 1.

guider, v.tr. diriger, mener **24**, 111; transporter **41a**, 55.

guinder, v.pron. s'élever **37**, 78.

guise, s.f. *à sa g.* selon son goût **28a**, 80; *en g. de* sous la forme de **41a**, 9; à la façon de **18**, 105; au lieu de **21b**, rub.

guydon, s.m. porte-drapeau **7**, 83.

guylleroche, s.f. (cité par Tory) sens inconnu **8a**, 65.

ha, v. *avoir*.

habitation, s.f. lieu de séjour, abri **9b**, 25; **40**, 77.

hacquebute, s.f. arquebuse **6**, 78; **7**, 48; **16a**, 81.

hacquebutier, s.m. arquebusier **7**, 36.

haim, s.m. hameçon **23b**, 48.

halebarde, s.f. sorte de pique **44**, 180; **45**, 81.

haleine, v. *halener*.

halener, v.tr. fréquenter, s'entretenir avec; prés.ind. 3 *haleine* **46a**, 104.

hanter, v.intr. *+en* se trouver habituellement dans **21b**, 5; tr. fréquenter, visiter souvent **9b**, 112; **27**, 28, 100.

haquebute, v. *hacquebute*.

haquenée, s.f. cheval facile à monter et qui va l'amble **33a**, 43.

hardi, v. *lance*.

hardyment, adv. sans hésiter, immédiatement **12b**, 124.

harnoys, s.m. armure **16a**, 15, 38, 67; **18**, 180; **29**, 143; harnais **46a**, 124.

harpeur, s.m. joueur de lyre, d'où poète **20c**, 67.

harquebouzade, s.f. coup d'arquebuse **35b**, 16; **45**, 105.

harquebouze, s.f. arquebuse **28b**, 26; **35b**, 6; **45**, 81.

harquebouzier, s.m. arquebusier **35b**, 36.

harquebuse, v. *harquebouze*.

harquebuzade, v. *harquebouzade*.

has, v. *avoir*.

haster, v.tr. presser **12b**, 6.

hatif, adj. pressé **17b**, 87.

hauberjon, s.m. cuirasse **1**, 1.

haulser, v. *hausser*.

hault, v. *haut*.

haultain, v. *hautain*.

hausser, v.tr. *h. la teste* lever la tête (en signe de dédain) **31**, 97; augmenter **43**, 25; *h. le temps* boire beaucoup **44**, 190.

haut, adj. fier, arrogant, hautain **27**, 64; *h. à la main* indocile, intraitable **45**, 87; noble, sublime, supérieur **39a**, 42; *le faire trop h.* faire payer trop cher, surfaire **46a**, 126; s.m. v. *gaigner* et *chausses*.

hautain, adj. au-dessus du commun **16a**, 61; haut **20d**, 4; **22**, 133.

hayneux, s.m. ennemi **31**, 26.

hazard, s.m. danger, risque **26**, 100; **43**, 65.

hazarder, v.pron. s'aventurer **38**, 23; *+de se* hasarder à **20b**, 9.

heberger, v.intr. habiter, séjourner **46a**, 70.

herbis, s.m. herbage, prairie, pâturage **29**, 75.

heremiticque, adj. solitaire, inhabité **4b**, 46.

herpe, s.f. harpe **8a**, 49.

herper, v.intr. jouer de la harpe **8a**, 49.

heu, v. *avoir*.

heur, s.m. bonne fortune, bonne chance **22**, 141; **32**, 88; **38**, 115; *bon h.* **44**, 28; *mal-h.* **48**, 88.

heure, s.f. *à ceste h.* maintenant **29**, 104; **47**, 14, 164; **50**, 77; *en si bonne h.* si heureusement, avec tant de succès **7**, 56; *à l'h. et à l'h.* aussitôt **32**, 139.

heureusement, adv. avec succès **20a**, 34; **35a**, 78; **42b**, 20; avec joie **20c**, 60.

heurtes, s.f.pl. *à toutes h.* à chaque instant, continuellement **14**, 67.

histoire, s.f. récit, sujet (d'une pièce) **31**, 28.

historial, adj. historique **30**, 24.

historiographe, s.m. historien **5**, 94; **13**, 94; **17b**, 67.

hochebride, s.m. homme impatient de tout frein **49**, 116.

home, v. *homme*.

homme, s.m. = on **5**, 79; = mari **27**, 90; *h. de cheval* homme monté à cheval **33a**, 4; *h. d'armes* soldat à cheval, en particulier cavalier lourdement armé **7**, 2; *h. de pied* fantassin **7**, 35.

homme-chien, s.m. (pl. *homes-chiens*) philosophe cynique **37**, 68.

honeste, v. *honneste*.

honneste, adj. honorable **15**, 54; **17b**, 51; convenable **25**, 21.

honnestement, adv. honorablement **14**, 131.

honnesteté, s.f. loyauté, bonté **20a**, 37.

honneur, s.m. respect **24**, 122; **27**, 44; **49**, 92; *demeurer à h. à qqun* lui faire honneur **17b**, 29; s.f. *son honneur sauve* = sans perte d'honneur **50**, 114.

honnir, v.tr. couvrir publiquement de honte **42b**, 69.

honnorer, v.pron. acquérir de l'honneur **20c**, 64.

hontoier, v.intr. prendre une mine honteuse, gênée **45**, 10.

ᴸ*horaire*, adj. réglé par l'heure **9a**, 23.

hors, prép. hors de **2**, 72; **6**, 36; **9b**, 18; **24**, 74; **25**, 101; **29**, 18; **31**, 163; **33a**, 2; *hors mis* = excepté que **34**, 40.

hostel, s.m. maison **45**, 102.

ᴸ*hostiatement*, adv. de porte en porte **9a**, 30.

hostie, s.f. victime **24**, 28, 62.

hôte, s.m. habitant, résident **37**, 30.

houser, v.pron. se botter **21a**, 44.

huguenot, s.m. protestant partisan de Calvin **35c**, 25; **48**, 7, 12.

humain, adj. courtois **23a**, 28.

humainement, adv. courtoisement **23a**, 29; **23b**, 14.

humecter, v.tr. mouiller **44**, 3, 154.

humeur, s.f. inflammation **21a**, 69; au pl. = liquides contenus dans les corps organisés, et caractère considéré comme résultant de la proportion des humeurs **30**, 41; traits de caractère **39a**, 52.

hupe, s.f. touffe de plumes sur la tête de certains oiseaux **23c**, 104.

hure, s.f. crinière **32**, 66.

hurter, v.intr. heurter **40**, 35.

huys, s.m. porte **24**, 42.

hydre, s.m. *h. de guerriers* = monstre qui produit des guerriers comme l'hydre produisait des têtes **22**, 132.

iambe, adj. *pié i.* pied de deux syllabes **17b**, 94.

icelle, adj.dém.fém. cette **5**, 95; **12a**, 15; **16a**, 8, 35; **16b**, 32; **17b**, 91; pl. = ces **3**, 120; **16a**, 10; pronom = elle, celle-ci **11a**, 3; **11b**, 18; **16a**, 18; **17b**, 81, 85; **18**, 80; **31**, 169; **40**, 90, etc.; pl. elles, celles-ci **9b**, 122; **13**, 56; **16a**, 9; **17b**, 11; **18**, 116; **30**, 34; **31**, 85; **45**, 110; **47**, 3, 137.

iceluy, *icelluy*, adj.dém.masc. ce, cet **3**, 115; **9a**, 3; **11b**, 32; **13**, 18; **16a**, 89; pronom = lui, celui-ci **4b**, 58; **11b**, 8, 20, 58; **14**, 69, 108; **16b**, 7; **17b**, 54; **28a**, 27; **30**, 59; **34**, 48; **43**, 79, 81; **47**, 74.

iceulx, *iceux*, adj.dém.m.pl. = ces **13**, 78; **15**, 139; pronom = eux, ceux-ci **13**, 82; **16b**, 20; **17b**, 82; **18**, 86, 108; **30**, 123; **40**, 68, etc.

icy, adv. (après nom précédé d'un démonstratif) = ci: **24**, 16; **34**, 89; **38**, 130; **47**, 104.

idée, s.f. modèle, type parfait, idéal **46a**, 2.

ides, s.f.pl. division du mois qui tombe le 15 en mars **24**, 32.

idole, s.m./f. image, ombre **22**, 70.

ignare, adj./s.m. ignorant, sans instruction **43**, 29.

ignoble, v. *partie*.

illec, adv. là, en cet endroit-là **1**, 116; **4b**, 60.

ᴸ*illucescer*, v.intr. briller **9a**, 20.

illustration, s.f. célébrité, éclat, gloire **46a**, 90.

ils, pron. = elles **5**, 116.

image, s.f. statue **22**, 20; **24**, 109, 114; **50**, 67.

ᴵ*imbattre*, v.pron. se trouver **36b**, 4.

ᴵ*imboscade*, s.f. embuscade **46a**, 57.

ᴵ*imbratter*, v.tr. souiller **36b**, 88.

immarcessible, adj. qui ne peut se flétrir, incorruptible **1**, 13, 130.

immoler, v.tr. sacrifier **24**, 28.

immundices, s.f.pl. impuretés, immondices **8a**, 71.

impatroniser, v.pron. s'emparer, se rendre maître **45**, 101.

impertinent, adj. incongru, impropre **13**, 87.

impetrer, v.tr. obtenir **4b**, 16; **17b**, 89.

importunité, s.f. inopportunité **27**, 52; demande instante **27**, 16.

impression, s.f. édition, livre imprimé **9b**, 64; imprimerie **31**, 103; empreinte **47**, 11.

impropere, s.m. reproche, blâme, faute **2**, 87.

ᴵ*improviste, à l'*, loc.adv. au dépourvu **28a**, 114; **36b**, 22.

impudent, adj. cynique, effronté **17b**, 16.

imputer, v.tr. *i. à louange* considérer comme louable **46a**, 24.

ᴵ*in*, prép. en **36a**, 1.

incessamment, adv. sans cesse **8a**, 66; **26**, 74.

incivil, adj. grossier, rude **42b**, 4.

ᴸ*inclyte*, adj. célèbre, illustre **9a**, 5.

incommode, adj. peu apte **39b**, 59.

incongneu, adj. inconnu **4b**, 55; **9b**, 100; **11a**, 17, 25.

inconstance, s.f. inconséquence, manque de suite **20b**, 40.

inconstant, adj. inconséquent **20b**, 34.

incontinent, adv. tout de suite, immédiatement **6**, 126; **10a**, 11; **20a**, 35; **21b**, 16; **23a**, 21; **23b**, 33; **25**, 18; **28a**, 47; **36c**, 49, etc.; conj. *i. que* aussitôt que **21a**, 16, 53, 78.

inconvenient, adj. malséant, absurde **34**, 131; s.m. malheur, accident **7**, 134; **27**, 42; **30**, 91; **34**, 39; **48**, 110; incommodité, ennui **39b**, 7.

incorrection, s.f. défaut de correction, action incorrecte **47**, 71.

incredible, adj. incroyable **1**, 19; **32**, 56.

indeuement, adv. indûment, improprement **16b**, 5.

indication, s.f. signe indicatif, symptôme **16a**, 9; **16b**, 13; v. aussi *prendre*.

indice, adj. *le doigt i.* l'index **35b**, 17.

indifferemment, adv. sans distinction **30**, 7; **39a**, 22.

indignation, s.f. haine **3**, 162.

indivis, adj. *par. i* loc.adv. = sans partage, en commun **34**, 11, 30.

ᴵ*indugier*, v.intr. s'arrêter, tarder **36a**, 32.

induire, v.tr. conduire, amener **15**, 18; **47**, 12; pousser, inciter **35c**, 26; causer, provoquer, faire éprouver **16a**, 78.

industrie, s.f. adresse, métier 1, 99; 4b, 26.

ineptement, adv. incorrectement 18, 35; hors de propos 46a, 44, 75.

ineptie, s.f. sottise 39a, 50.

infallible, adj. infaillible 30, 30.

infect, adj. infecté, empoisonné, corrompu 3, 46.

infelicité, s.f. infortune, malheur 3, 2, 44; mauvaises conditions 9b, 53.

infirmité, s.f. faiblesse 25, 63.

influence, s.f. sorte de flux provenant des astres et agissant sur les hommes et les choses 50, 5.

informer, v.tr. nourrir 45, 32.

¹*inganner*, v.pron. se tromper 36a, 19; impf. 1 *ingannes* 36a, 19.

ingenieux, adj. habile, entendu 17b, 12.

ingerer, v.pron. +*de* oser, prétendre 34, 125; +*à* = s'aviser de 49, 12.

injurieur, s.m. celui qui injurie 43, 46.

innocent, adj./s.m. simple d'esprit 1, 30.

innover, v.tr. introduire par innovation 13, 58.

innumerable, adj. innombrable 18, 3, 172.

inobedience, s.f. désobéissance 2, 55.

¹*inquinament*, s.m. souillure, ordure 9a, 24.

inquisicion, s.f. recherche, enquête 5, 19.

insaciable, adj. inépuisable 1, 10.

insolent, adj. qui ne convient pas, impropre 46a, 83.

instamment, adv. d'une manière pressante 24, 8.

instance, s.f. poursuite, menace 14, 138.

instaurer, v.tr. restituer 9b, 11; rétablir, faire renaître 9b, 63.

instiguer, v.tr. inciter, pousser 14, 120.

instituer, v.tr. ordonner (sa vie) 15, 59; p.p. *mal i.* mal élevé, malappris 45, 26.

institution, s.f. commandement 12b, 144; instruction, éducation 39a, 58, 68; 39b, 7, 41; 47, 100; au pl. leçons, enseignements 39b, 73.

instruction, s.f. au pl. leçons, préceptes 9b, 83.

instrument, s.m. acte authentique, document original 48, 131; au pl. outillage, moyens 5, 25; organes 13, 17.

integrité, s.f. perfection 15, 124; totalité 17b, 92.

intelligence, s.f. compréhension 13, 4, 20; 18, 15, 176; 30, 4; 39b, 43; rapports secrets 14, 7; 49, 19; accord, relations 7, 106.

intemperance, s.f. excès 47, 39.

intemperature, s.f. altération 16a, 2.

intermettre, v.tr. interrompre, suspendre 17b, 100.

interposite, adj. interposé, intermédiaire 4a, 54.

interroguer, v.tr. interroger 47, 155.

intersigne, s.m. marque, signe 45, 10.

intervale, s.m. *de long i.* = de beaucoup, de loin 18, 56.

intime, adj. *i. en* = en parfaite harmonie avec 8a, 29.

¹*intrade*, s.f. revenu 28a, 114.

intrigue, s.m. embarras, complication 36a, 31.

inusitation, s.f. manque d'habitude 17b, 13.

invanter, *inventer*, v.tr. imaginer, s'aviser de 25, 123; intr. +*de* imaginer de 20c, 34.

invention, s.f. idée ou opinion originale 17b, 26, 107; 18, 27, 40; 20a, 3, 31; 21a, 3; 25, 69; 39a, 31; 39b, 66; moyen, expédient 21a, 40; 49, 24; matière à traiter 31, 108.

¹*inviser*, v.tr. visiter 9a, 12.

invoquer, v.tr. appeler 24, 114.

ionique, adj. ionien 8b, 23; 28b, 66.

¹*irrorer*, v.pron. s'asperger 9a, 21.

isnel, adj. léger, rapide, leste 2, 88.

issir, v.intr. sortir 9b, 80, 107; 11b, 69; au fig. (+*de*) venir, descendre de 9b, 10; 11b, 28; 35a, 71; 42a, 13; p.p. *issu* 11b, 28; 35a, 71; 42a, 13.

issue, s.f. sortie 16a, 83; résultat 41b, 30, 32; 47, 142.

italianiser, v.intr. employer des expressions calquées sur l'italien 46a, 44.

item, adv. de même, de plus, en outre 36c, 8; 40, 51; d'abord (marque le commencement d'une énumération) 15, 115.

ja, adv. déjà 4b, 24; 7, 86; 9b, 39; 14, 57; 17a, 25; 20c, 58; 26, 6; 42a, 4, etc.; (renforce la négation) 16a, 21; 27, 31.

jaçoit que, conj. +subj. quoique 3, 14, 158; 8a, 23; 16b, 15; 34, 46; 38, 105; *j. ce que* 4a, 17.

jactance, s.f. vantardise 9b, 58.

jalousie, s.f. désir 46a, 23.

jargonner, v.intr. causer 39b, 22.

jargonneur, s.m. celui qui parle obscurément 8a, 9.

jartiere, s.f. jarretière 42b, 68.

jaseran, s.m. collier ou chaîne servant de parure 12b, 10.

jasoit, v. *jaçoit*.

jazard, adj. qui jase 20d, 34.

ject, s.m. *j. d'arc* archée, distance que parcourt une flèche 21a, 16.

jecter, v. *jeter, jetter*.

jeter, *jetter*, v.tr. *j. en public* publier 43, 40; *j. en sort* tirer au sort 41b, 80; reléguer 46a, 81; proférer 24, 45; 42a, 12; exsuder 23a, 43, 48; tirer, délivrer, faire sortir 7, 52; *jetta de la main force flamme* des flammes jaillirent de sa main 24, 25; lancer 50, 92; v.pron. pénétrer 45, 25; faire irruption 7, 27; 24, 89; se précipiter 7, 127; *se j. a pied* descendre de cheval 7, 81.

jeu, s.m. *j. mal party* lutte à conditions inégales 7, 65.

jeunesse, s.f. œuvre de jeunesse, action de jeune homme 20a, 9.

jocondale, s.f. Joachimstaler, ancienne monnaie **28b**, 34.

joinct, v. joindre.

joindre, v.tr. en venir aux prises avec, attaquer **32**, 121 ; *j*. (*avec*)annexer, incorporer **42b**, 41 ; pron. *se j. avec* se joindre à **3**, 83 ; **34**, 62 ; p.p. *joint* combiné **20c**, 11 ; *avec lequel il est j*. auquel il se rapporte **28a**, 136 ; conj. *j. que* outre que, ajoutez que **17a**, 24 ; **23c**, 29 ; *j. à ce que* et, au surplus **4a**, 41.

jolliet, adj. joli **9a**, 3.

joly, adj. aimable, galant **10b**, 5.

jouer, v.intr. *le canon ne joua* ne joua aucun rôle, n'y fut pour rien **45**, 83 ; pron. s'amuser **45**, 6 ; avoir lieu **48**, 109.

jour, s.m. *taillée à j.* ajourée **29**, 16 ; *les grands j*. assises extraordinaires **46b**, 99 ; *de j. à autre* = de temps en temps **46b**, 33.

jourdhuy, s.m. ce jour, le jour où nous sommes **24**, 82 ; *pour le j*. de nos jours **2**, 144 ; **28b**, 43, 78.

journée, s.f. voyage, chemin effectué en une journée **4b**, 44 ; **28b**, 23 ; *tant faire par ses j*. faire si bien par ses efforts **12a**, 5 ; jour de bataille, la bataille elle-même **7**, 93 ; **14**, 147, 152 ; **34**, 71.

jouvencelle, s.f. jeune fille **1**, 96 ; **12b**, 8.

jouxte, s.f. lutte, duel **6**, 84.

joyr, v.intr. jouir **38**, 124.

jugement, s.m. opinion **12a**, 20 ; **17b**, 8, 50 ; *donner j.* = se prononcer **16a**, 24 ; *j. final* jugement dernier **9b**, 17.

juger, v.tr. blâmer **2**, 131 ; juger de **44**, 164.

jumeau, adj. f.pl. *jumelles* = exactement pareilles, disposées côte à côte **29**, 121.

jurement, s.m. juron, imprécation **12a**, 9 ; **27**, 106 ; **47**, 16.

jus, adv. *mettre jus* ôter (des vêtements) **11b**, 29.

jusques à, loc.prép. au point de **3**, 69 ; **16a**, 15 ; conj. *j. à la que* au point de **13**, 35 ; *jusque(s) à tant que* jusqu'à ce que **11b**, 81 ; **23a**, 21.

juste, adj. de longueur ordinaire, de proportion normale **8a**, 56.

justement, adv. avec rectitude, avec droiture **25**, 119.

justiffier, v.tr. prouver, démontrer **3**, 147.

kien, s.m. forme picarde de *chien* **36c**, 46.

là, adv. *là où* où **11b**, 87 ; **19a**, 12 ; **19b**, 38 ; **24**, 4 ; **35c**, 24 ; **40**, 2 ; *là où* tandis que **3**, 39 ; **24**, 75 ; *là pres* près de là **45**, 38 ; *là aupres* près de là **21a**, 43 ; **25**, 75.

labeur, s.f. **1**, 120 ; s.m. **17b**, 100 ; **18**, 159.

laborinth, v. *labyrinth(e)*.

labour, s.m. labourage **27**, 5 ; terre labourable **27**, 30.

labourage, s.m. travail en général **2**, 170 ; terre labourable **23a**, 42.

labourer, v.intr. travailler, s'occuper **2**, 171.

labourieux, adj. pénible, fatigant **4b**, 62.

labyrinth(e), s.m. dédale **1**, 83 ; **22**, 22 ; difficulté, embarras, affaire compliquée **36b**, 22.

lâche, adj. nonchalant **39b**, 92.

laine, s.f. *la riche l.* = la toison d'or **22**, 128.

lairray, v. *laisser*.

laisser, v.tr. lâcher **9a**, 50 ; quitter, abandonner **8a**, 47 ; **19a**, 17 ; **25**, 35, 53 ; **26**, 13 ; **28b**, 82 ; **31**, 124 ; **32**, 79 ; **36b**, 97 ; **45**, 107 ; vendre à un prix avantageux pour le client **21b**, 38 ; *l. (à dire)* passer sous silence, omettre **84**, 46 ; **18**, 147 ; **23c**, 124 ; *je laisse penser...* j'invite le lecteur à se figurer **28b**, 36 ; cesser, s'abstenir **36a**, 29 ; *l. de faire qqch* omettre de, manquer de **14**, 130 ; **16a**, 33 ; **28a**, 98 ; **39a**, 1 ; **39b**, 107 ; **43**, 37 ; **44**, 153 ; fut. 1 *lairray* **49**, 134.

lamenter, v.tr. gémir sur **24**, 47 ; pron. se plaindre, se désoler, gémir **29**, 34.

lance, s.f. *hardie l.* (par ironie) = poltron **48**, 16.

langager, adj. bavard **27**, 93.

langoureux, adj. languissant, souffrant, malade **1**, 58.

langueur, s.f. indolence, paresse **12b**, 13.

lanigere, adj. qui porte ou produit de la laine **23c**, 13.

lapidaire, s.m. artisan qui taille et polit les pierres précieuses **35c**, 16.

larcin, v. *larrecin*.

larder, v.tr. poursuivre de railleries **21a**, 48.

[L.]*lares*, s.m.pl. = le foyer domestique **9a**, 18.

larrecin, s.m. vol **12b**, 53 ; **33b**, 16 ; plagiat **39a**, 36 ; **46a**, 135.

larron, s.m. *l. de* ravisseur de **14**, 68 ; adj. = de voleur **38**, 51.

las, interj. hélas ! **2**, 171 ; **22**, 91 ; **32**, 5 ; **37**, 119.

lasser, v.tr. épuiser (une terre) **23c**, 30.

lassus, adv. au ciel, en haut **1**, 130.

[L.]*late*, adj. large : *le l. unguicule* de la largeur d'un ongle **9a**, 27.

[L.]*latial*, adj. latin **8a**, 10 ; **9a**, 10.

[L.]*latinicome*, adj. latin **9a**, 39.

latinizer, v.pron. apprendre à parler latin **39b**, 26.

[L.]*latrialement*, adv. d'un culte de latrie **9a**, 25.

laver, v.tr. *l. la teste a qqun* tancer vertement, faire une sévère réprimande à **43**, 48 ; prés. ind. 2 *lave* **11b**, 32.

leans, adv. là-dedans, dans cette maison-là, **25**, 100.

leçon, s.f. *chanter sa l. à* faire apprendre son rôle à **7**, 36.

[L.]*leggiadre*, adj. gentil, joli, gracieux **36b**, 38.

[L.]*leggiadrement*, adv. gentiment, joliment **36c**, 9.

legitimer, v.tr. déclarer légitime **18**, 41.

legume, s.f. **23c**, 77.

[L.]*lemovicque*, adj. limousin **9a**, 42.

lepvrault, s.m. jeune lièvre **10a**, 37.

lesche, s.f. tranche mince, petit morceau **8a**, 16; **9a**, 20.

ᴸ*leste*, adj. élégant, de bonne grâce **36b**, 38.

lettre, s.f. *n'avoir point de l.* être analphabète **49**, 145; au pl. =littérature, **12a**, 25; =une lettre **9b**, 4; *l. missives* des lettres **24**, 38; *les l. divines* l'Écriture sainte **31**, 48; *les sainctes l.* l'Écriture sainte **9b**, 86, 104; **18**, 147; *l. patentes* =lettres du roi **34**, 42; *bonnes l.* =belles-lettres **5**, 134; **8a**, 36; **18**, 26; **20a**, 15; **50**, 8.

lettré, adj. littéraire **5**, 89.

leu, v. *lire*.

leurre, s.m. *venir au l. de qqun* venir à l'appel de l'oiseleur **10c**, 3.

levant, s.m. les pays baignés par la Méditerranée orientale **46a**, 147.

levée, s.f. action d'enrôler, de recruter des troupes **35a**, 63.

lever, v.tr. relever **42b**, 68; enlever, ôter, prendre **36a**, 13; **36c**, 20; **49**, 56; percevoir **2**, 115; **49**, 17; v.pron. =s'élever **44**, 120; intr. se lever **33b**, 61; prés.ind. 6 *lievent* **2**, 115.

levrier, s.m. *de toute taille bons l.* le mérite peut se trouver également dans toutes les conditions **38**, 100; *n'estoit proye pour ses l.* ne lui était pas destinée **38**, 59.

lezardeau, s.m. petit lézard **4b**, 68.

liace, s.f. amas, faisceau **45**, 58.

liard, s.m. pièce de monnaie valant 3 deniers ou le quart d'un sou **33a**, 20; **38**, 4.

ᴸ*libentissimement*, adv. très volontiers **9a**, 20.

liberal, adj. libre **15**, rub.; noble **17b**, 52.

liberalement, adv. librement **46a**, 84.

liberté, s.f. possibilité **23a**, 20.

librairie, s.f. bibliothèque **9b**, 67; **12a**, 4.

licite, adj. légitime, permis **35a**, 17; **36b**, 47.

lict, s.m. *l. de justice* siège élevé où les rois se tenaient pour rendre la justice **3**, 157.

lien, s.m. *le l. de la chausse* la jarretière **42b**, 68.

liesse, s.f. joie **47**, 40.

lieu, s.m. passage, extrait **39a**, 25, 35; *au lieu que* au lieu où **36c**, 4; chiffres occupant la même position dans la ligne **19b**, 33.

lievent, v. *lever*.

lignée, s.f. progéniture **9b**, 10; **14**, 68.

limace, s.f. limaçon **40**, 65.

limas, s.m. limaçon **32**, 157.

limiter, v.tr. tracer la limite **22**, 101.

limitrofe, adj. contigu, voisin **40**, 53.

limon, s.m. sorte de citron **23a**, 31.

limon, s.m. boue, terre détrempée **37**, 74.

limonier, s.m. cheval placé entre les brancards d'un char **32**, 20.

linceul, s.m. au pl. *linceux* draps de lit **25**, 19.

lire, s.f. lyre **20a**, 28; **20c**, 1.

lire, v.tr. prés.ind. 1 *ly* **46b**, 61; 3 *list* **29**, 69; prés.subj. 6 *lisent* **47**, 119; p.prés. employé

substantivement au pl. *lisans* lecteurs **4a**, 64; p.passé *leu* **17b**, 67; **20c**, 65; **31**, 136, etc.

lirique, s.m. poète lyrique **20a**, 34.

liseur, s.m. lecteur **1**, 102.

litière, s.f. véhicule à deux brancards, l'un en avant, l'autre en arrière, à porter par des hommes **24**, 123; paille, fourrage répandu dans les écuries et les étables **33a**, 65.

livrée, s.f. costume **28a**, 65.

ᴸ*locules*, s.m.pl. =bourse **9a**, 28.

ᴸ*locupleter*, v.tr. enrichir **9a**, 39.

long, adj. *au l.* complètement, tout à fait **28a**, 77; *tout au l.*, *tout de son long* en toutes lettres **46b**, 60, 91; *au l. de* en suivant toute la longueur de **45**, 34; *la faire longue* =vivre longtemps **49**, 146.

longuement, adv. longtemps **3**, 140; **4a**, 23; **5**, 36; **15**, 125; **21b**, 3; **25**, 80, 99.

lorier, s.m. laurier **20c**, 45.

lors, adv. alors **2**, 156; **5**, 121; **6**, 11; **9a**, 45; **10a**, 17; **11b**, 11, 56; **14**, 31, 36; **20a**, 11; **24**, 60; **25**, 83; **32**, 12, etc.; *pour l.* alors, en cette occasion **32**, 91; à cette époque **39b**, 74; *des l. en avant* dorénavant, dès lors **6**, 54; *pour l. que* au moment où, quand **48**, 60.

los, s.m. gloire, louange **3**, 116; **14**, 77; **22**, 3, 68; **37**, 100.

louablement, adv. d'une façon louable **9b**, 59.

louer, v.pron. se féliciter **21b**, 27.

loup, s.m. *congneu comme un loup gris* connu de tous **21a**, 25; *(je le courray) comme un l. gris* =avec acharnement **49**, 13; *l. garou* (au pl. *loups garoux*) personnage mystérieux **43**, 93.

loy, s.f. droit **18**, 41, 76; *se donner l. de* se permettre de, prendre la liberté de **46a**, 35; **46b**, 59; religion **6**, 52; **47**, 44.

loyer, s.m. salaire, récompense **34**, 79.

loz, v. *los*.

luc, s.m. luth **20c**, 62.

luire, v. intr. reluire, briller **17b**, 3.

luitter, v. *luter*.

lumière, s.f. esprit éminent d'un rare mérite **20a**, 22; *mettre en l.* publier **16a**, 56; **17b**, 88; **31**, 102, 171; **36a**, 25; **43**, 66; **46b**, 9; *exposer en l.* publier **43**, 2; *sortir en l.* naître **44**, 61.

ᴸ*lupanar*, s.m. maison de prostitution **9a**, 12.

lurrer, v.tr. leurrer, séduire **39b**, 96.

lustre, s.m. éclat, brillant **13**, 86; **46a**, 153; au pl. =lumières **39a**, 37.

luter, v.intr. lutter **29**, 126; **32**, 122.

lutin, s.m. petit démon malicieux **25**, rub.

luxurieusement, adv. avec luxure **3**, 136.

luy, pron.dém. *luy qui* =celui qui **45**, 47.

lyard, v. *liard*.

m', forme archaïque de l'adjectif possessif féminin, employée devant voyelle **10d**, 8, 10.

machine, s.f. *cete ronde m.* ce monde **37**, 83.

machiner, v.tr./intr. comploter, former en secret de mauvais desseins **3**, 161 ; **24**, 14, 95.

mâchotter, v.tr. mâchonner **29**, 74.

macquereau, s.m. empl. adjectivement, enjôleur **43**, 36.

macquignon, s.m. marchand de chevaux **21b**, 4 ; **46a**, 126.

magistralement, adv. de main de maître **18**, 108.

magistrat, s.m. magistrature **34**, 79.

magnes, s.m. *pouldre de m.* magnésie **16b**, 2.

magnificent, adj. magnifique **4a**, 45.

magnifique, adj. orgueilleux **38**, 97.

maigre, adj. *la m. orthographe* allusion ironique au système orthographique de Louis Meigret **28a**, 76.

mailles, s.f.pl. (cotte de) mailles **16a**, 68.

maillette, s.f. maille, petite monnaie de billon, moitié d'un denier **2**, 125.

main, s.f. direction **33a**, 3 ; *a forte m.* avec violence **2**, 136 ; *faire sa m.* s'enrichir, piller, voler **12b**, 67 ; *de longue m.* depuis longtemps **21b**, 23 ; *à m.* prêt **39b**, 38 ; *avoir en m.* être maître de, posséder **28a**, 111 ; **46b**, 55 ; *sous m.* secrètement **48**, 9 ; *prester ses m. pour* aider à **50**, 89 ; *tenir la m. à ce que* + subj. venir en aide, prêter main forte pour que **47**, 95 ; *haut à la m.* v. *haut* ; *m. garnie* v. *garni* ; *devant la m.* v. *devant.*

maintenant, adv. **20b**, 35 ; *m....quelquefoys* **16a**, 6 ; *m....et m.* tantôt...tantôt **31**, 43.

maintenir, v.tr. entretenir **30**, 128 ; soutenir **10c**, 8 ; **12b**, 118 ; **25**, 122 ; **28b**, 71 ; **50**, 115, 117 ; pron. =avoir gain de cause **45**, 99 ; I prés.ind. *maintien* **50**, 115.

maison, s.f. domaine **45**, 92 ; *l'une et l'autre m.* (c.-à-d. du soleil) l'orient et l'occident **22**, 134 ; *de bonne m.* de bonne famille **45**, 22 ; **50**, 112.

mais que, conj. + subj. pourvu que **5**, 26.

maistre, s.m. maître d'école **29**, 48.

majesté, s.f. dignité **13**, 27 ; **17a**, 15 ; **17b**, 54 ; *une m.* une distinction **24**, 50.

majeur, s.m. ancêtre **18**, 82.

mal, adj. mauvais, funeste **2**, 173 ; cruel **10a**, 35 ; **12b**, 117 ; violent **12b**, 16 ; s.m. maladie **27**, 112 ; crime **32**, 30 ; *faire m.* faire le mal **25**, 43 ; adv. *mal* v. *naistre.*

malaisé, adj. *il est m. que* + nég. + subj. =il est difficile d'empêcher que **46b**, 30.

malconseiller, v.tr. donner de mauvais conseils **8a**, 54.

malcontentement, s.m. mécontentement **27**, 18.

malfaisant, s.m. malfaiteur **9b**, 110.

malfait, adj. mal construit, mal bâti **31**, 74.

malgracieusement, adv. rudement **4b**, 35.

malgracieux, adj. qui a mauvaise grâce, rude, incivil **38**, 86.

malheurer, v.tr. rendre malheureux **32**, 5.

malheureté, s.f. malheur, événement malheureux **3**, 65, 135 ; *malheurté* état malheureux **44**, 13.

mal-honneste, adj. grossier **36b**, 93.

malhureusement, adv. par malheur **30**, 117.

malivole, adj. malveillant, malintentionné **9b**, 114.

malleheure, s.f. loc.adv. *a la m.* =malheureusement **6**, 57.

malletote, s.f. maltôte, impôt extraordinaire **2**, 115.

malotru, adj. médiocre, de basse extraction **28b**, 83 ; pauvre, indigent **49**, 4.

malplaisant, adj. désagréable **13**, 74 ; **31**, 104.

malverser, v.intr. détourner des fonds publics **5**, 104.

malvoisie, s.f. vin liquoreux de Grèce **33a**, 82 ; **44**, 136.

manant, s.m. paysan **49**, 22.

mandement, s.m. commandement **11b**, 21 ; **24**, 72 ; proclamation, édit **34**, 42.

mander, v.tr. + *querir* envoyer chercher **21a**, 72 ; commander, ordonner (par lettre) **6**, 95 ; **10a**, 59.

mandicant, s.m. mendiant **6**, 45.

mangeoire, s.f. auge où mangent les bêtes **49**, 108.

manger, v.pron. s'absorber, s'élider **46b**, 72.

mangerie, s.f. exaction **49**, 135.

maniable, adj. traitable **44**, 21.

manicheans, s.m.pl. manichéens, sectateurs de Manès **34**, 54.

manie, s.f. folie **12b**, 15.

maniement, s.m. administration **27**, 86 ; *prendre le m. de* manier **13**, 34.

manier, v.tr. palper **16a**, 92 ; *m. un cheval en rond* le faire pirouetter **29**, 138 ; arranger, régler **38**, 14.

maniere, s.f. espèce **8a**, 7, 60 ; coutume **31**, 59 ; sorte, genre **15**, 45 ; **23b**, 16 ; **23c**, 87 ; **24**, 57 ; *m. de parler* locution, façon de parler **28a**, 23, 73, 137 ; **28b**, 11 ; **42b**, 97 ; *m. d'en user* mode d'emploi **23c**, 99.

manihot, s.m. manioc **23b**, 22.

manne, s.f. suc concret exsudé par certains arbres **23c**, 63.

manque, adj. défectueux **18**, 190.

[1]*manquement*, s.m. manque, défaut **28a**, 113 ; **36c**, 8.

[1]*manquer*, v.intr. [1]**28a**, 112 ; être insuffisant **41b**, 8.

mante, s.f. couverture de lit **25**, 19.

manufacture, s.f. travail manuel, métier manuel **46a**, 107.

maquignon, v. *macquignon.*

marastre, s.f. mère inhumaine, dénaturée **18**, 2 ; **22**, 114.

marc, s.m. résidu **46a**, 81.

marché, s.m. *en avoir meilleur m.* se tirer d'affaire plus avantageusement **39b**, 4 ; *amender son m.* améliorer sa situation **21a**, 24.

maresc, s.m. marais **23b**, 49.

mareschal, s.m. = maréchal ferrant **27**, 38 ; (jeu de mots) **49**, 126 ; v. aussi *prevost.*

marge, s.m. marge d'un livre **37**, 121.

marinier, adj. de la mer **32**, 48 ; s.m. marin **40**, 99.

marjolaine, s.f. nom populaire de l'*origan vulgaire* **29**, 113.

marque, s.f. point de repère **20b**, 19 ; au pl. traces, vestiges **20b**, 8 ; **42a**, 3.

marquer, v.tr. *merquer* **20c**, 7 ; noter une chose importante ou intéressante **46a**, 127.

marri, adj. fâché, irrité, affligé **7**, 137 ; (jeu de mots) **10a**, 5 ; **44**, 98.

L*marsupie*, s.f. bourse **9a**, 15.

martel, s.m. inquiétude, souci (dans l'expression *avoir m. in teste*) **36a**, 1.

marvoisie, v. *malvoisie.*

massacrer, v.tr. assassiner **26**, 16 ; **35c**, 10.

masse, s.f. totalité, ensemble **1**, 114.

massonner, v.tr. tailler (de la pierre) **29**, 17.

maternel, adj. *langue m.* = langue parlée **5**, 89.

mathurin, s.m. religieux de l'ordre des trinitaires **45**, 78.

matiere, s.f. sujet **13**, 4 ; **15**, 16 ; **28a**, 31 ; **39b**, 88.

maugré, maulgré, prép. malgré **6**, 147 ; **20b**, 18 ; **29**, 58 ; **31**, 162.

mausadement, adv. *plus m.* avec moins de grâce **36b**, 85.

mausole, s.m. mausolée, riche monument funéraire **22**, 21.

mecenates, s.m.pl. forme du pl. de *mecene*, protecteur des lettres et des savants **5**, 132.

mechef, s.m. malheur, dommage **29**, 43 ; **32**, 2.

mecredy, s.m. mercredi **41a**, 38.

mectre, s.m. au pl. = rime, vers **6**, 140.

mectre, v. *mettre.*

medecine, s.f. remède, médicament **3**, 128 ; **27**, 41 ; **38**, 40 ; **44**, 19.

meffaire, v.intr. faire tort **10a**, 51.

megnée, s.f. maisonnée, ensemble de serviteurs **49**, 109.

meilleu, v. *meillieu.*

meilleur, adj. mieux **24**, 83 ; subst. *avoir du m.* avoir le dessus **6**, 17 ; *le m.* le mieux **13**, 69.

meillieu, s.m. milieu **7**, 84 ; **20b**, 22.

membre, s.m. branche, partie **30**, 36.

memoire, s.f. *rediger en m.* enregistrer **8b**, 6 ; *mettre en m.* enregistrer **8b**, 17 ; *reduire en m.* rappeler **15**, 152 ; *par m.* de mémoire **49**, 73 ; s.m. écrit **24**, 95.

mendiant, s.m. *les 4 mendians* les quatre ordres mendiants: Augustins, Carmes, Dominicains, Franciscains **45**, 67.

menée, s.f. intrigue, manœuvre **48**, 8, 139.

mener, v.tr. malmener **21a**, 32 ; porter **28b**, 28 ; manifester **3**, 170 ; *m. un bruit* faire un bruit **40**, 36 ; *m. la guerre* faire la guerre **5**, 62 ; impf. 3 *menét* **46b**, 39.

menterie, s.f. mensonge **47**, 168.

menu, adv. à plusieurs reprises **7**, 80 ; adj. petit **4b**, 68 ; **23b**, 23 ; bas **31**, 76.

merci, s.f. *prendre a m.* faire prisonnier **3**, 19 ; *Dieu m. à* = grâce à **38**, 47.

mercurial, adj. oratoire **4a**, 3.

meriter, empl.absol. avoir du mérite **17b**, 89.

merque, merquer, v. *marque, marquer.*

merveille, s.f. *être m.* être étonnant **14**, 68 ; **39b**, 22, 67 ; *à merveilles* extrêmement **41a**, 4.

merveilleusement, adv. extrêmement **21b**, 9 ; **23b**, 50 ; **47**, 19 ; d'une façon insolite, remarquable **31**, 11.

merveilleux, adj. extraordinaire **4b**, 45 ; **14**, 28 ; remarquable **28b**, 22 ; étonnant, exceptionnel **31**, 150.

meschanceté, s.f. au pl. = mauvaises actions **41a**, 28 ; **47**, 120.

meschant, s.m. malheureux, misérable **10a**, 28 ; **12b**, 143.

meschantement, adv. méchamment **8a**, 19.

mescongnoissance, s.f. action de méconnaître, ignorance **15**, 4.

mescontenter, v.pron. être mécontent **24**, 70 ; **35a**, 62.

mesconter, v.pron. se tromper **28a**, 39.

mescreu, p.p. *soupçonné* **38**, 84.

mesdicts, adj. *m. seigneurs* les seigneurs déjà nommés **48**, 19.

meslange, s.f. mélange **30**, 89.

mesler, v.tr. confondre, brouiller **34**, 87 ; v. aussi *carte.*

meslinge, s.m. mélange **36b**, 8.

mesme, adj. *de m.* = de même que, comme **23c**, 46 ; **27**, 47 ; *la m. bonté* la bonté même **38**, 94 ; *la m. eloquence* l'éloquence même **18**, 187 ; *mesme(s)* adv. surtout **21b**, 29 ; **38**, 53 ; **50**, 8 ; *m. que* = et même **31**, 114.

mesmement, adv. surtout **3**, 25, 80 ; **4a**, 59 ; **6**, 136 ; **13**, 56 ; **17b**, 46 ; **24**, 19, 57 ; **27**, 83 ; **28b**, 81 ; **41a**, 48 ; **47**, 26 ; **49**, 79 ; même **5**, 9 ; **34**, 113 ; **36c**, 5, 21.

mesnage, s.m. entretien **27**, 79 ; entreprise hostile **45**, 110.

mesnager, adj. qui entend l'épargne, l'économie **27**, 24 ; **28a**, 107.

mesnager, v.tr. disposer, arranger, installer **46a**, 64.

mesplier, s.m. bois de néflier **4b**, 19.

mesprendre, v.pron. se tromper **46b**, 90.

messier, s.m. gardien des champs, des vignes et des récoltes **45**, 4.

messire, s.m. titre d'honneur: = monseigneur **7**, 137 ; **14**, 142.

mestairie, s.f. petite ferme **25**, 10.

mestayer, s.m. fermier **27**, 35; *mestayere* s.f. fermiere **25**, 5.

mestif, adj. métis, hybride, mélangé **36c**, 36.

mesurer, v.tr. proportionner **22**, 106; p.p. nombreux, aux syllabes comptées **20a**, 27; cadencé, rythmique **37**, 24.

methodique, s.m. personne qui suit une (bonne) méthode **30**, 29.

mêtre, s.m. maître **37**, 115.

mettre, v.tr. envoyer **7**, 22; *m. sus* imputer **3**, 145; imposer, infliger **3**, 44, 68; redresser **4b**, 83; *m. au net* purifier, éclaircir **17a**, 12; *m. sa vie* exposer, donner sa vie **11b**, 79; *m. en erreur* induire en erreur **34**, 86; *m. esvanoüir* faire disparaître **26**, 52; v. aussi *assewrance, bas, bride, chef, conte, escript, evidence, garde, gorge, jus, lumiere, œuvre, peine, pied, point, proye, roupte*; v.pron. *se m. dedans* s'enivrer **44**, 108; *se m. sus* se révolter **2**, 56; p.simple 1 *mi* **28a**, 1; 3 *meit* **24**, 58; **25**, 91; **46b**, 6; *mist* **11b**, 30; **22**, 34; **41a**, 31; **49**, 102; 6 *meirent* **24**, 123; *misrent* **7**, 45; **14**, 8, 149; impf.subj. 6 *meissent* **24**, 113.

meu, v. *mouvoir*.

meubler, v.tr. équiper, pourvoir **25**, 29.

meur, adj. mûr **17b**, 88; **23c**, 117; **45**, 39.

meurdrir, v.tr. tuer, assassiner **44**, 95.

meure, s.f. mûre **4b**, 70.

meurs, s.f.pl. qualités morales **9b**, 33; s.m.pl. mœurs **18**, 38.

mien, adj.possessif **28a**, 1; **39a**, 50; *mienne* **39b**, 80.

mignard, adj. capricieux, folâtre **33b**, 19.

mignarder, v.tr. caresser, toucher doucement **20c**, 6.

mignonnement, adv. finement, délicatement **29**, 36.

mil, s.m. millet **23c**, 17.

mine, s.f. contenance **36a**, 16; **48**, 120.

ministre, s.m. serviteur **4b**, 13; **30**, 125.

minute, s.f. brouillon, texte original **19a**, 9.

L*minutule*, adj. minuscule, infime, très faible **9a**, 20.

mirilifique, s.? chose jolie, bagatelle **8a**, 64.

mirouer, s.m. miroir **9b**, 45.

misericorde, s.f. merci **14**, 153; **35a**, 75.

L*missicque*, adj. qui appartient à la messe **9a**, 22.

missives, v. *lettres*.

mistere, s.m. pièce de théâtre à sujet religieux, d'où spectacle, représentation **25**, 100.

mixtion, s.f. mélange **23c**, 86.

mode, s.f. manière, forme **4a**, 76.

moderer, v.tr. gouverner, diriger, régler **9b**, 25.

moien, moiennant, moienner, v. *moyen, moyennant, moyenner*.

moindre, adj. inférieur **18**, 78; **19b**, 60; **39b**, 17; *les m.* les moins nombreux **14**, 26.

moins, adv. *rien m.* pas du tout **36b**, 37; **43**, 36.

moissonner, v.pron. se détruire: p.simple 6 *moissonnarent* **22**, 138.

moite, adj. humide **32**, 52; **37**, 2.

mollesse, s.f. manque de vigueur **39b**, 104.

molu, p.p. moulu **1**, 120.

mommerie, s.f. mascarade **3**, 139.

mondain, adj. terrestre **4b**, 11; **6**, 143; **22**, 40; s.m. *sage m.* homme avisé, habile à se conduire dans le monde, à faire ses affaires **47**, 86.

monde, s.m. *l'aultre m.* le microcosme **9b**, 103; *tout le m.* le monde entier **9b**, 67; *un m. de* une grande quantité **29**, 43.

mondict, adj. *m. seigneur* = Monseigneur... déjà nommé **16a**, 84.

monster, v. *monter*.

monstier, s.m. église, monastère **9a**, 21.

monstre, s.f. parade **28b**, 79; revue, exhibition de troupes **35a**, 63.

monstrer, v.intr. enseigner **23c**, 43; pron. se voir **29**, 28; impf. 3 *monstret* **36a**, 4.

monstrueux, adj. prodigieux, extraordinaire **24**, 29.

mont, s.m. *à m.* loc.adv. = vers le haut **32**, 133.

montagnette, s.f. petite montagne **29**, 25; **33a**, 36.

montagneux, adj. haut comme une montagne **32**, 39.

monter, v.pron. monter à, s'élever à **19b**, 5.

montoir, s.m. grosse pierre, billot, ou banc pour monter à cheval **21b**, 28.

moraliser, v.tr. donner une interprétation morale à, présenter sous une forme morale **1**, 123.

moralité, s.f. pièce de théâtre à intention édifiante **31**, 71.

morbieu, interj. (juron atténué) **12a**, 12; **12b**, 125.

morfondu, p.p. transi de froid, glacé **25**, 6.

moriginer, v.tr. élever bien, inculquer de bonnes mœurs **27**, 25.

morion, s.m. sorte de casque **45**, 81.

mort, p.p. tué **3**, 11.

mortifié, p.p. insensible aux tentations **25**, 48.

mos, v. *mot*.

mot, s.m. au pl. *a tes m.* = au prix fixé par le vendeur **21a**, 52; *m. en terre* (après nég.) = pas un seul mot **47**, 84; *de m. a m.* mot à mot **12a**, 6.

motion, s.f. avance **6**, 15.

moucquer, v.pron. se moquer **8a**, 13.

moüe, s.f. *faire la m. à* faire la grimace à, tourner en ridicule **49**, 21.

mouelles, s.f.pl. moelle **26**, 7.

mouleure, s.f. moulure **29**, 24.

moulinet, s.m. petit moulin (jeu de mots) **1**, 107.

moult, adv. très **3**, 106; **21a**, 66; **21b**, 25.

mousse, adj. inerte, sans force **39b**, 65.

moust, s.m. vin doux qui n'a pas encore fermenté **33a**, 82.

mouvoir, v.tr. *m.* (*la guerre*) déclarer **3**, 167; pousser, inciter **18**, 44; **24**, 118; **28a**, 115; pron. s'émouvoir, fléchir **24**, 56; p.p. *meu* **40**, 4.

moyen, s.m. *au m. de* à cause de **5**, 129; **17b**, 11; **24**, 94; **45**, 53; *par mon m.* par mon intermédiaire **20a**, 34; ressource **28a**, 42; **39a**, 23.

moyennant, prép. au moyen de **9b**, 29; **14**, 154, 164; **17b**, 77; **18**, 121; conj. *m. que* + subj. pourvu que **14**, 81.

moyenner, v.tr. procurer, valoir **17b**, 55; *m. que* + subj. faire en sorte que **48**, 54.

mu, adj. muet **17a**, 16.

muer, v.tr. transformer, changer **2**, 73.

mule, v. *ferrer*.

multitude, s.f. nombre **14**, 83.

mundification, s.f. désinfection, purification **16b**, 11.

muscadel, s.m. muscadet, vin ayant un goût de muscat **33a**, 82.

muscat, s.m. vin muscat **44**, 136.

muser, v.intr. perdre son temps **38**, 102.

musser, v.pron. se cacher **29**, 63.

mutation, s.f. changement **1**, 26; **17a**, 19; **24**, 1; **42a**, 17.

mynuit, s.f. *environ la m.* vers minuit **2**, 4.

n'agueres, adv. *puis n.* récemment **46a**, 53; *depuis n.* récemment **26**, 72.

naïade, s.f. divinité féminine des sources et des ruisseaux **29**, 101.

naïf, adj. naturel, véritable, **4a**, 6; **17b**, 61; **20a**, 21; **20b**, 21; **36b**, 109; **36c**, 43; maternel **46b**, 55; s.m. caractère naturel, nature véritable **18**, 194; *à son n.* **46b**, 91; *en son n.* **46b**, 17 au naturel.

naïfvement, adv. exactement, parfaitement **29**, 30; sans artifice, naturellement **31**, 85; sans recherche, sans affectation **46a**, 69.

naïfveté, s.f. caractère naturel ou véritable **46a**, 3; **46b**, 104; naturel **18**, 205.

nais, naiz, v. *naistre*.

naissance, s.f. origine, commencement **30**, 45.

naistre, v.intr. naître; dériver **11a**, 8; p.p. *nay* **33b**, 6; m.pl. *nais* **45**, 27; **47**, 33; *naiz* **42a**, 9; *bien n.* bien doué **36b**, 112; *mal n.* mal doué, d'un mauvais naturel **17b**, 57; **45**, 27.

naivement, v. *naïfvement*.

Lnate, adj. naturel, né: *apte n.* = né apte, naturellement apte **9a**, 37.

natif, adj. = maternel **17b**, 10.

nation, s.f. province **27**, 58.

nativité, s.f. naissance **33b**, 29; **41a**, 21.

nature, s.f. v. *fait*.

naturel, adj. humain, ayant des sentiments naturels **2**, 134; convenable, juste **20c**, 30; s.m. *les n.* les autochtones **42a**, 24.

naturellement, adv. instinctivement **45**, 95; conformément aux lois de la nature **24**, 29.

nautonnier, s.m. marin **16b**, 34.

navrer, v.tr. blesser **2**, 42.

nay, v. *naistre*.

nayf, nayfveté, v. *naïf, naïfveté*.

ne, conj. ni **2**, 33; **3**, 78, 146; **4a**, 68; **5**, 36; **10d**, 21; **11b**, 47; **20a**, 27; **20d**, 23; **21a**, 5; **23a**, 2; **23b**, 47; **24**, 146; **28b**, 61; **30**, 51; **35a**, 33; **44**, 40; **47**, 109; *n'* **47**, 157; *ne plus ne moins que* = de même que, comme, **24**, 146; **28b**, 61.

ne, adv. de négation (sans *pas*) **13**, 48; **23a**, 52; **25**, 78; **26**, 20, 40; **37**, 13; **42b**, 16, etc.; *ne...non seulement* = ne...pas seulement **30**, 20.

neant plus, loc.adv. non plus, pas plus **8a**, 43; s.m. *neant* rien **9b**, 13; **15**, 79; **39a**, 35; *de n.* = de rien, sans valeur **39a**, 35.

Lnebulon, s.m. vaurien **9a**, 37.

necessité, s.f. au pl. choses essentielles, indispensables **27**, 14, 28; privations, dénuement **47**, 88.

necromancien, s.m. personne qui évoque les morts **41b**, 65.

nef, s.f. navire **37**, 43.

negoce, s.m. affaire **17b**, 104; *le n. de* (*ces racines*) = tout ce qui concerne leur préparation **23c**, 74.

nenny, adv. non, pas du tout **2**, 106.

neptune, s.m. = océan **37**, 15, 40.

nepveu, s.m. descendant, petit-fils **9b**, 16; **22**, 104, 142; **37**, 8.

net, adj. pur, propre **11b**, 38; **15**, 138; v. aussi *mettre*.

neud, s.m. nœud **32**, 151; pl. *neux* **4b**, 19.

neveu, v. *nepveu*.

ni, conj. = et (entre deux termes négatifs) **12b**, 110; = ou **49**, 62; *ni plus ni moins que* de même que, comme **46a**, 101.

nier, v.tr. renier **11b**, 81.

noble, v. *partie*.

noir, v. *blanc*.

noise, s.f. bruit **4b**, 84.

nombre, s.m. chiffre, montant **19b**, 7; rythme, harmonie **18**, 117; au pl. harmonie **13**, 75; **18**, 112.

nombrer, v.tr. compter **20c**, 59; **30**, 54.

nombreux, adj. rythmé, harmonieux **39a**, 15; soucieux d'harmonie et de rythme **13**, 95.

nommément, adv. expressément **46b**, 11; surtout, particulièrement **47**, 80.

nomplus, v. *non*.

non, part. négative: = non plus **5**, 135; *non ayant esgard à* sans avoir égard à **11a**, 13; (*que*) *non pas* (employé dans le second terme d'une comparaison d'inégalité) **17b**, 97; **24**, 18; **40**, 50, 109, 119; *non pas seulement* = ni même **24**, 141; *non point* = et (non) pas

non (suite)

25, 62; *nomplus* (dan la négation) = pas plus (que) **10a**, 49; **16b**, 16; **17b**, 61; **20b**, 15; **27**, 8; **31**, 110, 120; **36b**, 109; **38**, 44; *non plus ny moins que* = de même que, comme **30**, 126; *non que* + subj. **18**, 30; **26**, 41; **31**, 116; **39a**, 2; **46a**, 30; v. aussi *pourtant*.

nonchaloir, s.m. négligence **17b**, 13.

nonobstant (ce) que, conj. quoique: + subj. **2**, 88; **25**, 67; + ind. **31**, 111.

nostre, pron.poss. = le nôtre **7**, 114.

note, s.f. signe, marque **19b**, 14; **20b**, 32; 45, 94.

notz, pron.poss. nos **18**, 67, 82.

nourrir, v.tr. élever, former **23b**, 45; **45**, 26; **46a**, 11, 108, 139.

nourrisson, s.m. au pl. enfants, progéniture **22**, 133; **26**, 89.

nourriture, s.f. formation, éducation **39a**, 68; **39b**, 77.

nouveau, adj. (devant voyelle) **39a**, 54; *de n.* tout récemment **6**, 34; *de nouvel* (devant voyelle) encore une fois **4a**, 1.

nouveauté, s.f. *par n.* comme innovation **28b**, 24.

nouvelet, adj. jeune **20d**, 14.

nouvelle, s.f. question **38**, 5; **45**, 61; récit littéraire plus court qu'un roman **42b**, 104.

nouvelleté, s.f. nouveauté **1**, 89; **4b**, 64; trouble, soulèvement, révolte **24**, 15.

novalité, s.f. nouveauté **28a**, 124.

nüe, s.f. nuage (source d'obscurité et d'erreur) **29**, 90; masse dense **32**, 52.

nuict, s.f. *toute n.* toute la nuit **21a**, 61.

nument, adv. sans rien déguiser ou ajouter **31**, 13.

nutricion, s.f. nourriture **1**, 23.

ny, v. *ni*.

obedient, adj. obéissant **9b**, 12.

obeissance, s.f. *une o.* acte de soumission **26**, 36; *l'o. de qqun* = l'obéissance à, l'autorité de qqun **3**, 41; **35a**, 40.

obicer, v.intr. objecter: p.prés. *obiceant* **5**, 65.

obscurité, s.f. au pl. = lieux obscurs **29**, 71.

occasion, s.f. cause, raison, motif, sujet **3**, 11, 139; **15**, 92; **18**, 119; **24**, 53, 70, 149; **25**, 50, 75; **28a**, 62; **35a**, 61; **41a**, 2; **43**, 42; 44, 104; **45**, 90; **49**, 7.

occire, v.tr. tuer: p.simple 6 *occirent* **6**, 61, 88; p.p *occis* **3**, 47, 120; **6**, 58; *occiz* **14**, 147.

occision, s.f. meurtre, tuerie, massacre **14**, 108.

occuper, v.pron. + *à* = s'occuper de **23c**, 75.

odorifere, adj. parfumé, odorant **23b**, 16.

œil, s.m. vue **29**, 12; *à l'o.* avec évidence, avec certitude **28a**, 21; **41a**, 65; **46b**, 101; *veoir à l'o.* voir soi-même, de ses propres

yeux **12b**, 38; *le petit o.* (terme d'affection) la prunelle des yeux **29**, 56.

œillade, s.f. *mauvaise o.* mauvais œil **29**, 84.

œuvre, s.m./f. action **15**, 117; opérations, activité **16a**, 65; ouvrage **13**, 12; **20c**, 37; **31**, 64; *mettre en o.* enchâsser une pierre précieuse **5**, 86; *jamais Bussy le clerc n'y fît* (= *fist*) *œuvre* même un maître consommé n'aurait pu faire aussi bien **49**, 77.

œuvrer, v.intr. travailler **27**, 12.

offence, s.f. lésion, dommage **30**, 59.

offenser, v.tr. attaquer **3**, 58; blesser **23c**, 101; **30**, 90; **46a**, 15; **50**, 57, 64.

office, s.m. charge, fonction, devoir **12b**, 133; **18**, 173; **27**, 78; **31**, 18; **34**, 79; rôle **6**, 96; service **35a**, 88; devoir, obligation **15**, 80; **39b**, 101; **47**, 53; **50**, 97; v. aussi *compagnon, tenir* et Table des noms propres.

officine, s.f. atelier **9b**, 71.

oiseleur, s.m. celui qui fait métier de prendre les oiseaux au piège **38**, 63.

oisif, adj. qui ne sert pas **31**, 47.

olif, s.m. huile d'olive **9b**, 3.

oligarchie, s.f. gouvernement où le pouvoir est entre les mains d'un petit nombre **34**, 13.

ᴸ*olympicole*, s.m. au pl. = les saints **9a**, 24.

olympien, adj. *l'image o.* la statue de Zeus olympien **22**, 20.

ombre, s.f. prétexte **31**, 99; apparence **31**, 166.

omettre, v.intr. *o. a* omettre de **19a**, 3.

ᴸ*omniforme*, adj. de toute forme **8a**, 12; **9a**, 11.

ᴸ*omnigene*, adj. de toute espèce **8a**, 12; **9a**, 12.

ᴸ*omnijuge*, adj. qui décide de tout **9a**, 11.

onc, oncques, adv. jamais **1**, 55; **2**, 106; **4b**, 73; **8a**, 22; **10a**, 56; **10b**, 5; **24**, 101, 106, 141; **39a**, 47; **47**, 10.

onde, s.f. mer **22**, 102; ligne sinueuse, ondulation **23c**, 105.

ondeux, adj. formé d'ondes, provenant de l'onde **32**, 52.

onq, onques, v. *onc, oncques*.

operation, s.f. efficacité **4a**, 72; calcul, combinaison **19b**, 2.

operer, v.intr. faire effet **38**, 40.

opiner, v.intr. voter **49**, 83.

opiniastrise, s.f. opiniâtreté **48**, 119.

opiniatrer, v.pron. + *apres* poursuivre avec acharnement **39a**, 10.

opinion, s.f. notion **31**, 106; **36a**, 13.

ᴸ*oppignerer*, v.tr. engager **9a**, 17.

opportunité, s.f. occasion, possibilité **11a**, 31.

oppresser, v.tr. opprimer **2**, 120.

opprobre, s.m. injure, calomnie **28a**, 121.

or, adv. *or ça* interj. allons! **25**, 46; maintenant **10d**, 13; **12a**, 21; **19b**, 101; alors **36b**, 1; *or'que* v. *ores que*.

orage, s.m. malheur imprévu, calamité **22**, 138.

oraison, s.f. discours **8a**, 76; **13**, 29; prose **18**, 190; *l'o. dominicale* le pater **33b**, 58.

ordinaire, s.m. ce qui se fait normalement **38**, 118.

ordonnance, s.f. disposition **12b**, 145 ; *l'o. fatale* le destin, le sort **22**, 81 ; ordre, décret **24**, 49 ; règlement, édit **47**, 60.

ordonner, v.tr. disposer, ranger **8a**, 37 ; **13**, 86 ; **15**, 39 ; **29**, 97 ; faire **10d**, 7 ; assigner **7**, 1 ; destiner **47**, 99 ; prescrire **16b**, 28 ; **50**, 25.

ordre, s.m. moyen, possibilité **8a**, 69 ; **24**, 88 ; **28b**, 54, 60 ; système **46b**, 83 ; *donner o. à* mettre bon ordre à **49**, 81 ; *par o.* avec méthode, selon un système **22**, 115 ; s.f. **8b**, 11.

ordure, s.f. malpropreté, turpitude **15**, 120 ; **47**, 175.

ore, v. *ores*.

oreade, s.f. nymphe des monts et des bois **29**, 100.

ore(s), adv. maintenant **22**, 49 ; **26**, 80 ; **37**, 77 ; conj. *ores que* + subj. quoique, même si **26**, 19, 57 ; **34**, 24, 31, 60, 144 ; **41b**, 22 ; **46a**, 25 ; **46b**, 81.

orez, v. *ouir*.

ormis, prép. excepté **36b**, 90 ; v. aussi *hors*.

ornément, adv. élégamment, disertement **5**, 90 ; **17b**, 40 ; **36b**, 84.

os, s.m. *o. de cerise* noyau de cerise **33b**, 70.

oster, v.tr. excepter **44**, 114 ; **49**, 109 ; *o. le sort à* conjurer le sort **41b**, 49.

ottroier, v.tr. donner **17b**, 104.

où, adv. d'où **23b**, 8 ; avec lesquels **39b**, 2 ; parmi lesquels **6**, 24 ; tandis que **12a**, 24.

ou, art. contracté = (*en le*) dans le, au **4a**, 42 ; **5**, 49, etc.

oublier, v.tr. *o. à faire qqch* oublier de, négliger de **21a**, 69 ; **28a**, 75.

oudict, art. contracté + *dict* = au dit **4a**, 44.

ouir, v.tr. entendre **5**, 20 ; **25**, 80 ; **31**, 64 ; **36b**, 103 ; **43**, 24 ; **47**, 70, etc. ; prés.ind. 2 *ois* **20d**, 7 ; 3 *oit* **20c**, 4 ; **36a**, 18 ; **36b**, 109 ; **47**, 70 ; 5 *oyez* **5**, 5 ; **42a**, 10 ; p.simple 3 *ouyt* **7**, 55 ; **24**, 44 ; **25**, 82 ; *ouït* **25**, 86 ; fut. 5 *orez* **4b**, 51 ; impf.subj. 6 *ouyssent* **46b**, 93 ; impérat. *oyez* **10d**, 1 ; p.prés. *oyant* **24**, 38 ; 48, 24 ; p.passé *ouy* **7**, 108 ; **10a**, 22 ; **11b**, 15 ; **14**, 44 ; **25**, 57 ; **44**, 149 ; **46b**, 73 ; **49**, 48 ; *bien ouy* volontiers écouté **35c**, 20.

oultrage, s.m. *a o.* à outrance, à l'excès **8a**, 18.

oultrager, v.tr. frapper, blesser **3**, 47 ; **32**, 108.

oultrance, s.f. *a toute o.* avec grande violence **14**, 136.

oultre, prép. au delà de, en plus de **12b**, 144 ; **18**, 3 ; **31**, 176 ; **45**, 75 ; loc.adv. *o. plus* en outre, de plus **16a**, 16, 27 ; **16b**, 44 ; **33a**, 9 ; **44**, 29 ; conj. *outre ce que* outre que **39a**, 64 ; **43**, 44.

oultrepasser, v.tr. surpasser **9b**, 50.

oultreperser, v.tr. transpercer, percer de part en part **2**, 80.

ouquel, pron.rel.m. (*en* + *lequel*) auquel, dans lequel **5**, 59 ; **6**, 95.

ours, s.m. *enseigner l'o. à lire et escrire* tenter l'impossible **38**, 25.

outrager, v. *oultrager*.

outre, v. *oultre*.

outrecuidance, s.f. estime exagérée de soi, présomption **2**, 54, 127 ; **40**, 14.

ouvrer, v.intr. travailler, composer **17b**, 96.

ouvrier, s.m. travailleur **16a**, 62 ; auteur, créateur **37**, 76.

ouy, v. *ouir*.

ouy, part.affirmative ; *o. dea* v. *dea* ; *o. bien* (concessif) = il est vrai **35b**, 36.

ouye, s.f. oreille **28a**, 50.

oyr, v. *ouir*.

oyre, s.f. outre, récipient de cuir **9b**, 3.

pacient, v. *patient*.

pacifier, v.tr. apaiser **3**, 135 ; **23b**, 26.

paction, s.f. pacte, convention **41b**, 64.

padoüan, s.m. dialecte de Padoue **46b**, 34.

page, s.m. *hors de page(s)* sorti de son apprentissage, de sa minorité ; libre d'agir **46b**, 6.

paignant, v. *paindre*.

paille, v. *rat*.

paindre, v.tr. peindre : *me paignant au devant des yeus* me faisant voir **20b**, 5.

paix, s.f. loc.adv. *en paix* paisiblement, doucement **27**, 59.

paladin, s.m. héros chevaleresque, héros d'épopée **38**, 47 ; **49**, 44.

palais, s.m. *le p.* le Palais de Justice **21b**, 1 ; **28a**, 66 ; **46a**, 19.

palés, s.m. palais (de la bouche) **37**, 96.

palladien, adj. poétique **4a**, 3.

palle, adj. pâle **24**, 13 ; **29**, 35 ; **39a**, 37.

pallefrenier, s.m. valet d'écurie **9b**, 72 ; **21b**, 2 ; **33a**, 61.

palme, s.f. paume, creux de la main **4b**, 81.

palme, s.f. palmier **23c**, 111.

panade, s.f. soupe faite de pain, d'eau et de beurre, liée souvent avec un jaune d'œuf **16b**, 31.

pancarte, s.f. charte, titre, pièce d'archives **49**, 41.

pandectes, s.f.pl. recueil de décisions d'anciens jurisconsultes romains, d'où texte digne de foi **43**, 94.

panneau, s.m. filet, piège **38**, 75.

paour, s.f. peur **7**, 1 ; **16a**, 78.

paoureux, adj. peureux, timide **26**, 93, 106.

paovre, adj. pauvre **11b**, 66.

paovrement, adv. piteusement, misérablement **15**, 6.

paovreté, s.f. pauvreté **15**, 19 ; **38**, 114.

par, prép. loc.adv. *par ainsi* ainsi, de cette façon **1**, 124 ; **3**, 1 ; **8a**, 76 ; **13**, 26, 41 ; **34**,

par (suite)

72 ; *par cy apres* plus tard, après **14**, 87, 90 ; désormais **36b**, 25 ; *par cy devant, parcidevant* auparavant **25**, 68 ; **28a**, 22 ; **35a**, 19 ; *par icy devant* antérieurement **9b**, 39 ; (*de*) *par deça* ici, à l'endroit où nous sommes **23a**, 39, 58 ; **23b**, 46 ; **23c**, 5, 14, 28 ; **42b**, 66 ; *par delà* là-bas **23c**, 35, 121 ; *de par delà* d'ici-bas **9b**, 123 ; *par delà* prép. =au delà de **6**, 130 ; *par sus*, prép. par-dessus **17b**, 107 ; **21a**, 30.

parade, s.f. belle apparence **43**, 80.

parangon, s.m. modèle, pierre de touche **18**, 160 ; **28a**, 35.

paravant, adv. auparavant **23c**, 117 ; conj. *p. que* avant que **16a**, 37.

paravanture, adv. peut-être **4b**, 60 ; **23c**, 23 ; **35a**, 39 ; **39a**, 54 ; **43**, 67 ; **46a**, 18 ; **47**, 132.

paraventure, v. *paravanture*.

parc, s.m. enclos **20d**, 26.

parcyapres, v. *par*.

pardurable, adj. durable, permanent, éternel **1**, 130.

parefrenier, v. *pallefrenier*.

parentage, s.m. parenté, **1**, 65.

parer, v.tr. *p. des armes* détourner la pointe de l'adversaire **50**, 33 ; *p. du corps* esquiver un coup en faisant un pas de côté **50**, 33 ; pron. +*de* faire parade de, se targuer de **42b**, 98.

parfaire, v.tr. accomplir **9b**, 40 ; **17b**, 77 ; *à p.* inachevé, incomplet **26**, 77 ; p.p./adj. *parfait* complet **19b**, 99 ; **31**, 57 ; correct **10d**, 15.

parfection, s.f. perfection **13**, 48.

parfin, s.f. *en la p.* en fin de compte **2**, 50 ; **30**, 102.

parfondement, adv. profondément **17b**, 49.

parlement, s.m. pourparlers **6**, 37 ; cour supérieure de judicature **35c**, 14 ; **41a**, 24 ; **49**, 75.

parler, v.tr. dire **11b**, 18 ; **48**, 66 ; inf.substantivé =la parole **32**, 11 ; **46b**, 16.

parmy, prép. dans **24**, 21 ; par **22**, 70 ; sur **32**, 119 ; *parmy cela* avec cela, en même temps **39b**, 60.

parquoy, conj. (et) (c'est) pour cette raison, voilà pourquoi, **2**, 83 ; **3**, 63 ; **6**, 78 ; **7**, 20, 86 ; **8a**, 72 ; **9b**, 32, 80 ; **10d**, 27 ; **13**, 79 ; **14**, 87 ; **15**, 35 ; **16a**, 8, 39, 45, 91 ; **25**, 18, 93 ; **30**, 56 ; **44**, 124, etc. ; pronom rel. =par lequel, au moyen de quoi **15**, 58.

parrhisien, adj. parisien **8b**, 27.

parsonnaige, s.m. personnage, **1**, 32.

part, s.f. direction **23b**, 2 ; *faire p. de* distribuer, partager **34**, 79 ; *de ma p.* =pour ma part **12b**, 149 ; **43**, 63 ; **46b**, 91 ; *la plus grand p.* =pour la plus grande partie **23b**, 50 ; =la plupart **38**, 43.

partant, conj. donc, par conséquent **16a**, 53 ; **17b**, 63.

partement, s.m. départ **6**, 111.

participant, adj. *faire qqun p. de* faire part de qqch à qqun **15**, 106 ; **20a**, 31.

particularité, s.f. au pl. =détails **19a**, 8 ; **46a**, 15, 112.

particulier, s.m. *à son p.* dans le particulier, tout seul **44**, 114 ; *en son p.* **46b**, 35 ; *quant à mon p.* quant à moi, pour ma personne **46b**, 46.

partie, s.f. qualité **39b**, 102 ; adversaire dans un procès **10a**, 47 ; **45**, 109 ; adversaire **36a**, 15 ; jeu **35b**, 11 ; partie du corps : *parties nobles* =organes jugés indispensables à la vie, p.ex. le cœur, le foie, le cerveau **16a**, 3 ; *parties ignobles* organes et membres non indispensables **16a**, 4 ; *parties naturelles* organes génitaux **24**, 149 ; *chanter sa p.* jouer son rôle **10a**, 44.

partir, v.tr. partager **15**, 31 ; répartir, diviser **30**, 36 ; v. aussi *jeu* ; pron. partir, s'en aller **11b**, 67 ; prés.ind. 6 *partissent* **15**, 31 ; **30**, 36 ; inf.substantivé : *au p. de la nourrisse* =à peine sevré **39b**, 13.

partissent, v. *partir*.

partition, s.f. v. Table des noms propres.

party, s.m. situation, état **7**, 57, 83 ; v. aussi *tenir*.

parure, s.f. ornement **5**, 54, 110.

parvenir, v.intr. v. *dessus* ; p.simple 6 *parvindrent* **7**, 72.

parvindrent, v. *parvenir*.

pas, v. *clore*.

pasle, v. *palle*.

passage, s.m. droit de passage, au fig. =exaction **2**, 121 ; *la feste du P.* la pâque juive **11b**, 23 ; *doit p. à* doit laisser passer **50**, 117.

passer, v.tr. surpasser **10d**, 24 ; **22**, 43 ; dépasser **20c**, 71 ; **23b**, 10 ; passer au tamis, au crible **23c**, 61 ; approuver, accepter **48**, 124 ; *p. le temps* s'amuser **31**, 119.

past, s.m. repas, **36a**, 3.

pasture, s.f. aliment, nourriture **1**, 127 ; **40**, 94 ; **45**, 32.

patenostre, s.f. *commune p.* vérité universellement reconnue **1**, 100.

patent, v. *lettre*.

patient, s.m. blessé, malade **1**, 78 ; **16a**, 71 ; **16b**, 21, 27 ; **41a**, 37 ; **44**, 81.

patrimoine, s.m. bien hérité, héritage **42b**, 41 ; **45**, 50.

ᴸ*patrioticque*, adj. paternel **9a**, 18.

patron, s.m. protecteur **37**, 50 ; **50**, 63 ; modèle **39b**, 41.

paume, s.f. jeu de paume **43**, 76.

pavé, s.m. (sens collectif) =pavés **29**, 18.

pavillon, s.m. voûte (du ciel) **37**, 98 ; tente **6**, 42.

payement, v. *prendre*.

peau, s.f. =surface **32**, 38.

L*pecune*, s.f. argent **6**, 97; L**9a**, 15.

pedante, s.m. pédagogue, maître d'école (en mauvaise part) **31**, 88.

peigne, s.m. *donner un tour de p. à* battre **9a**, 45.

peine, s.f. *mettre p. a* travailler à, s'efforcer de **4a**, 64; *à p. de* sous peine de **48**, 99, 115; *à grand'p.* presque **31**, 79.

peinture, s.f. couleur **32**, 68; **39a**, 48.

peinturer, v.tr. peindre **37**, 121.

pelage, s.m. mer, océan **1**, 66.

pelagien, s.m. partisan de la doctrine de Pélage **15**, 139.

pelé, adj./p.p. dépourvu de végétation **4b**, 80.

peloponnesiacque, adj. *guerres p.* guerres du Péloponnèse **5**, 102.

peloter, v.tr. *p. les declinaisons* (au fig.) se les renvoyer comme une balle **39b**, 45.

peloton, s.m. boule **33b**, 69.

L*penates*, s.m.pl. foyer, habitation **9a**, 17.

pendant, v. *(en) ce pendant (que)*.

pendard, s.m. vaurien, fripon **10a**, 8.

pendre, v.tr. *p. au croq* laisser indécis, non résolu **49**, 107; intr. *p. au clou* rester en suspens **11a**, 7.

penitence, s.f. peine expiatoire **25**, 44.

pensement, s.m. *venir en p. à qqun* venir à l'esprit **28a**, 15; réflexion, méditation **37**, 73.

penser, v.intr. *p. en* penser à **10b**, 1; réfléchir **31**, 122; **35a**, 82; se rappeler, tenir compte de **35a**, 3; tr. panser **7**, 116; **21b**, 2.

penteler, v.intr. haleter **32**, 96.

perdre, v.tr. égarer **37**, 52; détruire **40**, 33; ruiner, gâter **46a**, 139; pron. causer sa propre ruine **47**, 47; prés.ind. 3 *pert* **2**, 140; **8a**, 25.

peregrin, adj. étranger **17b**, 31, 59.

L*perforaminer*, v.tr. piquer, percer **9a**, 14.

periode, s.f. terme **9b**, 22.

permanable, adj. qui doit durer toujours, stable, immuable **1**, 18.

permettre, v.tr. +inf. =permettre à...de +inf. **43**, 78.

perron, s.m. bloc de pierre **6**, 120.

persecuter, v.tr. poursuivre en justice **3**, 141; tourmenter **14**, 133.

persuader, v.tr. déterminer, assurer **4a**, 49.

persuasion, s.f. conviction, assurance **17b**, 79.

pert, v. *perdre*.

pertinax, adj. opiniâtre **2**, 52.

pertuis, s.m. trou **14**, 138; **23c**, 27.

pervertir, v.tr. dénaturer **13**, 43.

pesanteur, s.f. défaut de vivacité **39b**, 104.

pesneux, adj. en peine, fâché, triste **21a**, 23.

petit, s.m. *un p.* =un peu **10a**, 31; **21a**, 35; un moment, peu de temps **11b**, 72; **12b**, 41, 63.

petoncle, s.m. genre de clovisse **40**, 64.

L*petrosil*, s.m. persil **9a**, 14.

peu, v. *pouvoir*.

peu, adv. trop peu **13**, 89; *de p. a p.* =peu à peu **20c**, 21; *pou* peu **1**, 93.

peulrent, peult, peurent, peusse, peussions, peust, v. *pouvoir*.

pharmaque, s.m. drogue, médicament **30**, 63.

phlegmatique, adj. personne qui abonde en flegme, **16b**, 23.

phrase, s.f. style **17b**, 25.

phytonisse, s.f. pythonisse, femme qui annonçait l'avenir **31**, 158.

picardizer, v.intr. parler picard ou à la manière des Picards **36c**, 45.

picotin, s.m. mesure d'avoine **33a**, 75.

picquer, v. *piquer*.

pié, v. *pied*.

pieça, adv. depuis longtemps **1**, 56; **4b**, 24; **17b**, 100.

piece, s.f. morceau **12b**, 85; **14**, 69; passage (de texte) **39a**, 42; lopin de terre **27**, 50; *p. ronde* pièce d'argent **49**, 73; au pl. documents, pièces (d'un procès) **27**, 3.

pied, s.m. *gents de pied* piétons **33a**, 53; fantassins **7**, 46; *prendre p.* s'implanter **39b**, 27; *mettre sous le p.* annuler, mettre à néant, laisser de côté **44**, 17; v. aussi *coy gorge*.

pierreux, adj. de la dureté d'une pierre **32**, 76.

pieté, s.f. pitié **50**, 61, 78.

pieton, s.m. soldat à pied, fantassin **46a**, 61.

piler, v.tr. broyer **23c**, 58, 100.

pille, v. *croix*.

piller, v.tr. dépouiller, détrousser **3**, 72.

I*piller*, v.tr. prendre **36c**, 13.

pilot, s.m. pilote **23a**, 14.

pindariser, v.intr. employer le haut style, le langage à la mode **9a**, 34.

pinnacle, s.m. partie la plus élevée d'un édifice, faîte **24**, 51.

pinte, s.f. ancienne mesure de capacité **33a**, 26.

pipe, s.f. grande futaille **25**, 21.

pipée, s.f. leurre, tromperie **10a**, 41.

piquer, v.tr. éperonner, faire galoper **20a**, 2; **21a**, 21, 81; **29**, 138; **33a**, 4; au fig. pousser, inciter **37**, 77.

pire, adj.subst. *avoir du p.* avoir le dessous **3**, 40.

pirement, adv. plus mal, d'une manière pire **8a**, 60.

pis, s.m. mamelle (d'une vache, etc.) **29**, 83.

pistolet, s.m. petit poignard fabriqué à Pistoye, et plus tard arme à feu **28b**, 25.

pistolier, s.m. petit poignard, et ensuite pistolet **28b**, 25.

pistolle, s.f. pistolet **35b**, 39.

pistoyer, s.m. petit poignard et ensuite pistolet (arme à feu) **28b**, 25.

pitault, s.m. rustre, paysan **46a**, 125.

pitié, s.f. *c'est p.* =c'est pitoyable **12b**, 132.

pitoyable, adj. sensible à la pitié, miséricordieux **41a**, 45 ; **41b**, 26.

piverd, s.m. pivert **23c**, 103.

place, s.f. endroit **23b**, 2 ; **24**, 112 ; **45**, 101 ; *en p.* en public **9b**, 70.

plai, v. *plaire*.

plaideur, adj. qui aime à plaider **27**, 25 ; s.m. personne qui est en procès, qui plaide en justice **42b**, 34 ; **44**, 47.

plaidoirie, s.f. débat en justice, procès **10a**, 15.

plain, adj. plein **2**, 53 ; **3**, 2, 137 ; **8a**, 78 ; **10a**, 1 ; **45**, 45 ; *en un p. propos* en pleine exposition **30**, 4 ; loc.adv. *tout p. de* grand nombre de, une foule de **7**, 110.

plain, adj. loc.adv. *a p.* nettement **5**, 100 ; **19a**, 11.

plain, v. *plaindre*.

plaindre, v.pron. prés.ind. 1 *plain* **36b**, 94.

plaine, s.f. *la p. sallee* = la mer **32**, 24.

plaint, s.m. plainte **1**, 34.

plaire, v.intr. *que vous plait-il?* qu'y a-t-il pour votre service? **33a**, 62 ; v.pron *se p. de* = se plaire à **43**, 51 ; prés.ind. 1 *plai* **20c**, 65 ; fut. 3 *plairra* **49**, 56 ; impf.subj. 3 *pleust* **8a**, 3, 36 ; **29**, 134 ; **31**, 81 ; p.p. *pleu* **1**, 84 ; **50**, 66, 93.

plairra, v. *plaire*.

plaisant, adj. agréable, qui plait **1**, 98 ; **15**, 34 ; **23a**, 25 ; **23b**, 24, 37 ; **25**, 123 ; **31**, 90 ; **44**, 55, 164 ; s.f. *plaisante* amuseuse **50**, 110.

plaisanteur, s.m. celui qui, pour plaisanter, affecte un langage trop recherché **8a**, 8.

plaisir, s.m. goût **21b**, 19.

planter, v.tr. placer, exposer **4b**, 27.

plasmateur, s.m. créateur **9b**, 6.

plasmature, s.f. création **9b**, 14.

plat, adj. loc.adv. *à plat* nettement, tout net **46a**, 7.

ᴸ*platee*, s.f. place publique **8a**, 11.

playdeur, v. *plaideur*.

plége, s.m. *sera mon p.* se portera garant (de ma bonne conduite) **33b**, 76.

pleiger, v.tr. faire raison à qqun en buvant, boire à la santé de qqun **12b**, 98.

plein, v. *plain*.

pleu, pleust, v. *plaire*.

plier, v.tr. v. *coude* ; pron. fléchir, se laisser fléchir **38**, 101.

plorer, v.intr. pleurer **24**, 53 ; **25**, 27 ; **26**, 37 ; **45**, 46 ; **50**, 68.

plurier, s.m. pluriel **10d**, 14 ; **46b**, 85.

plustost, adv. plus vite **28a**, 108 ; **31**, 140 ; **42a**, 42 ; **44**, 127.

plutonique, adj. digne de Pluton, dieu des enfers **2**, 9.

plyer, v. *plier*.

poëme, s.m. genre poétique ou dramatique **31**, 40.

poil, v. *eschauffer*.

poinct, v. *point*.

poindre, v.tr. pousser, stimuler **15**, 63 ; remuer, troubler **31**, 11.

point, s.m. moment **24**, 116 ; *sur le p. que* au moment où **35b**, 16 ; question, affaire **10a**, 43 ; nœud d'une affaire, question principale **30**, 48 ; **31**, 40 ; état : *mal en p.* en mauvais état **20c**, 26 ; **21a**, 22 ; **25**, 18 ; *bien emp. dispos* **46b**, 2 ; *en bon p.* dispos **24**, 16 ; *à p.* à propos, comme il faut **4a**, 26 ; **7**, 49 ; **12b**, 129 ; **21b**, 22 ; **24**, 135 ; **27**, 15, 98 ; convenable **27**, 20 ; **46a**, 141 ; *mal mettre à p.* laisser traîner, négliger **12b**, 55.

point, s.f. pyramide **22**, 18 ; obélisque **22**, 89 ; marée haute **40**, 35 ; premiers rangs d'un bataillon **40**, 35.

pois, s.m.pl. petits pois **23c**, 20 ; **27**, 109.

poisant, adj. pesant **39a**, 27 ; **39b**, 60.

poisson, s.m. *se retirer avec ce que l'on a de poisson prins* partir l'oreille basse, tout penaud **45**, 102.

poitral, s.m. harnachement fixé sur le poitrail d'un cheval **33a**, 69.

poix, v. *pois*.

poix, s.m. poids **15**, 112 ; importance **13**, 83.

pol, s.m. = ciel **26**, 3.

police, s.f. gouvernement, administration **3**, 129 ; **34**, 77.

policer, v.tr. gouverner **37**, 126.

politiques, v. Table des noms propres.

politure, s.f. polissure **5**, 111.

pollution, s.f. profanation, souillure **15**, 135.

ponent, s.m. occident **23a**, 11 ; **34**, 23.

pont-levis, s.m. pont mobile que l'on peut lever ou abaisser à volonté **33a**, 47.

populaire, s.m. le vulgaire, le peuple **31**, 76.

populairement, adv. démocratiquement **34**, 78.

porfire, s.m. porphyre **29**, 18.

port, s.m. prix qu'on paie pour le transport d'un objet **2**, 116.

porte-brandons, adj.inv. embrasé, plein de flammes **37**, 103.

porte-flambeaus, adj.inv. qui porte des astres lumineux, des météores, etc. **37**, 1.

porter, v.tr. produire **23a**, 26 ; **23b**, 44 ; **23c**, 21, 31 ; apporter **16a**, 28, 41 ; **23b**, 44 ; **35a**, 44 ; emporter **23c**, 32 ; comporter **3**, 109 ; **15**, 82 ; **28a**, 19 ; **29**, 15 ; supporter, subir, essuyer **7**, 101 ; **27**, 34 ; **50**, 98 ; ressentir à l'égard de qqun ou de qqch **18**, 32 ; **25**, 99 ; **26**, 62 ; pron. se comporter, se conduire **14**, 5 ; **39b**, 99 ; *se p. bien* aller bien, bien tourner **38**, 109 ; *s'y p.* s'y prendre **28b**, 78 ; *se p.* se croire, se considérer...**5**, 12.

portion, s.f. fragment, pièce **16a**, 67.

poser, v.tr. *p. le cas que* + subj. supposer que **28a**, 101, 134 ; **36b**, 103 ; supposer **34**, 54 ; conj. *posé que* + subj. supposé que, même en supposant que **10a**, 52 ; **16a**, 27.

possesseresse, s.f. celle qui possède, qui est en possession **11a**, 26.

possible, loc.adv. peut-être **31**, 170.

posterieur, s.m. successeur **13**, 68.

pot, s.m. *p. aux roses* = secret **36a**, 30.

potage, s.m. plante alimentaire: *jardin à potages* = potager **27**, 83; *pour tout p.* tout simplement **9a**, 44.

pou, v. *peu*.

pouche, s.f. poche **12b**, 56.

poulciere, s.f. poussière **14**, 129.

pouldre, s.f. poussière **33a**, 44; v. aussi *magnes*.

poulser, v.tr. pousser **24**, 153.

pour, prép. à cause de **3**, 114; **11b**, 10; **16a**, 34; **17a**, 10; **17b**, 97; 18, 27, 97; **19b**, 62; **20a**, 14; **23a**, 23; **24**, 6; **25**, 15; **31**, 39, etc.; *pour* + inf. = parce que + verbe à un mode fini **18**, 15, 75; **20a**, 27, 34; **20c**, 43; **23a**, 41; **23b**, 37; **28a**, 37; **31**, 113; **44**, 6, 95, 139, etc.; malgré **2**, 40; **13**, 60; **14**, 26, 43, 113; **43**, 37, etc.; *pour* + inf. = capable de, de nature à, fait pour **7**, 4; **14**, 59; **38**, 109; **49**, 6; p. + adj. + *que* + subj. (marque l'opposition) *pour bossé que fut* (= *fust*) quelque bossu que fût **39a**, 1; *p. tant que* v. *pourtant que*; *p. autant que* v. *autant*.

pource, adv. ainsi, donc, pour cette raison **1**, 81; **12b**, 68; **20d**, 10; **21b**, 34; **42a**, 1; *p. que*, conj. parce que **2**, 15; **4a**, 42; **5**, 103; **11a**, 7; **11b**, 64; **12b**, 147; **14**, 30; **16a**, 13, 72; **17b**, 82; **18**, 20, 31; **21a**, 85; **23a**, 45; **36c**, 17; **47**, 47, etc.

pourchasser, v.tr. chercher à obtenir **11a**, 27; intr. + *de* chercher à, s'efforcer de **3**, 155.

pourmener, v.tr. promener **33a**, 64; employer à l'excès: p.p. *pourmené* = rebattu **28a**, 145; **28b**, 28; pron. se promener **9a**, 1; **45**, 34, 64; s'avancer **32**, 38.

pourons, *pouroyent*, v. *pouvoir*.

pourpié, s.m. pourpier, plante à feuilles comestibles **23c**, 102.

pourquoi, pron.rel. pour lequel, laquelle, en raison duquel, de laquelle, à cause de quoi **10c**, 5; **15**, 72; **18**, 11; **39b**, 9; **40**, 81; **42b**, 96; et c'est pour cette raison que **23a**, 55; *ce pourquoi* ce pour quoi **46b**, 17.

pourroy, v. *pouvoir*.

poursuite, s.f. instances, demande urgente **3**, 58; **41a**, 51.

pourtant, adv. ainsi, donc, par conséquent **11b**, 4, 39; **15**, 21, 47, 73, 130, 142; **36a**, 18; *non p.* cependant, malgré cela **3**, 42, 117; conj. *p. que* parce que, comme **3**, 153; **23a**, 9.

pourtraict, s.m. portrait, image **39a**, 50.

pourtraicture, s.f. image, portrait **5**, 44.

pourtraire, v.intr. ressembler; impf. 6 *pourtraioyent* **28a**, 35.

pourveoir, v.intr. parer à **48**, 65, 110; *p. à qqun de qqch* lui en fournir **28a**, 56; pron. + *de* se procurer **38**, 59; p.p. *pourveu* **38**, 59; *pourveu que* + subj. pourvu que **17b**, 51; **28a**, 48; **44**, 142; **49**, 17, 32, 42.

pourvoir, v. *pourveoir*.

pousse, s.m. pouce **20c**, 38, 55.

pouves, v. *pouvoir*.

pouvoir, v.intr. prés.ind. 1 *puis* **8a**, 14; **17b**, 63; **31**, 117; **36b**, 32; **39a**, 20; **45**, 7; **46a**, 16; **46b**, 13; **49**, 5; **50**, 21; 2 *peulx* **9b**, 50; *puis* **17a**, 26; 3 *peult* **9b**, 41; **14**, 41; **16a**, 17; **24**, 18; **42a**, 30; *peust* **9b**, 83; impf. 1 *pouves* **36a**, 9; p.simple 3 *peut* **3**, 11, 103; **5**, 50; **6**, 121; **7**, 18; **24**, 98, 106; **25**, 16; **46b**, 65; *peult* **14**, 76, 151; **24**, 101; 6 *peurent* **7**, 53; **16a**, 82; *peurlent* **14**, 33, 131; fut. 1 *pourray* **38**, 21; 4 *pourons* **30**, 14; cond. 1 *pourroy* **38**, 10; **39a**, 59; 6 *pouroyent* **40**, 111, 113; prés.subj. 2 *puisse* **43**, 81; 4 *puissons* **1**, 129; impf.subj. 1 *peusse* **8a**, 4; **39b**, 83; 3 *peust* **4b**, 48; **18**, 107; **22**, 108, 154; **28a**, 131; **28b**, 76; **34**, 47; **45**, 98; **50**, 34; *peut* **17b**, 28; 4 *peussions* **8b**, 15; 6 *peussent* **6**, 105, 119; p.p. *peu* **10a**, 25; **10c**, 12; **11a**, 2; **12a**, 6; **16a**, 58; **17b**, 91; **18**, 67, 91; **19a**, 10, etc.; s.m. *faire à tout p. que* tout faire pour que **17a**, 13.

povre, adj. pauvre **3**, 14; **12b**, 31; **21a**, 17.

povreté, s.f. pauvreté **3**, 152.

practique, *practiquer*, v. *pratique*, *pratiquer*.

prætorial, adj. prétorien, de préteur **24**, 4.

pratique, s.f. procédure, conduite des procès **46a**, 106, 130; expérience, connaissance **23c**, 29; comportement **4a**, 27; manière de s'y prendre **28b**, 65; au pl. menées, intrigues, agissements **35a**, 57; **48**, 8; adj. habile dans l'action **29**, 136.

pratiquer, v.tr. employer **17a**, 2; fréquenter, lire souvent **17b**, 87; appliquer **30**, 50.

ᴸ*precation*, s.f. prière **9a**, 22.

precepte, s.m. leçon **19b**, 63; règle **39b**, 30.

ᴸ*precule*, s.f. prière **9a**, 23.

predict, adj. précité **16a**, 43, 56.

prée, s.f. pré, prairie **29**, 80.

preeminence, s.f. supériorité **4a**, 13; **15**, 108, 122; **28a**, 59; titre d'excellence **17b**, 55.

preigne, v. *prendre*.

premier, adj. primitif **14**, 89; **20b**, 26; adv. pour la première fois, d'abord **1**, 114; **18**, 163; conj. *p. que* + inf. avant de **16a**, 24; **32**, 121; *p. que vous* avant vous **12b**, 125.

premierement, adv. *faire p.* = être le premier à faire **18**, 141.

premis, p.p. mis avant, placé avant, exposé avant **17a**, 2.

pren, *prens*, *prent*, v. *prendre*.

prendre, v.tr. *p. en payement* croire **24**, 79; **36b**, 52; *p. en gré* trouver bon, agréable **17a**, 26;

prendre (suite)

observer **41b**, 68; *p.* (*indication, des indications*) relever, noter **16a**, 9; **16b**, 14, 16; *p. occasion* trouver un motif, un sujet **18**, 119; *p. un signe* convenir de, concerter **24**, 131; attraper, contracter (une maladie) **33a**, 64; serrer, presser **27**, 55; *p. . . . à un mespris* y voir un signe de mépris **24**, 71; *p. le cas que* supposer **10a**, 54; *p. que* supposer **26**, 78; intr. *il nous en prend comme à* = nous agissons comme **28a**, 107; **46a**, 144; *se laisser p. à* s'attacher à **42a**, 26; pron. *se p. à* = s'en prendre à, s'attaquer à, blâmer **21a**, 33; **39b**, 57; prés.ind. 1 *pren* **36b**, 52; 2 *prens* **2**, 32; 3 *prent* **43**, 24; 6 *prengnent* **15**, 91; p.simple 1 *prins* **2**, 173; 3 *prinst* **6**, 80; *print* **1**, 46; **2**, 154; **9a**, 45; **21a**, 34; **25**, 94; 6 *prindrent* **6**, 20; **22**, 112; prés.subj. 3 *preigne* **10b**, 13; **14**, 77; impf.subj. 3 *print* **38**, 126; 6 *prinssent* **31**, 53; impérat. *pren* **32**, 13; *prens* **40**, 112; p.p. *prins* **2**, 2; **3**, 11; **8b**, 4; **11b**, 29; **16b**, 14; **30**, 76; **44**, 11, 56; **45**, 39, etc.; *prins* prisonnier **10a**, 5.

prengnent, v. *prendre*.

pres, prép. près de **11b**, 58; **14**, 4; **16a**, 81; **23b**, 49; **25**; 91; **33b**, 9; **41a**, 6.

presagir, v.tr. prévoir, présager **32**, 107.

prescavoir, s.m. prescience **2**, 13.

presche, s.m. sermon **31**, 50.

prescheur, s.m. prédicateur **9b**, 73.

Lprescript, s.m. précepte, prescription **9a**, 26.

prescription, s.f. droit fondé sur l'ancienneté; *longue p.* = longue possession **11a**, 28.

present, adj. en cause; qui nous occupe **17b**, 84; s.m. *ce p.* = l'ouvrage présent, l'ouvrage que voici **4a**, 84; loc.adv. *de p.* à présent **6**, 32, 77; **8b**, 3; **9b**, 52; **17b**, 6, 73.

presentement, adv. *tout p.* au moment même **39a**, 26.

presenter, v.tr. *p. le vin* servir, offrir **44**, 41; pron. s'offrir, se sacrifier **26**, 38.

president, s.m. magistrat **35c**, 4.

presse, s.f. multitude, concours **4b**, 44; **5**, 21; **24**, 88; pressoir **26**, 12.

pressouer, s.m. pressoir **2**, 122.

prest, adj. *p. de* prêt à **26**, 48; **35a**, 54; **40**, 96; *p. pour* prêt à **26**, 29.

prester, v. *charité, main.*

Lprestoler, v.tr. attendre **9a**, 17.

presupposer, v.tr. supposer **2**, 117; **14**, 118.

preten, v. *pretendre*.

pretendre, v.tr. chercher, poursuivre **14**, 124; **41b**, 4; mettre en avant, alléguer **17b**, 62; + inf. chercher à **4b**, 30; **28a**, 66; prés.ind. 1 *preten* **28a**, 66.

preterit, adj. passé **16b**, 17.

preudhommie, s.f. probité, sagesse dans la conduite de la vie **9b**, 44.

preuve, v. *prouver*.

preux, adj. vaillant **3**, 14, 39; **32**, 125.

prevaloir, pron. + *de* tirer avantage de **43**, 28.

prevenir, v.tr. devancer, gagner de vitesse **24**, 40; réfuter à l'avance **43**, 9.

preveoir, v. *prevoir*.

prevoiance, s.f. prudence, circonspection **17b**, 88.

prevoir, v.tr. prés.ind. 1 *prevoy* **36b**, 21.

prevost, s.m. préfet, gouverneur **6**, 31; *p. des mareschaulz* officier préposé pour veiller à la sûreté des grands chemins dans une localité **33a**, 33; **49**, 53.

prevoy, v. *prevoir*.

prier, v.tr. *p. qqun de qqch* demander qqch à qqun **26**, 55; inviter **38**, 85; intr. *p. à Dieu* **48**, 23.

prime, adj. premier: *de toute p. jeunesse* = depuis l'âge le plus tendre **4a**, 12; v. aussi *face, rencontre.*

Lprimeve, adj. premier, primitif **9a**, 41.

primier, v. *premier*.

primitif, adj. premier **16b**, 15.

prince, s.m. *les p.* les grands (les patriarches et les juges parmi les juifs) **11b**, 9.

principal, adj. principal et princier (jeu de mots) **1**, 128.

prindrent, prins, prinst, prinssent, print, v. *prendre*.

pris, v. *prix*.

prise, s.f. action d'absorber un aliment, un poison **30**, 123.

priser, v.tr. donner du prix, de la valeur à **15**, 22; **17b**, 32; estimer, apprécier **4a**, 46; **42b**, rub., 30.

privé, adj. domestique **23b**, 45.

prix, s.m. estime **44**, 40; *au prix de* (prép.) auprès de, en comparaison de **28b**, 43; **39a**, 27; loc.adv. *au p.* en comparaison **7**, 101.

proceder, v.intr. venir de, provenir de **4a**, 8; **13**, 36; **15**, 88; **40**, 3, 118; **44**, 66; aller, avancer **17b**, 73; résulter **18**, 4.

prochain, adj. *p. voisin* = proche voisin **28a**, 25.

procuration, s.f. pouvoir d'agir au nom du mandant **48**, 101.

procureur, s.m. avoué **10a**, 34; **35c**, 4; **42b**, 35; **49**, 136.

prodigieux, adj. extraordinaire **47**, 42.

proesme, s.m. prochain **1**, 75.

proferer, v.tr. prononcer **11a**, 12.

profession, s.f. *faire p. de* exercer le métier de **5**, 95; **30**, 115.

profiter, v.intr. tirer un bénéfice, un gain pécuniaire **38**, 44; réussir **9b**, 1, 48; **23a**, 22; **23c**, 33; **33b**, 14; être profitable **2**, 29.

prognostiquer, v.intr. faire un pronostic, prédire **39b**, 105.

prolation, s.f. prononciation **11a**, 11.

promettre, v.intr. assurer **11b**, 86; **21b**, 32.

prononciation, s.f. au pl. =timbres des voyelles et des consonnes **4a**, 56.

pronostique, s.m. pronostic **24**, 23.

propice, adj. apte, propre **4a**, 15.

propos, s.m. sujet, matière de discours **6**, 139; **13**, 96; **24**, 38; **28a**, 18; **31**, 67; **36b**, 97; **40**, 104; but, dessein, intention **3**, 167; **12a**, 20; **17b**, 105; discours **8a**, 20, 35; **24**, 121; récit **26**, 14; remarque, observation **25**, 123; **28a**, 2; **40**, 9; question, sujet **24**, 113; **30**, 4; *sans p.* mal à propos, sans motif valable **31**, 126; *à tous p.* en toute occasion **34**, 116.

proposer, v.tr. déclarer **48**, 55, 85.

propre, adj. apte, convenable **13**, 84; **31**, 86; **40**, 43; exact **13**, 98; véritable **21b**, 32; *p. nom* =nom propre **20b**, 10; soigné **27**, 68; *mourir de sa p. mort* mourir de mort naturelle, de sa belle mort **31**, 7.

proprement, adv. convenablement **5**, 89; exactement, précisément **17b**, 22; **24**, 156; **28b**, 14; **30**, 114.

propriété, s.f. qualité, trait caractéristique **1**, 6; **13**, 30, 40; **16b**, 3; élégance **17b**, 3; possession, droit de propriété **34**, 91.

protester, v.intr. déclarer, affirmer **11b**, 54; *p. de* +inf. assurer, affirmer que…**46b**, 46.

prou, adv. beaucoup **5**, 66.

prouffit, s.m. *faire son p. de* utiliser, employer à son avantage **28b**, 56.

prouver, v.tr. mettre à l'épreuve, examiner, sonder **2**, 45; prés.ind. 1 *preuve* **16a**, 25.

provenir, v.intr. se produire, se présenter **16a**, 45, 63.

providadour, s.m. titre de certains officiers de la seigneurie de Venise **7**, 137.

province, s.f. pays, royaume, état **23c**, 15; **29**, 44.

^L*proxime*, s.m. prochain, proche parent **9a**, 26.

proye, s.f. pillage, action de piller, **6**, 60; *mettre en p.* exposer, mettre en péril **48**, 96; v. aussi *levrier*.

prytanee, s.m. édifice public où l'on entretenait un feu perpétuel sur l'autel **44**, 44.

puamment, adv. d'une manière puante **36b**, 86.

publicque, adj. public **5**, 126.

publier, v.tr. faire connaître, célébrer **22**, 19; **31**, 173.

pucelle, s.f. jeune fille, vierge **3**, 100; **10b**, 2; **29**, 132.

puis, prép. depuis **1**, 114; **4a**, 1; v. aussi *n'agueres*; adv. alors **12b**, 46; enfin **17b**, 106; *p. apres* ensuite, plus tard **27**, 97; **28a**, 94; **35a**, 13; **47**, 89.

puissance, s.f. pouvoir **46a**, 15; **50**, 116; valeur **46b**, 69.

pululer, v.intr. s'accroître, se développer **18**, 104.

pulverizer, v.tr. réduire en poudre **16b**, 2; **23c**, 84.

putier, s.m. débauché **25**, rub.

qu' pron. rel. =qui **2**, 23; **3**, 3, 101, 119, 120, 169; *ce que* =ce qui **12b**, 111.

quadrain, s.m. quatrain, strophe ou poème de quatre vers **36b**, 59.

^L*quadrivie*, s.f. carrefour **8a**, 11; **9a**, 10.

qualifier, v.tr. parer, accoutrer **45**, 45.

qualité, s.f. propriété **30**, 59; *être en q.* avoir qualité (pour) **34**, 47.

quand, conj. **20c**, 67; **29**, 44; même si **18**, 43; **26**, 31; **28a**, 91; **28b**, 73; **38**, 10; *q. bien* = même si **43**, 30.

quand, adv. v. *quant*, adv.

quandetquand, v. *quantetquand*.

quant, conj. v. *quand*, conj.

quant, adj. *quantes lieuës* combien de **33a**, 6; *toutes et quantes fois que* toutes les fois que **28a**, 55.

quant, adv. *q. à* **18**, 34; **20b**, 26; *q. à l'œil* pour ce qui est de la vue **29**, 12; *q. est de* quant à, pour ce qui est de **26**, 45; **40**, 87.

quantetquand, *quantetquant*, adv. en même temps **15**, 10; **28a**, 71; **36a**, 28; **39b**, 60.

quarré, v. *bonnet*.

quart, adj. quatrième **19b**, 81, 96.

quarte, s.f. ancienne mesure de capacité, contenant 2 pintes **33a**, 83.

quarte, v. *carte*.

quartement, adv. en quatrième lieu **19b**, 94.

quartenier, s.m. officier municipal préposé à la surveillance d'un quartier **35c**, 23.

quartier, s.m. terme de trois mois, trimestre **33b**, 22.

quasser, v. *casser*.

que, pronom rel. ce que **7**, 103; **11b**, 42; **12a**, 16; **12b**, 26, 51, 105; **14**, 81; **21a**, 88; **24**, 166; **31**, 33; **49**, 72; *ce que* =ce qui **5**, 49; **9b**, 9, 15; **31**, 59.

que, adv. pourquoi **22**, 119; **49**, 80.

que, conj. en sorte que **14**, 84; pour que **9a**, 45; **27**, 52; *que si* (en début de phrase) (pléonasme) =si **11a**, 4, 18; **12a**, 6; **18**, 102; **19b**, 33; **28a**, 39, 86; **28b**, 45; **36b**, 109; **42b**, 61; **44**, 26, 95, etc.

quel, adj. de quelle sorte **21b**, 11; **36b**, 41; sous quelle forme **15**, 84.

quellement, v. *tellement*.

quelque, adj.indéf. (sens collectif) *q. espice* quelques épices **23c**, 81; *q. mot* quelques mots **47**, 1.

quelquefois, adv. une fois **22**, 35; **31**, 112; un jour dans l'avenir **22**, 126; **23b**, 42; **23c**, 121.

quelquesfois, v. *quelquefois*.

querelle, s.f. cause **6**, 123; **46b**, 3.

quereller, v.intr. *q. avec qqun* quereller qqun **27**, 18.

querir, v.tr. chercher **5**, 111; **12b**, 79; **21a**, 46, 54, 62; **25**, 18; **40**, 70, 137; **48**, 69; *q.* +inf. vouloir, chercher à **4a**, 70; prés.ind. 3 *quiert* **4a**, 70; p.p. *queru* 1, 33.

^L*queriter*, v.tr. demander **9a**, 29.

queru, v. *querir*.

question, s.f. torture **41a**, 7.

queue, s.f. *à leur q.* à leur suite, suivis de près par **7**, 22; arrière ou arrière-garde **14**, 143.

qui, pronom rel. ce qui **5**, 98; **6**, 70; **13**, 63; **14**, 156; **17a**, 14; **21a**, 22; **23a**, 34; **24**, 29, 130; **28a**, 54; **34**, 53; **41b**, 44, 54; **43**, 53; **45**, 90; **46a**, 25, 135; **46b**, 26; pron.indéf. =si l'on **2**, 147, 154; **21a**, 10; **45**, 59; **47**, 131; celui qui **11b**, 52; **18**, 133; **22**, 57; **47**, 74; *qui…qui…*l'un…l'autre **41b**, 32; =quels **41b**, 3; =lequel **37**, 105, 107; pron.interr. (régime indirect) **2**, 29; v. aussi *qu'*.

qui, = *qu'il* **2**, 143; **5**, 127; **11a**, 24; **15**, 80; =*ce qu'il* **12b**, 41.

quidam, s.m. certain individu **46a**, 46.

quiert, v. *querir*.

quint, adj. cinquième **3**, 32; v. aussi *essence*.

quintaine, s.f. *tirer à la q.* renverser un mannequin armé **50**, 39.

quirinal, adj. *la (croppe) Quirinale* le mont Quirinal **22**, 52.

quirite, s.m. citoyen romain **34**, 15.

quitter, v.tr. *q. qqch à qqun* céder, laisser, abandonner **29**, 63.

rabatre, v.tr. *tout bien compté et rabatu* tout compte fait, tout bien examiné **36b**, 65; réfuter **43**, 12, 48; rabaisser, réprimer **2**, 22; **49**, 116.

rabesser, v.tr. rabaisser, ravaler **2**, 30.

raccorder, v.tr. accorder de nouveau **36a**, 24.

race, s.f. nation **20c**, 58; famille, lignée **36b**, 78; **49**, 31; *vilain de quatre r.* vilain descendu de vilains **49**, 42.

rachapter, v.tr. rançonner, délivrer en payant une rançon **3**, 22.

racine, s.f. au pl. =racines comestibles **27**, 84.

racler, v.tr. rayer, effacer, faire disparaître **20b**, 8.

racomptable, adj. pouvant être raconté **5**, 40.

rage, s.f. *male r.* rage violente **12b**, 16; démence, fureur **22**, 139; *faire r. de* travailler très activement à **36b**, 30; *faire r. pour* faire de grands efforts pour **49**, 50.

^L*ragionnement*, s.m. raisonnement **36a**, 13.

^L*ragionner*, v.intr. raisonner, discuter **36a**, 7.

raïon, s.m. rayon **37**, 80.

rais, s.m.pl. rayons **37**, 57, 87.

raison, s.f. argument **17a**, 3, 24; **18**, 30; **19a**, 13; **24**, 80; **28a**, 17; **30**, 17; **43**, 11, 48; méthode, manière, procédé **20b**, 2, 8; *rendre r. de* justifier, expliquer **11a**, 1, 4; **24**,

162; *par mesme r.* pour la même raison **31**, 20; *par r. commune* d'une façon naturelle **31**, 7.

ramage, s.m. langage **46b**, 31.

ramasser, v.tr. amasser **43**, 83.

rame, s.f. aviron **46a**, 119; v. aussi *vele*.

ramer, v.intr. naviguer **37**, 45.

raper, v.tr. râper **23c**, 59.

rapine, s.f. *publiques r.* pillage pratiqué par le peuple (qui ne voit, dans les monuments de Rome, qu'une carrière de matériaux) **22**, 92.

rapineur, adj. qui rapine **2**, 141.

rapport, s.m. rapports, dénonciations, ce que l'on dit sur le compte d'autrui **27**, 97.

rapporter, v.tr. rattacher, **31**, 45; pron. +*à* se conformer à, être conforme à **46b**, 25.

rapporteur, s.m. mauvaise langue **27**, 106.

rapteur, s.m. ravisseur **14**, 66.

^L*rarité*, s.f. rareté **9a**, 15.

raser, v.tr. effleurer **37**, 81; abattre à ras de terre **41b**, 21.

rassis, adj. calme, réfléchi **24**, 119; *pain r.* qui n'est plus frais **27**, 116.

rastelier, s.m. râtelier **49**, 109.

rat, s.m. *comme rats en paille* sans contrainte, tout à fait libres **49**, 138.

rational, adj./s.m. personne raisonnable **16b**, 22.

ravaler, v.pron. redescendre **39a**, 47.

rave, s.f. *sentir sa r.* sentir le Limousin **28b**, 58.

ravir, v.tr. transporter **24**, 116; **37**, 114; enlever **41a**, 18; **45**, 52.

rayer, v.intr. rayonner, briller, luire **24**, 44.

razer, v. *raser*.

rebaiser v.tr. embrasser de nouveau **4b**, 31.

reboûcher, v.pron. s'émousser **37**, 59.

rebours, s.m. *au r.* =le contraire **31**, 38.

rebout, s.m. rebuffade **4b**, 39.

reboutement, s.m. dommage, détriment **1**, 112.

rebouter, v.tr. repousser, chasser **4b**, 23.

rebratz, s.m. repli, bord relevé: *a double r.* =au-dessus du commun **9b**, 2.

recepveur, s.m. collecteur d'impôts **49**, 62.

recepvoir, v. *recevoir*.

recercher, v. *rechercher*.

receu, receut, receupt, v. *recevoir*.

recevable, adj. admissible **8a**, 32.

recevoir, v.tr. accepter **19a**, 3; **24**, 79; **43**, 5; **47**, 168; admettre, reconnaître **17b**, 28; prés.ind. 3 *receoit* **11b**, 18, 52; p.simple 3 *receupt* **9b**, 4; *repceut* **14**, 154; 6 *receurent* **23b**, 13; **35a**, 43; impérat. *recoiptz* **9b**, 122; p.p. *receu* **7**, 135; **9b**, 56; **17b**, 28; **20a**, 13; **20b**, 14; **28a**, 11; **30**, 80; **50**, 23; *repceu* **13**, 53; *si j'estoi reçeu en…* =si l'on me permettait d'accepter…**20b**, 40.

rechercher, v.tr. demander **45**, 57; intr. chercher **23b**, 31.

reciter, v.tr. raconter, narrer **1**, 4; **3**, 5; **5**, 126; 6, 67; **23a**, 15; **24**, 51; **42a**, 4; **47**, 72.

reclamer, v.tr. invoquer, implorer **10c**, 2.

reclus, s.m. solitaire, anachorète **29**, 49.

recogneu, p.p. reconnu **48**, 106.

recognoissance, s.f. mot ou signe de ralliement; ce qui sert à faire reconnaître **45**, 88.

recommendation, s.f. estime, considération **17b**, 34; **18**, 83.

recommender, v.tr. *recommendez-moi à luy* = saluez-le de ma part **33b**, 60; pron. *se r. aux bonnes grâces de qqun* prendre congé **49**, 52.

recorder, v.tr. (se) rappeler **1**, 98.

recourir, v. *rescourir*.

recours, s.m. moyen, ressource **21a**, 39.

recouvrer, v.tr. trouver, obtenir, se procurer **1**, 40; **4a**, 71; **4b**, 75; délivrer, libérer **7**, 85.

recouvrir, v.tr. recouvrer: p.p. *recouvert* **16b**, 43.

recouyst, v. *rescourir*.

recreation, s.f. soulagement **23a**, 37.

recréer, v.tr. ranimer, raviver, fortifier **4b**, 83; 44, 52, 64; pron. se distraire, se délasser **23b**, 28.

recreu, adj. épuisé **29**, 7; fourbu **44**, 37.

recueil, s.m. récolte **27**, 4; réservoir **40**, 5; accueil **43**, 20; **48**, 7.

recueillir, v.tr. adopter **17b**, 31; accueillir **50**, 12; récolter **23c**, 18; absorber **46b**, 78; conclure, reconnaître **46b**, 63, 74.

reculer, v.tr. repousser **14**, 102.

reculon, loc.adv. *à r.* =la corde autour du cou **49**, 6.

ᴸ*redamer*, v.tr. aimer d'une affection réciproque **9a**, 25.

redarguer, v.tr. réfuter, contredire **15**, 89.

rediger, v.tr. réduire **15**, 79; v. aussi *memoire*.

redimer, v.tr. racheter **1**, 11.

redonder, v.intr. contribuer à, rejaillir sur **3**, 77.

reduire, v.tr. rédiger, écrire **1**, 85; **23c**, 120; *r. en art* ramener, soumettre à des principes esthétiques **13**, 52; *r. en mémoire* rappeler **15**, 152; *r. sous* rapporter à **16b**, 37; *r. à* rapporter à **5**, 122.

ᴸ*redundance*, s.f. superfluité, débordement **9a**, 39.

refaire, v.tr. réparer **27**, 36.

reflamboyant, adj. flamboyant, resplendissant **1**, 108.

refouler, v.tr. surmener **27**, 40.

refreschir, v.tr. rafraîchir **23a**, 51.

refrigeratif, adj. réfrigérant, servant à abaisser la température **23a**, 62.

refrigere, s.m. rafraîchissement, soulagement **4b**, 61.

refrigereux, adj. rafraîchissant **4b**, 81.

refroidier, v.intr. diminuer d'ardeur **1**, 76.

refroidir, v.tr. diminuer **22**, 145; p.p. découragé **44**, 35.

refuser, v.tr. *r. qqun de qqch* refuser qqch à qqun **5**, 127.

regard, s.m. égard **1**, 42; **43**, 96; **49**, 52; *au r. de* =quant à, pour ce qui est de **2**, 149; **14**, 154; **45**, 13; =par rapport à **5**, 124.

regarder, v.tr. se rendre compte, considérer **4b**, 34; se demander **31**, 133; **35a**, 14; *r.à* +inf. faire en sorte, avoir soin **21b**, 10.

regenerer, v.tr. faire renaître, reproduire une partie détruite **16b**, 12.

registre, s.m. *faire r.* tenir les comptes **27**, 32.

reglement, s.m. administration **42b**, 45; *donner bon r. à* mettre bon ordre à **47**, 89.

regnard, s.m. renard **38**, 72.

regorger, v.intr. déborder, s'épancher **39b**, 26.

reiglement, v. *reglement*.

reigler, v.tr. réduire à des règles, mettre en ordre **8a**, 71; **8b**, 16; **11a**, 3; **17a**, 12; **18**, 16; régler **11a**, 12.

reins, s.m.pl. *à force de r.* en raidissant le dos **32**, 145.

reinsser, v.tr. rincer **12b**, 63.

reintegrer, v.tr. rétablir **45**, 114.

rejoindre, v.pron. +*à* =rejoindre **22**, 66.

relief, s.m. *de r.* =en relief **29**, 37.

reluire, v.intr. briller, se manifester avec éclat **9b**, 33; **46a**, 87; **47**, 27.

remanant, s.m. reste **3**, 99; **14**, 109.

remarquer, v.tr. noter, mentionner **24**, 23.

remeist, v. *remettre*.

rememorer, v.tr. se rappeler **2**, 159.

remenant, v. *remanant*.

remener, v.tr. ramener **35b**, 10.

remettre, v.tr. différer **24**, 55, 68, 84; faire grâce de **16b**, 32; assigner, confier **23c**, 74; placer **30**, 54; *r. sus* redresser, relever **3**, 33; impf.subj. **3** *remeist* **24**, 55; p.p. *remis* = diminué, amoindri **14**, 26.

remise, s.f. ajournement, renvoi à plus tard **24**, 71.

remonstrance, s.f. critique **28a**, rub.; objection, reproche **20b**, 7; **45**, 77.

remonstrer, v.tr. faire remarquer **24**, 69; **27**, 104; **48**, 74; **49**, 71; déclarer **49**, 115; faire des remontrances **27**, 48.

remonter, v.tr. pourvoir d'une autre monture **7**, 62.

remotion, s.f. action d'écarter, d'éloigner **1**, 25.

remuement, s.m. mouvement, impulsion **39b**, 108.

remuer, v.tr. soulever **48**, 79; pron. se donner de la peine, s'agiter **43**, 34; p.prés. *remuant* =(toujours) en mouvement **50**, 40.

renard, v. *escorcher*.

rencontre, s.f. choc imprévu de deux corps de troupe **45**, 82; expression heureuse, juste **46a**, 96; *de prime r.* au premier abord, de prime abord **46b**, 15.

rencontrer, v.tr. trouver, tomber sur **39a**, 24; **42b**, 96; **44**, 172; **47**, 149; intr. +*à* être d'accord avec, coïncider avec **39a**, 29; pron. se trouver, **47**, 52.

rendre, v.tr. traduire **12a**, 1; **18**, 134, 192; *r. raison* v. *raison*; pron. se faire, se déclarer **50**, 115; pron. +*à*=se dévouer, se consacrer à **26**, 56; prés.ind. 1 *rens* **32**, 3; **50**, 115; prés.subj. 5 *rendez* **27**, 52.

reng, s.m. rangée **19b**, 8.

renger, v.tr. pousser, contraindre **7**, 141; pron. se conformer, se soumettre **39b**, 71.

renommer, v.tr. réputer **10c**, 10.

renoncer, v.tr. renier, renoncer à **41a**, 13; **47**, 83, 122.

renouvellé, p.p. rené; ayant pris un aspect nouveau **1**, 115.

renverser, v.tr. abattre, vaincre **45**, 89; bouleverser **47**, 23.

renvoyer, v.tr. congédier; cond. 3 *renvoyroit* **36b**, 68.

renybieu, interj. juron atténué (='je renie Dieu') **12b**, 104.

repaistre, v.tr. nourrir **20c**, 42; **44**, 64; *faire r.* faire paître **7**, 115; pron. *se r. de* manger, boire, se nourrir de **14**, 107; **40**, 80; part.prés. *repaissant* **20c**, 42; p.passé *repeu* **44**, 64.

reparer, v.tr. renouveler **15**, 117.

repceu, repceut, v. *recevoir*.

repeu, v. *repaistre*.

replastrer, v.tr. plâtrer de nouveau, réparer d'une manière sommaire, imparfaite **39a**, 32.

replection, s.f. plénitude, action de remplir **1**, 25.

repondant, reponàre, v. *respondant, respondre*.

repos, s.m. palier **37**, 101.

reposer v.intr. se reposer **7**, 118.

repoulser, v. *repousser*.

repousser, v.tr. lisser **20c**, 15; repousser **24**, 106.

reprehenseur, s.m. censeur, celui qui reprend, qui blâme **43**, 43.

reprehension, s.f. critique, blâme **43**, 32, 46, 58.

reprenable, adj. répréhensible, blâmable **17a**, 9.

reprenard, s.m. celui qui aime à reprendre, à blâmer **43**, 58.

reprendre, v.tr. critiquer, trouver à redire **31**, 127, **43**, 10, 65; réprimander **27**, 64; v. aussi *arrhement*; p.p. *reprins* **11b**, 41; **27**, 64.

representer, v.pron. se présenter **47**, 117.

reprins, v. *reprendre*.

reprinse, s.f. reproche, blâme **27**, 58.

reproche, s.f. **15**, 101.

reprocher, v.tr. *r. à qqun que* +subj. =reprocher à qqun de…**31**, 118.

reprouver, v.tr. réfuter **16a**, 12.

reputer, v.tr. considérer, méditer sur **15**, 69; juger, croire, tenir pour **9b**, 57; **17b**, 56; **34**, 142.

requeillir, v. *recueillir*.

requerir, v.tr. prier **2**, 148; **4a**, 35; demander **10a**, 63; **13**, 24; **24**, 124; **25**, 16; **41a**, 27; *r. qqun de qqch* demander qqch à qqun **27**, 53; intr. *r. a dieu que* +subj. **9b**, 31; fut. 3 *requerra* **27**, 53; p.p. *requis* **2**, 165; **5**, 38.

^L*requiescer*, v.intr. reposer **9a**, 42.

rés, v. *rais*.

rescourir, rescourre, v.tr. délivrer, reprendre par force **7**, rub.; **10a**, 25; p.simple 3 *recouyst* **10a**, 19; p.p. *rescoux* **7**, rub.

rescoux, v. *rescourir*.

resentir, v.pron. se venger **28a**, 145.

reserrant, adj. sobre, retenu, réservé **27**, 68.

reserrer, v.tr. serrer, enfermer **50**, 118.

reserve, s.f. conservation **27**, 81.

reserver, v.tr. observer **39b**, 77.

resitant, adj. résistant **14**, 112.

resolution, s.f. dénouement **31**, 46; solution **34**, 72.

resonance, s.f. ampleur harmonieuse, juste tonalité **4a**, 47.

resouder, v.tr. souder de nouveau **39a**, 32.

resoudre, v.tr. dégager, tirer d'embarras **3**, 31; dissiper **43**, 50; fixer, arrêter **45**, 29; **50**, 87; p.p. *resolu*: *je suis r.* je me suis décidé **38**, 66.

resouldre, v. *resoudre*.

respect, s.m. *pour le r. de* en comparaison de **17b**, 60; *sans r.* sans égard pour personne **28b**, 44.

respondre, v.intr. faire écho **29**, 68; prés.ind. 1 *respon* **28b**, 61; **36b**, 21; **42b**, 64; p.prés. *respondant* =symétrique **19b**, 14.

ressembler, v.tr. ressembler à **23c**, 87.

ressentiment, s.m. *avoir r. de* être sensible à, avoir conscience de **50**, 60.

ressouvenir, v.impers. *desquelles il ne me ressouvient* dont je ne me souviens pas **48**, 116.

restituer, v.tr. remettre **50**, 25.

resumer, v.tr. reprendre **16b**, 43.

resverie, s.f. délire, acte ou parole de folie **12b**, 31; au pl. =idées chimériques **39a**, 4.

retardation, s.f. empêchement **1**, 24.

retarder, v.tr. empêcher **1**, 45; **14**, 136.

retenue, s.f. rétention **30**, 111.

rethorical, adj. qui se rapporte à la rhétorique **1**, 91.

retourner, v.tr. tourner **32**, 94; intr. revenir **11b**, 86; **12b**, 66, 68; **24**, 77; **47**, 32; *r. sur* =se retourner contre **7**, 77; v. aussi *brisées, routes*.

retrancher, v.tr. ôter **42b**, 24.

retribution, s.f. récompense **1**, 69.

retrogradacion, s.f. régression **1**, 22.

rets, s.m. filet, piège **32**, 81; **40**, 91.

revenue, s.f. retour **7**, 64.

reveremment, adv. avec respect, **36b**, 16.

reverence, s.f. respect **25**, 15.

revers, s.m. coup inattendu **50**, 36.

revesche, adj. peu aimable, rébarbatif **38**, 80.

revisiter, v.tr. examiner de nouveau, relire **9b**, 101.

revolu, adj. *avant l'an revolu du trespas* avant que s'écoule une année après le trépas **31**, 139.

ribaud, s.m. gaillard **45**, 40.

rien, s.f. chose **1**, 12; s.m. bagatelle, vétille **12b**, 146; vide **37**, 63; pronom indéf. quelque chose **12b**, 11, 19, 51; quoi que ce soit **28b**, 70; *rien aultre chose* rien d'autre **7**, 104; **13**, 74; *r. moins* pas du tout **36b**, 37; **43**, 36.

[1]*rinfresquer*, v.tr. rafraîchir **36a**, 22.

rire, v.pron. rire **21a**, 9; **46a**, 119.

robe, s.f. *les r. longues* =les gens de robe, les juges, les avocats **49**, 90; *tourner sa r.* changer de parti **49**, 87.

roide, adv. vite **10a**, 31; adj. raide **8a**, 50; **40**, 99.

roine, s.f. reine **28a**, 31; **34**, 41; **35a**, 71; **46a**, 13; **48**, 10; **50**, 108.

romant, s.m. roman **46a**, 92; **46b**, 40.

rompre, v.tr. battre, vaincre, défaire **7**, 129; **14**, 54; **48**, 18; annuler **25**, 63; fatiguer **33a**, 41; **41b**, 19; disperser, dissoudre **24**, 64; **48**, 57; faire cesser, interrompre **32**, 140; **39b**, 97; *r. (un coup)* amortir **49**, 120; **50**, 88; pron. *se r. la teste* se donner du mal **38**, 29; **43**, 31.

rond, en r. loc.adv. *manier (un cheval) en r.* faire pirouetter **29**, 138; s.m. sou **49**, 113; v. aussi *bonnet, machine*.

ronde, s.f. tour **29**, 3.

rondement, adv. promptement, sans hésiter **10d**, 22; franchement **45**, 13.

rondeur, s.f. globe ou cercle **22**, 46.

rongne, s.f. sorte d'éruption de la peau **36b**, 95.

rongneusement, adv. d'une manière rogneuse **36b**, 86.

rotondité, s.f. rondeur **16a**, 47, 77.

rotundité, v. *rotondité*.

roüer, v.tr. rouler, tourner (les yeux) **32**, 103.

roupte, v. *route*.

rouseau, s.m. roseau **29**, 77.

route, s.f. *mettre en r.* mettre en déroute **14**, 112; *retourner sur ses r.* revenir à son propos **46a**, 132; *la r. commune* le chemin battu **47**, 68.

routier, s.m. soldat de plusieurs années de service **2**, 76.

royne, v. *roine*.

rude, adj. brusque, dur, sévère **25**, 104; **37**, 120.

rudenté, adj. orné de moulures en forme de câble **29**, 23.

rudoyer, v.tr. traiter durement **27**, 8.

ruer, v.tr. lancer, jeter **4b**, 9; intr. *r. sur* se

ruer sur, fondre sur **7**, 47; **14**, 93; pron. se donner **8a**, 16.

ruffien, s.m. débauché, libertin **8a**, 62.

ruine, s.f. déchéance **31**, 3; destruction **50**, 71.

ruiner, v.pron. être détruit, être réduit à l'état de ruines **50**, 70.

ruption, s.f. rupture **16a**, 5.

rustique, s.m./adj. paysan **16b**, 34; **27**, 79.

rymeur, s.m. faiseur de vers, méchant poète **31**, 109.

s', possessif fém. élidé devant voyelle *samye* **10b**, rub.; *s'amie* **42b**, 69.

s', conj. si **16b**, 15; **21b**, 24; **29**, 31.

sablonniere, s.f. sable, terrain sablonneux **4b**, 47.

sabot, s.m. toupie **33b**, 70.

sac, v. *couvrir*.

sacerdotal, adj. de prêtre **4b**, 32.

sachet, s.m. sacoche (d'écolier) **33b**, 24.

[1]*sacrificule*, s.m. prêtre **9a**, 23.

sadement, adv. d'une manière douce ou charmante **36b**, 83.

sage, adj. savant, habile **43**, 86.

saiche, v. *scavoir*.

saigement, adv. sagement **3**, 18.

saigneux, adj. saignant **32**, 156.

sainement, adv. exactement **3**, 123.

saison, s.f. âge **22**, 131; **45**, 104; *perdre sa s.* venir ou parler mal à propos **8a**, 25.

salique, adj. qui appartient aux Francs Saliens **49**, 72.

salle, s.f. salle d'armes **50**, 32.

sallé, v. *plaine*.

[1]*salvatichesse*, s.f. rusticité **36a**, 21.

sambieu, interj. (juron atténué) **12a**, 12.

sambler, v. *sembler*.

sanctificetur, s.m. *faire le s.* prendre de faux airs de dévotion **38**, 80.

sang, v. *dragon*.

sanguin, adj. qui met en sang, qui fait saigner **8a**, 17.

sans, prép.=n'eût été **20b**, 4; sans parler de, pour ne rien dire de **4a**, 23; **43**, 66; conj. *s. ce que* outre que **17a**, 8; **17b**, 24; *s. ce que* + subj. =sans + inf. **4b**, 37.

saouler, v.tr. rassasier, satisfaire **4b**, 31; **35c**, 7.

sapience, s.f. sagesse **2**, 28; **9b**, 113; **15**, 106, 130.

sarions, v. *scavoir*.

satisfaire, intr. *s. à* + inf. suffire pour, être capable de **5**, 52; =satisfaire (tr.) **23a**, 54.

saturnal, adj. *la croppe Saturnale* le Capitole où régna autrefois Saturne **22**, 51.

saufconduit, s.m. au fig. =authenticité **31**, 132.

saulteur, s.m. athlète **44**, 43.

saulvageon, s.m. arbre poussé spontanément, non greffé **46a**, 101.

sauveté, s.f. *a s.* =en sûreté **7**, 58.

savoir, v. *scavoir*.

¹*sbigotit*, adj. étonné **36a**, 5.

scabreux, adj. difficile **13**, 6; âpre, rude, raboteux **18**, 143.

sçai, v. *scavoir*.

sçavant, adj. savant **5**, 66; **9b**, 57; s.m. **20b**, 38.

sçavoir, v.tr. *ne s. que faire* de v. *faire*; *s. (est)* à savoir **6**, 34, 93; **19b**, 30; **43**, 62; prés.ind. 1 *sçay* **11b**, 20; **21b**, 36; **36b**, 14; **36c**, 15; **38**, 13; **46a**, 23; **49**, 1; *sçai* **20c**, 69; **39a**, 7; **46a**, 21; impf. 1 *sçavez* **36a**, 23; p.simple 1 *sceuz* **10a**, 27; 3 *sceut* **39b**, 67; **46a**, 48; 6 *sceurent* **7**, 136; **24**, 141; cond. 4 *sarions* **46b**, 54; prés.subj. 1 *saiche* **4a**, 78; 3 *saiche* **5**, 37; impf.subj. 4 *seussions* **45**, 77; 6 *sçeussent* **31**, 81; impérat. *saiche* **13**, 20; **20b**, 17; *saichez* **2**, 165; p.p. *sceu* **6**, 128; **10a**, 26; **10c**, 11; **20b**, 7; **46a**, 69; **46b**, 21; *seu* **45**, 48; s.m. érudition **5**, 77; **11a**, 33; **31**, 150; **39b**, 7; art **22**, 63; habileté **5**, 107; connaissance **37**, 56; *en tout s.* dans tous les domaines de la science **9b**, 111.

sçay, sceu, sceurent, sceut, sceuz, v. *scavoir*.

scholastic, adj. scolastique **45**, 55.

sciemment, adv. à bon escient, en connaissance de cause **41b**, 2, 67.

science, s.f. savoir, connaissances **2**, 30; **9b**, 106; **10d**, 29; **31**, 94; **39a**, 5, 10, 67; **39b**, 10, 48; au pl. =branches de la science **5**, 116; **42b**, 21, 90; loc.adv. *de certaine science* =(quoique) parfaitement informé; à bon escient **43**, 39.

scopuleux, adj. escarpé **4b**, 73.

¹*scorne*, s.m. honte, injure **36b**, 17.

¹*scorte*, s.f. escorte, compagnie **36a**, 19.

scrupule, s.m. faible poids, petite pièce de monnaie **2**, 106.

scrupuleus, adj. minutieux, tatillon **20b**, 19.

se, pron.dém.neutre =*ce* **10a**, 46; **49**, 123.

se, conj. =si **1**, 119, 121; **2**, 35; **4a**, 52, 82; **4b**, 5, 87; **5**, 20; **7**, 112; **8b**, 29.

seant, v. *seoir*.

secle, s.m. siècle **17b**, 7, 70.

secourir, v.intr. *s. à* =secourir **25**, 63.

secousse, s.f. assaut, choc, heurt **39a**, 16; *à grand's.* =par bonds **32**, 57.

séez, v. *seoir*.

seigneur, s.m. *s. de* possesseur absolu de **34**, 93.

seigneurie, s.f. domination **15**, 108; **42a**, 18; état **5**, 103; **7**, 132; au pl. domaines, terres **3**, 52; **42b**, 55.

sein, v. *seing*.

seing, s.m. signature **34**, 48; **48**, 136.

sellier, s.m. celui qui fait les selles, les harnais **33a**, 67.

selon que = tel que **25**, 19; telles que **43**, 6; comme **28a**, 65.

semblable, adj. loc.adv. *à s.* =de même, semblablement **17b**, 43; s.m. chose semblable, la même chose **1**, 44; **3**, 69; **4b**, 25; **23b**, 18; **34**, 32; 68, **46a**, 73; **46b**, 74.

semblance, s.f. apparence, ressemblance **4b**, 58; **15**, 105, 131; **23c**, 92.

semblant, s.m. apparence **47**, 134; *monstrer s. de* faire mine de **14**, 65; *faire s. de* =avoir l'air de **36a**, 20.

sembler, v.intr. ressembler **21b**, 31; **40**, 34; v. aussi *advis*; impf. 3 *semblet* **36a**, 10.

sen, v. *sentir*.

senestre, adj. gauche **22**, 55; **29**, 139.

sentence, s.f. opinion **1**, 117; **9b**, 60; **15**, 110; **22**, 121; pensée, idée à exprimer **13**, 39, 98; **39a**, 15.

sentencieux, adv. plein de sentences, de maximes **17b**, 108.

sentiment, s.m. sens **29**, 11.

sentir, v.tr. *s. le vent* avoir des nouvelles **48**, 41; pron. +*de* se ressentir de **35a**, 39; **44**, 65; prés.ind. 1 *sen* **26**, 12, 102; p.simple 1 *senty* **26**, 7; p.prés. *sentent* **96**, 53; s.m. odorat **29**, 11.

senty, v. *sentir*.

seoir, v.intr. convenir **4a**, 33; pron. s'asseoir **33b**, 33; impf. 3 *seoit* **4a**, 33; impérat. *séez* **33b**, 33; p.prés. *seant* convenable, bienséant **23c**, 75; **31**, 50; **34**, 127.

seoit, v. *seoir*.

sep, v. *cep*.

septante, adj.num. soixante-dix **41a**, 2.

serée, s.f. soirée et ceux qui y assistent **44**, 8.

serenité, s.f. titre d'honneur donné à un prince **1**, 109.

serf, s.m. esclave **24**, 86; **26**, 85; **42a**, 36.

sergent, s.m. officier de justice **3**, 74; **45**, 40; **49**, 53.

serpette, s.f. petite serpe **23b**, 48.

serrant, adj. économe **27**, 91.

serrément, adv. étroitement **26**, 56.

servage, s.m. servitude **3**, 92.

servelle, v. *cervelle*.

ᴸ*server*, v.tr. observer **9a**, 26.

service, s.m. office divin **26**, 120.

servir, v.intr. =servir (tr.) **15**, 77; **17b**, 95; **20b**, 10, 38; **27**, 101; **34**, 26; **41a**, 13; être utile à **17b**, 93; **25**, 114.

servitude, s.f. *sur ma s.* sur moi qui suis votre serviteur, sur mon humble dévouement **39a**, 65.

ses, adj.dém. =ces **7**, 66; **10a**, 28, 41; **21a**, 36; **34**, 127.

seu, v. *sçavoir*.

seulement, adv. après nég. =même pas **29**, 119; **43**, 22.

seur, s.f. sœur; *les neuf s.* =les Muses **20c**, 2.

seur, adj. sûr **10a**, 21; **11a**, 8; **23c**, 36; **27**, 102; **39b**, 63; *croire pour tout s.* avoir la ferme conviction **17b**, 73.

seurement, adv. sûrement, avec assurance **13**, 23; en sûreté, sans danger **37**, 45.

sevir, v.intr. agir avec violence, exercer la répression 50, 96.

¹*sgarbatement*, adv. sans grâce 36a, 7.

si, conj. marquant l'hypothèse: *si bien* s'il est vrai que 22, 109; *si ainsi estoit que* + subj. si c'était le cas que, si tant est que 28a, 130; 40, 110; *si* = s'il 12b, 137; *que si* v. *que*.

si, adv. *si* (*que*) *de* = assez... pour 14, 60; 39b, 97; 43, 35; 48, 103; *faisons si bonne mine que nous voudrons* = nous avons beau faire bonne mine (à mauvais jeu) 50, 43.

si, conj. et 1, 43, 53; 3, 34; 4b, 43; 6, 131; 7, 24; 10a, 6, 59; 11b, 54; 21a, 37; (*et*) *si* aussi, d'ailleurs, qui plus est 5, 14; 18, 142; 24, 181; 26, 109; 33a, 17; 41a, 25; pourtant, toutefois, néanmoins 1, 79; 3, 158; 8a, 24; 10c, 4; 14, 19; 25, 56, 120; 36b, 44; 38, 42; 39a, 20, 28; 45, 99; 47, 29; 49, 57; 50, 43; (renforce une affirmation ou une négation) 7, 74; 12b, 150; 14, 33; 26, 20, 54, 58; 36c, 38; 46a, 62; 46b, 65; ainsi 7, 41, 92, 134; en effet, en vérité 14, 33; *si est ce que* cependant, néanmoins 18, 45; 20a, 14; 22, 94; 25, 3, 68; 26, 32, 64; 30, 6; 34, 145; 41a, 19; 41b, 24; 47, 87; 48, 40; 50, 45; *si que* de sorte que 1, 56; 10a, 46.

siccité, s.f. sécheresse 16b, 46.

sicomme, adv. comme, par exemple 4a, 20, 28.

signe, s.m. miracle 11b, 2; *sinne* signe 20b, 28.

signer, v.pron. signer 48, 125, 128.

significatif, adj. *être s. de* rendre, symboliser 17a, 4.

signification, s.f. signe 45, 94.

similitude, s.f. comparaison longuement soutenue 18, 189; ressemblance 23b, 7.

simple, adj. naïf, niais 29, 49; s.m. médicament, plante utilisée comme remède 16a, 26; 23c, 123; 46a, 146.

simplesse, s.f. folie, ignorance 2, 107, 113.

singulier, adj. particulier, spécial 17b, 33; 35a, 90; unique 9b, 7; rare 28a, 54.

singulierement, adv. particulièrement 17b, 19; 18, 62; 39b, 93.

sinne, v. *signe*.

sinon, conj. excepté 1, 13; 18, 116; 22, 78; 27, 10; 31, 170; verbe négatif + *sinon* = ne... que 4a, 70; 10b, 11; 11b, 37; 18, 81; 20b, 10; 23b, 27; 26, 18; 29, 61; 39a, 66; 40, 4; 46b, 70; *sinon que* excepté que, avec cette réserve que 15, 69; 17a, 16; 49, 140; *s. que* + subj. = si + nég. 15, 111; = à moins que 28a, 89.

soi, v. *estre*.

soiller, v.tr. souiller 5, 84.

soing, s.m. souci 4b, 75; 26, 9; 29, 42.

¹*solaz*, v. *soulas*.

solemne, adj. solennel 48, 98.

soliciteur, s.m. procureur, avoué 27, 2.

solicitude, s.f. souci, préoccupation 17b, 44.

solliciter, v.tr. inciter 24, 8.

solz, s.m. sou 33a, 17.

somme, s.f. fardeau 6, 144.

somme s.f., loc.adv. bref, en somme 9b, 106; 21b, 28; 27, 34; 39b, 25; 47, 69; *s. que* conj. = si bien que 47, 143.

sommeilleux, adj. somnolent, sommeillant 32, 37.

sommellerie, s.f. lieu où le sommelier garde ce qui lui est confié 44, 170.

somne, s.m. sommeil 26, 5.

sonder, v.tr. interroger 46a, 112.

songer, v.intr. se demander 18, 55; 21a, 36; rêver, faire un songe 10b, 8; 24, 51; 26, 45; 44, 27; tr. rêver (qqch) 12b, 32.

songneusement, adv. soigneusement 9b, 100; 36b, 83.

sonne-pieds, adj.invar. aux pieds résonnants 32, 23.

sonner, v.intr. se prononcer 20b, 15, 32; tr. chanter, célébrer en vers 20d, 4.

sophistiqué, adj. dénaturé par un mélange frauduleux 28a, 67.

sort, s.m. maléfice jeté par une sorcière 41a, 35; v. aussi *jeter*.

sorte, s.f. genre, espèce 23c, 94; façon, manière 2, 96; 3, 60; 4b, 7; 11a, 4; 14, 90; 19b, 15; 40, 100; 41b, 56; 45, 105; 48, 118; *en la s. que* comme, de même que 14, 132; 34, 99; loc.adv. *de bonne s.* convenablement, comme il faut 21a, 26.

sortir, v.intr. *s. en lumière* naître 44, 61; *s. sur* donner sur 35b, 38; *s. hors de son propos* s'écarter de son sujet 40, 104.

sotart, s.m. sot 46a, 44.

sotteté, s.f. sottise, bêtise 8a, 68.

soubdain, adv. aussitôt, immédiatement 7, 59; 10a, 58; 15, 126; 16a, 17; 35b, 34, 37; *s. que* aussitôt que 46b, 35.

soubdoyer, s.m. soldat, mercenaire 2, 77.

soubs, prép. sous 48, 2, etc.

soubstenir, v. *soustenir*.

soudain, v. *soubdain*.

soudard, soudart, s.m. soldat 2, 118; 7, 9; 14, 120; 24, 25; 29, 63.

souef, adj. doux, suave, délicat 1, 126.

soüet, adj. suave, agréable 46a, 102.

souffire, v. *suffire*.

souffrance, s.f. permission, tolérance 45, 51.

souffrir, v.tr. permettre 4b, 30; 5, 82; 49, 47, 58; subir, accepter 34, 7; tolérer 34, 58; 47, 176.

soufler, v.tr. souffler sur, agiter en soufflant 32, 36; intr. *soufler à l'encensoir* = boire (avec excès) 44, 114.

soulas, s.m. plaisir, récréation 2, 49; ¹36b, 5.

souldart, v. *soudard*.

souloir, v.intr. avoir coutume (de) 2, 92; 9b, 29; 12a, 24; 35a, 45; 36b, 1; *se souloyent*

souloir (suite)

faire = on fabriquait **28b**, 23; impf. 1 *souloys* **9b**, 29; 3 *souloit* **12a**, 24; 5 *souliez* **36b**, 1; 6 *souloyent* **28b**, 23; **35a**, 45.

sourcil, s.m. arrogance **18**, 24; **31**, 164.

sourcilleux, adj. très haut, très élevé **32**, 54.

sourcy, v. *sourcil*.

sourd, adj. silencieux, secret **29**, 145.

sourdon, s.m. mollusque, genre de bucarde **40**, 64.

sourdre, v.intr. commencer, naître **4a**, 12.

souspeçon, s.f. soupçon **3**, 145; **24**, 58.

souspirer, v.tr. exprimer en soupirant **29**, 111.

sousscrire, v.tr. écrire au-dessous **19b**, 49, 84.

soustenir, v.tr. maintenir **1**, 15; alléguer **10c**, 4; appuyer **12b**, 114; **45**, 87.

soustraire, v.tr. détourner **27**, 99; pron. + *de* = se soustraire à **35a**, 40; **50**, 52; prés.subj. 3 *substraye* **27**, 99.

souvenance, s.f. souvenir, mémoire **43**, 33.

souvenir, v.imper. *il me souvient de* = je me souviens de **46a**, 46; cf. **9b**, 41; **10a**, 17; **25**, 105; **31**, 178; **44**, 174; penser à **19a**, 17; s'aviser de **21a**, 37; prés.subj. 3 *souviegne* **19a**, 17.

souventesfois, adv. souvent **11a**, 14; **16a**, 36; **26**, 33; **30**, 7; **36b**, 45.

souverain, adj. supérieur, excellent **17b**, 48.

souverainement, adv. surtout, principalement **1**, 123; **17b**, 76.

souviegne, v. *souvenir*.

soye, v. *estre*.

[L]*spaceger*, v.intr. se promener **36a**, 3.

[L]*spatule*, s.f. épaule (de mouton) **9a**, 14.

specieux, adj. attrayant, séduisant **46b**, 15.

spirituel, adj. immatériel **30**, 101; intellectuel **47**, 129.

spolier, v.tr. dépouiller, priver **3**, 95; **45**, 114.

[L]*spurquesse*, s.f. saleté **36b**, 89.

[L]*stanse*, s.f. séjour **36a**, 2.

stil(l)e, s.m. style **1**, 89; **9b**, 87; **20a**, 42.

stimuler, v.tr. pousser, inciter **4a**, 49; **15**, 63.

[L]*stipe*, s.f. aumône, don **9a**, 29.

stoïque, adj. stoïcien, de Stoïcien **18**, 24; **31**, 165.

[L]*stomaquer*, v.pron. se fâcher, s'affliger **36b**, 44.

[L]*strade*, s.f. rue **36a**, 4.

[L]*strane*, adj. étrange **36a**, 10.

strident, adj. ardent, dévorant **9b**, 131.

studieux, adj. sérieux, appliqué **8b**, 4; **20a**, 13; *s. de* soucieux de, attaché à **17b**, 90; **20b**, 4.

su, s.m. sud **23b**, 53.

subgetion, v. *sugection*.

subject, s.m. employé, serviteur **27**, 26, 115; raison, motif, occasion **50**, 80, 112; spécialité professionnelle **46a**, 109.

submettre, v.tr. soumettre **30**, 25; pron. se soumettre **13**, 45.

[L]*submirmiller*, v.tr. marmotter, murmurer **9a**, 23.

suborner, v.tr. séduire **29**, 9; tromper, détourner du droit chemin **50**, 52.

subroger, v.tr. *se faire s. aux droits* = se faire remplacer ou représenter en ses droits **45**, 91.

substance, s.f. contenu, matière **24**, 6; bien **49**, 30, 61.

substraye, v. *soustraire*.

subtilement, adv. finement **16b**, 2.

subtilier, v.tr. rendre fin, subtil, ingénieux **44**, 57.

subtilité, s.f. ruse **6**, 85; **7**, 18; **47**, 133.

subversion, s.f. bouleversement **50**, 58.

succeder, v.intr. arriver, se produire **47**, 138.

succession, s.f. *s. de tens* longue suite de temps **18**, 15; **28b**, 77.

suffir, suffire, v.intr. *ne souffisoient a* n'étaient pas assez nombreux pour **4b**, 13; *s.* + inf. = suffire de **7**, 87; inf. *suffir* **36b**, 51; prés.ind. 3 *suffist* **15**, 104; **38**, 109; **49**, 54; p.prés. *souffisant* **3**, 76, 146; **4a**, 15; **23c**, 8; *suffisant* **5**, 69; **15**, 28; **20a**, 19; **39b**, 76; = capable **5**, 69; **39b**, 76; *s. d'imiter* digne d'imitation, digne d'être imitée **20a**, 19.

suffisance, s.f. compétence, capacité **39a**, 59; **46a**, 140; *à s.* suffisamment **18**, 99; **30**, 53; **39b**, 24.

sugection, s.f. sujétion, soumission **17a**, 9; **41b**, 41.

sugetion, s.f. addition **17b**, 97.

suitte, s.f. *en s.* à la poursuite **32**, 142.

suivre, v.pron. couler sans interruption **20d**, 35.

suject, sujet, v. *subject*.

sulphuré, adj. sulfureux **40**, 135.

sumptueux, adj. somptueux **2**, 25; **4b**, 10.

superbe, adj. orgueilleux **47**, 106.

[L]*supereroger*, v.tr. donner par surcroît **9a**, 29.

superficie, s.f. surface **16b**, 10; aspect superficiel **47**, 92.

[L]*supergurgiter*, v.intr. abonder, déborder **9a**, 28.

superieur, adj. *sa superieure* le chiffre qui se trouve au-dessus **19b**, 85.

superintendance, superintendence, s.f. surintendance **5**, 82; **27**, 51.

[L]*supernel*, adj. d'en haut **9a**, 25.

superstition, s.f. excès de soin **39b**, 50.

suppediter, v.tr. fouler aux pieds, dompter **17b**, 74.

supplier, v.tr. fournir **31**, 59; suppléer à **14**, 5.

supporter, v.tr. faire vivre **2**, 166; tolérer, considérer comme acceptable **47**, 108.

sur-doré, p.p. doré à fond **37**, 122.

surfaire, v.tr. demander un prix trop élevé pour qqch, l'évaluer trop haut **12b**, 22.

surnommer, v.tr. appeler, nommer **43**, 84; **50**, 108.

surprendre, v.tr. déjouer, déconcerter **16a**, 64; p.p. *surpris de* en proie à **29**, 54; p.p. *surprins* **6**, 60; **10a**, 6; **35a**, 60.

surprins, v. *surprendre*.

survenir, v.intr. subvenir à, venir à l'aide de **16a**, 63; **16b**, 40; s.m. *survenant* celui, celle qui arrive, qui survient **27**, 118.

sus, prép. sur **8a**, 50; **8b**, 13; **19b**, 21; **20c**, 34; **20d**, 15; **21a**, 21, 29, 79; **23c**, 88, 100; **34**, 109; **42b**, 8; *par sus* v. *par*; interj. marquant l'exhortation, l'encouragement, etc. **12b**, 32, 90; **33a**, 21; **46b**, 1; adv. v. *courir, mettre, remettre*.

suspeçon, v. *souspeçon*.

suy, v. *estre*.

suyvir, v.tr. suivre **11b**, 78, 79.

sylvain, s.m. divinité des forêts **29**, 62.

symboliser, v.intr. *+avec* offrir de l'affinité, de la ressemblance avec **46a**, 10; *+à* être en conformité avec **46b**, 63.

sympose, s.m. mot grec signifiant repas, banquet, festin **44**, 6.

symulachre, s.m. statue, image **4b**, 22.

syncoper, v.tr. abréger **4b**, 4.

^L*tabellaire*, s.m. messager **9a**, 17.

^L*taberne*, s.f. taverne, cabaret **9a**, 13.

tablier, s.m. échiquier ou damier **39b**, 46.

tabourin, s.m. tambour **14**, 99.

tacher, v.intr. *t. à* tâcher de **18**, 52; *tacher* +inf. tâcher de **2**, 158; **48**, 21.

taille, s.f. stature, apparence **38**, 94; impôt **2**, 115; **3**, 72; **49**, 17; v. aussi *levrier*.

tainct, s.m. teint **10b**, 6; **12b**, 8.

tainture, s.f. teinture, substance colorante **30**, 77.

taire, v.pron. impérat. *tay* **12b**, 41.

talonner, v.tr. frapper ou presser du talon **21a**, 22.

tandis, adv. cependant, pendant ce temps **21b**, 18; conj. *t. que* en attendant que **12b**, 62; tant que **34**, 63; **38**, 85.

tans, v. *temps*.

tant, adv. suivi d'un adj., d'un p.p. ou d'un adverbe =si +adj., p.p. ou adv. **1**, 88; **3**, 3; **9b**, 14; **14**, 77; **15**, 1, 33; **16a**, 30, 51; **17b**, 18; **18**, 137, 143; **20a**, 6; **22**, 103, 136; **23a**, 63; **26**, 56; **31**, 165; **35a**, 19; **36b**, 1; **38**, 80, 122; **44**, 48, 52; **45**, 15; *t. seulement* = seulement **2**, 126; **3**, 76, 87, 110; **26**, 2; loc.adv. *à tant* là-dessus **46b**, 56; *a t. te suffira* en voilà assez **17a**, 23; *t. plus...t. plus* =plus...plus **25**, 122; **36a**, 12; *t. plus que...plus* =plus...plus **44**, 132; *t. plus...plus* =plus...plus **45**, 106; *t. plus tost* =d'autant plus tôt **42a**, 41; *t.* =autant **12b**, 119; **25**, 15; *t....que* tellement...que **17b**, 21; **31**, 165; *par t.* v. *partant*; conj. *t. que* +subj. =jusqu'à ce que **16b**, 43; **22**,

8; **33a**, 30; +subj. =aussi longtemps que **26**, 107; +ind. =aussi longtemps que **27**, 20; **41b**, 14; **49**, 22; *en tant que* +ind. d'autant que, puisque **15**, 94, 116; dans la mesure où **17b**, 91; *t. soit solitaire* si solitaire **29**, 64; *t. fust audacieux* si audacieux qu'il fût **22**, 82; *pour t. que*, v. *pourtant (que)*.

tanter, v. *tenter*.

tantost, adv. *t....et maintenant* =tantôt... tantôt **38**, 50; bientôt **12b**, 35; **33a**, 74; **38**, 125; **39a**, 60.

tarder, v.intr. *ne t. que* +nég. +subj. =ne pas tarder à +inf. **25**, 23.

tarir, v.intr. cesser de couler **29**, 83; **40**, 58, 111; v.pron. **40**, 115.

taster, v.tr. goûter, faire l'essai de **12b**, 59, 108; **44**, 97.

taulpe, s.f. *visiter le royaulme des t.* =mourir, aller chez les taupes **38**, 22.

tavernier, adj./s.m. qui fréquente les tavernes, pilier de cabaret **27**, 25; personne qui tient une taverne **49**, 131.

taxer, v.tr. accuser **43**, 64.

tay, v. *taire*.

tel, adj.indéf. **2**, 36; fém. *tel* **4b**, 7; =pareil, semblable **21b**, 10; *il n'y a t.* =il n'y a rien de tel **39b**, 110.

tellement quellement, loc.adv. tant bien que mal **14**, 137; **38**, 15.

témoignage, s.m. *faire t.* de faire preuve de, témoigner de **17b**, 47; *t. à* preuve de **20a**, 30.

temperament, s.m. organisme **16b**, 37.

temperature, s.f. constitution physique **16a**, 50; tempérament **16b**, 21, 24; **46a**, 148.

temperie, s.f. température **46a**, 147.

tempester, v.tr. tourmenter, agiter **32**, 46.

temple, s.f. tempe **2**, 157.

temps, s.m. étape, phase **16b**, 18; saison **23a**, 48; **40**, 108; loc.adv. *avec le t.* à la longue **23c**, 35; **28b**, 46; *passer le t.* s'amuser **31**, 119; v. aussi *hausser*.

tendre, adj. *t. de cerveau* faible d'esprit **43**, 9.

tendre, v.intr. *t. de* aspirer à, s'efforcer de **4b**, 6; aller **9b**, 62; **19b**, 19; *t. à* avoir pour but **15**, 80; **35a**, 57; **48**, 86, 91; =se tendre, devenir raide **32**, 136.

teneur, s.f. façon **46b**, 86.

tenir, v.tr. *t. le party de* être du parti de **14**, 146; *t. (une methode)* employer, suivre **23c**, 70; *t. (les guerres)* maintenir, soutenir **26**, 80; *t. (un chemin)* suivre **28b**, 20; **33a**, 8; **45**, 20; **46a**, 87; s'en tenir à **34**, 72; posséder, occuper **42b**, 66, 71; *t. plus longue table* rester plus longtemps à table **44**, 109; *t. en office* maintenir dans le devoir **39b**, 101; traiter **50**, 109; v. aussi *conclusion, garni, main*; croire, considérer **2**, 36; **7**, 106; **28a**, 39; **29**, 81; **31**, 157; **39b**, 51; **40**, 7;

tenir (suite)

affirmer, soutenir **44**, 152; intr. être pris **7**, 49; pron. *se tenir que* + nég. s'empêcher de **50**, 21; *se t. de* se retenir de **10c**, 12; prés.ind. 1 *tien* 28a, 41; impf. 3 *tenet* 46a, 14; **46b**, 38; prés.subj. 2 *tiengne* **9b**, 88; p.simple 3 *teint* **24**, 136; cond. 3 *tenroit* **8a**, 45; impérat. *tien* **2**, 36; p.p. *tenu* + *à* ayant des obligations envers **26**, 60.

tens, v. *temps.*

tenser, v.tr. reprendre **24**, 69.

tente, s.f. sonde, faisceau de charpie, grosse mèche servant à sonder les plaies **16b**, 2, 9.

tenter, v.tr. *t. le gué* v. *gué*; *t. Dieu* tenter sa bonté, sa patience, par des prières inconsidérées **41b**, 10.

tenu, adj. ténu, maigre **16b**, 29.

tenue, s.f. *de t.* = stable, fixé, permanent **11a**, 31.

tenuité, s.f. caractère de ce qui est ténu, extrême subtilité **16a**, 34.

tergiversation, s.f. détour, faux-fuyant **15**, 99.

terme, s.m. limite **22**, 101; *bons t.* vocabulaire de bon goût **31**, 86; *t. d'avis* préavis, avertissement préalable **36b**, 23; répit, délai, pour le règlement d'une dette **27**, 51; **38**, 16.

terni, adj. blafard **39a**, 37.

terre, s.f. *t. ferme* continent **42b**, 48; v. aussi *mot.*

terrien, adj. terrestre **2**, 114; **15**, 120.

terrouër, s.m. terroir **44**, 158.

teste, s.f. *faire t. à* tenir tête à **42b**, 51.

testifier, v.tr. témoigner de, attester **15**, 122.

teston, s.m. ancienne monnaie d'argent **23c**, 102; **33a**, 17.

tetin, s.m. bout de la mamelle **10b**, 7.

tetine, s.f. mamelle **40**, 113.

texte, s.m. texte en langue originale **12a**, 18.

texture, s.f. contexture **5**, 53.

thoinas, s.pl. mot grec signifiant banquets, festins **44**, 6.

thresaurier, s.m. trésorier **46a**, 105.

thresor, s.m. trésorier **9b**, 34; trésor **9b**, 42.

tierce, v. *tiers.*

tiercement, adv. en troisième lieu **19b**, 79.

tiercet, adj. *vers tiercetz* tercets, stances de trois vers **4a**, 76.

tiers, adj. (fém. *tierce*) troisième **13**, 35; **17a**, 12; **19b**, 11, 25; **47**, 163; s.m. troisième personne **8a**, 74; **35a**, 24.

tirer, v.tr. porter (un coup) **24**, 160; attirer **2**, 96; *t.* (*hors*) extraire **16a**, 89; **23a**, 49; dériver **17b**, 25; **18**, 109; **28a**, 74; **31**, 87; mener, conduire **7**, 7; emporter, enlever **50**, 70; *t.* (*un revers*) lancer, porter, assener **50**, 36; intr. aller, se diriger, s'avancer **4b**, 60; **32**, 40; mener, conduire (d'un chemin) **7**, 76; v. aussi *quintaine, trait.*

tire-trés, adj. invar. qui tire des flèches **37**, 108.

tollu, p.p. (de *tollir*) ôté, enlevé **9b**, 11.

tomber, v.intr. *tumber* **36b**, 10; *t. en* coïncider avec **48**, 122.

tondre, v.tr. *t. un œuf* tondre sur un œuf, être très avare **38**, 44; p.p. *tondu*: *estre t.* entrer en religion **49**, 119.

tor, s.m. taureau **2**, 75.

torcher, v.tr. *t. sa bouche* se résigner à être frustré, privé de qqch **38**, 58.

torment, s.m. tourment **1**, 80; **26**, 76.

tormente, s.f. tourmente, tempête soudaine **23b**, 53.

tortu, adj. tors, tordu **23c**, 53; **32**, 158.

tost, adv. vite, rapidement **33a**, 41; *t. apres* bientôt après **34**, 112; *plus tost*, v. *plustost.*

touchant, prép. quant à **10b**, 10; **28a**, 59; **36a**, 8.

toucher, v.tr. regarder, concerner **3**, 6; **24**, 100; **39a**, 66; mentionner **34**, 77; traiter **34**, 89.

touquas, impérat. (nég.) *ne me t.* ne me touche (pas), ne me frappe (pas) **9a**, 49.

tour, s.m. pourtour **22**, 10 (v. aussi *cerner*); *t. de peigne* v. *peigne.*

tourbillonner, v.intr. souffler en tempête, faire grand vent **8a**, 55.

tourner, v.tr. arrondir **29**, 17; rendre, traduire **13**, 22; **39b**, 35; **42b**, 19; v. aussi *robe.*

tousche, s.f. *t. de bois* touffe d'arbres, bosquet **6**, 117.

tout, loc.adv. *du tout*: entièrement, complètement, tout à fait **4a**, 15; **7**, 133; **13**, 6; **15**, 6; **17b**, 98; **18**, 123; **24**, 82; **30**, 47; **31**, 20; **36c**, 38; **39a**, 2; **39b**, 14, 109; **43**, 89; **44**, 9; **50**, 78, 121; exclusivement **30**, 32; *rien du t.* rien à fond, rien entièrement **39a**, 6; *du tout point de* = absolument pas de **39b**, 43.

toutesfoys que, conj. quoique **11a**, 2, 11.

toutesvoies, adv. toutefois, néanmoins **4b**, 48.

trac, s.m. piste, voie, trace **4b**, 48; **32**, 158.

tracasser, v.tr. traîner çà et là, **28b**, 9; tourmenter avec insistance **45**, 109.

traffique, s.f. commerce **23a**, 26, 30; **23c**, 3.

traffiquer, v.intr. avoir affaire **12b**, 133; faire le commerce (avec) **23a**, 29; **46a**, 42.

traict, v. *trait.*

traictable, v. *traitable.*

traicte, s.f. *la t. du lait* = la traite des vaches **27**, 89.

traicter, v. *traiter, traitter.*

train, s.m. *en t. de* = sur le chemin de **1**, 29; allure, marche **4b**, 62; **32**, 130; train de vie, habitude **39b**, 97; *tout d'un t.* sans délai **39b**, 95.

trainer, v.intr. avancer péniblement ou lentement **39a**, 39.

traistrement, adv. traîtreusement **30**, 117.

trait, p.p. (de *traire*) tiré (hors du fourreau) **24**, 152.

trait, s.m. *t.* (*d'arquebuse*) portée **23b**, 11; flèche, projectile **32**, 26; *les t. de la mort*

trait (suite)
l'agonie: *tirer aux t. de la mort* agoniser **24**, 158; pl. *trés*, **37**, 118; v. aussi *franc*.

traitable, adj. maniable **21b**, 26; accommodant, d'un commerce facile **39b**, 60.

traiter, *traitter*, v.tr. toucher **16a**, 92; (loger et) nourrir **6**, 54; **21a**, 35; **33a**, 60; soigner, panser **21b**, 17; *t. convention* conclure un pacte **41b**, 60; intr. négocier, faire un traité **6**, 98; pron. s'observer, prendre soin de soi **45**, 21; pron. et impers. *se t. de* être question de **39a**, 68.

ᴸ*transfreter*, v.tr. passer, traverser, franchir **8a**, 10; **9a**, 8.

translater, v.tr. traduire **12a**, 13; **17b**, 90.

translateur, s.m. traducteur **11a**, rub.

translation, s.f. *t. (en diction)* métaphore **13**, 30.

transmigrer, v.intr. passer d'un lieu dans un autre **9b**, 26.

transmuer, v.tr. transplanter **18**, 106; changer, transformer **44**, 3.

transmutation, s.f. changement **9b**, 20.

transon, s.m. morceau **9a**, 22.

transporter, v.tr. *t. hors de soy* faire sortir de son caractère **24**, 116; transférer **18**, 38; **28b**, 27.

travail, s.m. épreuve, privation **3**, 43; **38**, 114; peine, fatigue **4b**, 64; **44**, 35.

travailler, v.tr. tourmenter **3**, 14; pron. s'évertuer, faire de grands efforts **20a**, 22; **32**, 138.

travers, prép. *au t. de* =devant **1**, 70; loc.adv. *de t.* obliquement **32**, 141.

traverse, s.f. passage **42b**, 15.

trebucher, v.tr. précipiter **1**, 66; **2**, 43.

treillissé, p.p. garni d'un treillis **35b**, 14.

treilliz, s.m.pl. clôture du chœur **4b**, 12.

trenche-plume, s.m. canif **33b**, 27.

trepiller, v.intr. sautiller **20d**, 35.

trés, v. *trait*.

trespasser, v.tr. dépasser **7**, 44.

treuver, v.tr. trouver **4a**, 58; **5**, 120; **8a**, 7, 59; **15**, 56; **18**, 57, 137; **20b**, 41; **37**, 91; **43**, 64, 67, 88, 101.

tribunal, s.m. tribune **24**, 4.

tricouses, s.f.pl. gros bas de laine portés à la place des bottes **33a**, 85.

triple-un, adj. trinitaire **37**, 39.

tristeur, s.f. tristesse **4b**, 49.

trop, adv. beaucoup **2**, 86; **13**, 63; **24**, 16, 186; **28a**, 51; *t. mieux* plus volontiers **6**, 7; **23c**, 49; *t. plus precieux* encore plus précieux **17b**, 86; *t.* =de trop **11a**, 15.

troppe, s.f. troupe **7**, 60.

trotter, v.intr. +à fréquenter **27**, 102.

trouver, v.tr. impf. 1 *trouves* **36a**, 12; *trouvoie* **4b**, 46; v. aussi *treuver*.

truant, s.m. vaurien, vagabond **33b**, 46.

trucheman, *truchement*, s.m. interprète **37**, 97; **42b**, 38.

tuition, s.f. protection, défense **30**, 125.

tumbeau, s.m. tombeau **6**, 137; **22**, 10, 50.

tumber, v. *tomber*.

tumeur, s.f. enflure, gonflement **16a**, 3, 87.

tutrice, s.f. protectrice **50**, 108.

tymbré, p.p. *cerveau mal t.* raison dérangée **31**, 104; *armoiries t. ou non t.* surmontées ou non d'une crête **49**, 41.

umbrageux, adj. qui donne de l'ombrage **4b**, 77.

umbraige, s.m. ombrage **4b**, 67.

umbre, v. *ombre*.

un, adj.num., f.pl. *unes et autres fleurs* =fleurs de toute espèce **46a**, 33; f. élidé *un autre langue* =une **18**, 194; pron.indéf. (*comme qui vous conteroit) d'un* =de quelqu'un, d'un homme **31**, 7, 14.

ᴸ*unguicule*, s.m. ongle, v. aussi *late*, **9a**, 27.

union, v. Table des noms propres.

univers, s.m. le monde entier, la terre **20c**, 53; **20d**, 19; **40**, 113.

universel, adj. total **14**, 63; *les temps u.* toutes les phases **16b**, 18.

unze, adj.num. onze **33b**, 10.

ᴸ*urbe*, s.f. ville **9a**, 10.

usage, s.m. expérience **14**, 83; **17b**, 27.

usance, s.f. coutume, usage **9a**, 35; *en u.* en usage **9b**, 65; emploi **17b**, 45.

user, v.intr. *en u.* faire, agir **23c**, 73; **46b**, 60; +*de* =se prévaloir de **14**, 82; =avoir coutume de **8a**, 48; se servir de **23c**, 69, 96.

usurper, v.tr. employer, usiter à l'excès **13**, 56.

utensille, s.m. ustensile **27**, 89.

util, s.m. outil, instrument **27**, 36; **39b**, 28.

vagueux, adj. formé de vagues, provenant de vagues **32**, 50.

vaillant, s.m. possession: *tout leur vaillant* = tout ce qu'ils possèdent **2**, 123; v. aussi *valoir*.

val, s.m. petite vallée **32**, 117.

valet, s.m. domestique, page **25**, 114; **31**, 76; *v. (d'estable)* valet d'écurie **7**, 11; **33a**, 61.

valoir, v.intr. prévaloir **17a**, 22; avoir de la valeur **20c**, 23; prés.ind. 3 *vault* **23a**, 9; **49**, 110; prés.subj. 3 *vaille que vaille* que la chose vaille peu ou beaucoup **38**, 77; impf.subj. 6 *valussent* **20c**, 23; part.prés. *vaillant*: *avoir v....* =posséder la somme de **5**, 120.

van, s.m. sorte de panier plat, servant à vanner le grain **49**, 29.

vanteur, *vanteux*, adj. vantard **20a**, 35; **22**, 19.

variété, s.f. inconséquence, manque de système **34**, 86.

varlet, v. *valet*.

vastité, s.f. ravage, désolation **18**, 60.

GLOSSAIRE

vault, v. *valoir.*

veautrer, v.tr. bouleverser, renverser **32**, 99.

vee, exclamation de l'écolier limousin, =eh! **9a**, 47.

vehemence, s.f. énergie, robustesse **17b**, 3 ; **28a**, 50; violence **23a**, 19; au pl. =expressions robustes ou vigoureuses **13**, 31.

veid, v. *veoir.*

veillent, v. *vouloir.*

veiller, tr. surveiller **50**, 54; intr. être en éveil **12b**, 32; inf.substantivé: éveil, état de veille **30**, 110.

veindrent, veins, v. *venir.*

veirent, veismes, veist, veit, v. *veoir.*

vela, prép. voilà **2**, 32.

L*vele*, s.f. voile ; *par veles et rames* =de toutes mes forces **9a**, 39.

veloux, s.m. velours **12b**, 3.

venaison, s.f. grand gibier **23b**, 44.

venenosité, s.f. toxicité, caractère de ce qui est vénéneux **16a**, 46, 55.

venericque, adj. de Vénus, qui inspire l'amour **4b**, 22.

venerie, s.f. chasse **34**, 108; **46a**, 132.

venerien, adj. de Vénus, de l'amour **4b**, 6.

venet, v. *venir.*

veneur, s.m. chasseur **14**, 24; **24**, 147; **34**, 106; **46a**, 105, 111.

venir, v.intr. *v. + à: quand ce vint à* =quand vint le moment de **4b**, 28; **21a**, 67; =en venir à **10a**, 43; **13**, 72; **25**, 40; **28a**, 83; =arriver à **47**, 8; *v. à faire qqch* =faire par hasard **12a**, 23; **39a**, 42; **40**, 83; **44**, 101; pron. *s'en v.* =venir **7**, 109, 120; prés.ind. 1 *vien* **19b**, 29; **28a**, 129; **33b**, 63; **39a**, 25; impf. 3 *venet* **46a**, 14; **46b**, 38; p.simple 1 *veins* **50**, 18; 6 *vindrent* **3**, 27; **14**, 3; **35a**, 5; *veindrent* **24**, 22; impf.subj. 3 *vint* **41a**, 40; **48**, 36; impérat. *vien* **21b**, 8.

vennerie, v. *venerie.*

vent, v. *sentir.*

ventance, s.f. vantardise, jactance **2**, 51.

venter, v.intr. faire du vent, souffler **2**, 150.

venter, v.pron. se vanter **17b**, 39.

veoir, v.tr. voir **1**, 130; **9b**, 23; **14**, 64; **20a**, 24; **24**, 13; **25**, 12; **38**, 54; **43**, 22, etc.; pron. *il se void* =on trouve **23a**, 44; prés. ind. 1 *voy*, **9b**, 55; **18**, 45; **26**, 24; **32**, 4, etc.; 2 *voy* **29**, 52, 60; 3 *void* **23a**, 44; **30**, 64; **41b**, 29; **43**, 89; **47**, 96; impf.ind. 1 *veoye* **11a**, 15; p.simple 1 *vey* **21b**, 33; 3 *veid* **24**, 21, 24; *veit* **44**, 61; *vid* **22**, 132; 4 *veismes* **46b**, 39; 6 *veirent* **24**, 26; fut. 3 *voirra* **17b**, 2; 4 *voirrons* **17b**, 74; 5 *verres* **12b**, 119; cond. 3 *voirroit* **14**, 18; prés.subj. 2 *voye* **29**, 99; impf.subj. 3 *veist* **7**, 40; *vist* **36b**, 107; impérat. *voi* **20d**, 11; *voy* **22**, 33; p.p. *veu* **4b**, 25; 6, 14, 71; **11b**, 92; **15**, 147; **23c**, 42; **24**, 167; **29**, 74; **32**, 6; **35a**, 22, etc. ; *veu* =eu égard à **44**, 11 ; conj. *veu que* puisque, vu que **9b**, 20; **12b**, 38; **15**, 94; **18**, 12, 40; **28a**, 96; **31**, 10, etc.

veoye, v. *veoir.*

L*verbocination*, s.f. langage, langue **8a**, 9; **9a**, 10.

verd, adj. vert (f. *verde*) **4b**, 70; **23c**, 59; **29**, 19; m.pl. *vers* **20d**, 17.

verdelet, adj. verdoyant **20d**, 10.

verdeur, s.f. jeunesse, vigueur **44**, 23.

verdoyer, v.intr. être vert **23b**, 39; part.prés. *verdoyant* =vert **1**, 126; **44**, 24.

verger, s.m. *v. en l'air* allusion aux jardins suspendus de Babylone **22**, 16.

vergette, s.f. tige mince et flexible **18**, 95.

vergoigne, s.f. honte **4b**, 40; **15**, 149.

vergongneux, adj. honteux **22**, 141.

L*veriforme*, adj. vraisemblable **9a**, 27.

L*verisimile*, adj. vraisemblable **8a**, 11 ; **9a**, 11.

veritable, adj. probe **27**, 43.

veritablement, adv. vraiment, en effet **17b**, 84; **27**, 89.

verité, s.f. *v. est que* (en début de phrase) le fait est que, il faut savoir que. . . **45**, 17.

verjus, s.m. suc acide des raisins avant leur maturité **23c**, 117.

L*vernacule*, s.m. langue vulgaire **9a**, 38.

verolle, s.f. syphilis **38**, 89.

vers, prép. chez (après un verbe exprimant le mouvement) 6, 49; **9b**, 124; **10a**, 67; **20b**, 12; envers, vis-à-vis de **17b**, 29.

vertu, s.f. (bonne) qualité **17b**, 27, 81, 85; **25**, 2; **44**, 165; **46a**, 20; qualité, propriété **16b**, 3; **23a**, 62; **37**, 96; efficacité **13**, 73; force, puissance 3, 126; 6, 71; **8a**, 34; **13**, 17; **15**, 15, 44, 53; **16a**, 32; **16b**, 38, 42, 44; **18**, 9, 187; **30**, 43; **31**, 95; **37**, 86; **44**, 100; acte de valeur **12b**, 52; courage, résistance, force morale **14**, 56, 77; énergie, valeur, force d'âme **22**, 103.

vertubieu, interj. (juron atténué) **12b**, 77.

vertueus, adj. digne, honorable **20a**, 33; valeureux **22**, 104.

vertus, vertuz, v. *vertu.*

L*vervecin*, adj. de mouton **9a**, 14.

vesquirent, vesquit, v. *vivre.*

vesse, s.f. vesce **27**, 109.

vestale, s.f. prêtresse de Vesta, chez les Romains, d'où, religieuse, **12b**, 15.

L*vestez*, s.f.pl. habits, vêtements **9a**, 17.

vestir, v.tr. revêtir **15**, 114; investir **28a**, 95.

veu, v. *veoir.*

veu, s.m. vœu, promesse **4b**, 24.

veuë, s.f. vue **29**, 25; **37**, 57; **39a**, 21; **50**, 75; *dresser la v.* lever les yeux **4b**, 86.

veulle, veulx, veus, v. *vouloir.*

vey, v. *veoir.*

viande, s.f. aliment, nourriture 6, 55; **20c**, 27; **28b**, 62, 84; **44**, 110; **46a**, 79; **48**, 47.

368

viaticque, s.m. = moyen de parvenir **5**, 61.
vice, s.m. défaut **20a**, 30; **23c**, 33; **42a**, 8.
¹*vice versement*, loc.adv. au contraire **9a**, 38.
vid, v. *veoir*.
¹*vie*, adv. *va vie* s'en va **21a**, 80.
vieillotte, s.f. vieille femme **1**, 97.
vieux, adj. ancien **31**, 64; *vieil* (devant consonne) **22**, 129; au pl. *vieils* **42b**, 98;
 s.m.pl. (les) anciens **31**, 73.
vif, adj. vivant **9b**, 82; **22**, 3; loc.adv. *au v.* sur
 le vif **31**, 82; **37**, 92.
vignette, s.f. ornement en forme de branches
 ou feuilles de vigne **4b**, 26.
vilain, s.m. paysan, serf **49**, 41.
vilenie, s.f. action vile et basse, infamie **47**, 120.
vilipender, v.tr. traiter avec mépris **47**, 18.
¹*villaquerie*, s.f. chose déshonnête **36b**, 11.
villonnique, adj. digne de François Villon **21a**,
 4.
villotier, adj./s.m. vagabond **27**, 25.
vindrent, v. *venir*.
vineux, adj. qui a un goût, une odeur de vin
 23a, 64.
violentement, adv. violemment **24**, 129.
¹*vires*, s.f.pl. force(s) **9a**, 27.
virile, adj. viril **4a**, 33; **9b**, 57.
vis, s.f. escalier **37**, 101.
visage, s.m. mine **24**, 172; impression **39a**, 6.
visitation, s.f. visite, revue **6**, 133.
visiter, v.tr. lire, étudier **9b**, 104.
vist, v. *veoir*.
viste, adj. vite, rapide **49**, 11.
vistement, adv. vite, rapidement **21a**, 72; **33b**,
 50.
vitrer, v.tr. garnir de vitres **29**, 21.
vituperable, adj. blâmable, honteux **25**, 111.
vitupere, s.m. reproche, blâme **2**, 89; **15**, 95;
 28a, 121.
vivre, v.intr. p.simple 3 *vesquit* **3**, 136; **25**, 115;
 6 *vesquirent* **25**, 36; inf.substantivé = subsistance **27**, 81.
vocal, adj. oral, parlé **9b**, 82.
vocale, s.f. voyelle **8a**, 46.
¹*vociter*, v.tr. appeler, nommer **9a**, 5.
¹*voglie*, s.f. *de bonne v.* de bonne volonté **36a**,
 29.
vogue, s.f. autorité **28b**, 47.
void, *voir*, v. *veoir*.
voir, adj. vrai, véritable **8a**, 44.
voire, adv. (et) même, qui plus est **9b**, 50; **14**,
 33; **20c**, 30; 30, 97; **36b**, 114; **47**, 43, 147;
 49, 5; 50, 68; vraiment **12b**, 107.
voirement, adv. certes, vraiment **24**, 36; **39a**,
 41.
voirra, *voirroit*, *voirrons*, v. *veoir*.
vois, *voise*, v. *aller*.
voisinage, s.m. affinité **28a**, 60.
voix, s.f. mot, terme **18**, 37; **24**, 45.
vol, s.m. *le v. des oiseaux* = la fauconnerie **31**, 91.

volant, s.m. aile de moulin à vent **1**, 107.
volt, v. *vouloir*.
¹*volte*, s.f. fois **28a**, 114; **36b**, 4.
volubilité, s.f. mobilité, rapidité **46b**, 58.
volume, s.m. taille, format **12b**, 79; ampleur
 45, 38.
vostre, pron.possessif **21b**, 37; **27**, 51; *du v.* =
 de votre cru **46b**, 11.
voulent, v. *vouloir*.
voulentairement, adv. volontairement, de propos
 délibéré **1**, 65.
voulenté, v. *voulunté*.
voulentiers, adv. volontiers **9b**, 77; **10d**, 4.
vouloir, v.tr. *v. bien* tenir à **18**, 29; être sur le
 point de **26**, 26; **40**, 101; essayer **24**, 162;
 40, 33; prés.ind. 1 *veulx* **28a**, 63; *vueil* **1**, 117;
 veus **37**, 77; 2 *veus* **20a**, 36; 3 *volt* **8a**, 45;
 6 *voulent* **14**, 122; p.simple 3 *voulust* 48,
 126; subj.prés. 3 *veulle* **38**, 33; *vueille* **26**, 26;
 4 *veuillons* **15**, 86; 6 *veillent* **18**, 32, 138;
 vueillent **10a**, 60; cond. 1 *voudroye* **33a**, 1;
 impf.subj. 3 *voulust* **46a**, 55; *voulsist* **28a**, 48;
 6 *voulsissent* **10a**, 28; inf.substantivé:
 volonté **18**, 3, 10, 21; **26**, 76, 107; **35a**, 52.
voulsissent, *voulsist*, v. *vouloir*.
voulunté, s.f. volonté **3**, 99; **4a**, 66; **14**, 85; **24**,
 184.
voy, v. *veoir*.
voy, v. *aller*.
voyage, s.m. expédition militaire **5**, 52; **46a**, 59;
 47, 63.
voyager, s.m. voyageur **33a**, rub.
voye, v. *veoir*.
voye, s.f. moyen **47**, 111, 136; au pl. = traces
 46a, 114.
voyeu, s.m. voyelle **8a**, 45.
voyse, v. *aller*.
vray, adj. *v. est que* il est vrai que, le fait est que
 21a, 8; **23b**, 39; **23c**, 3, 39; **27**, 85;
 28a, 139; **36c**, 38; **41b**, 68; loc.adv. *pour v.*
 vraiment **17b**, 17; *au v.* = conformément à
 la vérité **5**, 20; = en fait, pour être exact **48**,
 44; adv. *dire v.* **5**, 85; **8a**, 1; **10d**, 6; **26**, 94;
 33b, 8; **38**, 28; **46a**, 150.
vrayement, adv. décidément, assurément **21a**,
 31; **21b**, 35; 25, 113, 123; **38**, 111; vraiment **35c**, 36; **36b**, 103; certes **46b**, 17.
vueille, *vueillent*, v. *vouloir*.
vuide, adj. vide **4b**, 21; **31**, 56; **38**, 127; **39a**,
 40; 44, 176; **49**, 107.
vuider, v.tr. terminer, régler, donner une
 solution à **6**, 38; pron. se vider **32**, 159;
 faire v. = évincer 45, 96.
vulgaire, s.m. langue vulgaire **10d**, 24; **11a**, 2;
 13, 55; **17b**, 93; **18**, 26, 33; **46a**, 36, 65;
 46b, 68; la foule, l'ensemble des hommes
 18, 133; **20b**, 5, 38; **30**, 6; **31**, 176; adj. de
 langue vulgaire **6**, 140; **17b**, 25; **20a**
 22.

vulgairement, adv. communément **17a**, 2 ; **19a**, 8.

vulnere, s.f. blessure **16a**, 52.

vuyde, v. *vuide*.

vyaire, s.m. visage **1**, 42.

xaintonique, adj. saintongeais **40**, 109.

y, pron.pers.invar. =avec eux **27**, 9.

ycelle, v. *icelle*.

yceulx, v. *iceulx*.

ydoine, adj. apte, propre **9b**, 51.

ymager, s.m. sculpteur, celui qui fait des images **5**, 71.

yssir, yssu, v. *issir*.

ytalicque, adj. italien **4a**, 25.

zelé, adj. fervent, exalté **50**, 94.

zelle, s.m. *de bon z*. prompt, facile **10b**, 6.

zizanie, s.f. =désunion **4a**, 71.

TABLE DES NOMS PROPRES

Abel, fils d'Adam et d'Ève **23c**, 50.
Abraham, patriarche hébreux **31**, 23.
Absalon, fils de David **2**, 77.
Achilles, Achille, héros grec **5**, 44.
Actie, poète tragique **30**, 64.
Adam, nom du premier homme **15**, 104.
Adonias, fils de David **2**, 47.
Adrian, Hadrien, empereur romain **34**, 138.
Ægidius Romanus, Egidio de Viterbe, théologien **41b**, 63.
Ægiptienne, s.f. =bohémienne **49**, 112.
Ælius Verus, Lucius Verus, empereur romain **34**, 18.
Æneide, (*l'*), *l'Énéide*, poème épique de Virgile **39b**, 95.
Æole, Éole, dieu des vents **37**, 4.
Æquicole, Mario Equicola, auteur du *Libro di natura d'amore* **46a**, 66.
Æson, père de Jason **22**, 127.
Æthne, Etna, montagne et volcan de la Sicile **18**, 201.
Afrique, **6**, 13; **23a**, 53; **42b**, 17.
Agnes, la belle, Agnès Sorel, favorite de Charles VII **3**, 140.
Agrestius, auteur latin **8b**, 9.
Agrippe, Corneille, Henri-Corneille Agrippa, alchimiste et philosophe cabalistique **31**, 141.
Ajax, tragédie composée par l'empereur Auguste **31**, 113.
Alain, Maistre, v. *Chartier*.
Albinus, Decius Brutus, surnommé Albinus **24**, 65.
Albumasar, Abu-Maaschar, astronome arabe **42b**, 22.
Alcibiade, général athénien **18**, 127.
Alençon, duc d', **3**, 153; **35c**, 39.
Alexandre le Grand, roi de Macédoine **2**, 103; **5**, 50; **26**, 50; **46a**, 98.
Allemagne, **35a**, 63.
Alpes, grande chaîne de montagnes **4a**, 54; **46a**, 42.
Alviane, Barthelemy d', commande les Vénitiens **14**, 142.
Amadis de Gaule, roman de chevalerie **46b**, 40.
Aman, personnage de l'Ancien Testament **2**, 48.
Amarylle, Amaryllis, nom de bergère **29**, 129.
Amerique, =l'Amérique du Sud **23c**, 67; s.m.pl. *Ameriques*, indigènes de l'Amérique du Sud **23c**, 1, 75.
Amphareus, roi de Messénie **34**, 33.

Anacharsis, philosophe scythe **18**, 42.
Andelousie, Andalousie, région d'Espagne **44**, 137.
Angiers, Angers (Maine-et-Loire) **21a**, 1.
Angleterre, **3**, 10; **13**, 54; **42b**, 30.
Anjou, ancienne province de France **42b**, 53; *duc d'A.* **35b**, 2.
Antilles, archipel d'Amérique Centrale **23a**, 45.
Antioche, ville importante de l'antiquité **42b**, 77.
Antiquitez, ouvrage d'Athénée de Naucratis **9b**, 79; ouvrage de Flavius Josèphe **31**, 152.
Sainct Antoine, la porte, une des portes de Paris **35b**, 40.
Antoine, roi de Navarre **34**, 43.
Antonius, Marc-Antoine, lieutenant de Jules César **24**, 14, 64.
Apelles, Apelle, peintre employé par Alexandre le Grand **5**, 72; **28a**, 34.
Apollon, dieu grec et romain de la lumière **29**, 96; **44**, 43; **50**, 67.
Apollonius, Apollonios de Rhodes, poète et grammairien grec **23a**, 69.
Apollonius, Apollonios de Tyane, philosophe grec **43**, 109.
Appollon, v. *Apollon*.
Aquin, v. *Thomas*.
Arabie, **42b**, 16.
Argien, s.m. habitant d'Argos en Grèce **34**, 33.
Aristodeme, roi légendaire de Sparte **34**, 29.
Aristote, philosophe grec **5**, 55; **31**, 67; **34**, 103; **39a**, 10; **39b**, 36; **40**, 20.
Armignac, le Seneschal d', commande l'artillerie française à la bataille de Marignan **14**, 103.
Art poetique, l', ouvrage d'Horace **17b**, 90.
Artaban, capitaine des gardes du roi de Perse **34**, 124.
Artemidorus, Artémidoros, rhéteur grec **24**, 92.
Artois; *le Comte d'A.* vaincu par Philippe de Valois **3**, 8.
Asclepiades, Asclépiade, médecin grec **44**, 81.
Asie, **5**, 44; **34**, 117; **42a**, 33; **44**, 86.
Assyrie, ancien royaume de la Mésopotamie **34**, 105.
Athamant, personnage de tragédie **31**, 130.
Athenes, ville de Grèce **5**, 96; **12b**, 17; **18**, 36; **44**, 43.
Atheneus, Athénée de Naucratis, rhéteur et grammairien grec **9b**, 79.

Atheus, géant légendaire **6**, 72.

Atreus, Atrée, roi de Mycènes **34**, 34.

Auguste, le premier des empereurs romains **5**, 76; **17b**, 71; **31**, 111; **34**, 68; **46b**, 61.

Sainct Augustin, évêque d'Hippone **15**, 148; **31**, 143; **41b**, 61; **44**, 84.

Aumale, *duc d'*, l'un des instigateurs du massacre de la Saint-Barthélemy **35c**, 27.

Auvergnac, s.m. Auvergnat **27**, 65.

Auvergne, ancienne province de France **3**, 70.

Aventin, *l'*, l'une des sept collines de Rome **22**, 56.

Averrois, Averroès, philosophe et médecin arabe **42b**, 22.

Avicenne, philosophe et médecin arabe **44**, 152; **46a**, 146.

Avignon, (Vaucluse) **46a**, 72.

Babel, *tour de*, **2**, 135; **18**, 6.

Babilonne, v. *Babylone*.

Babylone, région de l'Asie **6**, 65; ville, capitale de la région **41b**, 21.

Bacchus, dieu romain du vin **44**, 14; **45**, 46.

Baïf, *Jean-Antoine de*, poète de la Pléiade **46b**, 7.

Saincte Barbe, *College*, le Collège de Sainte Barbe à Paris **45**, 71.

Basoges, Bazoches-sur-Hoëne dans le Perche **45**, 92.

Baston, partisan de la Ligue **49**, 96.

Baudouin, comte de Flandres **42b**, 80.

Baudoyn, capitaine français **6**, 124.

Bavieres, v. *Nesmes*.

Bayart, Pierre du Terrail, seigneur de Bayard **49**, 50.

Bayonne, (Basses-Pyrénées) **6**, 15; **48**, 36, 128.

Beauceron, s.m. habitant de la Beauce, **27**, 68.

Beaulne, *Beaune*, (Côte d'Or), ville célèbre par ses vins **12a**, 14; **44**, 159.

Belacueil, Bel Accueil, célèbre personnage du *Roman de la Rose* **4b**, 8.

Belingandus, Baligant, prince sarrasin **6**, 94.

Bellerie, fontaine près du manoir de la Poissonnière en Vendômois **20d**, 1.

Belzebub, Belzébuth, chef des démons **41a**, 58.

Berecynthienne, *la*, la déesse phrygienne Cybèle, mère des dieux **22**, 71.

Berry, v. *Lampert*.

Bertrand, v. *deschausser* au glossaire.

Biarnois, *le*, le Béarnais, Henri IV **49**, 87.

Biauvoir, *Baudoin de*, Baudouin de Beauvoir **42b**, 84.

Blayes, Blaye (Gironde) **6**, 26.

Bocace, Boccace, poète et littérateur italien **4a**, 29; **17b**, 46; **42b**, 95.

Bocage, titre d'un ouvrage de Ronsard **20a**, 29.

Bodin, Jean Bodin, auteur de la *Démonomanie des sorciers* **47**, 119.

Bolongne, *Godefroy de*, Godefroy de Bouillon, premier roi de Jérusalem **42b**, 79.

Sainct Boniface, village près de Vérone **7**, 7.

Bordeaux, partisan de la Ligue **49**, 89.

Borée, dieu des vents du nord **32**, 41.

Bourbon, *duc de* **14**, 149; *cardinal de B.* **48**, 13.

Bourdeaulx, v. *Gueyfier*.

Bourdelois, Bordelais, ancien pays de France **42b**, 61.

Bourges, (Cher) **3**, 96.

Bourgongne, ancienne province de France **3**, 52; **43**, 94; v. aussi *Sanson*.

Bourguignons, Burgondes **42b**, 1; Bourguignons **49**, 38.

Braie, tributaire du Loir **20c**, 52.

Braiecul, *Pierre*, Pierre de Bracheux **42b**, 85.

Breban, v. *Garinus*.

Bretaigne, *Anne de*, reine de France **25**, 73.

Saincte Brigide, champ de bataille près de Marignan **14**, 3.

Brissac(h), *seigneur de*, **16a**, 84; *Mareschal de*, **39b**, 40; *Conte de*, **39b**, 42.

Brisson, magistrat, président de la Ligue **49**, 102.

Brute, Decius Brutus surnommé Albinus **26**, 101.

Brutus, Marcus Junius Brutus, **24**, 6.

Bucanan, *George*, érudit écossais **39b**, 36.

Bucoliques, *(les)*, œuvre de Virgile **45**, 84.

Burette, ministre, victime du massacre de la Saint-Barthélemy **35c**, 18.

Bussy, v. *œuvre* au glossaire.

Byrphanes, nom signifiant en grec tisonneur ou boute-feu **12b**, 25.

Cæsar, v. *Cesar*.

Caius, jurisconsulte romain **30**, 65.

Caius Octavius, mis à mort par Marc-Antoine et Auguste **24**, 178.

Caligule, Caligula, empereur romain **44**, 148.

Calistone, Callisto, fille de Lycaon, roi d'Arcadie **1**, 35.

Calpurnia, femme de Jules César **24**, 44; *Calpurnie* **26**, 112.

Canada, **23c**, 65.

Canarie, *la grande* **23a**, 6; *Canaries*, *les* les îles Canaries **23a**, 11.

Canibales, s.m.pl. les Caraïbes et les îles qu'ils habitaient **23c**, 67.

Cap Verd, Cap Vert, cap le plus occidental d'Afrique **23a**, 5.

Caper, Flavius Caper, grammairien latin **8b**, 10.

Capharé, Capharée, promontoire de l'île d'Eubée, redoubté pour ses fréquentes tempêtes **37**, 42.

Capys, héros troyen **26**, 73.

Caquillon, commère **43**, 104.

Caribde, Charybde, tourbillon marin près de Messine **37**, 42.

Casca(s), Publius Servilius Casca **24**, 131.

Cassius, Caïus Cassius Longinus **24**, 7.

Caton, Marcus Porcius Cato, nommé Caton l'Ancien ou Caton le Censeur **9b**, 76.

Caucase, haute chaîne de montagnes **18**, 202.

Celtophile, ='Francophile' **36a**, 4.

Cerisoles, Cérisoles, bourg italien **45**, 79.

Cesar, Jules César, dictateur romain **13**, 95; **14**, 76; **17b**, 43; **18**, 128; **24**, 10; **26**, 16; **34**, 64; **42a**, 2; **44**, 101; **46b**, 92.

Chailly, complice de Maurevel **35b**, 3.

Chalons, Châlons-sur-Marne (Marne) **49**, 108.

Charlemagne, empereur des Francs **6**, 1; **34**, 36.

Charles le Grand, =Charlemagne **42b**, 28.

Charles, fils aîné et successeur du roi Jean II **3**, 22, 32.

Charles, Charles VI, roi de France **3**, 55.

Charles, Charles VII, roi de France **3**, 62.

Charles, Charles IX, roi de France **47**, 124.

Charles, comte d'Anjou, Charles d'Anjou **42b**, 86.

Charlot, berger **29**, 40.

Charon, nocher des enfers **12b**, 12.

Chartier, Alain, écrivain français **4a**, 21; **46a**, 93.

Chartrain, habitant de Chartres ou de ses environs **27**, 67.

Chastelain, George, Georges Chastelain ou Chastellain, poète et chroniqueur **4a**, 22.

Chastelet, Châtelet, siège de la juridiction criminelle à Paris **35c**, 14.

Chinon, (Indre-et-Loire) **42b**, 56.

Chio(s), Chio, île grecque de l'Archipel **23a**, 68; **44**, 169.

Chipre, Chypre, île de la mer Méditerranée orientale **12b**, 8; **42b**, 76.

Chopine, Tante, commère **43**, 103.

Cicero, Ciceron, auteur et orateur latin **5**, 16; **9b**, 68; **13**, 8; **17b**, 39; **18**, 90, 126; **30**, 75; **34**, 100; **45**, 7; **46b**, 92.

Cisarees; *les portz C.* =le port de Cizres, dans les Pyrénées **6**, 102.

Cleantes, Cléanthe, chef de l'école stoïcienne **39a**, 13.

Cleion, Clio, muse de l'histoire **20c**, 61.

Clovis, roi des Francs **34**, 37.

Colligni, nom donné (d'après l'amiral Coligny) à une forteresse à Rio de Janeiro **23b**, 37.

Commines, Philippes de, Philippe de Commines, chroniqueur français **44**, 36.

Compiegne, Compiègne (Oise) **41a**, 6; **49**, 21.

Condé, M. le Prince de **48**, 129.

Constantin, empereur romain **2**, 160.

Constantin, prévôt de Rome **6**, 31.

Constantinople, Byzance, capitale orientale de l'Empire romain **34**, 23; **42b**, 81.

Cordube, roi de Turquie **6**, 34.

Cosme, Côme, ville d'Italie **14**, 141.

Crassus, Marcus Licinius Crassus, triumvir avec César et Pompée **34**, 64.

Crecy, Crécy-en-Ponthieu (Somme) **3**, 10.

Crete, Crète, île grecque **6**, 73; **22**, 22.

Cretin, Guillaume, poète français **4a**, 24.

Crevant, Cravant (Yonne) **3**, 97.

Cueur, Jacques, Jacques Cœur, argentier de Charles VII **3**, 142.

Cumes, colonie grecque établie près de Naples **50**, 67.

Cupido, Cupidon, fils de Vénus et dieu de l'amour **12a**, 17.

Curtalius, personnage du *Cymbalum Mundi*, **12b**, 26.

Cymbalum Mundi, Monde-Cymbale, allusion à Pline **12a**, 2.

Cypre, v. *Chipre*.

Cyropedie, la, =l'*Education de Cyrus*, ouvrage de Xénophon **34**, 120.

Dabas, la cité de, ville imaginaire **12a**, 4.

Dacie, ancien pays d'Europe **6**, 30.

Dandelot, M. **48**, 129.

Dangier, Danger, célèbre personnage du *Roman de la Rose* **4b**, 18.

Dante, poète florentin **4a**, 29; **17b**, 49; **42b**, 94.

Dast, Dax (Landes) **6**, 15.

Daulphiné, Dauphiné, ancienne province de France **3**, 163.

David, roi d'Israël **2** 46, 67; **15**, 149; **31**, 26; **47**, 21.

Decius Brutus, surnommé Albinus, conspirateur **24**, 65.

Dedalus, Dédale, architecte grec, père d'Icare **2**, 84.

Democrite, Démocrite, philosophe grec **37**, 18.

Demosthene, Démosthène, orateur grec **13**, 92; **18**, 90, 126, 197.

Saint Denis, Saint-Denis (Seine) **33a**, 7.

Des Essars, Nicolas d'Herberay, Seigneur des Essarts, traducteur d'*Amadis de Gaule* **46b**, 39.

Des Pruneaux, témoin de l'attentat contre l'Amiral **35d**, 20.

Dialogues, les, ouvrage de Platon **9b**, 78.

Didier, palefrenier **21b**, 2.

Dido, Didon, reine de Carthage **23b**, 29.

Diego, le S. partisan de la Ligue **49**, 72.

Diodore, Diodore de Sicile, historien grec **23c**, 42.

Diomedes, Diomède, grammairien latin **8b**, 9.

Dioscoride, médecin grec **23a**, 53.

Dofay, Claude, procureur du roi **41a**, 52.

Dolabella, Publius Cornelius Dolabella, consul romain, partisan de César **24**, 14.

Domitian, Domitien, empereur romain **44**, 85.

Donat(us), Donat, grammairien latin **8a**, 58; **8b**, 9.

Don Flores de Grece, roman traduit par Nicolas d'Herberay, Seigneur des Essarts **46b**, 41.

Dreux, (Eure-et-Loir) **48**, 15.

Du-Bellay, Joachim Du Bellay, poète français **31**, 123.

Du Clenier, Thomas, = Thomas (l')Incrédule (anagramme) **12a**, rub.

Du Fay, le bastard, guidon de Bayard **7**, 83.

Dunois, Jean, surnommé le Bâtard d'Orléans **3**, 105; **49**, 49.

Durand, théologien **41b**, 63.

Durandal, nom donné à l'épée de Roland **6**, 120.

Du Rieu, De Rieux, l'un des chefs de la Ligue **49**, 143.

Du Vayr, Guillaume Du Vair, homme d'État et écrivain français **49**, 80.

Edouard, Édouard III, roi d'Angleterre **42b**, 33.

Egypte, **5**, 111; **23c**, 43, 112; **34**, 114; **42b**, 17.

Eigoland, prince sarrasin **6**, 12.

Emarsuitte, personnage de l'*Heptaméron* **25**, 115.

Empedocles, Empédocle, philosophe d'Agrigente **23a**, 69.

Eneades, les, l'*Énéide* d'Anthonius Sabelicus **6**, 4.

Eneas Silvius, auteur d'*Euryalus et Lucrèce* **1**, 4.

Ennius, Quintus Ennius, poète latin **46b**, 75.

Ephésienne, l', Diane, dont le temple se trouvait à Éphèse **22**, 16.

Epicurus, Épicure, philosophe grec **24**, 116.

Epistemon, précepteur de Pantagruel **9b**, 82.

Erudice, Eurydice, femme d'Orphée **1**, 36.

Esbra, Èbre, fleuve d'Espagne **6**, 132.

Escluse, l', bataille navale **3**, 9.

Espagne, **6**, 6; **28b**, 29; **33a**, 83; **35b**, 41; **42a**, 31; **42b**, 17; **43**, 93; **48**, 36; **49**, 34, 40.

Espaigne, v. *Espagne*.

Etampe, Étampes, (Seine-et-Oise) **46b**, 98.

Etiopie, Éthiopie **34**, 145.

Eugelerius, duc de Guyenne **6**, 27.

Euripide, poète tragique de Grèce **31**, 74; **44**, 42.

Euristhene, fils du roi Aristodème de Sparte **34**, 30.

Europe, **23c**, 37; **34**, 146; **42b**, 105.

Eutrapel, interlocuteur principal des *Contes et discours d'Eutrapel* **45**, 18.

Faifeu, Pierre, personnage des *Nouvelles Récréations et joyeux devis* de Bonaventure des Périers **21a**, 2.

Falerne, ville d'Italie, célèbre par ses vins **12a**, 14; **44**, 169.

Feragu, prince sarrasin **6**, 66.

Ferdinand, roi d'Aragon **34**, 50.

Ferdinand, roi de Castille **34**, 42.

Flamen(g)s, s.m.pl. les Flamands **3**, 7; **49**, 124.

Flandres, **3**, 9; *Flandres, Marguerite de*, épouse Philippe frère du roi Charles V **3**, 50.

Flèche, La, (Sarthe) **21a**, 22.

Florence, ville d'Italie **4a**, 60; **28b**, 23.

Floride, presqu'île du S.-E. de l'Amérique du Nord **23c**, 65.

Foix, Diane de, Comtesse de Gurson **39a**, rub.

Foix, Gaston de, Duc de Nemours, illustre capitaine français **49**, 49.

Fortune, déesse du hasard **37**, 16; **50**, 30, 86.

Fortunées, les isles, les îles Canaries **23a**, 5.

France, **3**, 21; **5**, 23; **14**, 3; **18**, 127; **20a**, 33; **20c**, 70; **25**, 73; **27**, 78; **29**, 52; **31**, 77; **38**, 97; **39b**, 75; **42b**, 29; **44**, 162; **46a**, 2; **47**, 15; **48**, 1; **49**, 38, 43.

France antarctique, nom donné à la colonie française du Brésil **23b**, 33.

Franchet, Jan, courtisan italianisé **36a**, rub.

Francin, berger **29**, 74.

Françoys, François Ier, roi de France **14**, 51; **17b**, 69; **18**, 140; **44**, 167; **48**, 38.

Francs, s.m.pl. les Francs, conquérants de la Gaule au Ve siècle **42a**, 31; **42b**, 1.

Frie, le cap de, Cabo Frio, promontoire du Brésil **23b**, 1.

Frise, v. *Gondebault*.

Froissart, Jean, chroniqueur et poète français **4a**, 21.

Gaguin, Robert, poète et chroniqueur français **6**, 2.

Galate, Galatée, nymphe **29**, 129.

Galen, v. *Galien*.

Galice, région d'Espagne **6**, 91.

Galien, médecin grec **16b**, 15; **42b**, 23; **44**, 155; **46a**, 146.

Ganabara, la baie de Guanabara au Brésil **23b**, 6.

Gannes, Ganelon, traître **6**, 95.

Gargantua, père de Pantagruel **9b**, 127.

Garinus, duc de Breban, Garin duc de Brabant **6**, 32.

Gascongne, Gascogne, ancienne province de France **6**, 11; **33a**, 81; **42b**, 61.

Gastine, la forêt de la Gâtine, pays natal de Ronsard **20c**, 49.

Gaule(s), Gaule, ancien nom de la France **17b**, 66; **18**, 64; **42a**, 31.

Saincte Genevieve, Sainte-Geneviève, quartier de Paris **45**, 43.

Genius, grand prêtre, personnage célèbre du *Roman de la Rose* **4b**, 1.

Genlis, (Côte-d'Or) **41a**, 59.

Gennes, Gênes, ville d'Italie **6**, 27.

Sainct George: *monté comme un S.G.* = sur un très bon cheval **21a**, 29.

Georgiques, les Géorgiques, poème de Virgile sur la vie des champs **23c**, 49; **30**, 79.

Sainct Germain de l'Auxerrois, Saint-Germain-l'Auxerrois, église de Paris **35b**, 38.

Germanie, ancien nom de l'Allemagne **12b**, 17; **35a**, 43.

Gibaltar, Gibraltar **23a**, 11.

Gnidos, Cnide, ancienne ville de Carie en Asie Mineure **24**, 92.

Goliath, géant philistin tué par David **2**, 46; **31**, 25.

Gollias, v. *Goliath*.

Gondebault, roi de Frise **6**, 28.

Gonin, maistre, célèbre faiseur de tours, nom souvent généralisé **12a**, 16.

Gothz, v. *Gots*.

Gots, Goths, peuple de la Germanie **9b**, 53; **42a**, 30; **42b**, 1.

Grantgousier, père de Gargantua **9b**, 47.

Grantmont, chevalier français **7**, 51.

Grave, Graves, vignobles du Bordelais **44**, 163.

Greban, les deux, Arnoul et Simon Gréban, poètes français du XVe siècle **4a**, 21.

Grece, Grèce **22**, 19; **23a**, 68; **42a**, 33; **50**, 68.

Grignaulx, Grignols (Gironde) **25**, 72.

Grit, André, Vénitien **7**, 137.

Grouchi, Nicolas, auteur du *De comitiis Romanorum* **39b**, 35.

Guebron, personnage de l'*Heptaméron* **25**, 57.

Guerchy, le Sieur de **35b**, 19.

Guerente, Guillaume, commentateur d'Aristote **39b**, 36.

Gueyfier de Bourdeaulx, soldat de Charlemagne **6**, 28.

Guienne, v. *Guyenne*.

Guillaume, écolier **33b**, 80.

Guillaume le Bastard, Guillaume Ier, roi d'Angleterre et duc de Normandie **42b**, 39.

Guischard, Robert, Robert Guiscard, aventurier normand, fondateur du royaume de Naples **42b**, 77.

Guise, duc de, **35b**, 2; **35c**, 27; *cardinal de* **48**, 13; *M. de* **46a**, 59; **49**, 133.

Guyenne, l'une des provinces de l'ancienne France **3**, 38; **6**, 28; **39b**, 74; **42b**, 55; **48**, 3, 21.

Guyse, v. *Guise*.

Harvillier, Jeanne, sorcière **41a**, 5.

Hebrieux, Hébreux, nom du peuple juif **31**, 156; **34**, 107.

Helisaine, Hélisenne de Crenne, auteur des *Angoisses d'Amour* **46a**, 76.

Hellespont, ancien nom des Dardanelles **5**, 43.

Henry, Henry II, roi de France **46a**, 58.

Henry, Henri II, roi d'Angleterre **42b**, 51.

Henry, Henri V, roi d'Angleterre **3**, 85.

Hercule(s), Hercule, demi-dieu de la mythologie gréco-latine **22**, 136; **31**, 130; **34**, 32.

Herode, Hérode le Grand, roi de Judée **2**, 155.

Herodotus, Hérodote, historien grec **6**, 74.

Hieremie, Jérémie, prophète de l'Ancien Testament **41b**, 12.

Hipocrat, v. *Hippocrates*.

Hippocrates, Hippocrate de Cos, médecin grec **42b**, 23; **44**, 80; **46a**, 145.

Hippolite, personnage de comédie **38**, 1.

Hippolyte, fils de Thésée **20b**, 10; **32**, 3.

Hircan, personnage de l'*Heptaméron* **25**, 43.

Histoire de nature, Histoire naturelle, ouvrage de Pline l'Ancien **5**, 97; **23a**, 56.

Homere, Homère, poète grec **5**, 48; **18**, 89, 126, 197; **30**, 69.

Horace, poète latin **5**, 74; **17b**, 71, 84; **20a**, 20; **31**, 67; **44**, 67.

Hugues le Grand, Hugues le Maine, autrement dit Hugues de Vermandois **42b**, 78.

Huon de Bordeaux, héros d'épopée **39b**, 89.

Hymne triomfal, ouvrage de Ronsard **46a**, 95.

Hypocrate, v. *Hippocrates*.

Icarus, Icarios, roi d'Attique **44**, 95.

Iliade, l', poème épique d'Homère **5**, 59.

Illustrations de Gaule, les, ouvrage de Jean Lemaire de Belges **17b**, 65.

Imperiaux, les, les troupes de l'empereur d'Allemagne **45**, 81.

Indes, les, l'Inde **44**, 95.

Institutions, ouvrage de Marcianus, jurisconsulte romain **30**, 68.

Isaac, fils d'Abraham **31**, 24.

Isabelle, reine de Castille **34**, 43.

Isaiah, Isaïe, prophète de l'Ancien Testament **11b**, 3.

Iscarioth, v. *Judas*.

Isis, déesse et reine d'Égypte **23c**, 43.

Isocrate(s), Isocrate, orateur grec **5**, 94; **13**, 91.

Israël, **31**, 25.

Italie, **4a**, 17; **23c**, 42, 79; **24**, 74; **28b**, 29; **30**, 81; **35a**, 39; **39b**, 73; **42a**, 31; **43**, 93; **46a**, 45; **47**, 63.

Italien, l', =Boccace **25**, 122.

Jabin, personnage de l'Ancien Testament **2**, 153.

Sainct Jacques en Galice, Saint-Jacques-de-Compostelle **6**, 91.

Sainct Jacques Zebedee, Saint Jacques, frère de Saint Jean l'Évangéliste **6**, 9.

Janaire, (Rio de) Janeiro **23b**, 7.

Jaques, écolier **33b**, 49.

Jaquette, commère **43**, 104.

Jeanne, reine de Navarre **34**, 43.

Sainct Jehan, Saint Jean l'Évangéliste **6**, 10; **9a**, 46.

Jehan, fils de Philippe de Valois **3**, 13.

Jehan, fils du duc Philippe de Bourgogne **3**, 54.

Jehan, bastard d'Orleans, v. *Dunois*.

Jehan N, écolier **33b**, 36.

Jehanne, la Pucelle, Jeanne d'Arc **3**, 100.

Jerusalem, ancienne capitale de la Judée **42b**, 76.

Jesuchrist, **9b**, 17; **10a**, 14; *Jesus* **11b**, 1; **38**, 13; *Jesus Christ* **47**, 5.

Joannes Grammaticus, auteur grec **8b**, 25.

Jonas, personnage de l'Ancien Testament **41b**, 21.

Joseph, fils de Jacob et de Rachel **44**, 29.

Josephe, Flavius Josèphe, historien juif **31**, 152; **46b**, 41.

Juba, roi de Mauritanie **23a**, 6.

Judas Iscarioth, Judas Iscariot **11b**, 26.

Jule Cesar, v. *Cesar*.

Juno, Junon, épouse de Jupiter **12b**, 9.

Jupiter, le père et le maître des dieux **1**, 35; **12b**, 83; **20c**, 9; **22**, 20, 47; **32**, 78.

Juppiter, v. *Jupiter*.

Katherine, Catherine, fille du roi Charles VI de France **3**, 85.

Lacedemoniens, Spartiates, habitants de Sparte ou Lacédémone **34**, 28.

Lactance, personnage de comédie **38**, 1.

Lælius, Lælius Sapiens, consul romain **31**, 115.

La Hire, Étienne de Vignoles, dit La Hire, capitaine français **49**, 50.

La Mole, capitaine tué à la bataille de Cérisoles **45**, 80.

Lampert, prince de Berry **6**, 30.

Lancelot du Lac, héros des romans arthuriens **39b**, 88.

Languedoc, province de l'ancienne France **48**, 34.

Laon, (Aisne) **41b**, 49.

Latins, les, = les Romains **30**, 61.

Latone, mère d'Apollon **37**, 108.

Le Clerc, procureur, victime de la Saint-Barthélemy **35c**, 14.

Le Doux, Philippe, lapidaire de la reine mère **35c**, 16.

Lemaire de Belges, Jean, auteur **17b**, 66; **46a**, 93.

Le Maistre, M., Jean Lemaistre, jurisconsulte français **49**, 80.

Le Mercier, Nicolas, marchand, victime de la Saint-Barthélemy **35c**, 20.

Le More, ministre du roi de Navarre **35c**, 18.

Le Nivellet, Jean, Jean le Nivelois, poète français **46a**, 97.

Lentulus Spinther, mis à mort par Marc-Antoine et Auguste **24**, 178.

Leonor, Aliénor d'Aquitaine **42b**, 54.

Lepide, Lepidus, Lépide, triumvir avec Antoine et Octave **24**, 168; **34**, 69.

Leucate, Leucade, île grecque de la mer ionienne **32**, 45.

Leucippus, roi de Messénie **34**, 33.

Ligue, la, confédération du parti catholique **49**, 86; **50**, 86, 93, 97.

Limosin, Limousin, ancienne province de France **3**, 70.

Livius, Tite-Live, historien romain **24**, 51.

Livre de l'amour, le, = le *Libro di natura d'amore*, de Mario Equicola **46a**, 66.

Livre des Eschecqtz, le, = Le *Jeu des eschéz moralisé*, traduit par Jean de Vignay du latin de Jacobus de Cessolis **8a**, 43.

Locriens, habitants de Locride, contrée de l'ancienne Grèce **44**, 78.

Loir, rivière de France **20c**, 34.

Lombars, Lombards, peuple germanique établi en Italie **42a**, 31.

Longarine, personnage de l'*Heptaméron* **25**, 42.

Lorraine, ancienne province de France **6**, 32.

Lorris, Guillaume de, auteur de la première partie du *Roman de la Rose*, **42b**, 100.

Louis, fils de Charlemagne **6**, 11; *Louis Debonnaire* **34**, 37.

Louis, Louis VII, roi de France **42b**, 54.

Saint Louis, Louis IX, roi de France **42b**, 28; **47**, 59; **49**, 36.

Louis, Louis XII, **3**, 3.

Louis, comte de Blois **42b**, 83.

Louis d'Orléans **49**, 100.

Louvre, palais du Louvre, ancienne résidence royale **35b**, 9; **35c**, 32.

Louys, Loys, v. *Louis*.

Loysel, M., **46b**, 99.

Lucian, Lucien, auteur grec **28b**, 64; **34**, 35.

Lucifer, ange déchu, prince des démons **2**, 11.

Lucrece, La, enseigne à Londres près du cimetière de Saint-Paul **33b**, 9.

Lucresse, personnage de comédie **38**, 106.

Lullius, Raymond Lulle, théologien et philosophe catalan **9b**, 93.

Lupolde, avocat, personnage des *Contes et discours d'Eutrapel* **45**, 92.

Luquain, personnage de comédie **38**, 26.

ᴸ*Lutece*, Paris **8a**, 11; **9a**, 5.

Lycurgue, législateur de Sparte **34**, 31.

Lycurgus, roi légendaire des Édoniens de Thrace **44**, 100.

Lydiens, habitants de la Lydie **49**, 123.

Lyon, ville de France **35c**, 19.

Sainct Macabée, souvenir biblique confus **49**, 10.

Macedone, Macédoine, ancien royaume situé au N.-E. de la Grèce **5**, 117.

Machault, partisan de la Ligue **49**, 89.

Madere, l'île de Madère **23a**, 9.

Magdaleine, La, nom de cabaret **9a**, 13.

Magellan, le destroit de **23c**, 67.

Magellanique, le, le Pacifique **23c**, 66.

Mahommet, Mahomet **47**, 77.

Maine, le, ancienne province de France **17b**, rub.; **42b**, 53; v. aussi *Milon.*

Mammone, Mammon, dieu des richesses **9a**, 28.

Manceau, s.m. habitant du Mans **27**, 67.

Marc Antoine, triumvir avec Lépide et Octave **34**, 68.

Marc Aurelle, Marc-Aurèle, empereur romain **34**, 18.

Sainct Marceau, faubourg **45**, 72.

Marcellinus, Marcellin, saint et pape **2**, 161.

Marco, cri de guerre des Vénitiens **7**, 45.

Marc Tulle (Ciceron), (Marcus Tullius) Cicéron **9b**, 59; **13**, 92.

Marcus Lepidus, triumvir avec Antoine et Octave **24**, 37; v. aussi *Lepide.*

Marguerite, dame, v. *Flandres.*

Marguerite, servante? **33b**, 48.

Marie, Marie Iʳᵉ Tudor, reine d'Angleterre **34**, 45.

Marignan, ville d'Italie **14**, 4.

Marillac, Michel de Marillac, ministre français **49**, 84.

Marot, Clement, poète français **10a**, 12; **20a**, 21.

Sainct Marry, Saint Méry, paroisse (v. aussi *marri* au glossaire) **10a**, 5.

Mars, dieu de la guerre **4a**, 70; **14**, 126; **22**, 141; **29**, 65.

Marsault, v. *Martial.*

Marsurius, Marsilie, prince sarrasin **6**, 94.

Sainct Martial, Martial, premier évêque de Limoges **9a**, 43, 48.

Martian, Marcianus, jurisconsulte romain, auteur des *Institutions* **30**, 67.

Sainct Martin, village près de Vérone **7**, 28.

Maubert, Place, place de Paris: *sentir sa P. M.* = être grossier, trivial **28b**, 59.

Maurevel, tente d'assassiner l'Amiral Coligny **35b**, 1.

Maximilian, seigneur défendant le château de Milan **14**, 155.

Mecenas, Mécène, protecteur des sciences et des arts sous l'empereur Auguste **5**, 128; **17b**, 71.

Medois, habitants de la Médie **34**, 121.

Meigret, Louis, réformateur de l'orthographe française **20b**, 2; **46b**, 4.

Melun, v. *anguille* au glossaire.

Menander, Ménandre, poète comique athénien **5**, 108.

Menelaus, Ménélas, roi de Sparte et frère d'Agamemnon **44**, 42.

Mercure, messager des dieux **12b**, 1.

Merovee, Mérovée, roi franc, fondateur de la dynastie des Mérovingiens **34**, 36.

Meschinot, Jean, poète français **4a**, 21.

Messeniens, habitants de la Messénie, ancienne contrée du Péloponnèse, **34**, 33.

Mesué l'Ancien, Jahja Ben Maseweih, traducteur de livres grecs en arabe **42b**, 22.

Metamorphose, la, les *Métamorphoses,* poème mythologique d'Ovide **39b**, 84.

Metellus Cimber, Lucius Tillius Cimber **24**, 124.

Methode, la, = le *Methodus medendi,* ouvrage du médecin grec Galien **16b**, 16.

Meun, Jehan de, Jean de Meung, auteur de la seconde partie du *Roman de la Rose,* **4a**, 21.

Sainct Michel, la, la Saint-Michel, fête **48**, 134.

Midas, roi de Phrygie **36b**, 78.

Milan, ville d'Italie **3**, 59; **14**, 128; **49**, 39.

Millet, Jacques, poète français **4a**, 22.

Milon, comte du Maine **6**, 18.

Minerve, déesse de l'intelligence, protectrice des arts et des sciences **4a**, 72; **9b**, 71.

Mnesitheus, Mnésithéos, médecin grec **44**, 82.

Moïse, v. *Moyse.*

Molinet, Jean, poète et auteur français **1**, 107; **4a**, 22.

Monins, capitaine français **35b**, 24.

Mont de Marsan, le, Mont-de-Marsan (Landes) **48**, 35.

Montpelier, le, Montpellier (l'Hérault) **3**, 42.

Montpensier, duc de, **48**, 81.

Monumens, les, ouvrage de Pausanias **9b**, 78.

Moraulx, les, = les *Œuvres Morales* de Plutarque **9b**, 78.

More, s.m. Maure, habitant de la Mauritanie **22**, 45.

Moschovie, Moscovie, nom de la province de Moscou, et par ext. de la Russie entière **34**, 146.

Moufron, Jehan Paule, capitaine vénitien **7**, 15.

Moulinet, v. *Molinet.*

Moyse, Moïse, législateur des Hébreux **15**, 111; **41b**, 12; **47**, 101, 152.

Mule, la, nom de cabaret **9a**, 14.

Musee, pseudonyme donné par Du Vair à son ami **50**, 10.

Musniers, le Pont aux, pont à Paris **35c**, 12.

Nabugodonosor, Nabuchodonosor, roi de Chaldée **2**, 71.

Nadres, ville d'Espagne, peut-être Najera **6**, 76.

Nangy, Nangis (Seine-et-Marne) **49**, 130.

Nantes, v. *Oel.*

Naples, ville d'Italie **42b**, 86; **49**, 39.

Navarre, ancien royaume **6**, 63; **14**, 156; **35c**, 17; **46a**, 95.

Naverre, v. *Navarre.*

Nembroth, v. *Nemrod.*

Nemours, M. de, **48**, 74.

Nemrod, roi fabuleux de la Chaldée **2**, 127; **34**, 105.

Neptune, dieu de la mer **37**, 2.

Neron, Néron, empereur romain **46b**, 66.

Nesmes, duc de Bavieres, Naime duc de Bavière **6**, 29.

Neufaune, la, vallon boisé sur le domaine de la Poissonnière, propriété des Ronsard **20c**, **51**.

Nevers, duc de, l'un des instigateurs du massacre de la Saint-Barthélemy **35c**, 27.

Nicanor, personnage *du Livre des Macchabées* **2**, 74.

Nicie, Nicias, général athénien **18**, 127.

Nicolas, écolier **33b**, 41.

Nicolas, personnage de comédie **38**, rub.

Nicole, maistre, chirurgien **16a**, 90.

Nil, grand fleuve de l'Afrique **22**, 18 ; **26**, 88.

Noé, patriarche biblique **34**, 113.

None Marcel, Nonius Marcellus, auteur et grammairien romain **30**, 65.

Normandie, ancienne province de France **3**, 111 ; **42b**, 40.

Nostradamus, astrologue français **47**, 167.

Nostre Dame, le pont, le Pont Notre-Dame à Paris **35c**, 20.

Novarre, Novare, ville d'Italie **14**, 12.

Noyon, (Oise) **49**, 19, 141.

Nully, le president de, le président de Neuilly **49**, 82, 92.

Ocean, l', l'Atlantique **23a**, 4 ; **23c**, 66.

Octavian, Octavien, empereur romain **6**, 74.

Odyssee, l'Odyssée, poème épique d'Homère **30**, 70.

Oel, comte de Nantes **6**, 28.

Offices, les, =De Officiis, ouvrage de Cicéron **45**, 6.

Oger, Ogier, roi de Dacie **6**, 30.

Oisille, personnage de l'*Heptaméron*, **25**, 46.

Olivier, comte de Gênes **6**, 26.

Onix, Aunis, ancienne province de France **44**, 159.

Oppian, Oppien, auteur grec **34**, 109.

Orateur, l', traité de Cicéron **30**, 75.

Orestes, Oreste, géant légendaire **6**, 74.

Orion, géant légendaire **6**, 73.

Orleans, Orléans (Loiret) **3**, 55 ; **33a**, 5 ; **44**, 163 ; **45**, 65 ; **48**, 38.

Orpheus, Orphée **1**, 35.

Ourse, l', la constellation nommée Arctos, =le Nord **37**, 43.

Ovide, poète latin **1**, 104 ; **17b**, 71 ; **39b**, 85.

Palatin, le mont, l'une des sept collines de Rome **22**, 53.

Pallas, un des noms de la déesse Athênê **12b**, 11.

Palles, Palès, déesse romaine des bergers et des troupeaux **29**, 125.

Pampelune, ville d'Espagne **6**, 36.

Pan, dieu des bergers et personnification de la Nature **29**, 121.

Pantagruel, héros de Rabelais **9a**, 1 ; **9b**, 1 ; **46a**, 77.

Papinian, Papinien, jurisconsulte romain **9b**, 69.

Paris, **3**, 25 ; **9b**, 113 ; 25, 53 ; **33a**, 1 ; **35b**, 1 ; **35c**, 2 ; **42b**, 89 ; **45**, 2 ; **46b**, 33 ; **50**, 1.

Parlamente, personnage de l'*Heptaméron* **25**, 41.

Parme, ville d'Italie **46a**, 59.

Parnasse, montagne où résidaient Apollon et les Muses **31**, 177.

Parpaignan, Perpignan (Pyrénées-Orientales) **16a**, 80.

Partitions, les, =les *Partitions oratoires,* titre d'un ouvrage de Cicéron **45**, 6.

Patroclus, Patrocle, ami d'Achille **5**, 46.

Sainct Paul, S. Paul, l'Apôtre des Gentils **15**, 112 ; **31**, 154.

Sainct Paul, cimetière à Londres **33b**, 9.

Pausanias, géographe et historien grec **9b**, 79.

Pavie, ville d'Italie **14**, 162.

Payen d'Orleans, **42b**, 84.

Peletier du Mans, Jacques, poète et mathématicien **20a**, 25 ; **46b**, 5.

Pelisson, Jean Pelisson, principal du Collège de Tournon **45**, 84.

Pelletier, v. *Peletier du Mans.*

Penthee, Penthée, roi de Thèbes **44**, 100.

Pericles, Périclès, orateur et homme d'État grec **18**, 127.

Perot, Cretofle, Sénéchal du Maine **17b**, rub.

Perrette, femme de chambre **46a**, 49.

Perse, royaume du S.-O. de l'Asie **5**, 112 ; **34**, 66, 117.

Peru, Pérou **23c**, 65.

Petiliane, comte **14**, 143.

Petrarque, Pétrarque, poète italien **4a**, 29 ; **17b**, 46 ; **18**, 203 ; **46a**, 66.

Phalerne, v. *Falerne.*

Phebus, Apollon, dieu de la lumière **2**, 82 ; **20c**, 1 ; **31**, 177 ; **37**, 109.

Phelippe, v. *Philippe.*

Pheton, Phaéton, fils du Soleil **2**, 81.

Philalethe, ='Ami de la vérité' **36a**, 17.

Philausone, ='Ami de l'Italie' **36a**, rub. ; **36b**, 6.

Philelphe, Francesco Filelfo, auteur italien **4a**, 29.

Philippe, Philippe Ier, roi de France **42b**, 79.

Philippe, Philippe VI de Valois, roi de France **3**, 1.

Philippe, frère du roi Charles V de France **3**, 48.

Philippe, fils du roi Jean II **3**, 21.

Philippe, Philippe II roi d'Espagne **34**, 44.

Philippe, Philippe de Macédoine, père d'Alexandre le Grand **5**, 57.

Phocas, grammairien latin **8b**, 9.

Phoebus, v. *Phebus.*

Phrygienne, la, = Cybèle, déesse de la terre et des animaux **22**, 75.

Picardie, ancienne province de France **49**, 38.

Pierre, apôtre **11 b**, 32.

Pierre, roi d'Espagne **49**, 35.

Pierre, écoulier **33 b**, 57.

Pierrepont, lieutenant de Bayard **7**, 24.

Pietre de Navarre, mine le château de Milan **14**, 156.

Pigmont d'Aragstan, duc de Bretagne **6**, 27.

Pilles, capitaine **35 b**, 23.

Pintette, Mere, commère **43**, 103.

Piramus, Pyrame, jeune Babylonien, célèbre par ses amours avec Thisbé **1**, 36.

Pirenées, les monts, les Pyrénées **46 a**, 42.

Pistoye, Pistoie, ville d'Italie **28 b**, 22.

Platon, philosophe grec, **9 b**, 68; **34**, 108; **39 a**, 10; **44**, 18.

Plaute, poète comique latin **39 b**, 96.

Pline, auteur romain **5**, 74; **6**, 71; **11 a**, 20; **23 a**, 5.

Plutarche, v. *Plutarque*.

Plutarque, historien grec **5**, 55; **9 b**, 60; **34**, 119; **39 a**, 26; **44**, 100.

Plyne, v. *Pline*.

Poëtiques, les, la *Poétique*, ouvrage d'Aristote **31**, 67.

Poictou, Poitou, ancienne province de France **3**, 71; **42 b**, 55; **44**, 160.

Poitiers, (Vienne) **3**, 19; **46 b**, 99.

Poitou, v. *Poictou*.

Politiques, les, parti catholique modéré, opposé à l'influence espagnole en France **49**, 67.

Pollion, Caius Asinius Pollio, orateur, écrivain et général romain **46 b**, 34.

Polydore, v. *Virgile*.

Polygame, frère d'Eutrapel **45**, 70.

Pomme de Pin, la, nom de cabaret **9 a**, 13.

Pompee, Pompée, rival de Jules César **24**, 109; **34**, 63.

Pompeius, v. *Pompee*.

Porc-espy, le, nom de cabaret **45**, 53.

Poton, héros d'autrefois **49**, 50.

Pouille, La, région de l'Italie méridionale **20 c**, 31.

Sainct Prins, Saint Priest, paroisse (jeu de mots: v. aussi *prendre* au glossaire) **10 a**, 5.

Priscian, Priscien, grammairien latin **8 a**, 58; **8 b**, 9.

Priscianus, v. *Priscian*.

Probus, Marcus Valerius Probus, grammairien latin **8 b**, 10.

Procle, Proculus, fils du roi Aristodème **34**, 29.

Proteus, Protée, dieu marin **12 a**, 16; **18**, 199.

Prothée, v. *Proteus*.

Provence, ancienne province de France **46 a**, 71.

Psautier, le, titre d'un ouvrage de Clément Marot **20 a**, 23.

Ptolomée, Ptolémée, astronome et géographe grec **23 a**, 4.

Pusion, Pusio, géant d'autrefois **6**, 73.

Pythô, Pithô, fille de Vénus, et déesse de la persuasion **18**, 131.

Qintilien, v. *Quintilien*.

Querquifinen, M. de, M. de Kerquefinen, Seigneur d'Ardivilliers **46 a**, rub.

Questions tusculanes, les = les *Tusculanes*, traité de Cicéron **13**, 8.

Quintilian, v. *Quintilien*.

Quintilien, rhéteur latin **5**, 135; **8 a**, 59; **9 b**, 85; **45**, 71; **46 b**, 66.

Rabelais, François Rabelais, écrivain français **44**, 58; **46 a**, 76.

Ramus, Pierre de La Ramée, philosophe et grammairien français **46 b**, rub.

Recherches, les *Recherches de la France*, ouvrage d'Étienne Pasquier **46 a**, 116.

Regnaud, soldat de Charlemagne **6**, 29.

Reims, (Marne) **6**, 5; **49**, 129.

Revigne, grand-mère du Seigneur de Grignaulx **25**, 82.

Reynel, Marquis de, **35 c**, 9.

Rhin, fleuve d'Europe **26**, 88; **44**, 161.

Rhodes, île grecque de l'Archipel **23 a**, 69.

Rhodien, s.m. habitant de Rhodes **22**, 23.

Ribemont, (Aisne) **41 a**, 52.

Rin, v. *Rhin*.

Roan, v. *Rouen*.

Rohan, Seigneur de, **16 a**, 84.

Roland, paladin fameux, lieutenant général de Charlemagne **6**, 18; **31**, 131.

Sainct Romain, l'eglise, l'église de Saint Romain à Blaye **6**, 136.

Romant de la Rose, le, le *Roman de la Rose* de Guillaume de Lorris et Jean de Meung **42 b**, 101; **46 a**, 92.

Rome, Romme, **5**, 76; **6**, 31; **12 b**, 17; **17 b**, 71; **22**, 29, 62; **34**, 23; **35 a**, 37; **44**, 44.

Romule, Romulus, fondateur légendaire de Rome **34**, 14.

Roncevaux, vallée des Pyrénées **6**, 106.

Ronsard, Pierre de Ronsard, poète français **46 a**, 94.

Rouen, (Seine-Inférieure) **3**, 69; **33 a**, 6.

Sabelicus, Anthonius, auteur des *Énéades* **6**, 4.

Saffredent, personnage de l'*Heptaméron* **25**, 52.

Sainct Cloct, Pierre de, Pierre de Saint-Cloud, remanieur du *Roman d'Alexandre* **46 a**, 97.

Sainct Paul, M. de, Comte de Rethelois, maréchal de l'Union et Archevêque de Reims **49**, 127.

Sainliens, M. de, auteur du *French Littelton* **33 b**, 18.

Salluste, historien latin **13**, 95; **46 b**, 92.

Salomon, roi des Israélites **1**, 1; **9 b**, 113; **31**, 160; **47**, 30.

Samuel, juge d'Israël **31**, 133; **41b**, 13.
Sannazar, Jacques Sannazar, poète italien **17b**, 49.
Sanson, Samson, duc de Bourgogne **6**, 30.
Sapience, la, le *Livre de la Sagesse* **47**, 30.
Sarazins, v. *Sarrasins*.
Sarragoce, Sarragosse, ville d'Espagne **6**, 130.
Sarrasins, nom donné aux Arabes par les chrétiens du moyen âge **6**, 12; **42b**, 16; **47**, 76; **49**, 34.
Satan, le chef des démons **11b**, 62; **41a**, 68; **41b**, 46.
Sathan, v. *Satan*.
Saul, Saül, premier roi des Israélites **31**, 152; **41b**, 29.
Scipion, Scipion l'Africain **18**, 128; **31**, 115.
Scythes, ancien peuple barbare **18**, 42; **22**, 45.
Secondila, Secundilla, géante d'autrefois **6**, 73.
Seine, fleuve de France **26**, 90.
Seissel, Claude de, Claude de Seyssel, diplomate et maître des requêtes **46a**, 93.
Sem, fils de Noé **34**, 113.
Seneque, Sénèque, philosophe et écrivain, précepteur de Néron **31**, 74.
Senlis, (Oise) **41a**, 25.
Septimulus, Septime Sévère, empereur romain **2**, 152.
ᴸ*Sequane*, Seine **8a**, 10; **9a**, 9.
Seraphin, Serafino d'Aquila, auteur italien **4a**, 29.
Servie, Servius Honoratus, grammairien latin **5**, 126; **8b**, 9.
Servius, v. *Servie*.
Sibilus, roi de Turquie **6**, 35.
Sicile, grande île italienne **42b**, 76.
Simon, père de Judas Iscariot **11b**, 26.
Simon Pierre, v. *Pierre*, apôtre.
Simontault, personnage de l'*Heptaméron* **25**, 50.
Socrate(s), philosophe grec **31**, 21; **43**, 104; **44**, 114.
Soloignois, s.m. habitant de la Sologne **27**, 68.
Sophocle, poète tragique grec **31**, 74.
Sparte, ville de l'ancienne Grèce **46a**, 136.
Strabon, philosophe grec **24**, 24.
Suetone, Suétone, historien latin **5**, 78; **46b**, 61.
Sylvius, Jacques, Jacques Dubois, médecin et grammairien français **11a**, 33; **44**, 149.
Sysippe, Zeuxippus, sculpteur employé par Alexandre le Grand **5**, 73.

Tartarie, région de l'Asie Centrale **34**, 146.
Tatius, roi légendaire des Sabins **34**, 15.
Temistoche, v. *Themistocle*.
Terence, Térence, poète comique latin **31**, 115; **39b**, 96; **45**, 83.
Tethys, Téthys, déesse de la mer **20b**, 10; **22**, 44.
Thebe, Thèbes, ville de l'Égypte ancienne **20c**, 31.

Theligny, Téligny, gentilhomme, **35b**, 11.
Themistocle, Thémistocle, général athénien **18**, 128; **34**, 125.
Theophraste, Théophraste, philosophe grec **43**, 110.
Thesee, Thésée, héros grec **32**, rub.
Thetis, v. *Tethys*.
Thevart, Jean, procureur **35c**, 13.
Thomas, apôtre **11b**, 88.
Saint Thomas d'Aquin, théologien catholique **41b**, 62.
Thoulouse, Toulouse (Haute-Garonne) **48**, 6.
Thucidides, Thucydide, historien grec **5**, 102.
Thyeste, frère d'Atrée **20b**, 10; **34**, 34.
Tibere, Tibère, empereur romain **34**, 139.
Tibulle, poète latin **17b**, 72.
Tisbee, Thisbé, fiancée de Pyrame **1**, 36.
Tite-Live, historien romain **46b**, 34.
Titus, empereur romain **2**, 159.
Touraine, ancienne province de France **42b**, 53.
Tours, (Indre-et-Loire) **25**, 1; **49**, 108.
Troye, Troie, ancienne ville de l'Asie Mineure **5**, 45; **17b**, 66.
Tryocan, Pierre, = Pierre Croyant (anagramme), **12a**, rub.
Tulle, Cicéron **5**, 135; v. aussi *Marc Tulle*.
Turcs, habitants de la Turquie, d'où païens **47**, 4.
Turnebus, Adrien Tournebu, dit Turnèbe, philologue français **45**, 71.
Turpin, archevêque de Reims **6**, 1.
Turquie, **6**, 34; **23c**, 79.
Tybre, Tibre, fleuve d'Italie **22**, 39; **26**, 108.

Ulysse, héros grec, roi légendaire d'Ithaque **20b**, 11.
Union, la Saincte, la Ligue **49**, 3, 99.
Utopie, pays de Gargantua **9b**, 126.

Valentine de Milan, femme du duc Louis d'Orléans **3**, 58.
Valere, Valère Maxime, historien latin **2**, 91.
Vau, faubourg de Laon **41b**, 48.
Vaubert, nom de lieu **45**, 78.
Vendosme, Vendôme (Loir-et-Cher) **3**, 157.
Venise, ville d'Italie **12b**, 17.
Venus, Vénus, déesse de l'amour **4a**, 75; **12b**, 7; **28a**, 34.
Verbery près Compiegne, Verberie (Oise) **41a**, 5.
Vergile, v. *Virgile*.
Vernueil, Verneuil-sur-Avre (Eure) **3**, 97.
Veronne, Vérone, ville d'Italie **7**, 2.
Viennois, Louis Dauphin de, fils de Charles VII **3**, 160.
Villegagnon, Seigneur de, chef de l'expédition française au Brésil **23b**, 40.

TABLE DES NOMS PROPRES

Ville-Hardoin, Geofroy de, Geoffroy de Ville-hardouin, prend part à la quatrième croisade **42b**, 84.

Villemur, précepteur du duc de Guise **35b**, 15.

Villon, Maistre François, François Villon, poète **8a**, 23.

Viminal, l'une des sept collines de Rome **22**, 56.

Vincence, Vicence, ville d'Italie **7**, 4.

Virgile, poète latin **1**, 3 ; **5**, 120 ; **17b**, 71 ; **18**, 90, 126, 198 ; **23b**, 30 ; **23c**, 48 ; **30**, 78 ; **39b**, 95 ; **45**, 84.

Virgile, Polydore, historien anglais d'origine italienne **42b**, 32.

Wandales, Vandales, ancien peuple germanique **42b**, 1.

Westmonstier, Westminster, siège du Parlement anglais **42b**, 34.

Xainctes, Saintes (Charente-Maritime) **6**, 20.

Xainctonge(s), Xantonge, Saintonge, ancienne province de France **3**, 17 ; **6**, 19 ; **40**, 88.

Xenophon, Xénophon, historien grec **34**, 120.

Ytalles, les, les régions de l'Italie **4a**, 44.

Yverny, damoiselle d', victime de la Saint-Barthélemy **35c**, 8.

Zeleucus, Zaleucos, législateur de la ville de Locres en Italie **44**, 77.

Zonare, Jean Zonaras, chroniqueur byzantin **31**, 169.

TABLE DES MATIÈRES

Avant-propos		*page* v
Bibliographie sommaire		vii

Étude

Le français rival du latin	1
Le rôle des traducteurs	6
L'italianisme	14
L'extension du français en France	18
Le français hors de France	24
Les grammairiens	27
L'orthographe	35
Les dictionnaires	49

Aux Lecteurs	53

LES TEXTES

1	Jean Molinet, *Le Roman de la Rose moralisé*	57
2	Pierre Gringore, *Les Folles Entreprises*	60
3	Claude de Seyssel, *Les Louanges du roi Louis XII*	65
4	Jean Lemaire de Belges, *La Concorde des deux langages*	69
	(*a*) *Prologue*	69
	(*b*) *Comment l'auteur fut rebuté*	71
5	Guillaume Budé, *Recueil manuscrit d'apophtegmes*	73
6	Jean Bouchet, *Les Annales d'Aquitaine*	77
7	'Le loyal serviteur' (Jacques de Mailles), *Bayard*	81
8	Geoffroy Tory, *Champfleury*	84
	(*a*) *Aux Lecteurs*	85
	(*b*) *Le Premier Livre*	87
9	François Rabelais, *Pantagruel*	88
	(*a*) *Livre II, ch. vi*	88
	(*b*) *Livre II, ch. viii*	89
10	Clément Marot	92
	(*a*) *Épître de Marot envoyée au Roi*	93
	(*b*) *De celui qui ne pense qu'en s'amie*	94
	(*c*) *De celui de qui l'amie a fait nouvel ami*	95
	(*d*) *A ses disciples*	95

11 Pierre Robert Olivétan, *La Bible*   *page* 96
    (*a*) *Apologie du translateur*   96
    (*b*) *L'Évangile selon saint Jean*, ch. 12–14   97

12 Bonaventure des Périers, *Cymbalum Mundi*   100
    (*a*) *Épître dédicatoire*   100
    (*b*) *Dialogue premier*   101

13 Étienne Dolet, *La Manière de bien traduire*   104

14 Étienne Dolet, *Les Gestes de François de Valois*   107

15 Jean Calvin, *Institution de la religion chrétienne*   111

16 Ambroise Paré, *La Méthode de traiter les plaies*   115

17 Jacques Peletier du Mans, *L'Art poétique d'Horace, traduit en vers français*   119
    (*a*) *Au Lecteur*   119
    (*b*) *Épître dédicatoire*   120

18 Joachim du Bellay, *La défense et illustration de la langue française*   122

19 Jacques Peletier du Mans, *L'Arithmétique*   128
    (*a*) *Au Lecteur*   128
    (*b*) *Ch. III et IV*   129

20 Pierre de Ronsard, *Les quatre premiers livres des Odes*   132
    (*a*) *Au Lecteur*   132
    (*b*) *Avertissement au Lecteur*   133
    (*c*) *A sa lyre*   134
    (*d*) *A la fontaine Bellerie*   136

21 Bonaventure des Périers, *Les Nouvelles Récréations et joyeux devis*   137
    (*a*) *De maître Pierre Faifeu*   137
    (*b*) *Du conseiller, et de son palefrenier*   140

22 Joachim du Bellay, *Le Premier Livre des antiquités de Rome*   141

23 André Thévet, *Les Singularités de la France antarctique*   145
    (*a*) *Des îles de Madère*   145
    (*b*) *De la rivière de Guanabara*   147
    (*c*) *Comment les sauvages exercent l'agriculture*   148

24 Jacques Amyot, *Les Vies des hommes illustres*   151

25 Marguerite de Navarre, *L'Heptaméron*   156

26 Jacques Grévin, *La Tragédie de César*   159

27 Charles Estienne et Jean Liébault, *L'Agriculture et maison rustique*   163

28 Henri Estienne, *Traité de la conformité du langage français avec le grec* (Préface) *page* 166

29 Rémy Belleau, *La Bergerie* 172

30 Jacques Grévin, *Deux livres des venins* 176

31 Jean de La Taille, *De l'art de la tragédie* 180

32 Robert Garnier, *Hippolyte* 184

33 Claude de Sainliens, *The French Littelton* 188
(a) *Pour voyageurs* et *Du logis* 188
(b) *Des écoliers et école* 191

34 Jean Bodin, *Les six livres de la République* 193

35 Simon Goulart, *Mémoires de l'état de France* 196
(a) *Harangue faite au roi Charles IX* 197
(b) *Attentat contre la vie de l'amiral Coligny* 199
(c) *Le massacre de la Saint-Barthélemy* 200

36 Henri Estienne, *Deux dialogues du nouveau langage français italianisé* 201
(a) *Aux Lecteurs* 201
(b) *Dialogue Premier* 202
(c) *Dialogue Premier* (suite) 205

37 Guillaume de Salluste, seigneur du Bartas, *La Semaine, ou création du monde* 206

38 Pierre de Larivey, *Les écoliers* 209

39 Michel Eyquem de Montaigne, *Essais* 213

40 Bernard Palissy, *Discours admirables de la nature des eaux et fontaines* 218

41 Jean Bodin, *De la démonomanie des sorciers* 221
(a) *Préface de l'auteur* 222
(b) *Des moyens illicites pour parvenir à quelque chose* 223

42 Claude Fauchet, *Recueil de l'origine de la langue et poésie française* 225
(a) *Aucunes causes du changement des langues* 226
(b) *Que la langue française a été connue...de plus de gens qu'elle n'est à présent* 227

43 Étienne Tabourot des Accords, *Bigarrures* 229

44 Guillaume Bouchet, *Serées* 232

45 Noël du Fail, *Les Contes et discours d'Eutrapel* 237

46 Étienne Pasquier, *Lettres* 240
(a) *A M. de Querquifinen* 240
(b) *A M. Ramus professeur du roi* 244

TABLE DES MATIÈRES

47 François de La Noue, *Discours politiques et militaires*   *page* 246

48 Blaise de Monluc, *Commentaires*   251

49 Jean Leroy, etc., *Satyre Ménippée de la vertu du Catholicon*   254

50 Guillaume du Vair, *La Constance et consolation ès calamités publiques*   258

Abréviations   262

Notes   263

Glossaire   314

Table des noms propres   371

Table des matières   383